RHEINLAND-PFALZ *PERSÖNLICH*

Herausgegeben
vom Sparkassen- und Giroverband Rheinland-Pfalz
aus Anlaß des vierzigjährigen Bestehens
des Landes Rheinland-Pfalz

Verlag und Universitätsdruckerei H. Schmidt, Mainz

RHEINLAND-PFALZ
PERSÖNLICH

ERINNERUNGEN UND BEGEGNUNGEN

Redaktion:
Dr. Hartmut Franke
Prof. Dr. Helmut Mathy

CIP-Kurztitelaufnahme der Deutschen Bibliothek
Rheinland-Pfalz persönlich : Erinnerungen u. Begegnungen /
[hrsg. vom Sparkassen- u. Giroverb. Rheinland-Pfalz
aus Anlaß d. 40jährigen Bestehens d. Landes Rheinland-Pfalz.
Red.: Hartmut Franke; Helmut Mathy]. – Mainz : Schmidt, 1987.
ISBN 3-87439-144-2.
NE: Franke, Hartmut [Red.]; Sparkassen- und Giroverband Rheinland-Pfalz

Herausgegeben vom Sparkassen- und Giroverband Rheinland-Pfalz
Verlag: Universitätsdruckerei und Verlag H. Schmidt GmbH & Co, Mainz, 1987
ISBN 3-87439-144-2
© beim Herausgeber und bei den Autoren
Alle Rechte vorbehalten
Nachdruck, auch auszugsweise, nur mit Genehmigung des Herausgebers
Lektorierung: Dr. Friedrich Müller
Lithographien: Saase & Heller, Ingelheim
Gestaltung und Herstellung:
Universitätsdruckerei und Verlag H. Schmidt GmbH & Co, Mainz

Die vorausstehenden Seiten zeigen den Moselbogen bei Pünderich
mit dem Zeller Hamm und der Marienburg.

Inhaltsverzeichnis

Seite 9	*Bernhard Vogel*	Vorwort
11	*Dieter Braun-Friderici*	Zu diesem Buch
13	*Gerhard Meyer-Hentschel*	»Im Bewußtsein der Verantwortung vor Gott...«
39	*Fritz Duppré*	Einübung in die Politik unter Peter Altmeier
69	*Willibald Hilf*	Ministerpräsident Helmut Kohl
87	*Hermann Dexheimer*	Ein Jahrzehnt Regierung Bernhard Vogel
105	*Susanne Hermans*	Meine parlamentarische Tätigkeit
121	*Karl Thorwirth*	Als Abgeordneter der Opposition im Landtag
131	*Günter Storch*	Der Weg der Liberalen
149	*Hans König*	Ein Berliner im Hunsrück
167	*Hermann Krämer*	Landrat im Kreis Bernkastel
187	*Walter Schmitt*	Zweimal Koblenz – dazwischen Mainz
203	*Hans Günther Dehe*	Als Geschäftsführer des Landkreistages
229	*Theodor Schaller*	Evangelische Kirche in den Anfängen des Landes
247	*Bruno Thiebes*	Die Friedenskirche St. Bernhard von Clairvaux in Speyer
263	*Emmanuel von Severus*	Von Mainz nach Wien und zurück
271	*Alfred Epstein*	In die Heimat zurückgekehrt
281	*Karl Holzamer*	Stationen kultureller Entwicklung
291	*Hubert Armbruster*	Die Wiedergründung der Universität Mainz
303	*Emil Zenz*	Schulische und kulturelle Anfänge in Trier

317	*Hanna-Renate Laurien*	Elf Jahre Kulturpolitik
331	*Werner Bornheim gen. Schilling*	Denkmalschutz und Denkmalpflege in einem neuen Land
353	*Berthold Roland*	Künstler, Poeten und Museumsleute
379	*Emmerich Smola*	Episoden aus Studio Kaiserslautern
401	*Karl-Günther von Hase*	Als Preuße am Rhein
413	*Walter Henkels*	Rheinland-pfälzisches Kaleidoskop
433	*Heinrich Holkenbrink*	Erlebtes, Gedachtes, Versuchtes
453	*Max-Günther Piedmont*	Als Weingutsbesitzer in der Landespolitik
461	*August Eichmann*	Die Neuorganisation des Sparkassenwesens
477	*Hanns Simon*	Ein Unternehmer und seine Stiftung
487	*Jockel Fuchs*	Oberbürgermeister in der Landeshauptstadt
497	*Werner Ludwig*	Ludwigshafen, eine rheinland-pfälzische Wirtschaftsmetropole
513	*Helmut Mathy*	»Das ist Abendland…«
575	*Helmut Mathy*	Ein Jubiläum und seine Konturen
597		Die Autoren

Das Trierer Kurfürstliche Schloß, heute Sitz der Bezirksregierung, ist unter den Erzbischöfen Lothar von Metternich und Philipp von Sötern ab 1615 erbaut worden. Unter Johann Philipp von Walderdorff (1756-1768) wurde der Südflügel nach Plänen des Hofbaumeisters Johannes Seiz durch einen Rokokobau ersetzt.

Das Landeswappen von Rheinland-Pfalz
ist – in Ausführung des Artikels 74 der Verfassung – durch eigenes Gesetz
am 10. Mai 1948 bestimmt und umschrieben worden.
Obwohl eine moderne Schöpfung,
umfassen seine Elemente die Symbole historischer Wappenbilder:
Der Pfälzer Löwe, das Trierer Kreuz und das Mainzer Rad
verkörpern die drei bedeutendsten Territorien auf dem Gebiet des Landes
vor der Französischen Revolution.
Auf dem Wappenschild ruht eine goldene »Volkskrone«,
deren Blätter, dem Weinlaub nachempfunden,
auf die edlen Kreszenzen dieser Region verweisen,
die bereits in der Römerzeit und im Mittelalter
»propter vini copiam« (wegen der Fülle des Weines)
berühmt waren.

Vorwort

Das 40jährige Bestehen von Rheinland-Pfalz hat eine Reihe von historisch-politischen Werken angeregt und hervorgebracht. Dazu zählen neben einer politischen Landeskunde wertvolle Handreichungen unserer Landeszentrale für politische Bildung, aber auch eine Vielzahl von Ausstellungen. Ich denke zum Beispiel an die Wanderausstellung, die vom Landtag ausgehend, Parlament und Parteien, Wahlen und Wahlkämpfe analysiert und darstellt.
Wir haben bewußt auf zahlreiche Etappen der »Landwerdung« vor 40 Jahren hingewiesen. Der Kreis derer, die persönliche Erinnerungen an den Wiederaufbau unserer Demokratie nach dem Zweiten Weltkrieg haben, ist heute noch relativ groß. Der Zeitpunkt war deshalb günstig, diese Erinnerungen festzuhalten und niederzuschreiben.
Dieser Gedanke stand auch bei der Vorbereitung des Werkes »Rheinland-Pfalz persönlich« Pate. Es will besonders aus der Frühzeit des Landes persönlich gefärbte Erinnerungen und Begegnungen dokumentieren, aber auch aus anderen Epochen der Landesgeschichte das Geschehen in der jeweils eigenen Sicht beleuchten. So ist ein Gemeinschaftswerk entstanden, das faszinierende Facetten aus unserer Vergangenheit enthält. Es vermittelt auch die Persönlichkeit des Schreibenden und Sich-Erinnernden und zeigt uns vielleicht sogar schärfer als in anderen, auf »objektivem« Quellenmaterial beruhenden Studien die damalige Wirklichkeit. Zeitzeugenschaft und intensive Anteilnahme an Ereignissen und Begebenheiten stehen überall und zwischen den Zeilen dieses Buches.
Man spürt das persönliche Engagement. Man spürt auch, daß die Autoren im Grunde Rheinland-Pfälzer sind oder es im Laufe ihrer Begegnung mit diesem Land und seinen Menschen wurden. Dabei waren viele am Beginn und in den ersten beiden Jahrzehnten außerordentlich skeptisch, ob dieses Land Bestand haben würde. Heute ist die unverwechselbare Eigenständigkeit von Rheinland-Pfalz Realität. Unser Land gehört zu den politisch und wirtschaftlich stabilen Ländern der Bundesrepublik Deutschland. Die beiden ersten Jahrzehnte werden mit dem Namen von Ministerpräsident Peter Altmeier verbunden bleiben. Aber auch die Erinnerung an Gestalten aus allen politischen Parteien wie Adolf Süsterhenn und Hans Hoffmann, Fritz Neumayer und Hans Junglas, an Eugen Hertel, Albert Finck und Otto Schmidt wird in den Beiträgen dieses Buches lebendig.

Nach der Phase des Aufbaus aus Not und Trümmern setzte die Entwicklung zu einem modernen Industriestaat ein. Dieser Abschnitt ist mit dem Namen von Bundeskanzler Helmut Kohl unmittelbar verbunden. Unter seiner Regierung wurde aus Rheinland-Pfalz, das oft als »Armenhaus« belächelt wurde, ein blühendes Land. Wir brauchen keinen Vergleich mehr zu scheuen!

Unser 40jähriges Bestehen war vor allem ein Anlaß, allen zu danken, die zum erfolgreichen Weg unseres Landes beigetragen haben: vor allem jener »Aufbau-Generation«, die nach heutigen Verhältnissen unvorstellbar arbeiten und anpacken mußte, um aus den Ruinen neues Leben erblühen zu lassen.

Ich sehe den Sinn dieses Buches der Erinnerungen und Begegnungen aus 40 Jahren Landesgeschichte auch darin, der jungen Generation die Leistungen von damals noch stärker bewußt zu machen. Sie soll erkennen: Es lohnt sich, für unser Land einzutreten, für seine Zukunft zu arbeiten.

Wichtige Aufgaben stehen auch im fünften Jahrzehnt vor uns: Der Abbau der Arbeitslosigkeit ist das drängendste Problem. Die Stärkung der Eigenkräfte unserer Regionen wird eine große Rolle spielen. Bauern und Winzern müssen wieder Perspektiven vermittelt werden. Vorsorge und Vollzug in der Umwelt- und Gesundheitspolitik müssen in den Mittelpunkt rücken. Die Stärkung der Familie und solidarische Hilfe für jene, die unsere Unterstützung brauchen, sind weitere wichtige Ziele. Schließlich wollen wir uns dem bahnbrechenden technologischen Fortschritt und dem rasch sich vollziehenden Wandel nicht verschließen. Wir wollen den Fortschritt, aber wir wollen ihn beherrschen, vor allem in sozialer und ethischer Hinsicht.

Rheinland-Pfalz ist in eine europäische Kulturlandschaft eingebettet. Schon die Hambacher forderten 1832 neben Deutschlands Freiheit und Einheit das »conföderierte republikanische Europa«. Wir haben im Zentrum Europas eine besondere Verpflichtung zur Erhaltung von Frieden und Freiheit. Wir wollen auch weiterhin Vorreiter sein, wenn es um die Verständigung zwischen den europäischen Völkern geht. Alle Beiträge dieses Bandes erinnern auch daran, daß letzten Endes die Bewahrung von Frieden und Freiheit das oberste Ziel unserer künftigen Anstrengungen bleiben muß.

Ich danke dem Herausgeber, dem Verlag und allen Autoren, daß sie nicht nur Erinnerungen einer breiten Öffentlichkeit bekanntmachen, sondern daß sie auch unveräußerliche Lehren aus der Geschichte abgeleitet haben – für sich und die Leser, denen ich viele Anregungen wünsche.

Dr. Bernhard Vogel
Ministerpräsident

Zu diesem Buch

Die rheinland-pfälzischen Sparkassen sind als Anstalten des öffentlichen Rechts dem Lande Rheinland-Pfalz eng verbunden. Ihr Erfolg ist ein Spiegelbild der wirtschaftlichen Aufwärtsentwicklung des Landes seit seiner Gründung im Jahre 1947.

In den Sparkassen manifestiert sich von ihrer Grundidee her Bewahrendes. Und so möchten wir mit der Herausgabe dieses Buches die Erinnerungen von Persönlichkeiten festhalten, die an der Entwicklung dieses Landes in unterschiedlichen Positionen mitgewirkt haben.

Dies setzt den Mut zur Unvollständigkeit voraus. Unserem Bemühen waren Grenzen gesetzt: Nicht alle sachlichen Bereiche konnten abgedeckt werden, und es spiegelt sich leider auch nicht die Entwicklung aller Regionen in den Beiträgen der Autoren wider. Dennoch ist in diesem Buch viel Bemerkenswertes aus dem Geschehen in der 40jährigen Geschichte unseres Landes festgehalten, darunter vieles, was sonst in Gefahr geraten würde, vergessen zu werden. Wir hoffen, daß der unterschiedliche Stil der Beiträge und die Wiedergabe mancher anekdotenhafter Begebenheit dieses Buch zu einer unterhaltsamen Lektüre machen.

Dem Titel entsprechend stammen verschiedene Photos aus dem Fundus der Autoren. Sie sind teilweise von geringerer photographischer Qualität, aber für die persönliche Dokumentation unentbehrlich.

Allen, die sich am Zustandekommen dieses Werkes beteiligt haben, möchte ich an dieser Stelle herzlich danken. Insbesondere danke ich Herrn Professor Dr. Helmut Mathy und Herrn Dr. Hartmut Franke.

Dr. Dieter Braun-Friderici
Präsident des Sparkassen- und Giroverbandes
Rheinland-Pfalz

Oberregierungspräsidium
Mittelrhein-Saar

Mitteilung Nr. 1

An die Bevölkerung der Regierungsbezirke Pfalz, Saarland, Rheinhessen, Trier und Koblenz!

Landsleute!

Unser Land ist besiegt, verwüstet und besetzt. Die Naziverbrecher haben sich kläglich davon gemacht. Hitler ist tot. Er hat uns in den Krieg getrieben und im Elend zurückgelassen. Wir haben einen ungeheuren Preis gezahlt und werden noch weiter leiden müssen, aber wir sind von der Tyrannei befreit. **Darum atmet auf!**

Jetzt aber müssen wir uns selbst helfen. Es gilt zu erhalten, was uns geblieben ist, zu flicken, was zerrissen und zerbrochen ist, zu beleben, was gelähmt ist. **Packt an!**

Es gilt, das göttliche Gesetz zu achten und das menschliche Recht wieder herzustellen. Es wird kein Unschuldiger mehr gequält noch getötet werden. Es fallen keine Bomben mehr. Die Zeiten der Angst sind vorüber. **Habt Zuversicht!**

In Neustadt an der Haardt ist ein Oberregierungspräsidium „Mittelrhein-Saar" errichtet und von der Militärregierung bestätigt worden. Die neuen Männer stehen vor Ruinen, aber sie nehmen die Last auf sich und gehen an die Arbeit. Unterstützt sie! **Wir brauchen alle, die reine Gesinnung und guten Willen haben.**

Das Oberregierungspräsidium
Mittelrhein-Saar
Dr. Heimerich

Der von den amerikanischen Streitkräften im Mai 1945 in Neustadt an der Weinstraße als Oberregierungspräsident eingesetzte Dr. Hermann Heimerich, ehemaliger Oberbürgermeister von Mannheim, wandte sich in dieser Mitteilung in schwerster Not, aber mit einem optimistischen Aufbauwillen, an die Bevölkerung.

Gerhard Meyer-Hentschel

»Im Bewußtsein der Verantwortung vor Gott...«

Als ich 1946 in französischer Kriegsgefangenschaft erstmals von der Bildung eines neuen politischen Gebildes im Raum unseres heutigen Rheinland-Pfalz und von einer vorläufigen Regierung in Koblenz hörte, war ich nicht wenig erstaunt, aber zugleich erfreut und von Hoffnung erfüllt. Aufgrund der Informationen, die bis dahin in die Kriegsgefangenenlager gedrungen waren (Untergang der deutschen Staatsgewalt als Folge der bedingungslosen Kapitulation am 8. Mai 1945 und Übernahme der Regierungsgewalt durch die damaligen Besatzungsmächte), konnte ich gewisse Anfangsbedenken nicht ganz unterdrücken. Diese Skepsis hat sich als nicht berechtigt herausgestellt, nicht nur vom heutigen Standpunkt aus – 40 Jahre danach –, sondern schon unmittelbar nach meiner Entlassung aus der Kriegsgefangenschaft. Da ich das unverhoffte Glück hatte, alsbald wieder beruflich tätig sein zu können, und zwar als Mitarbeiter im Justizministerium unseres Landes, erlebte ich die Entwicklung noch ganz persönlich, vor allem die Aktivitäten des damaligen Justizministers Prof. Dr. Adolf Süsterhenn. Die mir bis dahin unbekannten näheren Verhältnisse und Zusammenhänge, die zur Bildung unseres Landes geführt hatten, konnte ich nun besser erkennen und würdigen. Anläßlich des 40jährigen Bestehens unserer Landesverfassung vom 18. Mai 1947 erscheint es angezeigt, die damalige Entwicklung unseres Landes und vor allem die Entstehung der Landesverfassung in Erinnerung zu rufen.

Geschichtlicher Ablauf

Als sich während des Zweiten Weltkrieges (1939 bis 1945) die deutsche Niederlage abzeichnete, haben sich vom 3. bis 11. Februar 1945 die maßgeblichen Staatsmänner der späteren Siegermächte Großbritannien (Winston Churchill), USA (Franklin Roosevelt) und UdSSR (J. W. Stalin) in Jalta auf der Halbinsel Krim getroffen, um die militärischen Pläne für die endgültige Niederwerfung des nationalsozialistischen Deutschland festzulegen.
Großbritannien, USA und UdSSR sowie die provisorische Regierung der französischen Republik stellten sodann in der Berliner Erklärung vom 5. Juni 1945 fest, daß im Hinblick auf den Untergang Deutschlands eine zentrale Regierung oder Behörde nicht

mehr bestehe und daß deshalb die Regierungen der vier Siegermächte die oberste Regierungsgewalt in Deutschland übernehmen. Diese Regierungsgewalt wurde den Oberbefehlshabern der durch die Berliner Erklärung geschaffenen vier Besatzungszonen (amerikanische, englische, französische und sowjetische) sowie – hinsichtlich der Entscheidungen für das gesamte Deutschland – dem Alliierten Kontrollrat übertragen.

Bei einer weiteren Berliner Konferenz vom 17. Juli bis 2. August 1945 wurden Richtlinien über die Behandlung Deutschlands in politischer und wirtschaftlicher Beziehung aufgestellt. Dabei war besonders bemerkenswert, daß der Wiederaufbau einer neuen deutschen Verwaltung von unten nach oben erfolgen sollte. Zu diesem Zwecke wurden im gesamten deutschen Gebiete Wahlen zu Volksvertretungen in den Gemeinden, Kreisen, Provinzen und Ländern sowie die Zulassung demokratischer Parteien angestrebt. Zum damaligen Zeitpunkt dachte man noch nicht an die Schaffung einer zentralen Regierungsgewalt. Anknüpfend an den früheren Rechtszustand ordneten die Besatzungsmächte die Bildung von Staaten an. Schon am 19. September 1945 wurden durch Proklamation der amerikanischen Militärregierung »Verwaltungsgebiete gebildet, die von jetzt an als Staaten bezeichnet werden«. So entstanden die Staaten Bayern, Württemberg-Baden (nicht zu verwechseln mit dem heutigen Baden-Württemberg) und Großhessen. Durch Verordnung vom 23. August 1946 löste die britische Militärregierung die ehemaligen preußischen Provinzen in der britischen Zone auf und bildete daraus drei Länder: Schleswig-Holstein, Hannover (später Niedersachsen) und Nordrhein-Westfalen.

Die französische Besatzungszone

Der Befehlshaber der französischen Zone hatte die Bildung folgender Bezirke verfügt: *Baden* mit dem nicht zur amerikanischen Zone gehörenden Teil des ehemaligen Landes Baden (Hauptstadt Freiburg), *Württemberg-Hohenzollern* ohne den in der amerikanischen Zone gelegenen Teil, aber einschließlich der früheren preußischen Landkreise Hechingen und Sigmaringen (Hauptstadt Tübingen), *Pfalz-Hessen* (Hauptstadt Neustadt an der Weinstraße) und *Rheinland-Hessen-Nassau*, bestehend aus den ehemals preußischen Regierungsbezirken Koblenz und Trier sowie dem aus vier Landkreisen der ehemals preußischen Provinz Hessen-Nassau gebildeten Regierungsbezirk Montabaur (Sitz zunächst Bad Ems, später Koblenz).

Nach zwei vorbereitenden Verordnungen erließ der Zonenbefehlshaber die Verordnung Nr. 57 vom 30. August 1946, durch die »ein Land geschaffen wird, welches die Pfalz und die gegenwärtigen Regierungsbezirke Trier, Koblenz, Mainz und Montabaur umfaßt«. Ferner wurde bestimmt, daß eine Beratende Landesversammlung im Einvernehmen mit

der gleichzeitig gebildeten vorläufigen Regierung einen Verfassungsentwurf ausarbeitet, über den durch Volksentscheid abgestimmt werden sollte. Der Termin dafür wurde durch die spätere Verordnung vom 17. April 1947 auf den 18. Mai 1947 festgelegt.
Zufolge der Erklärung des Zonenbefehlshabers vom 30. August 1946 wurde die vorläufige Regierung für das Land Rheinland-Pfalz gebildet. Ministerpräsident wurde der damalige Oberpräsident des Oberpräsidiums Rheinland-Hessen-Nassau Dr. Wilhelm Boden in Koblenz.
Am 15. September 1946 fanden die ersten freien Wahlen zu den Gemeindeparlamenten und am 13. Oktober 1946 zu den Kreisversammlungen statt.

Die Beratende Landesversammlung

Am 8. Oktober 1946 ordnete der Zonenbefehlshaber durch Verordnung Nr. 67 die Bildung der »Beratenden Landesversammlung« an, die sich aus 127 Mitgliedern zusammensetzen sollte. Diese sollten nicht unmittelbar vom Volk gewählt werden, sondern mittelbar durch die bereits gewählten Kreisversammlungen und Gemeinderäte. Diese mittelbare Wahl zur Beratenden Landesversammlung fand am 17. November 1946 statt.
Zur Vorbereitung der Arbeiten der Beratenden Landesversammlung wurde am 21. September 1946 ein Vorberatender Verfassungsausschuß eingesetzt, dessen Mitglieder aus den damals zugelassenen politischen Parteien vom Militärgouverneur autorisiert wurden:
von der CDP (später CDU genannt) Dr. Süsterhenn als Vorsitzender sowie Dr. Biesten und Dr. Haberer,
von der SPD   Dr. Kemmeter und Röhle sowie
von der KP   Dr. Hofer.
Süsterhenn war 1905 in Köln geboren und hatte dort als Rechtsanwalt gewirkt, lebte aber nach der kriegsbedingten Evakuierung in Unkel und kam so mit den damals führenden politischen Kräften im Koblenzer Raum in Verbindung. Er ist am 25. November 1974 in Koblenz verstorben.
Der Vorberatende Verfassungsausschuß trat in der Zeit vom 21. September bis 30. Oktober 1946 fünfmal zusammen. Grundlage seiner Arbeit war ein von Süsterhenn in Zusammenarbeit mit dem damals ebenfalls in Unkel wohnhaften Dr. Biesten verfaßter privater Vorentwurf, der für die weitere Arbeit der Beratenden Landesversammlung von ausschlaggebender Bedeutung wurde, so daß Süsterhenn mit Recht als der »geistige Vater« unserer Verfassung charakterisiert worden ist.
Der eben erwähnte private Vorentwurf war im August 1946 von einer kleinen Kommission in sehr vertraulichen Besprechungen, die in einem Raum des Krankenhauses der

Adolf Süsterhenn, den man zu Recht als den geistigen Vater der rheinland-pfälzischen Landesverfassung bezeichnet.

Barmherzigen Brüder in Koblenz stattfanden, weiter überarbeitet worden. Außer Süsterhenn gehörten zu diesem engen Kreis Prof. Dr. theol. Schmitt von der damals neu gegründeten Johannes Gutenberg-Universität Mainz, Frau Helene Rothländer (später im Kultusministerium), Johannes Junglas (später Wohlfahrtsminister), Hubert Hermans (später Staatssekretär in der Staatskanzlei und danach Bevollmächtigter des Landes beim Bund in Bonn) sowie der in Horbach (Westerwald) geborene und damals in Trier lehrende Prof. Dr. Joseph Höffner (heute Kardinal in Köln). Er galt aufgrund seiner wissenschaftlichen Arbeiten als besonderer Experte für wirtschafts- und sozialpolitische Probleme und hat auf diesem Gebiet seinen entscheidenden Anteil zum Verfassungsentwurf beigesteuert, weswegen er auch am 22. November 1986 zu der Festsitzung des Landtags im Stadttheater Koblenz anläßlich des 40. Jahrestages des ersten Zusammentretens der Beratenden Landesversammlung eingeladen wurde.

Der Vorberatende Verfassungsausschuß übergab seinen Entwurf einer sogenannten Gemischten Kommission der Beratenden Landesversammlung. Diese Kommission beschränkte sich auf die Feststellung, daß der Entwurf eine brauchbare Grundlage für die Arbeiten der Vollversammlung darstellte.

Die Landesversammlung trat am 22. November 1946 im Koblenzer Stadttheater zusammen und setzte einen eigenen Ausschuß ein, der den Verfassungsentwurf in zwei Lesungen behandelte und ihn schließlich dem Plenum vorlegte, das sich im April 1947 in dem ehemaligen Rittersturz-Hotel bei Koblenz in drei Lesungen mit dem Entwurf befaßte. Von 101 Mitgliedern, die ihre Stimme abgaben, entschieden sich in der Schlußabstimmung 70 für die Annahme, aber 31 dagegen.

Am 18. Mai 1947 fand dann der Volksentscheid über den von der Beratenden Landesversammlung mehrheitlich angenommenen Verfassungsentwurf statt. 53 Prozent der Bürger stimmten für die Verfassung. Gleichzeitig wurden die Abgeordneten für den ersten Landtag unseres Landes gewählt. Durch den Volksentscheid galt die Verfassung als angenommen und war damit Rechtens. Deshalb wird jedes Jahr der 18. Mai als Verfassungstag unseres Landes begangen.

Aus einem damaligen Kommentar der in Koblenz erscheinenden Rheinzeitung sei auszugsweise zitiert: »Die Verfassung für das Land ist mit einer knappen Mehrheit angenommen worden. Daß die Konstitution keine größere Stimmenzahl zu erzielen vermochte, ist bedauerlich, ändert aber nichts an der Tatsache, daß das Volk gesprochen hat und die Staatsgrundgesetze nunmehr zu Recht bestehen. Mit der Annahme der Verfassung und der Konstituierung des ersten aus direkten Wahlen hervorgegangenen Parlaments beginnt ein neues Kapitel in der Geschichte des Landes Rheinland-Pfalz. Wir hoffen, daß die Volksvertreter das Vertrauen, das ihnen trotz alledem wie eine letzte Chance zu treuen Händen übergeben worden ist, nicht enttäuschen werden.« Ein wahrlich berechtigter Ausspruch des damaligen Kommentators! Sein Vertrauen ist nicht enttäuscht worden.

Der Verfassungs-Vorspruch (Präambel)

Was Inhalt und Bedeutung unserer Landesverfassung (abgekürzt: LV) angeht, so kann in diesem Beitrag nur auf verhältnismäßig wenige Punkte eingegangen werden. Dies soll anhand einiger Aussagen der Präambel geschehen.

Die Überschrift zu diesem Beitrag ist dem Vorspruch zur Landesverfassung entnommen, der folgenden Wortlaut hat:

> »Im Bewußtsein der Verantwortung vor Gott,
> dem Urgrund des Rechts und Schöpfer aller menschlichen Gemeinschaft,
> von dem Willen beseelt,
> die Freiheit und Würde des Menschen zu sichern,
> das Gemeinschaftsleben nach dem Grundsatz der sozialen Gerechtigkeit
> zu ordnen, den wirtschaftlichen Fortschritt aller zu fördern
> und ein neues demokratisches Deutschland als lebendiges Glied
> der Völkergemeinschaft zu formen,
> hat sich das Volk von Rheinland-Pfalz diese Verfassung gegeben.«

DIE BEDEUTUNG DER PRÄAMBEL

Die Präambel eines Gesetzes stellt als »Vorspann« zu einem Gesetz zwar keine unmittelbar anwendbare und vollziehbare Norm dar, gehört aber nichtsdestoweniger zum Gesetz selbst und ist Bestandteil des Gesetzes. Wenn auch dem Vorspruch eines Gesetzes keine unmittelbare Rechtsverbindlichkeit, sondern eher eine politische Bedeutung zukommt, so stellt er dennoch kraft seines programmatischen Charakters eine Richtschnur dar und eine Leitlinie, aus der bei Auslegungsschwierigkeiten einer Einzelnorm des Gesetzes eine Interpretationshilfe gewonnen werden kann. In der Präambel eines Gesetzes kommt zum Ausdruck, aus welchen Beweggründen und von welcher Grundvorstellung her ein Gesetz erlassen worden und zu verstehen ist. Deshalb kann, falls Unklarheiten zu einzelnen Vorschriften des betreffenden Gesetzes auftreten, der Vorspruch – im Streitfall zumindest letztlich von den Gerichten – klarstellend zu Rate gezogen werden.

Präambeln sind keineswegs allgemein vorgeschrieben oder allgemein üblich. Nur bei Gesetzen, bei denen der Gesetzgeber einen solchen »Vorspann« für angebracht oder sogar für geboten hält, um seine Motive zum Ausdruck zu bringen, findet man einen solchen Vorspruch. Staatsverfassungen enthalten im allgemeinen eine Präambel, schon weil der Normgeber, meist die Verfassungsgebende Versammlung oder das eigens hierfür geschaffene Parlament – wie 1946/47 die Beratende Landesversammlung in Rheinland-Pfalz – in einer herausragenden Form, vielleicht sogar in besonders feierlicher Weise jenen Grundgedanken und Vorstellungen Ausdruck verleihen will, die ihn zur Normgebung veranlaßt haben. Der Staatsrechtler Maunz hat in seinem »Deutschen Staatsrecht« formuliert, daß in den Reichsverfassungen von 1871 und 1919 sowie in den Landesverfassungen nach 1945 »die Sorgen der Gegenwart erläutert und auf ihre Ursachen zurückgeführt wurden; es wurden Bekenntnisse abgelegt, Beweggründe mitgeteilt, Vorbehalte formuliert, Verheißungen verkündet«.

Man bedenke, daß unsere Landesverfassung zu einer Zeit erlassen wurde, als im deutschen Rechtsraum alles im argen lag. Der Zweite Weltkrieg war gerade zu Ende gegangen und hatte durch die kriegerischen Handlungen sowie die bedingungslose Kapitulation der deutschen Armee und damit des Staates ein Chaos hinterlassen, wie es sich die heutige Jugend gar nicht mehr vorstellen kann. Dieses Chaos aufzuarbeiten war das Bestreben und die Aufgabe der damaligen Politiker.

Die Weimarer Reichsverfassung vom 11. August 1919 war zwar formell nicht außer Kraft gesetzt, aber schon seit der sogenannten Machtübernahme durch die Nationalsozialisten vom 30. Januar 1933 nicht mehr beachtet worden. Während des sogenannten Dritten Reiches, wie die nationalsozialistischen Machthaber unser Vaterland damals bezeichneten, gab es keine geschriebene Verfassung im herkömmlichen Sinne, obwohl auch autoritäre Staaten manchmal nicht ohne Verfassung leben, sondern sich – vielleicht

Im Hotel Rittersturz bei Koblenz, das inzwischen abgebrochen ist, wurde im Frühjahr 1947 der Entwurf der Verfassung für Rheinland-Pfalz abschließend beraten.

schon aus Tarnungsgründen – eine (Schein-)Verfassung geben, der aber längst nicht jener Wert wie in einem echt demokratischen Staat beizumessen ist.

Die Bedeutung der Präambel sollte in der Tat nicht unterschätzt werden. Als bemerkenswert möchte ich festhalten, was der zusammen mit Süsterhenn führende Bundespolitiker im Parlamentarischen Rat, in dem das Grundgesetz damals beraten wurde, Prof. Dr. Carlo Schmid, über den Vorspruch des zwei Jahre nach unserer Landesverfassung erlassenen Grundgesetzes (GG) erklärt hat: »Diese Präambel ist mehr als ein pathetischer Vorspruch. Sie stellt die konstitutiven Faktoren auf, die wirksam geworden sind.«

Gott als Bezugspunkt

»Im Bewußtsein der Verantwortung vor Gott« – so heißt es teils wörtlich, teils sinngemäß auch in den nach 1945 erlassenen Verfassungen mehrerer anderer deutscher Bundesländer und im später verabschiedeten Grundgesetz für die Bundesrepublik Deutschland vom 23. Mai 1949. Nach Süsterhenn (in dem zusammen mit seinem Mitarbeiter Hans Schäfer herausgegebenen Kommentar zur Landesverfassung) soll durch die Bezugnahme auf Gott in der Präambel zum Ausdruck gebracht werden, daß der Verfassungsgeber sich nicht als Träger einer absoluten Volkssouveränität betrachtet, wie man zum Beispiel aus dem Satz in Art. 20 GG schließen könnte: »Alle Staatsgewalt geht vom Volke aus«, sondern daß dadurch die Pflicht zur Unterwerfung unter Gottes Gebot auch für den staatlichen Bereich bejaht werde. Dadurch sollte – so der Kommentar Süsterhenn/Schäfer – die Einbeziehung von Recht und Staat in die göttliche Schöpfungsordnung anerkannt und gleichzeitig jedem totalitären Herrschaftsanspruch des Staates eine »im Metaphysischen wurzelnde rechtliche Schranke« gesetzt werden. Deshalb scheint mir beachtlich zu sein, daß die Landesverfassung in Art. 74 Abs. 2 – im Wortlaut abweichend vom Grundgesetz – formuliert hat: »*Träger* der Staatsgewalt ist das Volk.« Ich selbst kann aus eigenen Beobachtungen in den Jahren 1947 bis 1949 und danach bestätigen, daß Süsterhenn mit dem Einleitungssatz der Präambel eine Kernaussage treffen wollte, die aus voller Überzeugung kam.

Zieht man die Kommentare zum Grundgesetz zu Rate, so kann man zu den dort gleichlautenden Eingangsworten der Präambel lesen, daß der Verfassungsgeber hierdurch die »grundlegenden Gerechtigkeitspostulate anerkennt, die zu den Grundentscheidungen jeder menschlichen Ordnung gehören und die nicht zu seiner Disposition stehen« (Schmidt/Bleibtreu/Klein, Kommentar zum GG, Anm. 2 zur Präambel). In einem wissenschaftlichen Beitrag von Apelt wurden die Eingangsworte der Präambel schon bald nach Inkrafttreten des Grundgesetzes als »ein ethisches Fundament von absoluter Tragfähigkeit« gewertet (NJW 1949, 481).

Die Bezugnahme auf Gott in der Präambel kann also nicht etwa als bloße Leerformel oder als Pflichtübung der Konstituierenden Versammlung abgewertet werden, sondern muß als bitter ernst gemeinter Ausgangspunkt aller weiteren Überlegungen gewürdigt werden. Die Nöte der Jahre des Unrechtsregimes 1933 bis 1945 und vor allem des Zweiten Weltkrieges hatten die Menschen nicht nur wieder beten gelehrt, sondern sie auch dazu geführt, die Dinge unseres Lebens wieder grundsätzlicher zu betrachten. Ganz bewußt ist Gott in den Mittelpunkt der Verfassungsarbeit gestellt worden. Aus damaligen Gesprächen mit Mitgliedern der Beratenden Landesversammlung wie auch später des Parlamentarischen Rates möchte ich hervorheben, daß die Bezugnahme auf Gott zumindest für die Mehrheit der Männer und Frauen der beiden verfassungsgebenden Gremien mehr als ein Lippenbekenntnis bedeutete, vielmehr ein Bekenntnis zu einer Ordnung, die sich deutlich gegenüber der gerade beendeten Staatsära unterscheiden sollte. Hatten doch die »Väter« von Landesverfassung und Grundgesetz im sogenannten Dritten Reich durch persönliche Verfolgungen einschließlich Haft und Mißhandlungen an der eigenen Person hinreichende Erfahrungen mit den Machthabern machen und spüren können, wie negativ es sich auswirkt, wenn die Verantwortung vor Gott von den staatlichen Machthabern nicht beachtet wird.

Gott als »Urgrund des Rechts«

Durch die Bezugnahme auf »Gott, den Urgrund des Rechts«, ist eine Verbindung zur staatlichen Rechtsordnung geknüpft worden, die nicht ohne Auswirkungen auf die praktische Politik geblieben ist und bleiben sollte.
Aus dem Protokoll über die zweite Sitzung des Verfassungsausschusses vom 4. Oktober 1946 (in: Helmut Klaas, Die Entstehung der Verfassung für Rheinland-Pfalz – eine Dokumentation, S. 109) verdient hervorgehoben zu werden, daß mit Ausnahme des Ausschußmitgliedes der Kommunistischen Partei bei den übrigen Ausschußmitgliedern Einmütigkeit hinsichtlich der Erwähnung von Gott in der Präambel bestand. Die ausdrückliche Erwähnung von Gott als dem Urgrund des Rechts zu Beginn des Vorspruchs unserer Landesverfassung muß als die grundsätzliche Anerkennung eines Mindestmaßes an sittlichen Normen gewertet werden, wie sie von alters her in den Zehn Geboten vom Berge Sinai ihren Niederschlag gefunden haben. Das verdient herausgestellt zu werden und sollte Anlaß sein, den Mitgliedern der Beratenden Landesversammlung für diese klare Formulierung zu danken. Man geht nicht fehl in der Annahme, daß die einleitenden Worte der Präambel initiativ auf den Einfluß von Adolf Süsterhenn zurückzuführen sind. Von seiner wissenschaftlichen Ausbildung und von seinen anwaltlichen Erfahrungen während des sogenannten Dritten Reiches her besaß er eine große Nei-

gung zum Naturrecht. Dabei fühlte er sich, worauf Baumgart in dem schon genannten Werk von Klaas (S. 20) zutreffend hinweist, seinem wissenschaftlichen Lehrer, dem Sozialphilosophen Benedikt Schmittmann, besonders verpflichtet, der während des sogenannten Dritten Reiches im Konzentrationslager Oranienburg zu Tode gekommen ist. Was bedeutet Naturrecht? Die Naturrechtsphilosophen gehen von unveränderlichen Normen des Denkens aus, die »unmittelbar einleuchten und gewiß« sind. Sie nehmen auch für das Wollen und Handeln im Reich der praktischen Vernunft oberste sittliche Prinzipien an, die ebenso einleuchtend und gewiß sind. Durch menschliche Unzulänglichkeiten könne – so sagen sie – das Naturgesetz einmal verdunkelt werden, aber es verhalte sich dann ähnlich wie bei einer Sonnenfinsternis: die Sonne bleibe immer dieselbe, aber es entstehe Finsternis, wenn Wolken vorbeiziehen oder gar der Mond die Sonnenstrahlen nicht auf die Erde gelangen lasse (Heinrich Rommen, Die ewige Wiederkehr des Naturrechts, 1947, S. 46). Von dieser Warte aus muß man verstehen, daß für die Rechtsphilosophen die Sittlichkeit eine höherrangige Norm darstellt als das positive Recht, das seinen Niederschlag in den geschriebenen Gesetzen und Verordnungen gefunden hat. So erklärt sich, daß sich Rechtssetzer und Rechtsfinder, also Parlamente und Gerichte, in kritischen Situationen, das heißt in Zweifelsfällen, auf die Sittlichkeit berufen, der ein höherer Stellenwert beigemessen wird als dem positiven Gesetz (Rommen, a. a. O., S. 208).

Beeindruckt von dem Gegensatzpaar »Naturrecht – positives Recht« hat Süsterhenn bei Gesprächen und entscheidenden Beratungen stets auf die höhere Norm der Sittlichkeit gepocht, wobei gerade die negativen Erfahrungen aus dem sogenannten Dritten Reich für ihn eine maßgebliche Rolle spielten. Heute ist das zum Teil einfach nicht mehr nachvollziehbar, weil viele von uns, besonders die Jugend, nicht mehr über diese schlechten Erfahrungen verfügen. Gott sei Dank!

Des öfteren kritisierte Süsterhenn den maßgeblichen Kommentator der Weimarer Reichsverfassung Prof. Dr. Gerhard Anschütz (1867 bis 1948), der mit der damals herrschenden Meinung den Standpunkt vertrat (Bem. 3 zu Art. 76 der Weimarer Reichsverfassung), daß ein formell ordnungsgemäß zustandegekommenes Gesetz, ohne Rücksicht darauf, ob sein Inhalt den Normen von »Sitte, Sittlichkeit, Treu und Glauben, Naturrecht widerspreche oder gewissen Werturteilen (Gerechtigkeit, Billigkeit, Vernunft) nicht standhält«, vom Richter anzuwenden und von jedem Staatsbürger zu befolgen sei.

Nach Anschütz stand auch die Verfassung selbst zur »Disposition des Gesetzgebers«. In seine Kritik bezog Süsterhenn die Meinung des Reichsgerichts (in RGZ 118, 325) ein, daß der Gesetzgeber selbstherrlich und an keine anderen Schranken gebunden sei als an diejenigen, die er sich selbst in der Verfassung und in anderen Gesetzen gezogen habe,

Das Dienstgebäude des Verfassungsgerichtshofs Rheinland-Pfalz in Koblenz (bis 1978). Dieser in der Regierungsstraße 7 in den Jahren 1902 bis 1905 errichtete Bau diente ursprünglich dem preußischen Regierungspräsidenten als dienstlicher Wohnsitz.

und daß daher gegen ein formell ordnungsgemäß erlassenes Gesetz der Einwand der Sittenwidrigkeit nicht erhoben werden könne. Leidenschaftlich konnte Süsterhenn (vgl. auch seinen Kommentar, a. a. O., S. 20) gegen die Lehre des Rechtspositivisten Bergbohm argumentieren, der verkündet hatte, daß vom rechtspositivistischen Standpunkt aus jedes, »auch das niederträchtigste Gesetzesrecht« als verbindlich anerkannt werden müsse, wenn es nur formell korrekt erzeugt worden sei (Jurisprudenz und Rechtsphilosophie I, 1892, S. 144, zitiert nach Süsterhenn/Schäfer, Komm. zur LV, S. 20).

In diesem Zusammenhang darf an die Fehlentwicklung des Rechts in der nationalsozialistischen Zeit erinnert werden. Gerade diese Entwicklung hat nach dem Ende des Zweiten Weltkrieges für eine starke Hinwendung zum Naturrecht gesorgt, das der staatlichen Willkür entzogen ist. So wird auch der Begriff des »vorstaatlichen« Rechts erklärbar, der bei den Arbeiten zu unserer Landesverfassung benutzt wurde. Besonders die »Antinomie zwischen formaler Legalität und sittlicher Legitimität«, wie sie im sogenannten Dritten Reich offenbar wurde, hat Süsterhenn oft herausgestellt und dabei darauf hingewiesen, daß der staatliche Gesetzesbefehl sich nicht ohne weiteres mit wirklichem, das heißt ethisch fundiertem, Recht decke. Baumgart (in: Klaas, a. a. O., S. 26) legt zutreffend dar, daß für Süsterhenn die Bejahung des Naturrechts nicht nur eine Sache der Rechtsphilosophie gewesen sei, sondern auch ein Bekenntnis von fundamentaler

Bedeutung. Indem er sich bei seiner Verfassungsarbeit für das Naturrecht entschieden habe und gegen den Rechtspositivismus, habe er Gott zum alleinigen Urheber und Träger des Rechts erhoben.

Es soll nicht verhehlt werden, daß gegen die wiederholte Berufung auf das Naturrecht bei den Vorarbeiten zur Verfassung aus Kreisen der Beratenden Landesversammlung auch Bedenken in der Richtung geltend gemacht wurden, Naturrecht und Sittengesetz seien keine für alle Zeiten unveränderlich fortbestehenden Begriffe. Aber gerade demgegenüber wurde darauf hingewiesen, daß die mit dem Naturrecht sich deckenden Sittengesetze seit Jahrhunderten gälten und deshalb über das positive Recht hinaus als unverrückbar feststehender Maßstab gewertet werden müßten. Dadurch solle der Rechtspositivismus, der im sogenannten Dritten Reich eine unheilvolle Rolle gespielt habe, endgültig beseitigt werden.

Ob die Tragfähigkeit der Naturrechtslehre in der praktischen Politik auch heute noch wie zu Zeiten der Schaffung der Landesverfassung gegeben ist, mag dahingestellt bleiben; zumindest kann wohl nicht mehr von der damaligen Euphorie gesprochen werden. Aber anläßlich eines 40jährigen Verfassungsjubiläums dürfte es mehr als berechtigt sein, bei der Darstellung der Verfassungspräambel an die Beweggründe für die damals gefundene Formulierung »Gott als Urgrund des Rechts« zu erinnern und darüber nachzudenken. Möchten doch unsere politischen Verhältnisse so stabil bleiben, daß ein Zuruckgreifen auf naturrechtliche Gedanken, wie sie damals mit Blick auf das autoritäre Regime von 1933 bis 1945 mehr als verständlich waren, nicht vonnöten sein wird!

Freiheit und Würde des Menschen

In dem Bestreben, aus der Vergangenheit die notwendigen Konsequenzen zu ziehen und insbesondere den Menschen als solchen zu schützen, wurde im Verfassungsvorspruch betont, daß die Beratende Landesversammlung als Verfassungsgeberin von dem Willen beseelt sei, die Freiheit und Würde des Menschen zu sichern. Das zeigt sich dann auch in den einzelnen Grundrechten, die ihren positiven Niederschlag in der Landesverfassung gefunden haben.

Die Grundrechte sollten nach Süsterhenns Vorstellung in ihre große historische Tradition eingebettet gesehen werden und ihr Kerngehalt bewußt in einem christlich-naturrechtlichen Sinne verstanden werden (Baumgart, in: Klaas, a. a. O., S. 23). Auf die geschichtliche Tradition der Grundrechte hat Süsterhenn auch in der Praxis für die gesetzgeberische Tätigkeit – als Justizminister – und bei der richterlichen Tätigkeit – als Vorsitzender des Verfassungsgerichtshofes – oft Bezug genommen. Dabei griff er auf seine weitreichenden geschichtlichen Kenntnisse zurück, angefangen von den Griechen und Römern über die Scholastik im Mittelalter bis zu den ersten Kodifikationen der Menschenrechte in der Neuzeit. Bemerkenswert erscheint mir, daß er in unsere Landesverfassung nicht nur die sogenannten klassischen Grundrechte eingebracht hat wie die Glaubens- und Gewissensfreiheit, die Koalitions- und Versammlungsfreiheit, die Freizügigkeit und Gewerbefreiheit, sondern daß er diese durch die sogenannten sozialen Grundrechte, beispielsweise bezüglich Ehe und Familie oder elterliches Erziehungsrecht, angereichert hat.

Primär wurde selbstverständlich die Freiheit des Menschen herausgestellt. So heißt es im Art. 1 unserer Landesverfassung, daß der Mensch »ein natürliches Recht« auf die Entwicklung seiner körperlichen und geistigen Anlagen und auf die freie Entfaltung seiner Persönlichkeit besitze. Beachtlich ist aber die in Art. 1 Abs. 1 LV sofort eingebaute Beschränkung »innerhalb der durch das natürliche Sittengesetz gegebenen Schranken«. Präziser als im später beschlossenen Grundgesetz ist die Aufgabe des Staates gegenüber dem Individuum in Art. 1 Abs. 2 LV formuliert: »Der Staat hat die Aufgabe, die persönliche Freiheit und Selbständigkeit des Menschen zu schützen sowie das Wohlergehen des einzelnen und der innerstaatlichen Gemeinschaften durch die Verwirklichung des Gemeinwohls zu fördern.« Hier zeigt sich die vom Verfassungsgeber ganz bewußt gewollte starke Verzahnung von Individuum und Gemeinschaft. Die oben dargelegten naturrechtlichen Erwägungen kommen in Absatz 3 des Art. 1 LV zur Geltung, wo es heißt: »Die Rechte und Pflichten der öffentlichen Gewalt werden durch die naturrechtlich bestimmten Erfordernisse des Gemeinwohls begründet und begrenzt.« Ich selbst kann bestätigen, wie oft Süsterhenn in Gesprächen und Beratungen, vor allem im Rahmen des Verfassungsgerichtshofes, immer wieder auf diese naturrechtliche Grundlegung, aber zugleich auch Eingrenzung der staatlichen Macht verwiesen hat. Wiederum auf Negativerfahrungen in der gerade überwundenen nationalsozialistischen Epoche, aber auch in der Zeit der Weimarer Verfassung ist die Vorschrift in Art. 1 Abs. 4 LV zurückzuführen, daß die Organe der Gesetzgebung, der Rechtsprechung und der Verwaltung »zur Wahrung dieser Grundrechte verpflichtet« sind. Wortlautmäßig noch klarer ist dieser Gedanke in Art. 1 Abs. 3 GG zum Ausdruck gekommen: »Die nachfolgenden Grundrechte binden Gesetzgebung, vollziehende Gewalt und Rechtsprechung als *unmittelbar* geltendes Recht.« Dadurch sollte einer in der Weimarer Zeit praktizierten Fehlinterpretation von Gerichten entgegengewirkt werden, die erklärt hatten, dieses oder jenes Grundrecht in der Weimarer Reichsverfassung sei noch nicht bindend, sondern nur als Programmsatz aufzufassen, der noch der näheren Ausgestaltung durch ein Gesetz bedürfe.

Besonders abgesichert wurde das Recht auf persönliche Freiheit gemäß Art. 1 LV, indem Art. 129 Abs. 2 LV vorschreibt, daß selbst durch ein mit Zweidrittelmehrheit zustande-

Der Verfassungsgerichtshof bei der Verkündung einer Entscheidung am 16. März 1959 unter dem Vorsitz von Professor Dr. Adolf Süsterhenn (1905 bis 1974).

gekommenes Gesetz nicht die in Art. 1 LV niedergelegten Grundsätze verletzt werden dürfen. Um ganz sicherzugehen, wurde in Art. 129 Abs. 3 LV vorgesehen, daß die Vorschriften des Art. 129 selbst unabänderlich sind (die sogenannte Ewigkeitsgarantie – eine Besonderheit der LV Rheinland-Pfalz!).

Welch großen Wert der Verfassungsgeber von Rheinland-Pfalz auf die Grundrechte gelegt hat, erhellt schon rein äußerlich daraus, daß – abweichend vom Aufbau der Weimarer Reichsverfassung, in der die Grundrechte textlich hinter den Vorschriften über Staatsaufbau und Staatsorgane aufgeführt waren – die Grundrechte nunmehr ganz nach vorne gezogen wurden, nämlich beginnend mit Art. 1 LV.

Im Rahmen der Erörterung von Grundrechten mag – mit Blick auf manche unliebsamen Auswüchse der letzten Zeit, vor allem im Demonstrationswesen – die Bemerkung angezeigt erscheinen, daß die Grundrechte in der Erwartung gegeben wurden, der Bürger würde sich ihrer würdig erweisen und mit ihnen keinen Mißbrauch treiben. Art. 133 LV gibt hierzu einen Fingerzeig, in Erinnerung an gewisse Praktiken in der Weimarer Zeit, als die nationalsozialistischen Gruppierungen unter Berufung auf Grundrechte die Demokratie unterlaufen haben: wer darauf ausgeht, die sittlichen oder politischen Grundlagen des Gemeinschaftslebens, besonders die verfassungsmäßigen Freiheiten und Rechte, durch Gewaltanwendung oder Mißbrauch formaler Rechtsbefugnisse zu untergraben oder aufzuheben, wird strafrechtlich verfolgt und kann sich auf die Grundrechte nicht berufen. Eine Parallelvorschrift findet sich in Art. 18 des Grundgesetzes: wer bestimmte, dort im einzelnen aufgeführte Grundrechte zum Kampf gegen die freiheitliche demokratische Grundordnung mißbraucht, verwirkt diese Grundrechte; die Verwirkung und das Ausmaß werden durch das Bundesverfassungsgericht ausgesprochen. In bezug auf diese beiden Vorschriften kann man wohl feststellen, daß sich die Beratende Landesversammlung wie auch der Parlamentarische Rat für einen staatsrechtlich »wehrhaften« Staat entschieden haben.

Es wäre zu wünschen, daß sich unsere jungen Staatsbürger der Bedeutung der Grundrechte, besonders des Rechts auf persönliche Freiheit, aber zugleich auch der Einbindung in das Staatsganze, stets bewußt bleiben und daran denken, daß diese Grundrechte in der Geschichte unseres Vaterlandes keineswegs immer so selbstverständlich waren wie in unserem heutigen Staatswesen. Es geht um die Sicherung von Gerechtigkeit und Frieden!

Ordnung des Gemeinschaftslebens nach dem Grundsatz der sozialen Gerechtigkeit

Unmittelbar im Anschluß an die Herausstellung der Rechte der Einzelpersönlichkeit findet sich in der Präambel die Formulierung des Verfassungsgebers: »das Gemeinschaftsleben nach dem Grundsatz der sozialen Gerechtigkeit zu ordnen«. Der Hervorhebung dieses Gedankens an privilegierter Stelle im Vorspruch zur Landesverfassung messe ich einen ganz besonderen Stellenwert zu. Die Mitglieder der Beratenden Landesversammlung haben also keineswegs nur an die Gewährleistung der Individualrechte gedacht, sondern von vornherein die Hineinbindung der Individualrechte in die Gemeinschaft ins Auge gefaßt.

Aufgrund von Gesprächen beim Inkrafttreten der Landesverfassung und vor allem bei der praktischen Anwendung der Verfassungsgrundsätze in der Spruchpraxis des Verfassungsgerichtshofes möchte ich sehr klar herausstellen, daß »Sozialgerechtigkeit« nicht zu eng verstanden werden kann. Zwar ist hierbei der Anspruch des sozial Schlechtergestellten an die Adresse der staatlichen Gemeinschaft selbstverständlich nicht übersehen worden. Aber der Ausdruck erschöpft sich nicht in diesem Anspruch, sondern geht erheblich weiter. Süsterhenn hebt in seinem Kommentar zutreffend die »Gemeinwohlgerechtigkeit« hervor, die nicht nur dem Individuum, sondern allen innerstaatlichen Gemeinschaften und sogar dem Staat selbst garantiert, daß »jedem das Seine« (suum cuique) zukommt, auf das er entsprechend seiner natürlichen Wesensfunktion Anspruch hat. In seinen Vorträgen und bei internen Beratungen wurde Süsterhenn nicht müde, das Gemeinwohldenken in den Mittelpunkt aller Überlegungen zu rücken. Individuum und Gemeinschaft sollen sich gegenseitig bedingen und verschränken. Sie sollen und dürfen keinen Gegensatz bilden. Ein einseitiger Liberalismus zugunsten des Individuums, aber auch eine einseitige Betonung des Gemeinschaftsgedankens zugunsten etwa einer Staatsomnipotenz oder gar im Sinne einer Vermassung sollen vermieden werden. Beide Extreme oder Pole sollen zu einer glücklichen Synthese zugunsten des Gemeinwohls geführt werden. Dabei muß klargestellt werden, daß in der Wertskala der Mensch als solcher an erster Stelle und der Staat an zweiter Stelle steht. In dem Bericht des Verfassungsausschusses anläßlich der dritten Sitzung der Beratenden Landesversammlung am 6. Dezember 1946 wurde ausdrücklich erklärt, daß »nach naturrechtlicher Auffassung der Mensch vor dem Staat« dagewesen sei; der Staat sei um des Menschen willen und nicht der Mensch um des Staates willen da. Der Staat sei nicht Selbstzweck, sondern habe die Aufgabe, das Wohl des einzelnen *und* das Gemeinwohl zu fördern.

Aus den einzelnen Vorschriften der Landesverfassung seien beispielhaft nur wenige Artikel herausgegriffen. Art. 15 LV gewährt nicht nur die Freizügigkeit für alle Deutschen, sondern unter anderem auch das Recht, jeden Erwerbszweig zu betreiben; auch dies war im sogenannten Dritten Reich keine Selbstverständlichkeit. Art. 15 ist in Verbindung mit Art. 58 LV zu sehen, der jeden berechtigt, »in Übereinstimmung mit den Erfordernissen des Gemeinwohls seinen Beruf frei zu wählen und ihn nach Maßgabe des Gesetzes in unbehinderter Freiheit auszuüben«. Diese landesrechtliche Verfassungsnorm wird zwar heute durch Art. 12 des Grundgesetzes über das Grundrecht auf freie Berufswahl und freie Berufsausübung überlagert. Bedenkt man aber, mit welchem Widerstand seitens der Besatzungsmächte, vor allem der insoweit äußerst liberalen Amerikaner, zwei Jahre später der Parlamentarische Rat bei der Abfassung des Art. 12 GG zu kämpfen hatte, so weiß man die schon 1947 verabschiedete Fassung des Art. 58 LV gebührend einzuschätzen. Eines Hinweises wert sein dürfte auch die Aussage in Art. 57 LV, wonach Sonntage und gesetzliche Feiertage arbeitsfrei sind, obgleich »Ausnahmen zuzulassen sind, wenn es das Gemeinwohl erfordert«, und daß das Arbeitsentgelt für die in die Arbeitszeit fallenden gesetzlichen Feiertage zu zahlen ist.

Die überpositivrechtliche Motivation des Verfassungsgebers zeigt sich eindeutig im Text des Art. 60 LV, wo es heißt: »Das Eigentum ist ein Naturrecht und wird vom Staat gewährleistet.« Aber sofort anschließend folgt die Einbindung dieses Grundrechts in das Staatsganze: »Eigentum verpflichtet gegenüber dem Volk. Sein Gebrauch darf nicht dem Gemeinwohl zuwiderlaufen« – für die »Väter« unserer Landesverfassung eine pure Selbstverständlichkeit, die zwei Jahre später vom Parlamentarischen Rat in Art. 14 GG noch prägnanter in klassischer Form fortgeschrieben wurde: »Eigentum verpflichtet. Sein Gebrauch soll zugleich dem Wohl der Allgemeinheit dienen.«

Kennzeichnend für die Zeit vor 40 Jahren war auch die in Art. 21 Abs. 2 LV enthaltene

Verpflichtung für jedermann, nach Maßgabe der Gesetze persönliche Dienste für Staat und Gemeinde zu leisten. Diese sogenannten »Hand- und Spann-Dienste« besaßen in der damaligen Notzeit eine nicht zu übersehende wirtschaftliche Bedeutung, charakterisierten aber andererseits die starke Einbindung des Individuums in das Gemeinwesen, in *sein* Gemeinwesen.

Die vorgenannten, nur beispielhaft angedeuteten Vorschriften der Landesverfassung gelten formell heute noch, wenngleich sie – was selbstverständlich nicht übersehen werden darf – durch zum Teil gleichlautende oder wenigstens inhaltsgleiche Normen des Bundesverfassungsrechts materiell überdeckt sind und deshalb im konkreten Einzelfall primär nur die Bundesnormen bemüht werden. Zwar bricht nach Art. 31 GG Bundesrecht das Landesrecht. Jedoch bleiben nach Art. 142 GG ungeachtet der Vorschrift des Art. 31 GG in Auswirkung des föderalen Prinzips Bestimmungen der Landesverfassungen auch insoweit in Kraft, als sie in Übereinstimmung mit den Artikeln 1 bis 18 GG Grundrechte gewährleisten. Auf die besondere Problematik dieser Regelung kann hier nicht näher eingegangen werden. Für den vorliegenden Abschnitt dieser Darstellung kam es darauf an, hervorzuheben, daß die Landesverfassung bereits zwei Jahre nach dem staatlichen Zusammenbruch des Jahres 1945 die Spannungslage zwischen Individuum und Gemeinschaft nicht nur klar erkannt, sondern auch praxisorientierte Lösungen im Sinne einer kooperativen Synthese, nämlich der »sozialen Gerechtigkeit«, angeboten hat.

Die formelle Sicherung der Verfassung

Im VII. Abschnitt der Landesverfassung findet sich unter der Überschrift »Der Schutz der Verfassung« unter anderem die Vorschrift über den Verfassungsgerichtshof. Nach Art. 134 LV wird ein Verfassungsgerichtshof gebildet, der aus dem Präsidenten des Oberverwaltungsgerichts als Vorsitzendem, drei weiteren Berufsrichtern und fünf Beisitzern besteht, die nicht die Befähigung zum Richteramt haben müssen. Mit Ausnahme des »geborenen« Vorsitzenden und dessen Stellvertreters werden die Mitglieder dieses obersten Landesgerichts vom Landtag gewählt.

In Art. 135 LV sind die Aufgaben des Verfassungsgerichtshofes als des obersten »Hüters der Verfassung« geregelt. Die wesentliche Aufgabe besteht in der Entscheidung darüber, ob ein Gesetz oder die Handlung eines Verfassungsorganes verfassungswidrig ist. Das Gericht wird aber nicht von Amts wegen tätig, sondern nur in einem besonders geregelten Verfahren auf Antrag einer der in Art. 130 LV genannten Stellen, wozu vor allem die Landesregierung und jede Landtagsfraktion sowie jede Körperschaft des öffentlichen Rechts gehören, die sich in ihren Rechten beeinträchtigt glauben. Besonders Körperschaften des öffentlichen Rechts haben in der Vergangenheit häufig von ihrem Antragsrecht Gebrauch gemacht, nicht nur in den Anfangszeiten unseres Staates, als noch vieles zu regeln war, sondern auch und gerade zu der Zeit, als im Rahmen der kommunalen Territorialreform zahlreiche kommunalrechtliche Gebilde, inbesondere die im Einzugsgebiet von Städten liegenden Gemeinden, gegen ihre vom Landtag beschlossene Auflösung und Eingemeindung in die Stadt den Verfassungsgerichtshof angerufen haben, in mehreren Fällen mit Erfolg.

Einige Monate nach Inkrafttreten der Landesverfassung, nämlich am 24. September 1947, fand unter dem Vorsitz des Ministerpräsidenten die Vereidigung der ersten vom Landtag gewählten ordentlichen und stellvertretenden Mitglieder des Verfassungsgerichtshofes statt. Bei dieser Gelegenheit bezeichnete Süsterhenn als Justizminister den Gerichtshof als »eines der wichtigsten Instrumente der Verfassung«. Dabei wies er auf die Befugnis des Gerichts hin, notfalls auch gegen das Parlament entscheiden zu können. Der Verfassungsgerichtshof solle es als seine höchste Aufgabe achten, das wahre Menschenrecht zu schützen und dort, wo es einmal verletzt sein sollte, wieder herzustellen (Notiz der Rheinzeitung Koblenz, zitiert nach »Rheinland-Pfalz 1947 bis 1962, Dokumente der Zeit«, S. 23). Damals konnte Süsterhenn wirklich nicht ahnen, daß er selbst einmal das Amt des Gerichtsvorsitzenden ausüben würde.

Erster Präsident des Verfassungsgerichtshofs war Dr. Biesten, der 1946 zusammen mit Süsterhenn an der Erarbeitung des privaten Vorentwurfs für die Landesverfassung betei-

Einladung zu einer öffentlichen Versammlung der CDU ins Koblenzer Stadttheater in den Anfängen des Landes.

ligt gewesen war. Nach seinem Ausscheiden folgte 1951 Adolf Süsterhenn, der wegen seines bei der Fahrt zum Parlamentarischen Rat in Bonn 1949 erlittenen schweren Autounfalls aus der für ihn vorgezeichneten politischen Laufbahn herausgeworfen wurde und anfangs der zweiten Wahlperiode des Landtags Rheinland-Pfalz als Regierungsmitglied ausgeschieden war. Als er 1961 ein Bundestagsmandat übernahm, wurde der Verfasser dieser Zeilen sein Nachfolger bis zur Erreichung der gesetzlichen Altersgrenze 1976. Vierter Präsident war von 1976 bis 1983 Prof. Dr. Heribert Bickel, der dann in das Amt des Justizministers unseres Landes berufen wurde. Seitdem ist Oberverwaltungsgerichtspräsident Jürgen Piwowarsky Vorsitzender des Verfassungsgerichtshofes.

Der Verfassungsgerichtshof hatte – abgesehen von der Anfangszeit – seinen Sitz jahrelang im Dienstgebäude des Oberverwaltungsgerichts am Rheinufer in Koblenz, der ehemaligen Dienstwohnung (bis 1945) des Koblenzer Regierungspräsidenten, unmittelbar neben dem früheren Dienstgebäude der Bezirksregierung Koblenz, wo sich heute das Bundesamt für Wehrtechnik und Beschaffung befindet. Seit 1977 befindet sich der Verfassungsgerichtshof im neuen Dienstgebäude des Oberverwaltungsgerichts am Deinhardplatz neben dem Koblenzer Stadttheater.

In seiner 40jährigen Geschichte haben sehr viele angesehene Persönlichkeiten dem Gerichtshof als Beisitzer angehört. Sie alle hier aufzuführen, würde den Rahmen dieser Zeilen sprengen. Im Laufe der Zeit hat der Landtag die Gewohnheit entwickelt, als berufsrichterliche Mitglieder möglichst die Präsidenten der beiden Oberlandesgerichte unseres Landes (Koblenz und Zweibrücken) sowie den Vizepräsidenten des Oberverwaltungsgerichts zu berufen, so daß auch von der personellen Besetzung her der Verfassungsgerichtshof als das höchste Gerichtsgremium unseres Landes angesehen werden kann.

Die Darstellung der Entwicklung dieses Gerichts im einzelnen wird wohl einem besonderen Beitrag, vielleicht aus Anlaß des 40. Jahrestages seiner Konstituierung, vorbehalten bleiben müssen. Hier kann nur festgestellt werden, daß der Gerichtshof seit seiner Errichtung im September 1947 den ihm gestellten Aufgaben nachgekommen ist und bestrebt war, in den an ihn herangetragenen Fällen die Grundgedanken unserer Verfassung zu wahren und ihnen zur Durchsetzung zu verhelfen, besonders aber dem Gemeinwohl zu dienen.

Bilanz

Theorie und Praxis sind zwei verschiedene Dinge. Ein Gesetz kann etwas Gutes vorgeschrieben und es gut gemeint haben. Wenn aber die Norm nicht in die Wirklichkeit umgesetzt wird, liegt etwas im argen. Das ist eine allgemeine Erkenntnis.

So ist man angesichts eines 40jährigen Jubiläums geneigt zu fragen, ob der in der Landesverfassung zum Ausdruck gekommenen Verfassungstheorie, die ihren Niederschlag in den einzelnen Verfassungsnormen einschließlich der Präambel gefunden hat, auch die Verfassungswirklichkeit entspricht. Ein solcher Vergleich fällt sicherlich zum allergrößten Teil positiv aus, das heißt zugunsten der Übereinstimmung von Theorie und Wirklichkeit, so daß man feststellen kann, daß sich unser Verfassungswerk in der Praxis bewährt hat. Dies gilt besonders mit Blick auf den demokratischen Aufbau und die Verfassungsorgane sowie die Grundrechte. Indessen scheint mir, was die für die Überschrift dieses Beitrags entscheidenden Eingangsworte der Präambel angeht, bei einem Vergleich zwischen Theorie und Praxis ein Fragezeichen nicht unangebracht zu sein. Dabei darf man allerdings nicht übersehen, daß zu der Zeit, da die Landesverfassung geschaffen wurde, in geistiger und weltanschaulicher Hinsicht in manchen Dingen noch andere Vorstellungen herrschten, als dies heute vielfach der Fall ist. Man muß sich auch bewußt sein, daß die eingangs zitierte Grundaussage der Präambel, wie bereits ausgeführt, nicht etwa »vollstreckungsfähig« ist. Dennoch sollte bei einer echten Würdigung dieses Teils der Präambel nicht unerwähnt bleiben, daß sich bisweilen ein sogenanntes »Vollziehungs-Defizit« bemerkbar macht, das dem Gesetzgeber zum Nachdenken Anlaß geben sollte. Dies gilt allerdings nicht allein für das Land, sondern auch für den Bund, dessen Verfassungspräambel mit den gleichen Worten wie unsere Landesverfassung beginnt. Wertet man einige Dinge der Verfassungswirklichkeit im Hinblick auf die Eingangsworte der Präambel, so mag man der Auffassung sein, daß der Grundgedanke dieser Einleitungsformel zwar nicht in Vergessenheit geraten ist, aber nicht immer in der ihm zukommenden Weise beachtet worden zu sein scheint. Hier dürfte sich die Schere zwischen Verfassungstheorie und Verfassungswirklichkeit weiter als in anderen Punkten des Verfassungsrechts geöffnet haben. Dem Verfasser dieser Zeilen als einem aufmerksamen Beobachter der politischen Situation von 1947, als die Landesverfassung beschlossen wurde, sei es nachgesehen, wenn er auf Entwicklungen hinweist, die dem idealistischen Geist des Einleitungssatzes der Präambel nicht so entsprechen, wie sich dies die meisten »Väter« unserer Landesverfassung und auch des Grundgesetzes damals vorgestellt haben. Hierbei denke ich vor allem an die Vorschriften über den sogenannten Schwangerschaftsabbruch. Wenn auch die grundlegende Strafrechtsnorm dem Bundesrecht angehört und in die ausschließliche Zuständigkeit des Bundes fällt, so sind in diesem Punkte kraft der föderalen Struktur unserer Bundesrepublik Bund wie Länder in gleicher Weise angesprochen, weil die Bezugnahme auf Gott in der Verfassungspräambel, wie schon mehrfach betont, inhaltsgleich im Grundgesetz und in den Verfassungen vieler Bundesländer enthalten ist. Dabei wird nicht übersehen, daß es sich um ein offenbar fast weltweites Problem handelt, das deshalb nichtsdestoweniger die Verantwortung

»Im Bewußtsein der Verantwortung vor Gott...«

Oben: Dieser Abstimmungszettel wurde am 18. Mai 1947 der Bevölkerung von Rheinland-Pfalz vorgelegt. Unten: Stimmzettel für den Wahlkreis 1 für die am gleichen Tag abgehaltene Landtagswahl.

```
┌─────────────────────────────────────────────┐
│           Rheinland-Pfalz                   │
│      Volksabstimmung am 18. Mai 1947        │
├─────────────────────────────────────────────┤
│      Stimmen Sie für die Verfassung?        │
│      JA   O        |      NEIN   O          │
├─────────────────────────────────────────────┤
│    Stimmen Sie insbesondere für die         │
│    Schulbestimmungen? (Art. 27—40)          │
│      JA   O        |      NEIN   O          │
└─────────────────────────────────────────────┘
```

Stimmzettel 1

Rheinland-Pfalz Landtagswahl am 18. Mai 1947	
1. Wahlvorschlag CDU Dr. Bieroth — Matthes — Wetzel — Trapp	O
2. Wahlvorschlag SP Steffan — Calujek — Cronenbold — Beckenbach	O
3. Wahlvorschlag KP Baumann — Halein — Janecek — Lein	O
4. Wahlvorschlag LP Steger — Lahr — Wohlleben — Feldmann	O

derjenigen herausfordert, die unsere Verfassungen in die Verfassungswirklichkeit zu übersetzen haben. Unter anderem kann auch die vieldiskutierte Frage nicht ausgeklammert werden, ob der sogenannte Schwangerschaftsabbruch »auf Krankenschein« finanziert werden darf, das heißt von einer Versichertengemeinschaft, deren Mitglieder zu einem beachtlichen Teil andere Auffassungen über den Stellenwert des ungeborenen Lebens vertreten. Ein Satz, der im Jahre 1986 im Bundestag von einer Abgeordneten zitiert und dann von einer rheinland-pfälzischen Zeitschrift aufgegriffen wurde, hat mir in diesem Zusammenhang sehr imponiert: »Man hat kein Maß mehr für nichts, wenn das Menschenleben nicht mehr das Maß ist.« (Elias Canetti in »Provinz des Menschen«). Videant consules!

Eine gute Gelegenheit zur Bewährung der Einleitungsworte der Präambel in der praktischen Politik wird sich auch bei der gesetzlichen Regelung der Probleme der Fortpflanzungsmedizin ergeben, soweit es zum Beispiel um die Zulässigkeit von Fremd-Insemination und die Zeugung von Embryonen durch künstliche Vereinigung von Ei und Samen außerhalb des Mutterschoßes (sogenannte In-vitro-Fertilisation) geht.

Winfried Baumgart hat in seinem bereits oben erwähnten Aufsatz über »Voraussetzungen und Wesen der rheinland-pfälzischen Verfassung« (in: Klaas, Die Entstehung der Verfassung für Rheinland-Pfalz, S. 32) nicht zu Unrecht die Frage gestellt, ob der Sinngehalt, wie ihn die Verfassungsgeber seinerzeit gemeint haben, heute noch von allen, die mit dieser Verfassung leben, ohne wesentliche Einschränkung bejaht werde oder ob das

Hier wird am 11. November 1966 eine Sitzung des Verfassungsgerichtshofes eröffnet, der seit 1978 seinen Sitz beim Oberverwaltungsgericht in Koblenz, Deinhardplatz 4, hat.

Der französische Oberkommandierende in Deutschland, Pierre Marie Koenig (1898 bis 1971), genehmigt die Gründung politischer Parteien »demokratischen und anti-nationalsozialistischen Charakters«.

VERORDNUNG Nr. 23
des Commandant en Chef betreffend Gründung politischer Parteien demokratischer und anti-nationalsozialistischer Richtung im französischen Besetzungsgebiet

Der Commandant en Chef Français en Allemagne *erläßt auf Vorschlag des* Administrateur Général Adjoint *pour le Gouvernement Militaire de la Zone Française d'occupation nach Anhörung des* Comité Juridique *unter Bezugnahme auf*

Dekret vom 15. Juni 1945 über die Bildung eines Commandement en Chef Français en Allemagne, *abgeändert durch Dekret vom 18. Oktober 1945,*

Verordnung Nr. 1 des Commandant en Chef *vom 28. Juli 1945 über Aufrechterhaltung der vom* Commandement Suprême Interallié *oder unter seiner Befehlsgewalt erlassenen Verordnungen und Bestimmungen,*

Gesetz Nr. 5 des Commandement Suprême Interallié *über Auflösung der National-sozialistischen Partei*

folgende

VERORDNUNG

ART. 1. Die Gründung politischer Parteien demokratischen und anti-nationalsozialistischen Charakters wird gestattet.

ART. 2 Die Parteien dürfen ihre Tätigkeit nur nach besonderer Genehmigung durch das Gouvernement Militaire *ausüben*

ART. 3. Die genehmigten Parteien haben das Versammlungsrecht und das Recht der Propaganda, vorbehaltlich allgemeiner und besonderer Bestimmungen, die die öffentliche Ordnung notwendig machen. Die Ausübung des Versammlungsrechts unterliegt der vorherigen Zustimmung des Gouvernement Militaire.

ART. 4. Die Organisationen, deren Gründung die Parteien sich veranlaßt sehen ins Auge zu fassen, müssen den sich hierauf beziehenden Vorschriften entsprechen.

ART. 5. Jede Zuwiderhandlung gegen die bestehende Regelung und jede Aenderung des Charakters einer Partei können die Zurückziehung der Genehmigung zur Folge haben, unbeschadet der strafrechtlichen Ahndungen, denen sich gegebenenfalls die leitenden Personen aussetzen.

ART. 6. Der Administrateur Général Adjoint pour le Gouvernement Militaire de la Zone Française d'Occupation *wird mit der Durchführung dieser Verordnung beauftragt, die im Amtsblatt des französischen Oberkommandos in Deutschland zu veröffentlichen ist.*

BADEN-BADEN, den 29. November 1945

Le Général de Corps d'Armée Koenig
Commandant en Chef Français en Allemagne
P. KOENIG

In Bombennächten in Trümmer gesunken und wiederaufgebaut im Zeichen des »Wirtschaftswunders«: Koblenz, die Stadt an Rhein und Mosel. Beide Fotos zeigen den Blick auf den heutigen Friedrich-Ebert-Ring, den früheren Kaiser-Wilhelm-Ring.

Bekenntnis zu den Grundsätzen der Verfassung nurmehr eine unverbindliche Deklamation darstelle. Ich persönlich bin der Meinung, daß diese Grundsätze auch heute noch einer breiten Zustimmung gewiß sind, aber bisweilen einer konsequenteren Übertragung in den politischen Alltag würdig wären.

Anläßlich eines 40jährigen Verfassungsjubiläums mag die Mahnung angebracht sein, die Verbindung mit der Vergangenheit des Jahres 1947 nicht zu vergessen sowie sich dem Erbe und dem Auftrag des Verfassungsgebers von 1947 würdig zu erweisen. Denken wir stets daran: über allen menschlichen Gesetzen und Handlungen steht letztlich die höhere Gerechtigkeit: Gott, der Urgrund des Rechts.

»Im Bewußtsein der Verantwortung vor Gott...«

Seite 38:
Zwischen den Türmen der Florinskirche und dem Alten Kaufhaus in Koblenz befindet sich das Schöffenhaus mit seinem repräsentativen Erker. Er trägt die erste Jahreszahl des Aufbaues 1530, das Wappen des Kurfürsten Richard von Greiffenklau und die Schöffenrose.

Rheinland-Pfalz – Persönlich

Fritz Duppré

Einübung in die Politik unter Peter Altmeier

Als der Zonenbefehlshaber General Koenig die Schaffung eines Landes verkündete, dessen Hauptstadt Mainz sein sollte, löste er mehr Staunen als Zustimmung aus. Was mochten die Franzosen im Schilde führen, fragte man sich. Wäre das Saargebiet dabei gewesen, hätte es vom räumlichen Zusammenhang her einen Sinn ergeben. Der vom Morgenthauplan erschreckten und von Demontagen bedrohten, von bitterer Not geplagten Bevölkerung, deren Hunger sich in der Darstellung heutiger Autoren fast wie eine unfreiwillige Diätkur ausnimmt, fehlte jede Kenntnis der besatzungspolitischen Ziele und verständlicherweise die spontane Bereitschaft, auf Geheiß der Besatzungsmacht zu einer neuen, räumlich begrenzten und politisch eingeschränkten Staatlichkeit aufzubrechen. Daß es ein Schritt in die richtige Richtung sein könnte, um aus der Enge der kleinen Verwaltungsräume herauszukommen und größeren politischen Spielraum zu gewinnen, wurde nicht bestritten. Sollte man aber das Wagnis eines deutschen Kleinstaates mit besatzungsrechtlichem Geburtsschein eingehen? Es blieb keine andere Wahl, als aus der Gunst der Stunde das Beste zu machen und in dem von der Besatzung gewährten Freiraum deutsche Politik zu gestalten, so gut es ging.
Haben deutsche Stellen oder Persönlichkeiten am Erlaß der Verordnung Nr. 57 direkt oder indirekt mitgewirkt? Winfried Baumgart wirft diese Frage auf, wenn er in einem Aufsatz schreibt: »Altmeier scheint auch seit dem Juli 1946 Verhandlungen mit der Militärregierung über ein aus den bisherigen Regierungsbezirken zu gründendes Land Rheinland-Pfalz aufgenommen zu haben. Ihm ist also ein gewisser Anteil – die Details sind heute noch nicht bekannt – an der Ordonnanz vom 30. August 1946 zuzuschreiben, obwohl die Initiative natürlich bei der Militärregierung lag.«[1] Daß Altmeier schon im Juli 1946 aus eigenem Antrieb Verhandlungen mit der Militärregierung in der erklärten Absicht der Gründung eines neuen Landes heutigen Zuschnitts aufgenommen haben soll, halte ich für unwahrscheinlich. Er selber, der gerne und ausführlich über seine Tätigkeit während der Gründerzeit sprach, hat darüber nie ein Sterbenswort verlauten lassen. Fest steht lediglich, daß der Präsident des neu aus den vier ehemals nassauischen Kreisen gebildeten Regierungsbezirks Montabaur sich – unterstützt von dem französischen Bezirksdelegierten Chevalier – für die Integration dieser neuen Verwaltungseinheit in den Bereich des Oberregierungspräsidiums Rheinland-Hessen-Nassau einge-

setzt hat. Schon bei seiner Amtseinführung am 24. Mai 1946 hatte er »die Verflechtungen der Beziehungen diesseits und jenseits des Rheins und die Zusammengehörigkeit der Menschen« herausgestrichen und in seiner praktischen Arbeit gefördert. Aber ihm darüber hinaus für den damaligen Zeitpunkt die Absicht oder gar den Anstoß für die Gründung dieses Landes zu unterstellen, dürfte meines Erachtens nicht angehen. Die Entscheidung, das Oberpräsidium Rheinland-Hessen-Nassau und das der Pfalz zu einem Lande zu verschmelzen, entsprang ohne Zweifel ausschließlich dem Kalkül der damals in Wandlung begriffenen französischen Besatzungspolitik.

Die Volksabstimmung vom 18. Mai 1947 brachte mit 53 Prozent (= 579 002) kein überwältigendes Ergebnis; auf die Gründe einzugehen muß ich mir hier versagen.[2] Ich selber konnte mein Stimmrecht nicht ausüben, da ich infolge der schwierigen Verkehrslage am Wahltag ortsabwesend war. Die Gemeindebehörde war mangels Formular außerstande, mir einen Wahlschein auszustellen. Ich war also nicht in der Lage, der Verfassung (samt den Schularticken) meine Zustimmung zu geben. Diese politische Abstinenz hätte mich noch mehr geärgert, wenn ich geahnt hätte, wie eng meine Beziehung zu diesem Lande werden sollte.

Im Januar 1948 wurde ich nämlich zusammen mit meinem leider zu früh verstorbenen Kollegen und Freund Bernhard Bohmeier zur Dienstleistung in die Staatskanzlei einberufen. Hinter der vornehmen Adresse verbarg sich eine bescheidene Behörde, die abgesehen von dem Chef Dr. Hanns Haberer aus zwei – sage und schreibe zwei – Beamten des höheren Dienstes bestand. Während der Regierungsrat Adolf Urban die gesamten Personalien des höheren Dienstes des Landes einschließlich der noch anhängigen Entnazifizierungsverfahren bearbeitete, war der Oberverwaltungsgerichtsrat Dr. Egon Schunck für die Gesetzgebung zuständig, das heißt für die technische Abwicklung der Gesetzgebungsverfahren einschließlich der dazugehörigen Genehmigung durch die Militärregierung. Das war ein schwieriges Geschäft, in das mich der ironisch gestimmte Dr. Schunck sofort hineinschickte, da er im Begriff stand, zum neu errichteten Landesverwaltungsgericht abzuwandern, und außerdem sein Nebeninteresse der Schriftleitung des »Rheinisch-Pfälzischen Verwaltungsblattes« galt, dessen Existenz ich bei dieser Gelegenheit dem Vergessen entreißen möchte. Leider hat diese originelle, speziell auf das Land zugeschnittene Publikation das mit der Währungsreform einsetzende Zeitschriftensterben nicht überstanden. Sehr zu meinem Leidwesen, denn ich war ein eifriger Mitarbeiter.

Mit einem »Laisser-passer« der »Délégation Générale pour le Gouvernement Militaire de L'Etat Rhéno-Palatin« hatte ich freien Zugang (autorisé à pénétrer dans les locaux du Gouvernement) zu dem für mich zuständigen »Chef des Affaires Administratives« namens Jean Schmitt, mit dem ich die Verhandlungen auf Französisch begann und in deutscher Sprache beendete, da ich mich vergewissern wollte, daß wir uns in der Sache wirklich verständigt hatten. Mein Gesprächspartner ließ mit einem verschmitzten Zwinkern hinter seinen Brillengläsern erkennen, daß er sich in Recht und Praxis der deutschen Verwaltung sehr wohl auskannte. Woher er die Kenntnis hatte, blieb sein Geheimnis; danach habe ich auch nie gefragt. Einmal hatte er sich verrannt, als er darauf beharrte, die von den Ressortministern erlassenen Rechtsverordnungen mit der dem deutschen Verwaltungsrecht fremden und höchst mißverständlichen Bezeichnung »Landesverfügung« zu versehen. Das brachte uns lehramtliche Schelte ein, die mich verdroß, so daß ich Gegenvorstellungen erhob. Schließlich haben wir uns darauf verständigt, daß die Bezeichnung »Landesverfügung« nur für reine Verwaltungsbestimmungen Anwendung finden sollte. Ein etwas schrulliges, aber doch bezeichnendes Beispiel, in welchem Umfang die Besatzungsmacht in die Verwaltung indirekt hineinregierte.

Der landläufigen Meinung, daß mit dem Inkrafttreten der Verfassung der Landtag und die Landesregierung Herr im eigenen Hause geworden seien, stand die am 9. Juni 1947 vom Zonenbefehlshaber erlassene Verordnung Nr. 95 betreffend die Machtbefugnisse der Länder – sozusagen ein Vorläufer des Besatzungsstatuts auf Landesebene – entgegen, die die Geltung des bislang erlassenen Besatzungsrechts festschrieb, die Regelung einer nicht geringen Anzahl von Materien dem Zonenbefehlshaber vorbehielt und schließlich die Behandlung weiterer Rechtsgebiete, wie beispielsweise des Erziehungswesens, von einer vorherigen Anzeige abhängig machte. Außerdem durften die von den Behörden des Landes beschlossenen Gesetze und Verordnungen erst nach Genehmigung des Commandant en Chef Français en Allemagne verkündet werden. Diese Genehmigungen zu betreiben war meine Hauptaufgabe. In der Praxis sah dies so aus: Von allen Gesetzen und Verordnungen mußte ich zehn Exemplare in deutscher und französischer Sprache vorlegen, einschließlich der darin hergestellten Bezüge auf andere Gesetze und Verordnungen, und zwar in dem Umfange, wie es für das Textverständnis erforderlich war. Berge von Papier! Damit war eine starke Verzögerung des Inkrafttretens verbunden, da nicht selten Monate vergingen, bis die Genehmigung erteilt wurde, ganz zu schweigen von den Fällen, wo die Entscheidung überhaupt ausblieb und die Gesetze deshalb nicht in Kraft treten konnten. (In der ersten Legislaturperiode sind auf diese Weise 23 vom Landtag beschlossene Gesetze untergegangen.)

Die Verhältnisse besserten sich im Juli 1948 mit der Einführung des stillschweigenden Genehmigungsverfahrens: Ich ließ mir die Vorlage der Gesetze schriftlich bestätigen; erfolgte innerhalb einer Frist von 20 Tagen kein ausdrücklicher Einspruch, stand der Verkündung nichts im Wege. In einigen Fällen ist es mir gelungen, dem ausdrücklichen Wunsch des Ministerpräsidenten nach Fristverkürzung zum Erfolg zu verhelfen. Öfter ist es aber vorgekommen, daß durch Rückfragen hinsichtlich des Textverständnisses oder

Das Gründungsdekret des Landes Rheinland-Pfalz vom 30. August 1946.

Première Année — No 35   Le Numéro: 0 Mark 40   Vendredi 30 Août 1946

JOURNAL OFFICIEL
DU COMMANDEMENT EN CHEF FRANÇAIS EN ALLEMAGNE
GOUVERNEMENT MILITAIRE DE LA ZONE FRANÇAISE D'OCCUPATION

Amtsblatt des französischen Oberkommandos in Deutschland

Ordonnances, Arrêtés et Règlements. Décisions réglementaires Décisions. Circulaires. Avis. Communications. Informations. Annonces légales	Verordnungen. Verfügungen. Beschlüsse. Ausführungsbestimmungen. Anordnungen. Runderlasse. Benachrichtigungen. Mitteilungen. Amtl. Veröffentlichungen, Öffentl. Zustellung

Le texte français seul fait foi, la traduction n'ayant qu'un caractère d'information.
Allein der französische Text ist amtlich; die deutsche Übersetzung gilt nur als Information.

Direction Rédaction. Administration | Leitung. Redaktion. Verwaltung
Journal Officiel, Hôtel Badischer Hof Baden-Baden

Abonnement: 25 numéros, 10 Marks. Annonces légales: 3 pfg la ligne.	*Abonnement*: 25 Blätter: 10 M Öffentliche Zustellung die Zeile 3 Pfg.

Pour toute réclamation joindre la dernière bande reçue | **Jeder Reklamation ist das letzte Streifband beizufügen**

SOMMAIRE   Pages | INHALT   Seite

Ordonnances, Arrêtés et Décisions du Commandement en Chef Français en Allemagne | Verordnungen, Verfügungen und Anordnungen des Commandement en Chef Français en Allemagne

---

ORDONNANCE No 57

ART. Premier : Il est créé un *Land* comprenant la Province du PALATINAT et les districts rhénans actuels de TRÈVES, COBLENCE, MAYENCE et MONTABAUR.

ART. 2. — Le siège de ce *Land* est fixé à MAYENCE. L'installation y sera effectuée dès que les circonstances matérielles le permettront.

ART. 3. — Une Assemblée Consultative, composée de représentants élus des territoires énumérés à l'article premier, sera constituée aussitôt après les élections du 13 Octobre, dans les conditions qui seront précisées ultérieurement.

ART. 4. — Le Gouvernement Provisoire du *Land* sera constitué, après consultation de l'Assemblée, et au plus tard au 30 Novembre.

ART. 5. — L'Assemblée Consultative établira, en accord avec le Gouvernement Provisoire, un projet de constitution qui devra, en particulier, définir les rapports entre les différentes parties du nouveau *Land*. Le projet de constitution sera soumis à referendum.

ART. 6. — Une Commission mixte, composée des membres des „Oberpräsidium" de RHÉNANIE, HESSE-NASSAU et de HESSE-PALATINAT, est chargée de préparer en matière constitutionelle les travaux de l'Assemblée Consultative, et de mettre au point le régime transitoire devant régir le *Land* jusqu'à l'approbation par voie de referendum de la Constitution.

BADEN-BADEN, le 30 Août 1946.

Le Général d'Armée KOENIG
Commandant en Chef Français en Allemagne
P. KOENIG.

VERORDNUNG Nr. 57

Artikel 1. Es wird hiermit ein Land geschaffen, welches die Pfalz und die gegenwärtigen Regierungsbezirke Trier, Koblenz, Mainz und Montabaur umfaßt.

Artikel 2. Als Hauptstadt dieses Landes wird Mainz bestimmt, wo die Regierung ihren Sitz haben wird, sobald die entsprechenden wohnlichen Voraussetzungen geschaffen werden konnten.

Artikel 3. Eine beratende Versammlung, die sich aus den erwählten Vertretern der im Artikel 1 bezeichneten Gebiete zusammensetzt, wird alsbald nach den Wahlen vom 13. Oktober, gemäß den Bedingungen gebildet, die später bekannt gegeben werden.

Artikel 4. Die vorläufige Regierung des Landes wird nach Befragen der oben erwähnten Versammlung und zwar spätestens am 30. November gebildet werden.

Artikel 5. Die beratende Versammlung wird im Einvernehmen mit der vorläufigen Regierung einen Verfassungsentwurf ausarbeiten, der insbesondere die Beziehungen zwischen den verschiedenen Teilen des neuen Landes festlegen soll. Über den Verfassungsentwurf wird durch Volksentscheid entschieden werden.

Artikel 6. Eine gemischte, aus den Mitgliedern der Oberpräsidien Rheinland-Hessen-Nassau und Hessen-Pfalz zusammengesetzte Kommission ist damit beauftragt, die Arbeit der beratenden Versammlung gemäß der Verfassung vorzubereiten und die Verwaltung der Übergangszeit festzulegen, der das Land bis zur Billigung der Verfassung durch den Volksentscheid unterstellt bleibt.

BADEN-BADEN, den 30. August 1946.

Der Général d'Armée KOENIG
Commandant en Chef Français en Allemagne
P. KOENIG.

bezüglich der finanziellen Auswirkungen die laufende Frist unterbrochen wurde. Dann hatte ich meine liebe Not, möglichst schnell die gewünschten Unterlagen beizubringen und zu erläutern. In aller Regel suchte ich mit Commandant Jean Schmitt ins reine zu kommen. Fühlte dieser sich in seiner Kompetenz überfordert, verwies er mich an die gleichbleibend freundliche und hilfsbereite Madame Bourquin im Secrétariat Général. Wimmelte diese mich mit der Floskel »nous sommes au courant« ab, dann wußte ich, daß ich nichts mehr ausrichten konnte.

Meist folgte eine Dienstnote – auf gut Deutsch ausgedrückt eine Weisung, bei deren Formulierung sich die Franzosen der ganzen Eleganz und aller Stilmittel ihrer Sprache bedienten, um in abgestufter Form ihrer Mißbilligung Ausdruck bzw. ihren Wünschen Nachdruck zu verleihen, gelegentlich verstärkt durch handschriftliche Unterstreichungen oder Zusätze, wenn der unterzeichnende Gouverneur sein persönliches Interesse bekunden wollte. Daß bei der unterschiedlichen Interessenlage die Beziehungen stets spannungsfrei gewesen seien, kann man auch im verklärten Licht der späten Rückerinnerung nicht behaupten. Regelmäßige Dienstbesprechungen in Koblenz oder Baden-Baden gaben die Gelegenheit zur Klärung der Standpunkte und zur Beilegung von Meinungsverschiedenheiten. So konnte das Ansinnen der Militärregierung, dem an der Côte d'Azur lebenden ehemaligen Separatistenführer Dr. Dorten eine Rente zu zahlen, durch energische Gegenvorstellungen im stillen Kämmerlein abgebogen werden. Aufregender verlief der Streit um die Genehmigung des vom Landtag am 8. April 1948 verabschiedeten Kriegsopferversorgungsgesetzes – ein Fall, den Altmeier selber öfters erwähnte, da das aus finanziellen Gründen eingelegte Veto erst durch die öffentliche Weigerung des Landtags, seine Hand zu einer nochmaligen Verschlechterung des Gesetzes zu bieten, und die damit verbundene Androhung des Rücktritts der Landesregierung überwunden werden konnte.

Im Mai 1948 zog der bis dahin mit seinem Sekretariat auf dem Oberwerth residierende Ministerpräsident zur Staatskanzlei in das alte Oberpräsidium am Clemensplatz um; gleichzeitig übernahm der aus dem Justizministerium kommende Ministerialrat Hubert Hermans die Abteilung »Gesetzgebung und Verwaltung«, womit sich in der Spitze der Behörde die ungewöhnliche Konstellation ergab, daß neben dem Ministerpräsidenten auch der Chef der Staatskanzlei und sein Stellvertreter Mitglieder des Landtags waren; die für den ersten Landtag erlassene Wahlordnung hatte für Inkompatibilitätsfälle noch keine Regelung getroffen. Das Problem »Amt und Mandat« stellte sich in einer Weise, wie sie komplexer kaum erdacht werden kann. Friktionen sind auch nicht ausgeblieben. In diese Zeit fällt meine erste persönliche Begegnung mit Peter Altmeier, der mich eines Morgens unversehens in sein Amtszimmer bestellte. Zuvor war ich Peter Altmeier nie begegnet, kannte nur seine amtlich verbreiteten Lebensdaten, aus denen hervorging, daß es sich um einen Nachwuchspolitiker der früheren Zentrumspartei handelte, der als Demokrat mit untadeliger Vergangenheit maßgeblich an dem Ausbau der CDU beteiligt und in ihr rasch zu Ansehen und Einfluß gelangt war. Natürlich war mir nicht entgangen, daß in Koblenz und anderswo einige im politischen Wartestand befindliche Zeitgenossen sich hinter vorgehaltener Hand die Mäuler zerrissen, daß ein derartiger Außenseiter plötzlich zum Regierungspräsidenten von Montabaur ernannt und jetzt an die Spitze der von ihnen wenig geliebten Landesregierung gestellt worden war. Andere mutmaßten, daß Altmeier mit Hilfe seiner Koblenzer Hausmacht die Wiederbestellung von Dr. Boden verhindert habe, ein Gerücht, das der historischen Nachprüfung nicht standhält. Fest steht, daß der französische Gouverneur unter allen verfügbaren Politikern ihn am ehesten in der Lage sah, die von ihm gewünschte Allparteien-Regierung auf die Beine zu stellen. Noch 40 Jahre später hat Boislambert bestätigt, daß er Altmeier persönlich ausgesucht habe.[3] Altmeier war sich dieses Vertrauensvorschusses bewußt und hat ihn auch zu nutzen verstanden.

Aber zurück zu meiner Vorstellung: Noch im Stehen musterte mich Altmeier – für mein Gefühl einige Augenblicke zu lang –, bevor er mir Platz vor seinem Schreibtisch, von ihm stets Pult genannt, anbot. Derweil maß ich diskret seine untersetzte Statur und sein rundes Gesicht mit der starken Nase und der vorgeschobenen Unterlippe. Die hohe und breite Stirn mit dem pechschwarzen, straff gebürsteten Haaransatz verlieh dem Kopf einen unverwechselbaren Ausdruck. Nach den üblichen Fragen nach Herkunft und Lebensweg stellten wir fest, daß wir beide gebürtige Saarländer waren. Das veranlaßte meinen Dienstherrn zu einem Exkurs in seine an der Saar verbrachten Kinderjahre, wobei er mit sichtlichem Vergnügen sich des saarländischen Dialektes bediente. Sehr bald kam er aber zur Sache und sagte, was er von mir erwarte. Ich kann nicht sagen, daß mich bei dieser ersten Begegnung der »coup de foudre« getroffen hätte. Lange brauchte ich allerdings nicht, um dahinter zu kommen, daß Altmeier in seiner von Intellektualismus nicht angekränkelten Denkungsart es vermochte, auch auf Gebieten, auf denen er kein Fachmann war, sich ein eigenes Urteil zu bilden und über die Gabe verfügte, zwischen Geschwätz (von ihm »Maulschwarterei« genannt) und Sachverstand zu unterscheiden. Hinzu kam bei ihm die Kraft der Überzeugung und die Beständigkeit in der Durchsetzung seiner Ziele.

Von der organisatorischen Zusammenfassung und von der Parlamentstätigkeit auch der beiden Spitzenbeamten gingen starke Impulse auf die Staatskanzlei aus. Das war deutlich zu spüren und festigte das Selbstverständnis der auch in ihrem Altersaufbau jungen Behörde. Es machte uns Spaß, über den eigenen Schreibtisch hinweg unmittelbar in die Politik hineinzusehen und daran tätigen Anteil zu nehmen. Wir wurden an der langen Leine geführt. Ohne Vorgabe der Themen konnte ich vor dem Mikrophon des Koblen-

Peter Altmeier, von 1947 bis 1969 Ministerpräsident, am Rednerpult in der provisorischen Hauptstadt Koblenz vor den Abgeordneten.

zer Senders (von Monsieur Perlstein nur mäßig zensiert) die »Stimme der Landesregierung« riskieren, bei Routinefragen in den Parlamentsausschüssen die Auffassung der Landesregierung vortragen und in die Fraktion hineinsehen, wenn Akten verlangt oder Auskünfte gewünscht wurden. (Ein wissenschaftlicher Parlamentsdienst war noch nicht einmal im Gespräch.) Die regelmäßige Teilnahme an den Plenarsitzungen brachte mich dem Verständnis der Politik und der Politiker näher, und ohne die Nase allzu forsch in den Wind zu stecken, lernte ich Motive, Interessen und Ambitionen zu unterscheiden, bis jener Sinn bei mir entwickelt war, den man »politisches Gespür« nennt. Freilich war allgemein die politische Kultur noch nicht so ausgebildet, daß ich die Bezeichnung »Parteifreund« als den Superlativ des genauen Gegenteils dessen erkannt hätte, was der eigentliche Wortsinn hergibt.

Als im Frühjahr 1948 die Westmächte ihre neue Deutschlandpolitik einleiteten, kam Hoffnung auf. Der Verkündung des Marshallplans und der Errichtung der Organisation für wirtschaftliche Zusammenarbeit folgte am 20. Juni die Währungsreform. Es fehlte noch die staatliche Neuordnung der drei westlichen Besatzungszonen, worüber die USA, Großbritannien und Frankreich gemeinsam mit den Benelux-Ländern in London Empfehlungen ausgearbeitet hatten, was in den drei bekannten Dokumenten seinen Niederschlag fand. Diese Dokumente wurden am 1. Juli 1948 in Frankfurt von den Militärgouverneuren den Ministerpräsidenten der Länder übergeben. Mit der Ein-

Sowohl die Beratungen zum Verfassungsentwurf als auch die ersten Sitzungen des neuen rheinland-pfälzischen Landtags erfolgten für die Politiker der »ersten Stunde« unter einfachsten äußeren Bedingungen.

ladung seiner Kollegen zur gemeinsamen Besprechung dieser Papiere in das Berghotel »Rittersturz« bei Koblenz hatte Altmeier einen beachtlichen politischen Erfolg, da in der Wahl des Ortes der Wille aller Beteiligten zum Ausdruck kam, den sogenannten »seidenen Vorhang« zu beseitigen und die französische Zone mit der Bi-Zone zu verschmelzen.

In den Erinnerungen von Carlo Schmid hat diese Konferenz der Ministerpräsidenten vom 8. Juli bis 10. Juli nicht die rechte Würdigung gefunden. Schmid schreibt[4]: »Ich wollte vor meiner Wortmeldung erst einige Ministerpräsidenten der größeren Länder hören. Als sich aus dem Verlauf der Diskussion kein zusammenhängendes Konzept einer das Problem, vor dem wir standen, ganz umreißenden politischen Linie ergab, nahm ich als Stellvertretender Staatspräsident meines Landes das Wort.« Das liest sich so, als habe er die allgemeine Richtung bestimmt. Diese solipsistische Betrachtung entspricht nicht dem tatsächlichen Ablauf der Verhandlungen. Es gibt ein Protokoll über diese Konferenz; dabei handelt es sich zwar nicht um eine stenografische Niederschrift im strengen Sinne, jedoch um eine Aufzeichnung, die den Gang der Beratungen und die Stellungnahme der Teilnehmer durchweg wörtlich wiedergibt. Darin ist nachzulesen, daß sich alle Länderchefs der Reihe nach in der Generaldebatte zu den Vorschlägen der Militärregierung geäußert haben, und zwar so eindeutig, daß der vorsitzende Ministerpräsident Altmeier zusammenfassend sagen konnte: »Wenn ich nun die bisher geführte Generaldebatte, insbesondere die Berichte und Auffassungen der Herren Ministerpräsidenten, zusammenfasse, so darf ich zu meiner Freude feststellen, daß in wesentlichen Fragen durch die Aussprache bereits eine Übereinstimmung festgestellt werden kann.«

Das erste Kabinett Altmeier auf der Regierungsbank im Koblenzer Rathaus. Erste Reihe von links: Stübinger, Hoffmann, Neumayer, Süsterhenn, Steffan, Altmeier. Zweite Reihe: Bökenkrüger, Feller, Junglas.

Die bestehenden Meinungsverschiedenheiten über die Qualität des zu schaffenden Staatswesens wurden überbrückt von dem Willen, diese Chance nicht zu verpassen. Während der Konferenz war ich gemeinsam mit Wilhelm Froitzheim und Bernhard Bohmeier mit den protokollarischen Aufgaben betraut, ein ebenso interessantes wie schwieriges Geschäft. So mußte ich den ungeladenen Abgeordneten August Hausleitner aus München, der die Rezeption listig überrumpelt hatte, buchstäblich ausquartieren, um dem später eintreffenden Hamburger Bürgermeister Max Brauer die für ihn reservierte Unterkunft freizumachen und – ebenso beispielsweise erwähnt – den aus dem dunkeln kommenden Reporter Fred Simson von seinem Lauscherposten an der Konferenztür ins Freie transferieren, womit ich mir für seinen am gleichen Tag gesendeten Rundfunkkommentar die Bezeichnung »brauner Assessor« einhandelte. In angenehmer Erinnerung habe ich Frau Bürgermeister Luise Schröder aus Berlin, der ich Fernsprechverbindungen mit dem Berliner Magistrat vermittelt habe. Beim Korrekturlesen der Kommissionsvorschläge und Beschlußentwürfe, die die Damen des Sekretariats trotz häufiger Änderungen unverdrossen immer wieder von neuem schrieben, gewann ich einen guten Einblick in den Gang der Verhandlungen. Wenn ich die Papiere in den von dichtem Zigarrenrauch erfüllten Konferenzsaal hineinbrachte, habe ich Augen und Ohren aufgesperrt und mir die Redner aus der Nähe angesehen, unter denen Carlo Schmid einen für damalige Zeiten stattlichen Eindruck machte. Dessen ist er sich wohl bewußt gewesen, als er am Abend des zweiten Konferenztages, da das Abendessen schon lange beendet war, den kleinwüchsigen Leo Wohleb, Staatspräsident von Baden, auf seine Knie hob, so als bestünde zwischen beiden hinsichtlich der Neugliede-

Auf dem Berghotel Rittersturz bei Koblenz, das heute nicht mehr steht, trafen sich im Juli 1948 die westdeutschen Ministerpräsidenten auf Einladung von Peter Altmeier zu jener berühmten Konferenz, aus deren Beratungen der Weg zum Parlamentarischen Rat und letzten Endes zur Bundesrepublik Deutschland führte. Auf diesem Foto sind die prominenten CDU-Politiker der damaligen Westzonen, u. a. Adenauer, Kaiser, Luise Schröder sowie rheinland-pfälzische Landespolitiker um Altmeier versammelt.

rung das beste Einvernehmen. Trotz der Anstrengung, die die Konferenzleitung ihm abverlangte, war Altmeier ein aufmerksamer Hausherr und ließ auch den letzten seiner Gäste am Abend nicht allein. Am letzten Konferenztag traf ich ihn um 6 Uhr in der Frühe in der Halle vor dem Radiogerät. Mit einem stummen Gruß gesellte ich mich dazu. Er schien mit den Nachrichten zufrieden zu sein und lud mich zum Frühstück ein. Obwohl die Stellungnahme der Ministerpräsidenten zu den Frankfurter Dokumenten nicht den Erwartungen der Militärgouverneure entsprach, konnten sich beide Seiten in den Besprechungen vom 20. und 26. Juli 1948 über das weitere Verfahren einigen, so daß der Parlamentarische Rat am 1. September 1948 – nebenbei bemerkt: in Bonn unter dem Vorsitz von Dr. Konrad Adenauer – seine Beratungen beginnen konnte, die fortan von der tätigen Anteilnahme der Militärgouverneure begleitet waren. Hinter ihren Bemühungen um »Geburtshilfe« steckten handfeste politische Interessen der Besatzungsmächte hinsichtlich der Ausgestaltung der von ihnen gewünschten »Regierungsform des föderalistischen Typs«, wobei vorgefaßte Meinungen, aber auch Wünsche und Erwartungen auf zukünftige Entwicklungen ebenso im Spiel waren wie »politische Seelenverwandtschaften«, die in offiziellen und häufiger noch in vertraulichen Kontakten

An die Ritterssturz-Konferenz erinnert heute eine aus einem fünf Meter hohen Dreipaß gebildete Stele von Rudi Scheuermann mit einer davor liegenden Texttafel (s. Bild unten). Die vierte Säule fehlt, da die Vertreter der Sowjetzone bereits seit der Münchner Ministerpräsidentenkonferenz vom Juni 1947 die Beratungen verlassen hatten.

gepflegt wurden. Wie die mittlerweile veröffentlichte Memoirenliteratur beweist, entwickelte die Labour-Regierung in London dabei ganz besonderen Eifer. So braucht es nicht zu verwundern, daß der französische Außenminister Robert Schuman das Bedürfnis hatte, sich auch mit den Ministerpräsidenten – oder »Länderchefs«, wie sie damals allgemein tituliert wurden – der französischen Zone auszutauschen. So kam es zu einer Reise Altmeiers nach Paris, deren Begleitumstände er selber in einer Aktennotiz festgehalten hat: »Am Freitag, dem 18. Februar 1949, abends gegen 18.15 Uhr, erreichte mich ein telefonischer Anruf der Militärregierung Koblenz – Administrateur Foucry, der mir mitteilte, daß Herr Außenminister Schuman die seit seinem Koblenzer Besuch mehrfach geäußerte Absicht, mich zu einem Besuch nach Paris einzuladen, nunmehr verwirklichen wolle. Es erging die Einladung hierzu für Sonntag, den 20. Februar 1949, zu einem privaten Besuch.

Da diese Einladung unerwartet und kurzfristig war und infolgedessen die Paßangelegenheiten in der üblichen Weise nicht mehr erledigt werden konnten, erging das Angebot, die Reise nach Paris in Begleitung des stellvertretenden Gouverneurs Brozen-Favereau durchzuführen. Dementsprechend fuhr ich am Samstag, dem 19. Februar 1949, vormittags 7 Uhr, mit Administrateur Foucry nach Neustadt und ab Neustadt in Begleitung von Gouverneur Brozen-Favereau sowie Administrateur Foucry per Auto über Saarbrücken, Metz, Verdun nach Paris.« Soweit die Aufzeichnung Altmeiers.

Im Hotel Meurice traf kurz nach ihm auch der Staatspräsident Dr. Gebhard Müller von Württemberg-Hohenzollern ein, der in ähnlich diskreter Weise von Tübingen nach Paris geleitet worden war. Beide Herren wurden für den darauf folgenden Sonntag, den 20. Februar, 13.00 Uhr, in das Außenministerium am Quai d'Orsay eingeladen, dort von Botschafter François-Poncet empfangen und zum Essen in die Privatwohnung von Außenminister Schuman geleitet; außer den bereits erwähnten Personen nahm kein weiterer Gast daran teil. Die Vertraulichkeit des Gespräches war dadurch gewährleistet, daß die Bedienung von der Haushälterin Schumans besorgt wurde, worauf dieser zu Eingang des Gesprächs ausdrücklich hinwies und dabei noch einmal den privaten Charakter dieser Begegnung unterstrich. Schuman sagte gerade heraus, daß er absichtlich den Staatspräsidenten Leo Wohleb von Baden nicht zu diesem Gespräch gebeten habe, um den Eindruck eines Befehlsempfangs zu vermeiden, zumal die Anwesenheit von Herrn Wohleb wegen dessen auffällig kleiner Statur der Aufmerksamkeit der Pariser kaum entgangen wäre. Auch habe der badische Staatspräsident bereits Gelegenheit gehabt, seine Anliegen und Sorgen Schumans Amtsvorgänger anzuvertrauen.

Das während des mehrstündigen Arbeitsessens geführte Gespräch befaßte sich mit vielen Fragen, wie Demontage, Holzeinschläge, Grenzberichtigungen, wurde jedoch von Robert Schuman hauptsächlich benutzt, um die Meinung seiner deutschen Gesprächspartner über die vorliegende Fassung des am 10. Februar 1949 in dritter Lesung vom Hauptausschuß des Parlamentarischen Rates verabschiedeten Grundgesetzes zu erfahren.

Dabei kam auch die Rede auf die im Grundgesetz enthaltenen Neugliederungsvorschriften und die Zukunft der Länder der französischen Besatzungszone. Dem Botschafter François-Poncet, der ein lebhaftes Plädoyer für die Wiederherstellung der beiden alten Länder Baden und Württemberg hielt, erwiderte Gebhard Müller, daß sich diese beiden süddeutschen Länder in den vergangenen Jahrzehnten »aufeinander zuentwickelt« hätten; im Falle einer Volksabstimmung in beiden Landesteilen werde sich seiner Auffassung nach die Mehrheit der Bevölkerung für den Zusammenschluß aussprechen. Von der Neuordnung im süddeutschen Raum wechselte das Thema des Gesprächs zur Frage der Zukunft des Landes Rheinland-Pfalz. Mit großer Offenheit vertrat Altmeier seine Auffassung. Nach seinen eigenen Aufzeichnungen hat er bemerkt, »daß dem Lande Rheinland-Pfalz eine allen Deutschen besonders am Herzen liegende deutsche und zugleich europäische Aufgabe zufalle, nicht nur weil dieses Land an den Grenzen Frankreichs gelegen sei, sondern vor allem auch deswegen, weil ihm die Aufgabe zugewiesen werden müsse, eines Tages das Saargebiet in seinen Bereich einzubeziehen. Die derzeitige politische Entwicklung habe zwar das Saargebiet aus dem deutschen Staatsverband herausgenommen. Aber Frankreich betone ja, daß es sich hier lediglich um eine wirtschaftliche Angliederung an Frankreich handele und daß die politische bzw. staatsrechtliche Form erst in einem kommenden Friedensvertrag geregelt würde.« Altmeier erklärte, wenn das Land Rheinland-Pfalz eines Tages die Einbeziehung der Saar verkünden könnte, würden alle Deutschen in den anderen Ländern dieses außerordentlich begrüßen und diesem dann vergrößerten Rheinland-Pfalz seine Berechtigung im Kranze der deutschen Länder nicht absprechen.

Das sei eine schwierige und sehr heikle Frage, dessen sei er sich bewußt. Eine solche Regelung liege zugleich im französischen Friedensinteresse. Schuman erwiderte, daß das Saargebiet nicht von Deutschland abgetrennt, sondern lediglich wirtschaftlich an Frankreich angeschlossen sei. Offene oder versteckte Annektionsabsichten bestritt er, die Weiterentwicklung sei in jeder Hinsicht offen. Mehr wollte oder konnte der französische Außenminister in dieser Stunde nicht sagen. Daß ihm Altmeier in aller Offenheit sein politisches Konzept vorgetragen hatte, dürfte ihm nicht entgangen sein.

Als Altmeier ebenso diskret, wie er abgereist, nach Koblenz zurückgekehrt war, wunderte er sich, daß die Kommunisten in ihrem Parteiorgan »Neues Leben« über den Besuch in Paris berichteten und für die nächste Landtagssitzung einen Bericht über seine Gespräche verlangten. Wie war diese Meldung zustande gekommen? Zur Aufklärung konnte ich beitragen, indem ich Altmeier einen Ausschnitt aus »Le Monde« vom 21. Februar 1949 vorlegte, den mir der schon erwähnte Commandant Jean Schmitt mit einem Schmunzeln in die Hand gedrückt hatte. Da war das amtliche Communiqué des französischen Außenministeriums über den Besuch der beiden deutschen Politiker bei Robert Schuman zu lesen, das mit den Worten schloß: »Ils se sont entretenus avec lui des questions qui concernent la zone française d'occupation.«

Wenig später erging die offizielle Einladung an die Landesregierung. Am 17. März 1949 reiste Altmeier mit dem Innenminister Steffan, dem Justiz- und Kultusminister Dr. Süsterhenn und mit dem Chef der Staatskanzlei Dr. Haberer per Eisenbahn nach Paris; sie wurden mit allen protokollarischen Ehren empfangen und führten Gespräche mit Außenminister Schuman und mit dem Staatssekretär Poher. Als besonderes Ereignis war nur anzumerken, daß bei dieser Reise dem Chef der Staatskanzlei Dr. Haberer bei der Ankunft im Pariser Westbahnhof sein Koffer abhanden gekommen war. Hony soit, qui mal y pense.

Noch ein zweites Mal hat Außenminister Robert Schuman die Regierungschefs der Länder der französischen Besatzungszone kurzfristig eingeladen, und zwar dieses Mal alle drei. Peter Altmeier, Gebhard Müller und Leo Wohleb wurden gemeinsam, aber ohne jede Begleitung auf Sonntag, den 29. Mai 1949, um 19 Uhr, in das Hotel Offenburger Hof in Offenburg gebeten, wo Schuman, von einem Parteitag des MRP aus Straßburg kommend, seine deutschen Gesprächspartner über die Vorstellungen der Alliierten hinsichtlich der Wiedervereinigungspolitik nach Inkrafttreten des Grundgesetzes unterrichten wollte. Auch ging es ihm um den seiner Auffassung nach in letzter Minute in das Grundgesetz hineingeschmuggelten »Artikel 137, Abs. 2« und um das am 10. Mai 1949 vom Parlamentarischen Rat verabschiedete Wahlgesetz, das entgegen den Wünschen der Ministerpräsidenten ausgestaltet und nicht mit der gewünschten Zweidrittelmehrheit beschlossen worden war. Es bedarf keiner großen Phantasie, um zu erkennen, daß Schuman vor der Gefahr einer Majorisierung warnen wollte. Offensichtlich bestanden zwischen dem Parlamentarischen Rat und den Ministerpräsidenten Meinungsverschiedenheiten.

Da die Zeit drängte, haben die Gouverneure den gordischen Knoten kraft eigener Machtvollkommenheit durchgehauen. Das »Wahlgesetz zum ersten deutschen Bundestag und zur ersten Bundesversammlung der Bundesrepublik«, das die Ministerpräsidenten am 15. Juli 1949 in Schlangenbad ausfertigten, wurde mit folgender Präambel veröffentlicht: »Auf Grund der mit Schreiben der Militärgouverneure vom 13. Juli 1949 erfolgten Anordnung über das vom Parlamentarischen Rat am 10. Mai 1949 beschlossene Wahlgesetz verkünden wir hiermit dieses Gesetz mit den von den Militärgouverneuren mit Schreiben vom 28. Mai 1949 und 1. Juni 1949 vorgenommenen Änderungen.« (BGBl. S. 229) Das Wahlgesetz ist zugleich mit dem vom Parlamentarischen Rat beschlossenen Grundgesetz der Bundesrepublik Deutschland in Kraft getreten. Mit der ebenfalls am 15. Juni 1949 in Schlangenbad unterzeichneten »Verordnung über den Wahltag« (BGBl. S. 24) setzten die Ministerpräsidenten als Wahltag den 14. August 1949 fest.

Die zum Erlaß der Durchführungsvorschriften ermächtige Landesregierung war wegen

Bundeskanzler Adenauer gratuliert Ministerpräsident Altmeier während einer Sitzung des Bundesrats am 31. Mai 1963 zur Neubildung der Landesregierung, seinem vierten Koalitions-Kabinett zwischen CDU und FDP.

der bei dem Wahlverfahren zu beachtenden Fristen bestrebt, diese Landesverordnung so schnell wie möglich zu verkünden. Dazu bedurfte es aber immer noch der Genehmigung. Dafür sollte ich schnellstens sorgen. Das war leichter gesagt als besorgt, denn der vorsichtige Commandant Jean Schmitt hatte an den Vorschriften über die Wahlberechtigung und die Wählbarkeit viel auszusetzen, weil er argwöhnte, einige von der politischen Säuberung Betroffene könnten bei dieser Gelegenheit unberechtigt oder verfrüht das aktive oder passive Wahlrecht wiedererlangen. Die mit ihm ausgehandelte Fassung fand nicht das Wohlwollen der im Innen- und Justizministerium zuständigen Referenten. Ich müsse härter verhandeln, meinten sie. In der Terminnot wandte ich mich direkt an den »Papst in Politicis«, den Administrateur Foucry, der zunächst eine Flasche Mirabell auf den Tisch stellte. Nach mehrstündigen Verhandlungen glaubte ich meine Standfestigkeit in jeder Hinsicht bewiesen zu haben und erhielt die Genehmigung für die ausgehandelte Fassung. Die beiden Kollegen aus dem Innen- und Justizministerium hatten weitere Nachbesserungswünsche. Da riß mir der Geduldsfaden, und ich forderte sie auf, nun selber den Weg zur Militärregierung anzutreten, wovon sie »wohlweislich« keinen Gebrauch machten. Übrigens sind beide Kollegen, von denen die Rede ist, später in Bonn in den höchsten Rang der Ministerialbürokratie aufgerückt.

Aus der Bundestagswahl vom 14. August gingen die Unionsparteien mit 31 Prozent der abgegebenen gültigen Stimmen als Sieger hervor und verwiesen die SPD mit 29,2 Prozent auf den zweiten Platz; in Rheinland-Pfalz erreichte die CDU sogar 49,1 Prozent. Adenauer wäre nicht er selber gewesen, wenn er nicht begriffen hätte, was die Stunde geschlagen hatte. Ohne die Bildung der Bundestagsfraktion abzuwarten und ohne Auftrag lud er aus eigenem Antrieb maßgebliche Unionspolitiker aus allen Landesverbänden in sein eigenes Haus ein, um – wie Arnulf Baring[5] mit süffisantem Unterton schreibt – »sich im Handstreich den Weg zur Macht zu ebnen«. Auch Altmeier war auf den 21. August zu dieser denkwürdigen Sitzung nach Röndorf eingeladen, auf der selbstverständlich der Hausherr den Vorsitz führte und sozusagen das Einleitungsreferat hielt, in dem er für eine bürgerliche Koalition warb. In seinen Erinnerungen[6] schreibt Adenauer selber: »Ich legte den Anwesenden diese meine Gedanken in eindringlicher Form dar. Der Beifall, den ich erhielt, war nicht sehr stark. Die Mehrzahl der Anwesenden hüllte sich in abwartendes Schweigen. Nach mir ergriff der rheinpfälzische Ministerpräsident Altmeier das Wort und sprach sich für eine Koalition mit der SPD aus.« – »Altmeier erhielt starken Beifall für diese Ausführungen«, fügte Adenauer hinzu. Ich erinnere mich, daß Jahre später – im Sommer 1954 muß es gewesen sein – der Verfasser der autorisierten Adenauer-Biographie Paul Weymar[7] den Ministerpräsidenten, der mittlerweile im Rufe eines treuen und zuverlässigen Verfechters der Adenauerschen Politik stand und sich diesen Ruf auch gerne gefallen ließ, auf diesen von Robert Pferdmenges überlieferten Vorgang ansprach. Ohne Zögern entsann sich Altmeier seines damaligen Auftritts. Tatsächlich sei er in Erinnerung an die Weimarer Republik und aufgrund seiner neu gewonnenen landespolitischen Erfahrung der Meinung gewesen, daß man »die SPD wie mit einem Tau an die Regierungsverantwortung festbinden müsse«. Mit seiner Meinung habe er nicht allein gestanden. Speziell sein Kollege und Duzfreund Dr. Gebhard Müller habe sich am Beginn der Bundesrepublik ebenfalls für eine Zusammenarbeit der großen Parteien ausgesprochen. Jetzt sei es allerdings müßig, meinte Altmeier, darüber zu spekulieren, wie sich eine an der Regierung beteiligte SPD verhalten hätte. Da sie sich auf einen totalen Gegenkurs eingelassen habe, sei er nach Kräften bemüht, Adenauer zu unterstützen.

Die Einübung in die bundesstaatliche Ordnung und die Anpassung der bisher selbständigen Haushaltswirtschaft des Landes an die neue Finanzverfassung ging nicht ohne Reibungen vonstatten. Trotz seines großen Interesses an der Entwicklung des föderativen Systems mußte Altmeier sich in den beiden letzten Jahren der ersten Legislaturperiode auf die Landespolitik konzentrieren, die durch Personalquerelen (der Fall des aufmüpfigen Oberregierungspräsidenten Franz Bögler und der Fall des umstrittenen Innenministers Jakob Steffan) gefährdete Koalition zusammenhalten, und schließlich konnte er der Lösung der Hauptstadt-Frage nicht mehr aus dem Wege gehen.

Schon am 20. Januar 1949, während des vertraulichen Mittagessens mit Robert Schuman am Quai d'Orsay, war dieses Thema von François-Poncet angeschnitten worden. Während Außenminister Schuman mit Dr. Gebhard Müller in eine sehr angeregte Diskussion über die Probleme im Südwestraum verwickelt war, erhielt Altmeier von François-Poncet ein Privatissimum, dessen Inhalt in seinen Aufzeichnungen nachzulesen ist. Altmeier schreibt: »François-Poncet hatte während dieser Länderfragen mir zu erkennen gegeben, warum die französische Regierung seinerzeit Mainz zur Hauptstadt von Rheinland-Pfalz bestimmt habe und warum seiner Auffassung nach diese Tatsache nunmehr möglichst schnell verwirklicht werden sollte. Das alte Mainz müsse eine Zentrale werden. Es käme Frankreich in keiner Weise darauf an, irgendwelche machtpolitischen Gesichtspunkte zu verwirklichen, sondern sie wollten die gute, friedliche Zusammenarbeit, wozu man nach ihrer Auffassung wohlausgewogene und ausgeglichene Länder mit bekannter Tradition am Rhein benötige. Wenn Franzosen zum Beispiel ihre Kinder zum Studium nach Deutschland schickten, so würden sie hierzu Universitäten wie Mainz, Freiburg und Tübingen oder Heidelberg bevorzugen, weil sie wüßten, daß hier deutsche Menschen wohnten, zu denen sie Vertrauen haben könnten und die vermöge ihrer Vergangenheit und mit ihrer ganzen Mentalität mithelfen würden, beide Länder zu verbinden.«

Diese Äußerungen von François-Poncet ausgerechnet zu diesem Zeitpunkt lassen sich nur vor dem Hintergrund der zeitgenössischen Politik verstehen. Damals rechneten die Alliierten damit, daß die traditionsreiche SPD die erste Bundestagswahl gewinnen, die Regierung bilden und diese ihren Sitz in Frankfurt errichten würde, das durch die Zwei-Zonen-Verwaltung bestens darauf vorbereitet und in eine sozialdemokratische Umwelt eingebettet war. Offensichtlich hatten sich auch die Franzosen auf eine derartige Entwicklung eingestellt und wollten sich »gegenüber« von Frankfurt in dem linksrheinischen Mainz, der designierten Hauptstadt von Rheinland-Pfalz, in respektabler Weise einrichten. Mit Hilfe eines aus Besatzungskosten genährten Wiederaufbauverbandes unter Generalbaudirektor Imm wurde der von französischen Städteplanern inspirierte Wiederaufbau der Stadt Mainz eingeleitet und das aus Restitutionsvermögen stammende Schloß Waldthausen im Gonsenheimer Wald zur Residenz des neuen Hohen Kommissars ausgebaut. Es fehlte nur noch die Anwesenheit der Landesregierung und des Landtags in Mainz. Das war die Lage aus der Sicht der Franzosen, denen es nun darum ging, die Landesregierung bald zum Umzug zu bewegen.

Altmeier hatte ganz andere Überlegungen im Sinn. Seit dem Aufkommen der Diskussion über die Neugliederung der Länder, deren Ergebnis als Verfassungsauftrag in Artikel 29 des Grundgesetzes seinen Niederschlag finden sollte, war sich Altmeier darüber im klaren, daß bei seinen Bemühungen um die Erhaltung des Landes seine Vaterstadt Koblenz als Zentrale nicht zu halten war. Die Landeshauptstadt mußte aus dem (ehe-

mals preußischen) nördlichen Teil in das Zentrum des Landes nach Mainz, an den Zusammenfluß von Rhein und Main gerückt, für die gesamte Region als Gegenpol zu der nahegelegenen hessischen Regierungsstadt Wiesbaden aufgewertet und in ihrem historischen Rang wieder ins Bewußtsein gerückt werden; sie mußte die Klammer zwischen Rheinland und Pfalz bilden und auch für die Saarländer noch annehmbar sein. Alle Überlegungen sprachen für eine baldige Übersiedlung der Landesregierung nach Mainz. Altmeier wußte, daß ihm die Lösung einer schweren Aufgabe bevorstand.
Den Ablauf des Verfahrens hat Karl Martin Graß in seinem Aufsatz »Von Koblenz nach Mainz – die Hauptstadtfrage«[8] so ausführlich dargestellt, daß ich nichts wiederholen möchte. Das Verfahren war klug ausgedacht und die Verantwortung auf breite Schultern gelegt, indem der Ältestenrat gemeinsam mit der Landesregierung die technischen Voraussetzungen einer Übersiedlung der obersten Staatsorgane nach Mainz prüfte. Am 4. April 1950 wurde dem Plenum ein gemeinsamer Antrag vorgelegt, der zu dem Ergebnis kam, daß die vorliegenden Umstände »den Umzug von Parlament und Landesregierung im Interesse einer unbehinderten Abwicklung der Regierungsgeschäfte als zweckmäßig erscheinen ließen«.
Für die Aussprache hatte der Ältestenrat vereinbart, daß jede Fraktion mit zwei Debattenrednern – tunlichst je einem Befürworter und einem Gegner – zur Vorlage Stellung nehmen solle. Jedem Redner standen zehn Minuten Redezeit zur Verfügung. Von der überfüllten Pressetribüne sah ich zu, wie der Koblenzer CDU-Abgeordnete Hermans die Debatte eröffnete: »Nicht für mich allein, sondern zweifellos noch für eine nicht unerhebliche Anzahl von Mitgliedern des Hauses überhaupt, möchte ich hier erklären, daß ich nicht in der Lage bin, dem gemeinsamen Antrag des Ältestenrates und der Landesregierung zuzustimmen.« Verständlich für einen Abgeordneten, der in Koblenz gewählt worden war. In seiner Begründung verlieh der Abgeordnete Hermans den Umzugs- und Folgekosten überproportionale Dimensionen, die den Landeshaushalt erschüttern müßten, und er zählte der Reihe nach alle publikumswirksamen Staatsaufgaben auf, die durch diesen Aufwand irreparablen Schaden leiden würden. Eine eventuelle Mehrheit des Landtags könne keineswegs sicher sein, daß ihre Entscheidung von der Mehrheit der Bevölkerung getragen werde, wie überhaupt der erstrebte Zweck der Festigung und Erhaltung des Landes in Frage stehe. Von ganz besonderer Wirkung waren die folgenden Ausführungen: »Während bisher das Hauptfeldgeschrei gegen den Bestand des Landes aus der Pfalz ertönt ist, hat die Pfalz keineswegs Garantien dafür geboten, daß sie durch ein bloßes räumliches Entgegenkommen bis Mainz auf die Dauer davon ablassen würde, etwas derartiges zu verlangen. Ich weiß nicht, ob nicht in den Landesteilen, die bisher unerschütterlich am Lande festgehalten haben, die Abwanderung der Regierung aber dazu führen könnte, Betrachtungen darüber anzustellen, ob

man nicht dort das gleiche Recht zu neuen Überlegungen hätte, wie sie sich die Pfalz leider die ganze Zeit über vorbehalten hat.« Mit undurchsichtiger Miene saß Altmeier auf der Regierungsbank. Was er sich in der weiteren Debatte noch anhören mußte, war in politischer Hinsicht halb so gefährlich wie die Ouvertüre des Abgeordneten Hermans. In seiner maßvollen Antwort läßt der Ministerpräsident den Abgeordneten Hermans unerwähnt, weist die Gebietsansprüche der Nachbarn zurück und stellt auf die gegenwärtige Aufgabe des Landes ab. Sein Schlußwort: »Ich mache keinen Hehl daraus, daß ich mich zu diesem Lande bekannt habe und bekenne. Und wenn der Landtag von Rheinland-Pfalz heute die Aufgabe hat, über die Frage ›Koblenz oder Mainz‹ nach vielmonatigen Verhandlungen, nach vielen Bemühungen und Klarstellungen abzustimmen, so habe ich die Hoffnung und den Wunsch namens der Landesregierung ausgesprochen, daß die Entscheidung sich auswirken möge zum Wohle von Volk und Land.« In der namentlichen Abstimmung stimmten von den 92 anwesenden Abgeordneten 43 für und 43 gegen den Antrag, 6 enthielten sich der Stimme. Zunächst herrschte betretenes Schweigen im Saal. Der erste, der in schallendes Gelächter ausbrach, war der CDU-Abgeordnete Dr. Wuermeling; er war Staatssekretär im Innenministerium und saß in der ersten Reihe seiner Fraktion.

Nach allem, was ich in jenen Tagen an Erkenntnissen gewonnen habe, bin ich davon überzeugt, daß die fatale Patt-Situation bei der Abstimmung die Folge des »Übertaktierens« in den beiden großen Fraktionen gewesen ist, nach dem bekannten Motto »Wasch

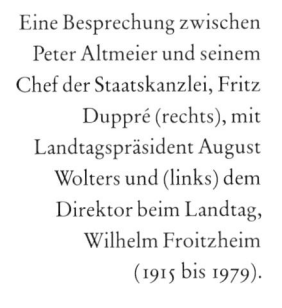

Eine Besprechung zwischen Peter Altmeier und seinem Chef der Staatskanzlei, Fritz Duppré (rechts), mit Landtagspräsident August Wolters und (links) dem Direktor beim Landtag, Wilhelm Froitzheim (1915 bis 1979).

mir den Pelz, aber mach mich nicht naß«. Für zusätzliche Verwirrung hatte die zwar eingeplante, aber zuvor in ihrer Wirkung nur schwer kalkulierbare Rede des Abgeordneten Hermans gesorgt; schließlich war er von Amts wegen Ministerialrat in der Staatskanzlei des Regierungschefs.

Altmeier mußte den Abstimmungsunfall so schnell wie möglich reparieren; der zweite Anlauf durfte nicht wieder ein politischer Kurzsprung werden. In der Landtagssitzung vom 16. Mai 1950 brachten 26 Abgeordnete der CDU und 16 Abgeordnete der SPD getrennte Anträge ein, die sie im Laufe der Beratung zum Initiativ-Antrag mit demselben Endzweck, nämlich Verlegung des Sitzes der Landesregierung nach Mainz, zusammenfassen ließen. Dazu erklärte Altmeier – in der Form kühler als ihm eigentlich zumute war –, daß die Landesregierung den Beschluß des Hohen Hauses vom 4. April hingenommen habe. Als er dann hinzufügte: »Wenn der jetzt vorliegende Antrag zahlreicher Mitglieder des Hauses den damaligen Antrag der Regierung und des Ältestenrates auf Verlegung der Landesregierung von Koblenz nach Mainz erneut aufgreift, kann ich namens der Landesregierung erklären, daß sie sich diesem Antrag anschließt«, gab es wieder eine längere Debatte. Am Ende wurde der Antrag mit 49 gegen 32 Stimmen bei 3 Enthaltungen angenommen. Das war nicht überwältigend! Verblüfft sah das Publikum zu, wie der Landtag beifall- und kommentarlos zur Beratung des nächsten Tagesordnungspunktes überging. Damit war aber ein für allemal die Diskussion um die Hauptstadtfrage beendet. Es gab übrigens nicht viel Aufhebens, als wir am 24. Juli 1950 in den Bassenheimer Hof, dem Sitz der Staatskanzlei, einzogen. Nur einige Leute blieben auf dem Schillerplatz stehen und kamen erst nach neugierigem Fragen dahinter, daß der von Schornsteinfegern, Metzger- und Bäckergesellen begleitete Oberbürgermeister Franz Stein gerade dabei war, die Landesregierung mit »Weck, Worscht und Woi« willkommen zu heißen.

Ein weiteres Ereignis von schwerwiegender Bedeutung hat sich meiner Erinnerung eingeprägt, schon deswegen, weil es das erste Mal war, daß ich den Ministerpräsidenten allein zu einer Besprechung mit der Militärregierung begleitete. Am 25. März 1951 – es war der Tag vor der letzten Landtagssitzung der ersten Legislaturperiode im Koblenzer Görres-Bau – fuhr ich mit Altmeier von Koblenz zur Militärregierung, die ihren Sitz schon in Mainz genommen hatte. Altmeier hatte mir schon während der Fahrt bedeutet, daß es um militärische Fragen im Zusammenhang mit der Vermehrung der Alliierten Truppen in der Bundesrepublik ginge. Im großen Sitzungssaal des wiederaufgebauten Osteiner Hofs wurden wir von Hettier de Boislambert und einem Stab von Militärs empfangen, die uns an einem großen, quer durch den Raum gestellten Kartentisch die militärischen Planungen erläuterten. Zunächst ging es um die Erweiterung bereits vorhandener militärischer Anlagen, in erster Linie um den Truppenübungsplatz Baumholder, von dessen Topographie ich mir während einiger Kriegsmonate erdnahe Kenntnisse angeeignet hatte, dann um kleinere Plätze und Garnisonen, die zusätzlich mit amerikanischen Truppen belegt und erweitert werden sollten. Der dargelegte Umfang der militärischen Planungen ließ auf Schwierigkeiten schließen, die aus dem Stand zu beurteilen wir nicht in der Lage waren. Dann aber überraschte uns der Gouverneur mit der Eröffnung, daß zusätzlich zu den geplanten Maßnahmen zehn neue Flugplätze angelegt werden sollten. Karte um Karte wurde vor uns ausgebreitet und lange erläutert. Um das Ergebnis vorwegzunehmen: gebaut wurden sieben Flugplätze, nämlich Mötsch-Röhl, Spangdahlem, Hahn, Pferdsfeld, Sembach, Ramstein und Rimschweiler; dem Bau des achten Flugplatzes bei Moselsürsch im Landkreis Mayen haben sich Landesregierung und Landtag erfolgreich widersetzt. Aber noch war es nicht soweit; zunächst mußte das benötigte Land beschafft werden.

Auf der Rückfahrt besprachen wir die Lage: Alle ehemaligen Wehrmachtsanlagen waren beschlagnahmt, Kasernen und Wehrmachtswohnungen belegt, die Sprengung des Westwalls, mit der die Franzosen auch den Nebenzweck der Schrottgewinnung verbanden, war gerade im Gange. Noch waren die Minenräumtrupps in der arg zerstörten »Roten Zone« am Werk, als französische Unternehmer bereits begannen, aus den Bunkern den begehrten Schrott herauszusprengen und abzutransportieren. Die Trümmer ließen sie liegen. Die Landwirte wurden rebellisch, verwahrten sich gegen die Verwüstung des soeben rekultivierten Landes, spekulierten aber auch auf eine nachträgliche Aufbesserung ihrer Entschädigung für das ihnen von den Nazis aufgrund des Reichsleistungsgesetzes abgenommene Grundvermögen, behaupteten teilweise, überhaupt noch keine Entschädigung erhalten zu haben und beanspruchten – ganz abgesehen von der selbstverständlichen Trümmerbeseitigung – den Schrotterlös für sich selber, da die gesprengten Bunker auf ihrem Grund und Boden stünden. Es schien so, als ob die während der Nazizeit getroffenen Maßnahmen überhaupt nicht mehr zu rekonstruieren seien. Berechtigte Forderungen und pfiffige Berechnungen führten zu Demonstrationen und Forderungen an die Adresse der Landesregierung, da die dafür zuständige Bundesregierung zum damaligen Zeitpunkt noch nicht daran dachte, sich derartiger Kriegsfolgeschäden anzunehmen. Es war eine schwierige Lage. Und nun wurde offenkundig diesem schwer kriegsgeschädigten Grenzland aufgrund seiner geographischen Lage wieder die Hauptlast der neuen militärischen Infrastruktur aufgeladen und die stark strapazierte Geduld der Bevölkerung neuen Belastungen ausgesetzt. Obwohl Altmeier die Politik Adenauers voll unterstützte, sah er große Schwierigkeiten auf seine Regierung zukommen. Wie uns Boislambert dargelegt hatte, berief sich die Militärregierung auf das Besatzungsstatut, da (nach Ziffer 2, Buchstabe e) der Schutz, das Ansehen und die Sicherheit der Alliierten Streitkräfte und deren Angehörigen zu den Vorbehaltsrechten

Peter Altmeier diskutiert auf der Regierungsbank des Landtags in Mainz mit dem Finanzminister Wilhelm Nowack (geb. 1897). Dieser war neben Fritz Neumayer (1884 bis 1973) einer der herausragenden FDP-Politiker in der Frühzeit des Landes.

gehörten; gegen diese Rechtsgrundlage anzugehen war auch aus politischen Gründen nicht opportun. Altmeier behielt die Ruhe und entschied sich für ein pragmatisches Verfahren. Wir sollten den angemeldeten Landbedarf nach Art, Umfang und Auswirkung auf die zivile Infrastruktur überprüfen, nötigenfalls Gegenvorschläge entwickeln und uns einen möglichst weiten Verhandlungsspielraum offenhalten. Kurzerhand richtete er in der Staatskanzlei die Abteilung V ein – was für Verteidigung stehen sollte –, übertrug die Leitung dem mit einem Ministertitel ausgestatteten Chef der Staatskanzlei Dr. Haberer persönlich, attachierte ihm als Referenten den Regierungsrat Konrad Schubach samt einem Regierungsinspektor als Bürobeamten und behielt damit – ohne eine neue Landesoberbehörde zu schaffen – den Überblick und das Heft in der Hand, was sich für die weitere Behandlung als sehr wichtig erwies. Das war die Art Altmeiers, neue Aufgaben zu bewältigen. Seiner Staatskanzlei hat er – ich darf in diesem Zusammenhang noch an die Gründung des »Zweiten Deutschen Fernsehens« erinnern – immer viel zugemutet, ohne den vorhandenen Stellenplan in nennenswertem Umfange auszudehnen oder aufzuwerten.
Trotz dieser außergewöhnlichen Ereignisse vollzog sich der verwaltungsmäßige Aufbau

des Landes mit einer Stetigkeit, die jedem, der heute unbefangen die Gesetz- und Verordnungsblätter der ersten Legislaturperiode durchblättert, Respekt abnötigen muß. Neben der Bewältigung der dringenden Zeitanliegen wie Kriegsopferversorgung, Wiedergutmachung, Unterbringung der entlassenen Bediensteten wurde als wichtigste Voraussetzung einer funktionierenden Verwaltung die solide Grundlage für ein einheitliches Landesrecht gelegt. In einer einzigen Legislaturperiode wurde diese Arbeit von einem für heutige Verhältnisse unwahrscheinlich kleinen »Ministerialapparat« sowie von arbeitsfreudigen Parlamentsausschüssen geleistet. Diese Leistung hat in hohem Maße zur Integration des Landes beigetragen.

Als Altmeier nach 22 Jahren im Jahre 1969 sein Amt in jüngere Hände legte, konnten die Herausgeber des »Staats- und Verwaltungsrechts von Rheinland-Pfalz«[9], die Professoren Franz Mayer und Carl Hermann Ule, das Vorwort der erstmaligen Darstellung des geschlossenen Systems unseres geltenden Staats- und Verwaltungsrechts mit dem Wunsch abschließen: »Möge dieses ›Handbuch‹ schließlich auch als ein Dokument für die wohlgefügte öffentlich-rechtliche Ordnung dieses Landes und damit als Beweis für die rechtliche Konsolidierung von Rheinland-Pfalz dienen und insbesondere denen stets zum ehrenden Gedenken gereichen, die dies alles in diesem Lande ins Werk gesetzt haben«.

Die Landtagswahl vom 29. April 1951, zu der zehn Parteien bzw. Wählergruppen zugelassen waren, brachte der CDU starke Stimmverluste, im wesentlichen verursacht durch die Starrköpfigkeit einiger älterer Lokalpolitiker, die genauso wie in Nordrhein-Westfalen, wo das Zentrum in Parlament und Regierung saß, die Fahne Windthorsts hochhielten und trotz geistlichen Zuspruchs nicht einholen wollten. Die Kandidatur der Zentrumspartei hat die CDU gut zwei Prozent der Stimmen gekostet. Man mochte das Wahlergebnis drehen und wenden, wie man wollte, die CDU hatte mit 43 errungenen Mandaten fünf Sitze verloren, während die SPD vier und die FDP sogar acht Mandate dazugewonnen hatten. Altmeier, der noch am 21. August 1949 in Rhöndorf für eine große Koalition plädiert hatte, war entschlossen, eine Regierung nach Bonner Muster zu bilden, um der Politik Adenauers im Bundesrat die notwendige Unterstützung zu gewähren, und hätte des lauten Zuspruchs aus Bonn nicht bedurft, der nur geeignet war, seinen Verhandlungsspielraum einzuengen.

Am 17. Mai 1951 notierte ich in mein Tagebuch: »Koalitionsverhandlungen treten auf der Stelle trotz Einschaltung der Bonner Parteivorstände (FDP und CDU). Grund: die FDP fordert das Innenministerium. CDU erklärt kategorisch, auf das MdI nicht verzichten zu wollen. Trotzdem zeigen Dr. Nowack und Eberhard noch Verhandlungsbereitschaft. – Gleichzeitig verhandelt FDP mit SPD. Dr. Hans Hoffmann (SPD) gibt eine Erklärung ab, wonach grundsätzliche Übereinstimmung bestehe, daß SPD den MP

(Ministerpräsidenten) und FDP den MdI (Innenminister) stellen sollten. FDP und SPD stünden sich in der Kulturpolitik gegenseitig näher als jeweils gegenüber der CDU. Beide Parteien seien die Sieger des Wahlkampfes, so daß eine Koalition schon aus diesem Grunde der Volksmeinung entspreche.«

In dem wochenlangen Koalitionsgerangel hatte Altmeier einen schweren Stand, auch in seiner eigenen Fraktion. Denn seine pfälzischen Parteifreunde wollten sich nicht mit ihrem bisherigen Repräsentanten im Kabinett, dem Landwirtschaftsminister Oskar Stübinger, begnügen und beanspruchten das Kultusministerium für Dr. Albert Finck, was auf eine Vergrößerung der Regierung hinauslief. Die wiederum paßte der als Spar- und Reformpartei auftretenden FDP nicht in die Pflege ihres Erscheinungsbildes. Abhilfe wurde dadurch geschaffen, daß der Innen- und Sozialbereich zu zwei Hauptabteilungen unter dem Minister Dr. Zimmer zusammengefaßt wurde. Zu guter Letzt bekam die FDP selber Personalprobleme, weil der für das Amt des Finanzministers vorgesehene Professor Dr. Nöll von der Nahmer nicht auf seinen Mainzer Lehrstuhl verzichten wollte und damit dem in den Bundestag abgewanderten Dr. Wilhelm Nowack die willkommene Gelegenheit verschaffte, als Minister in die Landespolitik zurückzukehren. Jahrelang weigerte er sich hartnäckig, sein Bundestagsmandat aufzugeben, obwohl es ihn daran hinderte, Funktionen im Bundesrat auszuüben. Er konnte sich dabei auf schlechte Beispiele in anderen Ländern berufen.

Was die Sachfragen betraf, so war es schwierig, die Einstellung der FDP zum Lande Rheinland-Pfalz zu fixieren. Ein klares Bekenntnis zum Land verweigerte sie, und einzelne Vertreter trieben in rhetorischen Etüden die Infragestellung der Existenz des Landes so weit, daß man sich fragen mußte, weshalb die FDP eigentlich eine Regierungsbeteiligung anstrebte. Bei der Machtausübung hinterher war sie gar nicht genierlich.

Während der Koalitionsverhandlungen behielt Altmeier gute Nerven und nahm es in Kauf, daß er am 18. Mai 1951 bei der feierlichen konstituierenden Sitzung im neuen Landtagsgebäude zu Mainz weder sein Kabinett vorstellen noch eine Regierungserklärung abgeben konnte. Erst am 12. Juni 1951 wurde er mit 58 Stimmen der anwesenden Koalitionsmitglieder erneut zum Ministerpräsidenten gewählt; ein Mitglied stimmte gegen ihn. Bemerkenswert war, daß die SPD-Fraktion bei der Wahl des Regierungschefs sich der Stimme enthielt, während sie der Regierung insgesamt zur Übernahme der Geschäfte die Zustimmung versagte. An den Anfang seiner am nächsten Tag abgegebenen Regierungserklärung stellte Altmeier die Versicherung, daß »die Landesregierung es als ihre erste Pflicht und Aufgabe betrachten wird, die Bundesregierung in den großen Grundlinien ihrer Politik und mit aller Kraft zu unterstützen«. Auch für die schwierige Aufgabe, ein Land »auf Abbruch« zu regieren, fand er unter Anknüpfung an frühere Landtagsdebatten eine für die Koalition konsensfähige Formulierung: »Die Landesre-

Zwei Männer der ersten Stunde: Dr. Wilhelm Boden, erster Ministerpräsident und später Fraktionsvorsitzender der CDU (rechts), und der langjährige einzige »Weinbau-Minister« Deutschlands, Oskar Stübinger.

gierung hält an dem damaligen Standpunkt ihrer Vorgängerin und des früheren Landtags fest. Sie wird an der Verwirklichung des Artikels 29 des Grundgesetzes im Rahmen der ihr zur Verfügung stehenden Möglichkeiten aktiv mitwirken. Aber sie wird sich jedem Versuch, außerhalb dieser bundesgesetzlichen Regelung – etwa für das Land Rheinland-Pfalz allein – eine Sonderregelung zu treffen, als im Widerspruch zum Grundgesetz stehend, widersetzen.«

Bei der Abwehr der allfälligen Attacken auf das Land wurde dieser Satz aus der Regierungserklärung zur gängigen Redensart, zu der ich im Laufe der Zeit immer mutiger klingende Varianten erfinden mußte, da bei Landtagsdebatten, insbesondere bei den Haushaltsberatungen, Abgeordnete der Opposition, wenn ihnen die Argumente ausgingen, gerne zu der bekannten Sentenz des Ceterum censeo ihre Zuflucht nahmen, was in diesem Falle heißen sollte: »Gebt alle Mühe auf, das Land ist doch nicht zu retten.«

Zu Beginn der neuen Amtsperiode wurde ich zum Schriftführer des Kabinetts bestellt und mit der Vorbereitung und Abwicklung der Ministerratssitzungen betraut; für einen homo novus eine interessante, aber auch heikle Aufgabe; genügend Lehrgeld habe ich dabei gezahlt. Hilfreich war mir die am 26. Juni 1951 in Kraft tretende Geschäftsordnung der Landesregierung mit ihren klaren Zuständigkeitsabgrenzungen. Ich hatte mir angewöhnt, noch am Abend des Sitzungstages zusammen mit der unverdrossen tätigen Chefsekretärin Anni Geissler die Niederschrift zu fertigen, so daß in aller Regel am nächsten Vormittag die Ministerien über die Kabinettsbeschlüsse informiert und gegebenenfalls mit Weisung versehen waren. Über die Durchführung aller Ministerratsbeschlüsse von grundsätzlicher und politischer Bedeutung war über die Staatskanzlei dem Ministerpräsidenten zu berichten! So wollte es die Geschäftsordnung. Überhaupt: Wer diese Geschäftsordnung aus dem Jahre 1951 heutzutage liest, wird über die straffe Ordnung und die knappe Sprache verwundert sein. So bestimmt der § 1 kurz und bündig: »Der Ministerpräsident bestimmt die Richtlinien der Politik. Diese Richtlinien sind von den Fachministern einzuhalten und in ihrem Geschäftsbereich zu verwirklichen. In Zweifelsfällen entscheidet der Ministerpräsident.« Diese Richtlinienkompetenz hat Altmeier voll genutzt, nicht durch einsame Entschlüsse oder durch plötzliche Eingriffe in Entscheidungsprozesse der Fachressorts, sondern durch systematische Steuerung der Landespolitik in der Kabinettsrunde. Altmeier hat in seinem Kabinett und mit seinem Kabinett regiert, manchmal mit Nachdruck und manchmal auch bis ins Detail. Durch seine ständige Präsenz übte er einen milden Zwang auf seine Kollegen aus, die sich ungern entschuldigen ließen; die Entsendung von Stellvertretern war zwar möglich, wurde aber nur mit Stirnrunzeln geduldet. So vollzog sich in der praktischen Arbeit am runden Tisch gewissermaßen eine Osmose zwischen der Richtlinienkompetenz und dem Kollegialprinzip; ich erinnere mich, daß Altmeier erst in den späten Jahren seiner langen Regierungszeit es einige Male für nötig hielt, sich ausdrücklich auf seine Kompetenz zu berufen. Auch nach außen war er auf die Wahrung der verfassungsmäßigen Rechte der Regierung bedacht, ließ sich in die administrativen Fragen nicht hineinreden und wehrte sich gegenüber Koalition und Fraktion, das Verfassungsorgan Landesregierung in die Rolle eines Vollzugskomitees hineindrängen zu lassen.

Gleich im ersten Jahr war die CDU-FDP-Koalition einer schweren Zerreißprobe ausgesetzt, dem sogenannten Schulstreit, ausgelöst durch den »Fasten-Hirtenbrief« im März 1952. Unberufene Konsultatoren hatten dem Mainzer Bischof Dr. Albert Stohr dazu geraten, damit katholische Eltern in rheinhessischen Gemeinden zu einer Antragsstellung für die Einführung katholischer Bekenntnisschulen veranlaßt würden, wozu Artikel 29 der Landesverfassung die Gewähr bot. Hier ist nicht Raum, auf die Einzelheiten einzugehen; ich werde alio loco darauf zurückkommen, weil hier noch viel Unbekanntes auszuleuchten ist. Altmeier geriet in einen schweren Gewissenskonflikt, mit dem Leute von oberflächlicherer Grundeinstellung leichter fertiggeworden wären. Es ging letzten Endes um die Änderung der Schulartikel. Ganz abgesehen davon, daß ihm die Mehrheit seiner eigenen Fraktion zum damaligen Zeitpunkt die Gefolgschaft verweigert hätte, konnte sich Altmeier aus eigener Überzeugung dazu nicht durchringen. Für ihn waren Land und Landesverfassung zwei Seiten derselben Medaille. Dafür nur einen Beleg: In seiner Rede auf dem ersten Landesparteitag der CDU am 17. Oktober 1947 hatte Altmeier ausgeführt: »Die Schaffung unseres Landes bot uns eine einmalige Gelegenheit, mit unseren Ideen in den staatspolitischen Raum vorzudringen und dem in

Peter Altmeier berät sich mit seinen engsten Mitarbeitern: links Fritz Duppré, rechts Hubert Hermans, der viele Jahre der Bevollmächtigte des Landes beim Bund in Bonn war.

der Entwicklung befindlichen Staatsgebilde Rheinland-Pfalz den Stempel unserer politischen Gesinnung aufzuprägen.« Wer diese weltanschauliche Grundeinstellung nicht nachvollziehen kann, dem bleibt das Verständnis für den Politiker Altmeier verschlossen.

Die Abstimmung über einen von der SPD am 27. März 1952 gegen den Ministerpräsidenten eingebrachten Mißtrauensantrag wegen seiner Haltung in der Schulfrage wurde auf Montag, den 31. März 1952, festgesetzt, so daß das dazwischen liegende Wochenende zu politischer Inspiration und zur Konspiration genutzt werden konnte. Zweifellos wäre ein Bruch der Mainzer Koalition der Bundesregierung höchst ungelegen gekommen. Nicht von ungefähr hatte sich Dr. Thomas Dehler am Abstimmungstag nach Mainz bemüht; ich habe ihn mit eigenen Augen im Foyer des Landtages gesehen. Da aber war die Abstimmung schon vorbei: der von der SPD gestellte Mißtrauensantrag war mit 57 gegen 41 Stimmen abgelehnt worden. Die Koalition war gerettet, aber der Schulstreit schwelte weiter.

Wenig Schwierigkeiten hatte Altmeier in seinem Koalitionskabinett trotz einiger Bedenken von Dr. Nowack bei der Behandlung der Bonner und Pariser Verträge. Der Bundesrat ließ die Verträge am 20. Juni 1952 im ersten Durchgang ohne Stellungnahme passieren mit der Begründung, daß ihm die knappe Frist eine sachgerechte Prüfung des umfangreichen Vertragswerkes nicht ermögliche und er sich daher seine Stellungnahme für den zweiten Durchgang, also nach Verabschiedung durch den Bundestag, vorbehalten müsse. Auch Altmeier hatte diesem Votum zugestimmt und in dem dann ausbrechenden Streit zwischen den obersten Verfassungsorganen wegen der Zustimmungsbedürftigkeit bzw. der Verfassungsmäßigkeit der Verträge – in der Sache ging es um die Westintegration der Bundesrepublik – sich unbeirrbar an die Linie des Bundeskanzlers gehalten, auch auf der Stuttgarter Konferenz, zu der der listenreiche Dr. Reinhold Meier, damals amtierender Bundesratspräsident, die Ministerpräsidenten auf den 16./17. Dezember 1952 eingeladen hatte.

Überrascht war ich, daß Altmeier mich zu dieser Stuttgarter Konferenz mitnahm. Die Begleitumstände sind mir in guter Erinnerung: Am 16. Dezember 1952 hatte das Kabinett im Bassenheimer Hof ab 14 Uhr getagt, eine lange Tagesordnung beraten und am Ende unter Punkt »Verschiedenes« beschlossen, die vakante Stelle des Landrats in Bitburg, auf die ich mir Hoffnung gemacht hatte, mit einem meiner Kollegen aus der Staatskanzlei zu besetzen. Ich war enttäuscht, und meine Stimmung besserte sich nur wenig, als uns die Chefsekretärin, Frau Anni Geissler, als Wegzehrung ein Päckchen mit Fleischwurst und Brötchen in das Auto hineinreichte, bevor wir durch das nächtliche Schneetreiben nach Stuttgart abfuhren.

Das in der Villa Reitzenstein am 17. Dezember aufgenommene Gruppenbild der Regierungschefs zeigt – auf dem Kanapee sitzend von links nach rechts – die Herren Kopf, Reuter, Ehard, Lübke, Altmeier und dahinter – in lockerer Reihe stehend – die Herren Zinn, Kaisen, Brauer, Meier und Arnold. Noch heute spüre ich ein gewisses Unbehagen, wenn ich mir die Stimmung in dieser Sitzung vergegenwärtige, als ich – am Konferenztisch zwischen Altmeier und Meier eingeklemmt – mich bemühte festzustellen, wer nun eigentlich für oder gegen die Verträge war oder wer nur auf Zeit spielte, in der Hoffnung, das Bundesverfassungsgericht würde dem Bundesrat aus der Klemme helfen. Außer Reinhold Meier und Karl Arnold hielten sich die meisten Konferenzteilnehmer sehr bedeckt. Ehard lieferte Beiträge zur Beurteilung der Rechtslage, fand jedoch nur teilweise die Zustimmung des hessischen Ministerpräsidenten Zinn. Wilhelm Kaisen, der in Bremen ebenfalls mit einer Koalition regierte, fiel mir in der mehrstündigen Sitzung durch unwilliges Brummen auf, und noch mehr sein Berliner Kollege Ernst Reuter, der von einem gewissen Zeitpunkt an demonstrativ in seine breit entfaltete Zeitung blickte. Altmeier und der von Krankheit gezeichnete Ministerpräsident Friedrich Wilhelm Lübke von Schleswig-Holstein, ein Bruder des späteren Bundespräsidenten, blieben mißtrauisch und widersetzten sich der Absicht einer grundsätzlichen Stellungnahme, wohl ahnend, daß eine gemeinsame Entschließung der ad hoc einberufenen Ministerpräsidenten-Konferenz zur Sache selber bei passender Gelegenheit in ein vorweggenommenes Votum des Bundesrates hätte umgedeutet werden können. Auch dem wolkigen Schlußkommuniqué, in dem von der gemeinsamen Anstrengung für eine breite Mehrheit des deutschen Volkes die Rede war, hat Altmeier nicht zugestimmt.

Beim Abschied von Stuttgart wußten die Beteiligten, daß sie sich am nächsten Tag in Bonn zur Behandlung des gleichen Themas wiedersehen würden; der hellhörige Adenauer hatte sie in das Palais Schaumburg eingeladen. Während der Rückfahrt nach Mainz ereiferte ich mich über das unselige Bündnis, das der nordrhein-westfälische Bundesratsminister Dr. Spiecker aus persönlicher Abneigung gegen Adenauer zwischen Düsseldorf und Stuttgart eingefädelt hatte. Reinhold Meier gehe es doch nur um die Rettung seines Koalitionskabinetts. Altmeier schmunzelte und fragte mich plötzlich: »Warum wollen Sie eigentlich Landrat werden?« Ich bin ihm die Antwort schuldig geblieben.

PS. Am 19. Mai 1969 bin ich mit Peter Altmeier aus dem Dienst des Landes ausgeschieden!

ANMERKUNGEN

1) Voraussetzungen und Wesen der rheinland-pfälzischen Verfassung. In: Die Entstehung der Verfassung für Rheinland-Pfalz. Eine Dokumentation, bearbeitet von Helmut Klaas. Harald Boldt Verlag, Boppard 1978, S. 14.
2) Vgl. Winfried Baumgart, a. a. O., S. 16.
3) Interview mit Claude Hettier de Boislambert. Jahrbuch für westdeutsche Landesgeschichte 1985, S. 324. Darin führt Boislambert aus: »Vor allem mit Altmeier habe ich viel und über lange Zeit hinweg arbeitet. In den Augenblicken, in denen es schwierige Entscheidungen zu treffen gab, übernahm ich die Verantwortung dafür, und ich sagte ihm, was ich dachte, was zu tun wäre. Aber ich habe immer seine Meinung angehört und war immer glücklich über seine Ansichten, die er mir vortrug.«
4) Carlo Schmid: Erinnerungen. München 1981, S. 327.
5) Im Anfang war Adenauer. München 1982, S. 11.
6) Konrad Adenauer: Erinnerungen 1945-1953. Frankfurt und Hamburg 1967, S. 218.
7) Erschienen im Kindler-Verlag 1955.
8) Rheinland-Pfalz entsteht. Beiträge zu den Anfängen des Landes Rheinland-Pfalz in Koblenz 1945-1951. Hrsg. Franz-Josef Heyen. Boppard 1984, S. 433 ff.
9) Erschienen im Richard Boorberg-Verlag Stuttgart.

Denkmal für Peter Altmeier in Koblenz (1981), entworfen von Horst Schwab, Kusel, ausgeführt in Miltenberger Buntsandstein von Theo Rörig, Hettenleidelheim. Die Anlage symbolisiert den Wiederaufbauwillen nach den Zerstörungen des Krieges. Die Portalöffnung wendet sich zur französischen Grenze, um die Verdienste Altmeiers für die deutsch-französische Verständigung und Freundschaft zu würdigen.

Willibald Hilf

Ministerpräsident Helmut Kohl

DER AMTSANTRITT

Als Helmut Kohl am Montag, dem 19. Mai 1969, nach seiner Wahl und Vereidigung als Ministerpräsident zum ersten Mal offiziell als neuer Hausherr die Staatskanzlei betrat, gab es dort weder einen Empfang noch eine Übergabe der Amtsgeschäfte noch sonst irgend eine protokollarische Äußerung. Die kleine Gruppe: Ferdinand Stark, Waldemar Schreckenberger, Hanns Schreiner, Juliane Weber und ich, die mitgekommen waren, erhielten vom Ministerpräsidenten in dessen Dienstzimmer ihre Ernennungs- bzw. Beförderungsurkunden und gingen an die Arbeit. In zwei Stunden sollte die erste Kabinettssitzung stattfinden mit der letzten Lesung der Regierungserklärung, die am nächsten Tag im Landtag anstand. Alles lief fast wie selbstverständliche Routine ab, als hätte es schon wiederholt stattgefunden. Für irgendwelche Gefühle oder längere Gespräche war keine Zeit. Und doch blieb ein Eindruck des Unwirklichen haften. Stand schon bisher die Staatskanzlei nicht im Rufe, eine besonders offene, gastliche und kommunikationsfreundliche Zentrale des Landes zu sein, wurde sie mehr von einer Aura der Unnahbarkeit, der vertraulichen und geheimnisvollen Atmosphäre esoterischer Beratungen umschlossen, so konnte einem jetzt, da das Zimmer des Ministerpräsidenten und erst recht das des Chefs der Staatskanzlei nicht nur aufgeräumt, sondern fast leer, eine Tabula rasa waren, ein gewisses Frösteln kommen. In jedem Falle konnte und sollte sich in den nächsten Jahren deutlich ein Wechsel im Stil, in menschlicher wie politischer Lebensart vermitteln.

Dabei bestand recht eigentlich zu einem solch unwirklichen und unfreundlichen Übergang kein Anlaß. Der Wechsel im Amt des Ministerpräsidenten war spätestens seit den Landtagswahlen und der Regierungsbildung von 1967 besprochen und vereinbart und auch dem Koalitionspartner bekannt.

Nicht nur Insider wußten natürlich, daß Peter Altmeier, mit 22 Amtsjahren dienstältester Ministerpräsident, noch gerne weiterregiert hätte und von seiner engsten Umgebung auch in dieser Absicht unterstützt und gedrängt wurde: Mit diesem neuen jungen Mann stand ja – so wurde befürchtet – eine tradierte Wertordnung in Gefahr. Aber ebenso war bekannt, daß die eigentliche Führung der Landespolitik längst an den Landes- und Fraktionsvorsitzenden der CDU, Helmut Kohl, mit Zustimmung oder Dul-

Dr. Helmut Kohl, bis dahin Fraktionsvorsitzender der CDU, wird am 19. Mai 1969 im Alter von 39 Jahren zum dritten Ministerpräsidenten des Landes gewählt.

dung aller politischen Gremien (auch der Mehrheit des alten Kabinetts) übergegangen war; daß die entscheidenden politischen Impulse und Gesetzesvorhaben von der CDU-Fraktion ausgingen und dort koordiniert wurden. Lediglich der hohe Respekt, den der 31 Jahre jüngere Helmut Kohl – wie ich aus vielen Gesprächen weiß – für die Persönlichkeit und die politische Lebensleistung Peter Altmeiers empfand, ließ ihn trotz erheblicher Meinungsunterschiede zögern, auf einen früheren Amtswechsel, für den die überwiegende Mehrheit der Partei plädierte, zu drängen. Wie wichtig und notwendig aber für die CDU der Wechsel spätestens 1969 war, zeigte die Landtagswahl 1971: Damals gewann sie mit Helmut Kohl als Ministerpräsident in Rheinland-Pfalz zum ersten Mal die absolute Mehrheit auch der Stimmen, und dies nach einem Stimmungstief bei der Landtagswahl 1963 mit 44,4 Prozent, als die SPD erstmalig bis auf 3 Sitze an die CDU herangekommen und eine Koalition SPD/FDP durchaus möglich war. Die neue Politik unter Helmut Kohl mit der Öffnung der Schulpolitik zur christlichen Gemeinschaftsschule und mit einer mutigen Verwaltungsreform hatte ihre Anerkennung durch die Bevölkerung gefunden. 1975 erreichte die CDU Rheinland-Pfalz dann ihr Spitzenergebnis mit 53,9 Prozent, das selbst das bisher beste Bundestagswahlergebnis von 1957 übertraf.

Das kühle und vielleicht auch verbitterte Verhältnis zwischen Peter Altmeier und Kohl lockerte sich übrigens in den folgenden Jahren und nahm sogar nach und nach betont entspannte und freundliche Züge an. Dazu trug bei, daß der Nachfolger nicht nur auf die bleibenden Verdienste seines Vorgängers immer wieder hinwies und ihn bei vielen Anlässen in die Repräsentation des Landes gebührend einzubinden wußte, sondern auch erstmalig – soweit ich weiß – im Haushaltsplan eines Landes beantragte und Zustimmung fand, daß einem ausgeschiedenen Ministerpräsidenten nicht nur weiterhin eine Sekretärin, sondern auch ein Dienstwagen mit Fahrer zur Verfügung gestellt wurde.

Diese Maßnahme Helmut Kohls stand im Zusammenhang mit einer immer wieder von ihm angestellten und diskutierten Überlegung, wie man die Erfahrung und den Rat der »Alten« nicht nur persönlich, sondern auch institutionell der aktiven Politik erhalten könne. Ihm schwebte dabei die Einrichtung einer Zweiten Kammer, ähnlich dem Senat in Bayern oder gar einer Gerusia im alten Sparta, vor. Bei dieser Überlegung spielte nicht nur das Problem der Kontinuität in der Politik eine Rolle, sondern auch die Betroffenheit des Jüngeren, daß ein notwendiger altersbedingter Wechsel in Legislative und Exekutive, der ja gerade in den 60er Jahren aufgrund der durch den Krieg bedingten Altersstruktur besonders häufig war, für den Ausscheidenden mangels irgendeiner Regelung sehr oft eine totale Zäsur, ja ein totaler Abschied wurde. Helmut Kohl empfand diesen Umgang mit den Persönlichkeiten, denen man beim Abschied testiert hatte, daß sie sich »um den Staat verdient gemacht« hätten, als unwürdig und undankbar eben für den Staat, wenn seine Repräsentanten es nur bei diesen Worten bewenden ließen. Aus diesem Grund suchte und fand er immer wieder Anlässe, die ältere Politikergeneration in die Landespolitik zu integrieren.

Im Laufe dieser nicht nur platonischen, sondern auch durch Besuche und Gespräche sehr realen Begegnung mit der Gründergeneration der eigenen, aber auch der anderen Parteien erwuchsen sehr bald nicht nur größeres Verständnis und Respekt, insbesondere gegenüber den früheren politischen Gegnern, die man in den ersten Jahren der Sturm- und Drangzeit unversöhnlich hart bekämpft hatte, sondern teilweise auch ausgesprochene Zuneigung. Es war im Landtag bekannt, daß sich der Fraktionsvorsitzende Kohl häufig mit dem Fraktionsvorsitzenden der SPD, Otto Schmidt, unter vier Augen oder zusammen mit Jockel Fuchs und Karl Thorwirth getroffen und sich zwischen beiden trotz harter Redeschlachten im Landtag ein sehr kollegiales Verhältnis entwickelt hatte. Ähnliches galt für die Beziehungen zu den älteren Kollegen der FDP-Fraktion: besonders zu Hermann Eicher, zu Valentin Wallauer und Willibald Martenstein. Größeres Erstaunen löste es schon aus, als die Öffentlichkeit erfuhr, daß Helmut Kohl nicht nur mit dem langjährigen Fraktionsvorsitzenden der SPD Eugen Hertel Gesprächskontakte hatte, sondern sich auch häufiger mit seinem Ludwigshafener SPD-Konterpart, dem Bundestagsabgeordneten und späteren Vizepräsidenten des Bundesverfassungsgerichts Friedrich Wilhelm Wagner, aussprach. War dies alles noch im Sinne der von Helmut Kohl praktizierten Solidarität der Demokraten verständlich, so blieben dann doch schon einige Parteifreunde fassungslos, daß Helmut Kohl als Ministerpräsident zuletzt auch noch dem »Erzfeind«, dem ehemals mächtigen »roten Kurfürsten von der Pfalz«, Franz Bögler, als er schon Stück um Stück entmachtet und wegen eines drohenden Parteiverfahrens aus der SPD ausgetreten war, nicht nur die Hand zur Versöhnung, sondern auch zur Hilfe reichte.

Diese vielen Kontakte fanden alle ohne Kommuniqués statt, sie blieben der großen Öffentlichkeit verborgen und tragen deshalb nicht das Stigma einer Legenden- oder Imagebildung. Was ihnen nach meiner Meinung zugrunde lag, war neben dem vitalen Interesse an politischen Persönlichkeiten und Schicksalen für Helmut Kohl besonders der Respekt und die Dankbarkeit gegenüber Leistungen und gegenüber demokratischem Engagement der älteren Generation. »Vergeßt nicht, daß wir auf ihren Schultern stehen«, war eine häufig gebrauchte Mahnung an Freunde und Mitarbeiter. Er lebte sie beispielhaft vor.

Der neue Regierungsstil

Die Einrichtung, die Besetzung, der Arbeitsablauf der Staatskanzlei, so wie sie Helmut Kohl als Ministerpräsident antraf, entsprachen der überkommenen und bewährten Vorstellung einer zentralen Verwaltungsbehörde; sie waren schlicht, nüchtern und sicher auch im Sinne der Verwaltung effektiv, kurz gesagt: preußisch.

Aber für die politische Regierungszentrale eines aufstrebenden jungen Landes am Rhein, mit einem gewachsenen Selbstwertgefühl, für einen jungen Ministerpräsidenten, der neue Wege gehen wollte, dessen politischer Stil mehr auf Kommunikation denn auf Administration beruhte, war diese Zurüstung nicht ausreichend. So wurden schon in den ersten Tagen neue, zeitgemäßere Möbel, und nicht nur für die Beletage, bestellt, in denen man auch hocken und sich besprechen, aber sich auch unterhalten konnte. Statt Tauchsieder gab es nun schon einmal eine Kaffeemaschine oder eine kleine Teeküche. Dazu kam eine Stereo-Anlage ins Zimmer des Ministerpräsidenten. Alle Räumlichkeiten und die langen Gänge wurden mit neuen Bildern aufgehellt, und für einen leeren Kohlenkeller im Erdgeschoß erhielt Professor Horst Römer den Auftrag, einen Weinkeller einzurichten, in dem man in kleiner und größerer Runde Gäste des Hauses, die nach den Erfahrungen in der Fraktion in großer Zahl zu erwarten waren, bewirten konnte.

Die erste Frau im Kabinett von Rheinland-Pfalz: Dr. Hanna-Renate Laurien (ab 2. Dezember 1976), hier als Staatssekretärin mit Ministerpräsident Dr. Helmut Kohl.

Es war abzusehen, daß der Haushalt der Staatskanzlei für solche Investitionen nicht ausgestattet war. Bei nächster Gelegenheit lud deshalb Helmut Kohl den Haushalts- und Finanzausschuß in die Staatskanzlei ein, erläuterte ihm an Ort und Stelle die Notwendigkeit dieser Investitionen und erhielt die Bewilligung.

So wurde Zug um Zug die Staatskanzlei – und später auch das Gästehaus auf der Bastei – zu einem für Kommunikation und Repräsentation offenen und gastfreundlichen Haus umgestaltet, quasi vom Kopf auf die Füße gestellt. Es mußte – wie es in Mainz heißt – eine »gut' Stubb« geben, in der sich jeder, besonders aber der Hausherr, zu Hause und nicht nur im Amte fühlte. Bei einer Arbeitszeit, die fast immer um 7 Uhr 30 begann und häufig bis in die Nacht dauerte, brauchte er diese Atmosphäre als gewohnte Energiequelle.

Dieser äußeren Renovierung der Staatskanzlei entsprach natürlich auch der Umgang mit den Mitarbeitern des Hauses. (Helmut Kohl sprach nie – wie es weithin üblich war – von »seinem« Haus und korrigierte auch seine Kabinettskollegen, wenn ihnen dieses Possessivpronomen manchmal über die Lippen kam.) Manchem altgedienten Beamten wurde es in der ersten Zeit förmlich flau, als er den direkten und persönlichen Umgangston des neuen Ministerpräsidenten gewärtig wurde. Daß es auf der obersten Ebene einen Duz-Komment aufgrund einer langen Bekanntschaft und Freundschaft geben konnte und daß man ihn auch im Dienst nicht verleugnete, war erst einmal unfaßbar. Man gewöhnte sich nicht nur daran, sondern ich glaube, daß man es sehr bald auch als richtig und angemessen empfand, weil es ehrlich war und nicht als Kumpanei aufgefaßt werden konnte. So hatte Helmut Kohl als erstes eine Gegensprechanlage zu den Hauptabteilungsleitern und zu mir legen lassen, die regelmäßig – und auch manchmal unerwartet – für einen kurzen Meinungsaustausch und zur Vermeidung langer Gänge benutzt wurde.

Ein ähnlich direkter Umgangston herrschte auch in den Kabinettssitzungen, besonders nach der Landtagswahl 1971, als aufgrund der absoluten Mehrheit und des Wahlkampfes der FDP keine Koalitionsregierung mehr bestand und Helmut Kohl seine Regierung aus dem Kreis seiner politischen Freunde und Weggenossen bilden konnte. (Eine Ausnahme auf der Staatssekretärsebene war Hans Friderichs, der weiterhin als beamteter Staatssekretär im Ministerium für Landwirtschaft, Weinbau und Umweltschutz blieb.) Diese »reinrassige« und kameradschaftlich verbundene Kabinettsrunde (Johann Wilhelm Gaddum, Heinrich Geißler, Heinrich Holkenbrink, Otto Meyer, Heinz Schwarz, Otto Theisen, Bernhard Vogel, Willibald Hilf [ohne Stimmrecht]) schloß natürlich sachlich Differenzen und streitbare Diskussionen nicht aus. Aber sie wurden entweder – dazu

Ministerpräsident Dr. Helmut Kohl am Rednerpult des Landtages. Im Vordergrund die Regierungsbank, auf der Tribüne hinter den Abgeordneten die Parlamentsjournalisten und Besucher.

bedurfte es keiner Berufung auf die Richtlinienkompetenz in der Verfassung – mit einem Schlußwort des Ministerpräsidenten entschieden und selbstverständlich, wenn auch grollend, akzeptiert oder auf ein Gespräch unter vier oder sechs Augen ins Zimmer des Ministerpräsidenten vertagt, wo dann ein den Konflikt sanierendes Ergebnis auf gut pfälzisch – in der Regel mit einer Flasche Wein höherer Prädikatsstufe – gefunden wurde. Was ich heute noch angesichts bestimmter Entwicklungen in Bonn als für den Geist dieser Kabinettsrunden so angenehm empfinde, ist die Tatsache, daß kein Beteiligter auch nur den Versuch unternommen hätte oder auf den Gedanken gekommen wäre, sich auf Kosten des Regierungschefs oder eines Kollegen (das heißt auf Kosten der gemeinsamen Sache) – und sei es möglicherweise gerechtfertig gewesen – zu profilieren. In seinem eigenen Ressort sollte und konnte sich jeder profilieren, so gut er konnte. Der Ministerpräsident neidete es ihm nicht. Im Gegenteil: es war ja »sein« Mann, hinter den er sich auch stellte, wenn etwas nicht ganz glücklich verlief. Und sehr bald galt die Landesregierung Kohl unter den Bundesländern nicht nur als die erfolgreichste, sondern auch als die kompetenteste. »Selbst in Presseorganen, die seit der sozialliberalen Bonner Wachablösung von 1969 den Parteinamen CDU fast als Symbol für Ewiggestriges zu nehmen pflegten, fanden sich plötzlich hymnische Sätze wie diese: ›Helmut Kohl ist die Edelausgabe eines deutschen Landesfürsten. Als Verwaltungschef steht er über dem Hessen Osswald und dem Hamburger Klose. Als Hausvater hat er mehr Ausstrahlung als der Schleswig-Holsteiner Stoltenberg. Er denkt schärfer als der Bayer Goppel. Dabei ist er schlitzohrig wie der Niedersachse Kubel, aber auch nicht so sauertöpfisch wie der Baden-Württemberger Filbinger‹« (Dexheimer).

Helmut Kohl führte in der Absicht, seine Politik möglichst bürgernah und ohne hoheitsvolle Distanz darzustellen, verschiedene neue Einrichtungen ein, die sehr populär wurden: Sprechstunden beim Ministerpräsidenten, Kreisbereisungen, regelmäßige Pressekonferenzen. Auch den zweimal im Jahr stattfindenden allgemeinen Beförderungstermin nahm er zum Anlaß, einer repräsentativen Auswahl von Beamten aus allen Verwaltungsbereichen und Dienstgruppen ihre Urkunden bei einer Feier in der Staatskanzlei auszuhändigen, in einer Ansprache für ihren Einsatz zu danken und mit ihnen über ihren Dienst zu diskutieren.

Neben diesen eher spektakulären Neuerungen gab es weitere ganz unterschiedliche Aktivitäten, die weniger bekannt wurden und bekannt sein sollten, die aber aus einem besonderen Interesse, wenn nicht aus Sorge und Mißtrauen gegenüber einer allzu bürokratischen und »objektiven« Behandlung herrührten.

Im Justizministerium stieß es auf Überraschung und Erstaunen, daß der Ministerpräsident die Akten aller lebenslang Verurteilter vorgelegt haben wollte. Anlaß dazu war die Möglichkeit der Begnadigung, ein Recht, das dem Ministerpräsidenten nach Verfassung und einem Ausführungsgesetz zusteht, das aber üblicherweise bisher nur auf Initiative der Justiz angewandt wurde. Helmut Kohl vertiefte sich in viele Akten, ließ sich Berichte und Gutachten kommen, überzeugte sich in persönlichen Gesprächen und sprach einige – nicht veröffentlichte – Begnadigungen aus, die alle – soweit mir bekannt ist – erfolgreich waren, weil kein Rückfall oder eine sonstige Auffälligkeit bekannt wurde.

Eine weitere besondere Aufmerksamkeit galt den Alliierten Streitkräften, und hier insbesondere den amerikanischen Truppen, von denen Helmut Kohl mit Recht den Eindruck hatte, daß ihr Aufenthalt in unserem Lande und die Beziehungen zur Bevölkerung erheblich verbessert werden müßten. Darüber wurden nicht nur viele Gespräche mit den Kommandeuren in Mainz geführt, sondern alle Mitglieder der Regierung hatten sich an den wichtigsten Standorten der Truppen durch Besuch und Diskussion mit den GIs um Verbesserungen zu engagieren. Kein festlicher Anlaß (besonders die heiteren, wie zum Beispiel Fastnacht oder Rosenmontagszug) durfte ohne Einladung an die alliierten Freunde stattfinden, um ihnen konkret das Gefühl zu geben, daß sie in unserem Lande willkommen sind und daß die deutsche Bevölkerung ihren Dienst für die Freiheit des Westens zu schätzen weiß.

Ministerpräsident Dr. Helmut Kohl mit dem Vorsitzenden des Deutschen Künstlerbundes Otto Herbert Hajek 1974 bei der damaligen Jahresausstellung des Künstlerbundes in Mainz.

Ministerpräsident
Dr. Helmut Kohl bei der
Verleihung der von ihm
gestifteten Max-Slevogt-
Medaille an den Grafiker
Werner vom Scheidt, 1974.

Die Kollegen

Mit dem Amt des Ministerpräsidenten war Helmut Kohl Mitglied des Bundesrats und der Ministerpräsidentenkonferenz geworden, eines der – wenn auch nicht im Grundgesetz vorgesehenen – einflußreichsten und wichtigsten Zirkel im kooperativen Föderalismus. Regierungschefs waren damals: Hans Filbinger (Baden-Württemberg), Alfons Goppel (Bayern), Klaus Schütz (Berlin), Hans Koschnik (Bremen), Herbert Weichmann bis 1971, dann Peter Schulz und Hans Ulrich Klose (Hamburg), Georg-August Zinn bis Oktober 1969, dann Albert Osswald (Hessen), Georg Diederichs bis 1970, dann Alfred Kubel (Niedersachsen), Heinz Kühn (Nordrhein-Westfalen), Franz Josef Röder (Saarland), Helmut Lemke bis 1971, dann Gerhard Stoltenberg (Schleswig-Holstein).

Die Reihe der Namen zeigt, daß jedenfalls zu Beginn die Mehrheit der Kollegen für Helmut Kohl der Generation seines Vaters angehörte. Demgemäß waren auch der Stil und die Verhandlungsatmosphäre: ein »Herrenclub« in des Wortes guter Bedeutung. Helmut Kohl war natürlich seinen Parteifreunden als Mitglied des Bundesvorstandes und Landesvorsitzender gut bekannt. Die Ministerpräsidenten der SPD kannten ihn zumindest vom Hörensagen. Aber für das dieser Runde über Parteigrenzen eigene Selbstverständnis galt im Blick auf den Neuen mehr sein veröffentlichter Ruf als unruhiger Reformer, die Inkarnation eines Generations- und Regierungswechsels: Eigenschaften also, die ihn in keinem Falle für eine gewohnte kollegiale und weise Zusammenarbeit von vornherein empfahl. So herrschte auch auf beiden Seiten beim ersten Zusammentreffen – wie ich als zugelassene Begleitung beobachten konnte – abwartende und etwas befangene Neugierde. Aber alle Befürchtungen traten mit gegenseitiger tätiger Vorsicht nicht ein. Kohl begrüßte als Neuer – fast mit einer überzogenen, leicht ironischen Freundlichkeit – jeden seiner Kollegen, hielt sich gegen seine Gewohnheit mit Wortbeiträgen zurück und war schon nach der ersten Sitzung voll aufgenommen. Im Laufe der nächsten Zeit wurde er mehr und mehr Stimmführer der sogenannten B-Länder-Seite, und seine Staatskanzlei hatte fast alle wichtigen Koordinationen zu leisten und für die Länderseite die Verhandlungen mit dem Bund zu führen. Aus den Beziehungen zu den einzelnen Kollegen entwickelten sich je nach Naturell oder geistiger Nähe besonders enge Kontakte. Wenige Beispiele seien erwähnt. Im inoffiziellen Teil der Ministerpräsidenten-Konferenzen sah ich Helmut Kohl gerne mit Helmut Lemke zusammensitzen, dessen naturwüchsig ausgelassenes Temperament, seine gelegentlich sehr direkte und derbe Sprache ihm in der sonst auf Würde großen Wert legenden Runde (siehe Filbinger, Röder) so recht behagten.

Die große politische Erfahrung und Bewährung sowie die reflektierte Darstellung fesselten ihn an Herbert Weichmann. Als dieser nach seinem Ausscheiden als Bürgermeister zu einem Vortrag an die Hochschule für Verwaltungswissenschaften in Speyer eingeladen war und unmittelbar nach Beginn seiner Rede wegen eines Kreislaufkollaps ins Krankenhaus gebracht werden mußte, kümmerte sich Helmut Kohl, nachdem aus der Hamburger Senatskanzlei trotz Benachrichtigung keine Reaktion erfolgt war, in rührender Weise um den älteren Kollegen. Er besuchte ihn regelmäßig und stellte dem wieder Genesenen seinen Dienstwagen für die Heimfahrt nach Hamburg zur Verfügung.

Nur so ganz nebenbei beobachtete ich in der Staatskanzlei, daß sich Helmut Kohl privat auch mehrmals mit Georg-August Zinn im benachbarten Wiesbaden traf. Lange nächtliche und vertrauliche Gespräche gab es immer, wenn Heinz Kühn im Hause war, und insbesondere mit Hans Koschnik. Die engen freundschaftlichen Kontakte zwischen dem Bremer und dem rheinland-pfälzischen Regierungschef beruhten nicht nur auf der gemeinsamen Mitgliedschaft im Verwaltungsrat des ZDF, sondern auch auf vielen gemeinsamen Grundüberzeugungen und menschlicher Nähe.

Das unendliche Gespräch

Schon in der Zeit als Fraktionsvorsitzender hatte Helmut Kohl fast jeden Tag in seinem eigenhändig und penibel geführten Terminkalender mehrere Besuchernamen stehen.

Morgens die Näher-Wohnenden, nachmittags die Weiter-Anreisenden. Es war ein ständiges Kommen und Gehen. Konnte das Gespräch in der vorgegebenen Zeit nicht zu Ende gebracht werden, kam häufig, wenn die Gravitesse des Besuchers es nicht verbot, durch die Gegensprechanlage der Übernahmeappell: »Das ist ein guter Mann, den mußt Du Dir mal anhören.«

Der Besucherstrom nahm natürlich im Amt des Ministerpräsidenten und erst recht mit dem Bundesvorsitz in der CDU an Quantität und Qualität zu, besonders da der Weinkeller in der Staatskanzlei sich weiter herumgesprochen hatte und förmlich zu langen Abendgesprächen einlud.

Im Anfang bei der Fraktion waren die Besucher noch in der Regel Freunde und Bekannte aus der Jungen Union des gesamten Bundesgebietes. Man wollte den »Gulliver im fröhlichen Weinberg« kennenlernen und sich Rat holen, wie man der – seit Konrad Adenauers Ausscheiden aus der Regierung – immer mehr irritierten und verzagenden CDU neuen Mut und neues Selbstwertgefühl geben könne. In Rheinland-Pfalz verspürte man Aufwind. Und Helmut Kohl wußte für alle Situationen tätigen Rat, da er sich alle Stationen der Partei- und Parlamentsarbeit von unten her ohne Protektion und häufig gegen Widerstand durch Überzeugungsarbeit erkämpft hatte: vom Vorsitzenden des Ortsverbandes und der Stadtratsfraktion zum Vorsitzenden der Landtagsfraktion, über den Bezirksvorsitzenden, das Mitglied des Bundes- und des Landesvorstands zum Ministerpräsidenten, Bundesvorsitzenden, Kanzlerkandidaten, Bundeskanzler. »Dabei entwickelte er eine interessante Zweisprungtechnik. Er strebte eine Parteiposition an, die ihm zugleich eine parlamentarische Existenz ermöglichte. Mit der Triebkraft dieser beiden Positionen erschloß er sich das nächsthöhere Parteifeld, auch dort wieder die zugehörige parlamentarische Aufgabe an sich ziehend. Erst wenn er in der nächsten Etage fest und mit demokratischer Zustimmung etabliert war, gab er – bis auf Ausnahmen – die niedriger liegenden politischen Lager auf« (Ludolf Herrmann).

In diesen Stufen erweiterten sich auch die Besucherkreise in Fraktion und Staatskanzlei. Für jede politische Situation, und sei es »nur« die Besetzung eines Bürgermeisterpostens, hatte Helmut Kohl dank seines phänomenalen Gedächtnisses eine Personalkonzeption bereit. Hatte er den Betreffenden noch nicht auf seinem Besuchersessel genauer inspizieren können, dann wurde er bald zu einem Gespräch eingeladen, um ihn für eine aktive Mitarbeit zu gewinnen. Dabei bildeten landsmannschaftliche oder berufliche Einbindungen keine Grenzen. Im Gegenteil: Blutauffrischung konnte nur nützen. Auf diese Weise erreichte Helmut Kohl eine personelle Ausstattung seines rheinland-pfälzischen CDU-Landesverbandes und seiner Regierung, die überall als vorbildlich angesehen wurde. Von den Persönlichkeiten, die auf diese Weise von außerhalb nach Rheinland-Pfalz gezogen wurden oder sich dort anmeldeten, will ich nur einige herausra-

Drei Ministerpräsidenten von Rheinland-Pfalz: Dieses Bild dokumentiert eine sonst kaum gekannte Kontinuität in der Politik eines Bundeslandes. Peter Altmeier, seit 1947 22 Jahre Regierungschef; Helmut Kohl, von 1969 bis 1976 Ministerpräsident, und schließlich (in der Mitte) Dr. Bernhard Vogel.

gende Namen nennen: Hanna-Renate Laurien, Renate Hellwig, Heiner Geißler, Bernhard Vogel, Richard von Weizsäcker, Nobert Blüm, Roman Herzog.

Selbstverständlich hatte diese Leidenschaft und Lust am Gespräch für einen Politiker wie Helmut Kohl nicht ausschließlich altruistische Motive: die personelle Erneuerung der CDU oder die Förderung begabter Politiker. In den vielen Begegnungen, in denen er anderen persönliches Vertrauen und Zutrauen gab, schuf er sich selbst auch ein Stützungssystem und ein Kommunikationsnetz, auf das er – mit wenigen Ausnahmen – vertrauen, das er immer wieder aufbauen konnte und das ihn auch in kritischen Zeiten trug. Die vielen Gespräche, in denen der Wortanteil des Hausherrn in der Regel überwog und seine Begabung, auch einmal länger zuzuhören, nicht gerade hoch entwickelt war, führten erwartungsgemäß nicht immer zu einem für beide Seiten befriedigenden Ergebnis. Die rote Karte selbst zu zeigen war aber dann nicht Helmut Kohls Stärke. Er bediente sich dazu gerne der Hilfe von Boten, die es mit den durchgefallenen Kandidaten »gut konnten«. In vielen Fällen war es dann Juliane Weber, die den Beschluß des »consilium abeundi« mit nachfolgender Tröstung bekanntgeben mußte, oder es erging der Appell an mich, mit Balsam und guten Worten dem Unseligen den Heimweg leichter zu machen.

Bei der großen Gesprächsbereitschaft Helmut Kohls rechnete sich natürlich auch die Presse große Chancen aus, bei dem offensichtlich ungebremst aufsteigenden jungen Mann Honig saugen zu können. Es wurde in nicht wenigen Fällen eine Enttäuschung, und dementsprechend war auch das Echo. Im Spiegel der Presse oder im Rundfunk war selten ein begeisterter Eindruck zu finden. Der Grund versteht sich aus der Diskrepanz zwischen dem Charakter und dem Naturell des zu Interviewenden und dem Interesse vieler Interviewer.

Helmut Kohl gab sich auch als Ministerpräsident so, wie er war, und nicht wie ihn ein Journalist gerne haben wollte oder wie sich dieser am liebsten selbst gesehen hätte. Eine bestimmte Pose, Attitude oder Design, ein intellektuelles Getue, Statussymbolik oder ein ausgefallenes, schickes Ambiente waren ihm wesensfremd. Letztlich ausschlaggebend für die Enttäuschung manches Journalisten und dessen oft negative Reaktion war aber: Helmut Kohl gab und gibt sich nicht für eine Illoyalität her, nicht für eine Desavouierung von Personen, nicht für öffentliche Spekulationen. Sensationen, Schlagzeilen, von denen eine gewisse Publizistik, besonders die Trend-setter leben, waren mit ihm nicht zu machen.

»Mit ungeheurer Arroganz schauen diese Leute deshalb auf den aus dem Privaten sich orientierenden Kohl herab – mit gleicher Arroganz, mit der sie einen ähnlich gebauten Konrad Adenauer über Jahre und Jahrzehnte hinweg als Trottel dargestellt haben. Das heutige Adenauer-Bild, wie es nun aus der alten Intellektuellenschicht widerglänzt, ist nichts als eine zeitgeschichtliche Lüge. Spiegel, Gruppe 47 und alles, was sich damals selbst ein höheres Niveau testierte, haben in unsäglichen Schmähungen nicht nur den Wortschatz des Kanzlers, sondern auch seine Vorstellungskraft und sein Denkvermögen in grotesker Weise heruntergemacht. Adenauer, der sich im Rhöndorfer Privatleben regenerierte und seine politischen Vorstellungen aus seinen bürgerlichen Erfahrungen gewann, hat sich davon kaum beirren lassen. Die Kritik prallte bei ihm weitgehend ab, weil er die hochgestochenen Vorstellungen seiner Kritiker in seinem Kategoriensystem gar nicht orten konnte. Nicht weil dies primitiv war, sondern weil es anders war.« (Ludolf Hermann: Die Dignität der Normalität. In: Die politische Meinung 86, S. 12)

Wurde indes gelegentlich einmal ein Interview ohne vorgefaßte Meinung und mit offener Neugierde und Interesse geführt, dann hörte ich oft im nachhinein die erstaunte Frage: Warum macht er nicht mehr – warum macht Ihr nicht mehr – aus seinen reflektierten und differenzierten politischen Vorstellungen, aus seinen Visionen?

Nicht nur aus dem Kreis professioneller Kritiker, sondern auch aus der sehr wohlwollenden Szene »besserer Kreise« gab es Versuche, dem Ambiente Helmut Kohl vielleicht das eine oder andere »Glanzlicht« aufzusetzen und damit – wie man meinte – das Image nach oben zu stilisieren. »Statt dieses monomanen Urlaubs am Wolfgangsee dürfte es doch auch schon einmal etwas exotischer sein. Statt der Kahnfahrt auf dem See wäre doch wohl eine Yacht auf dem Meer angemessener. Man kenne auch dieses wunder- wunderschöne Haus..., der Kollege N. N. sei auch schon dort gewesen.«

Solche Ansinnen wurden bei Helmut Kohl schon im Keim erstickt. Nicht weil er solche Lebensart anderen mißgönnte. Aber es war nicht die seine, und er wollte sich auch deshalb nicht mit ihr gemein machen. Instinktiv ahnte er auch sicher Verknüpfungen, die – einmal öffentlich erörtert – kaum zu widerlegen sind. Wenn deshalb Gespräche und Beratungen notwendig waren, so lud er ein und ließ sich nicht einladen, weder auf eine Jagd noch auf eine Yacht.

Wir haben in der Staatskanzlei alle diese Fragen mit und ohne Helmut Kohl diskutiert, auch mit besonders erfahrenen Beratern. In der Tat kann man sich über ein solches Selbstverständnis und Selbstbewußtsein, das auf viele Mißverständnisse und Mißdeutungen stößt, streiten. Man kann auch anders, ja leichter Staat machen. Das Ergebnis vieler Ratschläge waren nur ganz kleine und höchst unwesentliche Designverbesserungen. Im Grunde hat sich Helmut Kohl nicht verändert oder verändern lassen. Warum sollte er auch? Er hat – immer als Jüngster – seine politischen Ziele erreicht und ist sich selbst treu geblieben. Er hat im Lande und in seiner Partei notwendige, aber einschnei-

Dr. Helmut Kohl legt am 2. Dezember 1976 sein Ministerpräsidentenamt nieder, um als Oppositionsführer in den Bundestag zu gehen. Hier ein Schnappschuß aus dem Plenarsaal des Landtages, wo ihn seine Weggefährten, rechts der dann gewählte neue Ministerpräsident Dr. Bernhard Vogel, nach seiner Abschiedsrede mit Beifall bedenken.

dende Reformen (besonders die Schul- und Verwaltungsreform) durchgesetzt und sie mit steigender, absoluter Mehrheit bestätigt bekommen. Bei einem Volksentscheid am 19. Mai 1975 hatte die Bevölkerung in den Regierungsbezirken Koblenz, Trier, Montabaur und Rheinhessen, wo 20 Jahre zuvor erfolgreiche Volksbegehren für den Anschluß an Nordrhein-Westfalen und Hessen stattgefunden hatten, mit großer Mehrheit für ein Verbleiben im Lande Rheinland-Pfalz gestimmt. Am 12. Juni 1973 war Helmut Kohl zum Bundesvorsitzenden der CDU gewählt worden, am 19. Juni 1975 war er durch Beschluß der Präsidien von CDU und CSU als gemeinsamer Kanzlerkandidat bestätigt worden. Mit ihm hatte die Union am 3. Oktober 1976 mit 48,6 Prozent das zweitbeste Ergebnis bei Bundestagswahlen erreicht und nur knapp die absolute Mehrheit verfehlt. Warum hätte – um noch einmal zu fragen – Helmut Kohl sich umstylen lassen sollen? Vielleicht um den »hochgestochenen Vorstellungen« seiner Kritiker zu genügen, die ihn ohnehin nicht mochten und gewählt hätten, und gleichzeitig damit seine Mehrheit, ja sich selbst zu irritieren, in jedem Falle seine eigene Glaubwürdigkeit und Identität zu relativieren?

Der Abschied

In den Wochen nach der Bundestagswahl 1976 und der Konstituierung des Bundestags rieten fast alle Freunde Helmut Kohl, in Mainz zu bleiben und nicht als Oppositionsführer nach Bonn zu gehen. Er selbst war sich auch voll bewußt, was ihn in Bonn erwartete: an Intrigen, an Mißgunst, ja an Feindseligkeiten. Obwohl er nur mit wenigen Stimmen die absolute Mehrheit verfehlt und das zweitbeste Ergebnis für die Union bei Bundestagswahlen erreicht hatte, kam er als Newcomer und gleichzeitig als natürlicher Vorsitzender in eine Fraktion, in der viele ältere Kollegen Besitzstände, längere Erfahrung und Routine und nicht erreichte Ambitionen geltend machten. Hinzuzuzählen waren die parteiinternen Kritiker und Profilierer, die es ohnehin immer besser wissen. Und absehbar war, daß angesichts der SPD/FDP-Koalition unter Helmut Schmidt die Zeit der Opposition sehr lange anhalten konnte. Gegen diese sicher nicht ermutigende »eisige« Situation galt es für Helmut Kohl abzuwägen, was er in Rheinland-Pfalz aufgeben mußte: ein wohlbestelltes und gefestigtes Land, in dem die wichtigsten Reformen durchgeführt waren, eine satte Mehrheit an Zustimmung in der Bevölkerung, ein gut funktionierender Regierungsapparat, der ihn auch in nationalen wie internationalen Angelegenheiten optimal unterstützte, und nicht zuletzt ein großer, gewachsener und verläßlicher Kreis von politischen Freunden und Mitarbeitern, in dem er unbestritten führende Autorität besaß, sowie ein harmonisches, heimatliches Ambiente, das die für ihn elementar notwendige Nestwärme verbreitete.

In den vertraulichen Gesprächen der ersten Tage nach der Bundestagswahl konnte man den Eindruck gewinnen, als sei die Entscheidung Helmut Kohls für Bonn noch nicht endgültig gefallen, als zögere er noch und wäge in der Tat die – menschlich gesehen – extrem unterschiedlichen Alternativen ab: Verweilen in einem nach harten Jahren Aufbauarbeit wohlbestellten, behaglichen, heimatlichen Haus als Landesvater oder Auszug auf die harte Bank der Opposition im Bund mit der Aussicht, auf unabsehbar lange Zeit neue parlamentarische Knochenarbeit, die ohnehin nicht in der großen Gunst der Öffentlichkeit steht, leisten zu müssen.

Viele Freunde konnten nicht verstehen, daß Helmut Kohl unter diesen Alternativen anscheinend noch zögerte, da für sie – jedenfalls den größten Teil der Mannschaft – die Entscheidung längst gefallen war: natürlich bleiben! Aus diesem Grunde bestürmten ihn auch viele, dieses gefestigte Basislager nicht zugunsten einer unsicheren Position aufzugeben. Eigene Sicherheitsüberlegungen spielten dabei verständlicherweise eine Rolle. Immerhin hatte eine große Zahl von Freunden den steilen und strapaziösen Weg Helmut Kohls in guten wie in schlechten Tagen begleitet und mit all ihren Kräften unterstützt. Und ihr Ziel war erreicht. Warum noch einmal anfangen?

Alles gute Zureden half nichts. Wer geglaubt hatte, eine noch offene Entscheidung bei Helmut Kohl beeinflussen zu können, hatte sich getäuscht. Die Entscheidung für Bonn war längst gefallen, auch wenn der Anschein noch für ein Zögern sprach. Die Entscheidung stand nach meiner Meinung spätestens seit dem Juni 1975 mit der Bestätigung als Kanzlerkandidat irreversibel fest. Es mag ein Gerücht sein, daß er sich schon seit Beginn seines politischen Engagements als Schüler auf das Amt des Bundeskanzlers programmiert hätte. Gesichert scheint mir aber zu sein, daß in seinem Selbstverständnis eine noch so schöne und befriedigende Position unter dem Gipfel nie die Endstation Sehnsucht war und daß er den letzten Aufstieg auch bei ungünstigen Bedingungen dem Verbleiben auf der höchsten Bergstation vorgezogen hätte. Die Entwicklung in Bonn hat wieder einmal ihm und nicht den damaligen guten Ratschlägen Recht gegeben. Heute sagt er zu Recht, daß die CDU sicher nicht am 1. Oktober 1982 mit seiner Wahl zum Bundeskanzler den Weg zurück in die Regierungsverantwortung gefunden hätte, wenn er damals in Mainz geblieben wäre und nicht sechs Jahre lang die Erfahrung als Oppositionsführer gemacht hätte.

Helmut Kohl im Gespräch mit Soldaten der verbündeten Streitkräfte.

Rheinland-Pfalz – Persönlich

Die Brücke bei Ludwigshafen wird häufig als ein Symbol für den Aufbau des Landes und seiner Infrastruktur genannt.

Hermann Dexheimer

Ein Jahrzehnt Regierung Bernhard Vogel

Er ist weder ein großer Politik-Star mit Allüren noch ein Parteivorsitzender, der seine Christdemokraten im Land mit harter Hand am kurzen Zügel führt. Bernhard Vogel, mittlerweile seit zwei Dezennien Kabinettsmitglied in Mainz, davon ein Jahrzehnt bereits als Ministerpräsident im Amt, hat das politische Erbe Altmeiers und Kohls unaufdringlich, fast bescheiden, aber mit viel Fantasie und Energie gefestigt und gemehrt.

Dem Land und seiner Bevölkerung ist die Kontinuität der Führung im »Deutschhaus« am Rhein von der Gründerzeit über die Reformepoche bis heute gut bekommen. Im 40. Jahr nach der Verfassungsannahme präsentiert sich das als kränkelndes Kunstgebilde von der französischen Besatzungsmacht ins Leben gerufene Rheinland-Pfalz als stabiler, leistungsfähiger Staat, der vom »Schlußlicht« in die Spitzengruppe der Bundesländer aufsteigen konnte. Es mag den landesväterlich regierenden Bernhard Vogel immer wieder einmal mit Genugtuung und Stolz erfüllt haben, daß ungeachtet der von der Bundespolitik gelegentlich ausgehenden Sturmböen Rheinland-Pfalz in der Regel eher einer in sich ruhenden Oase glich.

Gegen Aktionismus

An dieser Situation konnten auch Krisen und Pannen im zehnten Amtsjahr des Ministerpräsidenten kaum etwas ändern.

Der mit viel Publizität berufene und agierende parlamentarische Untersuchungsausschuß in Sachen Parteispenden brachte eine Flut von Zeugenaussagen und endete – wie erwartet – mit unterschiedlichen Schlußbewertungen der beiden großen Parteien. Wäre da nicht die »Blackout«-Episode mit dem Kanzler an seiner früheren politischen Wirkungsstätte in Mainz gewesen, nach einer Weile hätte sich kaum noch jemand an die diskutierten Vorgänge erinnert. Auch wenn manche Aussage damals im Zwielicht blieb und letzte Zweifel nicht ganz ausgeräumt werden konnten – in keinem Fall war der Ministerpräsident persönlich tangiert oder gar in seiner Amtsautorität beeinträchtigt.

Besonnenheit und Augenmaß, Bürgernähe und Nüchternheit sind Eigenschaften Bernhard Vogels, die das Land auch im Zusammenhang mit den Chemieunfällen am Rhein,

Landtagspräsident Albrecht Martin gratuliert Ministerpräsident Dr. Bernhard Vogel nach der Ablegung seines Eides auf die Verfassung des Landes am 2. Dezember 1976.

dem Streit um die Eröffnung des französischen Atomkraftwerks Cattenom oder nach dem durch Gerichtsentscheid erzwungenen Abbruch der probeweise aufgenommenen Produktion im neuen Kernkraftwerk Mülheim-Kärlich vor modischem Aktionismus bewahrt haben.

Vom Katheder ins Parlament

Der Mann, der heute mit großem Abstand zum politischen »Verfolgerfeld« der Populärste im Lande ist, hätte es sich selber nicht träumen lassen, einmal das höchste Regierungsamt in Rheinland-Pfalz zu bekleiden. Seine Ambitionen schienen in eine völlig andere Richtung zu weisen.

Peter Altmeier regierte Rheinland-Pfalz bereits seit 20 Jahren, als der damals 34jährige Bernhard Vogel auf die politische Bühne in Mainz trat. Der Doktor der politischen Wissenschaften hatte lange Zeit, dem Vorbild seines Heidelberger Professors Dolf Sternberger nacheifernd, sein Berufs- und Berufungsziel eher am Katheder im Hörsaal als auf der Regierungsbank im Parlament gesehen. Aber die Freundschaft zu Helmut Kohl, seinem Studienkollegen und späteren politischen Mentor, erwies sich als stärker.

Der Bürgermeister-Kandidat

Schon bei den Wahlen zum 5. Deutschen Bundestag 1965 kandidierte Vogel im neugebildeten Wahlkreis Neustadt-Speyer und zog ins Bonner Parlament ein. Durch Vorträge in der katholischen Erwachsenenbildung am Heinrich-Pesch-Haus in Ludwigshafen und durch die Betreuung sozialpolitischer Seminare in Ludwigshafen und in der Vorderpfalz waren CDU-Politiker auf ihn aufmerksam geworden und hatten den jungen Wissenschaftler und Lehrbeauftragten an der Universität Heidelberg zur Kandidatur ermuntert, natürlich nicht ohne zuvor beim damaligen CDU-Bezirksvorsitzenden der Pfalz, Helmut Kohl, rückgefragt zu haben. Dieser war schon einige Jahre zuvor einmal – allerdings erfolglos – als politischer Weichensteller für Vogel tätig geworden. Der junge, rhetorisch gut begabte Politologe sollte als Bürgermeister für Ludwigshafen »aufgebaut« werden. Der schöne Plan scheiterte jedoch an einem störrischen älteren Herrn, dem Amtsinhaber, der sich weigerte, seine Position vorzeitig freizugeben.

Das Gespann Vogel/Geissler

Im Bundestag traf Vogel auf den im Wahlkreis Tübingen gewählten Heiner Geißler aus Oberndorf am Neckar. Er war – wie er später einmal schrieb – bald »vom Fleiß und der

Prinzipientreue dieses Kollegen besonders beeindruckt«. Beide arbeiteten im kulturpolitischen Ausschuß. Geißler engagierte sich zusätzlich in der Sozialpolitik des Parlaments, was dem »Talentsucher« an der Spitze der CDU in Mainz nicht verborgen blieb. Wenige Wochen vor der Landtagswahl im April 1967 rief Kohl bei Vogel an und fragte, ob er einen Dr. Geißler kenne und was er von ihm halte. Die positive Auskunft führte dazu, daß Geißler prompt im Wahlkampf am Rhein eingesetzt wurde. Bei einem Treffen im Ludwigshafener Haus Kohls an der Tiroler Straße sprach der CDU-Vorsitzende ohne Umschweife aus, was er mit den beiden Abgeordneten vorhatte: der eine sollte Kultus- und der andere Sozialminister in Mainz werden. Und so kam es auch.

Die Fraktion entschied

Der Zufall wollte es, daß der »Enkel Adenauers« die Wende in Mainz, wenige Tage nachdem der am 19. April 1967 gestorbene »Alte von Rhöndorf« zu Grabe getragen war, einleitete. Mit der Ära Adenauer im Bund ging auch die Ära Altmeier im Land zu Ende. Seit zwei Jahrzehnten regierte die CDU in Mainz. Der 37jährige Partei- und Fraktionschef leitete in den Koalitionsverhandlungen mit der FDP (sie wurden von Altmeier geführt, aber von Kohl geprägt) den allmählichen Übergang für die Mitte der Legislaturperiode ein. 1969 sollte der Ministerpräsident wechseln, das Kabinett jedoch bereits 1967 neu

Lew Kopelew, der russische Germanist und Emigrant, berichtet in der Veranstaltungsreihe »Zu Gast in der Staatskanzlei« aus seinem bewegten Leben in den Gefängnissen Stalins wie über die Zukunftsperspektiven des freien Geistes.

formiert werden. Patriarch Altmeier hatte wenig Verständnis für den Plan, zwei Mittdreißiger, die er zudem kaum oder überhaupt nicht kannte, zu Ministern zu machen. Kohl setzte deshalb seine Hausmacht, die Fraktion, als Entscheidungsgremium ein. In geheimer Abstimmung entschied sie sich für die Berufung Geißlers und Vogels. Seit dieser Zeit ist es in Mainz ein normaler Vorgang, daß die CDU-Fraktion über jeden neu zu berufenden oder zu bestätigenden Minister einzeln und geheim abstimmt. Diese Regelung gibt es in keinem anderen Bundesland.

Die Fremdlinge in Mainz

Aber nicht nur Altmeier hatte den Neulingen den Weg zum Kabinettsrang erschwert. Am Tag der Vereidigung, am 18. Mai 1967, mußten Vogel und Geißler einem störrischen Parlamentspförtner erst mühsam klarmachen, daß sie es wirklich seien, denen man Ministerwürden zugedacht habe. Da die beiden Neulinge wohl dem Bundes-, jedoch nicht dem Landtag angehörten, konnte man ihnen von Amts wegen vor der Vereidigung keinen Platz im Plenarsaal zuweisen. Erst nach langem Zureden ließ sich der skeptische Pförtner von den Fremdlingen bewegen, sie unter Vorbehalt auf der Zuschauertribüne unterzubringen.

Vogel als Reformer

Animiert und unterstützt von Helmut Kohl ging Bernhard Vogel mit aufgekrempelten Ärmeln an die Liberalisierung der Kulturpolitik. Vorrangiges Ziel: Abbau der Konfessions- und Zwergschulen, Abschaffung der konfessionellen Lehrerbildung. Gegen den Widerstand von Klerus und rechtskonservativen Parteikreisen wurde die Schulreform durchgesetzt. Fast zehn Jahre lang praktizierte Vogel als Kultusminister einen Regierungsstil, der im gesamten Kulturbereich die staatliche Einflußnahme mit größter Zurückhaltung betrieb, dafür aber das von ihm favorisierte Subsidiaritätsprinzip, die delegierte Verantwortung und das Mitspracherecht der jeweils Betroffenen, um so stärker intensivierte.

Kohls Nachfolger

Die Gewohnheit, den Problemen nicht am grünen Tisch, sondern auch direkt vor Ort auf den Grund zu gehen, hat seine Popularität im Land und das Ansehen in der Partei schneller, als zu erwarten war, gefördert. Als Helmut Kohl das im Mai 1969 übernommene Amt des Ministerpräsidenten am 3. Oktober 1976 abgab, um als Oppositionsfüh-

Seite 92/93:
Eines der bedeutendsten künstlerischen Ereignisse in der rheinland-pfälzischen Landeshauptstadt war im vergangenen Jahrzehnt die Schaffung der Fenster in der Stephanskirche von Marc Chagall unter der »drängenden« Ägide von Pfarrer Klaus Mayer. Hier ein Blick auf die Gäste bei einer der Einweihungsfeiern.

Hermann Dexheimer

Ein Jahrzehnt Regierung Bernhard Vogel

rer nach Bonn zu gehen, waren deshalb die Rivalitäten mit dem frühen Freund Geißler und Johann Wilhelm Gaddum um die Nachfolge längst ausgestanden. Bernhard Vogel hatte als unumstrittener Parteichef des Landes und als ebenso erfahrenes wie erfolgreiches Kabinettsmitglied den Führungswechsel relativ geräuschlos vorbereitet. Am 2. Dezember 1976 wählte ihn der Landtag zum vierten Ministerpräsidenten in der Geschichte des Landes.

Der Föderalist

Der Start ins höchste Regierungsamt am Rhein war sogleich mit der routinemäßig fälligen Übernahme der Bürden und Würden des Bundesratspräsidenten verbunden. In diesem Bonner »Pflichtjahr«, das auch die regelmäßige Vertretung des damaligen Bundespräsidenten Scheel einschloß, setzte Vogel bereits Maßstäbe als Anwalt der Länder gegenüber dem Bund. Seine Philippika gegen die im Garten des Föderalismus wuchernde Zentralgewalt zeigte die Gefahren schleichender Auszehrung auf. Bei den seit 1949 vorgenommenen 34 Änderungen des Grundgesetzes – so klagte er damals – ging in 29 Fällen die Gesetzgebungskompetenz der Länder direkt oder mittelbar auf den

Eine Landtagsszene auf und hinter der Regierungsbank im Schatten der Hambacher Fahne. Vorne die Minister Dr. Wagner und Böckmann sowie Ministerpräsident Dr. Vogel; in der hinteren Reihe die Staatssekretäre Basten, Dr. Schreiner sowie Dr. Brix, später Präsident des Landesrechnungshofes.

Bund über. Die Sorge, daß der Föderalismus systematisch ausgetrocknet werden könne und die Länder immer weniger zu entscheiden, aber immer mehr noch zu verwalten hätten, treibt den Ministerpräsidenten auch nach seinem zehnten Amtsjahr weiterhin um.

Der »nördlichste der Südstaaten«

Wo sind im rheinland-pfälzischen Jubiläumsjahr nun die eigentlichen Höhepunkte des »Dezenniums Vogel« im Land an Rhein, Nahe und Mosel zu sehen? Zunächst: eine ebenso gründliche wie haushälterische Konsolidierungspolitik nach Kohls sieben Jahren des Sturms und Drangs der Reformen hat kaum spektakuläre Akzente zu offerieren. Ausbau und Neuordnung der Universitäten, Erweiterung des Straßennetzes, intensive Wirtschaftsförderung auch abseits der Ballungsräume, Erschließung neuer Technologien mit Landeshilfe und aktiver Umweltschutz – alles Themen, die in den Alltag eines jeden Rheinland-Pfälzers hineinreichen, aber nur selten zu Schlagzeilen animieren. Und doch kann Vogel stolz sein, daß sein Land mit kluger Wirtschaftspolitik und außergewöhnlichen Industrieansiedlungen bei der relativen Zunahme der Arbeitsplätze in den letzten zehn Jahren jetzt bereits hinter Bayern den zweiten Platz in der Rangfolge der Bundesländer einnimmt. Und es ist wohl auch kein Zufall, daß Mainz den Zuschlag für ein zweites Max-Planck-Institut erhielt. Die Rheinland-Pfälzer hören im Jubiläumsjahr angesichts solch respektabler Daten nicht gerade ungern, ihr Land sei der »nördlichste der Südstaaten« – was Prosperität und Stabilität angeht.

Der Medienreformer

Auf Vogels politischer Aktivitätsskala erreicht aber vor allem auch das Thema Medien-Reform hohe Wirkungsgrade. Ohne seinen Innovationsdrang und die allen Widerständen trotzende Beharrlichkeit wäre die Beteiligung privater Anbieter in Rundfunk und Fernsehen der Bundesrepublik vermutlich weithin noch Gegenstand akademischer und politischer Kontroversen mit unsicheren Realisierungsaussichten. Bernhard Vogel hat mit dem Ludwigshafener Kabelpilotprojekt – so umstritten es war und in seinen Ergebnissen vielfach auch noch weiterhin ist – als Pionier mit mutigen Schritten Medien-Neuland betreten und den ersten offiziellen Einstieg des privaten Fernsehens und anschließend des privaten Rundfunks in der Bundesrepublik ermöglicht. In seiner Person symbolisiert der Ministerpräsident Möglichkeit und Notwendigkeit der Koexistenz von öffentlich-rechtlichem und privatem Fernsehen in der modernen Gesellschaft: Der energischste Verfechter der Privatisierung fungiert gleichzeitig bereits seit zehn Jahren als Vorsitzender des ZDF-Verwaltungsrates in Mainz und hat entscheidend mit dazu

Auf der Festung Ehrenbreitstein: Bundeskanzler Dr. Kohl und Ministerpräsident Dr. Vogel mit dem Präsidenten der Französischen Republik, François Mitterrand, anläßlich der Übergabe der historischen Kanone »Vogel Greif« am 30. Oktober 1984.

beigetragen, daß die Zentrale des privaten Satellitenfernsehens SAT 1 ebenfalls in der Gutenbergstadt angesiedelt wurde. Auch wenn es Pannen und Fehler im politischen Umgang mit Kabel und Satellit, mit Verlagen und anderen Medieninteressenten der Wirtschaft gab – der medienpolitische Durchbruch in der Bundesrepublik bleibt in der fortzuschreibenden Geschichte der Medien mit Rheinland-Pfalz und mit dem Namen Bernhard Vogel verbunden.

Die Partnerschaft von Rheinland-Pfalz mit Ruanda ist inzwischen in den Beziehungen zur dritten Welt zu einem besonderen Akzent, ja fast schon zu einer Herzensangelegenheit vieler Gemeinden, Gruppen und Menschen in unserem Land geworden. Hier ein »Empfang« der rheinland-pfälzischen Delegation durch die einheimische Bevölkerung auf dem Weg zur Grundsteinlegung für ein Partnerprojekt der Stadt Mayen, eine Wasserleitung in Cyabingo, im Juli 1986.

DER AUSSENPOLITIKER

Viel Publizität fanden und finden stets auch die außenpolitischen Aktivitäten des Ministerpräsidenten. Ob in China oder in Amerika, in Japan oder beim Nachbarn Frankreich – fast immer brachten diese Exkursionen und Kontakte direkte Export-Impulse für die heimische Wirtschaft mit sich. Selbst wenn Bonn gelegentlich pikiert auf die außenpolitischen »Extratouren« Vogels und seiner Ministerpräsidenten-Kollegen schaute, so sind solche direkten Kontakte nach draußen – im Rahmen mit dem Auswärtigen Amt abgestimmt – dennoch längst zu unverzichtbaren Aktivitätsfeldern der Bundesländer geworden.

DAS BEISPIEL RUANDA

Neben den freundschaftlichen Beziehungen zwischen Rheinland-Pfalz und Burgund hat sich Bernhard Vogel mit besonderem Engagement für die Partnerschaft mit dem afrikanischen Ruanda eingesetzt. Am Anfang stand ein »diplomatischer« Briefwechsel, der Mitte 1982 zur offiziellen Aufnahme des partnerschaftlichen Austauschs führte. Die afrikanische Republik ist an Ausdehnung und Bevölkerungszahl mit Rheinland-Pfalz vergleichbar und im übrigen schon seit der Jahrhundertwende mit diesem Raum indirekt verbunden. Von Trier aus missionierten Mönche und Nonnen in jenem Teil Afrikas, der heute den Staat Ruanda ausmacht. Nach Einrichtung des belgischen Protektorats 1916 setzten die Schönstätter Schwestern aus Vallendar die christliche Missionsarbeit im benachbarten Burundi fort. Heute bekennen sich 40 Prozent der 5 Millionen Einwohner zur katholischen und 10 Prozent zur protestantischen Religion. In den vier Jahren der Partnerschaft hat Ruanda vor allem im landwirtschaftlichen und industriellen Bereich wirksame Hilfe zur Selbsthilfe aus Rheinland-Pfalz erhalten.

Helfen und Hilfe empfangen

Die spontane Spendenbereitschaft privater Institutionen, von Vereinen und Verbänden zeigt, daß das Freundschaftsverhältnis mehr ist als nur ein offizieller Brückenschlag. Vogel hat es verstanden, alle Bevölkerungsschichten seines Landes für die Probleme des afrikanischen Partners zu motivieren. Seine und des Landes Anstrengungen für Ruanda gründet er vor allem auch auf christliche Überzeugung. »Entwicklung ist ein neuer Name für Frieden!« zitiert Vogel immer wieder Papst Paul VI. Und er fährt fort: »Wir müssen helfen, aber wir werden auch Hilfe empfangen. Wir wissen, uns in Europa geht es besser als vielen Menschen in Afrika. Aber Hoffnung, Zuversicht und Mut zum Leben sind in der jungen afrikanischen Generation vielfach mehr zu finden als bei unseren jungen Menschen im alten Europa.«

Der Brückenbauer

Auch auf anderen Gebieten beweist der Ministerpräsident immer wieder, daß er als Christ lieber Brücken oder wenigstens Notstege baut, weil er Gräben und Klüfte verabscheut. »Nicht die Konfrontation, sondern die Zusammenführung der widerstreitenden Interessen ist Ziel der Politik!«, sagte er einmal. Diese Bereitschaft, Trennendes zu überwinden, schließt die Fähigkeit und den Willen zum Kompromiß ein. Was Kritiker in den eigenen Reihen gelegentlich als Anpassung mißverstehen, ist die Mahnung, über allen Gegensätzen nicht das Verbindende, die gemeinsamen Grundlagen zu vergessen. Dies und der Verzicht auf allzu laute Selbstdarstellung haben Bernhard Vogel Vertrauen und Glaubwürdigkeit, Ansehen und Popularität in einem Maße eingebracht, das er selbst heute noch nur mit dem für ihn so typischen Anflug von Scheu und Verlegenheit

Besuch des israelischen Staatspräsidenten Chaim Herzog in Worms 1987. Gibt es einen geeigneteren Ort als das »kleine Jerusalem am Rhein«, um über das durch den Holocaust belastete christlich-jüdische und deutsch-israelische Verhältnis nachzudenken? Hinter dem Staatspräsidenten, der sich ins Goldene Buch der Stadt einträgt, Bundespräsident v. Weizsäcker, Ministerpräsident Vogel und Oberbürgermeister Wilhelm Neuß.

zur Kenntnis nimmt. Sein Bekanntheitsgrad im Land ist mit 99 Prozent konstant als einsame Spitze ausgewiesen.

Um so schmerzlicher war für ihn die Enttäuschung der Wahlnacht am 17. Mai 1987. Mit demonstrativem Flügelschlag hatte Vogel immer wieder voller Stolz auf die seit 1971 bestehende absolute Mehrheit der CDU im Mainzer Landtag verwiesen. Und nun das Debakel: ausgerechnet am 40. »Geburtstag« der Landesverfassung und am eigenen Jubiläumstag (20 Jahre Mitglied des rheinland-pfälzischen Kabinetts) mußte er am 18. Mai nach einer der schwersten Niederlagen der Union (nur in den Wahlen von 1951 und 1963 waren die Rückschläge der Christdemokraten noch schmerzlicher) politische Wunden notdürftig versorgen und versuchen, der Mißstimmung im eigenen Lager Herr zu werden.

Eine Partei, die seit Gründung des Landes die souveräne »Nummer 1« der Politik an Rhein, Nahe und Mosel geblieben ist, verträgt es besonders schlecht, wenn ihr viele Stammwähler plötzlich davonlaufen oder aus lauter Frust und Ärger ihr mitten in den traditionellen Hochburgen einfach die Stimmen verweigern. Konnte und wollte doch niemand an einen bösen Zufall glauben, wenn im Vergleich zur letzten Wahl vor vier Jahren am 17. Mai 1987 nun Verluste in Höhe von gleich 6,8 Prozent hingenommen werden mußten, weil über 300000 Wähler ihrer eigenen Partei nicht mehr die Treue hielten. Die CDU, die seit 1946 stets den Ministerpräsidenten in Mainz stellt, hatte auch den jüngsten Wahlkampf ganz auf ihren populären Spitzenmann ausgerichtet. Kein Wunder also, wenn die Fragen nach den Ursachen des Mißerfolgs direkt auch auf die Persönlichkeit des Regierungschefs und Parteivorsitzenden zielten.

Dennoch brauchte sich Vogel nicht um seine starke Stellung in der Partei zu sorgen. Er konnte bundes- und europapolitische Einflüsse auf das Wahlergebnis im Land vorweisen und außerdem gewiß sein, vorerst keinen ernsthaften Rivalen in der Reihe der

Bei der Landtagswahl am 17. Mai 1987 hat die seit 16 Jahren allein regierende CDU nach dem Verlust der absoluten Mehrheit einen Koalitionspartner in der wieder in das Deutschhaus einziehenden FDP akzeptieren müssen. Hier der alte und neue Ministerpräsident Dr. Bernhard Vogel im Gespräch mit dem FDP-Landesvorsitzenden und designierten Wirtschaftsminister Rainer Brüderle.

CDU-Spitzenleute als »Umstürzler« am Werke zu sehen. Die nach 100 Stunden Sachverhandlungen am 14. Juni 1987 besiegelte Koalition mit der FDP hatte in Personal- und Sachfragen die CDU und damit auch Bernhard Vogel das Gesicht wahren lassen. Daß der Ministerpräsident das zweite Dezennium seiner Amtszeit (am 2. Dezember 1986 feierte er den zehnten Jahrestag seiner Wahl zum Premier) mit liberalen Partnern beginnen mußte, brauchte er keineswegs als persönliches Manko zu werten. Nicht selten regiere es sich leichter, wenn Ministerpräsidenten der aufmüpfigen eigenen Partei oder Fraktion in Konfliktfällen mit dem Knüppel der Koalitionsdisziplin drohen konnten.

Was, so wäre abschließend zu fragen, ist das »Geheimnis« der Beständigkeit und Popularität des Berufspolitikers Bernhard Vogel im rauhen Wind der Tagespolitik? In einem Vortrag in Heidelberg, seiner alten Studienstadt, bekannte der Ministerpräsident im Frühsommer 1986, Christ sein heiße für ihn, Realist zu sein. Ein Realist, der den Auftrag habe, die Welt zu erneuern, indem er vor allem auch die alten Fundamente renoviere und stärke. Die Bergpredigt biete keine Patentrezepte für den aktuellen Einzelfall, aber sie zeige Grundlagen für unser Handeln in der Zeit. Was bedeutet dies schließlich für den einzelnen, also für Bernhard Vogel? – »Es ist nicht entscheidend, *wo* er wirkt und *was* er wirkt, sondern *wie* er an der Stelle handelt, an der er in die Verantwortung gestellt ist!«

Seite 102/103:
Der Rhein, der an seinem mittleren Lauf teilweise die Grenze von Rheinland-Pfalz zum östlichen Bundesland Hessen bildet, ist immer noch der poetischste Strom Europas. Hier die romantische Pfalz bei Kaub, eine ehemalige Zollstätte, sowie die rechtsrheinische Burg Gutenfels.

Rheinland-Pfalz – Persönlich

Erinnerungen und Begegnungen

Die Karlsburg oder das sog. Vier-Türme-Badhaus in Bad Ems ist heute ein Dienstgebäude des Statistischen Landesamtes Rheinland-Pfalz. Im Jahre 1696 durch den Feldmarschall Freiherr von Thüngen als Badehaus begonnen, schreiben es die Kunsthistoriker dem kurtrierischen Hofbaumeister Johann Christoph Sebastiani zu. Freilich ist es erst zu Beginn des 19. Jahrhunderts vollendet worden. Der mächtige Rechteckbau wird von einem hohen Walmdach mit drei Reihen deutlich profilierter Gauben sowie turmartigen Aufbauten mit Hauben an den Ecken bekrönt.

Susanne Hermans

Meine parlamentarische Tätigkeit

Die amerikanischen Truppen hatten im März 1945 Koblenz besetzt. Für uns – noch nicht für alle Deutsche – war der Krieg zu Ende. Inmitten der zerstörten Stadt mit ausgebombten und ausgebrannten Häusern stand das Rathaus, zwar beschädigt, aber funktionsfähig. Hier begannen die Besatzungsmächte ihre Arbeit, hier wurde die Verwaltung der Stadt Koblenz neu eingerichtet. Bald nahm auch ich meine Arbeit beim Jugendamt wieder auf. Ich kam mit dem Fahrrad von Güls, und das schwierigste Stück war der schwankende Notstieg über die Trümmer der gesprengten Moselbrücke. Vergeblich wartete ich auf die alten Kollegen. Jeden Tag hingen unter dem Torbogen zwischen neuem und altem Rathaus die Listen der entlassenen Beamten und Angestellten. In vielen Fällen war allein die formale Mitgliedschaft in der Partei der Anlaß für diese Maßnahme.

In meinem früheren Büro war das Arbeitsamt untergebracht. Als ich meine Akten holen wollte, erklärte der alte Gewerkschafter und spätere Ministerialrat im Sozialministerium Scheerer, bevor ich räumte, sollte ich ihm mal seinen Arbeitsplatz ordentlich herrichten und den zentimeterdicken Staub von seinem Schreibtisch entfernen. Er hielt mich in meiner Aufmachung mit Kopftuch und Kittelschürze für die zuständige Putzfrau. Später war er deshalb mir gegenüber immer befangen, bis wir in Mainz einmal kräftig darüber lachten.

Nach Kriegsende kehrten langsam die Evakuierten zurück. Viele hatten Hab und Gut verloren und standen wirtschaftlich und oft auch menschlich vor dem Nichts. Jugendliche aus allen Teilen Deutschlands, viele von ihnen heimatlos, elternlos, arbeitslos, baten um Hilfe. Die Besatzungsmacht hatte inzwischen gewechselt. Die Werber der französischen Fremdenlegion, darunter leider auch zahlreiche Deutsche, machten geradezu Jagd auf diese jungen Leute. Zunächst brachten wir sie mangels einer besseren Möglichkeit notdürftig im Nagelsgassenbunker unter, der auch als Haftanstalt diente. Bei meinen dortigen Besuchen sah ich auch den letzten NS-Oberbürgermeister durch die Gänge auf- und ablaufen, der als einer von wenigen bis zuletzt an den Endsieg geglaubt hatte.

Die vielfältige Not der damaligen Zeit und die Erfahrungen der jüngsten Vergangenheit trugen zu meiner Entscheidung bei, am politischen Wiederaufbau aktiv mitzuarbeiten.

Auch der Einfluß meines Vaters, der schon vor 1930 aktiv in der Kommunalpolitik tätig gewesen war und den, obwohl hoch dekorierter Soldat des Ersten Weltkriegs, das Sondergericht wegen Vergehen gegen das NS-Heimtückegesetz verurteilt hatte, veranlaßte mich, schon 1946 der Jungen Union in Koblenz beizutreten. Die Junge Union war eine feste Kameradschaft, die wie Pech und Schwefel zusammenhielt. Sie umfaßte damals die 17- bis 40jährigen, von denen nicht wenige in der Deutschen Wehrmacht beachtliche Positionen erreicht hatten, während sie kaum zivile Berufsvorbereitung besaßen, geschweige denn eine berufliche Tätigkeit ausüben konnten. Die Tatsache, daß dieser »Jugend« die meist über 50jährigen und viele über 60- bis 70jährige gegenüberstanden, die nicht nur eine qualifizierte berufliche Grundlage hatten, sondern auch über langjährige demokratische politische Erfahrungen verfügten, führte in vielen Auseinandersetzungen zu gegensätzlichen Auffassungen.

Im Winter 1947 trafen sich die führenden Kräfte der Jungen Union auf Landesebene in Linz am Rhein. Dort sah ich zum ersten Mal mit Bewußtsein Helmut Kohl. Zunächst war ich etwas überrascht, als dieser zwar lange, jedoch sehr junge Mann mich sofort duzte. Aber das verlor sich bald, als der Landesvorstand abends in meinem Hotelzimmer tagte. Galant – das waren die Junge-Union-Herren mir gegenüber immer – hatte man mir dieses Zimmer überlassen, weil es als einziges geheizt werden konnte. Trotz der damaligen Notzeit wurde es recht gemütlich. Es war warm, einige hatten Wein und ich große Mengen von Kartoffelsalat und Kuchen mitgebracht. Aber leider wollte auch nach Mitternacht keiner mein Zimmer verlassen. Heinz Korbach hatte den Schaukelstuhl besetzt, andere das übrige Mobiliar einschließlich meines Bettes. Als ich dann etwas ärgerlich reagierte, meinte Heinz Korbach: »Du bringst es doch nicht fertig, uns in die Kälte hinauszujagen.«

Ich erinnere mich auch gern an jenen späten Abend, als wir nach einer Bezirksvorstandssitzung der Jungen Union in den Rathauskeller eingeladen wurden. Zwischen großen Weinfässern saßen auf Gartenstühlen an Holztischen bei Kerzenlicht alle, die damals im Land Rheinland-Pfalz und in der Stadt Koblenz Verantwortung trugen, angefangen von Ministerpräsident Altmeier, den Ministern Stübinger und Junglas, den Herren Würmeling, Hermans, Kirsch, dem Oberbürgermeister und seinen Beigeordneten, Frau Rotländer, Frau Missong-Peerenboom. Die späte Stunde und der gute Wein verfehlten ihre Wirkung nicht, und wir lernten uns auch in unseren persönlichen Verhältnissen besser kennen. Man beschäftigte sich damals auch intensiver mit Anträgen der Jungen Union. So ging das Gesetz über Hilfen für die heimatlosen Jugendlichen und die Errichtung eines Landesaufnahmeheimes auf unsere Initiative zurück. Bei dem Versuch, als Zuhörer an den Sitzungen des Landtags teilzunehmen, der im Rathaussaal tagte, kam uns der Zufall zu Hilfe. Wir entdeckten auf dem Speicher, nur wenige Meter von meinem

Viel Arbeit im stillen geleistet: der sozialpolitische Ausschuß des Landtages 1954. Dritte von rechts: die Abgeordnete Susanne Hermans.

Dienstzimmer entfernt, daß ein Kronleuchter im großen Rathaussaal nicht abgedeckt war. Damit hatten wir einen versteckten Logenplatz, von dem man den ganzen Saal überblicken konnte. Da hörten wir den wortgewaltigen damaligen Landtagspräsidenten Jakob Diel Abrechnung halten mit seinem Gegner von der Rhein-Zeitung, Herrn Stein. Von entsprechenden Gesten unterstrichen, erklang das vernichtende Urteil: »Er stieg auf wie ein Adler und landete wie ein Hahn auf dem Mist.« Dieser Logenplatz blieb uns leider nicht lange erhalten. Nach und nach fanden sich noch weitere Zuhörer ein. Durch eine unvorsichtige Bewegung geriet der Kronleuchter ins Wanken, es fiel Staub auf die Abgeordneten, die entsetzt aufsprangen. Besonders beunruhigt waren die Beobachter der französischen Besatzungsmacht. Um peinliche Untersuchungen zu vermeiden, lief ich zu meinem väterlichen Freund Hans Junglas und gestand ihm die Ursache für die Aufregung. Am nächsten Tag wurde der Kronleuchter abgedeckt und der Speicher verschlossen.

Wir kamen auch in Kontakt zur französischen Besatzungsmacht. Die Junge Union, besonders aber die Mitglieder ihrer Führungsgremien, wurden nun öfter nach Frankreich, insbesondere nach Paris eingeladen. Wir spürten dort, daß man uns ernst nahm und wir Freunde gewannen. Daß ich als Fürsorgerin bemüht war, die jungen Leute vor den Gefahren der Großstadt Paris zu bewahren, war damals wohl selbstverständlich.

Auf dem Landesparteitag in Trier 1948 wurde ich überraschend in den Landesvorstand der Partei gewählt und behielt dieses Amt ununterbrochen 22 Jahre. Ich war Kandidatin der Jungen Union, führend in den Sozialausschüssen tätig und von der Frauenvereinigung akzeptiert. Das war auch der Grund, weshalb ich 1951 einen Platz unter den ersten fünf der Liste für den Wahlkreis I bekam. Man schlug drei Fliegen mit einer Klappe: man hatte eine Frau, eine Sozialpolitikerin und eine Vertreterin der Jungen Union. Bevor es aber soweit war, wurde ich einer eingehenden Prüfung durch Frau Ministerialrat Dr. Dünner unterzogen, die ich mit Erfolg bestand. Wehe, man redete sie nicht mit ihrem Titel an. Ich wurde vorher zum Tee in ihre Wohnung eingeladen. Frau Rotländer, die damalige Koblenzer Landtagsabgeordnete, riet mir, neben dem blauen Kostüm und den Blumen ja nicht Hut und Handschuhe zu vergessen.

1951 entspann sich in der Wahlkreisversammlung, in der die Kandidaten aufgestellt wurden, ein harter Kampf um die Listenplätze acht und neun zwischen dem ehemaligen Ministerpräsidenten Dr. Boden, dem Vertreter der Landwirtschaft Herrn Andres und dem Vertreter der Wirtschaft Heinrich Pickel, der zunächst auf Platz zehn der Liste landete. Heinrich Pickel hielt, wie viele andere auch, den Platz zehn für äußerst unsicher. So wurde einfach getauscht, das war damals noch möglich. Pickel bekam den Platz neben Altmeier, der auch in Mainz die Liste anführte und dort das Mandat annahm, Hubert Hermans rückte vom Stellvertreter Altmeiers auf den angeblich unsicheren Platz zehn, und Heinz Korbach wurde sein Stellvertreter. Mit diesem Tausch begann die politische Karriere von Heinz Korbach. In der Wahlnacht verfolgten wir im Privathaus Altmeiers in Koblenz-Moselweiß den Eingang der Wahlergebnisse. Obwohl wir im Wahlkreis I auch das Mandat für den Platz zehn bekamen, war das Gesamtergebnis für die CDU recht bedrückend: Sie erhielt nur 43, die SPD 38 und die FDP 19 Mandate. Das Ergebnis der FDP war für alle die große Überraschung, sie war in der Parteienlandschaft der Nachkriegszeit die große dritte Kraft geworden.

Unzufrieden fuhren wir 1951 aus dem Norden nach Mainz, wo der Landtag im wieder aufgebauten Deutschhaus untergebracht war. Dort war alles sehr beengt und sehr bescheiden. Vom Hausmeister bis zum Landtagsdirektor, ja sogar die Geschäftsführer der Fraktionen: alle hatten ihre Wohnung im Hauptgebäude, das noch nicht um den großen Sitzungssaal erweitert war, und in den beiden Kavaliersgebäuden. Es war keine Seltenheit, daß die Sitzungen durch Kindergeschrei gestört wurden. Die Abgeordneten waren froh, als alte Wehrmachtsspinde im heutigen Clubraum aufgestellt wurden. Nun konnten sie wenigstens Mäntel und Akten unterbringen. Auch die Diäten waren mehr als bescheiden. Mit dem verfassungsmäßig garantierten Unkostenbeitrag betrugen sie 300 DM im Monat. Am Anfang gab es nicht einmal ein Tagegeld für Plenarsitzungen. An Tagegelder für Fraktionssitzungen oder sogar Arbeitskreissitzungen oder an Übernachtungsgelder dachte auch in den nächsten zwei Legislaturperioden niemand. Für die Arbeit der Fraktionen gab es je zwei Schreibkräfte und einen Geschäftsführer, der möglichst ein Referendar, aber höchstens ein Assessor sein durfte. Später, bei der Einstellung von Willibald Hilf, dem jetzigen Intendanten des Südwestfunks, als Geschäftsführer der CDU-Fraktion, war neben den guten Zeugnissen ausschlaggebend, daß er im Unter-

Meine parlamentarische Tätigkeit

schied zu seinen Mitbewerbern aus Trier nicht verheiratet war. Heute erscheint einem dies unverständlich.

Genauso bescheiden versorgt wie der Landtag war die Landesregierung hinsichtlich ihrer Unterbringung, Ausstattung und Besetzung. Wurde auch 1951 das Kultusministerium selbständig, so wurden Wirtschafts- und Sozialministerium weiterhin, und zwar bis 1967, von je einem Staatssekretär geleitet, dem im Sozialministerium vier Ministerialräte zur Seite standen. Die Unterbringung erfolgte in einem Privathaus am Fischtorplatz. Neben diesen beiden Staatssekretären gab es später noch zwei Ministerialdirektoren: den Vertreter des Innenministers und den Vertreter des Landes Rheinland-Pfalz in Bonn. Erst in den 60er Jahren vollzog sich in Bund und Land die wunderbare Vermehrung der Ministerialbeamtenschaft und besonders der Staatssekretäre. An harter und erfolgreicher Arbeit wurden allerdings die Anfangszeiten von 46 bis 60 nicht mehr annähernd erreicht. Viele rheinland-pfälzische Gesetze dieser Jahre wurden zu Mustervorlagen für den Bund.

Unter den 100 Abgeordneten gab es sechs Frauen, zwei davon stellte die CDU, vier die SPD. Dieser Anteil der Frauen sank in den nächsten Jahren noch erheblich. Die meisten Abgeordneten waren älter als 50 beziehungsweise 60 Jahre. Ich war mit 31 Jahren die Drittjüngste. Übrigens blieb ich 20 Jahre die jüngste weibliche Abgeordnete. Unter 40 Jahren gab es nur wenige, selbst die Zahl der 40- bis 50jährigen war gering. Hier

Peter Altmeier mit Dr. Wilhelm Boden, dem ersten Ministerpräsidenten von Rheinland-Pfalz. Boden war am 5. März 1890 in Grumbach geboren und ist am 18. Oktober 1961 in Birnbach/Westerwald gestorben. Nach seinem Rücktritt als Ministerpräsident am 9. Juli 1947 gehörte er dem Landtag bis zur vierten Wahlperiode an und war bis 1959 Präsident der Landeszentralbank.

zeigte sich der fast völlige Ausfall vieler Jahrgänge durch die beiden Weltkriege erstmals in seiner traurigen, nicht wieder gutzumachenden Wirkung auf das Generationenverhältnis in unserem Volk.

Im Mai 1951 war es schwer, einen Fraktionsvorsitzenden zu finden. Es wurde schließlich Herr Dr. Wilhelm Boden, und er blieb es bis zu seinem Tode 1961. Er hat es nie überwunden, daß man ihn, den erfahrenen Verwaltungsbeamten, als Ministerpräsident durch Altmeier abgelöst hatte. Manchmal, bei einem Glas Wein nach den Sitzungen – eine Heimfahrt war wegen der damaligen Verkehrsverhältnisse oft nicht möglich –, gab er mir zu verstehen, daß mein Mann Hubert Hermans ja maßgeblich an seinem Sturz beteiligt gewesen sei, dies aber das gute Verhältnis zu mir nicht berühre. Diese Enttäuschung von Dr. Boden hatte auch keine Wirkung auf sein persönliches Verhältnis zu Altmeier. Dr. Boden hat in der Fraktion nie eine Entscheidung herbeigeführt, die im Gegensatz zu den Plänen Altmeiers stand. Beide redeten sich stets mit Herr Ministerpräsident an. In diesen Jahren war Altmeier tatsächlich nicht nur Landesvorsitzender und Ministerpräsident, sondern faktisch auch Fraktionsvorsitzender, weil so leicht nichts gegen seine Absicht geschehen konnte.

Die Koalitionsverhandlungen gestalteten sich äußerst schwierig, weil die Forderungen der FDP nicht leicht zu erfüllen waren. Auch die einzelnen Landesteile von Rheinland-Pfalz, die damals erst im Begriff waren zusammenzuwachsen, meldeten ihre Ansprüche auf die Zusammensetzung des Kabinetts an. Jedenfalls war ich überzeugt, in diesem »Verein« nicht alt zu werden. Frau Dr. Gantenberg, meine mütterliche Freundin, machte mir Mut und meinte, es würde anders, wenn ich in meinem eigentlichen Interessengebiet arbeiten könne.

Frau Dr. Gantenberg war nicht nur eine kluge, sondern auch mutige Frau. Im Dritten Reich hatte sie ihren Dienst ohne Bezüge quittieren müssen und sich und ihre Geschwister durch die Führung eines Bauernhofes über Wasser gehalten. Von 1947 an leitete sie als Staatssekretärin das Kultusministerium, das dem Justizminister unterstellt war. Und sie fiel ebenfalls, wie mein Mann, dem Inkompatibilitätsgesetz zum Opfer. Auf sie bezog sich auch der Ausspruch des alten Herrn Heinrich Pickel: »Wir haben nur einen Mann in der Fraktion, und das ist leider eine Frau.«

Heinrich Pickel, immer eine rote Rose aus eigener Zucht im Knopfloch, ein liebenswürdiger, alter Herr, konnte aber wütend werden, wenn der Leiter des Wirtschaftsministeriums und gleichzeitig Regierungspräsident von Trier, Staatssekretär Steinlein, seiner Meinung nach den wirtschaftlichen Aufbau des Nordens außerhalb seines Regierungspräsidiums zu langsam betrieb. Es war wohl eine Freudsche Fehlleistung, daß er 1955 als Alterspräsident den neuen Landtag von Rheinland-Pfalz als Landtag von Rheinland-Westfalen eröffnete.

Der Bestand des Landes Rheinland-Pfalz war in den damaligen Jahren äußerst zweifelhaft. Vor allem der Vorsitzende des SPD-Bezirks Pfalz, Herr Bögler, der sich damit den Zunamen Landessprengmeister erwarb, ließ keine Gelegenheit vorübergehen, »die baldige Auflösung des Retortenkindes der Besatzungsmächte«, dieses »Armenhaus der Bundesrepublik«, dies »Land der Rüben und Reben«, wie er Rheinland-Pfalz zu nennen pflegte, zu betreiben. Er konnte sich dabei auf die Mithilfe seiner Partei in Bund und Ländern verlassen, die zur Ausführung des damaligen Artikels 29 des Grundgesetzes über die Länderneugliederung schließlich die Zulassung mehrerer Volksbegehren in der Pfalz, in Hessen und in Montabaur erreichte. Auch in der CDU-Fraktion neigten viele solchen Gedanken zu, mit dem Ergebnis, daß die Unzufriedenen versuchten, jeweils für ihre Landesteile aus dem Etat bevorzugt bedient zu werden. So konnte bei der Weihnachtsfeier der Nikolaus den Pfälzer CDU-Abgeordneten Schuler mit den Versen ehren: »Damit selbst Unterdrückte 'nen Anwalt haben, besitzt die Fraktion einen weißblauen Raben, Ritter von Schuler wird er einmal heißen, wegen seines Heldenkampfes gegen die Preißen.«

Das Verhältnis zur SPD war zwar durch sachliche Gegensätze gekennzeichnet, aber das hatte keine Auswirkungen auf das persönliche Verhältnis der Abgeordneten zueinander. Es waren damals Männer wie Eugen Hertel, Otto Schmidt, Heinrich Völker, die schon vor 1933 politisch tätig waren und das Dritte Reich leidvoll erlebt hatten. Keiner von uns verließ etwa den Plenarsaal, wenn Otto Schmidt das Wort ergriff, auch nicht als im Laufe der Jahre die jüngere Generation nachrückte. Für Eugen Hertel und seine Frau war es selbstverständlich, mich einzuladen, als die Junge Union in Kaiserslautern tagte, und genauso selbstverständlich war es, daß ich diese Einladung annahm. Mit der SPD-Abgeordneten Carola Dauber, die im letzten Krieg ihren Mann und ihren einzigen Sohn verloren hatte, verband mich eine echte Freundschaft. Oft saßen wir zusammen und überlegten, wie wir die Kollegen in unseren Fraktionen überzeugen könnten, die sozialpolitischen Anliegen nicht zu vergessen. Damals bemühte sich auch die Opposition, den knappen Haushaltsrahmen nicht durch vermeintlich weniger wichtige Forderungen auszuweiten. Durch unsere interfraktionelle Zusammenarbeit verbuchten wir manchen Erfolg, zum Mißfallen der FDP, die ja den Finanzminister stellte. Herr Piedmont, den ich kürzlich beim Treffen der ehemaligen Landtags- und Vizepräsidenten traf, erinnerte mich daran, daß seine Partei mir deshalb den Spitznamen »teuerste Frau des Landes« angehängt hatte. Als ich Jahre später mit Frau Kölsch von der SPD die Behinderteneinrichtungen in Holland besuchte und es uns gelang, bei den anschließenden Beratungen den Etat für die Behinderten 1,5 Millionen DM zu erhöhen, meinte der damalige Finanzminister Glahn, man hätte die Damen lieber auf eine dreimonatige Weltreise schicken sollen, das wäre den Finanzen des Landes besser bekommen als diese drei Tage Holland.

Susanne Hermans bei einem Empfang des Diplomatischen Corps.

Frau Dr. Gantenberg behielt recht. Langsam war ich in die Arbeit hineingewachsen, ich hatte die ersten parlamentarischen Hürden genommen. Meine erste parlamentarische Anfrage betraf allerdings den Dickmaulrüsselkäfer, der an der Untermosel, besonders in Winningen, große Schäden anrichtete; man befürchtete eine zweite Reblaus. Im Landwirtschaftsministerium erkundigte man sich noch jahrelang nach dem Befinden des Käfers, nachdem er schon lange erfolgreich bekämpft war. Mein erster Antrag, den ich namens der Fraktion stellen durfte, betraf die Besserstellung der sozialen Berufe. Unterstützt wurde dieser Antrag von der ehemaligen Reichstagsabgeordneten und späteren Bundestagsabgeordneten Helene Weber, die mehrmals nach Mainz kam, um die etwas widerstrebenden Kollegen von der Notwendigkeit dieser Maßnahme zu überzeugen. Rheinland-Pfalz sollte nach ihren Vorstellungen mit diesem Gesetz beispielgebend für andere Länder werden. Als alles schon gewonnen schien, machte mein Mann als Vertreter der Regierung die in meinen Augen empörenden Ausführungen, es solle sich wohl unter anderem um ein Vorzugsrecht für Blaustrümpfe und späte Mädchen handeln. In diesem Gesetz, das inzwischen, was den übrigen Inhalt anging, unbestritten war, sollte nach Vorstellung von Frau Weber und mir auch älteren Fürsorgerinnen die Möglichkeit der Verbeamtung eingeräumt werden. Zu meinem großen Bedauern hatte mein Gegenspieler mit seinen Ausführungen Erfolg, worauf ich ihm nach Schluß der Sitzung erklärte, späte Herren seien oft viel schlimmer als späte Mädchen.

Das war wohl auch der Anlaß, daß Herr Dr. Würmeling, ein langjähriger Kampfgefährte meines Mannes und später Bundesfamilienminister, zu unserer Hochzeit telegrafierte, er sei betroffen, daß es dem Mephisto der Fraktion gelungen sei, das Gretchen zu heiraten. Außerdem äußerte er seine Besorgnis, was aus dem zu erwartenden Nachwuchs eines überzeugten Bürokraten mit einer ebenso überzeugten Parlamentarierin werden könne. Mein Mann antwortete ihm, nach den Mendelschen Gesetzen seien Büromentarier und Parlokraten zu erwarten, das heißt Leute, die hinter dem Schreibtisch ihren Verstand gebrauchten und im übrigen der Rede mächtig seien. Der damalige Pressechef hatte noch schwerwiegendere Bedenken wegen der Vermischung von Exekutive und Legislative und befürchtete sogar ein Eingreifen der Verfassungsgerichtsbarkeit. Allen Beteiligten sei zum Trost gesagt, daß bei keiner unserer Töchter diese Voraussagen eingetroffen sind.

Großen Erfolg hatte ich in der Fraktion auch mit meinen Bemühungen um die Hebammen. Ihnen kam damals eine ganz besondere Bedeutung zu, insbesondere auf dem Land, da die Klinikentbindung durch die Krankenkasse nur bei einer zu erwartenden Risikogeburt bezahlt wurde. Nachdem ich den zunächst widerstrebenden Kollegen – übrigens war Landtagspräsident August Wolters ganz auf meiner Seite – zugerufen hatte: »Sie scheinen vergessen zu haben, daß Sie alle in ihrem Leben einmal eine Hebamme gebraucht haben!«, lösten wir auch dieses Problem. Auf Vorschlag von August Wolters – ich war übrigens acht Jahre seine Schriftführerin – durfte ich bereits 1951 die Rede zum Sozialetat halten.

Schon im ersten Jahr meiner Landtagstätigkeit bereitete ich für die Fraktion eine kleine Feier vor. Sie nahm im Laufe der Jahre feste Formen an und wurde schließlich zu einer unverzichtbaren Einrichtung. Auf einen besinnlichen Teil folgte das gemütliche Zusammensein, zu dem meist der Nikolaus höchstpersönlich erschien oder sich zumindest schriftlich äußerte. Er durfte dann alles sagen, was man sonst nur hinter vorgehaltener Hand äußern konnte. Diese Feier diente nicht nur der Besinnung und der frohen Kameradschaft, sondern war auch eine große Hilfe für soziale Zwecke. Die Kollegen spendeten oft erstaunliche Summen für unsere Sorgenkinder, für Behinderte und alte Menschen.

1952 durfte Rheinland-Pfalz auf Einladung der Vereinigten Staaten einen Abgeordneten auf eine dreimonatige Studienreise nach Amerika entsenden. Ministerpräsident Altmeier erklärte dazu: »Da wir ja doch nicht die absolute Mehrheit haben, schicken wir ihnen eine Frau, und dazu etwas Junges.« Daß die Wahl dabei auf mich fiel, neideten mir die Kollegen nicht, besonders als ich versprach, ihnen für ihre Frauen Nylonstrümpfe und Nachthemden mitzubringen. Das waren damals in Deutschland noch unerschwingliche und seltene Luxusgegenstände. Dieses Versprechen habe ich gehalten, ich konnte es auch deshalb, weil ich wegen der vielen Einladungen die mir zur Verfügung stehenden Dollars nicht verbrauchte. Die lehrreichen und interessanten Monate zeigten mir die völlig anderen Verhältnisse in den USA und weiteten meinen Blick über meinen

Erfahrungsbereich hinaus. Ich habe auch alle Gefahren, die sich dabei ergaben, überstanden und viele Freunde gefunden. Als uns am Schluß der anstrengenden Reise noch einige Tage zur freien Verfügung standen und ich mit der Kollegin Ilsa Reinhard aus dem niedersächsischen Landtag mit dem Greyhound-Bus nach Florida abgefahren war, erhielt ich die Nachricht, mich für einen sofortigen Abflug nach Deutschland bereitzuhalten. Die Rückfrage ergab: große Regierungskrise in Rheinland-Pfalz. Meine Stimme hätte zwar den Sturz der Regierung nicht verhindern können, aber Altmeier wollte, insbesondere weil ihm einige Pfälzer unsicher erschienen, in Ehren untergehen. Was war in Mainz geschehen? Der Koalitionspartner FDP wollte einem Antrag der SPD zu einem kulturpolitischen Thema zustimmen. Ein Schattenkabinett war bereits gebildet, der FDP wurden große Zugeständnisse gemacht, unter anderem wollte man ihr sogar den Ministerpräsidenten geben. Da griff Konrad Adenauer ein. Er hatte keine Lust, sein getreuestes Bundesland zu verlieren und zwang, so sagt man, seinen Vizekanzler, Herrn Blücher, seine Parteifreunde in Mainz zur Ordnung zu rufen. So hat beinahe 140 Jahre später ein zweiter Blücher, zwar kein General, sondern ein Politiker, Rheinland-Pfalz vor einer Eroberung bewahrt. Altmeier wurde besonders im Norden des Landes als der große Sieger gefeiert.

Zu den großen Auseinandersetzungen in der Fraktion gehörte die Saar-Frage. Altmeier setzte sich mit allen Mitteln für die Rückkehr der Saar ein, obwohl er sich damit, und das geschah nicht oft, im Gegensatz zu Adenauer befand, dessen Meinung viele in der Fraktion, wenn sie es auch nicht allzu offen zum Ausdruck brachten, teilten. Ganz anders war die Einstellung Altmeiers zur Schiffbarmachung der Mosel. Er war strikt dagegen. Sein Kollege Dr. Ney von der Saar befürchtete deshalb aber eine vollkommene Verkehrsisolation der Saar. Beeinflußt wurde Altmeier in seiner Haltung auch von vielen, die glaubten, die Mosel verlöre ihren idyllischen Charakter. Auch Besitzer großer Weingüter, darunter auch kirchlicher Güter, die fürchteten, keine Arbeiter mehr für ihre Weinberge zu bekommen, bestärkten ihn in seiner Vorstellung. Als weiteres Argument diente die Behauptung, die Kanalisierung könnte auf die Dauer zur Stillegung der Bundesbahnstrecke Koblenz-Trier führen. Staatssekretär Steinlein trug diese Argumente der Fraktion im Auftrag Altmeiers vor. Es hatte den Anschein, als ob er die CDU-Abgeordneten überzeugt habe. Da meldete sich mein Mann zu Wort, der damals Bevollmächtigter des Landes Rheinland-Pfalz in Bonn war und auf Beschluß der Fraktion auch nach seinem Ausscheiden aus dem Landtag mit beratender Stimme an den Sitzungen der Fraktion teilnehmen durfte, und legte dar, wie Adenauer dazu gekommen war, für die Rückkehr des Saarlandes den Franzosen die Schiffbarmachung der Mosel zuzugestehen. Er hob hervor, daß dieses deutsch-französische Gemeinschaftswerk auf eine Anregung der Amerikaner zurückgehe, die in einem solch großen gemeinsamen deutsch-

Ministerpräsident Kohl bei der Überreichung des Bundesverdienstkreuzes an (von links): Jockel Fuchs, Lucie Kölsch, Gerhard Steen, Susanne Hermans und Justizminister Fritz Schneider.

französischen Unternehmen eine Garantie für den Frieden sähen. Im übrigen zerpflückte er die Altmeier-Steinlein-Argumente über die angebliche Erhaltung des Charakters der Mosel und die verkehrstechnischen Auswirkungen. Die Fraktion wurde nachdenklich, Altmeier kochte vor Wut, Gustav Hülser, schon vor 1933 Reichstagsabgeordneter des Christlich-Sozialen Volksdienstes – er und Altmeier waren keine guten Freunde – kam zu mir und bat mich, ihn nach draußen zu begleiten. Dort erklärte er mir: »Bleiben Sie hier, denn was jetzt über Ihren Mann losgeht, können Sie schwer ertragen, aber ich muß zurück.« Es war damals die fast einmalige Situation, daß die Fraktion mit Mehrheit eine Entscheidung gegen Altmeier beschloß. Steinlein sagte später zu mir: »Der Hubert ist doch blöd, ich wußte auch alles, was er sagte, aber ich stelle mich doch nicht unnötig in Gegensatz zu meinem Chef.«
Als später der Mosel-Kanal von Apach bis Trier mit einer gemeinsamen Schiffahrt eröffnet wurde, an der die Großherzogin von Luxemburg mit Gatten, Staatspräsident De Gaulle und Bundespräsident Lübke mit Gattinnen teilnahmen, waren diese Auseinandersetzungen völlig vergessen. An diesem wunderschönen Maitag mit den jubelnden Menschen aus allen drei Ländern an beiden Ufern der Mosel begann ich an Europa zu glauben. Es wurde mir aber fast zum Verhängnis, daß ich eine weibliche Abgeordnete war, da außer den zwei Staatsoberhäuptern alle Gäste, sogar die Ministerpräsidenten, ohne Frauen geladen waren. Es ergab sich die Groteske, daß auf dem Schiff die Damentoiletten ausdrücklich für die drei hohen Damen reserviert waren. Die Geschichte, wie es gelang, die Schwierigkeiten zu überwinden, wurde bei einem Essen, das der schwedi-

sche Botschafter in Bonn Jahre später gab, vom damaligen Bonner Protokollchef Graf Welczek mit solchen Ausschmückungen zum besten gegeben, daß die Tafelrunde sich köstlich amüsierte. Da er nicht wußte, daß es sich dabei um mich handelte, konnte ich ihm als Krönung anschließend eröffnen, daß ich die Hauptperson seiner Geschichte war.

Trotz dieser und früherer Auseinandersetzungen mit meinem Mann, als er mit Würmeling und Frau Dr. Gantenberg gegen die Landesregierung gestimmt hatte, war mein persönliches Verhältnis zu Altmeier ungetrübt. Auch später, als ich mich offen für Helmut Kohl einsetzte, änderte sich daran nichts. Altmeier hat mich öfters auf der Heimfahrt von Mainz nach Koblenz ins Vertrauen gezogen. Bei einer solchen Unterhaltung sprach er zum Beispiel die Unvereinbarkeit von Amt und Mandat von Beamten im Parlament an und sagte: »Beides zusammen ist ja unmöglich, wie etwa der Hermans gegen mich gestimmt hat.« Erst als ich lachte, fiel ihm ein, daß Hermans mein Mann war. Als er im Ruhestand lebte und besonders während seiner Krankenhausaufenthalte habe ich ihn regelmäßig besucht. Ich nahm ihn auch in meinem VW-Golf mit zu den Veranstaltungen des Sozialdienstes. Frau Altmeier war dort lange Vorsitzende. Fast wie eine Entschuldigung klang es, wenn er mir immer wieder versicherte, daß er es nie bereut habe, mich in den Landtag gebracht zu haben. Den größten Einfluß zum Guten hin übte neben Frau Altmeier sein Schwager Hans Junglas auf ihn aus. Vor seinem Ausscheiden aus dem Kabinett klagte dieser mir aber manchmal, er könne bei den abendlichen Gesprächen im Gästehaus der Landesregierung nicht mehr gutmachen, was bestimmte Ratgeber tagsüber bei Altmeier angerichtet hätten. Der Tod von Junglas und später der Tod seiner Frau bedeuteten für Altmeier unersetzliche Verluste. Junglas, den ich durch meinen Vater schon sehr früh kannte, hat mich sozusagen unter seine Fittiche genommen. Er nahm mich auch während des Wahlkampfes in seinem Wagen mit zu gemeinsamen Versammlungen. Zum Kummer meines Mannes wurden das aber meist lange Nächte, weil Junglas nach den Versammlungen in der Regel noch irgendwelche Bekannte besuchte und dann dort bis in die frühen Morgenstunden kleben blieb. Einmal tröstete ich meinen Mann mit der Ankündigung, »morgen fahre ich mit dem soliden Bundestagsabgeordneten Jakob Franzen, dann bin ich spätestens bis Mitternacht zu Hause«. Aber wie es so geht, hatten wir auf der frühen Heimfahrt durch einen auf der Straße liegenden Kanaldeckel einen Unfall, und es wurde noch später als üblich.

Mein besonders gutes Verhältnis zu Junglas wurde aber auch durch seine Stellung als Leiter des Sozialministeriums und meine gerade auf diesem Gebiet liegenden Interessen bestimmt. Er pflegte in diesem Zusammenhang Frau Carola Dauber und mich je nach Stimmung als »barmherzige Schwestern« oder als »Furien der Barmherzigkeit« zu bezeichnen, was ihn aber nicht hinderte, sich unserer Hilfe in den Fraktionen zu bedie-

Das unter dem letzten Trierer Kurfürsten Clemens Wenzeslaus von Sachsen erbaute klassizistische Theater in Koblenz wurde in den letzten Jahren einer grundlegenden Renovierung unterzogen und präsentiert sich nunmehr wieder als außerordentlich nobler Bau von außen und von innen.

nen, wenn es ihm darauf ankam, auch gegen den Willen seines Schwagers bestimmte soziale Probleme zu lösen.

Lange Zeit konnte Altmeier seine Stellung unangefochten halten, zunächst auch noch, als 1959 die jungen Leute in die Fraktion einrückten. Zwei waren gegen den entschiedenen Widerstand Altmeiers nominiert worden, das war der junge Heinz Schwarz aus dem Wahlkreis Koblenz, aber vor allem der Pfälzer Helmut Kohl, der für einen so jungen Mann schon eine steile politische Karriere geschafft und für manche Unruhe in der Partei gesorgt hatte. Altmeier und Boden waren überzeugt, ihn kleinhalten zu können, obwohl er es sofort gegen ihren erheblichen Widerstand geschafft hatte, in den so wichtigen Haushalts- und Finanzausschuß zu kommen. Der Tod Dr. Bodens – wenige Tage vorher hatte ich ihn noch im Krankenhaus in Bad Godesberg besucht, er hoffte auf seine baldige Gesundung – brachte die Wende. Es schien selbstverständlich, daß der bisherige stellvertretende Vorsitzende der Fraktion Hermann Matthes an die Stelle von Dr. Boden rücken werde, aber es war auch bekannt, daß die Interessen von Matthes eher auf kulturellem und sozialem Gebiet lagen als auf der Führung der Fraktion. So kam dem Stellvertreter große Bedeutung zu. Altmeier war überzeugt, daß sein Kandidat, sein Landesge-

Susanne Hermans –
schon als junge Abgeordnete
besonders engagiert
in der Sozialpolitik.

schäftsführer Heinz Korbach, das Rennen gewinnen würde. Er hatte wie immer in solchen Fällen auf einer Liste mit den Namen der Fraktionsmitglieder die sicheren und unsicheren Kandidaten gekennzeichnet; die sicheren waren in großer Mehrheit. Und so lehnte er auch den Vermittlungsvorschlag, zwei Stellvertreter zu wählen, den ich ihm im Namen von Kohl und dessen Freunden überbrachte, ab. Den überraschenden, wenn auch knappen Sieg Kohls betrachtete er als eine persönliche Niederlage. Instinktiv fühlte der Vollblutpolitiker seine Machtstellung gefährdet. Nunmehr, ab Oktober 1961, bestimmte Kohl zunehmend das Geschehen in der Fraktion, und zwei Jahre später hatte er seine früheren Gegner von seinem Können so überzeugt, daß man ihn fast einstimmig zum Fraktionsvorsitzenden wählte. Viele drängten ihn schon 1967, gegen Altmeier für das Amt des Ministerpräsidenten zu kandidieren. Kohl lehnte dieses Ansinnen ab, weil er, wie er sich äußerte, kein Vatermörder werden wollte. Er bestimmte aber schon 1967 die Zusammensetzung des Kabinetts mit. So wurden Heiner Geißler und Bernhard Vogel auf sein Verlangen hin Minister.

Mit Helmut Kohl und seiner Familie verbindet mich eine jahrzehntelange Freundschaft. Wenn es um sozialpolitische Anliegen ging, besonders um Hilfen für Behinderte und alte Menschen, war ich seiner Unterstützung sicher. Aber zweimal kam es auch zu großen Auseinandersetzungen. So wehrte ich mich erfolglos gegen die Zusammenlegung der Kreise Mayen und Koblenz. Dieser Plan ging von Heinz Schwarz aus. Ebenfalls setzte ich mich erfolglos gegen die Einrichtung des Bürgerbeauftragten zur Wehr, auch die Fraktion war zunächst strikt dagegen, besonders als wir über unsere Erfahrungen in Schweden berichtet hatten. Sie beugte sich aber schließlich mit großer Mehrheit dem Willen Kohls. Ich war damals schon viele Jahre erfolgreich als Vorsitzende des Petitionsausschusses tätig und war überzeugt, daß der Ausschuß mit einer besseren Ausstattung gute Arbeit leisten und weniger Kosten als der Bürgerbeauftragte verursachen würde. Kohl versuchte mich dann mit der Bemerkung zu trösten, er wette zehn Flaschen Sekt gegen zehn Flaschen Gülser Wein, daß innerhalb zweier Jahre 80 Prozent aller deutschen Länder einen Bürgerbeauftragten hätten. Ich habe leider bisher versäumt, ihn mit dem nötigen Nachdruck an die Einlösung dieser Wette zu erinnern.

1983 habe ich nicht mehr kandidiert. Ich wollte das Ende meiner parlamentarischen Tätigkeit selbst bestimmen.

Abschließend möchte ich sagen: Für mich war meine Arbeit in den Jahren 1945 bis 1983 hochinteressant und ein ganz entscheidender Abschnitt meines Lebens. Einer Reihe von Persönlichkeiten der Zeitgeschichte konnte ich in diesen Jahren unmittelbar begegnen. Ich meine: Konrad Adenauer und seine Familie, die Präsidentenehepaare Heuss, Lübke, Carstens, de Gaulle, die Ministerpräsidenten Altmeier, Kaisen, Ehard, Reinert, das Ehepaar Dehler, Heinrich von Brentano, Carlo Schmid sowie die Botschafter vieler Länder. Durch die Tätigkeit meines Mannes während seiner Bonner Zeit habe ich auch in der Begegnung mit zahllosen Menschen unseres Volkes, aber auch anderer Völker und Sprachen die Gegebenheiten des menschlichen Lebens in seinen Höhen und Tiefen umfassender erkennen gelernt. Dadurch ist mir diese Zeit sehr wertvoll geworden und wird es für mein Leben bleiben.

Das war auch der Anlaß dafür, mich nach dem Ende des politischen Weges wieder ganz besonders den sozialen Aufgaben der Gegenwart zu widmen. So ist es kein Bruch auf meinem Lebensweg, wenn ich mich heute intensiv um die Sorgen und Nöte hauptsächlich alleinstehender Frauen und Mütter und vor allem alter Menschen kümmere. Insofern setzt das heute meinen im Sozialpolitischen und im Petitionsausschuß begonnenen Weg, der mich am meisten befriedigte, fort.

Residenzschloß des Trierer Kurfürst-Erzbischofs Clemens Wenzeslaus von Sachsen in Koblenz, in den Jahren 1774 bis 1784 von den französischen Architekten Michel d'Ixnard und Antoine François Peyre le jeune erbaut. Hier der rheinseitige Mittelbau.

Karl Thorwirth

Als Abgeordneter der Opposition im Landtag

40 Jahre jung ist dieses Land. Wenn trotzdem dieser »Geburtstag« Anlaß sein soll zurückzublicken, dann wohl nur der besonderen Entstehungsgeschichte und der erstaunlichen Tatsache wegen, daß ein früher so umstrittenes Land heute die fast uneingeschränkte Zustimmung seiner Bewohner findet.
Die Entstehungsgeschichte des Landes Rheinland-Pfalz wird sicher an anderer Stelle und von kompetenteren Autoren geschildert. Für den Zeitabschnitt, den ich beschreiben will, ist die Feststellung wichtig, daß die vielfachen Versuche, die Auflösung des Landes und die Rückkehr seiner verschiedenen Teile zu anderen Ländern (zum Beispiel Rheinhessen zu Hessen) zu betreiben, vielfältige Ursachen hatten.
Natürlich war bereits die Art seiner Entstehung als Schöpfung der Besatzungsmächte eine Ursache. Und der Umstand, daß manche dem »linksrheinischen Gebilde« eine besondere Rolle – etwa im Verhältnis zu Frankreich – zugedacht hatten, war eine andere. Landsmannschaftliche Zugehörigkeiten und Traditionen bildeten eine weitere Ursache. Aber in den späten 50er und in den frühen 60er Jahren gab es, und damit bin ich beim Thema, handfeste politisch-inhaltliche Gründe, die zum Beispiel die SPD und ihre Anhängerschaft in ihrer Ablehnung des Landes Rheinland-Pfalz bestärkten.
Eine der großen politisch-inhaltlichen Streitfragen hatte die Bevölkerung mit knapper Mehrheit durch die gesonderte Annahme der Schulartikel der rheinland-pfälzischen Landesverfassung im Sinne der CDU und der Konfessionsschule entschieden. Als Folge war Rheinland-Pfalz – ohnedies heftig umstritten als »Geschöpf der Besatzungsmächte« – manchmal eher »fünf Regierungsbezirke« ehemals preußischer, bayerischer und hessischer Zugehörigkeit als ein Land. Die Unterschiede zeigten sich besonders kraß in der Schulorganisation der Volksschulen, der heutigen Grund- und Hauptschulen.
In dem einen Regierungsbezirk konfessionelle Schulen, in einem anderen christliche Gemeinschaftsschulen, meistens beide nebeneinander, und die Schulwirklichkeit überschattet von dem Streit über die Art und Weise, wie damals der Elternwille festgestellt wurde.
Das Land Rheinland-Pfalz hatte auch andere schwere Geburtswehen zu überstehen. In weiten Teilen dominierten Land- und Forstwirtschaft und Weinbau, geprägt von den

Oppositionsführer Karl Thorwirth mit dem Parlamentarischen Geschäftsführer Hans Herrmann während einer Debatte im Landtag 1977.

vorherrschenden Klein- bis Mittelbetrieben. Nur in einigen Landesteilen (Vorderpfalz/ Rheinhessen/Mittelrhein) konnte man von guter oder nennenswerter Industriestruktur sprechen. Mittelständisches Gewerbe oder Fremdenverkehr waren im Vergleich zu heute unbedeutend. Das Land Rheinland-Pfalz war ein armes Bundesland; Bevölkerungseinkommen und Steueraufkommen lagen erheblich unter dem Bundesdurchschnitt.

Die Gemeinden und Städte waren, von wenigen Ausnahmen abgesehen, entweder besonders kriegsgeschädigt oder traditionell besonders arm. Das Land konnte, was seine Leistungskraft anging, mit seinen unmittelbaren Nachbarn Hessen, Baden-Württemberg und Nordrhein-Westfalen bei weitem nicht Schritt halten. Schulgeldfreiheit, Studium ohne Entrichtung von Studiengebühren oder Lernmittelfreiheit kamen später, soweit sie überhaupt kamen. Wen wundert es im Rückblick, daß Jahre vergingen, bevor man sich, jedenfalls in der Anhängerschaft der SPD, allmählich damit aussöhnte oder auch nur abfand, daß das Land Rheinland-Pfalz mehr war als ein Provisorium – eben ein Land.

Es war die Zeit, die der SPD mit dem Godesberger Programm den Aufstieg zur Regierungsverantwortung brachte und deren damalige Jusos (es war der auf »ewig« gewählte Zentralausschuß um Wischnewski, Schütz, Fuchs und Regitz, gemanagt vom damaligen

Bundessekretär W. Buchstaller) in Barsinghausen den Aufstand probten und Willy Brandt zum Kanzlerkandidaten für die Bundestagswahl 1961 vorschlugen.

Für Rheinland-Pfalz war es die Zeit, in der ein junger Abgeordneter namens Helmut Kohl sich anschickte, die CDU umzukrempeln. Es war vor allem die Zeit der Vorbereitung und Durchsetzung neuer Strukturen in Staat und Gesellschaft, die sich nach den Umwälzungen von 1945 allmählich als notwendig herausstellten und später auch verwirklicht wurden.

Für die Sozialdemokraten stand an der Spitze aller Überlegungen die Veränderung des Schulwesens mit der Beendigung des rheinland-pfälzischen Konfessionsschulstreits. Er hatte seinen Hintergrund in jener Verfassungsbestimmung, die den Kirchen als Wiedergutmachung (die Nazis hatten die Konfessionsschulen in Gemeinschaftsschulen umgewandelt) weitgehende Rechte für die Wiedereinführung der Konfessionsschulen im Volksschulbereich einräumte. Diese Regelung knüpfte an die Verhältnisse in der Weimarer Republik an und brachte bei der landsmannschaftlichen Zusammensetzung von Rheinland-Pfalz (Preußen, Bayern, Hessen) völlig unterschiedliche Verhältnisse.

So war der Regierungsbezirk Montabaur völlig »konfessionsschulfrei«; in Trier und Koblenz gab es fast nur Konfessionsschulen; in der Pfalz und besonders in Rheinhessen tobte eine oft erbitterte Auseinandersetzung um die Bestimmung der »Schulart«.

Der damalige und langjährige Regierungspartner F.D.P. war, wie die SPD, gegen Kon-

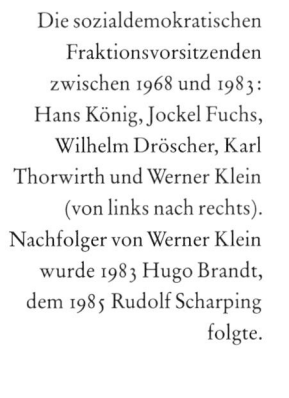

Die sozialdemokratischen Fraktionsvorsitzenden zwischen 1968 und 1983: Hans König, Jockel Fuchs, Wilhelm Dröscher, Karl Thorwirth und Werner Klein (von links nach rechts). Nachfolger von Werner Klein wurde 1983 Hugo Brandt, dem 1985 Rudolf Scharping folgte.

fessionsschulen, aber Änderungen der Landesverfassung, und das war die Voraussetzung jeder Neuregelung, bedurften einer Zweidrittelmehrheit im Landtag. Sie waren also nur möglich mit der – nicht gegen die CDU. Aber diese politische Auseinandersetzung um das rheinland-pfälzische Schulwesen hatte noch einen anderen Aspekt. Die Verfassung schützte auch die kleinste Schule, und so kam es, daß oft noch konfessionell zersplitterte Kleinstschulen, einklassig oder zweiklassig, das ländliche Schulwesen dominierten. Selbst in den Städten war die Leistungsfähigkeit der Volksschulen durch fehlende Gliederung stark behindert.

Im Landtagswahlkampf 1959, aber besonders 1963 spitzte sich diese Streitfrage zu. Gegen Konfessionsschule und gegen Zersplitterung der Volksschule; für gegliederte Mittelpunktschulen; für christliche Gemeinschaftsschulen und gegen Konfessionshader auf dem Rücken der Volksschüler; für konfessionelle Aussöhnung und christliches Miteinander in der Schule. So oder ähnlich lauteten die Slogans, die 1963 der SPD einen großen Wahlsieg brachten: nicht nur Stimmengewinne auf über 40 Prozent, sondern, besonders wegen der Verluste der CDU, einen weit geringeren Abstand zur CDU nach Mandaten: 46 Landtagssitze für die CDU, 43 Landtagssitze für die SPD, 11 Landtagssitze für die F.D.P.

Nie zuvor und auch nie danach war der Abstand zwischen den großen Kontrahenten so gering. Nie zuvor und nie mehr danach war die Chance, die CDU abzulösen, so real. Und deshalb waren die Verhandlungen um eine Koalition mit der F.D.P. so intensiv wie

Willy Brandt, als Bürger von Rheinland-Pfalz in Unkel am Rhein wohnend, auf einem Landesparteitag der SPD in Bad Kreuznach mit dem Landes- und Fraktionsvorsitzenden Hugo Brandt und dem damaligen stellvertretenden Landesvorsitzenden und späteren Nachfolger in Partei- und Fraktionsspitze Rudolf Scharping.

man sie sich nur denken kann. Daß sich die F.D.P. letztlich zur Fortsetzung der Koalition mit der CDU entschloß, war eher ein Akt der Dankbarkeit – die CDU hatte vorher, bei absoluter Mehrheit, die F.D.P. an der Regierung beteiligt – als Ausdruck politischer Entschlossenheit.

Aber der Schock des drohenden Machtverlustes saß tief. Die fast absolute Macht Altmeiers bröckelte ab. Er mußte immer mehr die politische Führung im Land mit Helmut Kohl teilen. Was der damalige SPD-Fraktionsvorsitzende Hans König in der Aussprache zur Regierungserklärung nach der Landtagswahl 1967, an Altmeier gerichtet, zusammenfaßte: »Sie durften das Kabinett noch einmal vorstellen, gebildet hat es ein anderer.«

Jockel Fuchs war mittlerweile Landesvorsitzender geworden. Das Ende der Ära Otto Schmidt, einer der überragenden Gestalten der SPD nach 1945, deutete sich an. Übrigens in sonst selten anzutreffender Harmonie.

In jenen vier Jahren reiften erste Erfolge der langjährigen Bemühungen in der Schulpolitik. Die Reform der Lehrerbildung und deren Entkonfessionalisierung wurden vollzogen.

Daß besonders das ländliche Schulwesen reformiert und auch zentralisiert werden mußte, war immer weniger umstritten. An die alten Sprüche, daß diejenigen, die die Konfessionsschule beseitigen wollten, auch die Kirche »aus dem Dorf zu treiben« gedachten, wollten CDU-Leute nicht mehr so gern erinnert werden. Die Kirchen, auch

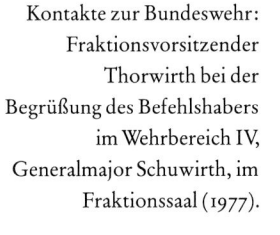

Kontakte zur Bundeswehr: Fraktionsvorsitzender Thorwirth bei der Begrüßung des Befehlshabers im Wehrbereich IV, Generalmajor Schuwirth, im Fraktionssaal (1977).

die katholische Kirche, die viel starrer an der Konfessionsschule festhielt als die evangelische Kirche, sahen ein, daß es so nicht bleiben konnte.

In Rheinland-Pfalz wurde in jenen Jahren, erstmals in einem stark vom Konfessionsschulstreit belasteten Land, eine Verfassungsänderung mit Zustimmung der Kirchen – dies war damals auch für die SPD wichtig – beschlossen, die die Dominanz der Konfessionsschule beseitigte.

So gelangte man in zwei Schritten zur heutigen Regelung: Die staatlichen Schulen sind christliche Gemeinschaftsschulen. Sie werden ergänzt durch großzügig vom Staat geförderte Privatschulen von wesentlich konfessioneller Prägung.

In dieser zweiten Hälfte der 60er Jahre waren *alle* politischen Kräfte Neuerungen gegenüber grundsätzlich aufgeschlossen. Unter dem Eindruck einer hervorragenden wirtschaftlichen Entwicklung war es gemeinsame Grundüberzeugung, daß die gesellschaftliche Infrastruktur auf vielfältige Weise verbessert, überhaupt fast alles reformiert werden müsse. Die gefestigte Demokratie suchte *ihr* neues Verhältnis zu den Bürgern und deren Interessen. Es gab kaum ein Gebiet im Rahmen der Verfassungshoheit der Länder, das in diese Reformüberlegung nicht einbezogen war. Von der Gemeindeverfassung über das Beamtenrecht und Besoldungsrecht bis hin zum Recht, mit Vollendung des 18. Lebensjahres wählen zu dürfen.

Ein entwickeltes Petitionsrecht – ein Bürgerbeauftragter für Rheinland-Pfalz oder Patientensprecher in den Krankenhäusern sind Ausdruck eines Willens, das Recht des mündigen Bürgers gegenüber der Obrigkeit zu stärken – waren ein besonderes Anliegen dieser Zeit.

Doch nichts war wohl politisch umkämpfter als die Verwaltungs- und Gemeindereform. Über die Notwendigkeit, die staatlichen Verwaltungen effizienter zu gestalten und die gemeindliche Leistung stärker zu entwickeln, herrschte in den 60er Jahren zumindest allgemein weithin Übereinstimmung. Über das Konkrete wurde dagegen heftig gestritten. Besonders einschneidend waren die zur Diskussion stehenden Veränderungen im Kommunalbereich, und entsprechend hart waren die Auseinandersetzungen.

Die Auflösungen von Gemeinden, ihre Eingemeindung in die Städte oder der Zusammenschluß mit anderen Gemeinden, radikale Beschneidung der Zuständigkeit von Kleingemeinden zugunsten der neugeschaffenen Verwaltungsgemeinschaft »Verbandsgemeinde« oder die Auflösung eines Drittels der vorhandenen Landkreise zugunsten größerer Einheiten boten genügend Stoff für den politischen und juristischen Streit.

Das Besondere an der diesbezüglichen Gesetzgebung war, daß – jedenfalls über weite Strecken – Regierungsparteien und die SPD als Opposition das schwierige, unpopuläre, aber als notwendig erkannte Reformvorhaben gemeinsam gestalteten und verantworte-

Sozialdemokraten unter sich: Glückwünsche für den neugewählten Vizepräsidenten des Landtags, Hans Schweitzer, von Fraktionschef Werner Klein, Karl Thorwirth und dem Landesvorsitzenden Klaus von Dohnanyi, der von 1969 bis 1980 pfälzischer Bundestagsabgeordneter war.

ten. Es hätte nahegelegen – und heute kann man sich kaum vorstellen, daß eine Oppositionspartei darauf verzichtet –, der Regierung das schwierige Geschäft zu überlassen (oder auch nicht) und das Wasser des entstehenden Unmuts auf die eigenen Mühlen zu lenken. Der Verzicht darauf war der Preis für eine neue leistungsfähige Verwaltungsstruktur, die sich bei allen Problemen im großen und ganzen und auch im Detail bewährt hat.

Wenn heute so häufig, besonders unter den Älteren, der Verlust an Zusammenarbeit der demokratischen Parteien beklagt wird, dann ist wohl zuerst und konkret die mangelnde Fähigkeit gemeint, schwierige gesellschaftliche Strukturreformen, die im allgemeinen zunächst unpopulär sind und Wählerprotest hervorrufen, gemeinsam zu tragen, was die fatale Konsequenz nach sich zieht, daß diese Strukturreformen meist unterbleiben. Die Sorge, daß sich die Demokratie ihren Feinden und ihren Problemen gegenüber als zu schwächlich erweisen würde, war es ja, die die Gründergeneration von Peter Altmeier und Otto Schmidt veranlaßte, diese gemeinsame Verantwortung für den demokratischen Staat bei vielen Gelegenheiten zu betonen. Beide waren übrigens wiederholt bereit zu beweisen, daß sie diese gemeinsame Verantwortung für wichtiger hielten als den Parteienegoismus.

Ich bin ziemlich sicher, daß man, falls heute jemand damit Ernst machen würde, mit dem Vorwurf »Einfaltspinsel« schnell bei der Hand wäre.

Eine Würdigung von 40 Jahren Geschichte des Landes Rheinland-Pfalz ist auch eine Würdigung seiner Verfassung. Sie wäre allerdings unvollständig ohne den Hinweis, daß in dieser Verfassung eben auch, als Erfahrung des Zusammenbruchs der Weimarer Republik, sozialstaatliche Grundsätze und Regelungen enthalten waren, die bedauerlicherweise ebenfalls »Opfer« der Reformphase wurden.

Überbetriebliche Mitbestimmung, heute noch als allerdings zum »Ruhen« gebrachte Verfassungsbestimmung über eine »Hauptwirtschaftskammer« Bestandteil des VI. Abschnitts der Landesverfassung, war im Zeichen des Wirtschaftswunders verpönt; die Ansätze einer arbeitnehmerfreundlichen Gesetzgebung, etwa im Arbeits- und Kündigungsschutzrecht, fielen der »Bundeseinheitlichkeit« zum Opfer.

Die Verfassung des Landes im ganzen, aber besonders jener sechste Teil – gedacht und formuliert als Grundlage einer neuen Wirtschafts- und Sozialordnung – ist durch die Einbeziehung der tiefgreifenden Erfahrung des Schicksals der jungen Demokratie in der Weimarer Republik geprägt von Einsicht und Weitsicht.

Ich kenne das Lächeln über die überholt und verstaubt wirkenden Formulierungen, jene Formulierungen, die bei fehlender Quellenangabe heute die Verfassungstreue dessen, der sie äußert, bei manchen infrage stellen kann. Ich kenne die Abwertung vermeintlich von der Wirklichkeit einer marktwirtschaftlichen Entwicklung überholter Relikte. Ich empfehle trotzdem, darüber nachzudenken, bevor man lächelt, ob der Blick jener, die diese Verfassung formulierten und für eine lange Entwicklungsphase schaffen wollten, nicht prinzipieller und schärfer war, als es viele heute gelten lassen möchten. Dies ist kein Bekenntnis zu jeder Einzelheit und Formulierung des Verfassungstextes, aber als sittliche Norm und als Ausdruck eines Demokratieverständnisses, das Demokratie nicht nur als Staatsform, sondern als Lebensform versteht, hat dieser sechste Teil für uns Sozialdemokraten bleibenden Wert.

Und erstmals bewegt uns alle die bange Frage: sind wir auf dem richtigen Wege, packen wir die sehr viel schwieriger gewordenen Probleme richtig an?

Wenn auch die äußeren Umstände – damals Not und Elend und heute relativ hoher Wohlstand und teilweise Überfluß – sich total unterscheiden, so finde ich dennoch erstmals in der politischen Geschichte des Gesamtstaates Aufgaben wieder, die ähnlich

Karl Thorwirth (Mitte) im Gespräch mit Rudi Geil und Bernhard Vogel sowie Werner Danz (FDP) und Hanns-Eberhard Schleyer, dem Chef der Staatskanzlei (von links).

schwierig, die von ähnlich schicksalhafter Bedeutung sind wie in jener unmittelbaren Nachkriegszeit.

In der Politik von heute sehe ich im Vergleich zu damals zwei Unterschiede von substantieller Bedeutung: der demokratische Staat an und für sich, neugewonnen aus der Finsternis einer totalen Diktatur, galt zunächst mehr. Der Wille, ihn zu erhalten und zu gestalten, war fest und unerschütterlich. Heute erkennen wir Zeichen von Staatsverdrossenheit. Ich nehme die Pflicht der Politiker zur Selbstprüfung sehr ernst und erkenne auch das Maß an Schuld, das bei uns liegt, aber die aufkommende Krise der Werte und Institutionen geht auch darauf zurück, daß viele Bürger – und auch manche Politiker! – Sonderinteressen wichtiger nehmen als das Wohl und die Belange der Gesamtgesellschaft, zu der sie gehören und der sie manches zu verdanken haben. Hier gilt es, dem Konzept einer rücksichtslosen Ellbogengesellschaft den Grundwert der Solidarität als tragendes Element partnerschaftlichen Denkens gegenüberzustellen und mit Leben zu erfüllen.

Die Parteien müssen den Elan der Gründerjahre wieder zurückgewinnen. Die Herausforderungen von heute mit den weltweiten Strukturproblemen, dem sogenannten

Wenige Wochen vor der Landtagswahl 1987 besuchte Dr. Hans-Jochen Vogel, der Oppositionsführer im Bundestag und spätere SPD-Vorsitzende, Rudolf Scharping. Hier bei einem Gang über den Deutschhausplatz in Mainz.

Nord-Süd-Gefälle, der hohen Arbeitslosigkeit in vielen Ländern der Welt sind anders geartet als in jener Zeit, aber als Herausforderung sind sie ernster, als wir es im Parteienstreit der Tagespolitik zugestehen wollen.

Die parlamentarische Staatsform mit ihren für uns unverzichtbaren Grundrechten und Grundwerten lebt vom sachlichen Streit der Meinungen. Aber sie lebt auch davon, daß über die Grenzen von Parteien und Meinungen die gemeinsame Verantwortung für diesen Staat empfunden und auch getragen wird.

Günter Storch

Der Weg der Liberalen

Die F.D.P. in Rheinland-Pfalz – das ist ein mir sehr vertrautes Thema, bin ich doch jetzt seit rund 34 Jahren Mitglied dieser Partei. In verschiedenen Rollen hatte ich Gelegenheit, F.D.P.-Politik mitzugestalten. Als ich 1953 Mitglied wurde, lag die Parteigründung von 1947 erst sechs Jahre zurück. Die handelnden Personen aus den ersten beiden Legislaturperioden (1947 bis 1951 und 1951 bis 1955) sind mir noch alle begegnet. Vor allem natürlich die ersten Landesvorsitzenden Dr. Rautenstrauch, Dr. Josef Dohr, Anton Eberhardt, Dr. Wilhelm Nowack, die einflußreiche Frau Ellen Thress aus Kreuznach, aber auch die Abgeordneten der ersten Legislaturperioden.

1946 war zunächst der Soziale Volksbund gegründet worden. Dieser pfälzisch-rheinhessische Vorläufer der F.D.P. war als letzte der Parteien von der französischen Militärregierung zugelassen worden. Nach KPD, SPD und CDU Anfang 1946 wollte der Militärgouverneur zunächst überhaupt keine Partei mehr zulassen. Angesichts vieler liberaler Zusammenschlüsse in anderen Ländern ließ der französische General aber schließlich seinen Widerstand fallen und erteilte am 11. Mai 1946 die Genehmigung zur Gründung des »Sozialen Volksbundes«. Das Schwergewicht der neuen Partei lag zunächst in der Westpfalz – besonders Kaiserslautern –, aber am 3. August und 21. September 1946 wurden auch in Rheinhessen und in der Vorderpfalz Bezirksverbände gegründet. Zu den Kreistagswahlen am 13. Oktober 1946 stellte der Soziale Volksbund in allen Kreisen eigene Listen auf.

Vor den Wahlen hatte sich im Regierungsbezirk Trier und Rheinhessen jedoch zur gleichen Zeit eine neue »Liberale Demokratische Partei« gebildet, die ebenfalls an den Wahlen teilnehmen wollte. Es zeigte sich bald, daß die Ziele beider Parteien weitgehend übereinstimmten. So verlangte auch die Liberale Demokratische Partei neben der Sicherung eines demokratischen Rechtsstaats die Wiederherstellung geistiger Freiheit, die Unabhängigkeit von Kirche und Staat, die grundsätzliche Abkehr von der Konfessionsschule und die Einführung der christlichen Gemeinschaftsschule. Zugleich wurden von beiden Gruppierungen alle Sozialisierungsbestrebungen abgelehnt. Ein dritter Hauptpunkt war die Forderung nach stärkerem staatlichen Zentralismus und der Widerstand gegen eine allzugroße Eigenständigkeit der (damals noch nicht gegründeten) Bundesländer. Beide Parteien bestanden aber zunächst nebeneinander. In der Beratenden Landesversammlung, die indirekt über die Kreistage und Gemeinderäte gewählt worden war, war der Soziale Volksbund mit fünf, die Liberale Partei mit zwei von 127 Sitzen vertreten. Bei der Landtagswahl am 18. Mai 1947 trat die künftige Freie Demokratische Partei zum letzten Mal unter den beiden Namen auf. Die Liberale Partei erhielt 70 936 Stimmen (= 6,1 Prozent) und der Soziale Volksbund 42 034 Stimmen (= 3,6 Prozent). Die letzteren waren ausschließlich in der Pfalz gewonnen worden, wo der Soziale Volksbund 10,4 Prozent der Stimmen auf sich vereinigen konnte. Die Fraktion der Liberalen Partei im ersten rheinland-pfälzischen Landtag umfaßte sieben Abgeordnete, die des Sozialen Volksbundes vier. Am 13. Juni 1947 wurde im Landtag bekanntgegeben, daß sich beide Fraktionen mit elf Abgeordneten unter dem Namen der Freien Demokratischen Partei vereinigt hatten. Wenige Wochen vorher, am 19./20. April 1947, war es in Kreuznach zum Zusammenschluß der verschiedenen Gruppierungen zur »Demokratischen Partei Rheinland-Pfalz« gekommen. Das Wort »Freie« wurde wenige Wochen später dem Namen hinzugefügt.

Als ich 1953 in die Partei eintrat, bestand die Fraktion der F.D.P. im Landtag (2. Legislaturperiode 1951 bis 1955) aus 19 Abgeordneten. Dies war die größte Fraktion, mit der die F.D.P. jemals im rheinland-pfälzischen Landtag vertreten war. In einer Koalition zwischen CDU und F.D.P. wurde die Landesregierung von Peter Altmeier (CDU) gestellt. Die F.D.P. wirkte mit zwei Ministern mit: Dr. Wilhelm Nowack als Finanzminister und Bruno Becher als Justizminister. Trotz der großen politischen Stärke – die CDU hatte 43 Abgeordnete, die F.D.P. 19 – blieb der Einfluß der F.D.P. auf wirtschaftliche Fragen beschränkt. In alle Fragen der Kultur- und Schulpolitik ließ sich die CDU nicht hineinreden. Sie betrachtete mit den damaligen Kultusministern Süsterhenn, Finck und Orth dieses Feld als ihre ureigene Domäne.

1955 verlor die F.D.P. von ihrem Einfluß, denn die CDU errang zum ersten Mal mit 51 von 100 Sitzen die absolute Mehrheit. Die F.D.P. blieb mit 13 Abgeordneten in der Koalition, und in der neuen Landesregierung behielten somit die F.D.P.-Minister Nowack und Becher ihre Ämter. Auch vier Jahre später – 1959 – blieb die Koalition erhalten, obwohl die CDU wieder die absolute Mehrheit gewann und die F.D.P. drei weitere Sitze verlor (CDU 52, F.D.P. 10 Abgeordnete). Die Minister Nowack und Becher blieben in ihren Ämtern, und der politische Einfluß der F.D.P. in Schul- und Bildungsfragen schwand völlig, obwohl gerade dieses Feld in den Parteiprogrammen der Liberalen und in der öffentlichen Diskussion eine immer stärkere Rolle spielte. Der Kampf für die Christliche Gemeinschaftsschule und gegen die Konfessionsschule wurde zwar in Wahlveranstaltungen und Parteidebatten immer lautstark herausgestellt. In der Regierung, die nun schon seit vielen Jahren von CDU und F.D.P. gebildet wurde, kamen diese Forderungen der F.D.P. aber überhaupt nicht zum Zug.

Die F.D.P.-Landtagsfraktion und ihre Mitarbeiter in der Periode 1959 bis 1963 auf der Landtagsterrasse. Von links: Hermann Glesius, Valentin Wallauer, Wolfgang Wiedner, Fritz Glahn, Hans Broßmann, Fritz Wilms, Ferry von Berghes, Fritz Schneider (Vorsitzender), Max-Günther Piedmont, Christl Praß, Willibald Martenstein, Ernst Heydorn, Dr. Franz Haber, Otto Konrad und Julius Kranzbühler.

Inzwischen waren nach einigen »Skandalen« (das gab es damals schon) die F.D.P.-Minister aus unterschiedlichen Gründen zurückgetreten. Dr. Nowack hatte Aktien eines dem Land gehörenden Unternehmens zu billig – unter anderem an sich selbst – verkauft (wofür er später auch verurteilt wurde). Dem Justizminister Bruno Becher wurde ein Grundstücksgeschäft in seiner Heimatstadt zum Verhängnis. Als Nachfolger für den Landesvorsitzenden und Finanzminister Nowack wählte der F.D.P.-Landesverband in Bingen 1958 den Bundestagsabgeordneten Fritz Glahn, der dann auch sogleich das Finanzministerium übernahm. Anstelle des Justizministers erhielt die F.D.P. einen Staatssekretär im Wirtschaftsministerium, das damals vom Ministerpräsidenten in Personalunion mit geleitet wurde. Als Staatssekretär schickte die F.D.P. den integren Waldbesitzer Ferry von Berghes aus Wittlich in das Wirtschaftsministerium. Er blieb leider nur wenige Jahre, da er sich nach einem Todesfall in der Familie als Vorstandsvorsitzender der DEA zur Verfügung stellen mußte. Sein Nachfolger als Staatssekretär wurde 1962 der Ministerialdirigent Dr. Hermann Eicher, der später in der F.D.P. noch eine bedeutende Rolle spielen sollte.

Ich persönlich habe die Zeit von 1951 bis 1963 so in Erinnerung: Die F.D.P. war zwar zahlenmäßig im Landtag und in der Regierung stark vertreten, aber der politische Einfluß blieb auf Themen der Wirtschafts- und Finanzpolitik beschränkt. Die SPD-Opposition brachte die F.D.P.-Fraktion häufig in Verlegenheit, wenn sie Anträge zu schulpolitischen Fragen stellte, die zum Programm der F.D.P. gehörten. Aus Koalitionstreue

Die Landtagsfraktion 1963 bis 1967 mit Mitarbeitern. Von rechts: Karl-Albert Winkler, Carola Schneider, Ernst Heydorn, Fritz Schneider, Willi Bißbort, Christl Praß, Max-Günther Piedmont, Dr. Werner Danz, Heinrich von Bünau, Dr. Günter Storch (Vorsitzender), Dr. Gerhard Völker, Hermann Eicher, Walter Schüßler, Dr. Hans-Otto Scholl, eine kurzzeitig beschäftigte Mitarbeiterin.

wollten die Freien Demokraten oft ihren eigenen Vorstellungen nicht zustimmen – es hätte sonst im Kabinett, wo Peter Altmeier ein strenges Regiment führte, ein »Donnerwetter« gegeben. Diese Situation war für viele F.D.P.-Politiker in Rheinland-Pfalz frustrierend. Sie führte dazu, daß die Fraktion im Landtag nur geringes politisches Gewicht besaß, kaum eigene Ausstrahlung hatte und daß sich die handelnden Personen im persönlichen Kleinkrieg erschöpften. Jüngere Kritiker haben dies bis 1963 oftmals heftig beklagt. Auch ich gehörte damals zu denen, die sich »ihre« F.D.P. wirkungsvoller, schlagkräftiger und einflußreicher wünschten; eine Vorstellung, die angesichts der langjährigen Regierungsbeteiligung und zweier wichtiger Ministerien eigentlich hätte selbstverständlich sein müssen.

Auf dem Landesparteitag 1960 in Zweibrücken habe ich aus meinem Herzen keine Mördergrube gemacht und in meiner ersten Rede die Schwerfälligkeit und Hilflosigkeit der F.D.P. mit vielen Spitzen und Nadelstichen aufs Korn genommen. Meine Kritik gipfelte in dem Vorwurf, die F.D.P. handele in Rheinland-Pfalz seit Jahren nach dem Motto: »Mach Dir ein paar schöne Stunden, geh in die Koalition!« Das löste bei vielen Delegierten – nicht aber bei den Abgeordneten und Ministern – lautstarke Begeisterung und die Vorstellung aus, daß die Sache am besten von mir in die Hand genommen werden sollte. Das stärkte mein Selbstbewußtsein und meinen Ehrgeiz.

Der Weg der Liberalen

So wurde ich 1960 in den Mainzer Stadtrat gewählt und übernahm dort sogleich den Fraktionsvorsitz. Ich erreichte es auch, daß ich zur Landtagswahl 1963 als Spitzenkandidat im Wahlkreis Rheinhessen aufgestellt wurde. Ein wichtiges politisches Wahlkampfthema war die Christliche Gemeinschaftsschule, besonders nachdem die katholischen Bischöfe zu Beginn der 60er Jahre in dem bis dahin nur mit Gemeinschaftsschulen versehenen Rheinhessen die Konfessionsschule durchgesetzt hatten, was viele Bürger mit Unmut quittierten.

1963 kam die große »Wende«. Die CDU verlor die absolute Mehrheit, und zum ersten Mal hatte die F.D.P. die Chance, sowohl mit der CDU als auch mit der SPD eine Koalition zu bilden. Ich kam in den Landtag und wurde von meinen Freunden zum Vorsitzenden der Fraktion gewählt – vor dem Hintergrund, daß der Landesvorsitzende Fritz Glahn zu dieser Zeit gesundheitliche Schwierigkeiten hatte und sich schon während des Wahlkampfs einer Kur im Schwarzwald unterziehen mußte. Unmittelbar nach der »gewonnenen« Landtagswahl reisten der SPD-Fraktionsvorsitzende Schmidt und sein damaliger Fraktionsgeschäftsführer Jockel Fuchs zu Fritz Glahn ins Schwarzwaldsanatorium, um ihm die Position des Ministerpräsidenten in einer SPD-F.D.P.-Koalition anzubieten. Glahn lehnte ab; er fühlte sich gesundheitlich nicht stark genug und konnte sich nicht vorstellen, seinen langjährigen Ministerpräsidenten Altmeier aus dem Amt zu stoßen. Er war aber dennoch einverstanden, daß die F.D.P. mit der SPD über eine Regie-

Die erste Landtagssitzung (18. Mai 1963) der neuen Legislaturperiode nach der »Wende«. Dr. Günter Storch (vorne rechts) wurde 1963 in den Landtag gewählt und übernahm den Vorsitz der F.D.P.-Fraktion.

rungsbeteiligung verhandelte. So begannen damals Koalitionsverhandlungen zwischen CDU und F.D.P. und gleichzeitig zwischen SPD und F.D.P., ein Vorgang, der großes Aufsehen erregte und über dessen Verlauf wir regelmäßig die Öffentlichkeit informierten. Mit beiden Partnern wurde ein Koalitionsentwurf ausgearbeitet, der vollständige Personal- und Sachprogramme für die beginnende Legislaturperiode enthielt. In dem Koalitionsentwurf, der mit der SPD verhandelt worden war, waren unter dem Ministerpräsidenten Otto Schmidt als Innenminister Hans König, Finanzminister Fritz Glahn, Justizminister Fritz Schneider, Landwirtschaftsminister Max Seither und als Kultusminister Dr. Günter Storch vorgesehen (also drei F.D.P.-Minister). Jockel Fuchs, der spätere Oberbürgermeister der Stadt Mainz, sollte Chef der Staatskanzlei werden.

Die von Altmeier angeführte Kabinettsliste einer CDU-F.D.P.-Koalition enthielt die Namen August Wolters als Innenminister, Finanzminister Fritz Glahn, Justizminister Fritz Schneider, Landwirtschaftsminister Oskar Stübinger und Kultusminister Dr. Eduard Orth (also zwei F.D.P.-Minister).

Der Landeshauptausschuß der F.D.P. hat in einer umfassenden Diskussion am 27. April 1963 in Mainz beide Koalitionsentwürfe mit allem Für und Wider auseinandergepflückt. Am Ende wurde darüber abgestimmt. 49 Delegierte sprachen sich für die Fortsetzung der Koalition mit der CDU, 24 für eine neue Verbindung mit der SPD aus, drei Delegierte enthielten sich der Stimme. Für viele derjenigen, die für die Koalition mit der CDU stimmten, war ausschlaggebend, daß wesentlichen schulpolitischen Forderungen der F.D.P. in schwierigen Koalitionsverhandlungen von der CDU entsprochen worden war. Die von mir formulierte Presseerklärung, die die F.D.P. nach der Landeshauptausschußsitzung herausgab, zeigt dies deutlich:

»Die F.D.P. von Rheinland-Pfalz hat sich nach eingehenden Verhandlungen mit CDU und SPD und nach sorgfältiger Prüfung der beiden an sie herangetragenen Koalitionsangebote dafür entschlossen, die seit zwölf Jahren in Rheinland-Pfalz bestehende Regierungskoalition mit der CDU fortzusetzen. Für diese Entscheidung war neben der Sicherung der bisherigen Wirtschafts- und Finanzpolitik maßgebend, daß die CDU zu weitgehenden Zugeständnissen auf dem Gebiet der Kultur- und Schulpolitik bereit war. Vor allem die Vereinbarung, daß die gemeinsam zu bildende Landesregierung alsbald nach ihrer Konstituierung Gesetzesentwürfe für zwei wichtige Verfassungsänderungen vorlegen wird, hat bei dem Entschluß der F.D.P. den Ausschlag gegeben. Mit der Änderung des Artikels 36 wird auch in Rheinland-Pfalz der Weg zu einer simultanen Lehrerbildung geebnet, die künftig gleichberechtigt neben der bestehenden konfessionellen Ausbildung ermöglicht wird. In der Änderung des seit langem umstrittenen Schulartikels 29 der Landesverfassung sieht die F.D.P. den Beginn einer Entwicklung, die zu einer Verbesserung des gesamten Volksschulwesens, insbesondere auf dem Land, führen wird.

Die bisherige Feststellung des Artikels 29, daß bei der Umwandlung von Schularten auch schon jede einklassige Schule einen geordneten Schulbetrieb ermöglicht, hat nach Auffassung der F.D.P. bisher vielfach eine fortschrittliche und moderne Entwicklung gehindert. Nach dieser Verfassungsänderung werden dem Landkind künftig die gleichen Bildungsmöglichkeiten wie dem Kind der Stadt gegeben...«

Daß die CDU, die seit ihrer Gründung in schulpolitischen Fragen keine Bewegung gezeigt hatte, sich zu so weitgehenden Zugeständnissen bereiterklärte, war das Werk eines Mannes, der wie ich 1963 Fraktionsvorsitzender wurde: Helmut Kohl. Er hatte seine zögernde und zaudernde CDU massiv unter Druck gesetzt, indem er durch die CDU-Bezirksverbände gezogen war und die Schrecken eines Machtverlusts an die Wand gemalt hatte mit der Voraussage, daß SPD und F.D.P. eine Regierung bilden würden, wenn die CDU die Verfassungsänderung nicht billige. Der drohende Verlust der Regierungsgewalt gab schließlich den Ausschlag in der CDU. Aber besonders die konservativen Kräfte erklärten sich nur zähneknirschend zur Zustimmung bereit.

Die Legislaturperiode von 1963 bis 1967 war von einer engen und herzlichen Zusammenarbeit zwischen Helmut Kohl und mir – als den beiden Fraktionsvorsitzenden im Landtag der Koalitionsparteien – getragen. Die »alten Männer« im Kabinett, Altmeier und Glahn, wie wir beiden Jüngeren die Parteivorsitzenden oft respektlos bezeichneten, stritten sich dagegen häufig und hatten in vielen Fällen unterschiedliche Meinun-

Links: Dr. Hermann Eicher, F.D.P.-Landesvorsitzender und Finanzminister von 1966 bis 1971. Er war ein streitbarer Kämpfer für die liberale Sache.

Rechts: Dr. Werner Danz führte die F.D.P.-Landtagsfraktion durch vier Wahlperioden von 1969 bis 1982.

gen. Im April 1966 führte eine solche Meinungsverschiedenheit zwischen Altmeier und Glahn zum Rücktritt des Finanzministers, der auch zur gleichen Zeit sein Amt als F.D.P.-Landesvorsitzender zur Verfügung stellte. Glahn waren in der Öffentlichkeit geheime Kontakte zur NPD vorgeworfen worden. Altmeier konterte vor Journalisten mit der Erklärung, Glahn habe sich damit selbst disqualifiziert. Ein Gespräch fand zwischen den beiden nicht mehr statt. Dies alles geschah wenige Tage vor dem F.D.P.-Landesparteitag in Kaiserslautern, für den es schon als beschlossene Sache galt, daß Glahn wieder Landesvorsitzender würde. Die Partei stand plötzlich und unerwartet vor der Aufgabe, einen neuen Landesvorsitzenden zu wählen. Darüber später mehr.

Helmut Kohl hatte ich 1954 kennengelernt, als er zum stellvertretenden Landesvorsitzenden der Jungen Union Rheinland-Pfalz gewählt wurde. Ich hatte als journalistischer Beobachter ein Interview für den Südwestfunk mit ihm zu machen. Er galt damals weithin als der frechste und aggressivste Politiker in Rheinland-Pfalz. Manche sagten ihm eine große Zukunft voraus, andere glaubten, daß er sich eines Tages selbst um Kopf und Kragen reden würde. Seitdem traf ich ihn immer wieder bei verschiedenen Anlässen. Besonders lebhaft ist mir die Begegnung bei einem Neujahrsempfang – wohl 1955 – in Erinnerung, als er seine damalige Verlobte, Fräulein Hannelore Renner, mitbrachte und sie zum Gelächter aller Umstehenden als »die künftige Frau Ministerpräsident« vorstellte. Noch mehr Heiterkeit hätte er sicher ausgelöst, wenn er sie als »die künftige Frau Bundeskanzler« eingeführt hätte.

1959 kam Helmut Kohl in den Landtag. 1961 setzte er sich bei der Wahl des stellvertretenden Fraktionsvorsitzenden in einer Kampfabstimmung gegen Heinz Korbach, den damaligen Landesgeschäftsführer der CDU, durch.

Die CDU-Abgeordneten, die ihn damals wählten, hat er noch viele Jahre mit besonderer Zuneigung behandelt. 1963 – nach der Landtagswahl – hatte er es dann geschafft: er wurde mit großer Mehrheit, ohne Gegenkandidaten, in das lange von ihm begehrte Amt des Vorsitzenden der CDU-Fraktion im Landtag gewählt. Der Spruch von ihm, den er gerne im Munde führte: »Die CDU-Landtagsfraktion ist die Speerspitze der Politik«, war natürlich eine kräftige Spitze gegen Peter Altmeier und seine CDU-Minister Wolters, Stübinger und Orth.

Neben den Fragen der Schulpolitik, die uns in dieser wichtigen Legislaturperiode von 1963 bis 1967 stark beschäftigten, war es die Verwaltungsreform, die ebenfalls vor allem von den Vorsitzenden der Koalitionsfraktion CDU und F.D.P. durchgesetzt wurde. Natürlich gab es gegen die weitgehende Zusammenlegung von Landkreisen, die Aufgabe von zwei Bezirksregierungen und gegen die Eingemeindung vieler kleiner Gemeinden in Stadtbereiche erheblichen Widerstand. In unzähligen Veranstaltungen haben wir in unseren Parteien diese Klippe nehmen können und schließlich ein Gesetz

Landesparteitag 1982 in Vallendar mit dem neuen Landesvorsitzenden Hans-Günther Heinz (2. von links) und den Bezirksvorsitzenden Dr. Dieter Thomae (Koblenz-Montabaur), Dr. Walter Hitschler (Pfalz) und Dr. Günter Storch (Rheinhessen-Vorderpfalz). Im Hintergrund Harald Glahn, Prof. Dr. Wolfgang Rumpf, Heinz-Joachim Seidel und Dr. Rudolf Wetzel (von links).

verabschiedet, das auch heute noch in seinen wesentlichen Grundzügen Gültigkeit hat. Neben vielen Einzelheiten aus den damaligen Verhandlungen ist mir eine Diskussion um die Eingemeindungen rund um Mainz in Erinnerung. Ursprünglich war vorgesehen, die Gemeinden Budenheim und Bodenheim ebenfalls in den Mainzer Stadtverband einzuverleiben (auch Klein-Winternheim, vielleicht sogar Nieder-Olm). Heftiger Widerstand, besonders aus Bodenheim, führte schließlich dazu, daß man die stark SPD-orientierte Gemeinde Budenheim, aber auch die ebenso stark CDU-ausgerichtete Gemeinde Bodenheim nicht eingemeindete, um so einen Ausgleich in der politischen Zusammensetzung der Bevölkerung zu schaffen. »Wenn schon das CDU-Bodenheim nicht zu Mainz kommt, dann soll auch das SPD-Budenheim wegbleiben!«, sagte Helmut Kohl bei unserer Schlußbesprechung über die Eingemeindungspläne rund um die Landeshauptstadt.

1966 hatte die F.D.P. plötzlich und unerwartet – wie schon gesagt – einen neuen Landesvorsitzenden zu wählen. Hermann Eicher, der damals als Staatssekretär das Wirtschaftsministerium unter dem Ministerpräsidenten leitete und der seit seiner Berufung 1962 sich besonders um die Verkehrspolitik gekümmert hatte, kandidierte ebenso wie ich selbst, der Fraktionsvorsitzende im Landtag. Die Delegierten der F.D.P. Rheinland-Pfalz waren damals im Durchschnitt 57 Jahre alt. Die Mehrheit konnte sich nicht entschließen, den gerade 40jährigen Fraktionsvorsitzenden zu wählen; Hermann Eicher erhielt mit Mehrheit das Mandat als Landesvorsitzender. Er löste dann auch Fritz Glahn als Finanzminister im Kabinett ab. Die Wahl von Eicher zum Landesvorsitzenden brachte personelle Veränderungen in der F.D.P. mit sich. Der damalige Bezirksvorsitzende der Westpfalz, Dr. Hamm, wurde Staatssekretär im Finanzministerium. Er gab sein Bundestagsmandat auf. Ihm folgte der Bezirksvorsitzende der Vorderpfalz, Kurt Jung, in den Bundestag. Nun saßen im Kabinett zwei Männer als F.D.P.-Minister, die sich – um es einfach zu sagen – nicht leiden mochten, Hermann Eicher (Finanzen) und Fritz Schneider (Justiz). In den Folgejahren litt die F.D.P.-Politik unter diesem Mißverhältnis, obwohl Hermann Eicher als Landesvorsitzender und Finanzminister natürlich die wesentlich stärkere Position hatte.

Das Ergebnis der Landtagswahl 1967 war für die F.D.P. enttäuschend. Trotz des großen Einflusses, den die Partei in vielen Bereichen der Politik errungen hatte, verloren wir drei Sitze, die F.D.P. ging von elf auf acht Abgeordnete zurück. Die CDU steigerte sich von 46 auf 49, und die SPD verlor ebenfalls vier Sitze, während die NPD mit vier Abgeordneten zum ersten Mal in den Landtag einzog. Dennoch war mit 49 CDU- und 8 F.D.P.-Abgeordneten die Koalition noch tragfähig, aber die gemeinsame Politik in dieser Legislaturperiode war beeinträchtigt durch den bevorstehenden Wechsel im Amt des Ministerpräsidenten. Der Fraktionsvorsitzende Kohl hatte nach der Wahl innerhalb der CDU vereinbart, daß 1969 er selbst in der Mitte der Legislaturperiode den langjährigen Ministerpräsidenten Peter Altmeier (Jahrgang 1899) ablösen würde. Ich war 1968 in den Vorstand der Landesbank Rheinland-Pfalz gewählt worden, ein Amt, das ich am 1. Juni 1969 antrat. Schon 1959 hatte mir der erste Vorstandsvorsitzende der Landesbank (damals noch Generaldirektor) Dr. Steinlein einen Vertrag zur volkswirtschaftlichen Beratung des Vorstands angeboten, den ich bis 1969 ausfüllte. Als ich Steinlein einmal vorschlug, die Vertreter der drei Landtagsfraktionen in den Verwaltungsrat einzuladen, hat er die Hände über dem Kopf zusammengeschlagen und gerufen: »Bloß keine Politik in die Bank!« Er lebt schon lange nicht mehr.

Den Eintrittstermin in den Bankvorstand hatte ich selbst gewünscht, um meinen langjährigen Weggefährten Helmut Kohl im Mai 1969 in das Amt des Ministerpräsidenten mitwählen zu können. In den dann folgenden Wochen haben wir uns unter gegenseitiger Beteiligung von unseren Fraktionen verabschiedet und die neuen Ämter angetreten. Die nächsten Jahre rheinland-pfälzischer Politik waren von der starken Persönlichkeit des Ministerpräsidenten gekennzeichnet. Die Speerspitze lag jetzt nicht mehr wie in den 60er Jahren in der Landtagsfraktion, sondern eindeutig in der Hand des Regierungschefs. Sein großes Selbstbewußtsein brachte es mit sich, daß der ältere F.D.P.-Landesvorsitzende und Finanzminister Hermann Eicher häufig mit seinem Ministerpräsidenten in Konflikt geriet.

Fast gleichzeitig mit dem Beginn meiner Vorstandsarbeit in der Landesbank wurde

Geburtstagsempfang für Frau Ellen Thress in Bad Kreuznach. Sie gehörte zu den Gründern der F.D.P. Rheinland-Pfalz. Von links: Dr. Hans Friderichs, Rolf Kanzler, Frau Ellen Thress, Dr. Werner Danz, Frau Waltraud Eicher, Dr. Hermann Atzenroth und Dr. Hermann Eicher.

Dr. Hans Friderichs (F.D.P.) zum Staatssekretär in das Ministerium für Landwirtschaft, Weinbau und Forsten berufen. Vorher war er als Bundesgeschäftsführer der Partei und Bundestagsabgeordneter aus Rheinland-Pfalz in die Bonner Politik aufgestiegen. Dorthin kehrte er auch wieder zurück, als der F.D.P.-Vorsitzende Walter Scheel ihn 1972 zum Bundeswirtschaftsminister vorschlug, ein Amt, das er bis zu seinem Umstieg 1977 in die Bankenwelt mit großem Geschick versah. Er mußte sich später mit einer ungerechtfertigten Anklage wegen Bestechlichkeit im Amt auseinandersetzen, von der er freigesprochen worden ist.

1971 errang die CDU unter Helmut Kohl als Ministerpräsident zum ersten Mal seit 1959 wieder mit 52 Sitzen die absolute Mehrheit. Die F.D.P. kam auf nur drei Sitze, die später durch Urteil des Bundesverfassungsgerichts auf sechs verdoppelt wurden. Nach den langen Jahren der Koalition lag es nahe, auch unter den geänderten Verhältnissen die gemeinsame Regierung fortzusetzen. Kohl wollte aber die zahlenmäßige Veränderung im Landtag auch im Kabinett zum Ausdruck bringen. Er bot deshalb der F.D.P. anstelle der bisherigen zwei Minister nur noch einen an, und zwar den weniger bedeutungsvollen Justizminister, den der F.D.P.-Landesvorsitzende Hermann Eicher nach der Vorstellung Kohls übernehmen sollte. Dieses »Ansinnen« führte dazu, daß Eicher die Fortsetzung der Koalition ablehnte und das Angebot des Ministerpräsidenten zurückwies. Seit damals verharrt die F.D.P. über nunmehr vier Legislaturperioden in der Opposition, neben der stärkeren SPD eine undankbare Rolle, die dazu führte, daß der politische Einfluß der Freien Demokraten immer weiter zurückging.

Die selbstbewußte und mit der absoluten Mehrheit ausgestattete CDU unter Helmut Kohl und später unter Bernhard Vogel hat, was verständlich war, immer nur ihre eigenen Vorstellungen durchgesetzt und die politischen Forderungen der F.D.P. nicht mehr ernstgenommen. Dabei standen die Freien Demokraten häufig vor dem Dilemma, die Politik der CDU durchaus als ihre eigene zu erkennen, ohne selbst daran beteiligt zu sein. So haben die F.D.P.-Abgeordneten zwischen 1971 und 1983 zwar viele intelligente und kluge Reden im Landtag gehalten – besonders Hermann Eicher galt als hervorragender Debattenredner –, aber politischen Einfluß konnte die Partei nicht mehr ausüben. Zuletzt mit fünf (1975) bzw. sechs Abgeordneten (1979) vertreten, gelang es der F.D.P. 1983 nicht mehr, in den Landtag zu kommen. Die Partei scheiterte mit 3,5 Prozent der Stimmen an der Fünf-Prozent-Hürde. Ursache für dieses Debakel war nicht zuletzt die Tatsache, daß in Bonn wenige Monate vorher die »Wende« von der SPD-F.D.P.- zur CDU-F.D.P.-Koalition vollzogen worden war; ein Vorgang, den viele Wähler damals nicht mitvollziehen wollten. Die am gleichen Tag mit der Bundestagswahl durchgeführte Landtagswahl kostete die F.D.P. die Repräsentanz im Landtag.

In den Oppositionsjahren von 1971 bis 1983 wurde in der F.D.P. vor jeder Landtagswahl die Frage der Koalitionsaussage heiß diskutiert. Geht man, wenn das Wahlergebnis es zuläßt, wieder mit der CDU in eine Koalition oder versucht man es – wie in Bonn – mit der anderen Richtung? Soll man vor der Wahl eine deutliche Koalitionsaussage machen oder soll sich die F.D.P. wegen ihres Programms und ihrer Kandidaten ohne klare Festlegung der Wahl stellen? Ist man bereit, auch mit einer CDU, die mehr als 50 Sitze im Landtag hat, eine Regierungsbeteiligung einzugehen? Alle diese Fragen haben zahlreiche Parteitage und interne Sitzungen der Landespartei und ihrer Gliederungen beschäftigt, ohne daß die unterschiedlichen Lösungen zu einem Erfolg im Sinne der politischen Absichten der F.D.P. geführt hätten.

Ein interessanter Versuch zur Regierungsbildung wurde 1982 unternommen, als die CDU 51 und die F.D.P. sechs Abgeordnete im Landtag stellten. Der Wunsch, wieder gemeinsam zu regieren, war auf beiden Seiten deutlich. Es kam zu einigen Gesprächen, die der Verfasser zusammen mit dem CDU-Landesvorsitzenden und Ministerpräsidenten Dr. Vogel eingeleitet hatte. Durch Indiskretionen wurden diese ersten Kontakte, an denen auch Eicher, Scholl und Danz teilnahmen, bekannt. Ein großes Geschrei – besonders im liberalen Lager – setzte ein, starker Druck wurde auf die rheinland-pfälzische F.D.P. ausgeübt, dieses Experiment mitten in der Legislaturperiode zu unterlassen und die Landtagswahl 1983 abzuwarten. Aus Bonn wurden Blitz und Donner in Richtung Mainz geschleudert (wie man heute weiß, nicht zuletzt deshalb, weil Genscher die

Auf dem Landesparteitag 1983 in Mainz wurde der 38jährige Rainer Brüderle (Mitte) zum neuen Landesvorsitzenden gewählt. Der spätere Staatssekretär im Kultusministerium Erwin Heck (links) überreicht ihm symbolisch ein Steuerrad.

Wende schon im Kopf hatte und ihm die Eigenwilligkeit einer CDU-F.D.P.-Koalition in der Provinz damals unzeitgemäß erschien). So blieb es bei dem Ausdruck gegenseitiger Sympathie zwischen CDU und F.D.P. Die schon diskutierten Möglichkeiten, am Kabinett beteiligt zu werden, wurden ad acta gelegt und man schied mit dem Wunsch, es – wenn die Zeit reif sein sollte – erneut zu versuchen. 1983 kam dann die F.D.P., wie schon gesagt, nicht mehr in den Landtag.

Ein beachtlicher Erfolg aus dem Anfang der 70er Jahre soll noch einmal erwähnt werden. Bei den Landtagswahlen 1971 hatte die F.D.P. nach dem ersten Auszählverfahren nur drei Abgeordnetensitze im Landtag erhalten. Der Landesvorsitzende Hermann Eicher, ein hervorragender Jurist, ging gegen die Sitzverteilung beim Bundesverfassungsgericht vor und erhielt recht. Die kleine dreiköpfige F.D.P.-Fraktion mußte auf sechs Abgeordnete vergrößert werden, was die CDU einen und die SPD zwei Sitze kostete. Das Urteil erging erst im Herbst 1972, also rund anderthalb Jahre nach der Landtagswahl von 1971. Die zahlenmäßige Verdoppelung der Fraktion hat aber ihren politischen Einfluß nicht vergrößert. Es blieb dabei, daß die F.D.P. in der Opposition verharrte.

Eicher mußte noch eine besondere Enttäuschung erleben: Eines der gerichtlich erstrittenen Mandate erhielt der Abgeordnete Fritz Schneider aus Kaiserslautern, der von 1963 bis 1971 Justizminister war. Einige Monate später verließ Schneider aus unverständlichen Gründen die F.D.P., das durch Eicher erkämpfte Landtagsmandat behielt er aber für den Rest der Wahlperiode. Ebenso wenig fair hatte der frühere F.D.P.-Staatssekretär Dr. Ludwig Hamm gehandelt, der einige Monate lang (1966 bis 1967) das Wirtschaftsministerium leitete. Als ihn seine Partei 1969 zur Reaktivierung im Landwirtschaftsministerium vorschlug, entzog er sich der drohenden Beschäftigung mit der Bemerkung, davon verstehe er nichts, durch seinen Austritt aus der F.D.P.

Natürlich darf hier auch der F.D.P.-Abgeordnete Dr. Hans-Otto Scholl (1967 bis 1983) nicht vergessen werden, der die Landespartei von 1972 bis 1980 führte, dann aber wegen seiner öffentlich diskutierten Probleme mit dem Pharma-Verband vom Landesvorsitz zurücktreten mußte. Schon zwei Jahre später drängte er den langjährigen Vorsitzenden der Fraktion Dr. Werner Danz aus dem Amt. Scholl führte die letzte F.D.P.-Fraktion ein Jahr bis zum Verlust der Landtagspräsenz 1983. Sein späteres Schicksal ist bekannt.

Werner Danz war 1969 mein Nachfolger als Fraktionsvorsitzender geworden – er blieb es 13 Jahre lang und wurde sogar der dienstälteste F.D.P.-Fraktionsvorsitzende aller Landesparlamente. Leider hat er seine Fraktion nie in eine Regierungskoalition führen können.

Seit 1983 wird die Landes-F.D.P. von dem tüchtigen Mainzer Wirtschaftsdezernenten Rainer Brüderle geleitet. Er hat »aus einem desolaten Debattierclub wieder eine liberale Landespartei gemacht« – wie der Südwestfunk 1986 kommentierte. Seitdem ist wieder Harmonie und Siegeswille in die rheinland-pfälzische F.D.P. eingekehrt, eine gute Voraussetzung für erfolgreiche Arbeit.

Zusammenfassend darf ich sagen, daß die F.D.P. Rheinland-Pfalz ihren stärksten Einfluß in den Jahren von 1963 bis 1971 hatte, als die Gunst der Wahlergebnisse dazu führte, daß die CDU bereit war, wichtige Grundvorstellungen des liberalen Programmes durchzusetzen und in einer fairen Partnerschaft mit der größeren Partei zu regieren. In den übrigen Zeiten wurden zwar gute, intelligente und fortschrittliche Programme diskutiert und beschlossen, aber die Durchsetzungsmöglichkeiten blieben gering. Auch der personelle Einfluß der F.D.P., der in den Jahren bis 1971 immer weiter gewachsen war, schwand mit der Oppositionsrolle zunehmend und war bis 1987 auf wenige Positionen reduziert.

Die Erkenntnis, daß CDU und F.D.P. als Partner eine stabile und leistungsfähige Regierung bilden können, in der auch liberale Politik zum Tragen kommt, hat den Wahlkampf zur Landtagswahl am 17. Mai 1987 beflügelt. Zwar hat der CDU-Chef Vogel bis zum Wahltag darauf gesetzt, daß seine Partei wieder die absolute Mehrheit erhält, aber das war wohl mehr eine Durchhalteparole für die eigene Truppe. Das für die CDU bestürzende Ergebnis hat aber gerade deshalb zunächst besondere Niedergeschlagenheit bei der Union ausgelöst. Nicht so bei der F.D.P. – im Gegenteil. Besser als erhofft konnte die Brüderle-Truppe mit 7 Abgeordneten und 7,3 % der Stimmen nach 4jähriger Abstinenz wieder in den Landtag einziehen. Die CDU verlor 9 Mandate und brachte es auf »nur« 45,1 % = 48 Sitze; SPD 38,8 % = 40 Sitze, Grüne 5,9 % = 5 Sitze.

Am 23. Juni 1987 wurde Ministerpräsident Vogel von den Fraktionen der CDU und F.D.P. wiedergewählt, eine neue Landesregierung vereidigt, in der wieder zwei F.D.P.-Minister am Kabinettstisch sitzen, der erfolgreiche Landesvorsitzende Brüderle als Wirtschaftsminister, der angesehene Rechtsanwalt Caesar als Justizminister. Drei liberale Staatssekretäre ergänzen die »blau-gelbe« Mannschaft. Damit ist die Basis für eine gute Zusammenarbeit zwischen CDU und F.D.P. wiedergewonnen, die 1971 so abrupt zerbrochen war.

S. 146/147:
Guldental, ein Dorf an der Nahe, in der Verbandsgemeinde Langenlonsheim gelegen, ist mit seinem Rebstock-Areal von über 500 Hektar eine der größten Weinbaugemeinden im ganzen Land und, nicht zuletzt wegen seiner ausgedehnten Waldungen, auch für den modernen Fremdenverkehr anziehend.

Rheinland-Pfalz – Persönlich

Erinnerungen und Begegnungen

Rheinland-Pfalz – Persönlich

Die Brückenhäuser in Bad Kreuznach – eines der Wahrzeichen der Kurstadt an der Nahe. Gegen Ende des 15. Jahrhunderts wurden sie zum ersten Mal urkundlich erwähnt.

Hans König

Ein Berliner im Hunsrück

Es war ein überaus häßlicher Wintertag. Zwar lag kein Schnee, aber als wir aus dem landrätlichen Dienstwagen ausstiegen, erfaßte mich ein heftiger Windstoß, der mir den Hut vom Kopf gerissen hätte, wenn ich meinen Dienst als kommissarischer Amtsbürgermeister in Kempfeld – damals Landkreis Bernkastel – nicht barhäuptig hätte beginnen wollen. Mich begleitete der leitende Bürobeamte der Kreisverwaltung. Alles war sehr eindrucksvoll: der rauhe Wind, das dürftige Amtsgebäude, die forschenden Augen der Versammelten, denen ich vorgestellt wurde, und meine Unkenntnis von Land und Leuten. Wir schrieben den 2. Februar 1948, als ich »im Einvernehmen mit der Militärregierung« durch Verfügung des Regierungspräsidenten von Trier, Dr. Wilhelm Steinlein, und »unter Berufung in das Beamtenverhältnis auf Widerruf« zum kommissarischen Amtsbürgermeister von Kempfeld bestellt wurde.

Das war's! Mit einem Mal, im Grunde genommen im Hau-ruck-Verfahren, war ich einer der höchsten Beamten von Rheinland-Pfalz – nach Metern gemessen. Kempfeld liegt am Fuße des Erbeskopfes, der mit seinen 816 m die höchste Erhebung in einem Provisorium war – wie man damals glaubte –, das heute noch immer Rheinland-Pfalz heißt.

Ich kann nicht sagen, daß man mich mit Liebe oder Respekt empfangen hat, meines Erachtens nur mit Neugier. Ich war 32 Jahre alt und für damalige Verhältnisse ein ganz junger Spund. Man war damals eben nicht so jung wie heute, und schon gar nicht in den Ämtern, die es zu besetzen galt.

In Trier wirkte besagter Dr. Steinlein, seines Zeichens Rechtsanwalt, als Regierungspräsident – immer schön im Einvernehmen mit der Militärregierung, mit der französischen, versteht sich. Die hatte ihre Besonderheiten. Lieutenants und Majore hatten das Sagen. Meist waren es Kommunisten, oder sie gaben sich so. Das war zu jener Zeit »in«, wie man heute auf Neuhochdeutsch sagen würde.

In Baden-Baden regierte über das Ganze ein Herr namens Hettier de Boislambert. Der Einfachheit halber nannte man ihn Holz-Lambert. Und nun sollte ich in Kempfeld regieren. Es wurde die schönste Zeit meines Berufslebens.

Wie ein Hund, der nicht wußte, ob er etwas zu fressen oder die Peitsche bekommt, begann ich die Umwelt zu sondieren. Mein Vorgänger, offensichtlich zu Höherem berufen, nämlich zum kommissarischen Amtsbürgermeister in Mülheim an der Mosel,

erklärte mir sehr schnell und konsequent die Besonderheiten meines neuen Amtes. Ich weiß noch, wie inständig er mich darauf aufmerksam machte, daß die Bauern im Herbst Bindegarn für ihre Mähmaschinen brauchten. Dies zu beschaffen sei meine Aufgabe, meinte er. Ich solle dafür rechtzeitig tätig werden. An anderes erinnere ich mich nicht. Viel mehr aber war wohl auch nicht. Ich durfte also den Eindruck haben, daß ich in ein Amt ohne Arbeit geschlüpft war. Es sollte – Gott sei Dank – alles ganz anders kommen.
Der Amtsbereich – mein späteres »König-Reich« Kempfeld – umfaßte noch nicht einmal 5 000 Einwohner, und die verteilten sich auch noch auf acht Gemeinden.
Der Bergschulkonrektor August Keller, der 1957 auf seinem Ruhesitz bei der Asbacher Hütte starb, hat die Geschichte dieses Amtes in liebevoller Weise in einem Buch unter dem beziehungsreichen Titel »Zwischen den Wäldern« zusammengetragen. Die Geschichte dieser Landschaft, ihrer Gemeinden und der darin lebenden Menschen wurde also erfreulicherweise schon geschrieben; obwohl es der Beweise genug gibt, daß solches drei- oder viermal und noch öfter geschehen kann. Ich werde dennoch, statt Geschichte zu schreiben, Geschichten aus der »königlichen« Zeit in Kempfeld und Umgebung erzählen.
Es begann mit der Quartierbeschaffung. Als Soldat hatte ich darin einige Übung. Aber die half mir hier nicht weiter. Der landrätliche Beamte hatte sich bereits auf die Heimfahrt begeben, und kein Mensch bot mir Hilfe an. Schließlich fand ich ein Zimmer in einer Gastwirtschaft. Der Wirt vermietete mir ein Zimmer mit Bett, ansonsten ohne alles, gelegen neben einem Tanzsaal.
Wenn ich mich nicht irre, hatte ich mit dem Wirt verabredet, daß es noch etwas zu essen geben solle. Für Unbedarfte muß hier wiederholt werden, daß wir Februar 1948 schrieben. In den Städten herrschte der Hunger. Von den Bauern sagte man, daß sie die Kuhställe mit Teppichen auslegten, was auch nicht stimmte. Für die acht Gemeinden kam bei dieser Betrachtung noch hinzu, daß die Nichtlandwirte oder Landwirte nebenher Edelstein-, Halbedelstein- oder Achatschleifer waren. Zumindest hatte jeder auf irgendeine Weise eine Beziehung zu diesem Gewerbe.
Wenn ich also alles recht besehe, hatte in dieser Zeit und Gegend nur einer wirklich Hunger, und das war ich. Obwohl ich damals gern und viel geraucht habe – wenn ich etwas hatte – bin ich nicht für Zigaretten, sondern für ein Butterbrot meilenweit marschiert. Anfänglich hatte ich noch nicht einmal ein Fahrrad, von einem Auto ganz zu schweigen.
Um mich bekanntzumachen, zog ich also los – zu Fuß. Dies alles hat mir sehr gutgetan. Ich blieb bescheiden und dankbar. Aber leider klappte meine Unterbringung im Gasthaus Stumm nicht lange. Dort fand sehr bald ein Ball statt. Wie man es mit dem Wirt geregelt hatte, daß er seinen Saal dafür hergab, blieb mir unklar. Mit Geld wurde es

bestimmt nicht gemacht; denn das spielte damals keine Rolle. Ich wurde von dem ebenfalls kommissarisch bestellten Beigeordneten an den Tisch geholt und durfte mittrinken. So wie es eine Tierschau gibt oder der Stier zur Körung geführt wird und schöne Frauen sich auf dem Laufsteg zeigen oder heute Männer ihre Muskeln spielen lassen, so wurde ich bei dieser Gelegenheit – das war der Zweck der Übung – gemustert, man kann auch sagen, geprüft. Ich muß einigermaßen bestanden haben, denn man gab sich auch weiterhin mit mir ab. Nur konnte ich aus vielen guten Gründen nicht in dem Gasthaus wohnen bleiben. Der Wirt war nämlich nicht nur Gast-, sondern auch Landwirt. So wenig wie die anderen Landwirte liebte er die zu jener Zeit üblichen Zwangsrequirierungen aus seinen Viehbeständen. Solche Maßnahmen dienten in erster Linie der Truppenernährung und vollzogen sich unter Regie und Befehl der französischen Militärregierung, deren Befehle neben anderen auch die Amtsverwaltungen, sprich Amtsbürgermeister, vollstrecken mußten. Ich erinnere mich daran nur ungern. Den Franzosen machte man nichts recht, aber oft auch nicht den Landwirten, die gerade und aufrechte Männer waren, nicht schüchtern – erst recht nicht gegenüber der sogenannten Obrigkeit. Die Franzosen wollten zum Beispiel Ochsen, selbst wenn die Herrichtung der Stiere auf solche Unmännlichkeit im Hunsrück nicht üblich war.

Es ist nicht verwunderlich, daß es dabei oft zu Streitereien kam, das heißt, die Franzosen forderten, die Hunsrückbauern verweigerten, und dennoch sollte der Amtsbürgermeister den vermeintlichen Siegern gerecht werden. Es gab Bürger – das muß auch gesagt werden –, die meine Lage erkannten und mich auf alle denkbare Weise unterstützen wollten. Entweder waren sie außer Haus, wenn wir kamen, oder das gesuchte Stück Rind war umquartiert; na, was man eben so machen kann.

Andere hingegen luden ihren Zorn ausschließlich über dem Haupt des Amtsbürgermeisters ab, so auch mein Quartierwirt. Also raus aus der Kneipe und auf neue Quartiersuche. Ich fand Wohnung und Verpflegung bei einem Mann, dessen Namen ich nicht verschweigen will: Karl Allmann. Er war als schwerkriegsbeschädigter Veteran aus dem Ersten Weltkrieg lange Jahre der leitende Bürobeamte der kleinen Amtsverwaltung Kempfeld gewesen und mußte im Zuge der sogenannten Entnazifizierung diesen Platz räumen. Selten hat mich ein Mann so beeindruckt wie dieser, der »seinem Dienstherrn«, wie er ihn immer noch sah und gleich wer es auch war, treu ergeben blieb.

Unvergeßlich die winterlichen Abendstunden am gut beheizten Ofen – wie schön, daß es keinen Fernseher gab und der mit Dampf betriebene Volksempfänger abgeschaltet blieb.

So erfuhr ich von der Bedeutung eines Forstmeisters, der, wenn ich alles richtig begriff, mehr zu bestimmen hatte, als ich nur ahnen konnte. In meiner Einfalt hatte ich geglaubt, dieser Forstmeister habe über die Ordnung der Bäume im Wald zu befinden. Offensichtlich war dem nicht so. Wie ich erfuhr, war sein Freundeskreis sowohl aus der angeblich hinter uns gebrachten Vergangenheit als auch aus der schon wieder begonnenen Gegenwart groß, dementsprechend auch sein Einfluß. Mich ihm bekanntzumachen war nicht leicht. Er wohnte am Rande des Dorfes in einem schön gelegenen Dienstgebäude. Kurzum, er war ein »zum Zwecke der Jagd mit Wald umgebener preußischer Edelmann«.

Wir hatten bekanntlich kein Fahrzeug, und nach Langweiler war es weit. Es lag hinter den Bergen und Wäldern. So kam es uns gelegen, daß die Familie des Forstmeisters – man denke an die großartigen Verbindungen – von der bischöflichen Behörde in Trier die Genehmigung zur gelegentlichen Lesung einer Messe in ihrem Hause, dem forstmeisterlichen Dienstgebäude in Kempfeld, erhalten hatte – selbstverständlich unter Mitwirkung des Langweiler Geistlichen. Daran teilnehmen zu können hat meine Frau sehr dankbar empfunden. Später, als dieser Kirchenverschnitt fehlte, baute man mir aus einem alten Autowrack einen im besten Sinne des Wortes fahrbaren Untersatz, den wir den »Opelflatterwagen« nannten. Mit ihm konnte ich, wenn es irgendwie anging, meine Familie nach Langweiler zum Gottesdienst bringen.

Es gibt noch ein weiteres Erlebnis von meinem Zusammenwirken mit dem Langweiler Pastor, an das ich gern zurückdenke. Irgendwann um die Jahrzehntwende 1950 sollte in Langweiler die Firmung stattfinden, wozu der Besuch des Weihbischofs Stein aus Trier erwartet wurde. Der Pastor lud mich dazu ein und bat mich um ein Begrüßungswort im Namen der Ortsverwaltung. Erst als er mir bedeutete, daß er es wirklich dankbar empfinden würde, wenn ich, ein Berliner, evangelisch und im Bezirk Trier als Sozialdemokrat bekannt, diese Begrüßung vornähme, sagte ich selbstverständlich zu. Jahre später in Trier hat es mich gefreut, daß Bischof Stein sich daran noch erinnern konnte. Auch die Amtsvertretung von Kempfeld, bestehend aus Männern, die mit ihrem Wort nicht hinter dem Berg hielten, erinnerten sich in der darauf folgenden Sitzung an diesen Bischofsempfang. Sie meinten, zwar nicht böse, aber voller Überzeugung, daß die Bevölkerung des Amtes Kempfeld zu über 90 Prozent evangelischen Glaubens sei und von Trier nicht viel Gutes erfahren habe. Meine Erwiderung, daß ich auch und sogar besonders ergeben einen Oberrabbiner in jeder Gemeinde des Amtes empfangen würde, beendete diese im Grunde genommen nicht streithaft geführte Auseinandersetzung.

Doch noch einmal zurück zu den Anfangszeiten in meinem »Reich« Kempfeld, das mir anfangs kommissarisch übertragen wurde und aus dem man, wenn es der Regierung oder den Franzosen gefiel, jederzeit wieder abberufen werden konnte. Von Selbstverwaltung wußte ich eigentlich nur aus Büchern; denn was es zu tun galt, ich habe es angedeutet, hatte damit so gut wie nichts zu tun. Um so mehr plagten wir uns in den aus ersten Nachkriegswahlen hervorgegangenen Gemeinderäten und in der Amtsvertretung um einen selbstverwalterischen Neubeginn. Was waren wir froh, als es uns gelungen war, ein Stückchen Gemeindestraße, ein Loch in der Kirchhofsmauer oder den Zugang zur Brunnenstube für die gemeindliche Wasserversorgung wieder in Ordnung zu bringen.

Dazwischen ergab sich, ich habe es schon beschrieben, im späten Frühjahr mein familiärer Zusammenschluß in Kempfeld. Jetzt half meine Frau, die Kontakte mit der Bevölkerung zu verbreiten. Auch dabei wurde sie mir unersetzlich.

Am 21. Juni 1948 wurde die Währungsreform durchgeführt. Die Reichsmarkwährung wurde durch die Deutsche-Mark-Währung abgelöst. Die Bürger der drei westlichen Zonen erhielten im Umtausch gegen Altgeld ein »Kopfgeld« von 40,- DM, zu dem wenig später noch 20,- DM hinzukamen. Wir alle waren also eine Stunde lang gleich arm oder gleich reich. Doch sehr schnell wurden die Unterschiede sichtbar, genau wie in der Politik, deren Vertreter auch sehr schnell ihre Schwüre auf gemeinsames Wirken für die Überwindung der Kriegsfolgen vergessen hatten.

Im Mai 1947 war das Land Rheinland-Pfalz mit der provisorischen Hauptstadt in Koblenz gegründet worden. Der erste Ministerpräsident hieß Dr. Wilhelm Boden, der sehr schnell von Peter Altmeier abgelöst wurde, weil er durch ungeschickte Äußerungen über Flüchtlingsprobleme offensichtlich den Boden verloren hatte.

In dem Kabinett des Peter Altmeier wirkten anfänglich die Parteien, selbst Kommunisten, querbeet. Die nicht vorhandenen Finanzen – statt dessen machte man monatliche Haushaltspläne bzw. -übersichten – vertrat der Sozialdemokrat Hans Hoffmann; ein anderer Sozialdemokrat namens Jakob Steffan das Innere. Unter seiner Federführung entstand ein in den Sommermonaten 1948 vom jungen rheinland-pfälzischen Landtag beschlossenes Kommunalwahlgesetz. Danach wählten am 14. November 1948 alle Gemeinden und Städte, aber auch die Kreise und Ämter – diese gab es damals nur in den Regierungsbezirken Trier und Koblenz – ihre jeweiligen Körperschaften, denen dann die Wahl der Bürgermeister und der von Anbeginn an immer hauptamtlichen Amtsbürgermeister oblag. Ganz besonders für die letzteren wurde das ein grausames Spiel. Zum überwiegenden Teil waren sie ortsfremd und »im Einvernehmen mit der Militärregierung und unter Berufung in das Beamtenverhältnis auf Widerruf« in ihr Amt als kommissarische Amtsbürgermeister bestellt worden. Für die schnelle Besetzung dieser Ämter mußte der neu ins Leben gerufene Staat Rheinland-Pfalz – so pompös hätte ich das 1948 nicht gesagt – sorgen; denn er brauchte ja Büttel für die Durchführung der ihm erteilten Militärbefehle. Wer diesen Bütteldienst bis dahin ohne List und Tücke zu erfüllen bestrebt war, mußte sich nun dem Votum der von ihm mitunter recht erheblich drangsalierten Bürger stellen. So mancher Kollege erhielt denn auch nach dem November 1948 die Quittung.

Im Amtsbezirk Kempfeld waren für die Amtsvertretung, die den künftigen Amtsbürgermeister als Beamten auf Zeit – acht bis zwölf Jahre – zu wählen hatte, elf Bürger in freier, gleicher und geheimer Wahl von allen Wahlberechtigten zu ermitteln. Das neue Gesetz sah neben vielen anderen längst geläufigen Bestimmungen noch eine Besonderheit vor, die später wieder entfallen sollte. Falls nämlich nur eine Liste zur Abstimmung kam, auf der mehr als elf Kandidaten aufgeführt waren, konnte durch Streichung von Kandidaten die Reihenfolge der Gewählten geändert werden. Natürlich konnte dadurch auch der eine oder andere aus der Reihe der ersten elf gar nicht gewählt werden. Und so kam es in Kempfeld, weiß der Teufel, warum. Auf der Liste waren fein säuberlich Vertreter aus allen Gemeinden, aus manchen sogar zwei, aufgeführt. Die Liste hatte nur einen Schönheitsfehler: Ganz offensichtlich gefiel sie den Wählern in Hellertshausen nicht; denn die strichen den Listenführer Karl Gerhard aus Sensweiler so zahlreich, daß einer der ihren Elfter, und er, der Mann aus Sensweiler, Zwölfter wurde.

Karl Gerhard war allgemein bekannt als Brauer aus Sensweiler. Heute, aus größerer Distanz, möchte ich sagen, daß er ein Weimarer im besten Sinne des Wortes war. Für den Hochwald war er seit der ersten Stunde nach dem Zusammenbruch 1945 wieder ein namhafter Politiker. Vor der Machtergreifung 1933 vertrat er im Bereich der damaligen Rheinprovinz evangelisch-konservative Politik, ja er war ein militanter Verfechter evangelischer Belange.

Als ich Ende August 1957 das Amt Kempfeld verließ, weil ich inzwischen zum Bürgermeister und Stadtkämmerer von Trier gewählt worden war, machte er sich als Senior der Amtsvertretung – das Ergebnis vom November 1948 war vier Jahre später korrigiert worden – zu ihrem Sprecher und widmete mir herzliche Worte des Dankes und der Anerkennung. »Sie können die Gewißheit mitnehmen, daß wir während Ihrer Tätigkeit ein ganzes Stück vorwärtsgekommen sind«, führte er zu meinem Lob unter anderem aus.

Er war ein Politiker von echtem Schrot und Korn, der, wenn es sein mußte, auch einstekken konnte. So auch im November 1948. Damals mochte er mich nicht wählen. Ihm zu Ehren sei aber auch gesagt, daß er daraus kein Hehl machte. Ich habe mich mit ihm gerne gestritten, in der Gemeindeverwaltung von Sensweiler und ab 1952 auch in der Amtsvertretung, ab etwa der gleichen Zeit dann auch noch im Kreistag und Kreisausschuß des Landkreises Bernkastel, er für die CDU, ich für die Sozialdemokraten. Ob's vielleicht daran lag, daß er mich anfangs ablehnte? Sei es drum! – Er war schon ein interessanter Mann.

Aber ich muß noch weitere Namen nennen, solche, die der Brauer nicht mochte und die wiederum ihn nicht besonders schätzten. So klein der Amtsbezirk auch war, dennoch gab es in ihm Gegensätze, die sich aus der Struktur der Landschaft und aus der Art der

Schulübergabe 1953 in Kempfeld. Von links: Pfarrer Hamm von der evangelischen Gemeinde, Amtsbürgermeister König, Kultusminister Dr. Albert Finck sowie Dr. Schulte, stellvertretender Regierungspräsident von Trier.

Menschen ergaben. Adolf Koch und Albert Rink, beide aus Schauren, sagten dem Brauer in bezug auf sein politisches Wirken unguten Egoismus nach. Walter Kaiser aus Hellertshausen, er war ein energischer Verfechter der Belange des Unterlandes, wozu auch noch Asbach gehörte, hielt nichts von denen aus dem Oberland, aus Sensweiler und Wirschweiler-Langweiler. Diese drei Männer wurden mir Freunde, und ich bin ihnen viel Dank schuldig. Was wäre wohl geworden, wenn sie gegen den tüchtigen Brauer verloren hätten? Der hätte 1957 dann auch nicht seine mir gewidmete Abschiedsrede halten können.

Am 4. Dezember 1948 beschloß die neue Amtsvertretung, mich ab 1. Januar 1949 auf die Dauer von acht Jahren zum Amtsbürgermeister zu bestellen. Sicherlich war ich der erste demokratisch gewählte Amtsbürgermeister in Rheinland-Pfalz. Hießen die bisherigen Amtsbeigeordneten August Stumm und August Brosius, Männer, zu denen ich keinen besonderen Kontakt bekam, so traten jetzt an deren Stelle die gewählten Amtsvertreter Walter Kessler, Kaufmann, und Rudi Schuster, Landwirt, beide aus Kempfeld. Auch an diese beiden Männer denke ich gerne zurück. Ich kann mich nicht erinnern, daß wir jemals Streit hatten, obwohl wir oft nicht einer Meinung waren. Müßte ich anderes sagen, wäre es sicherlich nicht so schön gewesen; denn es begann die Zeit eines Schaffens, das vergessen machen wollte, was ein unseliger Krieg angerichtet hatte.

Neue Schulen wurden in Kempfeld, Sensweiler, Wirschweiler und Schauren errichtet. Wasserleitungen wurden gebaut, Wasserwerke erneuert, Rohrleitungen verbessert und Abwässeranlagen geschaffen. In enger Verbingung mit der Kanalisation wurde das Straßenbauprogramm vorwärtsgetrieben. Die Erschließung von Siedlungsgelände stand mit an der ersten Stelle des Aufbauprogramms.

Dies alles in Gang zu bringen – natürlich in engem Zusammenwirken mit den ebenso fleißigen und ehrgeizigen wie uneigennützigen Ortsbürgermeistern und Gemeinderäten, die Dinge voranzutreiben und mit einem guten Ergebnis abzuschließen –, dies alles hat ungemein viel Spaß gemacht. Daneben lief die Tätigkeit »im Amt«, bei der ich von morgens bis abends gute und weniger gute Erfahrungen sammeln konnte. Man glaubt nicht, womit ein Bürgermeister eines Amtsbezirks solch geringer Größe nicht alles befaßt wird. Er ist natürlich auch Standesbeamter und begleitet deshalb seine Mitbürger – ähnlich wie der Pastor – von der Wiege bis zum Grab, vorausgesetzt, daß er seinem Bereich mehr als nur eine Amtszeit vorsteht.

Besonders an den Montagen und speziell in den Wintermonaten ergaben sich die interessantesten Vorsprachen. Offensichtlich wurden die Wochenenden zur gegenseitigen Aufklärung über Möglichkeiten der Rentenbeanspruchung und ähnlichem, was der Mensch braucht, benutzt. Mir wuchs bei all diesen Rück- und Vorsprachen eine Detailkenntnis über alle nur denkbaren Lebensfragen zu, auf die ich heute noch gern und dankbar zurückgreife. Fragen der Scheidung oder Auseinandersetzungen zwischen Alt und Jung, Probleme des nachbarschaftlichen Zusammenlebens wie Grenzregulierungen und ähnliches, oft auch neidische Bezichtigungen, die sich bei näherer Betrachtung in nichts auflösten, und vielfach auch finanzielle Hilfeersuchen wechselten dabei in reger Folge. Bei einer rückschauenden Betrachtung darf man die Tatsache nicht außer acht lassen, daß noch keine zehn Jahre seit dem Kriegsende vergangen waren. So mischten sich sogenannte Alltagsprobleme mit schwierigsten Existenzsorgen der Flüchtlinge aus anderen Teilen des ehemaligen Reiches und der leider viel zu wenigen Heimkehrer aus langer, martervoller russischer Kriegsgefangenschaft.

Über eine Vereinbarung zwischen den Bundesländern war erwirkt worden, daß auch das Land Rheinland-Pfalz Flüchtlingsfamilien speziell aus Niedersachsen und Schleswig-Holstein, wo sie nach der Flucht zuerst Notunterkünfte gefunden hatten, aufnehmen sollte. Diese armen Menschen wurden zahlenmäßig ohne Frage nach Ausbildung oder Beruf den Amtsbezirken zugeteilt, so daß den Amtsbürgermeistern die weitere Verteilung oblag, wozu die Pastoren – gleich welcher Konfession – in zu Herzen gehenden Ansprachen ihren Segen gaben.

Irgendwann habe ich einer Schwester Oberin im damaligen Altenheim in Langweiler über die dabei zutage tretende Not berichtet. Vielleicht sollte ich sagen, daß ich bei dieser in Sozialarbeit alt gewordenen Dame über das so vielfach beobachtete Leid Trost suchte. Es bleibt mir unvergessen, mit welchen Worten sie mir weiterhalf: »Sie dürfen diese schreckliche Not, dieses Elend, dieses große Leid dennoch nicht bis an Ihr Herz kommen lassen. Die Menschen, denen Sie helfen wollen, haben mehr von Ihnen, wenn Sie deren Probleme mit Verstand zu lösen versuchen; und bewahren Sie Ihr Herz für Ihre Familie, für Ihre Frau und Ihre Kinder.« Solche und ähnliche Lebensweisheiten wurden mir bei meiner amtsbürgermeisterlichen Tätigkeit oft mitgeteilt.

Ebenso wie an den Rat der alten Ordensschwester denke ich noch heute oft an kluge bäuerliche Denkweisen wie zum Beispiel: »Tu nichts Gutes, und Du hast nichts zu bereuen«, oder »Laß Dich lieber beneiden als bemitleiden!«

Besonders gern erinnere ich mich an den Ausspruch eines Ortsbürgermeisters beim Verlassen eines größeren Behördenhauses, in dem sich jeder Beamte auf den nächsthöheren berufen hatte und wo am Ende nur noch der natürlich nicht greifbare Minister verantwortlich war. Der kluge, wenn auch nicht sehr gewandte Ortsbürgermeister, der dies zum erstenmal erlebt hatte, meinte an der Pforte: »Die sind so dumm wie eine Herde Schafe, der man den Hund geklaut hat!« Solche kurzen, aber um so treffenderen Bemerkungen fielen fast in jeder Gemeinderatssitzung, ohne daß der Kommentator damit glänzen wollte. Überhaupt: die Gemeinderatssitzungen – sie waren für mich eine Fundgrube an Erfahrungen. Oft glichen die Beratungen einer »patt« gespielten Schachpartie, in der immer dieselben Züge gemacht wurden, ohne daß das Spiel dadurch eine Änderung erfuhr.

Bis auf den schon erwähnten Brauer in Sensweiler hatten die politischen Parteien den Amtsbezirk Kempfeld noch nicht eingeholt. Darum mußten solche Hängepartien bedacht und mit Vernunft, insbesondere ohne Hader zu erzeugen, zu Ende gespielt, das heißt zu einer guten Lösung geführt werden. Wenn überhaupt, dann habe ich hier das Debattieren gelernt; denn mit einer Hausmacht habe ich zu keiner Zeit operiert. Vielleicht war das später mein Fehler, den ich aber dennoch nicht bereue.

Am 29. April 1951 wurde ich als Dritter auf der Liste der Sozialdemokratischen Partei des Regierungsbezirks Trier in den Landtag von Rheinland-Pfalz gewählt. Am gleichen Tag vollendete ich mein 35. Lebensjahr.

Peter Jacobs rief mich am Abend mit den Worten an: »Kameraden sind Lumpen, Du hast es geschafft!« Ich erwähne das schon jetzt, weil man mir vorhalten könnte, daß dieser Erfolg auch in meinem Falle Hausmachtpolitik beweise, denn wie sollte es sonst zu dem Ergebnis gekommen sein? Ich bestreite das. Meine Kontakte zu Trier waren dünn, und ich lebte im Hunsrück. Vielleicht war es mein Vorzug, daß ich – als Sozialdemokrat – der einzige hauptamtliche Bürgermeister dieser Couleur im Bezirk Trier war; denn in der Stadt Trier war die sozialdemokratische Mitwirkung in der Verwaltungsspitze inzwischen so gut wie erloschen. Wesentliche Kontaktperson war nur noch Alfons Kraft, der zu dieser Zeit aber noch nicht Beigeordneter war.

Als Geschäftsführer der SPD im Unterbezirk Trier, der dem Regierungsbezirk Trier gleichzusetzen ist, wirkte mit viel Elan Karl Haehser, Jahrgang 1928. Ohne seine Unterstützung hätte ich 1951 das Ziel, den Landtag von Rheinland-Pfalz, wohl nicht erreicht. Es gab damals aber noch Zunkers Will, wie ihn gestandene Sozialdemokraten gern nannten, der vor 1933 das Amt Karl Haehsers innehatte. Beide setzten sich gegen Peter Jacobs durch, der einem Ortsfremden zu der umstrittenen Kandidatur verhelfen wollte. Also doch Hausmacht? Dann möchte ich schon eher sagen: vielleicht doch etwas Freundschaft. Ich weiß nicht, warum diese Freundschaft später weniger wurde. Mag's am Ehrgeiz liegen, an der Verschiedenheit der Charaktere, oder sind Dritte schuld?

Zu Will Zunkers Sekretärszeiten – also vor 1933 – waren Kraftfahrzeuge noch kein übliches Beiwerk. Er habe sie auch nicht vermißt, erzählte er uns, weil die Parteiaktivität etwa hinter Ehrang aufhörte. Da und dort, so zum Beispiel in Pelm bei Daun oder in Hermeskeil, gab es mitunter Vorposten, deren Bekennermut im nachhinein viel Respekt verdient.

Unter ähnlichen Voraussetzungen sind auch wir in den Jahren nach 1948 angetreten. Wir hingegen hatten Autos. Im Kampf um das dritte Mandat mußte ich »Reisen« antreten, die oft nach Dienstschluß begannen und mitunter erst spät nach Mitternacht endeten. Wer mag heute noch glauben, daß ich nach Dienstschluß von Kempfeld etwa nach Jünkerath, Schönecken, Prüm oder Neuerburg – um nur einige Ziele zu nennen – fahren mußte, weil dort ein neuer Ortsverein entstanden war oder entstehen sollte.

Zu den Reisenden in Sachen SPD gehörten wenige Jahre später Matthias Benedyczuk, Peter Paul Jost, Stani Berg und noch andere, die mir nicht gram sein mögen, wenn ich sie nicht alle aufzähle.

Zugegeben: Manchmal fragt man sich, damals häufiger als heute, insbesondere wenn die Zahl der Zuhörer nur den zehnten Teil der zurückgelegten Kilometer betrug, ob das alles Sinn hatte. Trotz allem möchte ich antworten: und ob!

Es gab auch tröstlichen Freundeszuspruch. Mitunter hatten wir, das heißt beispielsweise Haehser, Jost und ich, auf der Rückfahrt aus der Eifel eine Zwischenstation in Bitburg für eine Begegnung mit unserem Freund Peter Marder verabredet. Als wir bei einer solchen Gelegenheit die schon von mir angedeutete Zweifelsfrage anschnitten, tröstete er uns mit folgender Geschichte:

Aus dem Kloster in Echternach zogen vor mehr als 1000 Jahren jährlich zehn bis zwölf irische Mönche in die Eifel, um die dort lebende Bevölkerung zu christianisieren. Fast regelmäßig wurden sie erschlagen oder blieben verschollen, »und dennoch«, so Peter Marder, »leben heute in der Eifel nur noch gute Christen. Ihr hingegen seid immer nur

Schulübergabe in Sensweiler 1954. Erste Reihe von links: Medinzinalrat Dr. Frech, Amtsbürgermeister König, Regierungspräsident Dr. Steinlein (Trier), Regierungsrat Dr. Flemming, Landrat Dr. Schlüter, Lehrer Emil Knops, später Landesvorsitzender der Gewerkschaft Erziehung und Wissenschaft.

drei oder vier, kommt dafür aber jeden Abend zurück, so daß man mit Sicherheit damit rechnen kann, ihr schafft's auch noch, nämlich Mehrheiten für die Sozialdemokraten.« Recht hat er gehabt, unser lieber Freund Peter Marder: Was der längst Verstorbene vor mehr als 30 Jahren in seiner ihm eigenen, humorvollen Art uns prophezeit hat, dem sind wir inzwischen um einiges nähergekommen. Ein Blick auf die Wahlergebnisse oder auf die Zahl der sozialdemokratischen Ortsvereine in Eifel, Hunsrück und an der Mosel macht das deutlich.

Also haben sich die nächtelangen Autofahrten quer durch den Bezirk Trier doch gelohnt. Dabei sei dankbar vermerkt, daß ich ohne Not unter meinen Mitarbeitern in der Amtsverwaltung einen Begleiter finden konnte, wenn ich nicht allein fahren wollte. Sollte ich in diesem Zusammenhang auch noch auf die damalige Straßensituation hinweisen? Wer sich ein Bild darüber machen will, muß davon ausgehen, daß zu dieser Zeit die Hunsrück-Höhenstraße die beste aller Straßen im Bezirk Trier war, obwohl noch all das fehlte, was inzwischen zu ihrer Verbesserung getan wurde. Doch zurück zu meinem Kempfelder Tätigkeitsbereich.

So erlebnisreich der Umgang mit den Gemeindebürgermeistern, den Gemeinderäten und überhaupt mit allen Bürgern des Amtes Kempfeld war, so hilfsbereit waren meine Mitarbeiter. Für sie alle stellvertretend nenne ich Oswald Hey, der leider viel zu früh sterben mußte. Nach meinem Dienstantritt im Februar 1948 hatte ich mit dem einen oder anderen zwar manche Auseinandersetzungen, die sich aber alle in Wohlgefallen auflösten. An eine solche Geschichte erinnere ich mich noch:

Es ärgerte mich, daß fast immer irgendeiner der Kollegen fehlte, weil entweder die Kuh kalbte oder Heu gemacht werden mußte, das Korn mußte in die Scheune, oder ähnliche landwirtschaftliche Verrichtungen standen den dienstlichen Obliegenheiten im Wege, bis ich es leid war. Ich versammelte die kleine Mitarbeiterschar und schlug ihnen vor, daß sie sich hauptamtlich bei ihren Eltern oder Schwiegereltern verdingen sollten, und wenn diese sie nicht brauchten, könnten sie im Amt ihre Arbeit verrichten. Das wäre dann die Umkehrung des derzeitigen Zustandes.

Aber dieser Vorschlag schien niemandem zu gefallen. Jedoch minderten sich die Ausfälle meiner Mitarbeiter durch »landwirtschaftliche Inanspruchnahme« erheblich. Im Grunde genommen zolle ich ihnen allen Dank; denn jeder von ihnen – bezogen auf seine Kenntnisse – war besser als ich. Mit diesem Zugeständnis vergebe ich mir gar nichts, und ich will auch gleich hinzufügen, daß ich im Leben sehr oft einer schlüssigen Antwort auf die Frage begegnet bin, ob denn das die wirklichen Kerle sind, die angeblich alles können, die zu jedem Thema zu reden verstehen, dabei auch ganz sicher auftreten und natürlich auch alles besser wissen.

Der erste Landrat, dem ich leibhaftig begegnet bin, war Walter Hummelsheim. Frage mich niemand, was ich mir bis dahin darunter vorgestellt habe. Aus Geschichten um und von Fontane wußte ich, daß das zu königlich preußischen Zeiten ein Mensch war, der sechsspännig daherkam und dessen Titel keine Berufsbezeichnung war, sondern eine Weltanschauung widerspiegelte. Wenn ich das darüber Gelesene noch richtig in Erinnerung habe, zahlten damals selbst Blaublütige dazu, um es sein zu dürfen. Nicht so Walter Hummelsheim. Um ehrlich zu sein: Er hat mich ungemein beeindruckt, und ähnliches wird für die Bevölkerung des ganzen Kreises Bernkastel, soweit sie ihm begegnet ist, gelten dürfen. Seine Herkunft war von Anbeginn undeutlich.

Sein Vorgänger, der spätere Regierungsvizepräsident Kremmler in Koblenz, wollte zum Beispiel wissen, daß auch das rheinland-pfälzische Innenministerium über ihn nichts wußte, ansonsten aber wollte er, Hans Kremmler, über ihn um so mehr – nur nichts Gutes – wissen. Das alles mag dahingestellt bleiben. Hingegen stand fest, daß Hummelsheim, wie man heute sagt, »einen guten Draht« zur Spitze der französischen Administration in Baden-Baden hatte. Mir ist's egal, ob er auch deshalb Landrat wurde. Seine Kontakte zur damaligen französischen Militärregierung haben auf alle Fälle dem Kreis Bernkastel und seiner Bevölkerung gutgetan. Ähnlich mögen wohl auch die gedacht haben, die den Endvierziger, der noch immer ledig war – über das Warum gab es auch rätselvolle Geschichten –, ganz gerne an ihr weingütliches Haus gebunden hätten.

Dieser Landrat konnte süffisant, wenn nicht sogar zynisch, dabei aber immer liebenswert sein. Wollte man sich mit ihm anlegen, brauchte man nur der deutschen Sprache Gewalt anzutun. So habe ich in Erinnerung behalten, wie er mit einem Amtsbürgermeisterkollegen, der auf sein Abitur und die darin hervorstechend gute Deutschbenotung recht stolz war, fast in Streit geriet, weil der Kollege irgendwann das Wort »weitgehendst« gebrauchte. Hummelsheim wollte wissen, daß man stattdessen »weitestgehend« sagen müsse, was sich der Kollege so ohne weiteres aber nicht sagen ließ. Tatsächlich weist der »Große Duden« beide Schreibweisen aus, was auch ihm einen landrätlichen Tadel einbrachte. Genauso intensiv versuchte er unverständliche Abkürzungen zu verhindern, was uns, die Amtsbürgermeister im Kreis Bernkastel, auf den Plan rief. Vorweg sei noch erwähnt, daß der Landrat, besser wohl gesagt, die landrätliche Verwaltung allmonatlich zu einer »Amtsbürgermeisterdienstversammlung« einlud. Daneben trafen sich diese ebenfalls etwa allmonatlich zu kollegialen Aussprachen. Die Einladungen ergingen rundum, so daß jeder Amtsbürgermeister einmal Gastgeber war. So begegneten wir uns jeweils in Morbach, Zeltingen, Neumagen, Mülheim, Rhaunen, Kempfeld, Thalfang oder beim Stadtbürgermeister in Bernkastel-Kues. Das Ganze war ein geradezu freundschaftlicher Kollegenkreis, in dem ich viel gelernt habe. Bei einem dieser Treffen beschlossen wir den Aufstand gegen die landrätlichen Einladungen zu den schon erwähnten Dienstversammlungen. So wurden – wenn auch nicht gleich beim ersten Anlauf – aus den Dienstversammlungen Konferenzen. In einer solchen schockierten die Kollegen von der Mosel den Kreisregenten mit dem Hinweis, daß ein von ihm vorgeschlagener Termin nicht angehe, weil am gleichen Tag die MiMoBüKo tagen würde. Noch heute sehe ich Landrat Hummelsheim wie von einer Wespe gestochen hochfahren, um zu fragen, was denn das für eine blödsinnige Abkürzung sei. Das Lachen nur noch knapp verkneifend, fragte ich ihn, ob er denn nicht den SchlüfA, den Schlüssel für Abkürzungen, zur Hand habe. Die Kollegen ergänzten, daß MiMoBüKo ein Kürzel für die »allbekannte« Mittelmoselbürgermeisterkonferenz sei.
Was Hummelsheim dabei auszeichnete, war seine Beherrschung. Weniger beherrscht waren die Mitglieder des damaligen Kreisausschusses, als sie hörten, daß der Kreisbaumeister Einwände gegen angemahnte Leistungen des Kreises gern mit dem Bemerken abtat, man möge sich an den GKV halten. Ihm wurde dringend geraten, diese von ihm erfundene Kurzform für Gipskopfverband zu unterlassen.
Mit all den Nöten, die die Zeit diktierte, versuchte die Bundesrepublik Anfang der 50er Jahre, sich zu einem geordneten Rechtsstaat zu entwickeln. Das führte neben vielen anderen Anstrengungen auch zur Bildung des sogenannten Kreisrechtsausschusses, dem damals noch der Landrat, auch wenn er kein Jurist war, vorsaß. Ein Amtsbürgermeisterkollege nutzte dieses Instrument zur Klärung einer Auseinandersetzung, die er

mit irgendeinem Bürger über irgendein Problemchen hatte. Der Landrat, der sicherlich wieder einmal in Zeitnot war – wann war er das nicht, und daran hat sich von damals bis heute offensichtlich nichts geändert –, stellte die Frage nach dem Wert des Streitobjekts. Als er hörte, daß es sich vielleicht um etwa fünf Mark handeln könne, warf er diesen Betrag auf den Ausschußtisch mit dem Bemerken, der Amtsbürgermeister möge sich bedienen, denn er habe nicht länger Zeit für einen derartigen Bagatellvorgang. War das eine lustige Zeit! Man möchte meinen, daß auch heute solch eine Handlungsweise manchmal ganz angebracht wäre.

So erinnere ich mich auch gerne noch an die Gründung bzw. Finanzierung der ersten Berufsschule im Städtchen Bernkastel-Kues. Weil dem Kreis, dem Träger dieser Einrichtung, die Mittel fehlten, ging der Landrat über die Dörfer. Um auf den Punkt zu kommen: In gut besuchten Bürgerversammlungen bat er um zinsgünstige, langfristige Bürgerdarlehen für sein Vorhaben. Soll ich es wiederholen – welch lustige Zeit? Mich ärgerte dies zwar, denn die meiner Obhut anvertrauten Gemeinden waren bettelarm. Ihnen fehlte im Grunde genommen alles. Mit dem Hinweis, daß ich Zweifel hätte, ob man von Bernkastel oder Trier ohne eine gute Straßenbeschilderung nach Kempfeld fände, bat ich die Kempfelder Bürger, wenn überhaupt, solche Darlehen für ortseigene Einrichtungen herzugeben. So gab es denn auch bei uns keine Darlehenszeichnungen für den Berufsschulbau in Bernkastel. Landrat Hummelsheim war böse, und die schulentlassene Jugend besuchte zum überwiegenden Teil die Berufsschule in Idar-Oberstein. Nach dort floß das Wasser, und nach dort bewegten sich alle wirtschaftlichen Verbindungen, und hier wie dort war man fast ausschließlich evangelisch. Kein Wunder also, daß bei der über 20 Jahre später vorgenommenen Gebietsreform dieser Teil des ehemals preußischen Kreises Bernkastel mit Oldenburg, oder besser gesagt: dem Kreis Birkenfeld, auch regional verknüpft wurde.

Walter Hummelsheim ging nach der Jahrzehntwende in das General-Sekretariat der Montan-Union nach Luxemburg. Bis dahin funktionierten seine Beziehungen offensichtlich gut, was später angeblich nicht mehr der Fall gewesen sein soll. Sein Nachfolger hieß Clemens Schlüter. Der war ein vornehmer und gebildeter Mann, oder ich sollte wohl sagen, Herr. Außerdem war er Jurist. Mit einem Wort: Die alte preußische Ordnung war wieder hergestellt.

Pragmatiker waren außer an den Stellen, wo man sie vielleicht noch brauchte, nicht mehr gefragt. Um so mehr feierten die Erfinder des »Vorganges« und der »Wiedervorlage« ihre Auferstehung. Nur wer diesen Unterschied kennt, vermag zu verstehen, welchen Respekt ich Landrat Schlüter mit dem Bemerken zollen möchte, daß er zwischen dem Pragmatiker und dem Vorgangshüter immer eine Brücke zu schlagen bemüht war. Solche Verwaltungsjuristen findet man heute nur noch selten. Nichts gegen diese

Berufsgattung, ganz im Gegenteil – denn was wären wir ohne sie! Doch eine Bemerkung sei mir dazu gestattet: Damals, in den ersten Jahren nach dem totalen Zusammenbruch, war allein Dynamik in Verbindung mit Einfallsreichtum und Mut zum Handeln, meist ohne Vorgang, notwendig. Vieles kann dafür als Zeugnis dienen, so zum Beispiel mein Erlebnis mit den Amerikanern in Verbindung mit der Wasserversorgung des großen amerikanischen Flugplatzes Hahn, den man in den 50er Jahren buchstäblich aus dem Boden gestampft hatte. Für die Sicherstellung der Wasserversorgung dieser großen Anlage durchstreiften die dafür Verantwortlichen die Wälder der umliegenden Höhenzüge.

Eines Tages kam man zu mir, um über die Abgabe des Wasserüberschusses der Quelle zu verhandeln, die die beiden Gemeinden Kempfeld und Schauren mit Trinkwasser versorgte. Es traf zu, daß diese Quelle zuverlässig und reichlich Trinkwasser für die beiden Gemeinden spendete und daß dennoch eine große Menge des guten Wassers als Überlauf verlorenging. Man bot deshalb den Gemeinden einen Vertrag zur gemeinsamen Nutzung dieser Quellen an. Dabei sollte der örtliche Bedarf selbstverständlich Priorität haben, jedoch die nicht unerheblichen Kosten für eine moderne Quellfassung, Aufarbeitung und Verteilung des Wassers den Amerikanern obliegen. Inwieweit all diese Kosten letztendlich doch vom deutschen Steuerzahler gezahlt werden mußten, braucht hier nicht erörtert zu werden. Die Gemeindevertretungen stimmten alldem nach langen, oft auch stürmischen Debatten zu. Es klappte auch alles ganz vorzüglich. Am Ende hatten die beiden Gemeinden großartige Wasserversorgungsanlagen, nur daß das überflüssige Wasser nicht mehr lustig vom Vierherrenwald ins Tal sprudelte, sondern ordentlich gefaßt und verbunden mit vielen anderen Quellen zum Flugplatz Hahn floß.

Es muß nicht verwundern, daß es dennoch in den Ortschaften, trotz guter Verträge, die selbstverständlich von den rheinland-pfälzischen Staatsbehörden geprüft und genehmigt waren, Menschen gab, die dem Verfahren nicht trauten. Das konnte dem Bürgermeister egal sein. Aber es kam noch schlimmer. Die Flugplatzverwaltung stellte einen mit den örtlichen Gegebenheiten bestens vertrauten Mann ein, der auch etwas von der Schlosserei verstehen mußte. Das war selbstverständlich ein gefragter Posten, und der ihn innehatte, galt etwas in seiner engeren Umgebung. Der hier in Frage stehende Mann übertrieb das offensichtlich und gab sich, als stünde er selbst mit dem amerikanischen Präsidenten auf vertrautem Fuße. Auch das konnte dem Bürgermeister egal sein, solange jener nicht die Meinung verbreiten half, daß nicht die Ortsbevölkerung das Erstrecht an dem Wasseraufkommen habe, sondern die amerikanischen Truppen und deren Familienangehörige in Hahn. Diese Behauptung stellte zwar die vertragliche Vereinbarung auf den Kopf, doch nützte ein Hinweis darauf nichts, die Unruhe war in den Dörfern.

So entschloß ich mich zu einer Fahrt nach Hahn. Dem gingen Telefongespräche mit Wiesbaden, dem für den Flugplatz Hahn übergeordneten Generalkommando – was weiß ich noch, wie das alles hieß – und viele andere Bemühungen voraus. Die alle zu beschreiben lohnt nicht. Endlich saß ich in Hahn einem höheren Offizier gegenüber. Besser gesagt: Ich saß auf einem Stuhl und er, ein Zweimetermann, auf dem Tisch. Daß er etwas zu sagen hatte, war am Verhalten seiner Umgebung zu erkennen. Um von vornherein nicht ins Hintertreffen zu geraten, bat ich wegen meiner mehr als schlechten Englischkenntnisse um einen Dolmetscher, dem ich mein Problem erzählte. Als der dolmetschende Mittelsmann dem schwergewichtigen Offizier meine Geschichte vorgetragen hatte, ging alles ganz schnell. Der Lange sprang vom Tisch, gestikulierte und redete geradezu überschwenglich. Plötzlich erhellten sich alle Gesichter, und man ließ mich wissen, daß »der ortsverbundene Wasseraufseher«, wie ich ihn immer nannte, sofort gefeuert werde. Dies wiederum wollte ich nicht, sondern mir lag etwas an einer schriftlichen Erklärung, die nur wiederholen sollte, was im Grunde genommen schon im Vertrag stand. So erläuterte ich es dem Dolmetscher und verband es mit folgender kleinen Geschichte:

In Chicago gebe es ein Riesenwarenhaus, in dessen oberstem Stockwerk, nämlich im 27., ein gutbezahlter Mann säße, der dennoch seine Arbeitszeit im wesentlichen mit der Lösung von Kreuzworträtseln und Schachaufgaben ausfüllte. Aber wenn in irgendeiner Abteilung des großen Warenhauses ein Kunde, gleich worüber, Klage führe, würde dieser Rätselmann als der erstlinig Verantwortliche herbeizitiert und vor dem jeweiligen Kunden für sein angebliches Versäumnis sofort entlassen. Er, der Entlassene, begebe sich anschließend wieder in den 27. Stock und warte auf den nächsten Beschwerdevorgang. So ähnlich würde ich die angedeutete Entlassung des Wasseraufsehers werten. Viel besser wäre es, wenn man ihm bedeuten würde, daß er künftig keinen Unsinn über unseren gemeinsamen Vertrag verbreiten dürfe.

Meine Geschichte über den Mann im Chicagoer Warenhaus fanden alle Amerikaner sehr lustig. Dabei war mir nur wichtig, daß man meinen Wünschen entsprechen sollte, was auch geschah. Monate später hielt vor dem unscheinbaren Amtsgebäude in Kempfeld eine ganze Kavalkade amerikanischer Dienstfahrzeuge. Mehr als ein Dutzend Offiziere, in ihrer Mitte der mir bekannte Zweimetermann, füllten meinen kleinen Sitzungsraum, in dem ich übrigens fast jeden Samstag standesamtlich Eheglück vermitteln durfte. Grund dieses unverhofften Besuchs: Mein Gesprächspartner aus Hahn wollte seinen Kameraden den Bürgermeister vorführen, der ihm die lustige Geschichte von dem gutbezahlten »Beschwerdeanwalt« aus Chicago erzählt hatte. Als Fazit sei noch bemerkt, daß ich immer wieder davon profitieren konnte, wenn ich besonders schwierige Probleme, für die es keine Vorschriften gab, unkonventionell angefaßt habe.

Man bedenke, daß noch in den 50er Jahren die Grünen, die man bitte nicht mit denen verwechseln darf, die sich heute Grüne nennen, ein wesentlicher Arbeitgeber für die Bevölkerung in den Gemeinden des Amtes zwischen den Wäldern waren. Dafür mag die Schilderung des Allenbacher Ortsteils Tranenweiher stehen. Man sagt, Tranenweiher sei eine Ansiedlung von versprengten Soldaten aus den napoleonischen Kriegen, die sich in den Wäldern niedergelassen hätten und Holzfäller und Köhler geworden seien. Noch zu meiner Zeit hatten die Bewohner dieser kleinen Siedlung am Fuße des Erbeskopfes, inmitten eines mächtigen Staatswaldareals, zwar Eigentum an ihren Häusern, aber nicht am Grund und Boden, auf dem diese standen. Auch der gehörte dem Fiskus, dem sie je Familie einen Waldarbeiter zu stellen hatten, der aber trotzdem keinen ständigen Anspruch auf eine lohnbringende Beschäftigung im Walde garantierte. In der Art eines Berliners, der, um die Dinge deutlich zu machen, gerne übertreibt, nannte ich sie die Leibeigenen des rheinland-pfälzischen Ministerpräsidenten, in dessen Auftrag der zuständige Forstmeister sie recht und schlecht »verwalte«. Was hat es für Spaß gemacht, für eine Veränderung dieser Verhältnisse zu arbeiten! Heute noch meine ich, daß ich nirgends so viel Dank, wenn nicht sogar Freundschaft für mein Wirken wie in Tranenweiher gefunden habe.

Alles in allem: Die knapp zehn Jahre als Landbürgermeister im Hunsrück zählen mit zu meinen schönsten Berufsjahren, und sie haben mir auch die Voraussetzungen für mein Tätigwerden in Deutschlands ältester Stadt vermittelt. Ich gewann wertvolle Freundschaften und dazu ein neues Heimatgefühl. Ich habe dabei erfahren, daß man sich mit seiner Wahlheimat – in meinem Fall ist das der Raum Trier mit Hunsrück, Eifel und Mosel – enger als mit der angeborenen Heimat verbunden fühlen kann.

Der Beitrag ist ein Abschnitt aus einer noch nicht erfolgten Buchveröffentlichung unter dem Titel »...dennoch hat's mir Spaß gemacht! Erinnerungen und Ähnliches aus (m)einem öffentlichen Leben.«

Rheinland-Pfalz – Persönlich

Teilansicht von Birkenfeld, das seit 1328 die Stadtrechte besitzt, gelangte nach dem Aussterben der Sponheimer 1437 durch einen Erbfall an Pfalz-Zweibrücken und war von 1584 bis 1731 Residenzstadt, die 1776 badisch wurde. Nach dem Wiener Kongreß ab 1817 Hauptstadt des oldenburgischen Fürstentums Birkenfeld, das 1937, vor genau 50 Jahren, an Preußen fiel.

Hermann Krämer

Landrat im Kreis Bernkastel

Ministerpräsident Peter Altmeier teilte mir am 25. Januar 1959 in einem, wie er schrieb, vertraulich zu behandelnden Brief mit, er beabsichtige, mich mit der Stelle des Landrates von Bernkastel zu betrauen. Am Ende dieses Briefes hieß es dann: »Ich habe früher einmal gelegentlich eines Besuches in Bernkastel launischerweise gesagt, daß ich am liebsten Landrat in Bernkastel werden möchte, wenn ich einmal die Regierungsgeschäfte in Mainz aufgäbe. Ein launisches Wort zwar, aber es beinhaltet doch die Tatsache, daß Bernkastel landschaftlich, aber auch was die Menschen anbetrifft, wohl einer der schönsten Kreise des Landes überhaupt ist. Sie werden sich sicher dort sehr wohlfühlen.«

Mit meiner Amtseinführung durch den Trierer Regierungspräsidenten Josef Schulte im April 1959 wurde ich als Nachfolger von Dr. Clemens Schlüter der 15. Landrat des seit dem Jahre 1816 bestehenden Kreises Bernkastel, der zwischen Hunsrück und Mosel lag und an die 56 000 Einwohner besaß. Altmeier war auf mich durch den sogenannten Prozeß Wingendorf aufmerksam geworden. In diesem Streitverfahren hatte ich als Oberrechtsrat des Kreises Altenkirchen die Rechtmäßigkeit der Wahl des Landtagsabgeordneten Paul Wingendorf zum Amtsbürgermeister von Kirchen/Sieg letztlich erfolgreich vertreten. Dieses Verfahren aus der zweiten Hälfte der 50er Jahre hatte seinerzeit weites juristisches und politisches Aufsehen erregt. Es ist übrigens noch lange danach Gegenstand verwaltungsrechtlicher Prüfungsarbeiten gewesen.

Bei meiner Amtsübernahme war Ministerpräsident Altmeier 60 Jahre alt, also 20 Jahre älter als ich. Altmeier, ehemals Kaufmann, aus bürgerlichem Hause stammend, war als Mann des Volkes ein Glücksfall für die junge Demokratie der deutschen Nachkriegszeit. Schon früher hatte ich den Ministerpräsidenten als geschickten, zupackenden und standfesten Politiker kennen- und schätzen gelernt. Er war ein Mann mit Augenmaß, Lebenserfahrung, Menschenkenntnis und mit einem untrüglichen Sinn für das politisch Notwendige und Machbare. Unter seiner maßgeblichen Führung entwickelte sich das junge Land Rheinland-Pfalz, um mit Fritz Hirschner zu sprechen, »aus dem Chaos zum Land der Zukunft«. Unsere dienstlichen Beziehungen beruhten auf gegenseitigem Vertrauen und der in der Politik höchst wichtigen Eigenschaft gegenseitiger Zuverlässigkeit. Auf der Grundlage guter persönlicher Verbindungen auch zu den Ministerkollegen des Ministerpräsidenten und den verschiedenen Ämtern und Instanzen der Landesregierung wurde es mir dann möglich, in den Jahren von 1959 bis 1966 im Kreise Bernkastel manches anzuregen, in Gang zu setzen und schließlich neu zu schaffen, was im Interesse der Bevölkerung in damaliger Zeit zu tun notwendig war. Allerdings ist der nachfolgende Beitrag nicht gedacht, etwa in Gestalt eines rückschauenden Verwaltungsberichts die res gestae eines Landrats mehr oder weniger vollständig aufzuzählen. Es sollte nur versucht werden, etwas vom Geist und Klima jener bewegenden Jahre des kommunalpolitischen Aufbruchs einzufangen und, wie ich hoffe, in anschaulichen Bildern oder Berichten wiederzugeben.

Der neue Landrat

Meiner Amtseinführung am 20. April 1959 in Bernkastel-Kues ging ein amüsantes Erlebnis voraus.
Ich war tags zuvor, aus Altenkirchen kommend, angereist und fand Unterkunft in einem gediegenen Bernkasteler Hotel. Es war noch kein Saisonbetrieb. Gegen Abend ging ich ins Restaurant, mich zu stärken für die Ereignisse des folgenden Tages. Ich war der einzige Gast. Der Wirt nahm meine Bestellung entgegen und rief sie seiner Frau in die Küche zu. Nachdem das Abendessen aufgetragen war, dauerte es nicht lange, dann schlenderte der Hausherr an meinen Tisch, hielt sich an einer Stuhllehne fest und sprach über Wetter, fehlende Gäste und die Qualität des 58er Weines. Nach meiner Aufforderung nahm er dann mir gegenüber Platz. Und dann begann das wirtliche Verhör des einsamen Gastes, das sich zunehmend zu einer Art heiterem Beruferaten entwickelte. Ob ich geschäftlich in Bernkastel sei, wollte er wissen. Das könne man durchaus so sagen, meinte ich und widmete mich den wohlschmeckenden Bratkartoffeln. »Bleiben Sie länger hier?« fragte der Wirt. »Das möchte ich schon gerne«, antwortete ich und verlangte nach einem zweiten Glas Wein. Dann kam die zweite Frage- und Antwortrunde, die der Hotelier mit der Aussage einleitete: »Die meisten Ihrer Kollegen wohnen im Winterhalbjahr bei uns und bleiben im Durchschnitt zwei bis drei Tage.« Dabei sah er mich herausfordernd an. »Welche Kollegen?« fragte ich zurück. »Nun ja, die Vertreter, meine ich, und ein Vertreter sind Sie doch wohl, wenn ich so direkt fragen darf.« Einen Augenblick überlegte ich, um dann zu antworten: »Ich glaube, man kann das durchaus so nennen, was ich beruflich tue.« Darauf der Wirt: »Textilien wahrscheinlich?« »Nein, das gerade nicht, ich reise zur Zeit in öffentlichen Angelegenheiten!« Der Hotelier jetzt: »Dann haben Sie es wohl mit Behörden zu tun – oder sind Sie vielleicht sogar Beamter?« fragte er mit wachsender Neugier. »In der Tat!«, meinte ich noch immer zurückhaltend, »ich habe eine neue Arbeit bei einer hiesigen Behörde.« – Dann ging es Schlag auf Schlag:

»Bei der Amtsverwaltung vielleicht?« »Nein.« »Beim Landratsamt?« Darauf ich: »Ja.« »Das ist ja hochinteressant – Maria«, sagte er dann zu seiner Frau, die das Geschirr abräumte, »stell dir vor, dieser Herr, der bei uns übernachtet, kommt ins Landratsamt!« »Ich meine, das ist deshalb interessant«, ergänzte jetzt der Wirt, »weil morgen hier auch der neue Landrat eingeführt wird.« »Das ist ja wirklich interessant«, meinte ich und leerte mein Glas. Jetzt packte der Wirt aus: »Ich will ja nichts sagen, – aber Ihr zukünftiger Chef muß schon ein schwieriger Mensch sein. Da las ich doch in der Zeitung, dieser Mann kommt vom Westerwald, ist schwerkriegsbeschädigt und hat dazu noch sechs Kinder! Wie will denn der ein so schwieriges Amt wahrnehmen? Der ist doch mit sich und seiner Familie schon vollauf beschäftigt. Dazu weiß man noch nicht einmal, ob er als Westerwälder überhaupt etwas vom Wein versteht. Und das ist doch hierzulande besonders wichtig!« »Da können Sie durchaus beruhigt sein«, antwortete ich, »der neue Landrat weiß etwas vom Wein. Der stammt nämlich aus Rüdesheim am Rhein!« Auf die Frage des Hoteliers, woher ich das denn wisse, kam dann mein Schuß aus der Hüfte: »Ich bin der neue Landrat!«

Mit diesem unvermuteten Bekenntnis löste ich bei meinen Wirtsleuten eine heillose Verwirrung aus. – Erst bei einer von uns gemeinsam genossenen Flasche 1953er Bernkasteler Badstube kam die gestörte kleine Welt im Bernkasteler Hotel wieder ins Lot.

Die erste Sitzung

Die erste Kreistagssitzung kam mir vor wie der Sprung eines Nichtschwimmers ins tiefe Schwimmbecken. Meine Mitarbeiter Josef Mentges, Hans Kauer, Ewald Kappes, Walter Remy und Frau Gertrud Horbert hatten mich aufs beste instruiert. So ging alles ruhig und sachlich zu. Lebhafter wurde es dann bei der Behandlung des Tagesordnungspunktes »Ausbau der Mosel zur Schiffahrtsstraße«. Hier meldete ein bekannter Weingutsbesitzer ernsthafte Bedenken an, weil der Ausbau eine Veränderung der Fließgeschwindigkeit des Flusses und eine Anhebung des Wasserspiegels nach sich ziehe. Das aber wirke sich nachteilig auf das Klima und damit wahrscheinlich auch auf den Weinbau aus. Ein anderer Abgeordneter beklagte die mit dem Ausbau verbundene Beeinträchtigung des altgewohnten Landschaftsbildes, wie man es schon aus alten Stahlstichen, Radierungen und Lithographien kenne. Auch die Aspekte des Moselausbaues für Handel und Wandel und vor allem seine Auswirkungen auf den Fremdenverkehr wurden eingehend und lebhaft erörtert. Ich selbst beschränkte mich zunächst darauf, die interessante Diskussion zu leiten. Als ich schließlich nach meiner persönlichen Ansicht gefragt wurde, hielt ich mich an dem seit jeher erprobten Erfahrungssatz fest, wonach die Erschließung eines bisher vernachlässigten Gebietes durch verbesserte internationale Verkehrsverbindun-

Hermann Krämer wird am 20. April 1959 als Landrat von Bernkastel durch den Regierungspräsidenten Josef Schulte aus Trier eingeführt.

gen für die Zukunft nur von Vorteil sein könne. Diese meine Zukunftsvision wiederum veranlaßte einen Winzer zu der Frage, wie ich denn die Aussichten für das laufende Weinjahr 1959 beurteilte – eine solche Frage im Monat Mai! Eine innere Stimme riet mir: »Im Zweifel optimistisch sein!« Und so antwortete ich, mit dem Versuch, dabei überzeugend zu wirken, ich sei natürlich kein Prophet, ginge aber doch davon aus, daß im Jahre 1959 ein guter Wein wachse. Einer rief mir zu: »Ihr Wort in Gottes Ohr.« Andere schüttelten den Kopf oder besprachen sich belustigt mit dem Nachbarn.

Jeder Vorsitzer eines Parlamentes weiß, welche Tücken sich hinter dem Tagesordnungspunkt »Verschiedenes« verbergen können. Ich hatte schon mit einem Gefühl der Erleichterung diesen Punkt aufgerufen, in der geheimen Hoffnung, daß keine Wortmeldung mehr erfolge. Da erhob eine CDU-Abgeordnete unübersehbar ihre Hand. Es war eine Frau, die von Berufs wegen zwar mit Weinbau nichts zu tun hatte, aber von Winzern gewählt war. Die Abgeordnete beklagte in lebhafter, recht freier Rede die ungeheuren Schäden, welche der Dickmaulrüßler in den Weinbergen ihres Wohnbereichs anrichte – und das gerade in den besten Weinlagen! Die Schäden seien jetzt schon alarmierend, es sei höchste Zeit, daß sich die Behörden endlich mit dem Problem des Dickmaulrüßlers befaßten. Sie schloß mit den Worten: »Was gedenken Sie, Herr Landrat, zu tun, um diesem Übel abzuhelfen?«

Da hatte ich mein Fett, denn von dem schädlichen Untier mit dem lustigen Namen hatte ich bisher noch nichts gehört. Ich nickte der Abgeordneten etwas ratlos zu, sah aber schon die erhobene Hand des sich von seiner politischen Konkurrentin provoziert fühlenden SPD-Abgeordneten, eines kaufmännischen Angestellten. Mit beschwörenden Worten schilderte er seinerseits, wie im vergangenen Herbst 1958 ganze Wolken von Staren auf die Weinberge niedergegangen seien, um sich gerade über die besten Trauben herzumachen. Die Ernteausfälle seien enorm gewesen. Wenn ich schon für das Jahr 1959 die optimistische Prognose einer so guten Weinernte aufgestellt hätte, dann müsse ich doch wohl auch wissen, wie man die Moselwinzer vor derart gravierenden Vogelschäden bewahren könne. Ich war verwirrt, hatte aber dann noch einmal Glück. Ein witziger FDP-Abgeordneter, seines Zeichens Weingutsbesitzer, meldete sich zu Wort. Bei meinen guten Beziehungen zum rheinland-pfälzischen Minister für Landwirtschaft, Forsten und Weinbau sei es mir doch gewiß ein Leichtes, so meinte er, durch Experten eine Methode entwickeln zu lassen, die die Stare veranlassen würde, anstelle der Trauben in Zukunft die schädlichen Dickmaulrüßler zu fressen. Das setze freilich »ein gewisses Entgegenkommen« bei den zu fressenden Tieren voraus. In die allgemeine Heiterkeit fiel dann das Wort vom Ende der Sitzung.

Natürlich verliefen nicht alle Kreistagssitzungen nur launisch und heiter. Galt es doch in jenen Jahren, in verhältnismäßig kurzer Zeit zukunftsweisende Beschlüsse zur längst fälligen Weiterentwicklung der Kreisstruktur zu fassen. Allein der Bau eines Kreiskrankenhauses in Bernkastel-Kues bedeutete gewiß eine langerwartete Wohltat für die Bevölkerung. Es war ein besonderer Glücksfall, daß wir hierzu den bekannten Frankfurter Architekten Hermann Mäckler als Planer gewinnen konnten. Mäckler war mit seinem Partner Giefer für den Wiederaufbau des Frankfurter Domes, den Ausbau des Flughafens und den Bau mehrerer Krankenhäuser planerisch verantwortlich. Er war ein schöpferischer, kunstsinniger Mensch, der den Wein der Mittelmosel besonders liebte. Gewiß war es vor allem dieser seiner Zuneigung zu verdanken, daß er während der Bauzeit regelmäßig Samstag für Samstag die Reise von Frankfurt am Main zur Bernkasteler Baustelle und zurück unternahm.

Das parlamentarische Zusammenwirken der Parteien im Kreistag, Kreisausschuß und den sonstigen Gremien war erfreulich gut. Die Volksvertreter kamen in jenen Jahren aus allen Schichten der Bevölkerung und brachten ihren Sachverstand, ihre Lebenserfahrung und ihr politisches Engagement ein. Scharfmacherei oder persönliche Verunglimpfung kamen nicht auf. Alle für den Kreis und seine Bevölkerung wichtigen Beschlüsse wurden einstimmig gefaßt. Nach den Sitzungen blieb man gerne bei gutem Wein noch eine Weile zusammen. Dabei lernte man sich kennen und wertschätzen. Mehr noch geschah dies auf den gemeinsamen Informationsreisen, die regelmäßig als

Orientierungshilfe vor der Beschlußfassung über bedeutende Bauvorhaben stattfanden. Alles in allem herrschte ein Gefühl guter, vielfach sogar freundschaftlicher Zusammengehörigkeit sowohl unter den Parteien als auch zwischen Kreistag und Verwaltung. Besonders zu spüren war dies bei der Feier des 150jährigen Bestehens des Landkreises Bernkastel, die am 17. Mai 1966 im Hotel Burg Landshut in Bernkastel-Kues stattfand. Man ehrte den Kreis mit einer einzigartigen Weinprobe edelster Kreszenzen der Mittelmosel und verabschiedete gleichzeitig den seit dem Jahr 1816 fünfzehnten Landrat, der dann fortzog – aus vielen Gründen schweren Herzens.

Eine programmatische Kreisbereisung

Der Ausbau der Mosel zur internationalen Schiffahrtsstraße war nur ein äußeres Zeichen des mitreißenden Aufbauwillens in nahezu allen Lebensbereichen. Straßen, Brücken, Schulen, Kindergärten, Krankenhäuser mußten neu- oder umgebaut werden. Das setzte freilich, sollte alles auch finanziell abgesichert sein, eine enge Zusammenarbeit mit der rheinland-pfälzischen Landesregierung voraus. Nachdem in Absprache mit dem Kreisausschuß, mit den im Kreistag vertretenen Parteien und den Amtsbürgermeistern eine Art kommunalpolitischer Zehnjahresplan für den Kreis erarbeitet worden war, luden wir Ministerpräsident Peter Altmeier ein, um ihm unsere Vorhaben jeweils an Ort und Stelle zu erläutern, damit er dazu den landesväterlichen Segen gäbe. Zu besichtigen und zu besprechen waren unter anderem der Neubau des Gymnasiums Bernkastel, die Restaurierung der Kapelle im Hofgut Machern, der Neubau eines Kreiskrankenhauses, der Neubau einer Brücke über die Mosel bei Mülheim-Lieser und die industrielle Förderung des Raumes Morbach/Hunsrück. Diese ganztägige Besichtigungsreise im Oktober 1960 mit dem Ministerpräsidenten und dem Innenminister August Wolters ist für alle Beteiligten zu einem vollen Erfolg geworden, nicht zuletzt auch für den Ministerpräsidenten selbst, der sich von seiner besten Seite zeigte: interessiert und informiert, höflich, freundlich, gelegentlich auch herzlich, klar und bestimmt in seinen zusammenfassenden Schlußbemerkungen.

Drei Szenen, die sich am Rande des Besuches abspielten, seien hier festgehalten. Bei seiner Ankunft vor dem Bernkasteler Landratsamt sollte der Regierungschef auch von meiner Frau und unserem jüngsten, damals eineinhalb Jahre alten Sohn begrüßt werden. Paul jedoch, statt den Landesherrn mit einem Strauß weißer Nelken artig zu begrüßen, benutzte die Blumen als weichen Besen und kehrte damit trotzig den Eingang des Amtsgebäudes, ohne den hohen Herrn auch nur eines Blickes zu würdigen – für die Umstehenden eine teils peinliche, teils belustigende Situation. Der Ministerpräsident, für den dies wahrscheinlich die erste öffentliche Begegnung mit einem Vertreter der kritischen jungen Generation war, nahm aus der Hand seines Fahrers Geisen etwas Schokolade entgegen und hielt sie dem kleinen Skeptiker hin. Alsdann erfolgte der Austausch der Begrüßungsgeschenke unverzüglich und, wie es in der Diplomatensprache heißt »für beide Seiten zufriedenstellend«.

Die Fahrt nach Morbach, das nach unseren Vorstellungen Bundesausbauort werden sollte, wurde noch durch einen Abstecher nach Hinzerath unterbrochen, einer nahe der Ruine Baldenau am Dhronbach gelegenen Hunsrück-Gemeinde. Das Wetter war wunderschön. Man erwartete den hohen Gast im neugeschaffenen Jugendheim der Pfarrkirche. Pfarrer, Kirchenvorstand, Bürgermeister und Gemeinderat waren versammelt, als wir den Raum betraten. Pfarrer Bierbaum begrüßte, Bürgermeister Johann Steffen, Bauer und Schreiner, sprach kurz und bündig und wies auf noch fehlende finanzielle Mittel für die Ausstattung des Jugendheimes hin. Der staatliche Revierförster Franz Schommer war in Galauniform erschienen, mit weißen Handschuhen und Hirschfänger. Der Gastwirt und Jägerliedersänger Wilhelm Lehnert hatte ein Frühstücksbuffet gerichtet. Schulkinder sangen unter der Leitung des Lehrers »Im schönsten Wiesengrunde ist meiner Heimat Haus«. Peter Altmeier war sichtlich berührt von dieser dörflichen Idylle. In seiner kurzen Ansprache knüpfte er an den Liedertext an, lobte die Schönheit der Landschaft und ermunterte die Dorfbevölkerung, stetig an der dörflichen Entwicklung weiterzuarbeiten. Er versprach Hilfe des Landes, soweit diese notwendig und möglich sei, und sagte zur Freude der Anwesenden schließlich einen namhaften Zuschuß des Landes Rheinland-Pfalz zur Ausstattung des Heimes zu.

Kreisbereisung mit Ministerpräsident Altmeier. Begrüßung im Hotel »Drei Könige« in Bernkastel. Links: Dechant Birtel, Bernkastel.

In Erinnerung geblieben ist schließlich noch der Abschluß der Ministerpräsidentenreise im vollbesetzten Bernkasteler Ratskeller. Nachdem hier der hohe Gast seine Eindrücke und Vorstellungen zu den Planungen des Kreises dargelegt und die Rolle des Landes dabei skizziert hatte, wandte er sich dem neuen Landrat zu, dem er in seinem Wirken Glück, Erfolg und Gottes Segen wünschte. Er kam dabei auch auf die vielfältigen Schönheiten des Kreises Bernkastel zu sprechen und meinte – wie er es schon in seinem eingangs erwähnten Brief vom Januar 1959 vermerkt hatte –, wenn er schon, aus welchen Gründen auch immer, nicht mehr Ministerpräsident des Landes Rheinland-Pfalz sein könne, dann möchte er doch wenigstens Landrat im schönen Kreis Bernkastel sein. Als er sich dann unter dem Beifall der Anwesenden gesetzt hatte, um sein Glas zu leeren, konnte ich nicht umhin nachzufragen: »Und was soll in einem solchen Fall dann aus mir werden, Herr Ministerpräsident, wenn Sie hier Landrat sind? Würde ich dann Ministerpräsident in Mainz sein?« Für einen kurzen Augenblick überschattete sich das Antlitz des sonst gutgelaunten Landesherren. Der Gedanke, den Sessel in Mainz einmal räumen zu müssen, hatte ihn offensichtlich bis dahin noch nicht ernsthaft beschäftigt.

Noch neun Jahre sollte Peter Altmeier übrigens Regierungschef in Mainz bleiben, ein Amt, das er insgesamt 22 Jahre ausgeübt hat.

»Das Schweigen« im Kreis Bernkastel

In vielen Kinos der Bundesrepublik war 1964 der Bergmann-Film »Das Schweigen« angelaufen. Erstmals wurden in Deutschland in einem Unterhaltungsfilm Geschlechtsverkehrsszenen dem Publikum vorgeführt. Eine Welle von Empörung und Protesten aus allen Kreisen der Bevölkerung war die Folge dieses Skandals. Doch nichts half. Wie zwangsläufig mußte der Film überall gezeigt werden. Die zu Hilfe gerufenen Volksvertreter, Kirchen und Behörden sahen keine Möglichkeit, dem als besonders schamlos empfundenen Übel zu Leibe zu rücken. Durch diesen Film war eine bis dahin sorgsam gehütete, als allgemein verbindlich geltende Tabu-Grenze im kulturellen Bereich überschritten worden. Der sexuelle Intimverkehr, privatestes und persönlichstes Geschehen im menschlichen Leben, wurde zum Mittel und Objekt öffentlicher Unterhaltung degradiert, ein Geschehen also, das offensichtlich die in der Verfassung festgeschriebenen Werte der personalen Würde des Menschen berührte. Interessant war, daß zu dieser Zeit »Das Schweigen« in Frankreich gar nicht, in Holland, Belgien, England, der Schweiz, in Österreich und in den USA nur gekürzt vorgeführt werden durfte. Aber wie gesagt, mahnende, ja beschwörende Rufe von Rezensenten, Schriftstellern, Lehrern, Geistlichen und Bischöfen halfen nichts. Wie eine dunkle Wolke verbreitete sich »Das Schweigen« über alle Teile der Bundesrepublik. Längst hatte ein Gefühl der Ohnmacht und der Lähmung die Protestierenden ergriffen – eine Lähmung, wie sie der Meister kritischer Grafik A. Paul Weber in seinem Blatt »Die große Lähmung« so eindrucksvoll dargestellt hat.

Als dann der Bergmann-Film auch in der Kreisstadt Bernkastel-Kues angekündigt wurde, hielten wir es für geboten und notwendig, die Alarmglocke so heftig zu läuten, daß sie nicht mehr zu überhören war. Gemeinsam mit meinem Mitarbeiter Dr. Wolfgang Brix, einem hervorragenden Kenner des öffentlichen Rechts, wurde mit juristischer Akribie das polizeiliche Verbot der Vorführung der drei beanstandeten Intimszenen sowie das Vorgehen in dem zu erwartenden Verwaltungsrechtsstreit erarbeitet. Es sollte also nicht die Vorführung des Films »Das Schweigen« verboten werden, der Film sollte vielmehr um drei, kaum eine Minute dauernde Szenen verkürzt werden. – Unsere Polizeiverfügung vom 14. Mai 1964 hatte in der Tat die beabsichtigte Wirkung, das heißt, sie wirkte wie ein kalter Schlag. Sie löste eine ungeheure Welle von öffentlichen Diskussionen, Leitartikeln, parlamentarischen Anfragen, Predigten und juristischen Fachbeiträgen aus. Ganz so, wie wir es wollten, war die Frage nach der Freiheit der Kunst in ihrem Verhältnis zur Würde des Menschen wieder einmal neu gestellt.

Bis in unseren familiären Bereich hinein verursachte unsere polizeiliche Maßnahme begreiflicherweise viel Unruhe und Aufregung. Telegramme und Telefonanrufe häuften sich.

Schon wenige Tage nach Erlaß der Polizeiverfügung füllten die eingegangenen Briefe zu diesem Thema einen Wäschekorb. Gerade die große positive Resonanz, die uns aus diesen Briefen entgegenkam, war für uns Genugtuung. Eine polizeiliche Verbotsverfügung, die ein so großes Maß an spontaner Zustimmung, freundlicher Ermunterung und herzlicher Dankbarkeit aus allen Kreisen der Bevölkerung hervorrief, hatte es bisher wahrscheinlich noch nicht gegeben. Privatpersonen boten dem Kreis Geld an, damit wir das Verwaltungsstreitverfahren finanziell durchhalten könnten. »Landrat, bleibe hart!« war ein öfter zu lesender Zuruf in derartigen Briefen. Interessanterweise war auch das Presse-Echo überwiegend positiv, wenn man einmal von einem »Spiegel«-Bericht unter dem Titel »Schweigen verboten« absieht. Einige der Überschriften von Zeitungsartikeln seien hier genannt: »Das Schweigen nur gekürzt vorführen«, »Aktion Bernkastel zieht Kreise«, »Ein mutiger Landrat«, »Schweigen wir vom Schweigen«, »Das Schweigen vor Gericht«, »Das Schweigen ist gebrochen« oder »Der Landrat blieb hart bis zuletzt«. Der Filmwirtschaft war es übrigens sichtlich unangenehm, daß die Bernkasteler Aktion und die daraus entstandene lebhafte Diskussion auch bei den vorbereitenden Beratungen des Filmförderungsgesetzes eine Rolle spielte. Dazu geriet, was längst fällig war, die Freiwillige Filmselbstkontrolle mit ihrer manchmal zweifelhaften Entscheidungspraxis heftig ins Gerede.

»Familienfoto« aus einer Konferenz der Landräte in der idyllischen Moselstadt Bernkastel-Kues am 6. September 1961. Zweiter von rechts Landrat Krämer, in der hinteren Reihe erster von links der spätere Staatssekretär Konrad Schubach.

Naturgemäß war »Das Schweigen« gerade im Landkreis Bernkastel ständiges Gesprächsthema in den Familien, am Arbeitsplatz, an Stammtischen und auf Kegelbahnen. Die wenigen, die sich damals den ungekürzten Film außerhalb der Kreisgrenzen angesehen und ihn für sehenswert gehalten hatten, hatten es schwer, ihre abweichende Meinung in meist hitziger Debatte zu rechtfertigen. Manchmal ging der Meinungsstreit auch quer durch die Familien. Irgendwoher kam dann der erste einschlägige Witz und machte eilends seine Runde: »Vor 1945 hat man uns das Reden verboten – und jetzt das Schweigen.« Der Ausgang des Verwaltungsstreitverfahrens ist bekannt. In erster Instanz vor dem Verwaltungsgericht Trier unterlag die landrätliche Behörde und damit der Landrat – mit Glanz und Gloria. In der zweiten Instanz vor dem Oberverwaltungsgericht Koblenz fügten sich die klagende Filmgesellschaft und der Kinobesitzer vergleichsweise der behördlichen Verfügung, das heißt, sie verpflichteten sich, »Das Schweigen« im Kreis Bernkastel nur in einer um die berüchtigten Szenen verkürzten Fassung zu zeigen. Den größeren Teil der Verfahrenskosten hatte das beklagte Land Rheinland-Pfalz zu tragen.

Was ist von alldem übrig geblieben? Zunächst die Erinnerung daran, daß in einer Zeit des geistigen und moralischen Umbruchs nicht nur die Verantwortlichen in Staat und Gesellschaft, sondern weite Teile der Bevölkerung dazu gebracht wurden, öffentlich über die Grenzen der Freiheit der Kunst und ihr Verhältnis zur Würde des Menschen nachzudenken. Geblieben ist aber auch die Erfahrung, daß das Gefühl für menschliche Würde häufig gerade bei denen lebendig ist, die weder akademische Ausbildung noch einen gesellschaftlichen Rang besitzen.

Eine starke Hilfe war es aber für uns auch, daß bedeutende Persönlichkeiten das Vorgehen des Landratsamtes in Wort und Schrift oder im Prozeß nachhaltig unterstützten. Ich denke dabei besonders an den Hamburger Theologen Prof. Dr. Helmut Thielicke, den evangelischen Bischof von Oldenburg Dr. Gerhard Jacobi, die Publizisten Paul Wilhelm Wenger, Diethild Treffert, ebenso an den Erzbischof der Diözese Freiburg Dr. Hermann Schäufele, den Trierer Bischof Dr. Matthias Wehr wie an den bekannten Heidelberger Staatsrechtslehrer Prof. Dr. Ernst Forsthoff, nicht zuletzt an den Ministerpräsidenten Peter Altmeier. – Jeder aber, der die eben geschilderten Vorgänge aus einer Distanz von mehr als 20 Jahren liest oder hört, sollte doch auch die Gelegenheit wahrnehmen, unsere Verfassung wieder einmal zu lesen und sie vielleicht neu zu begreifen. Da heißt es in Artikel 1 des Grundgesetzes der Bundesrepublik Deutschland – damals wie heute – »Die Würde des Menschen ist unantastbar. Sie zu achten und zu schützen ist Verpflichtung aller staatlicher Gewalt.«

Der Erwerb der Wildenburg

Gleich zu Beginn meiner Amtszeit wurde ich auf dem Deutschen Wandertag zu Bernkastel-Kues zum Vorsitzenden des Hunsrückvereins gewählt – so wollte es wohl auch die Tradition. Noch hatte ich keine Vorstellung, was alles aus oder mit einem solchen Ehrenamt zu machen wäre, da bekam ich eines Tages ein Schriftstück auf den Tisch, in dem ich den Erwerb und den sofortigen Abbruch des Kaiser-Wilhelm-Turms auf dem Erbeskopf durch die US-Streitkräfte mit meiner Unterschrift besiegeln sollte. Der Hunsrückverein sollte mit einer angemessenen Geldsumme entschädigt werden. Obwohl ich telefonisch von der Trierer Bezirksregierung gedrängt wurde, die Akte »Erbeskopf« unverzüglich zu unterschreiben und zurückzuschicken, gewann ich einen zeitlichen Aufschub dadurch, daß ich den Treverern in Erinnerung rief, der Vorsitzende des Hunsrückvereins sei keinerlei Weisung durch staatliche Stellen unterworfen.

Der Erbeskopf mit seinen 816 m ist bekanntlich die höchste Erhebung der Rheinlande, übrigens nur drei Meter höher als der Ölberg in Jerusalem. An seiner höchsten Stelle hatte der Verein für Mosel, Hochwald, Hunsrück (MoHoHu), der heutige Hunsrückverein, im Jahre 1901 einen ausgesprochen soliden, später sehr beliebten Aussichtsturm gebaut. Er war dem Gedächtnis Kaiser Wilhelms I. gewidmet, dessen Bronzebüste unten im Vorraum des Turms aufgestellt war. Von der Plattform des Kaiser-Wilhelm-

Turms konnte man bei entsprechend klarem Wetter die Mariensäule bei Trier, die Hohe Acht, das Hohe Venn, ja sogar den Rheingau und den Odenwald sehen. Mit Beginn des Zweiten Weltkrieges diente er militärischen Zwecken; 1945 wurde er von den einrückenden US-Soldaten besetzt, diente zwischen 1948 und 1950 vorübergehend als Wetterwarte und wurde seit jener Zeit wieder von den amerikanischen Streitkräften beansprucht. Man muß in diesem Zusammenhang wissen, daß dieser Aussichtsturm das einzige, natürlich auch besonders interessante Bauwerk im Eigentum des Hunsrückvereins war und daß sein Abbild das Vereinswappen zierte, auf das die Mitglieder stolz waren.

Natürlich brachte die Nachricht von der Niederlegung des Erbeskopf-Turmes den Hunsrückverein in eine besonders schwierige Situation. Mit den Vorstandsmitgliedern Hans Kauer und Robert Pohlitz fuhr ich auf den Erbeskopf und fand den durch Tiefflliegerangriffe reichlich ramponierten, von Stacheldraht umgebenen Turm vor. Die Militärs warteten ungeduldig auf meine Unterschrift als Startzeichen zum Abbruch. Am Abend saßen wir dann noch mit den übrigen Vorstandsmitgliedern Alois Braun und Hansheinz Keller zusammen, einer romantisch empfindsamen Künstlerseele, die mit dem Erbeskopf und seinem Turm von Kindstagen an verbunden war. Es war die wohl traurigste Vorstandssitzung im Hunsrückverein, die ich erlebt habe. Alle hatten das Gefühl, daß sich der Verein in einer schier ausweglosen Situation befand – in jenem bekannten Zustand, der jedoch auch den Keim zum Neubeginn in sich birgt. Eben diesen Keim aber galt es herauszufinden.

Wie durch glücklichen Zufall suchte ich einige Tage später auf einer Dienstfahrt durch das damalige Amt Kempfeld auch die Wildenburg auf und führte ein Gespräch mit dem Revierförster Wirth, der mir die Ringwälle aus der Keltenzeit zeigen wollte. Bei dieser Gelegenheit erfuhr ich auch, daß der Oberförster kurz vor seiner Pensionierung stand. Mit Blick auf das altersgraue, im Bereich der zerfallenen Wildenburg gelegene Dienstgehöft meinte er dann, in die Einsamkeit dieser Gegend und in die geradezu spartanisch einfachen Räume der Dienstwohnung bringe man heutzutage gewiß keinen jungen Beamten mehr hin, geschweige denn die dazugehörige Ehefrau. Als ich mich verabschiedet hatte, machte ich noch einen ausgedehnten Rundgang, um das ganze Gelände eingehend zu besichtigen. Dabei malte ich mir aus, wie schön es doch wäre, wenn an dieser landschaftlich und historisch so bevorzugten Stelle der Hunsrückverein seinen neuen Stammsitz einrichten könnte. Dieser Plan wurde noch am Abend mit den rasch herbeigerufenen Vorstandsmitgliedern weiter geschmiedet, die von dieser Aussicht ganz begeistert waren.

In den folgenden Tagen führte ich ein längeres Telefongespräch mit Ministerpräsident Peter Altmeier. Ich machte ihm gegenüber geltend, der Hunsrückverein habe im Interesse der Landesverteidigung sein einziges Grundeigentum hergeben müssen, dann sei es

Die Wildenburg bei Kempfeld mit ihrem charakteristischen Torbau in der Unterburg. Er wurde unter Verwendung alter Mauerreste und gotischer »Gewändeteile« im Jahre 1977 fachgerecht restauriert.

nicht mehr als recht und billig, wenn das Land Rheinland-Pfalz ihm als Ausgleich wenigstens die Wildenburg als neues Vereinszentrum überlasse. Nachdem Peter Altmeier, dem dieser Vorschlag einleuchtete, mir geraten hatte, sofort eine entsprechende Eingabe an die Landesregierung zu machen, setzte ich meine Unterschrift unter das ominöse Schriftstück, das das Ende für den Kaiser-Wilhelm-Turm bedeutete. Im August 1961 wurde der Turm gesprengt. Hansheinz Keller und Albert Molz, der verdiente Heimatschriftsteller, waren aus der Ferne Zeugen dieses Vorgangs. Nach verhältnismäßig kurzer Zeit kamen dann die Kaufverhandlungen zwischen dem Land Rheinland-Pfalz und dem Verein in Gang. Die vielen dazu erforderlichen Verwaltungsakte wurden erfreulich rasch abgewickelt.

In seiner Sitzung vom 2. Dezember 1961 im Gasthaus Hagener, Kempfeld, beschloß der Hauptvorstand in aller Form den Ankauf des gesamten Forstdienstkomplexes Wildenburg sowie den Ausbau des Forsthauses zu einer einfachen Gaststätte, die zugleich die Vereinsheimstätte sein sollte. Nur vier Wochen später, am 3. Januar 1962, unterschrieben Forstmeister Dr. Otto Groth und ich dann den zwischen der Bezirksregierung Trier und dem Hunsrückverein ausgehandelten Vorvertrag.

In der Folgezeit widmete sich unser Kreisbauamt unter Leitung von Diplomingenieur Walter Remy mit Gründlichkeit und Begeisterung dem Ausbau und Umbau des alten Forsthauses, der Schaffung neuer Sanitäranlagen und der Einrichtung von Parkplätzen. Der Kreis Bernkastel hatte übrigens in unmittelbarer Nähe der Burg gelegenes Dienstland angekauft. Zur gleichen Zeit führten wir die ersten Verhandlungen mit den uns sehr wohlgesonnenen Forstbehörden in Trier und Kempfeld mit dem Ziel der Einrichtung eines großzügigen Wildfreigeheges nahe der Wildenburg, das der Hunsrückverein betreiben wollte und das dann schließlich im Jahre 1966 eröffnet werden konnte.

Die feierliche Einweihung des neuen Vereinsheimes auf der Wildenburg am 23. Juni 1962 wurde ein höchst gelungenes Fest. Mein Vorgänger Dr. Clemens Schlüter, Trier, alle zuständigen Vertreter der Forstverwaltungen, die Bürgermeister und die Mitglieder des Kreisausschusses waren gemeinsam mit dem Vorstand des Hunsrückvereins versammelt. Die Witwe Thanisch aus Bernkastel, deren verstorbener Ehemann in früheren Zeiten Schatzmeister beim Verein für Mosel, Hochwald und Hunsrück gewesen war, hatte beste Weine vom Bernkasteler Doktorberg gestiftet. Unser stellvertretender Vorsitzender Aloys Braun hatte für Kirner Bier gesorgt, die neuen Wirtsleute Müller speisten uns vorzüglich nach Hunsrücker Art. Jagdhörner erschallten zur Begrüßung. Noch spät in der Nacht wurden alle nur denkbaren Wander- und Jägerlieder, vom Akkordeon begleitet, gesungen. Die Nacht erwies sich für all das, was es zu singen und zu trinken gab, als viel zu kurz.

Was an dieser Geschichte des Erwerbs der Wildenburg bis heute so bemerkenswert erscheint, ist meines Erachtens die Tatsache, daß vom Abbruch des Erbeskopfturms im August 1961 und vom fast gleichzeitig aufkeimenden Gedanken an Erwerb und Ausbau des staatlichen Forsthauses Wildenburg bis zum Einzug des Vereins im Juni 1962 nur knapp zehn Monate vergangen waren. Die wenigen mit diesem Projekt beschäftigten Beamten der Kreisverwaltung, der Forstverwaltung, der Bezirks- und der Landesregierung arbeiteten, wie man heute gern sagt, unbürokratisch, das heißt, sie arbeiteten so interessiert, so zügig und damit der Sache dienend, wie Beamte überhaupt arbeiten sollten. Die Finanzierung und ihre Überwachung lag in den Händen meines Mitarbeiters Hans Kauer, des Schatzmeisters des Hunsrückvereins. Für den gesprengten Kaiser-Wilhelm-Turm erhielten wir damals 65 000 DM. Für den Ankauf der Wildenburg hatten wir 50 000 DM, zahlbar in drei Jahresraten, aufzubringen. Die Kosten der ersten Renovierungsarbeiten, bis die Gaststätte in Betrieb genommen werden konnte, waren gering; der Nutzen für die Allgemeinheit war groß.

In den 70er Jahren – ich war inzwischen längst Landrat des Landkreises Altenkirchen und Vorsitzender des Westerwaldvereins geworden – wurde die Wildenburg in großzügiger Weise so ausgebaut, wie man sie heute vorfindet.

Die Cusanus-Gesellschaft

Erste Überlegungen, eine Cusanus-Gesellschaft zu gründen, kamen bei mir im St. Nikolaus-Hospital zu Kues auf.

Im ersten Halbjahr meiner Amtszeit wohnte ich so lange in der nach Wegzug des Inhabers leergewordenen Rektorwohnung des Stiftes, bis die Dienstwohnung im ersten Stock des Landratsamtes für die Bedürfnisse unserer großen Familie hergerichtet war. Man kann nicht in diesem altehrwürdigen, von Cusanus selbst 1458 gegründeten Hospital wohnen, ohne von der auch noch heute lebendigen Strahlkraft des großen abendländischen Geistes berührt zu werden. Und wer das Glück hat, tagtäglich die Kapelle zu besuchen, sich in der berühmten Bibliothek aufzuhalten, die Akten des Hausarchivs zu studieren oder im Kreuzgang mit den Pfründnern zu plaudern, für den tut sich eine neue Welt auf. Was am Anfang nur Ahnung oder Vermutung war, verdichtete sich bei abendlichem Studium oder in Gesprächen mit Peter Kremer und Dr. Ernst Hauth allmählich zur Gewißheit, daß des Stifters erhellende, wegweisende Gedanken auch nützlich und hilfreich sein könnten für den Aufbau unserer Welt, die nach chaotischer Zerstörung im Zweiten Weltkrieg sich gerade wieder mit neuer Hoffnung und neuem Leben zu erfüllen begann. Wer aber konnte da besseres Leitbild, besserer Wegweiser sein als jener Kardinal Nikolaus Krebs aus Kues mit seinen nicht nur idealen, sondern durchaus konstruktiven Ideen zum Frieden zwischen den Nationen, zum Frieden zwischen den Religionen und

Jubiläum zum 500. Todestag von Kardinal Nikolaus von Kues im Jahre 1964. Am Herzgrab des Cusanus in seiner Stiftung spricht Rektor Johannes Hommer in Anwesenheit von Kardinal Augustin Bea SJ ein Gebet.

mit seinen Lehren von der Einheit in der Vielheit, vom Zusammenfall der Gegensätze im Glauben an den einen Gott?

Was aber war nötig, um solche in provinzieller Abgeschiedenheit vorhandenen Kraftquellen neu zu entdecken und sie nutzbar zu machen für den geistigen Aufbau unserer Heimat, unserer Welt?

Politiker, insbesondere Kommunalpolitiker, denken gerne praktisch und bedienen sich der Kräfte, wie sie dem Organisatorischen innewohnen.

In intensiven Gesprächen mit Leo Jakobi, Theo Pastor, Franz-Josef Veltin, Peter Boeck, Dr. Ernst Adams und Peter Kremer kristallisierten sich bald schon die Ziele und Aufgaben einer zu gründenden Gesellschaft heraus. Uns allen war selbstverständliche Voraussetzung, daß eine solche Vereinigung über die Staats- und Konfessionsgrenzen hinaus wirken müsse, wollte man sich auf cusanischen Geist berufen. Nach unserer Ansicht sollte im Rahmen der Gesellschaft zunächst die wissenschaftliche Erforschung der Lehren und Gedanken des Nikolaus von Kues in einem zu gründenden Institut für Cusanusforschung ermöglicht werden. Es sollte dann den cusanischen Ideen eine in heutiger Zeit nutzbringende »allgemeine und vertiefte Wirkung« verschafft werden. Außerdem sollte die Pflege der bis in unsere Zeit erhaltenen Cusanus-Gedenkstätten, des St. Nikolaus-Hospitals und des Geburtshauses in Kues, in die Obhut der Gesellschaft übernommen werden.

Der Bernkasteler Notar Dr. Ernst Hauth, ein intimer Kenner der Rechtsgeschichte des Hospitals, formulierte erste vorläufige Satzungsbestimmungen. Er war es auch, der eine Verbindung zu Robert Schuman, dem damaligen Präsidenten des Europäischen Parlaments, herstellte und bei ihm auf wohlwollende Resonanz stieß. Schuman war nicht lange vor dieser Zeit von Dr. Ernst Hauth durch das Hospital geführt worden.

Schon nach kurzer Zeit konnten wir unter Mitwirkung des Landtagsabgeordneten Dr. Ernst Adams den damaligen rheinland-pfälzischen Kultusminister Dr. Eduard Orth für unser Vorhaben gewinnen. Der Minister erkannte sofort die Bedeutung, die eine solche internationale und interkonfessionelle Vereinigung auch für das Bundesland Rheinland-Pfalz haben könnte. Er begründete die seit Beginn der Gesellschaft bis heute fortdauernde finanzielle Unterstützung durch das Land. Er war es auch, der uns den Mainzer Theologen und Cusanusforscher Prof. Dr. Rudolf Haubst als Leiter des Instituts an der Universität Mainz empfahl. Rudolf Haubst wurde dann auch der erste Vorsitzende unserer Gesellschaft.

Alles übrige über die Geschichte der Gesellschaft ist den »Mitteilungen und Forschungsbeiträgen der Cusanus-Gesellschaft« und der Festschrift zum 25jährigen Bestehen der Gesellschaft, »Zugänge zu Nikolaus von Kues«, zu entnehmen.

Die Feier des Jubiläums zum 500. Todestag des Cusanus am 11. August 1964 in Bernkastel-Kues war ein einzigartiger Höhepunkt im Leben der Gesellschaft. Ein Kreis herausragender Persönlichkeiten aus dem staatlichen, kirchlichen und wissenschaftlichen Leben hatte sich in der Kreisstadt eingefunden, um das Andenken des Cusanus würdig zu feiern. Die Feierlichkeiten standen unter der Schirmherrschaft des Ministerpräsidenten Peter Altmeier. Neben dem Trierer Bischof Dr. Matthias Wehr war die Katholische Kirche durch den apostolischen Nuntius Corrado Bafile vertreten. Kardinal Augustin Bea überbrachte ein Handschreiben zur Jubiläumsfeier von Papst Paul VI. Für die Evangelische Kirche in Deutschland waren Präses Prof. Dr. Beckmann und der Landesbischof von Oldenburg Dr. Gerhard Jakobi erschienen. Metropolit Polyefktos Finfinis war vom Patriarchen von Konstantinopel Athenagoras nach Bernkastel-Kues entsandt worden. Vom 9. bis 12. August 1964 dauerten die religiösen, wissenschaftlichen und sonstigen öffentlichen Veranstaltungen, an denen auch die heimische Bevölkerung mit Hingabe und Begeisterung teilnahm. Ein einzigartiges Fluidum geistiger und geistlicher Zusammengehörigkeit und die Freude, bei einem so bedeutenden Ereignis dabeisein zu können, erfüllte und bewegte die Menschen der Kreisstadt. Beim abendlichen Zusammensitzen der Gäste aus den verschiedensten Teilen Deutschlands, Europas oder der Welt wurde natürlich auch der Wein der Mittelmosel gekostet und gelobt. Bundestagspräsident Dr. Eugen Gerstenmaier hatte die von weither angereisten Ehrengäste zu einem festlichen Essen eingeladen und sie mit einer geistvollen, aber auch launischen Tischrede begrüßt.

Die wissenschaftlichen Hauptveranstaltungen fanden im Atrium des von Walter Remy entworfenen neuen Gymnasiums statt. Dort konnten die Teilnehmer übrigens erstmals die überlebensgroße Cusanus-Statue aus Bronze von Eugen Keller bewundern oder die von Paul Simon geschaffene Nachbildung des Andrea Bregno zugeschriebenen Grabmals des Cusanus in St. Pietro in Vincoli, Rom. Das von Klaus Kordel gezeichnete Cusanus-Porträt wurde zu eine Art Markenzeichen der Feierlichkeiten. Wir verdanken Ruth Baron einen ausführlichen und lebendigen Bericht dieser unvergeßlichen Festtage (»Das Cusanus-Jubiläum in Bernkastel-Kues vom 8.-12. 8. 1964«, Trier 1964). Natürlich steht in diesem Bericht nichts von den umfangreichen Vorbereitungen, die zur reibungslosen Durchführung erforderlich waren. Die Hauptlast hatte Rudolf Haubst zu tragen. Mit ihm hatte ich mich gelegentlich in Rom getroffen, wo sich in Anbetracht des gerade stattfindenden Vatikanischen Konzils die günstige Gelegenheit geboten hatte, das Interesse hoher kirchlicher Stellen für unsere geplante Veranstaltung zu wecken. Anläßlich eines abendlichen Zusammenseins mit dem Trierer Bischof Dr. Wehr und seinen Weihbischöfen Dr. Stein und Schmidt in der »Casa Pallotti« kam auch unser Vorschlag zur Sprache, einen dem Andenken des Cusanus gewidmeten Satz vatikanischer Briefmarken herauszubringen. Alle unsere bisherigen diesbezüglichen Bemühungen waren ergebnislos verlaufen. Bischof Dr. Wehr riet uns, eine Eingabe der in Rom versammelten deutschsprachigen Bischöfe an die zuständige »Pontifica Commissione della Cita del Vaticano« zu veranlassen. Noch am gleichen Abend wurde eine solche Bittschrift verfaßt, die dann am nächsten Morgen im Anschluß an die Heilige Messe in der Konzils-Aula herumgereicht wurde. (Auf diese Weise konnte auch einmal ein rheinland-pfälzischer Landrat in der Konzils-Aula verweilen – wenn auch nur für kurze Zeit.) Unsere Eingabe hatte Erfolg. Zum Cusanus-Jubiläum erschienen zwei vatikanische Briefmarken. Auf der einen ist das Kueser Geburtshaus des Kardinals abgebildet, auf der anderen sein Grabmal in St. Pietro in Vincoli.

Die Cusanus-Gesellschaft besteht inzwischen seit mehr als 26 Jahren. Das Institut für Cusanus-Forschung, ursprünglich an der Universität Mainz, heute in Trier, hat unter der Leitung von Rudolf Haubst hervorragende Arbeit geleistet. In beispielhafter Produktivität hat das Institut neben den inzwischen auf 17 Bände angewachsenen »Mitteilungen und Forschungsbeiträgen der Cusanus-Gesellschaft« eine stattliche Reihe von Monographien und kleinen Schriften herausgebracht. Wichtigste Tätigkeit ist die Edition der Predigten des Cusanus. Daneben wurden in regelmäßigen Abständen mit den im Wissenschaftlichen Beirat vereinigten Gelehrten aus vielen Teilen der Welt mehrtä-

In diesem vor einigen Jahren erneuerten Haus wurde Nikolaus von Kues 1401 geboren.

gige wissenschaftliche Symposien veranstaltet. Helmut Gestrich, Vorsitzender der Gesellschaft nach Rudolf Haubst, ist der Erwerb und die Restaurierung des früher in Privatbesitz befindlichen Cusanus-Geburtshauses zu verdanken. Nach Peter Kremer bemüht er sich vor allem darum, Cusanus und sein Werk für weite Kreise der Bevölkerung, insbesondere auch für die Schulen, zugänglich und verständlich zu machen.

Es bleibt die Aufgabe, die heute maßgebenden Persönlichkeiten aus Staat und Gesellschaft mit cusanischem Gedankengut vertraut zu machen. Daraus erwüchse vielleicht auch eine Chance für das von philosophischer Seite angeregte Allgemeine Friedenskonzil. Eine solche Versammlung könnte über die Jahrhunderte hinweg unmittelbar an Vorstellungen und Vorschläge des Nikolaus von Kues anknüpfen. Sie könnte sich aber auch ein Beispiel nehmen an seinem unerschütterlichen Gottesglauben und an seiner unerhörten intellektuellen Disziplin. In der Rückschau erscheint mir das Cusanus-Jubiläum als der Höhepunkt meiner Amtszeit im alten Landkreis Bernkastel.

Die Verwaltungsreform hat dann im Jahre 1969 dem Kreis als selbständiger Verwaltungseinheit den Garaus gemacht. Der Bevölkerung war diese legislative Maßnahme lange Zeit unbegreiflich, zumal ihr einsichtige, überzeugende Gründe nicht übermittelt wurden. Noch heute trauert man dem alten Kreis Bernkastel nach. Offensichtlich hatte der Gesetzgeber das historisch gewachsene, landschaftlich wie soziologisch begründete Gefühl der Zusammengehörigkeit der Menschen zwischen Hunsrück und Mosel nicht gekannt oder einfach unterschätzt.

Der Marktplatz in Bernkastel ist eine oft fotografierte Szene an der Mosel. Mit seinem ungewöhnlichen Reichtum an Fachwerkhäusern aus dem 16. und 17. Jahrhundert zieht er Touristen aus aller Herren Länder in die romantisch gelegene Stadt mit ihren weltberühmten Weinlagen.

Walter Schmitt

Zweimal Koblenz – dazwischen Mainz

Am 16. November 1946 fing es an: Mein Leben als rheinland-pfälzischer Staatsdiener, als Richter am Landgericht Mainz. Bis dahin hatte ich ein Jahr bei meinem Freund, dem Rechtsanwalt Wilhelm Westenberger, als »wissenschaftlicher Hilfsarbeiter« zugebracht, nicht ahnend, daß mein Arbeitgeber es einmal bis zum rheinland-pfälzischen Justizminister bringen würde. Es gab jede Menge Ehescheidungsprozesse, damals eine Art Aufarbeitung von Kriegsfolgen. An Streit um Geld hatte kaum jemand Interesse, was mit dem damals geringen Wert des Geldes zusammenhing. Was ich aber besonders in Erinnerung behalten habe: Im Winter 1946/47 war es bitter kalt. Brennstoffe waren ebenso rar wie heizbare Räume. So drängten sich das ganze Amts- und Landgericht in einem geheizten Sitzungssaal zusammen, mit Landgerichtspräsident Krug im herausragenden Mittelpunkt, dort, wo bei der Gerichtsverhandlung der vorsitzende Richter seinen Platz hat. Nach heutigen Maßstäben ein beinahe gespenstischer Anblick.

Oktober 1947. Meine schüchterne Nachfrage im Justizministerium, ob ich nicht an einem Amtsgericht in größerer Nähe zur Familienheimat meiner Frau, Kottenheim bei Mayen, beschäftigt werden könnte, hatte ein für mich sensationelles Ergebnis: Ich sollte ins Justizministerium kommen, und das hieß ja damals: nach Koblenz. Durch das Wort »Ministerium« wurde ich natürlich tief beeindruckt. Zumal ich noch nicht wußte, daß auch dort – wie wohl überall – normalerweise mit Wasser gekocht wird. Als junger Mensch hat man bekanntlich ja auch Ehrgeiz. So fing ich bereitwillig in Koblenz an. Einzige Schwierigkeit: Ich hatte noch keine Wohnung. Und Koblenz war zerstört.

Der Gang vom Bahnhof zum Justizministerium – übrigens ebenso wie Staatskanzlei und Innenministerium im heutigen Gebäude der Bezirksregierung untergebracht – unterschied sich von dem gleichen Weg unserer Tage doch wesentlich. Er führte weite Strecken über Trümmerpfade; dadurch war er allerdings kürzer, und man hatte weitere Ausblicke. Entschieden originell war dieser Anblick: Am Wiederaufbau von Obergeschoß und Dach des Ministeriums wirkten Myriaden von Menschen. Wer heute nach Schaffung oder Erhaltung von Arbeitsplätzen ruft, hätte seine helle Freude an diesem Gewimmel gehabt. Nur, es kam augenkundig nicht viel dabei heraus. Kalorien und Arbeitsproduktivität waren wirkungsvoll aufeinander abgestimmt. Erstaunlicherweise wurde das Dach im Laufe der Zeit dann doch irgendwie fertig.

Das tägliche Fahren mit der Bahn zwischen Mainz und Koblenz hatte seine vergnüglichen und seine weniger lustigen Seiten. Die Züge waren überfüllt, der Zustand der Waggons war kläglich. Mehr als einmal mußte man durch das zerbrochene Toilettenfenster klettern, um überhaupt mitzukommen.

Es war ein gewaltiger Fortschritt, als ich beim Wirtschaftsministerium auf dem Oberwerth eine grüne Dauerkarte widerruflich in Empfang nehmen konnte, genauer: eine Fahrtberechtigung für Dienstfahrten der Angehörigen der obersten Landesbehörden. Und so konnte ich für die abendliche Rückfahrt einen Diensttriebwagen benutzen, der von Münster in Westfalen nach Frankfurt fuhr und Koblenz um 19 Uhr 44 passierte. Aber das hatte auch seine Haken: der Triebwagen konnte schon mal auf der Strecke liegenbleiben, eine Lokomotive mußte von weither geholt werden. So bin ich im äußersten Fall von 19 Uhr 40 bis eine halbe Stunde nach Mitternacht auf dem Bahnhof patrouilliert, bis mein Zug kam, der ja als Diensttriebwagen im Wartesaal nicht ausgerufen wurde. Man machte so etwas mit einer heute gar nicht mehr vorstellbaren Bereitwilligkeit. Wesentlich war: Man war gesund aus dem Krieg zurückgekommen, man konnte und durfte arbeiten, man hatte hinreichend zu essen!

Am Anfang meines Abtriftens in politische Bezirke stand – wie häufig im Leben – eine in ihrer Tragweite zunächst gar nicht erkannte Episode.

An Pfingsten 1949 sollte Justizminister Süsterhenn anläßlich eines Juristentages für eine Kölner Tageszeitung ein Geleitwort schreiben. Thema, wenn ich mich recht entsinne: »Volksnahe Justiz«. Ein Ghostwriter – wie man heute sagen würde – wurde gesucht. Personaldezernent Dr. Schönrich gab den Rat: »Nehmen Sie doch mal den Dr. Schmitt.« Ich erhielt den Auftrag, meldete über die Pfingsttage meine Familie einschließlich Schwiegermutter ab und befaßte mich mit diesem Zeitungsartikel. Das Resultat, vielleicht 150 Schreibmaschinenzeilen, konnte eigentlich gar nicht so schlecht sein, und Herr Süsterhenn glaubte wohl, ein »publizistisch-politisches Talent« entdeckt zu haben, was rückschauend gesehen sicher ein Irrtum war. Übrigens bekam ich sogar die Hälfte des Honorars, was ich ungewöhnlich großzügig fand. Wichtiger war aber etwas anderes: Wenig später fingen die Organe des Bundes an zu arbeiten. Für die Länder gab es plötzlich eine »zweite Etage« der Arbeit. Bundesrat neben eigentlicher Landespolitik. Und für Minister mehr Arbeit. Das bis dahin unbekannte Instrument des »persönlichen Referenten« wurde entdeckt, Herr Süsterhenn erinnerte sich meiner, und so wurde ich sein persönlicher Referent – wohl der erste dieser sich späterhin gut entwickelnden Spezies in Rheinland-Pfalz.

Zwei Jahre persönlicher Referent bei Süsterhenn – das war schon eine interessante Zeit. Zumal sie mit intensiver Beteiligung an der Bundesratsarbeit und mit dem Vortrag der Bundesratssachen im Kabinett verbunden war. Süsterhenn, Justiz- und Kultusminister, und Hoffmann, der von der SPD gestellte Finanzminister, waren die starken Leute unter den Ministern. Und Süsterhenn verfügte – nicht zuletzt infolge seiner Rolle bei der Schaffung von Bundes- und Landesverfassung – auch bundesweit über große Reputation. Das fortgeschrittene Alter Adenauers brachte es mit sich, daß das Kronprinzenthema so alt war wie seine Kanzlerschaft. Anfang der 50er Jahre gab es eine Zeit, in der immer zwei Namen im Vordergrund standen: von Brentano und Süsterhenn. Aber für mich war vor allem wichtig: Von allen Politikern, mit denen ich als Beamter zu tun hatte – sei es mit Vorgesetzten, sei es sonstwie –, war Süsterhenn entschieden der Angenehmste. Selbst Jurist, hegte er keine Vorurteile gegen diese Gattung. Das Gespräch mit ihm geriet zur munteren Diskussion. Und man hatte dabei die Chance, daß er die eigene Auffassung änderte; er wollte nicht nur bestätigt werden.

Übrigens, das von ihm vielleicht mitverursachte Bild des »unduldsamen Ultramontanen« stimmt überhaupt nicht. Er war ein Mann von großer Toleranz und ließ jedermann nach seiner Façon selig werden. Das leicht giftig klingende, aber nicht so gemeinte Wort des Landtagsabgeordneten Hülser – wohlgemerkt eines Fraktionskollegen von Süsterhenn –, dieser sei eben doch eine »Soutanen-Wanze«, hat zwar einen humorigen Klang, jemand der Süsterhenn wirklich kannte, muß aber diesem Eindruck entschieden widersprechen. Daß Süsterhenn 1951 – sicher mittelbare Folge seines schweren Verkehrsunfalles – sich auf das neutrale hohe Richteramt zurückzog, entsprach sicher nicht ganz seinem politischen Temperament. Bei seinem späteren Gang in den Bundestag bestätigte sich die alte Weisheit, daß es in einem solchen Fall – siehe die Winkelried-Legende – leichter ist, von vorn in die Reihen seiner Feinde einzudringen, als von hinten kommend durch die Reihen der sich abschirmenden Freunde nach vorn zu gelangen.

1950! Der Umzug der Landesregierung von Koblenz nach Mainz war natürlich eine einschneidende Sache. Persönlich gesehen: man hatte sich in Koblenz arrangiert und wäre dort eigentlich auch ganz gerne geblieben. Aber politisch gesehen war der Umzug nach Mainz richtig und notwendig. Von Koblenz aus – aus damaliger pfälzischer Sicht eine ziemlich weit entfernte »preußische« Stadt – wäre die Integration des Landes nie so gelungen, wie dies von Mainz aus der Fall sein konnte. Daß Ministerpräsident Altmeier, der ja zunächst einmal »passionierter Koblenzer« war, dies voll erkannte, zeugt von seinem ausgeprägten politischen Realitätssinn. Überhaupt zu Altmeier schon an dieser Stelle: Was mich an ihm beeindruckte, war vor allem seine ausgeprägte Gabe, an einer Sache das Wesentliche zu erkennen und sie auch bis in spezifisch rechtliche Kategorien hinein richtig zu beurteilen. Und zum Zweiten: Seinen Reden widmete er große Sorgfalt, er redete nie unüberlegt daher. Natürlich wurden auch ihm Entwürfe zugearbeitet, er prägte sie aber so gut wie immer in seinen eigenen Stil um. Er war ein beinahe genialer Manuskriptredner. Bei seinen manuskriptgebundenen Reden konnte der Zuhörer die

Im Vorfeld der Gründung des Freundschaftskreises Rheinland-Pfalz/Burgund bei der »Confrèrie des Chevaliers du Tastevin« im Schloß Clos de Vougeot am 27. November 1954. Von links: Justizminister Becher, Chef der Staatskanzlei Haberer, dahinter stehend Ministerialrat Dr. Schmitt. Am Bildrand rechts: stellvertretender Landeskommissar René Schneider und Frau.

Illusion der freien Rede haben. Sicher machten so seine Reden einen ganz wesentlichen Teil seiner Reputation aus.

Für die Stadt Koblenz war der Wegzug der Landesregierung natürlich eine bittere Pille. Zumal im Laufe der Zeit auch mehr oder weniger all das nach Mainz umzog, was sich üblicherweise in räumlicher Nähe zu einer Regierung ansiedelt. Aber die Kompensationen blieben ja nicht aus: Beschaffungsamt, Bundesarchiv und die große Garnison seien dazu nur Stichworte. Zusammen mit einer eindrucksvollen wirtschaftlichen Entwicklung hat Koblenz sein Selbstverständnis auch ohne Landesregierung neu gewonnen.

Knappe zwei Jahre im Innenministerium – 1951/1952 – brachten einen engen Bezug zu Innenminster Dr. Aloys Zimmer. Er war ein Verwaltungskenner und politischer Kopf zugleich. Und ein Mann, der einige Grundsätze hatte, die er keinem taktischen Vorteil zu opfern bereit war, eine nicht unbedingt selbstverständliche Eigenschaft. Überdies verfügte er in Staatssekretär Krauthausen über einen exzellenten Gehilfen, der hohes Ansehen in der deutschen Verwaltung genoß. Als preußischer Landrat in Stuhm im Regierungsbezirk Marienwerder hatte Zimmer Erfahrungen in einem höchst interessanten Kreis gesammelt: dem einzigen im damaligen deutschen Reich mit einer echten großpolnischen Minderheit, die noch dazu im einflußreichen Grundbesitz angesiedelt war. Auch das ließ sicher den politischen Menschen in ihm reifen. Aber eine Art Dauerkonflikt mit Altmeier war unvermeidlich. Für zwei politische Köpfe dieser Art war das Land – jedenfalls damals – zu klein, sie mußten sich zwangsläufig aneinander reiben.

Und der Stärkere behielt die Oberhand: das war Altmeier. Zimmer hatte zudem die fatale Eigenschaft, seine Aussagen mit schulmeisterlicher Strenge – einschließlich des erhobenen Zeigefingers – zu machen. Und schließlich kam es so weit, daß ihm im Kabinett niemand mehr richtig zuhören wollte. Sein Weggang in den Bundestag bei der Wahl 1957 war logisch. Wie es dann dort weiterging: siehe Süsterhenn!

Zu Beginn des Jahres 1953 wechselte ich in die Staatskanzlei. Dort blieb ich bis Mitte 1957, die beiden letzten Jahre als Chef der Staatskanzlei, bis ich dann als Regierungspräsident nach Koblenz ging.

Gleich zu Beginn hatte ich ein lehrreiches Erlebnis. Es ging um die ehemaligen Westwallbunker und um das, was die Besatzungsmacht noch an verwertbarem Metall darin gelassen hatte. Übereinstimmender Vorschlag von Bund und Land: Unbeschadet ungeregelter Eigentumsverhältnisse sollten die Bunker ausgeschlachtet und der Ertrag der Aktion gemeinnützigen Aufgaben der Gemeinden zugeführt werden. Im Januar 1953 wurde dies in Bitburg den Grenzgemeinden des Trierer Bezirkes nahegebracht. Lange Verhandlungen, mancherlei Mißtrauen, viel Überredungsaufwand. Und zu guter Letzt Zustimmung. Erkennbar die Grundstimmung: Wenn alle staatlichen Stellen vom Landrat bis hinauf zur Bundesregierung dies unisono empfehlen, wird es wohl auch gut gemeint sein. Im März 1953 wurde das gleiche in Neustadt für die Pfalz versucht. Hier lief die Sache aber ganz anders. Das, was unsere französischen Nachbarn den »Esprit gaulois« nennen, war in der Pfalz entschieden ausgeprägter vorhanden. Erkennbar meinten die Gemeindevertreter hier: Wenn alle und dies übereinstimmend so suggerieren, dann sollen wir wohl über den Löffel balbiert werden, und dann sind wir mal vorsorglich dagegen. Der Ausgang der Verhandlung war völlig negativ. Hatte die preußische Zeit des Rheinlandes doch mehr »Staatsautorität« hinterlassen? Wenn es wirklich so gewesen sein sollte, nehme ich aber an, daß die zwischenzeitliche Integration des Landes auch diese Mentalitätsnuancen eingeebnet hat.

Frühzeitig hatte mich die Thematik »Neugliederung« erreicht. Aus Überzeugung war ich Verfechter des neuen Landes. Es erschien mir richtig, im mittelrheinischen Gebiet, dessen vielfältige Verflechtungen durch die Entwicklung des 19. Jahrhunderts überlagert waren, das politische Zentrum, lies: die Hauptstadt eines deutschen Bundeslandes, im eigenen Raum zu haben. Was ich dabei nicht verkenne: Überzeugungen sind auch von dem Standort abhängig, an dem sie gewonnen werden. Wäre ich nicht in Mainz, sondern in Düsseldorf oder München Neugliederungsreferent der Landesregierung gewesen, hätte ich vielleicht andere Überzeugungen gewonnen, ohne daß dies deshalb Opportunismus hätte sein müssen.

Hier noch einige Anekdoten oder anekdotische Anmerkungen zu diesem eigentlich schon in die Geschichte eingegangenen Thema:

Wenn etwa im Jahre 1950 ein Abgeordneter auf dem Podium des Parlaments von Rheinland-Pfalz als von »unserem Land« gesprochen hätte – bezeichnenderweise hat es ja auch keiner getan – er hätte schallendes Gelächter im ganzen Hause geerntet, allenfalls in der Lautstärke unter den Fraktionen leicht differenziert. So stark war damals noch das Bewußtsein des Provisorischen, so wenig erst eine wirkliche Identifikation mit dem Neuen spürbar.

Nach der Landtagswahl 1955 hatte mein Schwiegervater, der Abgeordnete Heinrich Pickel, die ehrenvolle Funktion des Alterspräsidenten des Landtags. Als solcher hatte er die entsprechende Rede in der konstituierenden Sitzung zu halten. Dem Mann der »Wirtschaft« im rheinischen Raum war der Begriff »Rheinisch-Westfälische Wirtschaft« in Fleisch und Blut übergegangen. Namen wie Nordrhein-Westfalen oder Rheinland-Pfalz gingen noch nicht so selbstverständlich über die Zunge. Also sprach er vom »Rheinisch-Westfälischen Landtag«. Große Heiterkeit im ganzen Hause, die noch heute in dem – erstaunlicherweise? – unkorrigiert gebliebenen Protokoll nachzulesen ist. Alle fanden das lustig, »Landessprengmeister« Bögler würzte die Situation noch mit einem Zwischenruf. Nur einer fand das gar nicht lustig: Altmeier, der Ministerpräsident. Mich traf sein Blick, der mir deutlich machte, daß er in mir den Verfasser der Alterspräsidentenrede vermutete. Und dabei war ich völlig unschuldig. Überdies hat das Land durch den Versprecher dann auch keinerlei Schaden erlitten!

In dieser Zeit war auch die Neugliederungskommission unter der Führung des Altreichskanzlers Dr. Luther im Lande unterwegs, um die Probleme »vor Ort« – das war damals noch eine neuartige Redensart – zu studieren. Aus dem rheinischen »Preußen« bewegte sich unsere Kolonne von der Lichtenburg Richtung Kusel in die vermeintlich »bayerische« Pfalz. An der »Landesgrenze« hatten einige pro-bayerische Enthusiasten zur Begrüßung weiß-blaue Papierfähnchen in den Boden gesteckt. Aus dem schon nahen Kusel war das Geräusch einer großen Volksbewegung zu hören. Flugs klammerten wir die gefährlich anmutende Durchfahrt durch Kusel aus und fuhren irgendwie, Herr Dupré war besonders ortskundig, um den Stadtkern herum. Was wir erst später erfuhren: In Kusel war ein örtliches Fest im Gange, und die geräuschvolle Munterkeit der Volksmenge hatte mit Neugliederungsmotivationen nicht das geringste zu tun.

Aber dann, im April 1956, kamen die Volksbegehren. Die Heimatbünde, jedenfalls in der Pfalz und in Montabaur, waren entsprechend aktiv. Mit einem »Rheinland-Pfalz-Bund« versuchten wir ein Gegengewicht zu schaffen. Das Geld, das dafür, in erster Linie für Zeitungsannoncen, locker gemacht werden konnte, würde jedem, der heute in den Kategorien von Staats- und Parteifinanzen denkt und handelt, ein Lächeln äußersten Mitleids entlocken. Die Hauptgefahr sahen wir in der Pfalz, wo es ja sowohl das bayerische als auch das kurpfälzische Volksbegehren gab. Im Rheinland würden

Eine profilierte Dichterpersönlichkeit wird geehrt: Stefan Andres erhält in seiner Privatwohnung in Unkel das Große Bundesverdienstkreuz (Ende Januar 1959).

die Leute schon gar nichts merken, meinten die politischen Sachverständigen dieses Raumes.

Und welche Überraschung! In allen Landesteilen waren die Volksbegehren erfolgreich. Nur in der Pfalz hatten sich beide Initiativen gegenseitig blockiert. Im »treuen« Landkreis Daun war es ein rundes Drittel der Stimmberechtigten, die das gesamtrheinische Gefühl und der Gedanke an die – damaligen – Fleischtöpfe von Nordrhein-Westfalen zu den bei den Gemeindeverwaltungen ausliegenden Listen geführt hatten.

Zu den verschiedenen soliden Eigenschaften Altmeiers zählte auch der Umgang mit dem Rechenstift. So war schnell herausgefunden, daß bei Addition aller Stimmen für alle Volksbegehren sich ca. 15 Prozent der Stimmberechtigten in die Listen eingetragen hatten. Also waren die übrigen 85 Prozent für Rheinland-Pfalz. Das war zwar so nicht richtig, und das wußte natürlich auch der kluge Altmeier, aber es war zunächst einmal eine hilfreiche Interpretation. Bei vergleichbaren Anlässen wird es überdies auch allgemein in der Politik so gehandhabt.

Die Volksbegehren aber kamen in die Schublade, die Kräfte der Integration des Landes wirkten weiter. Der Ausgang der Entwicklung ist bekannt. Die Volksentscheide von 1975 legten das Thema definitiv zu den Akten.

Und warum kam es in diesen Jahren nicht zur Neugliederung des Bundesgebietes, als die Bevölkerung hier und anderswo dafür mobilisierbar gewesen wäre? Weil der politi-

Eine Delegation der mit dem Regierungsbezirk Koblenz »verschwisterten« Grafschaft Norfolk mit den deutschen Gastgebern in der Domäne Niedernhausen/Nahe (Oktober 1958). Links Regierungspräsident Dr. Schmitt, in der Mitte »Grafschaftschef« Sir Bartle Edwards, rechts Mrs. Dargel.

sche Kraftaufwand und damit auch Kräfteverschleiß für eine wirklich konstruktive, das ganze Bundesgebiet umfassende Neugliederung so groß gewesen wäre, daß dahinter viel drängendere Probleme und Fragen hätten zurückstehen müssen. Für eine durchgreifende und umfassende Neugliederung hatte das Thema zu keinem Zeitpunkt den richtigen Stellenwert!

Und im übrigen gilt folgendes: Einer staatlichen Neuordnung – wohlgemerkt im Gebietsbereich eines Volkes, nicht bei unterschiedlichen Nationalitäten – wird in den ersten 15 Jahren widersprochen, weil man gegen das Neue ist; während der folgenden 15 Jahre hat man sich bereits weitgehend an das Neue gewöhnt, viele kennen das Alte bereits nicht mehr. Nach weiteren 15 Jahren geht man für das Neue »auf die Barrikaden«, der Prozeß der Identifizierung ist fertig. Allerdings nur unter zwei Voraussetzungen: Die Abgrenzungen müssen einigermaßen plausibel sein, und das Land muß einigermaßen vernünftig regiert und verwaltet werden. Paradebeispiel hierfür ist das alte Land Baden. Nach dessen Schöpfung durch die Wiener Verträge hatten Bodensee-Alemannen und Neckar-Pfälzer zunächst herzlich wenig gemeinsam, überdies war die Taille des Staates kaum 20 km breit. Aber 130 Jahre Baden mit einem zu Recht als fortschrittlich geltenden Staatsregiment führten dazu, daß in Nord- und Südbaden, noch bei der Abstimmung des Jahres 1951, also nach dem de-facto-Untergang des Landes,

Ein Stück industrieller Geschichte und Entwicklung: Feier des 200jährigen Bestehens der Stahl- und Walzwerke Rasselstein Andernach AG/Neuwied und Inbetriebnahme der »fünfgerüstigen Kaltwalzstraße«. Mitte der ersten Reihe von links nach rechts: Ministerpräsident Dr. h. c. Altmeier, der Vorsitzende des Aufsichtsrates Otto Wolff von Amerongen, Regierungspräsident Dr. Walter Schmitt.

sich mehr als die Hälfte für die Wiederherstellung des alten Landes Baden aussprachen, obwohl ein erheblicher Anteil von Flüchtlingen aus dem Osten zu der Fragestellung wohl kaum eine innere Beziehung hatte. Daß die Schaffung des Bundeslandes Baden-Württemberg, dank einer listigen Wertung der Abstimmungsgebiete im Gesetz, die auf lange Sicht bessere und inzwischen – siehe oben! – auch akzeptierte Lösung war, steht dabei auf einem anderen Blatt.

Anfang August 1956 war Kultusminister Dr. Albert Finck gestorben. In Hambach hatten wir ihn im Bannkreis der von ihm so geliebten Rebenlandschaft zu Grabe getragen. Für die Nachfolge standen die Namen Orth und Süsterhenn im Vordergrund, beide mit gleichartiger, aber gleichwohl unterschiedlicher Hausmacht. Für die Kandidatur Dr. Orths sprach der landsmannschaftliche Proporz.

Der Zufall wollte es, daß ich in Koblenz Zeuge eines kurzen, aber lehrreichen Gespräches zwischen Altmeier und Süsterhenn wurde. Süsterhenn erklärte, daß er für die Nachfolge Fincks nicht zur Verfügung stehe. Er wollte wohl hören: »Aber Adolf, Du kannst mich doch nicht so im Stich lassen.« Altmeier ergriff blitzartig die Hand Süsterhenns – ich sah seitdem niemand mehr so schnell die Hand eines anderen ergreifen – und entgegnete: »Adolf, ich bin Dir dankbar, daß Du so klare Verhältnisse geschaffen hast.« In Süsterhenns Gesicht glaubte ich deutliche Zeichen von Verblüffung zu erkennen.

Kultusminister wurde Dr. Eduard Orth. Und er blieb es bis zur Regierungsneubildung 1967. Vom Proporz abgesehen, mochte damals auch mitgespielt haben: Süsterhenn war zu Anfang der noch ungewohnten Regierungsarbeit der starke Gehilfe Altmeiers gewesen. Wenn man dann selbst das Metier allein beherrscht, sieht man den Gehilfen aus der Anfangszeit nicht unbedingt gerne am gleichen Kabinettstisch sitzen, selbst dann nicht, wenn es sich dabei um einen guten persönlichen Freund handelt.

In die erste Hälfte der 50er Jahre reichen auch die tastenden Anfänge dessen zurück, was nun schon lange als Regionalfreundschaft Rheinland-Pfalz/Burgund feste Gestalt angenommen hat – mit mittlerweile weit über 100 Gemeindepartnerschaften.

Die Besatzungsmacht, damals schon in der zivileren Form des Landeskommissariats, ermutigte die Verbindung Rheinland-Pfalz/Burgund. Für mich bedeutete das 1954 die Teilnahme an einer Informationsreise nach Dijon als »jugendlicher« Begleiter des Justizministers Becher, des Chefs der Staatskanzlei Dr. Haberer und des Präsidenten des Statistischen Landesamtes Prof. Dr. Zwick. Unser »Reiseleiter« war der stellvertretende Landeskommissar, Herr René Schneider, ein perfekt Deutsch sprechender Lothringer. Es war so etwas wie die Reise in ein Wunderland. So groß war auch noch 1954 das Gefälle zwischen beiden Ländern. Was wir zu essen bekamen, war für unsere Begriffe schlechthin märchenhaft. Die festliche Sitzung der Weinbruderschaft im berühmten Schloß Clos de Vougeot offenbarte sich als Feuerwerk lateinisch-französischer Beredsamkeit. Spätestens bei meinem dritten Besuch bemerkte ich dann allerdings, daß der größte Teil der Reden gar nicht improvisiert war, sondern feststehendes Ritual ist. Der kleine Umweg über Paris führte in das berühmte Restaurant »Tour d'Argent«, in dem man die servierten Enten seit dem Jahr 1890 numeriert. So kann ich dokumentarisch belegen, daß ich dort die Ente Nr. 248 207 verzehrt habe. Das Ganze spielte sich zwischen Freitag und Mittwoch ab, und ich kam nach Hause mit der pessimistischen Vorstellung, ich könne nie wieder etwas essen. Eigenartigerweise funktionierte der Organismus nach spätestens 48 Stunden wieder ganz normal.

Wenige Jahre später wurden hier und in Burgund die Freundschaftskreise gegründet. Richtigerweise haben wir die Sache nach Wegfall der Hilfestellung durch die Besatzungsmacht zu unserer eigenen gemacht. In der ersten Nachkriegszeit sprachen wir ja bewußt von der Brückenfunktion unseres Landes von Deutschland zu Frankreich. Für uns stand ganz im Vordergrund, auch unsererseits zum Abbau der unseligen »Erbfeindschaft« zwischen beiden Völkern beizutragen. Die Beziehung zu Frankreich erschien schlechthin als unser Problem und unsere Aufgabe. Gerade weil die deutsch-französische Verständigung und vielerlei Freundschaft die Normalität geworden ist, weil andererseits unsere internationalen Verflechtungen sich so vielschichtig entwickelt haben und weil die Vorstellungen einer Erbfeindschaft gewiß völlig überwunden sind, haben

Informationsfahrt im Regierungsbezirk am 3. Juli 1964: Der Regierungspräsident und der Landrat Dr. Beyer (Birkenfeld) in der »Schinderhannes«-Filmkutsche zwischen Breitenthal und Oberhosenbach. Amtsbürgermeister Vesper in Cutaway und Zylinder hoch auf dem Bock.

sich auch unsere Verbindungen zu Frankreich heute zur zwar unauffälligeren, aber deshalb nicht weniger wertvollen Normalität gewandelt.

Das Pflänzchen Rheinland-Pfalz/Burgund ist stetig gewachsen, zuerst langsam, schneller dann, als der französische Staat mit seinen Präfekten im Zeichen der Politik Adenauer/de Gaulle sich voll hinter die Sache stellte. In den 60er und 70er Jahren schossen die Gemeindepartnerschaften wie Pilze aus dem Boden. Als Mitbegründer des Freundschaftskreises blieb ich bald 30 Jahre im Vorstand, als Regierungspräsident in Koblenz kam für mich die Partnerbeziehung zum Departement La Nièvre hinzu. Ein Kaleidoskop von Namen und Begegnungen gleitet am Auge vorbei, wenn man sich dieser 30 Jahre erinnert. Am nachhaltigsten aber haftet noch immer der Name des Chanoine Kir, zu seinen Lebzeiten schon zum Denkmal seiner selbst geworden, von Legenden umgeben und in bewundernswerter Weise Motor unserer Idee auf französischer Seite. Er war immer in vorderster Linie mit dabei. Ich erinnere mich, daß er sich aus vergleichsweise geringfügigem lokalen Anlaß der Strapaze einer Reise von Dijon nach Oberwesel unterzog. Übrigens war er auch in meinem Hause in Koblenz zu Gast. Bei seiner Beisetzung in dem kleinen und doch historisch so berühmten Alise-Sainte-Reine konnte ich zugegen sein. Man sagt übrigens, einer der wenigen Wege des Menschen zur Unsterblichkeit sei es, einer Speise oder einem Getränk seinen Namen gegeben zu haben. Auch unter diesem Aspekt ist ja Chanoine Kir zu gesicherter Unsterblichkeit aufgestiegen.

Die Freundschaft Rheinland-Pfalz/Burgund hatte für mich als Regierungspräsident auch recht interessante Nebenfolgen. Ein Präfekt von Dijon, Herr Chapel, war inzwischen Vorsitzender der wohlklingenden Vereinigung der Präfekten und der hohen Beamten des Innenministeriums geworden. Zusammen mit meinem rheinhessischen Kollegen Dr. Rückert war ich zur Jahrestagung der Organisation nach Paris eingeladen. Dort trafen wir nicht nur auf italienische Kollegen, sondern auch auf Präfekten aus den ehemaligen französischen Kolonien, von Mauretanien über Kamerun bis Madagaskar. Und man konnte hochinteressante Gespräche führen.

Ein anderes Beispiel: Die Pariser Messe, traditionelle Frühjahrsveranstaltung, hatte einen »Tag der europäischen Partnerschaft«. Bei der Spazierfahrt auf der Seine saß ich mit Bürgermeister und Pfarrer des weltweit bekannten Solferino zusammen. Ich war verblüfft, mit welch souveräner Geringschätzung – das Wort ist noch vorsichtig gewählt – die beiden Norditaliener über ihre Landsleute aus Kalabrien und Sizilien sprachen, denen gegenüber sie sich bei der inneritalienischen Wanderungsbewegung in einer Abwehrposition sahen. Solche Aussagen wären in meinen Augen für die differenzierte Bewertung deutscher Stämme untereinander schlechthin unvorstellbar.

Was ich da erzähle, mag nach heutigen Maßstäben ganz klein erscheinen. Die Relationen haben sich grundlegend verändert. China und die USA, Australien und Kanada lagen damals noch außerhalb des Blickfelds normaler politischer Reisen. Ein Regierungspräsident kam eigentlich wenig aus seinem Bezirk und kaum aus dem eigenen Bundesland heraus. Eine Konferenz der Regierungspräsidenten der deutschen Bundesländer hätte bei den Landesregierungen damals keineswegs nur in dem in seiner Existenz noch etwas unsicheren Rheinland-Pfalz den – übertrieben gesagt – Aspekt landesverräterischer Konspiration gehabt.

Das knappe Jahrzehnt zwischen 1955 und 1964 war auch die Zeit der Schiffbarmachung der Mosel. Von den politischen Vorgaben und der Arbeit der Kommissionen über die Bauarbeiten bis hin zum feierlichen Tag der Einweihung am 26. Mai 1964.

Wie erinnerlich, war zunächst ja alles dagegen, ausgenommen die Industrie- und Handelskammern von Koblenz und Trier. Zu viele »große« Interessen schienen berührt, und der kleine Mann an der Mosel war natürlich auch dagegen, nach dem alten Gesetz, daß der Mensch immer gegen das Neue ist, wenn es in einer Größenordnung daherkommt, die ihm die Sache unheimlich macht.

Erfreulicherweise verfügte die deutsch-französische Kommission, die die Vorarbeiten zu leisten hatte, über eine Unterkommission für rechtliche und organisatorische Fragen, und ein Vertreter von Rheinland-Pfalz hatte darin seinen Sitz. Erfreulicherweise tagte die Kommission auch in Paris, und so konnte ich die Luft des berühmten Quai d'Orsay schnuppern. Verglichen mit den damaligen regionalen Maßstäben eines deutschen Bundeslandes war das schon eine interessante Sache. Paris kannte ich schon, aber die Technik internationaler Verhandlungen war mir noch neu: Man fängt nicht an, in der Nähe dessen zu verhandeln, was man für richtig hält und was man aus legitimem Eigeninteresse wirklich erstrebt. Vielmehr beziehen beide Seiten zunächst völlig extreme, um nicht zu sagen unsinnig kontroverse Positionen von Null bis Hundert, um dann mit großer Zähigkeit so zu verhandeln, daß man am Schluß nicht allzuweit von »Fünfzig« entfernt ist. Beeindruckend für mich übrigens der Wortführer der deutschen Delegation, Botschafter Dr. Lahr.

Ab 1957 beschäftigte mich der Ausbau der Mosel aus der Sicht des Chefs einer Mittelinstanzbehörde, eben der Bezirksregierung Koblenz. Für den landschaftsfreundlichen, »unauffälligen« Bau der Staustufen war Prof. Seiffert aus München als Sachverständiger von hervorragendem Ruf beratend tätig. Bei seinem Kontaktbesuch in Koblenz begegnete mir ein 72jähriger, drahtiger und geistig höchst munterer Herr. Im Gespräch meinte er dann, zwei Kategorien seiner Generation seien längst schon nicht mehr am Leben: die Dicken und die Raucher. Die angebotene Zigarre lehnte er höflich ab. Nachdem ich heute selbst das damalige Alter von Herrn Seifert erreicht habe, kann ich feststellen, daß selbst solche Erfahrungssätze nur eine relative Geltung beanspruchen können.

Der Ausbau der Mosel zur internationalen Schiffahrtsstraße, ursprünglich ein politisches Junktim der mit Frankreich für die Rückgabe des Saarlands in deutsche Souveränität ausgehandelten Abmachungen, wurde 1964 vollendet. Hier die Einweihungsfeierlichkeiten in Trier mit Bundespräsident Heinrich Lübke, dem französischen Staatspräsidenten de Gaulle sowie der luxemburgischen Großherzogin.

Sicher mußte damals eine lange und geduldige Aufklärungsarbeit für den notwendigen Konsens der Bevölkerung geleistet werden, um die Atmosphäre für eine geordnete Arbeit zu gewährleisten. Das brachte auch das eine oder andere aus späterer Sicht vergnügliche Intermezzo. So stand im Bereich der späteren Staustufe Lehmen eine kleine Kapelle, die längst nicht mehr kirchlichen Zwecken diente, vielmehr für allerlei dringliche Verrichtungen mißbraucht wurde. Den Lehmenern erschien das Kapellchen von einer unerhörten ideellen und materiellen Bedeutung. Es müsse bleiben! Wenn es schon verschwinde, müsse sein Wert in der Entschädigungssumme auch angemessen zum Ausdruck kommen. Dem Baudezernenten der Bezirksregierung entschlüpfte die saloppe Bemerkung: »Dann können Sie sich für das Geld an anderer Stelle wieder so ein Kabäuschen bauen!« »Kabäuschen« war ein Stichwort. Es wurde als elementare Verletzung religiöser Gefühle gedeutet. Entsprechend fiel auch dann die Sonntagspredigt in Lehmen aus. Nun ja, für das Kapellchen gab es dann doch eine allseits akzeptierte Entschädigung. Die Staustufe Lehmen und die Schiffbarmachung der Mosel sind am Lehmener Kapellchen nicht gescheitert.

Mit britischen Gästen aus unserer englischen Kontaktgrafschaft Norfolk stand ich übrigens einmal auf dem Grund einer abgeschotteten Staustufe, ich denke, es war St. Aldegund. Man war tief unter dem Wasserspiegel der Mosel, und es war schon ein Bild von archaischer Wucht. Man konnte hier auch sehen, woher das Land beiderseits der Mosel seinen Namen Schiefergebirge ableitet. Um so bewundernswerter übrigens die Leistung, daß die vergleichsweise kleinen Baukörper über Wasser sich heute gut und eigentlich doch schonend in das Gesamtbild der Mosellandschaft einfügen.

Am Tag der festlichen Einweihung ging die Schiffsfahrt von Apach nach Trier. Die Staatsoberhäupter der drei beteiligten Staaten, Großherzogin Charlotte von Luxemburg, Staatspräsident de Gaulle und Bundespräsident Lübke waren anwesend; natürlich auch Ministerpräsident Altmeier als »Landesherr«.

Episodisches bleibt auch bei einem solchen Tag am lebhaftesten im Gedächtnis; und dazu rechnet in diesem Fall, wie die Schulkinder in den luxemburgischen Ufergemeinden den Staatsoberhäuptern in hellen Scharen und fähnchenschwenkend mit stürmischen »Vive, vive«-Rufen zujubelten und so die allerdings geläufige Erkenntnis deutlich machten, daß das Französische die Staatssprache des Großherzogtums ist.

Die monumentale Rhetorik des französischen Staatspräsidenten kam voll zur Geltung, und auch in Trier sprach er mit ausladender Gestik sein Lieblingswort vom Zusammengehen der »Gallier und Germanen«. Die anderen Redner hatten erkennbare Schwierigkeiten, mit der rednerischen Wucht de Gaulles auch nur annähernd mitzuhalten.

Und schließlich erfreute ich selbst mich bei der Anfahrt in Trier eines beachtlichen Heiterkeitserfolges. In Trier lagen einige Schiffe vor Anker, und eines davon trug den

Namen »Châteauneuf-du-Pape«. Jemand stellte mir die Frage, was das wohl heiße, und ich antwortete sehr ernsthaft, ganz genau wisse ich es auch nicht, aber ich meinte, es sei eine sehr freie Übersetzung von Rheinland-Pfalz ins Französische. Alles lachte. Dem Fragesteller gab ich dann selbstverständlich die richtige Erklärung. Übrigens, die Zeiten ändern sich, und ich bin gar nicht ganz sicher, ob meine Bemerkung heute, mehr als 20 Jahre danach, unkommentiert verstanden würde.

Heute ist die Schiffbarmachung der Mosel, auch und gerade an der Mosel selbst, bereits in die Geschichte eingegangen. Im Grunde will heute niemand mehr dagegen gewesen sein. Das Scherzwort des Staatssekretärs Dr. Steinlein »Ein Schiff wird kommen«, das er einem bekannten Schlagertext entnahm, ist ja inzwischen auch eindeutig widerlegt. Vor allem weiß man heute, daß die Schiffbarmachung der Mosel für die Infrastruktur ihrer Gemeinden einen gewaltigen Schritt nach vorne bedeutet hat.

Schulreform ist in irgendeiner Weise immer aktuell. Aber besondere Aktualität gewann sie in den sechziger Jahren, als Schulgröße und -form gleichermaßen zur Diskussion und Disposition standen. Es war der zunächst tastende Weg von der Dorfschule zur Mittelpunktschule. Und so geschah es in Lutzerath und Driesch in der Eifel: Beide Gemeinden, aus wahrscheinlich legendärem Anlaß von alters her nicht eben befreundet, sollten eine gemeinsame Schule erhalten. Driesch, die kleinere von beiden, wehrte sich mit Händen und Füßen. Die Fronten verliefen seltsam: Kultusminister und bischöfliche Behörde wollten das Zusammengehen. Altmeier stand auf seiten von Driesch. Ihn beeindruckte zutiefst die Argumentation dieser Gemeinde: Gegen die Nationalsozialisten habe man das Kreuz in der Schule erfolgreich verteidigt, und nun wolle ihnen ein christlicher Ministerpräsident die ganze Schule samt Kreuz wegnehmen. Wenn man übrigens bei den Drieschern vorsichtig argumentierte: Ihr habt doch mit Lutzerath jetzt schon so vieles gemeinsam, und im sonntäglichen Gottesdienst geht Ihr doch an die gleiche Kommunionbank, erhielt man die schlagfertige Antwort: »Ja, aber der erste von Driesch geht erst, wenn der letzte Lutzerather weg ist.« Der Kampf wurde lange und listig geführt, aber am Ende konnte die allgemeine Entwicklung auch an Driesch nicht vorbeigehen. Und heute? Zwischen Lutzerath und Driesch stehen eine Grund- und eine Hauptschule, und beide Gemeinden bilden seit der Verwaltungsreform – nicht ohne eine Doublette der früheren Auseinandersetzung – eine einzige Gemeinde.

Im März/April 1962 konnte ich auf Einladung der amerikanischen Regierung eine sechswöchige Informationsreise in die USA unternehmen. Schon während meiner Zeit in der Staatskanzlei war mein Name, ohne daß ich das geringste davon gewußt hätte, auf eine entsprechende Kandidatenliste geraten. Er blieb dort – wohl auch infolge meiner engen Verbindung zu dem damals in Koblenz bestehenden Amerika-Haus, als ich 1957 nach Koblenz ging. Es war eine äußerst interessante Reise mit enormen Eindrücken,

Auch mit dem Ballon kann man fahren! Landrat Dr. Klinkhammer (damals Kreis Montabaur) und Regierungspräsident Dr. Schmitt bei der Abfahrt zum Flug von Montabaur nach Altenkirchen am 14. Oktober 1965.

deren gedankliche Aufarbeitung noch viele Monate in Anspruch nahm. Aber das ist nicht das Thema. Nur eine Anekdote am Rande mit intensivem Koblenz-Bezug soll hier kurz erzählt werden:

In Washington erreichte mich über die Deutsche Botschaft die Einladung eines Herrn McMahon, Träger also eines großen Namens. Treffpunkt im Internationalen Presseclub, Kennzeichen Nelke im Knopfloch! Dort traf ich einen liebenswürdigen älteren Herrn, einen pensionierten amerikanischen Oberst. Nach dem Ersten Weltkrieg war er in Koblenz gewesen, eine Tochter war dort zur Welt gekommen. Im Zweiten Weltkrieg war er mit den ersten amerikanischen Truppen wiederum in Koblenz eingezogen. Bei der Unterhaltung hatte er eine größere Tasche mit offensichtlich gewichtigem Inhalt zu seinen Füßen stehen. Was war es? Ein Stück des Schwertknaufes vom Kaiserstandbild am Deutschen Eck, etwa 30 kg schwer, das er als »Kriegsandenken« mitgenommen hatte und das er mir nun mit großherziger Geste restituierte. Über die Deutsche Botschaft kam es dann später zu mir nach Koblenz, ich übergab es nebst Kommentar der Stadt – vielleicht ist es dort heute noch. Mit Herrn McMahon aber war eine neue freundschaftliche Verbindung gewonnen. Nach dem Krieg war er Presseoffizier in München gewesen, hatte vielerlei Beziehungen in Deutschland, machte bis zu seinem Tode viele selbstorganisierte Weltreisen. Darüber schrieb er amüsante Berichte, die er einem großen Freundeskreis zukommen ließ. Seit meinem Washingtoner Erlebnis gehörte auch ich dazu.

Das alles waren nur Streiflichter. Ein Gesamtbild ist weder gewollt noch möglich.

Hans Günther Dehe

Als Geschäftsführer des Landkreistages

Ernst Jünger beschreibt in seinen »Marmorklippen« die Schwermut, die uns bei der Erinnerung an vergangene Zeiten ergreift. »Wie unwiderruflich sind sie doch dahin, und unbarmherziger sind wir von ihnen getrennt als durch alle Entfernungen.« Auch träten im Nachglanz die Bilder lockender hervor.
Solche Empfindungen stellten sich auch bei mir ein, als ich mit der Aufzeichnung von Erinnerungen aus meiner Zeit als Geschäftsführer des Landkreistages Rheinland-Pfalz begann. Die Gedanken gingen auch einige Jahre weiter zurück, bis zu der Zeit, in der die Grundlagen für meine berufliche Arbeit gelegt wurden.

ALLER ANFANG IST SCHWER

Alles nahm seinen Anfang, als ich im Mai 1949 von meinem Nachkriegswohnort Meisenheim am Glan zum damaligen Regierungssitz Koblenz fuhr, um dort im Rathaus, in dem der erste rheinland-pfälzische Landtag seine Sitzungen hielt, mit dem Landrat und Abgeordneten Jakob Heep aus Birkenfeld zusammenzutreffen. Die Unterredung ging zurück auf eine von vielen Vorsprachen, die ich in den zurückliegenden Monaten mit dem Leiter der Personalabteilung im Innenministerium, Oberregierungsrat Klein, wegen meiner Übernahme in den höheren Verwaltungsdienst geführt hatte. Denn seit dem zweiten juristischen Examen im Januar 1949 an der »Staatlichen Akademie für Verwaltungswissenschaften« in Speyer, der späteren Hochschule für Verwaltungswissenschaften, war ich in meinem erlernten Beruf arbeitslos. Sparen, sparen, sparen war die Devise der öffentlichen Verwaltung nach der Währungsreform – die rechtliche Situation der Speyerer Assessoren, zu denen ich gehörte, war zudem höchst unsicher.
Im Vorraum des Plenarsaales trat mir Heep entgegen. Er musterte mich kurz, stellte einige Fragen, die ich offenbar befriedigend beantwortete, und sagte schließlich: »Am 1. Juni können Sie bei mir anfangen, Sie finden interessante Aufgaben vor.«
Damit begann für mich die Tätigkeit bei einer Kreisverwaltung, nach preußischer Überlieferung »Landratsamt« genannt. Der Aufgabenbereich der Landkreise und die vielen Gestaltungsmöglichkeiten der Verwaltung auf der Kreisstufe beeindruckten mich; sie sollten für meinen weiteren Lebensweg bestimmend sein.

Die Erinnerungen reichen vornehmlich vom Jahre 1953 bis zur Kreisreform 1969/1973 und ihren Auswirkungen. Eine Gesamtdarstellung der Geschichte des Landkreistages Rheinland-Pfalz von der Gründung 1947 bis heute ist in Vorbereitung.

Mein Dezernat, das ich für die Dauer von zwei Jahren im Landratsamt Birkenfeld zu verwalten hatte, umfaßte neben der gerade beginnenden Soforthilfe für Flüchtlinge, Kriegs- und Währungsgeschädigte auch die öffentliche Fürsorge (Sozialhilfe) sowie Jugendhilfe und Polizeiangelegenheiten.

In der damaligen Zeit bestand bei den Mitarbeitern des Landratsamtes sowie der Stadt- und Amtsverwaltungen im Kreisgebiet ein großes Bedürfnis nach Information und Schulung. Nur wenige Fachbücher und Zeitschriften waren auf dem Markt; vieles mußte mündlich erörtert werden. So entschloß ich mich in Zusammenarbeit mit dem uns zugewiesenen Referendar Ernst Daum – später im Kultusministerium tätig, anschließend als Oberkirchenrat in Speyer – zur Einrichtung einer Verwaltungsschule in Birkenfeld. Sie wurde dankbar begrüßt und fand regen Zuspruch.

Aus vielen Vorhaben und Plänen wurde ich dann nach zwei Jahren durch meine Versetzung zur Bezirksregierung herausgerissen. Für die weitere Ausbildung war dies wichtig, für meine Frau und die Kinder mit mancherlei Ungelegenheit verbunden. Der Weg führte mich zur Bezirksregierung Montabaur, bei der die Ministerpräsidenten Dr. Boden und Altmeier sowie Innenminister Dr. Zimmer als Regierungspräsidenten amtiert hatten – einer kleinen Mittelbehörde mit kurzer, aber stolzer Tradition.

Der Weg zum Landkreistag

Nach knapp zwei Jahren trat erneut eine Änderung ein. Ein neues Aufgabengebiet sollte meine Tätigkeit über drei Jahrzehnte hinweg bestimmen. Ich bewarb mich damals um die Stelle des Geschäftsführers des Landkreistages Rheinland-Pfalz, die durch den zum 1. Mai 1953 bevorstehenden Wechsel des bisherigen Geschäftsführers Rudolf Rumetsch in die Kommunalabteilung des Innenministeriums neu zu besetzen war. Rumetsch, ebenfalls ein Speyerer Assessor, war seit Mai 1951 aus dem Landesdienst befristet beurlaubt; ich war mit ihm befreundet, und er hatte mich auf die Stelle aufmerksam gemacht und unterstützte meine Bewerbung. So traf ich dann im März 1953 mit dem Vorsitzenden des Landkreistages, Landrat Heinrich Salzmann vom Landkreis Trier, in der bescheiden ausgestatteten, kleinen Geschäftsstelle des Landkreistages in Mainz, Ludwigstraße 14, zusammen, um mich bei ihm vorzustellen.

Heinrich Salzmann war von hoher Statur, von ihm ging natürliche Autorität aus. Von Beginn hatte er – zuerst als Landrat a. D.; die Besatzungsmacht hatte ihn 1946 wegen seines energischen Eintretens für seinen Kreis aus dem Amt entfernt – die Geschicke des Landkreistages Rheinland-Pfalz, ebenso zeitweise auch des Gemeindetages bestimmt. Er war Gründungsmitglied des Landkreistages gewesen, als am 7. November 1947 Landräte aus allen Regierungsbezirken des Landes auf der Weinbaudomäne Niederhausen-Schloßböckelheim im Kreis Bad Kreuznach auf Einladung von Landrat Doetsch, Mayen, und Landrat Gräf, Bad Kreuznach, zur konstituierenden Sitzung zusammengekommen waren, und wurde dessen erster Geschäftsführer. Auf einstimmigen Vorschlag des Kreistages Trier war er dann im August 1950 durch Ministerpräsident Altmeier erneut zum Landrat des Kreises Trier bestellt worden. Nachdem der erste Vorsitzende des Landkreistages, Landrat Dr. Hermann Schüling, Kreis Ahrweiler, zum Regierungspräsidenten ernannt worden war – er wurde später Regierungspräsident in Montabaur –, hatte die Hauptversammlung des Landkreistages im April 1951 Salzmann zu dessen Nachfolger gewählt.

Als noch recht junger Bewerber, gerade 31 Jahre alt, stand ich vor Heinrich Salzmann, dem vielfach bewährten Verwaltungsfachmann, damals Mitte Fünfzig. Das Gespräch verlief positiv. Ich verließ die Geschäftsstelle mit der Zusicherung des Vorsitzenden, er werde sich für meine Bewerbung einsetzen.

Die entscheidende Sitzung des für die Wahl des Geschäftsführers zuständigen Organs des Landkreistages, des Landesausschusses, fand am 16. März 1953 in Bad Dürkheim statt. Für meine knappe Kasse war es günstig, daß ich im Auto des späteren Bundestagsabgeordneten August Kunst, damals Kreisdeputierter des Unterwesterwaldkreises und Mitglied des Landesausschusses des Landkreistages, mitfahren konnte. In dieser Sitzung, in der ich mich dem aus Landräten und ehrenamtlichen Kreisvertretern zusammengesetzten Gremium vorstellte, kam es zu keiner großen Diskussion. Ich berichtete kurz über meine Vorstellungen, der Vorsitzende gab seine Beurteilung ab. Nach der Vormittagssitzung war ich zum Geschäftsführer des Landkreistages gewählt.

Zuvor hatte ich mich im Innenministerium vergewissert, daß ich im Falle meiner Wahl, ebenso wie mein Amtsvorgänger Rudolf Rumetsch, aus dem Landesdienst beurlaubt würde. Sowohl Innenminister Dr. Alois Zimmer, der als früherer preußischer Landrat in Stuhm (Westpreußen) die Bedeutung des kommunalen Spitzenverbandes zu schätzen wußte, wie auch sein ständiger Vertreter (seit 1956 Staatssekretär) Dr. Udo Krauthausen – zuvor im Dienst des Deutschen Städtetages, seit den 20er Jahren im preußischen Innenministerium, später beim preußischen Oberverwaltungsgericht tätig – zeigten hierfür Verständnis.

Die Geschäftsstelle des Landkreistages

Meinen Dienst beim Landkreistag trat ich am 1. April 1953 an. Von einem zwar kleinen, aber doch mit mehreren Sachbearbeitern und Schreibkräften ausgestatteten Dezernat der Bezirksregierung wechselte ich zu dem »Ein-Mann-Betrieb« der Geschäftsstelle. In ihr war neben dem Geschäftsführer zunächst nur eine einzige Schreibkraft tätig.

Die Anforderungen an die Geschäftsstelle waren groß. Hinzu kam, daß mein Amtsvorgänger Rudolf Rumetsch mit seinem Ideenreichtum manches in Bewegung gebracht hatte, was weiterzuführen war. Und im Laufe der Zeit waren aus den »Provisorien« Bundesrepublik Deutschland und Land Rheinland-Pfalz anerkannte und vielseitig aktive Staatswesen geworden, deren zunehmende Gesetzgebungstätigkeit auch die Aufgabenstellung und Verfassung der Gemeinden und Landkreise stark bestimmte. Der Vorstand des Landkreistages schrieb daher, um den gewachsenen Anforderungen gerecht zu werden, die Stelle eines gehobenen Beamten bei der Geschäftsstelle aus.

Schon nach kurzer Zeit stellte uns der Landrat des Kreises Bitburg, Konrad Schubach (später Regierungspräsident in Trier, sodann Staatssekretär im Landwirtschaftsministerium), mit Josef Thömmes einen geeigneten Bewerber vor. Er war jedoch nur beurlaubt und wurde schon nach zwei Jahren vom Landkreis zurückgerufen; heute ist er als Oberverwaltungsrat Dezernent bei der Kreisverwaltung Bitburg-Prüm. Seine Nachfolge trat 1956 Ortwin Hommel an, den uns der Landrat des Oberwesterwaldkreises, Heinrich Lingens (später Präsident des Sparkassen- und Giroverbandes) als qualifizierten Mitarbeiter vorgeschlagen hatte. Hommel blieb beim Landkreistag und ist zur Zeit als Leitender Verwaltungsdirektor und Sozialdezernent bei der Geschäftsstelle tätig.

Die Geschäftsstelle in der Mainzer Ludwigsstraße 14, zwischen Dom und Schillerplatz gelegen, war räumlich recht beengt; sie bestand aus einem mittelgroßen Arbeitszimmer und einem Vorraum, in dem ein Aktenschrank und ein Vervielfältigungsgerät für die Fertigung der Rundschreiben ihren Platz hatten.[1] Unmittelbar daneben befand sich die Geschäftsstelle des Gemeindetages, zu der ein gutnachbarliches Verhältnis bestand.

Die beiden Bilder zeigen Streiflichter aus einer Landräte-Konferenz des Landkreistages am 4. Juni 1959 auf der Ebernburg, damals Kreis Rockenhausen. Von links nach rechts: die Landräte Unckrich (Neustadt), Müller (Rockenhausen), Salzmann (Trier), Direktor Dehe, Amtmann Hommel sowie Landrat Nicklas (Kirchheimbolanden).

Rechts neben meinem Arbeitsplatz war eine Verbindungstür; sie war nicht abgeschlossen und erleichterte so die Zusammenarbeit zwischen den beiden kommunalen Spitzenverbänden.

Die Geschäftsstellen des Gemeindetages und des Städteverbandes

In den Nachbarräumen der Geschäftsstelle amtierte als Geschäftsführer des Gemeindetages der frühere Oberbürgermeister der mährischen Stadt Olmütz, Dr. Julius von Schreitter, der diese Aufgabe im Jahre 1951, knapp ein Jahr nach seinem Übertritt in die Bundesrepublik, übernommen hatte. Trotz seines schweren Schicksals – fünf Jahre Zwangsarbeit in der Tschechoslowakei lagen hinter ihm – zeigte er im täglichen Umgang viel Humor und menschliche Wärme.

Ihm assistierte schon seit 1952 Walter Bogner, der im Jahre 1960, als Schreitter in den Ruhestand trat, als Geschäftsführer nachfolgte. Bogner kannte ich bereits; er war wie ich Speyerer Assessor und entwickelte wie viele meiner Kollegen von der Hochschule Speyer ein besonderes Interesse an der Kommunalpolitik. Gemeinsam mit ihm begründete ich 1957 die für die kommunale Praxis bestimmte Fachzeitschrift »Die Gemeindeverwaltung in Rheinland-Pfalz«, die nunmehr im 31. Jahr monatlich zweimal unter unserer gemeinsamen Schriftleitung erscheint. Der Start wurde uns besonders durch Rudolf Rumetsch, damals in der Kommunalabteilung des Innenministeriums, und durch das Entgegenkommen des Stuttgarter Verlegers Richard Boorberg erleichtert.

Die Geschäftsstelle des »Dritten im Bunde«, des Städteverbandes, der heute in Anglei-

Von links: Landräte Hieronimus (Wittlich), Urbanus (Daun), Weiß (Germersheim), Dr. Krämer (Bernkastel), Lingens (Oberwesterwaldkreis), Feith (Unterwesterwaldkreis), Boden (Mayen), Dr. Kling (Zweibrücken), Hoffmann (Bergzabern).

chung an seinen Bundesverband als »Städtetag« firmiert, war dagegen am Rande der Stadt im damaligen Dienstgebäude der Stadtverwaltung »Am Pulverturm« eingerichtet. Geschäftsführer war seit der Gründung im Jahre 1947 Johann Thesen, zugleich Leiter des Hauptamtes der Stadt Mainz. Mit großer Umsicht ging er an seine vielfältigen Aufgaben heran, zu denen auch noch die Geschäftsführung des Kommunalen Arbeitgeberverbandes Rheinland-Pfalz gehörte. Dazu hatten sich die Gemeinden, Städte und Landkreise zur gemeinsamen Vertretung ihrer Interessen als Arbeitgeber zusammengeschlossen.

Der auf die Person von Johann Thesen zugeschnittene große Aufgabenbereich reduzierte sich mit seinem Ausscheiden aus dem städtischen Dienst im Jahre 1959. Damit entfiel für ihn die Leitung des Hauptamtes der Stadt Mainz; den Städteverband und den Kommunalen Arbeitgeberverband leitete er weiter, bis er 1965 in den Ruhestand trat. Sein Nachfolger wurde der frühere Oberbürgermeister von Ludwigshafen, Dr. Hans Klüber, mit dem Walter Bogner und ich im Verlauf der kommunalen Gebietsreform wegen natürlicher Interessenunterschiede manchen Strauß auszufechten hatten. Die unterschiedlichen Auffassungen wurden zwar deutlich und mit Verve ausgetragen; das persönliche gute Verhältnis wurde davon aber nicht tangiert. Für eine Versachlichung trat auch Günter Diehl ein, enger Mitarbeiter und Vertreter von Hans Klüber, heute Geschäftsführer des Städtetages Rheinland-Pfalz.

Stellung der kommunalen Spitzenverbände

Ursprünglich ging ich davon aus, Spitzenverbände seien Vereinigungen, zu denen sich die Landräte und Bürgermeister als Hauptverwaltungsbeamte und »Spitzen« ihrer Gebietskörperschaften zusammengeschlossen hätten. Dies mag in den Anfängen – Ende des 19. und Anfang des 20. Jahrhunderts – so gewesen sein und zu der Bezeichnung »Spitzenverbände« geführt haben. Spätestens seit der Weimarer Republik trifft diese Vorstellung aber nicht mehr zu. Vielmehr sind die kommunalen Spitzenverbände, wie sie heute im Bund und allen Flächenländern der Bundesrepublik bestehen, Zusammenschlüsse der kommunalen Gebietskörperschaften, also der kreisangehörigen Gemeinden, Städte und Verbandsgemeinden im Gemeindetag (heute Gemeinde- und Städtebund), der kreisfreien und größeren kreisangehörigen Städte im Städteverband (heute Städtetag) und der Landkreise im Landkreistag.

Anlaß für die Bildung kommunaler Spitzenverbände war zunächst und in erster Linie das Bedürfnis nach einem Erfahrungsaustausch, das im Verlauf der Industrialisierung, besonders gegen Ende des vergangenen Jahrhunderts, und dann verstärkt im Ersten Weltkrieg mit der Übertragung von Aufgaben der Bewirtschaftung auf die kommunalen

Behörden gewachsen war. Schon bald entwickelte sich aus dem Erfahrungsaustausch eine vielseitige Meinungsbildung der Praxis, die danach drängte, sich in den Ministerien und Parlamenten Gehör zu verschaffen. Es zeigte sich, daß manches unkomplizierter, wirtschaftlicher und wirksamer vonstatten gehen könne, als am »grünen Tisch« ausgedacht. Aber auch wirtschaftliche Not, unbefriedigende Verteilung der Steuermittel auf die Gebietskörperschaften und Eingriffe des Staates in die kommunale Selbstverwaltung hatten zu kommunalpolitischen Vorstellungen gezwungen. Diese wurden vom Staat dank der Sachkunde und des Verantwortungsbewußtseins der kommunalen Spitzenverbände zunehmend positiv gewertet; sie werden heute von den Regierungen und Parlamenten als wertvolle Unterstützung und Hilfe für ihre Arbeit gesehen.

So ist es zu verstehen, daß Innenminister August Wolters im Jahre 1967 in seiner Rede anläßlich der Indienststellung eines gemeinsamen Dienstgebäudes der drei kommunalen Spitzenverbände am Deutschhausplatz in Mainz ausführte, er habe sich immer wieder davon überzeugen können, daß die Spitzenverbände keine reine Interessenpolitik betrieben, sondern bei allem Nachdruck ihrer Vorstellungen doch die Verantwortung für das Staatsganze in den Vordergrund stellten. Er schloß mit dem Satz: »Die kommunalen Spitzenverbände haben ein großes Stück rheinland-pfälzischer Verwaltungsgeschichte mitgeprägt.«

Als wichtig hatte sich eine gute Zusammenarbeit der kommunalen Spitzenverbände untereinander erwiesen. Je geschlossener die Verbände nach außen auftraten, desto mehr fanden sie Beachtung bei Regierung und Parlament, desto eher war mit der Annahme ihrer Vorstellungen zu rechnen. Ich setzte mich daher schon bald nach der Übernahme der Geschäftsführung des Landkreistages für eine engere Verbindung und bessere Zusammenarbeit ein. Es dürfte in erster Linie dem Ludwigshafener Oberbürgermeister Werner Bockelmann, zuvor Oberstadtdirektor in Lüneburg, der niedersächsische Erfahrungen mit einbrachte, zu danken sein, daß Bedenken gegen eine festere Bindung überwunden wurden und die Spitzenverbände sich zu einer »Arbeitsgemeinschaft der kommunalen Spitzenverbände« zusammenschlossen. Die Vereinbarung über die Bildung der Arbeitsgemeinschaft wurde am 5. Juli 1956 im Anschluß an eine Mitgliederversammlung des Gemeindetages auf Burg Klopp in Bingen geschlossen; sie trägt die Unterschrift der damaligen Vorsitzenden der drei Verbände: Werner Bockelmann, Karl Rittel und Heinrich Salzmann.

Ich möchte diesen Abschnitt nicht schließen, ohne die Einbindung des Landkreistages Rheinland-Pfalz in den Bundesverband der Landkreise, den Deutschen Landkreistag (DLT), zu erwähnen. Er vermittelt den Erfahrungsaustausch über die einzelnen Länder hinaus und vertritt die gemeinsamen Interessen der Landkreise; die Landesverbände wiederum entsenden Vertreter in seine Organe (Präsidium, Hauptausschuß) und nehmen so föderativ an der Meinungsbildung teil. Einen nicht geringen Teil meiner Zeit nahmen daher die Angelegenheiten des Deutschen Landkreistages in Anspruch, von dem wertvolle Anregungen und Hinweise für die eigene Arbeit ausgingen.

Die Vorsitzenden der kommunalen Spitzenverbände

Als eine der wesentlichen Grundlagen für die Arbeit der kommunalen Spitzenverbände lernte ich schon bald nach der Übernahme meiner neuen Aufgabe das gute Zusammenspiel zwischen den hauptamtlich besetzten Geschäftsstellen und den ehrenamtlich tätigen Vorsitzenden schätzen. Noch so gute Vorarbeiten der Geschäftsstelle, vielfältige Untersuchungen und rechtspolitische Überlegungen nutzten nichts oder kamen nicht zum Tragen, wenn es dem Vorsitzenden des Spitzenverbandes mit seiner Sachkunde, Einfühlungsvermögen und Autorität nicht gelang, die Meinungen zusammenzuführen und ein vernünftiges Beschlußergebnis zu erreichen. Auch im Verkehr mit dem Landtag und der Landesregierung spielte die geschickte Verhandlungsführung und Überzeugungskraft des von der Hauptversammlung gewählten Vorsitzenden eine große Rolle. Diese Voraussetzungen waren bei Heinrich Salzmann in glücklicher Weise vereinigt. Auch in den Ministerien und im Landtag verfügte er über Ansehen. Wie mir Fritz Duppré später einmal verriet, hieß es in den Ministerien, wenn Vertreter des Landkreistages oder der anderen Spitzenverbände kamen, »Vorsicht, die Salzmänner sind da!« In humorvoller Weise wurde damit auf eine Gefahr für die Landesfinanzen angespielt.
Gemeinsam mit Bundesverfassungsrichter Dr. Egon Schunck, der zunächst der Staatskanzlei angehörte und dann Senatspräsident am Oberverwaltungsgericht war, hatte Heinrich Salzmann schon bald nach Inkrafttreten des rheinland-pfälzischen Selbstverwaltungsgesetzes vom 27. September 1948 – es faßte (anders als heute) Gemeindeordnung, Amtsordnung, Landkreisordnung und Bezirksordnung in einem Gesetz zusammen – den von der Praxis dringend erwarteten Kommentar zu diesem Gesetzeswerk geschrieben. Sachkundige und rasche Information tat gerade in der ersten Zeit des Wiederaufbaues nach dem Kriege not und wurde dankbar begrüßt. Der Kommentar erscheint übrigens noch heute unter dem Titel »Die Kommunalgesetze für Rheinland-Pfalz«; Verfasser sind Ministerialdirigent a. D. Dr. Walter Hofmann, Landrat Dr. Alfred Beth und Geschäftsführender Direktor Heinz Dreibus.
Ein weiterer Schwerpunkt der Arbeit von Heinrich Salzmann waren die kommunalen Finanzen. Es war ein großer Erfolg seiner Bemühungen, als mit Inkrafttreten des ersten rheinland-pfälzischen Finanzausgleichsgesetzes vom 27. Februar 1951 zu den Zweckzuweisungen, die nur auf Antrag »bei Bedarf« gewährt wurden, Schlüsselzuweisungen mit Rechtsanspruch hinzutraten. Eine weitere Sicherung und in gewissem Umfange auch

Diez an der Lahn ist eines der Residenzstädtchen in jenem territorialen Pluralismus, wie er für die Regionen des heutigen Bundeslandes Rheinland-Pfalz durch viele Jahrhunderte bestimmend war. Als Prinzen von Oranien wurden die Nassau-Diezer Generalstatthalter der Niederlande. Als sie 1806 und endgültig 1815 zu Königen der Niederlande aufstiegen, gelangten die Lahnbesitzungen an Nassau-Weilburg und gingen 1866 an Preußen über. Hier das alte Residenzschloß, das später als Strafanstalt diente.

Konsolidierung der kommunalen Finanzen war mit der Einführung des Steuerverbundes in Rheinland-Pfalz ab 1. April 1958 verbunden.

Mit seinem Eintritt in den Ruhestand im April 1962 schied Heinrich Salzmann auch aus seinem Amt als Vorsitzender des Landkreistages aus. Nachfolger im Vorsitz des Landkreistages wurde Landrat Werner Urbanus, Kreis Ahrweiler. Er trat bereits 1965 in den Ruhestand. Sodann wurde Landrat Hans Keller, Kreis Zell, gewählt, der aber schon nach einem halben Jahr zum Regierungspräsidenten der Pfalz ernannt wurde. Seine Nachfolge trat 1966 Landrat Dr. Hermann Krämer, Kreis Altenkirchen, an. Nach Heinrich Salzmann hatte er die zweitlängste Amtszeit als Vorsitzender zu verzeichnen – bis er 1976 ausschied. Zwischenzeitlich war ihm das Amt des Hauptgeschäftsführers des Deutschen Landkreistages angetragen worden. Er nahm aber die Wahl nach verantwortlicher Prüfung wegen einer Kriegsverletzung, die seine Beweglichkeit neuerlich einschränkte, nicht an.

Als Vorsitzende folgten während meiner Amtszeit bis Mitte 1985 die Landräte Gerhard Schwetje, Kreis Südliche Weinstraße (heute Regierungspräsident in Trier), Dr. Heribert Bickel, Kreis Mainz-Bingen (später OVG-Präsident, sodann Justizminister), Dr. Paul Schädler, Kreis Ludwigshafen (heute Regierungspräsident für Rheinhessen-Pfalz), Johann Wilhelm Römer, Kreis Mainz-Bingen (heute Staatssekretär im Ministerium für Umwelt und Gesundheit). Im November 1985 wurde Landrat Adolf Orth, Kreis Daun, zum neuen Vorsitzenden des Landkreistages gewählt.

Auch zu den Vorsitzenden der beiden anderen Spitzenverbände bestanden während meiner Amtszeit viele Berührungspunkte. Mehrmals im Jahr fanden Sitzungen der Arbeitsgemeinschaft der kommunalen Spitzenverbände unter Beteiligung auch der Vorsitzenden statt, in denen die jeweils anstehenden kommunalpolitischen Fragen erörtert wurden, um eine nach Möglichkeit einheitliche Willensbildung zu erreichen. Diese konnte dann auch gegenüber dem Landtag und der Landesregierung mit größerer Überzeugungskraft und Erfolgsaussicht vertreten werden.

Beim Gemeindetag (jetzt Gemeinde- und Städtebund) steht mir noch deutlich die Person des langjährigen Vorsitzenden Karl Rittel vor Augen. Ebenso wie Heinrich Salzmann war auch er Gründungsmitglied seines kommunalen Spitzenverbandes; auch er prägte während seiner Amtszeit, die von 1947 bis 1961 andauerte, nachhaltig das Gesicht des Verbandes.

Rittel war ein »Selfmademan« im besten Sinne des Wortes. Ursprünglich im Handwerksberuf tätig, arbeitete er sich mit natürlicher Begabung und viel Energie in der Verwaltung ein. 1946 wurde er kommissarisch zum Amtsbürgermeister des Amtes Ruwer bestellt, später durch Wahl in dieser Position bestätigt. Von 1961 bis zu seinem Eintritt in den Ruhestand im Jahre 1966 war er schließlich Landrat des Kreises Koblenz.

Landrat Heinrich Salzmann spricht zu den Teilnehmern der 12. Hauptversammlung des Landkreistages Rheinland-Pfalz am 28. Oktober 1959 in Trier. Am Vorstandstisch u. a. Innenminister Wolters, Ministerpräsident Altmeier, Landtagspräsident Van Volxem und Staatssekretär a. D. Otto Schmidt.

Als Amtsbürgermeister in Ruwer war Rittel auch Mitglied des Kreistages und des Kreisausschusses Trier. So trafen in diesem Landkreis gleich zwei Vorsitzende von kommunalen Spitzenverbänden zusammen. Manche Probleme der Zusammenarbeit zwischen Gemeindetag und Landkreistag wurden so schon im Vorfeld des Landkreises Trier erörtert, oft auch gelöst. Aber nicht immer funktionierte dieses System; dann bemühten wir uns in Mainz um eine vernünftige Lösung, einen Ausgleich der mitunter unterschiedlichen Interessen. Erschienen Salzmann und Rittel zusammen auf der Mainzer Bühne, kamen sie mir vor wie Castor und Pollux, das unzertrennliche Zwillingspaar.

Karl Rittel verdanken wir eine für die Praxis wertvolle Bereicherung der kommunalen Literatur unseres Landes. Im zweiten Jahr meiner Tätigkeit beim Landkreistag, es war wohl im Frühsommer 1954, trug Rittel seine Idee vom »Kommunalbrevier« vor, einem Handbuch für den ehrenamtlich in der kommunalen Selbstverwaltung tätigen Bürger: Ihm sollte die Arbeit erleichtert werden, ihm sollten in einer Taschenausgabe der Text des Selbstverwaltungsgesetzes und leicht verständliche Abhandlungen über die Arbeit der Gemeinden, Städte und Landkreise zur Verfügung gestellt werden. Die Überlegungen Rittels fanden Anklang und Zustimmung, besonders bei Innenminister Dr. Zimmer, und wurden schon bald verwirklicht. Seitdem sind mit finanzieller Unterstützung des Landes mehr als zehn Auflagen des Kommunalbreviers herausgekommen. Jeweils zum Beginn einer neuen Wahlzeit der kommunalen Vertretungsorgane erschien eine auf den aktuellen Sach- und Rechtsstand gebrachte Neuauflage. Das geringe Entgelt von zunächst 1,- DM, später 2,- DM bis 2,50 DM für das mehr als 400seitige

Verwaltungschefs auf der Veranda des »Kunstbahnhofs« Die Teilnehmer der Landrätekonferenz der Bezirksgruppen Koblenz und Trier des Landkreistages am 11. April 1978.

Kompendium erleichterte den Kauf; zumeist wurde das Werk von den kommunalen Gebietskörperschaften ihren Rats- und Kreistagsmitgliedern unentgeltlich zur Verfügung gestellt.

Nachfolger von Karl Rittel als Vorsitzender des Gemeindetages wurde Bürgermeister Adam Teutsch aus Schifferstadt, Kreis Ludwigshafen. Bei dessen Eintritt in den Ruhestand folgte auf ihn Bürgermeister Hans-Peter Kürten aus Remagen, Kreis Ahrweiler.

Als Vorsitzender des Städteverbandes (heute Städtetag) fungierte im Jahre 1953, als ich zum Landkreistag kam, Oberbürgermeister Valentin Bauer, Ludwigshafen. Durch das Vertrauen der Bürger war der Handwerksmeister zum Oberbürgermeister der Stadt und nun auch an die Spitze des Städteverbandes gewählt worden. Sein Vorgänger im Vorsitz des kommunalen Spitzenverbandes und Gründungsmitglied des Städteverbandes im Jahre 1947 war Dr. Emil Kraus, zunächst Oberbürgermeister in Mainz, später in Frankenthal. Er gehörte zu den kommunalen Hauptverwaltungsbeamten, die bereits in der Weimarer Zeit eine leitende Funktion innehatten, dann aber mit der Machtergreifung durch die Nationalsozialisten im Jahre 1933 ihre Plätze räumen mußten; bis dahin war Dr. Kraus hauptamtlicher Beigeordneter in Mainz gewesen. Seine noch aus dieser Zeit stammende Sachkunde und Verwaltungserfahrung sollte er noch viele Jahre als Vorsitzender des Kommunalen Arbeitgeberverbandes in den Dienst aller kommunalen Gebietskörperschaften im Lande stellen.

Nachfolger von Valentin Bauer in Ludwigshafen und zugleich auch als Vorsitzender des Städteverbandes wurde Werner Bockelmann, zuvor Oberstadtdirektor in Lüneburg.

Für seinen Wechsel nach Rheinland-Pfalz führte er im Gespräch die besseren Gestaltungsmöglichkeiten der rheinland-pfälzischen Bürgermeisterverfassung gegenüber der »britischen« Ratsverfassung an. Auch in anderen mir bekannten Fällen ging von dem Kommunalverfassungssystem unseres Landes Anziehungskraft auf aktive Persönlichkeiten aus, insbesondere gegenüber der früheren britischen Zone mit ihrer »Zweigleisigkeit« der Kommunalverfassung. Werner Bockelmann wurde schon nach wenigen Jahren zum Oberbürgermeister der Stadt Frankfurt am Main gewählt. Aus dieser Position wurde er schließlich zum Geschäftsführenden Präsidialmitglied (Hauptgeschäftsführer) des Deutschen Städtetages mit Sitz in Köln berufen.

In der Folgezeit war des öfteren ein Wechsel im Vorsitz des Städteverbandes zu verzeichnen, häufig verbunden mit einem Wechsel in der parteipolitischen Zugehörigkeit. Nach Werner Bockelmann waren folgende Oberbürgermeister Vorsitzende des Städteverbandes: Dr. Heinrich Raskin, Trier; Heinrich Vöker, Worms; Josef Harnisch, Trier; Dr. Werner Ludwig, Ludwigshafen; Dr. Christian Roßkopf, Speyer; Willi Hörter, Koblenz; sodann erneut Dr. Roßkopf, Speyer, und Willi Hörter, Koblenz.

Die Speyerer Assessoren

Hilfreich für die rasche Einarbeitung in der Landeshauptstadt Mainz, aber auch für die Arbeit der folgenden Jahre war mir der Kontakt zu einer Gruppe von Beamten des höheren Verwaltungsdienstes, die ich nach ihrer gemeinsamen Ausbildung »Speyerer Assessoren« nennen möchte. Als ich am 1. April 1953 meinen Dienst in der Ludwigsstraße 14 antrat, hatte ich bereits zahlreiche Kollegen, gute Bekannte und Freunde, die wie ich während ihrer Referendarzeit einige Semester an der Hochschule für Verwaltungswissenschaften in Speyer studiert und dort ihr zweites juristisches Examen, die Große Staatsprüfung (Assessorenprüfung) abgelegt hatten. Es dürften zwischen 15 und 20 Kollegen gewesen sein, die mehrmals im Monat, meist wöchentlich, nach Dienstschluß in einer der schönen Mainzer Weinstuben zusammentrafen, oft miteinander kegelten, ihre Erfahrungen und Meinungen austauschten, auch zu landespolitischen Fragen, und dabei auch manche Fachfrage untereinander erörterten.

Den Anfang hatten bereits im Januar 1948 die Kollegen Fritz Duppré und Bernhard Bohmeier gemacht, die als erste zur Dienstleistung bei der Landesregierung (Staatskanzlei) einberufen wurden. In den 50er Jahren waren dann in fast allen Ministerien Speyerer Assessoren tätig, so im Innenministerium die Kollegen Altschuh, Boden, Keller, Kirchstein, Rumetsch, Schrick, Sauer und Dr. Teuscher, im Kultusministerium Hammer, Schmoll und Weisrock, im Sozialministerium Frau Berg-Datzert und Daum, im Wirtschaftsministerium Frau Dr. Kemmner und Lebrecht.

215

Zahlreiche Speyerer Assessoren waren auch bei den Kreisverwaltungen tätig. Im Laufe der Jahre wurden die Kollegen Anderhub, Dr. Beyer, Boden, Bohmeier, Held, Johann, Keller, Kratz, Nicklas, Rumetsch und Reinhardt Landräte. Keller wurde 1966 Regierungspräsident der Pfalz.

Ihr beruflicher Werdegang führte Speyerer Assessoren auch zu den Bezirksregierungen, in die Arbeitsverwaltung und zu den Verwaltungs- und Sozialgerichten, manche wurden zu Bürgermeistern, Beigeordneten, leitenden Kommunalbeamten und Geschäftsführern von kommunalen Spitzenverbänden gewählt. Die Speyerer Assessoren haben so einen wichtigen Beitrag zur Festigung und Entwicklung des Landes Rheinland-Pfalz leisten können.

Zwischen den Speyerer Assessoren bestand von Anfang an und besteht auch heute noch eine enge Verbindung, die namentlich durch die Kollegen Duppré, Kratz und Schrick weiter aufrechterhalten wird. Besonders unter den Absolventen der Jahre 1947 bis 1950 hat sich ein Zusammengehörigkeitsgefühl gebildet, das ich zum Teil auf die Bedrängnis der ersten Jahre und die unsichere Situation der Hochschule Speyer zurückführen möchte. Auch die Besonderheit des Ausbildungsganges der damaligen Regierungsreferendare mit der völlig neuartigen Ergänzung der Referendarzeit durch ein mehrsemestriges postuniversitäres Hochschulstudium und dem Ablegen der Großen Staatsprüfung an der Hochschule hat sicher dazu beigetragen. Leider wurde diese Ausbildung, die an das Vorbild der 1945 von de Gaulle errichteten »Ecole Nationale d'Administration« (ENA) anknüpfte, in den folgenden Jahren aufgegeben; der Wegfall des Regierungsreferendariats und die Einführung der juristischen Einheitsausbildung ließen dafür keinen Raum mehr.[2]

Die Verwaltungsreform in Rheinland-Pfalz

Als wohl größte Kraftanstrengung und Leistung des Landes nach der Zeit des Wiederaufbaus dürfte die im Jahre 1965 begonnene Verwaltungsreform anzusehen sein. Daß dabei weithin positive Ergebnisse erzielt wurden und ein Verlust an kommunaler Substanz im ganzen vermieden wurde, wie er in anderen Bundesländern teilweise zu beklagen ist, liegt nicht unwesentlich an der kritischen Wegbegleitung und den ergänzenden Reforminitiativen der kommunalen Spitzenverbände. Ich möchte einige Erinnerungen gerade aus dieser Zeit festhalten.

Schon zu Beginn meiner Tätigkeit beim Landkreistag standen Fragen der Verwaltungsreform zur Diskussion. Wir sprachen etwas bescheidener von »Verwaltungsvereinfachung« und verstanden darunter im wesentlichen Vereinfachung des Verwaltungsverfahrens, Verkürzung des Instanzenweges, Aufhebung verzichtbarer Gesetze, Verordnungen und Verwaltungsvorschriften, Übertragung von Zuständigkeiten auf die unteren Verwaltungsbehörden, mehr Freiraum für die kommunale Selbstverwaltung, Einordnung von Sonderverwaltungsbehörden in die allgemeine untere Verwaltungsbehörde (Kreisverwaltung, Verwaltung der kreisfreien Stadt) – Vorstellungen, die heute durchweg zur »Funktionalreform« gezählt werden. Größere Gebiets- und Grenzänderungen zwischen den Gebietskörperschaften, Auflösung von Gemeinden und Kreisen im Wege einer kommunalen Neugliederung waren dagegen aus Respekt vor der kommunalen Selbstverwaltung tabu.

Der Landkreistag hatte bereits gegen Ende der 50er Jahre einen »Fachausschuß für Verwaltungsvereinfachung« gebildet, dem neben dem Ausschußvorsitzenden, Landrat Walter Unckrich (Kreis Neustadt an der Weinstraße), stellvertretender Vorsitzender des Landkreistages und Vorsitzender seines Rechts- und Verfassungsausschusses, einige besonders erfahrene und qualifizierte Beamte des gehobenen Dienstes der Kreisverwaltungen angehörten. In Erinnerung sind mir die Mitglieder Kreisoberinspektor Kappes (Bernkastel), Kreisamtmann Palm (Bingen) und Kreisamtmann Reiser (Kaiserslautern) geblieben, die später Spitzenpositionen ihrer Kreise einnahmen, darunter Claus Palm als Kreisverwaltungsdirektor. Die Ergebnisse der meist auswärtigen Sitzungen konnten sich durchaus sehen lassen. Wir konnten sie daher schon vor dem Abschluß der Arbeiten abschnittsweise zusammenfassen und der Landesregierung vortragen. Einige der Vorschläge wurden daraufhin verwirklicht. Die restlichen rund 30 Vorschläge wurden in der 1965 vorgelegten Denkschrift des Landkreistages »Verwaltungsvereinfachung – ein Gebot unserer Zeit« veröffentlicht und sind im Laufe der Zeit zum großen Teil angenommen worden.

Mitte der 60er Jahre setzte dann in der ganzen Bundesrepublik in der Beurteilung von Fragen der Verwaltungsvereinfachung (Verwaltungsreform) ein Wandel ein, der zuerst in Rheinland-Pfalz sichtbare Auswirkungen haben sollte. Ausgelöst wurde diese Entwicklung durch den 45. Deutschen Juristentag 1964 in Karlsruhe mit dem Gutachten des angesehenen Göttinger Verwaltungsrechtslehrers Werner Weber: »Entspricht die gegenwärtige kommunale Struktur den Anforderungen der Raumordnung?«. Die Frage wurde verneint, weil angesichts der wachsenden Einwohnerzahlen und zunehmenden Abstimmungsprobleme allzu viele kommunale Grenzen der notwendigen Planung und Raumordnung entgegenstünden und viele Gebietskörperschaften den Anforderungen der Raumordnung nicht mehr entsprächen. Zwischen Aufgabenbestand (Allzuständigkeit) und Aufgabenerfüllung (Verwaltungskraft) bestehe bei den meisten Gemeinden eine erhebliche Diskrepanz.

Es war dies die Zeit einer beginnenden »Planungseuphorie«, wie wir sie heute – um manche Erfahrung reicher – in kritischer Distanz sehen. Wissenschaftler und Politiker aller

Couleurs leiteten aus dem Votum des Deutschen Juristentages die Notwendigkeit einer umfassenden und alsbaldigen kommunalen Neugliederung ab. Nicht wenige traten für die Bildung von Großgemeinden und Großkreisen ein, einige auch für »Regionalkreise«, die unter Wegfall der Mittelinstanz (Bezirksregierung) gleich unterhalb der Landesregierung angesiedelt werden sollten.

Die Verwaltungsreform wurde durch eine Regierungsvorlage und Denkschrift des Kabinetts Altmeier zur Verwaltungsvereinfachung eingeleitet (Januar 1965). Der Gesetzentwurf sah noch keine Neugliederung von Gemeinden vor, wohl aber Gebietsänderungen bei den Landkreisen, deren Zahl von 39 auf 33 herabgesetzt werden sollte, die Neugliederung der Regierungsbezirke und die Neuabgrenzung von Gerichtsbezirken.[3]

Die Regierungsvorlage wurde im Landtag lebhaft begrüßt – sie erfuhr dann im Verlauf der Beratungen zahlreiche Änderungen. Die Stellungnahme des Vorsitzenden der Mehrheitsfraktion, Dr. Helmut Kohl, zeigte große Entschlossenheit, als er bei der Einbringung am 9. März 1965 erklärte: »Es ist lange geredet worden, aber jetzt ist die Stunde des Parlaments, die Stunde des Handelns gekommen!« Die Ernsthaftigkeit wurde durch den Hinweis unterstrichen, daß die Behandlung des Entwurfs auch eine Bewährung für das Parlament sei, ob überhaupt in einer rechtsstaatlichen Demokratie eine Verwaltungsreform beschlossen werden könne.

Helmut Kohl wurde immer mehr zur beherrschenden politischen Figur. Er verstand es, durch Offenheit, Aufgeschlossenheit und Bestimmtheit seines Auftretens, in Fragen der

33. Hauptversammlung des Landkreistages am 19. Oktober 1979 in Bad Kreuznach. Ministerpräsident Dr. Vogel sprach über »Unsere Landkreise – Bindeglied zwischen Land und Gemeinden«, und Landrat Buhse (Heide), der Präsident des Deutschen Landkreistages, referierte zum Thema: »Mehr Selbstverwaltung – weniger Zentralismus«.

Verwaltungsreform einen Grundkonsens mit der Opposition zu schaffen, den er zu Recht als Voraussetzung für das Gelingen ansah.

Für unsere Vorstellungen, die Überschaubarkeit der Landkreise für den ehrenamtlich in der kommunalen Selbstverwaltung tätigen Bürger auch zukünftig im Verlauf der Gebietsreform zu sichern, zeigte er in den zahlreichen Gesprächen, die wir mit ihm führten, Verständnis. Meist waren es Dr. Hermann Krämer und ich, die den Weg zur »Fraktion« antraten. Der Zugang war offen; es genügte ein Telefongespräch mit Willibald Hilf, dem Parlamentarischen Geschäftsführer, oder seiner Sekretärin, und schon konnten wir uns auf den – kurzen – Weg machen. Am Deutschhausplatz hatten der Landtag ebenso wie die Staatskanzlei und die kommunalen Spitzenverbände nicht weit voneinander entfernt ihren Sitz.

So konnte Übereinstimmung erzielt werden, daß die auch in Rheinland-Pfalz als »umfassende« Lösung geforderten Verwaltungsregionen (Regionalkreise) abzulehnen seien. An sich war dieser Gedanke durchaus populär – um so höher ist der Verzicht auf diesen Vorschlag zu werten, der letztlich kommunale (bürgerschaftliche) Selbstverwaltung auf der Kreisstufe aufgehoben hätte.

Helmut Kohl, seit 1969 rheinland-pfälzischer Ministerpräsident, hat die Stellung des Landkreises nach der Gebietsreform in einem Vortrag vor der 26. Hauptversammlung des Landkreistages wie folgt umschrieben (20. Oktober 1972):[4]

»Landesregierung und Landtag haben sich bei der Kreisreform zum Landkreis bekannt. Die Stellung der Landkreise hat sich durch die Kreisreform im gebietskörperschaftlichen Gesamtaufbau noch verfestigt. Eine funktionelle Neuausrichtung der Verwaltungsbehörde des Landkreises, die in unserem Lande zugleich untere staatliche Verwaltungsbehörde ist, steht bevor.«

Zur funktionellen Neuausrichtung der Kreisverwaltung, die der Ministerpräsident ankündigte, ist seitdem einiges geschehen. So sind zahlreiche Kompetenzen der Bezirksregierung auf die Kreisverwaltung übertragen worden.[5] In einigen Bereichen sind aber die Möglichkeiten noch nicht ausgeschöpft, die der vergrößerte Landkreis mit seiner in die Kreisverwaltung eingeordneten unteren Verwaltungsbehörde des Landes bietet. Ich denke besonders an den Abbau von Sonderbehörden auf der Kreisstufe und ihre Integration in die Kreisverwaltung als allgemeine Landesbehörde, wie dies ein Sonderarbeitskreis der Ständigen Konferenz der Innenminister der Länder unter Federführung des rheinland-pfälzischen Innenministeriums im Jahre 1975 vorgeschlagen hat.[6]

Mit den hier angesprochenen Fragen der Funktionalreform, die uns als Daueraufgabe nahezu ständig beschäftigten, hat sich besonders eingehend und grundsätzlich mein langjähriger Vertreter und Amtsnachfolger Heinz Dreibus befaßt, der im Jahre 1970 vom Innenministerium zum Landkreistag wechselte.

Der Landrat

Es gibt Ämter, die Spannung in sich selbst tragen. Dazu gehört das Amt des Landrats. Seit es das Amt des Landrats gibt, hat es eine vergleichsweise große Anziehungskraft auf die Beamtenschaft ausgeübt. Das galt für die Zeit des Wiederaufbaus der Verwaltung nach dem Kriege und gilt auch heute noch. Sein Reiz liegt in den vielfältigen Gestaltungsmöglichkeiten, die das Amt des Landrats vornehmlich im kommunalen Bereich bietet, ebenso in seinen menschlichen und persönlichen Bezügen, die in der Bürgernähe und Überschaubarkeit des Kreises begründet sind, zugleich aber auch in der relativ großen Selbständigkeit der Amtsausübung nach oben.

In der täglichen Arbeit als Geschäftsführer des Landkreistages hatte ich besonders viele Berührungspunkte mit den rheinland-pfälzischen Landräten als Hauptverwaltungsbeamten der Landkreise. Es mögen in den mehr als 30 Jahren meiner Tätigkeit bis Ende Juni 1985, als ich in den Ruhestand trat, zwischen 80 und 100 Landräte gewesen sein, mit denen ich zusammenarbeitete. Sie zeigten bei aller unverwechselbaren Individualität auch viel Gemeinsames, wohl als Folge ihres umfangreichen, vielfältigen Pflichtenkreises und der zahlreichen und harten Anforderungen des Amtes, die – wie ich immer wieder erlebte – den »jungen« Landrat schon nach kurzer Zeit prägten. So hat sich eine weithin homogene Beamtengruppe herausgebildet, die über den engeren Bereich hinaus stets auch Gesamtverantwortung zu tragen bereit war.

Die Landräte haben auch in den Fachausschüssen des Landkreistages intensiv mitgearbeitet. Die Ergebnisse der Beratungen wurden allen Landkreisen als Anregung oder Empfehlung mitgeteilt, zum Teil waren sie auch Grundlage für die Beschlußfassung der Organe des Landkreistages. Wir machten uns dabei zunutze, daß jeder der Kreischefs für bestimmte Aufgabenbereiche, seien es Rechts-, Finanz-, Sozial- oder Wirtschaftsfragen, ein besonderes Interesse zeigte oder über besondere Erfahrungen verfügte. Schon mein Amtsvorgänger Rudolf Rumetsch hatte sich um Sachverständige für die einzelnen Fachbereiche bemüht. Daraus entwickelten sich die Fachausschüsse, denen neben Landräten auch Kreisdeputierte und Dezernenten der Kreisverwaltungen angehören.

Aus den ersten Jahren meiner Tätigkeit beim Landkreistag bis zum großen Einschnitt der Kreisreform von Mitte 1969 (Drittes Verwaltungsvereinfachungsgesetz) bis Ende 1973 (Fünfzehntes Verwaltungsvereinfachungsgesetz) erinnere ich mich an viele Landräte, die als Sachverständige oder Ausschußvorsitzende Verantwortung für alle Kreise übernahmen und den Landkreistag auch in den Ausschüssen des Deutschen Landkreistages vertraten.

Die Landräte sind nach ihrer Rechtsstellung (noch?) Landesbeamte. Ungeachtet ihrer staatlichen Ernennung lagen und liegen ihnen aber die kommunalen Angelegenheiten stets näher als die Wahrnehmung staatlicher Vollzugsaufgaben, für die sie ebenfalls Ver-

Landrätekonferenz der Bezirksgruppe Rheinhessen-Pfalz des Landkreistages am 29. August 1980 in Wachenheim, zusammen mit Alt-Landräten.

antwortung tragen. So hat sich aus ihrer Stellung als Landesbeamte auch keinerlei Nachteil für die Landkreise ergeben, wie dies mitunter behauptet wurde.

An dieser Stelle muß ich mich gegen ein Vorurteil wenden: die Frage der Rechtsstellung des Landrats ist für die Praxis nicht so bedeutsam, wie es die immer wieder aufflakkernde politische Diskussion vermuten läßt; da er zu seiner Bestellung der Zustimmung des Kreistages bedarf, verfügt der Landrat ohnedies auch über die kommunale Legitimation. Gleichwohl könnte und sollte das Verfahren der Bestellung des Landrats unter Verstärkung der kommunalen Beteiligung klarer geregelt werden (Ausschreibung der Stelle, Präsentation von Bewerbern durch den Innenminister, Wahl durch den Kreistag, Ernennung des Gewählten durch den Ministerpräsidenten, falls er staatlicher Landrat bleibt; andernfalls Ernennung zum Kreisbeamten nach den beamtenrechtlichen Vorschriften). Wichtig ist, daß der Landkreis und das Land wegen der staatlich-kommunalen Doppelnatur des Landrats in einem geregelten Verfahrensgang gleichberechtigt zusammenwirken.

Das Ehrenamt

Ehrenamt und ehrenamtliche Tätigkeit sind Grundlage der kommunalen Selbstverwaltung. Die Beschlußfassung über die Kreisangelegenheiten liegt daher bei den Kreistagen, die in jeweils fünfjährigem Abstand von der Bürgerschaft neu gewählt werden. Die Kreistage wiederum wählen aus ihrer Mitte den Kreisausschuß und für bestimmte Aufgabenbereiche weitere Ausschüsse.

Das Bild zeigt den Hachenburger Löwen auf dem Marktplatz der Westerwaldstadt. Hachenburg war seit dem 13. Jahrhundert die bevorzugte Residenz und der Sitz der zentralen Verwaltung der Grafen von Sayn.

Rheinland-Pfalz weist darüber hinaus mit seinen »Kreisdeputierten« eine Besonderheit auf, mit der dem kommunalen Ehrenamt eine im Vergleich zu anderen Bundesländern sowie den Gemeinden und Städten herausragende Wirkungsmöglichkeit eröffnet ist. Die vom Kreistag gewählten Kreisdeputierten sind nicht nur Vertreter des Landrats im Vorsitz der kommunalen Gremien, sondern auch seine Vertreter im Verhinderungsfalle in allen seinen Funktionen. Für die Vertretung des Landrats als Leiter der unteren staatlichen Verwaltungsbehörde bedürfen sie zwar der Bestätigung des Regierungspräsidenten, die bisher aber stets erteilt wurde.

Mit dem Institut des Kreisdeputierten hat unser Land eine alte preußische Einrichtung beibehalten und auf die ehemals bayerischen und hessischen Landesteile ausgedehnt. Ursprünglich handelte es sich um die »Deputierten der Kreisstände«, die den Landrat beraten sollten. Das Erstaunliche ist, daß eine ehrenamtliche Vertretung des Landrats als Chef der Kreisverwaltung und Behördenleiter auch in der heutigen Zeit noch möglich ist – eine Anerkennung auch für die Wahlentscheidung der Kreistage und die Persönlichkeit der Kreisdeputierten.[7]

Nachdem die Gebietsreform viele Landkreise vergrößert und ihre Zahl von 39 auf 24 herabgesetzt hatte, setzten wir uns dafür ein, die Anzahl der Kreistagsmitglieder angemessen zu erhöhen, damit eine Einbuße an kommunalen Mandaten vermieden würde. Landesregierung und Landtag entschieden sich in diesem Sinne, so daß nunmehr die Kreistage – je nach der Einwohnerzahl der Kreise – zwischen 33 und 49 Mitglieder umfassen. Ebenso wurde die Möglichkeit eröffnet, daß die Kreistage entsprechend der Vergrößerung des Kreisgebietes statt bisher zwei nunmehr auch drei ehrenamtliche Kreisdeputierte wählen können. Von den 24 Landkreisen haben 13 hiervon Gebrauch gemacht.

Es versteht sich, daß dem Ehrenamt auch in der praktischen Arbeit des Landkreistages große Bedeutung zukommt. Außer der hauptamtlich tätigen Geschäftsführung werden alle Funktionen im Landkreistag ehrenamtlich wahrgenommen, von der Mitarbeit in den sieben Fachausschüssen über die Beratung und Beschlußfassung im Geschäftsführenden und im Erweiterten Vorstand bis hin zum Vorsitz im Landkreistag (Vorsitzender und zwei stellvertretende Vorsitzende).

Während meiner Amtszeit haben wir uns bemüht, den ehrenamtlichen Vertretern der Landkreise in den Organen des Landkreistages auch zahlenmäßig mehr Gewicht zu geben. So umfaßt die Hauptversammlung nunmehr neben den Landräten als gesetzlichen Vertretern der 24 Landkreise für jeden Kreis zwei von den Kreistagen gewählte ehrenamtliche Mitglieder. Die Hauptversammlung wählt die übrigen Organe des Landkreistages. In der Satzung ist festgelegt, daß dem Landesausschuß (jetzt Erweiterter Vorstand) mindestens zur Hälfte ehrenamtliche Vertreter der Landkreise angehören sollen;

in der Praxis ist ihr Anteil noch höher. Die Mitgliedschaft der ehrenamtlichen Vertreter, die bei einem kommunalen Spitzenverband selbstverständlich sein sollte, hat sich nach meinen Erfahrungen überaus günstig auf die Arbeit des Spitzenverbandes ausgewirkt. Namhafte Persönlichkeiten gehörten und gehören ehrenamtlich den Organen des Landkreistages an. Schon früh verstorben ist von den ehrenamtlichen Mitgliedern unseres Landesausschusses Sanitätsrat Dr. Georg Habighorst aus Ahrweiler, Fraktionsvorsitzender im Kreistag und Mitglied der Beratenden Landesversammlung sowie der ersten drei Landtage; dort maßgeblich in der Haushalts- und Finanzpolitik tätig. Sein plötzlicher Tod im Verlauf der Haushaltsberatungen des Landtages 1958 hatte Trauer und Betroffenheit ausgelöst. Dies galt später auch für den überraschenden Tod von Werner Klein aus Andernach, Fraktionsvorsitzender im Kreistag Mayen-Koblenz und im Landtag. Als ich meine Tätigkeit beim Landkreistag begann, arbeiteten noch mit im Landesausschuß: Kreisdeputierter Otto Van Volxem aus Oberemmel, Kreis Trier-Saarburg, später Landtagspräsident und sodann Innenminister, sowie Staatssekretär a. D. Otto Schmidt aus Giesenhausen, Westerwaldkreis, Mitglied der Beratenden Landesversammlung und der ersten sechs Landtage, ebenso Kreisdeputierter Hans Rinsch aus Simmern, der später in den Landtag gewählt wurde, und Kreisdeputierter August Kunst aus Montabaur, später Bundestagsabgeordneter, mit dem ich im März 1953 zu der Sitzung des Vorstandes und Landesausschusses nach Bad Dürkheim gefahren war, um mich als Bewerber um die Stelle des Geschäftsführers vorzustellen.

✢

Kurz vor Abschluß dieser Darstellung las ich eine Aussage Otto von Bismarcks bei der Vorlage seiner Biographie. Er schrieb damals: »Ich habe keine Akten, und wenn ich mich auch an die Hauptsache erinnere, sehr deutlich, so kann man doch die Einzelheiten seiner Erlebnisse und Erfahrungen im Laufe von 30 Jahren nicht im Gedächtnis behalten.« Wie recht er hat, konnte ich bei der Vorbereitung dieses kurzen Rückblicks auf meine 30 Jahre Landkreistag feststellen – und wie leicht können sich Fehler und Gedächtnislücken ergeben haben. So bitte ich die Leser um freundliches Verständnis für – hoffentlich nur kleine – Irrtümer, die mir unterlaufen sind.

ANMERKUNGEN

1) Im Jahre 1958 wurde die Geschäftsstelle wegen Raummangels in die Stadthausstraße 7 – nahe dem Kaufhof – verlegt. Sie fand schließlich 1967 im »Freiherr-vom-Stein-Haus«, Deutschhausplatz 1, dem gemeinsamen Dienstgebäude der kommunalen Spitzenverbände gegenüber dem Landtag und der Staatskanzlei, ihre endgültige Unterkunft.
2) Ergänzend sei auf die Darstellung von Georg Kratz, »Die Hochschule für Verwaltungswissenschaften in Speyer«, Beitrag zur Festschrift für Walter Beyer (Birkenfeld 1982), verwiesen.
3) Vgl. zu der Regierungsvorlage und allen weiteren Gesetzentwürfen, Vorlagen und Sitzungsprotokollen im Verlauf der Verwaltungsreform die fünfbändige Dokumentation »Verwaltungsvereinfachung in Rheinland-Pfalz«, herausgegeben von der Staatskanzlei des Landes Rheinland-Pfalz, Mainz 1966 bis 1973.
4) Vgl. Verwaltungsreform in Rheinland-Pfalz – Ergebnisse, Fortführung und Abschluß, herausgegeben vom Landkreistag Rheinland-Pfalz, Mainz 1973, S. 17.
5) Vgl. hierzu Verfasser, Die Übertragung von Bezirksaufgaben auf die allgemeinen Verwaltungsbehörden der Kreisebene, in: »der landkreis« 1974, S. 281.
6) Erfahrungsbericht zu Fragen der Kreisstufe, herausgegeben vom Ministerium des Innern des Landes Rheinland-Pfalz, Kaiserslautern 1975.
7) Zu Beginn der 60er Jahre hat der Landkreistag eine Umfrage bei den Kreisdeputierten durchgeführt, ob der überkommene Name beibehalten oder eine andere Bezeichnung vorgeschlagen werden solle, etwa die des Kreisbeigeordneten. Eine große Mehrheit hat sich dabei für die althergebrachte Bezeichnung »Kreisdeputierter« und ihre weitere Verwendung ausgesprochen.

Seite 226/227:
Der Wasserfall des Eltz-Baches mit der Burg Pyrmont im Hintergrund. Zu Beginn des 13. Jahrhunderts erbaut, war die mehrgliedrige Burg im 18. Jahrhundert im alleinigen Besitz der Freiherrn Waldbott zu Bassenheim. Im 19. Jahrhundert teilweise abgebrochen, ist sie in jüngster Zeit wieder ausgebaut worden.

Rheinland-Pfalz – Persönlich

Erinnerungen und Begegnungen

Rheinland-Pfalz – Persönlich

Versteckt in einem Seitental der Mosel gelegen, ist Burg Eltz »das Urbild der deutschen Burg schlechthin« (Dehio). Neben Bürresheim, der Marksburg und dem Rheingrafenstein ist sie eine der wenigen rheinischen Höhenburgen, die nie gewaltsam durch Krieg und Plünderung zerstört und ausgeraubt wurden.

Theodor Schaller

Evangelische Kirche in den Anfängen des Landes

»Evangelische Kirche in Rheinland-Pfalz« – da muß man sich erinnern, daß es in Rheinland-Pfalz drei evangelische Landeskirchen gibt – die große »Evangelische Kirche im Rheinland«, deren Bereich von Emmerich am Niederrhein bis nach Saarbrücken geht und deren Leitung ihren Sitz in Düsseldorf hat, die »Evangelische Kirche in Hessen und Nassau«, mit der Kirchenleitung in Darmstadt, und als die kleinste die »Evangelische Kirche der Pfalz« zwischen Saar und Rhein, zwischen Weißenburg im Elsaß und Worms. Weil sie die einzige der drei Kirchen ist, deren Gebiet ganz im Lande Rheinland-Pfalz liegt – abgesehen von einem kleinen Teil im Saarland – und ihre Kirchenleitung in Speyer ihren Sitz hat, sollen die folgenden Erinnerungen im wesentlichen aus ihrer Sicht und Erfahrung gesehen werden. Freilich: Das meiste dürfte für alle drei Kirchen gelten, die in der »Evangelischen Kirche in Deutschland« ihren gemeinsamen Zusammenschluß haben.

Der Anfang

Unsere Kirchen standen 1945 wie das Land vor einem völlig neuen Anfang. Aber es gab einen Unterschied: dort war alle Ordnung zu Ende; die alten Grenzen verschwunden; ein völlig Neues und noch Unbekanntes entstanden – bei den Kirchen blieben die alten Grenzen und die alten Strukturen, zumal nachdem der Versuch, den Saarteil abzutrennen, abgewehrt war. Sie hatten alle die Zeit des Nationalsozialismus und das Ende des Reiches überlebt. Es ist wohl zu verstehen, daß sie darum noch weiterhin als »Institutionen des Vertrauens« galten.
Und dennoch: gemeinsam ein Ende und ein Anfang. Es ist mir wie ein Symbol: als ich am Tag nach dem Einmarsch der Amerikaner einen deutschen Soldaten, der im letzten Kampf gefallen war, beerdigt hatte und vom Friedhof heimkam, begegnete mir der Polizeimeister des Ortes, sprang vom Rad und rief mir zu: »Herr Pfarrer – jetzt kann man wieder ›Grüß Gott‹ sagen!« Auch über unserer Kirche hatte Hitlers Wort gestanden: »Dann werden wir der jüdisch-christlichen Pest ein Ende machen.« Nämlich dann, wenn der Krieg gewonnen sein würde. Wir waren damals entschlossen, auch im Untergrund und dunkeln weiterhin die Botschaft des Christentums zu sagen und zu verteidi-

gen – aber nun kam wieder und noch einmal neu die Freiheit, als Christen zu leben und öffentlich zu wirken – in einem Land, das dazu alle Möglichkeiten bieten, ja, in und mit dem eine neue Zusammenarbeit sich finden sollte.

Aber der Anfang war schwer. Da war die Auflösung der alten Ordnung, die wirtschaftliche Not, Zerstörung, Hunger, Armut, Pfarrermangel, und die Kirche mußte sich in dem totalen Zusammenbruch stellvertretend für viele einsetzen, da kaum ein Gebiet des öffentlichen Lebens ihre Hilfe entbehren konnte. Und sie war doch selbst so gelähmt! In der Pfalz waren, ehe der Strom der Kriegsheimkehrer einsetzte, nur noch 148 Pfarrer tätig – bei 317 Stellen –, von den 945 Kirchengebäuden waren 470 Kirchen und sonstige kirchliche Gebäude zerstört oder beschädigt, in Ludwigshafen zum Beispiel waren von 212 evangelischen Lehrern noch 45 im Dienst – ein dunkler Hintergrund als Anfang jener Jahre. Und es galt mehr noch: die geistige und geistliche Not der nationalsozialistischen Jahre, Verwirrung und Ratlosigkeit eines zerschlagenen Volkes zu lösen. Langsam kam man, nicht ohne starken Druck der französischen Besatzungsbehörde, zu vorläufigen Lösungen, bis Ende 1948 eine ordentliche Landessynode zustande kam, die Pfarrer D. Hans Stempel zum Kirchenpräsidenten wählte.

Drei Dokumente mögen etwas von dem inneren Werden und Ringen dieser Jahre aufzeigen. Sie stellen die Ausgangspunkte für die Arbeit in den Jahren seit 1945 dar. Mit allen evangelischen Kirchen stellte sich auch die pfälzische unter die so vielumstrittene Stuttgarter Erklärung vom 18./19. Oktober 1945, in der es heißt: »Was wir unseren Gemeinden oft bezeugt haben, das sprechen wir jetzt im Namen der ganzen Kirche aus: Wohl haben wir lange Jahre im Namen Jesu Christi gegen den Geist gekämpft, der im nationalsozialistischen Gewaltregime seinen furchtbaren Ausdruck gefunden hat; aber wir klagen uns an, daß wir nicht mutiger bekannt, nicht treuer gebetet, nicht fröhlicher geglaubt haben. Nun soll in unserer Kirche ein neuer Anfang gemacht werden. Gegründet auf die Heilige Schrift, von ganzem Herzen ausgerichtet auf den alleinigen Herrn der Kirche, geht sie daran, sich von glaubensfremden Einflüssen zu reinigen und sich selbst zu ordnen.«

Das andere: schon die Vorläufige Landessynode 1946 machte sich, wie auch die anderen Landeskirchen, die Barmer Theologische Erklärung als Pflicht und Aufgabe zu eigen. Und ein Wort von 1945, das auf die innere Aufgabe der Kirche auch in unserem Land hinwies: »Die innere Erneuerung der Kirche wird erstrebt durch die Sammlung und Schulung der lebendig und kirchentreu gebliebenen Glieder der Gemeinden und durch ihre Heranziehung zur Mitarbeit. Sie sollte gleichzeitig erstrebt werden durch ernstes Ringen um die, die sich abseits hielten, um die der Kirche entfremdeten und an Gott irre Gewordenen.« Hier war die Stelle, an der die Kirche am stärksten gefordert war.

Franz Werfel schrieb damals: »Wird Deutschland seine Seele retten?« Ministerpräsident

Altmeier nahm diese Frage auf, als er 1947 in Montabaur sagte: »Wenn uns etwas in der Vergangenheit klar geworden ist, dann die Tatsache, wohin ein Volk kommt, das ohne Gott, ja gegen Gott seinen Weg gehen will...« Noch war das Lied der Nationalsozialisten nicht ganz verklungen, das von dem Sieg ihrer Revolution singt und dann endet: »Mehr wollen wir, mehr! – Alles ist unser Begehr! – Eure Herzen sind unser Ziel! – Eure Seelen wollen wir!« Was hier nun gefordert war, war mehr als »Worte« und »Entschließungen« und Predigten – das war das Ringen um den Menschen, das war das Gespräch, ob mit vielen, ob mit einzelnen – mit den trotzig Gebliebenen – mit den Enttäuschten – mit denen, die nach dem Zusammenbruch keinen Weg mehr in die Zukunft sahen – mit einer verführten und verhetzten Jugend – mit den Männern, denen in der Gefangenschaft alle Träume zerbrochen waren, und mit den Frauen: oft allein – oft die große Last des Tages tragend – oft in der stummen Sehnsucht, ob »er« noch einmal aus Sibirien zurückkommt – das alles war der Mensch in diesen Jahren, dem der Dienst der Kirche gelten sollte. Sollte noch einmal wahr werden nach dem großen Abfall, was schon einmal in der Reformationszeit gesungen wurde: »Deutschland, laß dich erweichen – tu rechte Buße in der Zeit, weil Gott dir noch sein Gnad anbeut – und tut sein Hand dir reichen«? Sollte noch einmal ein Neues werden, und wo sollte es beginnen, wenn nicht bei den Menschen?

Brücke zum Westen

Das Land Rheinland-Pfalz ist in das alte Erbe der Pfalz eingetreten: Grenze – oft schmerzende und blutende – und zugleich Brücke zu Frankreich zu sein. Was Peter Altmeier und seine Nachfolger schon früh als eine Aufgabe des Landes bezeichneten, versuchte auch unsere Kirche auf ihre Weise zu sein.
Freilich: auch hier zunächst eine Flut von Not und Haß, Folge schwerer Schuld. Es soll nicht an die Ausschreitungen zu Beginn der Besatzungszeit erinnert werden, aber ein Tag möchte wohl als Symbol dieser dunklen Anfangszeit dienen. Am 10. April 1945 wurde das Diakonissenkrankenhaus in Speyer von den deutschen Kranken geräumt, um Platz für 400 französische Deportés aus den Konzentrationslagern Vaihingen, Auschwitz und Bergen-Belsen zu machen. In tiefster Beschämung versuchten die Schwestern und Ärzte, das Leid dieser Ärmsten, Kranken, Verhungerten, Gefolterten zu lindern, doch die Flut des Hasses brach in der verständlichen Erschütterung der Stunde auch über sie herein, als ein hoher französischer Offizier die Oberin Schwester Else und ihre Diakonissen hart beschimpfte und bedrohte. Aber am 7. Mai 1945 fand in der Diakonissenhauskapelle ein französischer Gottesdienst statt, bei dem der französische Pfarrer Meyer bereits Worte der Versöhnung fand. Eine erste Brücke.

Unterzeichnung des Staatsvertrages der hessischen, pfälzischen und rheinischen Landeskirchen mit dem Land Rheinland-Pfalz. Stehend: Kirchenpräsident D. H. Stempel, Speyer.

Als dann im November 1946 nach vielen Mühen eine erste »Vorläufige« Landessynode der Pfälzischen Kirche in Speyer tagte, saßen neben dem Vertreter der Evangelischen Kirche in Deutschland Pfarrer der französischen Kirche, neben dem Vertreter des Oberpräsidiums, Ministerialdirektor Kroneberger, französische Offiziere und der Beauftragte der Militärregierung in Baden-Baden, aumônier général Marcel Sturm. Damals sagte Ministerialdirektor Kroneberger in seiner Begrüßung: »Wir staatlichen Männer sind uns unserer tiefen Ohnmacht bewußt, die über uns hereinbricht, wenn uns nicht geholfen wird durch die Kirche.«

Einer der französischen Gäste schrieb davon: »Als an jenem Herbstabend 1946 eine kleine Kolonne französischer Militärwagen auf der damaligen Schiffbrücke bei Maxau über den Rhein fuhr, wußten die Insassen wohl, daß sie als Gäste der französischen Kirchen bei der ersten Vorläufigen Synode der Pfälzischen Kirche in Speyer wie Christenbrüder empfangen würden. Jedoch ahnten Feldbischof Sturm und keiner seiner Begleiter, was sich aus diesem Besuch entwickeln würde...« Als ich am Ende der Synode einen Bericht über unsere Kirche damit schloß, daß man in Landau über dem Eingangstor der Stiftskirche in der französischen Revolution 1792 aus dem Bildwerk die Gestalt des Gekreuzigten herausgeschlagen hatte und nun die unter dem Kreuz Stehenden ihre Hände ins Leere ausstreckten, sagte Marcel Sturm: »Das möchte ich sehen.« So fuhren wir in der nassen, dunklen Novembernacht nach Landau, standen lange unter dem Steinwerk, das die Fackeln französischer Soldaten beleuchteten, und dann sagte er: »Wir haben einander viel zu vergeben!« Eine Pariser Zeitung berichtete später darüber unter der Überschrift: »Mains tendues!«

Vergebung – ein erster Schritt aus dem Dunkel von Schuld und Haß. Eine Folge war dann 1950 die Gründung des Deutsch-französischen Bruderrates in Speyer, von dem es heißt: »Französische und deutsche Protestanten sind sich in Speyer im Geist der ökumenischen Bewegung begegnet, um in Gemeinschaft die politische Verantwortung ihrer Kirchen im gegenwärtigen Augenblick der europäischen Entwicklung zu erkennen und an einer wechselseitigen Annäherung ihrer Völker mitzuarbeiten. In dem Glauben an Jesus Christus finden sie ihre Einheit, in ihm die Versöhnung, die Gott für alle Menschen und Völker bereit hält. Solcher Glaubensgehorsam läßt sie die Gültigkeit göttlicher Verheißung auch auf die Verständigung und Versöhnung der Völker beziehen.« Erste Schritte zu einem neuen Verhältnis über die Grenze, besonders bedeutsam, und wenn man weiß, daß von den sieben französischen Mitgliedern des Bruderrates eines zwei Jahre im deutschen Konzentrationslager verbracht hatte, eine Gattin mehrere Glieder ihrer Familie im Konzentrationslager verloren, eine andere ihre Großeltern und einen Onkel verloren hatte, so war es wohl ein großer Schritt zum Frieden unter den Völkern.

Daß in den folgenden Jahren die Beziehungen weiter ausgebaut wurden, vor allem auch zum Elsaß, hat wohl unsere Kirche wie unser Rheinland-Pfalz zu einer Brücke zum Westen und damit zu einem neuen Europa werden lassen.

Let Germany live

Im November 1946 sagte in Koblenz bei der »Beratenden Landesversammlung« eine Abgeordnete: »...daß wir bei den gegenwärtigen Verhältnissen nicht mehr weiterleben können«. Das war der dunkle Untergrund dieser Jahre. Wir aber wollten weiterleben – und Kirchen und Land nahmen den Kampf mit der Zerstörung, mit der Not, mit der Armut, mit dem Hunger auf.

Schon 1943 hatte Eugen Gerstenmaier dem württembergischen Landesbischof Wurm das Programm für ein »Evangelisches Hilfswerk« nach dem Kriege vorgelegt, »um mit allen Mitteln dem Chaos karitativ zu begegnen.« Er hatte auch darin größere Weitsicht bewiesen als viele andere. Mit dem Hilfswerk begann der Strom christlicher Hilfe – »in the name of Jesus Christ« – vor allem aus den Vereinigten Staaten auch in unser Land zu fließen, und es war manchmal bewegend zu sehen, wenn vor dem einen Pfarrhaus die Leute um »katholisches« Mehl und vor dem anderen um »protestantische« Heringe anstanden.

Auch hier trug manches seinen besonderen Charakter in unserem Land und machte das in kleinen Erlebnissen erfahrbar. So war lange Zeit in Neustadt eine Gruppe junger Leute »rotierend« tätig, die Speisungen in die Schulen brachten. Es waren Amerikaner, von denen manche von Pfälzer Auswanderern abstammten – zum Teil hatten sie als Soldaten gegen Deutschland gekämpft. Wenn man mit ihnen in eines der halbzerstörten kalten Schulhäuser kam, konnte es sein, daß einem das Verslein entgegenklang: »Ihr Kinder – kommt schneller – mit Kännchen und Teller – von USA – die Suppe ist da; und Brötchen so weiß – süßduftend und heiß – drum laßt uns alle recht dankbar sein.«

Es konnte auch sein, daß die jungen Helfer im Telefonbuch nachschlugen und ihre Namen in unsern Dörfern fanden, von wo vor 200 Jahren ihre Vorväter ausgewandert waren; sie baten uns dann, mit ihnen dorthin zu fahren, um die Spuren der Vorväter zu suchen. Und es kam vor, daß in einer Weihnachtsfeier einer im Pennsylvania-Deutsch die Weihnachtsgeschichte vorlas: »Un zu selle Zeit is en Befehl vom Kaiser Aguschdus kumme, ass die ganz Welt gesesst warre sott. Un selli Sessment waar die erscht un hot schtattgfunne, wie der Cyrenius Goevener in Syria waar. Und en yeders is hiegange, far sich sesse losse, yeders in sei Vadderschtatt... Ehr sei Gott in der Heh,/Un Friede uff der Ard bei de Mensche/In seim Wohlgfalle...«

Ein anderes Beispiel solcher befreiender Hilfe: Als 1948 in Amsterdam die »Erste Versammlung des Weltrates der Kirchen« tagte, sandte man Boten in die einzelnen deutschen Länder und Kirchen – Brücken über den Abgrund von Haß, den der Krieg gerissen hatte. Zu uns kam mit den anderen Reverend J. H. Jackson, ein schwarzer Prediger der Baptistenkirche in Philadelphia. Er kam als Christ zu Christen und als Mensch zu Menschen. Er sah unsere Not, die Trümmer der Städte, die Armut der Dörfer und das Herzweh der Menschen, und reichte die Hand. Es war in Rehborn, daß man seinen Geburtstag erfuhr, und sie sangen ihm nicht nur »Lobe den Herrn, den mächtigen König der Ehren«, sondern die Schulkinder brachten ihm einen Blumenstrauß, und es wurde gesungen »Happy Birthday to You« – ob das wohl das erste Mal war, daß dieser inzwischen »eingedeutschte« Song in der Pfalz erklungen ist? Reverend Jackson hat über diesen Besuch bei uns ein Buch geschrieben, 1950 in Pennsylvania gedruckt, das den Titel trägt: »Stars in the Night«. Und sein Bericht schließt mit einem Aufruf an die Welt: »Let Germany live! – Laßt Deutschland leben!«

Von solchen Sternen in der Nacht wäre noch viel zu erzählen.

Wir haben damals ein Psalmwort aus dem Alten Testament gelesen: »Der Du uns schauen ließest viel Angst und Not, Du wirst uns wieder beleben.«

Um-Erziehung

Es mag verwunderlich erscheinen, wenn in einem Beitrag über die Kirche auch ein Abschnitt über Schule und Erziehung zu finden ist. Aber: als unser Land aus dem dunklen Hintergrund der nationalsozialistischen Zeit und des Krieges sich neu gestalten sollte, waren die Kräfte nicht mehr oder noch nicht vorhanden, diesen entscheidenden Bereich des Lebens aus den Trümmern heraus neu zu gestalten. So mußten, allein verhältnismäßig intakt, die Kirchen einspringen. Es sollte wahrlich keine »Klerikalisierung« werden, sondern eine Hilfe dort, wo das Land sie am nötigsten brauchte: bei der Jugend. So galt in jenen Jahren des Anfangs ein großer Teil der Zeit und der Kraft meines alten Schulfreundes Dr. Philipp Weindel vom Bischöflichen Ordinariat Speyer und von mir als dem »Schulreferenten« der protestantischen Kirche der Pfalz den hier gestellten Aufgaben.

Da war die französische Militärverwaltung. Sie half mit, daß schon im Herbst 1945 ein Teil der Schulen mit einem notdürftigen Unterricht beginnen konnte. Man hatte sich dort bei der Neugestaltung eine »Umerziehung« der deutschen Jugend zu »Demokratie und Menschlichkeit« und die »Abkehr vor dem deutschen – vor allem preußischen – Militarismus und Hinwendung zum Westen« zum Ziel gesetzt. Es waren wohl sehr verschiedene Motive damit verbunden. Kennzeichnend mag zum Beispiel sein, daß die »Direction de l'Education Publique« G.M.Z.F.O. im Lehrmittelverlag Offenburg für die Schulen als Buch veröffentlichte: Jean Paul »Friedenspredigt an Deutschland« vom Jahre 1808, geschmückt mit Bildern, die die Rheinbundzeit Napoleons als Ideal- und Friedenszeit den Menschen am Rhein darstellten. Im Vorwort heißt es: »Die Jahre 1933 bis 1945, die Zeit geistloser Vergottung und brutaler Macht und höchster politischer Unduldsamkeit gingen an Jean Paul ... achtlos vorüber. Heute, in Deutschlands tiefster Not und nie erlebtem Niedergang auf allen Gebieten seiner geistigen und materiellen Existenz, werden die ... Gedankengänge Jean Pauls erneut ihre helfende und tröstende Macht offenbaren.« Da war vieles, mit dem wir übereinstimmten – und doch ...! Carl Zuckmayer schrieb von dem sogenannten Umerziehungsprogramm, daß es ohnehin vergeblich sei, denn kein Volk könne ein anderes erziehen, am wenigsten durch eine Armee.

Der rheinland-pfälzische Kultusminister Dr. Albert Finck hat – wie die anderen Kultusminister des Landes auch – immer wieder die bedeutende Rolle der Kirchen, die Partnerschaft zwischen Staat und Kirche und den ökumenischen Gedanken hervorgehoben. Hier bei einer Ansprache im pfälzischen Predigerseminar.

Es waren wohl unzählige Besuche und Verhandlungen mit den französischen Offizieren in Neustadt notwendig, um Lehrer wieder zum Schuldienst »freizubekommen«, neue Kräfte zu gewinnen, die Bildung und Erziehung ermöglichen. Wir fanden viel Bereitschaft, freilich auch oft Ahnungslosigkeit gegenüber der hinter uns liegenden Zeit und manche seltsamen Vorstellungen. So fand ich einmal in einem Geschichtsbuch für unsere Schulen eine Karikatur aus der Zeit nach der Revolution von 1848 abgebildet. Ein pfälzischer Bauer steht dick und breit vor seiner Haustür, und einige preußische Soldaten reichen ihm den Quartierzettel – alle spindeldürr. Darunter Bild zwei: die Preußen ziehen ab – dick und »vollgemästet«; der Bauer, spindeldürr, sieht ihnen traurig nach. Ich zeigte das dem Franzosen und fragte: »Was meinen Sie wohl, Herr Capitaine, was unsere Leute denken, wenn sie das sehen?« Er sah mich verwundert an. Ich fügte hinzu: »Glauben Sie, daß die an 1849 und die Preußen denken? Die denken an Ihre Leute, die oft den einzigen Zentner Kartoffeln beschlagnahmen!« Aber im Ganzen: der Wiederaufbau ging mit gemeinsamen Anstrengungen voran, und langsam bekamen unsere Schulen wieder neues Leben.

Dazu mag gehören, daß die französische und die deutsche Verwaltung lange Zeit für Lehrer aller Schulen Kurse in Kirchheimbolanden veranstalteten, die den neuen Aufgaben dienen und Vergangenes überwinden sollten. Fast ein ganzes Jahr hatten Prälat Dr. Stamer von Neustadt und ich dort jede Woche einmal über Erziehung und Schule im katholischen bzw. evangelischen Verständnis zu sprechen. Es war schön, und wir fanden viel Bereitschaft und Freudigkeit, »ein neues zu beginnen«, wozu auch noch lange danach viele persönliche Gespräche halfen. Daß Prälat Dr. Stamer seinen Vortrag oft damit begann, daß er sagte: »Was die Schule jetzt braucht, ist Ruhe, Ruhe, Ruhe...«. Daran mußten wir später in der Zeit der Schulreform oft mit Schmunzeln denken.

Hierher gehören auch die von der deutschen Verwaltung gestalteten großen »Lehrertage« zum Religionsunterricht. Weit zurück lag die Zeit, da der »Nationalsozialistische Lehrerbund« (NSLB) die deutschen Lehrer aufgefordert hatte, den Religionsunterricht »einer jüdisch verwurzelten und verderbten Kirche« nicht mehr zu erteilen, und mancher, der nicht diesem Gebot, sondern seinem Gewissen gefolgt war, hatte es bald büßen müssen. Es war jetzt oft wie ein Erwachen zu einer neuen Freiheit und ein beglücktes Erfassen christlicher Wahrheiten bei diesen manchmal auch ökumenisch veranstalteten Tagen. Manchem blieb unvergeßlich, wenn Hunderte von Lehrerinnen und Lehrern jetzt wieder die altkirchlichen und die reformatorischen Choräle miteinander beteten und sangen. Daß dabei einmal Professor Oskar Hammelsbeck auch über das Verhältnis Lehrer und Pfarrer – das aus den alten Zeiten der »geistlichen Schulaufsicht« manchmal noch recht belastet war – sagte, es sei zuweilen etwas schwierig, »weil die einen alles wissen und die anderen alles besser wissen« – auch das gehörte zu den kleinen, aber hilfreichen Erlebnissen jener Tage. Freilich, wen er mit den einen und wen er mit den anderen meinte, das blieb verschwiegen.

Theologen in Mainz

Als im Mai 1946 die Universität Mainz eröffnet wurde, war es ein großes Geschenk an unsere Kirche, daß auch eine Evangelisch-Theologische Fakultät zu ihr gehörte. Eine Kirche, in deren Bereich eine Universität mit Theologen fehlt, entbehrt Zentrum und Quellpunkt geistiger Bewegung und Kraft – und man wird an eine Anordnung Napoleons aus dem Jahre 1812 erinnert, daß die reformierten Theologen aus der Pfalz in Genf, die lutherischen in Straßburg studieren müßten! Nun hatten wir die Fakultät – wenn auch nicht im Bereich der Landeskirche, so doch im eigenen Lande. Damals nach der Zerschlagung anderer Verbindungen und durch die Einengung durch die Zonengrenzen war dies besonders bedeutsam für unsere Studenten – die einen, gerade von einer im Wiederaufbau begriffenen Schule kommend, die anderen aus Krieg und Gefangenschaft heimkehrend, oft mit tiefen Narben an Leib und Seele. Aber beide entschlossen, an einem Neuanfang in Volk und Kirche mitzuarbeiten. So waren, als die Universität im November 4450 Studenten zählte, bald etwa 20 bis 30 Pfälzer Theologen darunter – heiß erwartet von einer durch die Kriegsverluste sehr geschwächten Kirche.

Im Vorlesungsverzeichnis des Wintersemesters 1946/47 stehen auch die Namen der berufenen Theologieprofessoren: Wilhelm Boudriot – reformierte Kirchengeschichte; Friedrich Delekat – Systematische Theologie, Philosophie, Pädagogik; Kurt Galling – Altes Testament; Wilhelm Jannasch – Praktische Theologie; Ernst Käsemann – Neues Testament; Eduard Schweizer – Neues Testament; Walter Völker – Kirchengeschichte. Dazu konnten zu unserer Freude drei Pfälzer Pfarrer in den Lehrkörper berufen werden: Georg Biundo – Pfälzische Kirchengeschichte; Eugen Ludwig Rapp – Semitistik und Afrikanistik; und wenigstens für kurze Zeit Imo Schäfer – evangelische Kirchenmusik. Ein reiches Angebot nach der Wüste der nationalsozialistischen Zeit.

Es liegt für uns ein unvergänglicher Glanz über diesem Anfang des theologischen Studiums in Mainz. Nach der Zerstörung deutschen und kirchlichen Bildungswesens noch einmal – unverhofft und unerwartet – ein Neuanfang und eine Öffnung in die Freiheit des Geistes. Die jungen Menschen bereit zu Dienst und Wiederaufbau. Und eine Professorenschar, bewährt in den harten Kämpfen der Bekennenden Kirche – und daher der Kirche und ihren Aufgaben verbunden. Dazu bei der kleinen Zahl der Studenten: die Möglichkeiten persönlicher Verbindung bis hin zu seelsorgerlichen Besuchen, wenn einer von ihnen krank in der Klinik lag, und dem frohen Leben einer Evangelischen Studentengemeinde.

Ein Beispiel für den geistigen Untergrund dieser Fakultät: Wilhelm Jannasch war der Mann, der am 4. Juni 1936 in der Reichskanzlei Adolf Hitlers eine Denkschrift der Deutschen Evangelischen Kirche überreicht hatte, in der deutlich wie selten sonst ausgesprochen war, wo Christen widersprechen mußten: »...wenn dem Christen im Rahmen der nationalsozialistischen Weltanschauung der Antisemitismus aufgedrängt wird, der zum Judenhaß verpflichtet, so steht für ihn das christliche Gebot der Nächstenliebe...« oder »Das evangelische Gewissen, das sich für Volk und Regierung mitverantwortlich weiß, wird aufs härteste belastet durch die Tatsache, daß es in Deutschland, das sich selbst als Rechtsstaat bezeichnet, immer noch Konzentrationslager gibt und daß die Maßnahmen der Geheimen Staatspolizei jeder richterlichen Nachprüfung entzogen sind.«

Vor solchem Hintergrund begann in Mainz die theologische Arbeit. Daß einer der Verfasser dieser Denkschrift, Landgerichtsdirektor Dr. Friedrich Weissler, bald danach im Konzentrationslager Sachsenhausen zu Tode gemartert wurde – auch das gehört zu diesem Hintergrund.

Noch etwas anderes wurde hier von Bedeutung für unser Land und unsere Kirche: auch in den Jahren der Armut konnten hier ökumenische Stipendiaten der Kirche studieren – deren Weg später oft in weite Dienste führte, in denen sie die deutschen Jahre und das Geschenk des Studiums nicht vergaßen: Professoren in Japan, Korea und Griechenland, und auf einer Mainzer Dissertation aufbauend: das große Werk einer Orthodoxen Akademie auf Kreta, die nicht nur einer erneuerten Verbindung der Kirchen des Westens mit der Orthodoxie des Ostens diente, sondern nach dem Willen ihres »Vaters«, Bischof Irenäos, Kreta helfen sollte, den Weg in eine moderne Welt ohne Verlust der Substanz zu finden.

Auch hier: Brücke in die Weite! Ein Dank an die Hochschule unseres Landes!

Ökumene

Im Januar 1919 hatte Walther Rathenau, einer der Großen der Weimarer Republik, geschrieben: »Zieht Preußen von Deutschland ab – was bleibt? Der Rheinbund – eine klerikale Republik!«

Was mag an Sorge das Herz dieses weitschauenden Mannes bewegt haben: Westdeutschland – ein Rheinbund wie einst der Napoleons? Ein Land unter der »Herrschaft des Krummstabs?« Nun war 1945 wohl Preußen nicht mehr und ein wesentliches Gewicht des neuen Staates an den Rhein verlagert – aber es gab keinen »Rheinbund«, und statt einer alten »Herrschaft des Krummstabs« kam es zur ökumenischen Begegnung der christlichen Kirchen – eines der großen Geschenke dieser Jahre, gerade in unserem Lande.

Evangelische Kirche in den Anfängen des Landes

Der Innenraum der evangelischen Kirche zu Stipshausen, der 1955/56 renoviert wurde.

Internationale ökumenische Aktivitäten. Von links nach rechts: Kirchenpräsident D. Schaller, der Bischof von Chartres sowie Bischof Dr. I. M. Emanuel von Speyer.

Wohl standen noch alte Traditionen im Wege. Wenn etwa Kultusminister Adolf Süsterhenn über die Verfassung des Landes Rheinland-Pfalz damals schrieb: »Das in der modernen deutschen Verfassungsgebung nach 1945 zum Zuge kommende Naturrecht knüpft wieder an die aristotelisch-scholastische und damit auch an die christliche Tradition an...«, so mußten wir dem ein anderes Verständnis vom Verhältnis von Staat und Kirche gegenüberstellen – gegründet in der Reformation und neu geprägt von den Erfahrungen der »Bekennenden Kirche« im Kirchenkampf des »Dritten Reiches«. Aber auf die Dauer hinderte das nicht den Weg der Kirchen zueinander – gerade im neuen Lande Rheinland-Pfalz. Es ist mir unvergeßlich, wie ich in den Januartagen 1945 auf der verschneiten Landstraße bei Albersweiler meinem Schulfreund, dem katholischen Priester Hermann Schwamm begegnete – er war später Professor in Mainz – und wir nach einer kurzen Begrüßung auseinanderstoben, weil ein »Jagdbomber« mit seinen Geschoßgarben uns anflog – da rief er mir zu: »Jetzt ist der Krieg bald aus – dann schaffen wir zusammen!«

Es waren dann viele, oft kleine Schritte auf diesem Wege zueinander, und zwar bei den Kirchenleitungen wie bei der »Basis« in den Gemeinden. Nach mancherlei Versuchen und Besuchen trafen sich Ordinariat Speyer und Protestantischer Landeskirchenrat am 26. Februar 1965 offiziell im Protestantischen Predigerseminar in Landau und bald darauf zum »Gegenbesuch« im Priesterseminar St. German in Speyer. Seltsam: zunächst ein höfliches Begegnen – ein oft verwundertes Fragen und Hören und Kennenlernen – und schließlich ein vertrauensvolles Miteinander in ökumenischer Gemeinschaft. Es ist vieles daraus erwachsen – auch die Predigt des protestantischen Kirchenpräsidenten im

Speyerer Dom, die des katholischen Bischofs in der Speyerer »Protestationskirche« – bis September 1972 zu den gemeinsamen »Pfarrkollegs«, da katholische Priester und protestantische Pfarrer in Rom, in Genf, in London und in der Orthodoxen Akademie auf Kreta einander fragen, aufeinander hören, miteinander beten und etwas von dieser Gemeinschaft in ihre Gemeinschaft tragen konnten. Wer hätte das vor 50 Jahren erhofft! Das Land bot dazu den Rahmen und man könnte davon nicht besser reden, als Bischof Dr. Isidor Emanuel es tat, als er mich als Gast bei der Domfeier am 16. September 1961 begrüßte: »...der alte Dom ist der gemeinsame Nachbar unseres beiderseitigen Amtssitzes. Er ist uns ein ständig ragendes Zeichen unserer gemeinsamen Herkunft, die tiefer greift als eine nur räumliche Koexistenz.« Daß übrigens Altbundespräsident Theodor Heuss an dieser Feier teilnahm – bei seinem Eintritt in den Dom mit ungeheurem Händeklatschen begrüßt –, mag auch erwähnt werden, ebenso, daß er mich vorher bei dem festlichen Mittagsmahl gefragt hatte, was wir Protestanten tun wollten, wenn »sie« nachher im Dom beim Gebet knieten. Ich sagte, daß wir beim Beten stünden – darauf er: »So will ich gucke – wie Sie's machet.« – Kleine Züge – großes Erleben!
Und die »Basis«? Von Jahr zu Jahr mehr: gemeinsames Bibelstudium, gemeinsame Feiern, gemeinsames Singen, Fragen und Antworten hin und her, Kennenlernen und einander verstehen. Unvergeßlich etwa das Bild, als sich bei der Grundsteinlegung der protestantischen Kirche in Speyer-Nord ein großer ökumenischer Chor formierte – an einem Flügel die Ordensschwestern, am anderen die protestantische Pfarrfrau – und miteinander sangen: »Such, wer da will, ein ander Ziel, die Seligkeit zu finden...«
Hinter uns: weite Wege zueinander – vor uns: miteinander noch weite Wege!

Eine Rheinfahrt

»Erinnerungen und Begegnungen« – unter diesem Titel mag auch die folgende »Begegnung« ihren Platz haben. Gewiß nicht bedeutsam – und doch von einer bleibenden, starken Symbolkraft.
Im Mai 1965 besuchte die Englische Königin das Land Rheinland-Pfalz. Ministerpräsident Altmeier hatte Vertreter der verschiedenen »Stände« des Landes zu einer Rheinfahrt mit den englischen Gästen von Koblenz rheinaufwärts eingeladen. Für die Kirchen nahmen Kardinal Volk von Mainz und ich teil.
Als nun die weiße, blumengeschmückte »Loreley« stromaufwärts glitt, leuchtete links und rechts die ganze Herrlichkeit unseres Landes mit Strom und Berg und Burgen im Maienglanz auf. Und die »Neustadter Weinkehlchen« sangen das Lied »Sah ein Knab ein Röslein stehn...«
Wie verzaubert lauschten die Königin und wir alle bei diesem einzigartigen Zusam-

menklang des bewegenden Liedes mit dem Bilde der Landschaft – Heimat unseres Landes nach Wesen und Klang.
Später zog Prinz Philip mich in ein längeres Gespräch. Er wollte etwas wissen von dem Schicksal der Ostflüchtlinge und Heimatvertriebenen, ihrer Aufnahme und ihrem Einleben im Westen, den dabei entstehenden menschlichen, politischen und wirtschaftlichen Problemen. Ich war bewegt von seinen Fragen, die immer wieder nach »dem Menschen« gingen, konnte ihm von vielen Begegnungen erzählen – und wagte es, von einem Besuch in einem Pfarrhaus zu berichten. Da waren auch Heimatvertriebene eingezogen, aus Ostpreußen stammend. Tüchtige Bauersleute, die hier schon wieder festen Boden gefunden hatten, Arbeit und Lebenssinn – auch ein Beitrag übrigens, wie Land und Kirche hier wertvolle Menschen fanden; aber während wir miteinander sprachen, stand starr und unbeweglich, unbeteiligt am Gespräch, die alte Großmutter am Fenster und sah hinaus – was suchte ihre Seele? Über weite Fernen, Ebenen, Flüsse, Wälder – verlorene Heimat?
Als ich das erzählt hatte, schwieg er lange. Leuchtende Heimat um uns her – auch darin heimatlose Menschen – im Kleinen ein Bild dieser Jahre mit ihren Nöten, voller Widersprüche und Kontraste.

Ein Mann in seiner Zeit

»Wir sind mit einer ganzen Anzahl junger Kameraden nach dem Ersten Weltkrieg in den Dienst unserer pfälzischen Kirche getreten – geprägt durch das Erlebnis des Krieges, gezeichnet durch schwere Wunden, an denen wir, solange wir sind, zu leiden haben, erschüttert durch das härteste Einstürmen der Wirklichkeit des Lebens auf uns junge Kerle, früh gereift durch die Begegnung mit dem Tod... Nun sind wir ›alte Garde‹ geworden.«
So schrieb zu Anfang des Jahres 1970 der erste pfälzische Kirchenpräsident nach 1945, Dr. Hans Stempel. Im November des gleichen Jahres ereilte ihn der Tod, nachdem er noch einmal – wie schon so oft lange Jahre hindurch – die letzten deutschen Kriegsverurteilten in Breda in Holland besucht hatte. Eine Erkältung, die er von dort mitgebracht hatte, führte zu einer Lungenerkrankung und zum raschen Tod. Bei dem Gedenkgottesdienst in der Stiftskirche zu Landau saßen neben Bundespräsident Gustav Heinemann und Ministerpräsident Helmut Kohl, neben Vertretern deutscher und fremder Kirchen der Speyerer Altbischof Dr. Isidor Emanuel und auch der Vertreter der Französischen Botschaft in Bonn.
Man sagt, daß manches Menschenleben das Schicksal und die Erfahrung seiner Zeit – auch seines Landes und seiner Kirche – in sich spiegele. So mag wohl an diesem Leben

Linkes Bild:
Die evangelische Pfarrkirche von Rinnthal im Landkreis Südliche Weinstraße wurde 1831 bis 1834 nach Plänen von August von Voit erbaut und darf als der bedeutendste klassizistische Kirchenbau in der Pfalz bezeichnet werden.

Rechtes Bild:
Die evangelische Kirche im Ortsteil Rodenbach der Gemeinde Ebertsheim ist romanischen Ursprungs, was sich noch an den im Turm eingemauerten Tierköpfen belegen läßt.

auch der weite Schicksalsbogen erkennbar sein, der sich über unserem Land und seinen Menschen spannt – von der bitteren Heimkehr aus dem Krieg über Not und Aufbau bis hin zum letzten Besuch bei jenen Männern, die in tiefer Not und Dunkelheit die Last der Geschehnisse ertrugen.

Es mag eine tiefere Vorahnung darin liegen, daß man den Kriegsheimkehrer Stempel im Dienst seiner Kirche an einen Ort rief, wie er sonst keinem zugemutet wurde. Als im Herbst 1921 das ungeheure Explosionsunglück im Oppauer Werk der BASF eine der ersten großen Katastrophen nach dem Kriege auslöste – über 500 Tote, mehr als 2000 Familien betroffen, ein ganzer Ort ein Trümmerfeld – da fand der junge Pfarrer seine erste Aufgabe in Hilfe und Aufbau und eine Vorahnung künftiger Aufgaben.

So war es dann auch, als die Landessynode der pfälzischen Kirche 1948 den Sprecher der »Bekennenden Kirche« aus der nationalsozialistischen Zeit zum Kirchenpräsidenten berief.

Es soll hier nicht berichtet werden von dem Innersten dieses Dienstes: dem Ringen um die Seele des Menschen, der in diesen Jahren – bei allem Wachstum des Wohlstandes und der Bereicherung der Lebensmöglichkeiten – die Zerstörung durch den nationalsozialistischen Nihilismus oft nicht mehr zu überwinden vermochte und mehr und mehr in

Im Altarraum der evangelischen Pfarrkirche in Alsenborn wurden im Jahre 1964 Wand- und Gewölbemalereien der ehemaligen St.-Vitus-Kirche aus dem 13. Jahrhundert freigelegt und restauriert.

eine Entwicklung geriet, die von dem verstorbenen Wiener Kulturhistoriker Friedrich Heer als das »Ausrinnen der religiösen Substanz« bezeichnet wurde. Die Kirche zu diesem Dienst zu bereiten und sich selbst in ihm verzehrend – das war die innerste Sorge dieser Jahre. Das reichte bis weit hinein in die sozialen und wirtschaftlichen Anstrengungen, denn er wußte mit dem Philosophen von Rintelen, daß »die Wüste in uns gewachsen ist, bevor die Verwüstung kam«.

Das prägte auch das Verhältnis der Kirche zum neuen Land Rheinland-Pfalz. Als Hans Stempel und die Leiter der beiden anderen evangelischen Kirchen im Lande sich im Jahre 1962 mit Ministerpräsident Altmeier über einen Staatsvertrag einigten, »...geleitet von dem Wunsche, das freundschaftliche Verhältnis zwischen dem Land und den Kirchen zu fördern und zu festigen«, da lag nicht nur der alte Satz von Montalembert »von

Die evangelische Pfarrkirche in Kaiserslautern war ehemals die Stiftskirche St. Martin und Maria. Sie geht in ihren Ursprüngen auf die Berufung von Prämonstratensermönchen aus Rot in Oberschwaben durch Kaiser Friedrich Barbarossa zurück.

der freien Kirche im freien Staat« zugrunde, sondern auch das im Kirchenkampf gewonnene neue, gewiß nicht kritiklose Verständnis von der Aufgabe der Kirche gegenüber Staat und Gesellschaft. Welche Entwicklung die folgenden Jahre zeitigten, welche neuen Probleme und Fragen entstanden, steht hier nicht zur Sprache.

Es war schon die Rede davon, daß der Charakter einer »Brückenlandschaft« sowohl dem Land am Rhein wie seinen Kirchen besondere Aufgaben stellt. Daß Hans Stempel diesen Aufgaben im besonderen Maße diente, dafür nur zwei Beispiele: Von dem ersten war schon die Rede: der Gemeinschaft des »Deutsch-französischen Bruderrates«. Noch weiter in die Welt gingen seine Bemühungen, als – eine Frucht der Begegnung deutscher Kriegsgefangener mit Christen in England – eine Kanzel- und Abendmahlsgemeinschaft mit der »Kongregationalistischen Union von England und Wales«

geschlossen werden konnte. Es war eine große Stunde – trotz starker Kritik und Verurteilung in der Evangelischen Kirche Deutschlands –, als an Pfingsten 1957 Engländer und Deutsche zur überfüllten Gedächtniskirche in Speyer zogen, wo Dr. Maurice Watts, der Moderator des »International Congregational Council«, die Predigt hielt und man miteinander das Heilige Abendmahl feierte. Im folgenden Jahr feierte man gemeinsam in London – eine Begegnung, die durch viele Jahre reiche Frucht trug.

Das Bild der Kirche, das unsichtbar hinter allem Wirken Hans Stempels stand, ist vielleicht am besten ausgedrückt mit der Formulierung von Paul Tillich, dem furchtlosen Denker und großen Seelsorger des »ringenden modernen Menschen«, daß die Kirche die »Gestalt der Gnade« haben sollte, nicht die der Macht, des Triumphes, des Glanzes. So war er einmal nach dem weihnachtlichen Besuch im französischen Gefängnis bei deutschen Gefangenen und zum Tode Verurteilten, denen er eine Weihnachtspredigt halten wollte. Aber als der Raum sich gefüllt hatte mit einer von Schuld und Bitternis, aber auch von Leid und Jammer gezeichneten Schar, konnte er nicht mehr ihnen gegenüberstehen und reden. Er setzte sich auf eine Bank mitten unter sie und sprach zu ihnen, Bruder zu Bruder. Das ist die Gestalt der Kirche, die von der Gnade lebt.

Von Marcel Sturm, dem aumônier général der französischen Armee, der mit ihm die erste Brücke schlug, hat Hans Stempel einmal geschrieben: »Marcel Sturm hat einmal gesagt, die Kirchen hätten den Völkern vorauszuleben. Er selbst verwirklichte dies bis zur Hingabe seines Lebens. Als Mensch und Bruder suchte er auf das zu antworten, was er als Herausforderung des Christen in jenen Tagen erkannte.« Das mag man wohl auch mit gutem Gewissen von Hans Stempel sagen.

Blick auf Annweiler mit seiner evangelischen Pfarrkirche, die 1787/88 nach Plänen des herzoglichen Baumeisters Wahl aus Zweibrücken als Saalbau errichtet und nach ihrer Zerstörung im Zweiten Weltkrieg durch einen barockisierenden Neubau ersetzt wurde.

Bruno Thiebes

Die Friedenskirche St. Bernhard von Clairvaux in Speyer

Wie es zum Bau der Kirche kam

Das Land Rheinland-Pfalz ist im Bild seiner Landschaften und Städte geprägt von seinen großen Domen und Münstern, dem Dom zu Trier, dem Münster Maria Laach in der Eifel, den Kaiserdomen zu Mainz, Worms und Speyer am Strom des Rheines. Vom Speyerer Dom wird gesagt: »Das größte Bauwerk der romanischen Epoche, der monumentale Mittelpunkt der Erinnerungen an das Kaisertum in der Zeit seiner Macht...Schon im Mittelalter als Symbol des Kaisertums empfunden und deshalb nach dem Aussterben der Salier von den Staufern und den ersten Habsburgern als Grabstätte begehrt... Etwas Einziges zu sein, ziemt einem Kaiserdom« (Georg Dehio). Eines der größten Ereignisse in der Geschichte dieses Domes und des Abendlandes war der Besuch des Zisterzienserabtes Bernhard von Clairvaux an Weihnachten 1146 und seine berühmte Kreuzzugspredigt vor König Konrad III. und mehreren tausend Rittern. Der Heilige sprach mit solcher Macht seines Wortes, daß König und Ritterschaft Zeichen und Banner zum Kreuzzug nahmen.

Das Begebnis ist in Dom und Bistum Speyer nicht vergessen worden. Der Nachhall seiner Erinnerung hat die Jahrhunderte überdauert, der heilige Bernhard wurde nach der Hauptpatronin Maria, der Mutter des Herrn, einer der Patrone des Domes und der Diözese. Als nun das Jahr 1953 herankam, das 800. Todesjahr des heiligen Bernhard, war es für Bischof und Domkapitel Speyer eine hohe Verpflichtung, dieser überragenden Gestalt der europäischen Geschichte eine angemessene, bedeutsame Würdigung zuteil werden zu lassen. Weithin in der Welt, besonders in Frankreich, dem Heimatland des Heiligen, wurden frühzeitig Vorbereitungen für Gedenkfeiern getroffen. So erhielt das Domkapitel Speyer schon im November 1951 ein Schreiben der Trappistenabtei De Notre Dame de Mistassini in Kanada mit der Bitte um Angaben über den heiligen Bernhard zu Speyer, die für die dortige Jubiläumsfeier verwendet werden sollten.

Da konnten der Bischof und die Diözese Speyer nicht nachstehen. Sogleich mit seinem Amtsantritt am 1. Februar 1953 machte es sich Bischof Dr. Isidor Markus Emanuel, Nachfolger des zum Erzbischof von München und Freising berufenen Dr. Josef Wendel, zu einer bevorzugten Aufgabe, das St.-Bernhards-Jubiläum vorzubereiten und durchzuführen.

Bald kristalisierte sich aus den ersten Erwägungen die Vorstellung heraus, nicht nur Feiertage zu begehen, die vorübergehen, sondern mit dem Bau einer St.-Bernhards-Jubiläumskirche ein bleibendes Denkmal zu schaffen. Zwei Leitgedanken sollten Gedächtnisfeiern und Bau der neuen Kirche haben: Einmal dem Andenken des großen Heiligen gerecht zu werden, der der größte Mann seines Jahrhunderts war, dann aber auch, im Jahrzehnt nach dem Zweiten Weltkrieg und angesichts seiner noch nicht beseitigten Trümmer, Jubiläum und Kirchenbau in Speyer zu einer freundschaftlichen Begegnung zwischen den beiden benachbarten Völkern Frankreichs und Deutschlands zu gestalten. Das neue Gotteshaus sollte nicht nur eine St.-Bernhard-Jubiläumskirche, sondern eine Friedenskirche und eine Stätte der Versöhnung werden. Welche Stadt wäre von der leidvollen Geschichte deutsch-französischer Kriege her, welches Gebiet, unmittelbar an der Grenze zu Frankreich gelegen, berufener gewesen, Standort eines solchen Baues zu sein als Stadt und Raum Speyer?

Dieser Gedanke wurde dargelegt in einer Eingabe des Bischöflichen Ordinariates Speyer an die Landesregierung vom 18. April 1953: »Bernhards Werk war in ganz besonderer Weise ein Werk des Ausgleichs und der Versöhnung. Wo es galt, Gegensätze zu beseitigen, Streitfälle zu schlichten, rief man ihn zur Hilfe. Mit allen Größen seiner Zeit verbanden ihn freundschaftliche Beziehungen. Er war der große Brückenbauer seiner Zeit und könnte es durch sein fortlebendes Andenken auch heute noch sein.«

Vorbereitungen zum Bau

Von solchen Gedanken beseelt, wurden die näheren Vorbereitungen zum Kirchenbau und für die Jubiläumsfeier zügig und tatkräftig begonnen und durchgeführt. Als Bauplatz wurde von der Stadtverwaltung Speyer ein sehr günstig gelegenes Grundstück erworben, Teil des zum Park gewordenen ehemaligen Speyerer Friedhofes, noch im Bereich des historischen Gebietes der alten Reichsstadt gelegen.

Für die Planung des Baues wurden in einem engeren Wettbewerb einzelne Architekten aufgefordert, Ideenskizzen vorzulegen. Der Entscheid des Prüfungsausschusses fiel auf den Vorschlag von Architekt Ludwig Ihm aus Speyer. Als Tag der Hauptfeier der Grundsteinlegung wurde Sonntag, der 23. August 1953, festgelegt.

Wachsendes französisches Interesse am Bau

Schon sehr bald nach Ende des Zweiten Weltkrieges waren zwischen führenden Persönlichkeiten der französischen Zivil- und Militärverwaltung und deutschen Kreisen aus dem weltlichen und kirchlichen Bereich verständnisvolle Kontakte und Begegnungen

Die Friedenskirche St. Bernhard von Clairvaux in Speyer

Ansicht der Friedenskirche St. Bernhard von Clairvaux in Speyer, ein Symbol der deutsch-französischen Verständigung nach dem Zweiten Weltkrieg.

zustandegekommen, die auch zu mancherlei kulturellem Austausch führten. Das Vorhaben des St.-Bernhards-Kirchenbaues wurde sehr bald auch auf französischer Seite bekannt und fand dort ebenfalls lebhafte Aufmerksamkeit. Wie sich diese rasch zu einer geradezu einmaligen Anteilnahme der Kirche von Frankreich und der französischen Öffentlichkeit entfaltet hat, ist ein hervorragendes Beispiel dafür, wie sich das allumfassende Anliegen deutsch-französischer Annäherung, Versöhnung und schließlich nachbarlicher Freundschaft auf einzelnen Wegen, in konkreten Unternehmungen und durch gegenseitiges Vertrauen und Zusammenwirken engagierter Persönlichkeiten verwirklichen muß.

Es war das Verdienst des Herrn Administrateurs René Schneider, damals in Speyer tätig und in bestem Einvernehmen mit dem Domkapitel stehend, daß er dem Herrn Hohen Kommissar André François Poncet über das Vorhaben berichtete. Der Hohe Kommissar sah diesen Kirchenbau als so bedeutend an, daß er eine französische Beteiligung an den Baukosten für angebracht hielt. Er verhandelte darüber mit Kardinal Feltin von Paris mit dem Ergebnis, daß am 7. Juli 1953 der Gouverneur von Rheinland-Pfalz, Brozen-Favereau, dem Bischof Dr. Isidor Markus Emanuel einen Besuch abstattete und sich nach den Kosten des Kirchenbaues erkundigte. Auf die Antwort, daß der Kirchenneubau in den reinen Baukosten auf 400 000 DM veranschlagt sei, erklärte er, am Tage der Grundsteinlegung würde Bischof Joseph Jean Heintz von Metz im Auftrag des Kardinals Feltin von Paris die Hälfte dieser Summe, also 200 000 DM, überreichen. In einem Schreiben vom 15. Juli 1953 bestätigte der Hohe Kommissar François Poncet, daß die Kirche St. Bernhard »zu gleichen Kosten von Deutschland und Frankreich« errichtet werden solle. Die genannte Voranschlagsumme bezog sich lediglich auf den Kirchenbau als solchen, ohne Turm, Pfarrhaus und Pax-Christi-Kapelle unter dem Chor der Kirche. Diese ursprünglich für eine spätere Errichtung vorgesehenen Baukörper wurden aber doch schon mit dem Gotteshaus ausgeführt. Die gesamten Baukosten waren dann erheblich höher als der Voranschlag.

Das Land Rheinland-Pfalz bewilligte einen Zuschuß von 50 000 DM.

Der Hohe Kommissar und Botschafter André François Poncet bekundete auch nach dieser Entscheidung lebhaftes Interesse an der Ausführung und den Einzelheiten des Unternehmens. Er wünschte eine Besprechung des Bauplanes zwischen Herrn Architekten Moreux vom Louvre in Paris und dem planenden Architekten Ludwig Ihm aus Speyer, die am 21. Juli 1953 im Hotel »Wittelsbacher Hof« zu Speyer stattfand.

Teilnehmer dieser eingehenden Beratung waren außer den genannten Architekten Herr Provinzdelegierter für die Pfalz Paul Heibel, Herr interimistischer Kreisdelegierter Jean Ardellier und Herr Dompropst Karl Hofen. Herr Moreux konnte aufgrund seiner profunden Kenntnis der Zisterzienser-Bauweise wertvolle Vorschläge für die innere Gestaltung der Kirche unterbreiten.

BILDUNG EINES EHRENKOMITEES

Ebenfalls vom Hohen Kommissar Poncet kam die Anregung, ein Ehrenkomitee aus prominenten Vertretern der beiden Nationen zu bilden.

Die außergewöhnliche Entscheidung von französischer Seite, die Hälfte der Kosten für einen deutschen Kirchenbau zu übernehmen, hatte das Vorhaben weit über die Ebene lokalen Interesses hinausgehoben.

Nach zahlreichen schriftlichen und mündlichen Anfragen gaben die nachgenannten Herren ihre Zustimmung zur Mitgliedschaft in diesem Komitee:

Von französischer Seite: Eminenz Kardinal Maurice Feltin, Erzbischof von Paris; Exzellenz Bischof Guillaume Sembel, Dijon; der Hohe Kommissar André François Poncet; der frühere französische Außenminister Robert Schuman; der Gouverneur von Rheinland-Pfalz Brozen-Favereau.

Von deutscher Seite: Eminenz Kardinal Dr. Joseph Wendel, Erzbischof von München-

Freising; Exzellenz Bischof Dr. Isidor Markus Emanuel, Speyer; Bundeskanzler Dr. Konrad Adenauer; Ministerpräsident Peter Altmeier, Mainz; Dr. Heinrich von Brentano, Vorsitzender des Verfassungsausschusses des Europarates.

Resonanz in der breiteren Öffentlichkeit

Der Einsatz für eine große Idee, des heiligen Bernhard als eines großen Einigers Europas zu gedenken und ihm zu Ehren eine Kirche als Begegnungsstätte des Friedens und der Versöhnung zu errichten, sollte nicht das Anliegen eines engeren Kreises führender und durchführender Persönlichkeiten bleiben, sondern auch im Bewußtsein einer breiten Öffentlichkeit in beiden Nachbarvölkern mitgetragen werden. Sehr umsichtig wurden die Bistumsangehörigen der Diözese Speyer informiert. Allen Seelsorgern sandte man von Dompropst Karl Hofen verfaßte Entwürfe zu Predigten über den großen Herold des Friedens und über das Friedenswerk der Gegenwart zu. Innerhalb der Diözese wurden Wallfahrten zu den Orten durchgeführt, an denen die Zisterzienser, der Orden des heiligen Bernhard, gewirkt hatten: Eußerthal, Otterberg und Rosenthalerhof. Zwei eigens verfaßte und vertonte St.-Bernhards-Lieder wurden verbreitet.

François Poncet und Robert Schuman unterzeichnen die Urkunde der Grundsteinlegung und tragen sich in das Buch der »Freunde des Friedens« ein. Am linken Bildrand Kultusminister Dr. Albert Finck, daneben Ministerpräsident Altmeier.

Auch die lebendige Verbindung mit Burgund, der Heimat des Heiligen, wurde gesucht und gefunden. Vom 16. bis 20. Juli fand eine Diözesan-Wallfahrt in das Burgunderland statt; man besuchte Remiremont, Luxeuil, Dijon, Fontaine, den Geburtsort und das Geburtsschloß des heiligen Bernhard, Semur, Montbard, Fontenay, Vezelay, Clairvaux und Troyes. Die Wallfahrt wurde geleitet von Bischof Dr. Emanuel, der französische Administrateur Eschlimann begleitete die Gläubigen.

Erstaunlich und erfreulich war an allen Stätten der Wallfahrt die herzliche Aufnahme durch die französische Bevölkerung, durch die Geistlichen und die weltlichen Behördenvertreter. Der Erzbischof von Sens, Lamy, kam eigens nach Vezelay, um, wie er sagte, die erste Wallfahrt aus Deutschland seit Menschengedenken persönlich zu begrüßen. In Fontaine erhielt Bischof Dr. Emanuel einen Stein vom Geburtsschloß des heiligen Bernhard für die geplante neue Kirche. Mit einer edel gestalteten gotischen Skulptur geziert, ist er heute am nördlichen Seitenaltar in die Wand der St.-Bernhards-Kirche eingefügt. In Clairvaux erhielt unser Oberhirte Erde und Blumen, die in das Fundament des Hauptaltares und in den Grundstein der Kirche versenkt wurden. Dies alles bestimmte die Atmosphäre der Wallfahrt, die in ihren Erlebnissen eine Begegnung der beiden Völker im Kleinen wurde und so die bevorstehende Begegnung im Großen vorbereitete.

Auch im wissenschaftlichen Bereich wurde dem großen Ereignis in Speyer Beachtung geschenkt. Auf dem Internationalen Historikerkongreß in Dijon vom 28. Mai bis 2. Juni 1953 konnte der Speyerer Bistumsarchivar Karl Lutz über »Der heilige Bernhard in der Kathedrale von Speyer« referieren. Sein Schlußwort wurde mit langanhaltendem Beifall aufgenommen und zum geflügelten Wort der Tagung: »Le Royaume de Dieu passe toutes les frontières – Das Reich Gottes geht über alle Grenzen.«

Der Festtag der grossen Begegnung

Die Erwartungen auf den Hauptfesttag am Sonntag, den 23. August 1953, waren nach solcher Vorarbeit weit gespannt und lebhaft gestiegen. Nach der endgültigen Festlegung beinhaltete das Programm für den Verlauf des Tages am Vormittag ein Pontifikalamt im Dom, am Nachmittag die große Prozession vom Dom zum Kirchbauplatz St. Bernhard, am Abend eine Feier im Dom. Zehn Arbeitsausschüsse für die weitschichtige Organisation wurden gebildet. Die Einladungen ergingen an die Gäste aus Frankreich und Deutschland. Vereinbarungen, schriftlich und durch persönliche Besuche, wurden mit den bei den Feiern mitwirkenden Persönlichkeiten getroffen.

Die hohe Spannung auf das bedeutsame Fest zeigte sich in der Zahl der Anmeldungen. Mit mindestens 40 000 Gästen mußte gerechnet werden, 5 000 von ihnen aus Frankreich, darunter 1 000 französische Soldaten.

Die St.-Bernhards-Kirche als Mittelpunkt der Friedensarbeit: hier eine Friedenswallfahrt Jugendlicher.

Der Festtag brach an. In der Morgenfrühe spendeten französische Militärgeistliche Soldaten in ihren Kasernen die heilige Kommunion.

Das Pontifikalamt

Der Dom war überfüllt. Auf dem Domplatz vor dem Dom, im Domgarten zu beiden Seiten des Domes und in den zum Dom führenden Straßen hatten sich Zehntausende versammelt. Der Zug der Mitrenträger nahm den Weg vom Bischofshaus in den Dom, um 10 Uhr begann das Hohe Amt. Es wurde gehalten vom Bischof von Metz, Joseph Jean Heintz. Der Domchor sang die Einsiedler-Festmesse von Albert Jenny.

Nach dem Evangelium verlas der Speyerer Oberhirte das persönliche Schreiben des Heiligen Vaters Papst Pius XII. zu diesem Jubiläumstag. Das Schreiben gipfelte in dem Wunsch des Papstes, daß »jenen, die das Banner brüderlicher Zusammenarbeit der Völker emporrichten, die Kraft der völkerversöhnenden und völkerverbindenden Liebe zuteil werde«.

Der Bischof von Troyes, Julien le Couedic, verlas dann das päpstliche Schreiben in französischer Sprache. Danach hielt er die Festpredigt. Ganz ergriffen vom Erlebnis der außergewöhnlichen Stunde, sprach er von den Erfolgen des heiligen Bernhard, aber auch vom Mißerfolg seines Kreuzzuges durch egoistische Mächte der damaligen Zeit. Es könnten auch heute die Völker des Abendlandes nur im Geist des Gebetes des heiligen Bernhard den Egoismus überwinden und wieder zu einer christlichen Einheit zusammenwachsen.

Der Bischof von Troyes hatte den Schrein mit den Reliquien des heiligen Bernhard mitgebracht. Nach seiner französisch gesprochenen Predigt hielt der Bischof von Eichstätt, Dr. Joseph Schröffer, die deutsche Predigt. Er war gleichzeitig Präsident der Pax-Christi-Bewegung in Deutschland. Nach den Schrecken zweier Weltkriege sei wieder ein »Wunder aller Wunder« notwendig, eine neue Einheit im Glauben.

Für die vielen Tausende, die nicht in den Dom gelangen konnten, wurde gleichzeitig im Domgarten vom Abt von Stift Neuburg bei Heidelberg, Dr. Albert Ohlmeyer OSB, eine Pontifikalmesse gehalten. Die Predigten, Gesänge und das Orgelspiel wurden dabei über Lautsprecher vom Dominnern in den Domgarten übertragen.

Bedeutsame Akte

Nach dem Pontifikalamt zogen Bischöfe und Ehrengäste vom Dom hinüber ins Bischofshaus. Dort lagen zur Unterschrift bereit die auf Pergament künstlerisch gestaltete Urkunde zur Grundsteinlegung der St.-Bernhards-Kirche und das handwerklich kunstvoll gearbeitete »Buch des Friedens« – »Livre de la Paix«, das künftig im Turmraum der neuen Kirche aufbewahrt werden sollte.

Die Grundsteinlegungsurkunde ist in beiden Sprachen verfaßt. Die neue Kirche, so ihr Text, soll »ein ragendes Denkmal sein zwischen Deutschland und Frankreich und allen Völkern des europäischen Kontinents«. Sie schließt mit dem Wort: »Mögen die, die im Weiheraum der St.-Bernhards-Kirche ihre Namen in das Buch der Freunde des Friedens einschreiben, zu einer Armee des Friedens anwachsen, vor der jede Armee in Waffen zurückweichen muß.«

Während die hohen Gäste sich in Urkunde und Buch eintrugen, fand im Arbeitszimmer des Bischofs im Obergeschoß ein anderer Akt statt: Der Bischof von Metz, Joseph Jean Heintz, überreichte dem Bischof von Speyer im Namen des französischen Episkopates ein würfelförmiges Päckchen. Es enthielt den Beitrag der Kirche von Frankreich zum neuen Gotteshaus, 200 000 DM in Bündeln von Hundertmarkscheinen. In stummem Dank wog der Empfänger die kostbare Gabe in seinen Händen. Was er da soeben erhalten hatte, war mehr als Geld!

Die grosse Prozession der betenden Kirche

Am frühen Nachmittag zog die große Bittprozession um den Frieden vom Dom durch die Hauptstraßen der Stadt zum Kirchbauplatz St. Bernhard. Sie war ein Höhepunkt der Jubiläumsfeier. Ein Erlebnis für Zehntausende, die seitlich der Straßenzüge Spalier bildeten, war nicht nur die mustergültige Ordnung, die Vielfalt der einzelnen Teilnehmergruppen, sondern vor allem die beglückende Tatsache, daß zwei Nationen nach vorausgegangenen Jahrhunderten der Befehdung sich hier geeint zusammenfanden. Französische und deutsche Volksgruppen, französische und deutsche Staatsmänner von hohem Rang, Kirchenfürsten beider Völker zogen, in beiden Sprachen singend und betend, durch die alte schicksalsreiche Stadt.

Französische und deutsche Jugendgruppen mit ihren Bannern bildeten den Anfang des Zuges, Chargierte von vielen Studentenkorporationen folgten, Gruppen der französischen Gäste trugen auf Schildern die Namen der Departements von Frankreich, die Ritter vom Heiligen Grab schritten in ihren weiten weißen Mänteln mit, ein Zisterziensermönch trug den Schrein mit den Reliquien des heiligen Bernhard. Im Mittelteil des Zuges war die Priesterschaft mit den Kirchenfürsten im liturgischen Ornat zu sehen. Staatsmänner und hohe Prominente schlossen sich an. Das Ganze, im Einklang mit den vielen Fahnen am Straßenrand und dem Schmuck der Häuser, bot ein überwältigend festliches Bild.

Die Feier der Grundsteinlegung

Den liturgischen Ritus der Segnung des Steines und seiner Setzung als Grundstein vollzog der Apostolische Nuntius, Erzbischof Dr. Aloysius Muench, von Haus aus ein Amerikaner.

Die Urkunde, die in den Stein gelegt wurde, verlas in deutscher Sprache der Generalvikar von Speyer, Dr. Philipp Haussner. In französischer Sprache wurde ihr Text von Ehrendomherr De Cossé-Brisac von Dijon verlesen. Seine eigene familiäre Herkunft reicht zurück bis auf die Familie des heiligen Bernhard. Er war Präsident der französischen »Gesellschaft der Freunde des heiligen Bernhard von Clairvaux«.

In seiner Ansprache sagte der Apostolische Nuntius, daß Christus vom Kreuze her seine Liebe verkünde und uns zum Frieden aufrufe. Es folgten sehr bedeutsame, richtungsweisende Reden. Der Ministerpräsident von Rheinland-Pfalz, Peter Altmeier, zeigte den Weg auf, den der heilige Bernhard durch die Gebiete und Städte des Landes gegangen war, durch Trier, Koblenz, die Eifel, Mainz, die Pfalz und Speyer. Und er betonte: »Das will der wesentliche Anruf in dieser Stunde sein, daß es zwischen Frankreich und Deutschland viel mehr Gemeinsamkeit gibt, als wir es selber in unserer schnellebigen Zeit wahrnehmen. Die neue St.-Bernhards-Kirche wollen wir hüten als ein besonderes Kleinod in Rheinland-Pfalz.« Langer, lebhafter Beifall begrüßte den Ministerpräsidenten a. D. Robert Schuman. In seiner Rede, die er in deutscher Sprache hielt, sprach er zuerst von seinen persönlichen Erinnerungen an Speyer. Seit dem Waffenstillstand mit Frankreich 1941 waren die Theologiestudenten des Priesterseminars Metz mit ihren Professoren im Priesterseminar Speyer untergebracht. Robert Schuman selbst war 1942 in Neustadt an der Weinstraße in einem Anwesen nahe dem Herz-Jesu-Kloster interniert. Mit dem Einverständnis seiner Bewachung konnte er in kurzen Zeitabständen mit der Bahn nach Speyer fahren und seine lothringischen Landsleute besuchen. Von wahrhaft staatsmännischem Weitblick waren seine Worte: »Die Solidarität der Nationen ist die große Lehre der jüngsten Vergangenheit… Ein starkes, freies Europa ist die beste Garantie für seine eigene Sicherheit und für den Frieden der ganzen Welt. Dieser Gedanke des Friedens und der Zusammenarbeit bekommt eine konkrete Fassung in dem neuen Bau.«

Herzlich begrüßt wurde auch der französische Hohe Kommissar und Botschafter André François Poncet. In hohem Geistesflug zeichnete er die Gestalt des heiligen Bernhard. Er faßte zusammen: »In unserem Jahrhundert, dem der Kult des Materiellen, der Technik und des Geldes zu eigen ist, ruft er uns zu moralischer Neugeburt auf. Wenn wir ihm nicht folgen sollten, würde unsere Menschheit unter dem erstickenden Gewicht ihrer eigenen Erfindungen zermalmt werden.«

Der Bischof von Speyer schloß die Feier mit einem herzlichen Dankeswort. Die Prozession zog wieder zurück zum Dom. Domplatz und anschließende Straßen waren noch immer von einer unübersehbaren Menschenmenge gefüllt. Die Bischöfe spendeten vom Domportal aus ihren Segen. Machtvoll klang das Lied »Großer Gott, wir loben dich« um die Kathedrale.

Bundeskanzler Dr. Konrad Adenauer kam

Gegen Abend traf Bundeskanzler Dr. Konrad Adenauer ein. Die ganze Stadt erwartete mit Spannung seine Ankunft. Wo er gesehen wurde, wurde er stürmisch gefeiert. Er nahm am Abendessen der Ehrengäste im Marienheim teil, der sehr angesehenen Hauswirtschaftsschule der Dominikanerinnen von St. Magdalena, die damals als Gästehaus des Domkapitels diente. Festlich war die Stimmung der hohen Gäste auch hier, zugleich sehr entspannt, gelockert, heiter.

In der Mitte der Tafelrunde sprachen Adenauer, Schuman, François Poncet und von Brentano angeregt miteinander. Der Bundeskanzler spielte, bestens gelaunt, auf die anschließende Abendfeier im Dom an, bei der Dr. Heinrich von Brentano, Präsident des Verfassungsausschusses der europäischen Sonderversammlung, die Festrede halten sollte. Es war immerhin ungewöhnlich, daß von der Stelle im Gotteshaus, an der sonst Bischof oder Priester predigten, ein Laie maßgeblich das Wort ergreifen würde. Adenauer fragte also den Speyerer Bischof: »Exzellenz, was für ein Gewand ziehen wir denn im Dom dem Herrn von Brentano an?« Die Frage wurde differenziert erörtert, aber nicht geklärt.

Am Abend des 23. August 1953 im Marienheim in Speyer. Von links: Mme. François Poncet, Bundeskanzler Adenauer, Robert Schuman, Bischof Emanuel, François Poncet.

Die Abendfeier im Dom

Auch noch um 20 Uhr waren Dom und die umliegenden Plätze und Straßen voller Menschen. Sie hatten bis jetzt ausgeharrt, von der Festfreude erfaßt. Sie wollten aber auch Adenauer sehen und hören. Während der Feier sang der Domchor Gesänge von Orlando di Lasso, Palestrina und Anton Bruckner. Im Königschor des Domes, über den Gräbern der Kaiser und Kaiserinnen, der Könige des mittelalterlichen Reiches, sprach Dr. von Brentano vom Ambo aus. Er wolle, sagte er, das Wirken Bernhards von Clairvaux in das Geschehen unserer Zeit hineinrücken und Parallelen aufzeigen. »Das Schicksal der Welt wird heute und immer wieder sich an Europa entscheiden... Ganz besonders verdichtet sich dieses Problem im Verhältnis der beiden Länder Deutschland und Frankreich... Die Menschheit hat ein Recht darauf, in Frieden zu leben. Aber wir können diesem Frieden nicht besser dienen und wirksamer dienen als dadurch, daß wir die Gemeinsamkeit unseres Schicksals und unserer Zukunft betonen... Wenn die Erinnerung an Bernhard von Clairvaux uns inspiriert, uns zu dieser gemeinsamen Ordnung zurückzufinden, dann war diese Begegnung von unschätzbarem Wert.«

Als Vertreter des Bischofs Guilleaume Sembel von Dijon sprach sodann Ehrendomherr De Cossé-Brisac in deutscher Sprache. Der große Mönch des 12. Jahrhunderts habe nicht nur für Frankreich und Deutschland gearbeitet, sondern für die ganze Christenheit. Schließlich sprach noch der Präsident des Zentralkomitees der deutschen Katholiken, Fürst Karl von Löwenstein. Dieser Tag in Speyer dürfe nicht eine vorübergehende Feierstimmung bleiben, sondern solle der Anfang eines neuen Weges sein. Vor der europäischen Aufgabe dürften wir uns nicht fürchten, zur Zusammenarbeit an der inneren Befriedung unserer Länder.

Prominente Teilnehmer an der großen Friedensprozession: Botschafter François Poncet, Ministerpräsident Peter Altmeier und Ministerpräsident a. D. Robert Schuman.

Nach der Feier im Dom erschien Bundeskanzler Adenauer auf dem Balkon des Bischöflichen Palais, vom Jubel umbraust. Seine kurze Rede über die Überwindung des Materialismus und vom Weg zu Frieden und Freiheit waren ein eindrucksvoller Abschluß des denkwürdigen Tages. »Ce fut une journée grandiose«, schrieb die französische Zeitung LE BIEN PUBLIC.

VOLLENDUNG DES KIRCHBAUES

Nach dem glanzvollen Fest der Grundsteinlegung gingen die Bauarbeiten mit allem Nachdruck weiter. Die in Kirchenbauten sehr erfahrene Bauunternehmung Josef Grohe, Landau/Pfalz, brachte es zuwege, daß bereits der 26. September 1954 als Tag der Konsekration bestimmt werden konnte. Der weitgehend in Sandsteinmauerwerk ausgeführte Bau setzte bei den Bauleuten sehr hohes fachliches Können voraus. So kamen denn während der Baumonate viele Architekten, Berufsschulklassen und Fachleute zur Baustelle, um Anschauungsunterricht zu nehmen an einer Werk- und Wertarbeit, die im Zeitalter des Betonbaues ausgestorben schien. Erwähnt sei der Besuch von 26 Bürgermeistern aus Burgund, des Kommissars für Rheinland-Pfalz, Minister a. D. De Charmasse, und des Kardinals Maurice Feltin aus Paris, der in seiner Eigenschaft als oberster Feldgeistlicher der französischen Truppen nach Speyer kam.

Das Richtfest konnte schon am 19. Mai 1954 begangen werden. Günstige Umstände führten dazu, daß die Kirche schon vor ihrer Fertigstellung ein Glockengeläute von fünf Glocken bekam. Am 12. September 1954 weihte Bischof Dr. Isidor Markus Emanuel die Glocken zu Ehren des heiligen Bernhard von Clairvaux, des heiligen Erzengels Michael,

Mariens, der Königin des Friedens, des heiligen Königs Ludwig von Frankreich und als fünfte Glocke die des heiligen Joseph, gestiftet von den Werkleuten, die am Bau gearbeitet hatten.

Konsekration der neuen Kirche

Die Feier der Kirchweihe sollte die großen Gedanken weiterführen und vertiefen, von denen die Feier der Grundsteinlegung getragen war, vor allem den Gedanken der freundschaftlichen Begegnung zwischen Deutschland und Frankreich. Den ganz großen Rahmen wie die St.-Bernhards-Jubiläumsfeier konnte der Kirchweihtag nicht wiederholen, aber er reichte doch über eine übliche Kirchenkonsekration hinaus.

So waren auch diesmal umfassende Vorbereitungen für den Tag zu treffen. Wieder galt es, vielfältige Verhandlungen und Besprechungen zu führen, bis der Kreis der Ehrengäste aus beiden Nationen feststand. In der Hauptsache war dies, wie schon bei den Vorbereitungen zu den Festtagen des Vorjahres, die Aufgabe von Domkapitular Dr. Philipp Weindel, dem nachmaligen Dompropst. Mit Rat und Tat half ihm dabei der Bundestagsabgeordnete Dr. Eduard Orth, Speyer, der spätere Kultusminister von Rheinland-Pfalz. Beste Beziehungen hatte Dr. Weindel zu den französischen Partnern, besonderen Kontakt hatte er zu Außenminister a. D. Robert Schuman.

Am Vorabend fand im Dom eine Vigilfeier mit einer Predigt des Kapuzinerpaters Manfred Hörhammer aus München statt, des deutschen Nationalsekretärs der internationalen Pax-Christi-Bewegung.

Die Feier am Sonntag, dem 26. September 1954, begann mit dem Zug der Kirchenfürsten von der benachbarten St.-Guido-Kirche zum neuen Gotteshaus.

Die Konsekration der Kirche, zunächst im äußeren Umgang, dann im Innern, vollzog der Erzbischof von München-Freising, Kardinal Dr. Josef Wendel, zuvor Bischof von Speyer. Er weihte auch den Hochaltar. Den linken Seitenaltar weihte der Bischof von Mainz, Dr. Albert Stohr, zu Ehren Mariens, der Mutter des Herrn, den rechten Seitenaltar der Bischof von Metz, Josef Jean Heintz, zu Ehren des heiligen Martin von Tours. Den Altar in der Pax-Christi-Kapelle unterhalb des Chorraumes weihte der Bischof von Straßburg, Julien Weber, zu Ehren Christi des Königs des Friedens. Den Altar in der Gedächtniskapelle des Domkapitels konsekrierte der Speyerer Oberhirte Dr. Isidor Markus Emanuel zu Ehren des heiligen Josef.

Dann feierte Josef Kardinal Wendel das erste Pontifikalamt in der neugeweihten Kirche. Nach dem Evangelium hielt Bischof Heintz von Metz die Predigt in französischer Sprache, nach ihm predigte der Speyerer Bischof Dr. Emanuel in deutscher Sprache. Beide Predigten wiesen nochmals auf Bernhard von Clairvaux hin, den großen Brückenbauer

Hier die Pax-Christi-Kapelle in der Friedenskirche. In den Wandnischen sind Steine und Erde aus den fünf Kontinenten eingelassen.

des Friedens und der Versöhnung. Anschließend verlas Bischof Dr. Emanuel Telegramme von Kardinal Feltin, Paris, und vom Bischof von Eichstätt, Dr. Josef Schröffer.

Der Tod des Steinmetzen

Am Bau der Kirche hatte ein tüchtiger Handwerker getreu mitgeschafft, der Steinmetz Ludwig Andrae. Er hatte den Grundstein der Kirche bearbeitet und am Samstag, dem 25. September 1954, am Nachmittag den letzten Quader der Kirchplatzmauer behauen und gesetzt.
Am Sonntagmorgen nahm er an der Konsekrationsfeier teil. Er erlitt plötzlich einen schweren Herzanfall und starb auf dem Kirchplatz. Der Tod trat ein, als der Konsekrator Kardinal Wendel die Zeremonie im Weiheritus vollzog und mit dem Bischofsstab in das große Aschenkreuz das griechische Alphabet einschrieb. Als er mit dem »Omega« den letzten Buchstaben zeichnete, gab der Steinmetz Andrae, 72 Jahre alt, seine Seele in die Hand seines Schöpfers zurück. Oben vom Turm läuteten die Glocken zur Weihe der Altäre, sie läuteten dem Steinmetz zum Omega seines irdischen Pilgerweges. Im Klang der Glocken sprach zu ihm die Stimme Jesu: »Du guter und getreuer Knecht, du bist über weniges getreu gewesen, ich will dich über vieles setzen. Geh ein in die Freude deines Herrn!« (Matthäus 25.21).

Friedenskundgebung nach der Weihe

Nach Beendigung des Pontifikalamtes begaben sich die Ehrengäste an den wie ein Campanile emporragenden Turm der Kirche zu einer Kundgebung für den Frieden. Zuerst sprach der Ministerpräsident von Rheinland-Pfalz Peter Altmeier. Er verlas ein Telegramm des Bundeskanzlers Dr. Adenauer. Dieser forderte darin auf, »alles zu tun, um die durch die Jahrhunderte uns überkommenen Werte der Würde des Menschen, der Freiheit des Geistes uns gegenüber der drohenden Gefahr aus dem Osten zu bewahren«. Der Ministerpräsident rief im Anblick der St.-Bernhard-Kirche, dieses deutsch-französischen Gemeinschaftswerkes, dazu auf, »nicht in Resignation zu verharren, sondern mutig und zielbewußt weiterzuschreiten auf dem Weg zum Frieden und zur Einheit in Europa und der Welt«.

Eine vielbeachtete Ansprache hielt sodann, zuerst in französischer, danach in deutscher Sprache, der Hohe Kommissar und Botschafter André François Poncet. Er wies auf die Rückschläge hin, die die Bemühungen um die Einheit Europas erlitten hatten. Demgegenüber sei die Geduld eine unerläßliche Tugend. Sie sei ein Ausdruck der seelischen Kraft. »Wir wollen lernen, einer mit dem andern Nachsicht zu haben ... Seite an Seite in guter Nachbarschaft zu leben und wieder das zu werden, was wir einst waren: Zweige des großen Stammes der Franken.«

Auch Dr. Heinrich von Brentano, Präsident des Verfassungsausschusses der Europäischen Sonderversammlung, ergriff wieder das Wort. »Hier ist das Fundament einer deutsch-französischen Zusammenarbeit gelegt worden, und es kann nicht mehr erschüttert werden.« Das Schlußwort von Kardinal Josef Wendel gipfelte in dem Satz: »Heute steht mehr auf dem Spiel als das Heilige Land. Der Geist des heiligen Bernhard ruft nach Einheit. Die Steine dieses Gotteshauses sollen Bernhard ihre Stimme leihen: Der Friede Christi im Reiche Christi!«

Ausklang der Weihefeier

Nach Ende der Kirchweihe und der Friedenskundgebung begaben sich die geladenen Gäste in das Marienheim zum Mittagsmahl. Die Eindrücke des Erlebten wurden in den Gesprächen ausgetauscht, in den Tischreden der Wille ausgesprochen, das in Speyer begonnene Friedenswerk unbeirrt fortzusetzen.

Der gastgebende Speyerer Oberhirte sprach den einzelnen Gästen, jedem in besonderen Worten, den tiefempfundenen Dank für ihr Kommen aus, in so geistvoller und zugleich heiterer Weise, daß der Hohe Kommissar André François Poncet erwiderte: »Dem Bischof von Speyer spricht die Güte von den Lippen und der Schalk aus den Augen.« Schnell verflogen die kurzen Stunden bis zur Heimfahrt der Gäste.

Friedensarbeit in der St.-Bernhards-Kirche

Der erste Pfarrer der neuen Kirche, Joseph Schwartz, nachmals Domkapitular und am 13. Februar 1978 bereits verstorben, entfaltete unverzüglich und zielstrebig eine rege Aktivität in der Idee seiner Kirche. Er sorgte für die Ausstattung der Pax-Christi-Kapelle unter dem Chorraum der Kirche. In sieben Nischen im Rund der Apsis wurden Steine und Erde aus den fünf Kontinenten der Erde geborgen, und zwar: aus Europa ein Stein vom Felsen Massabielle in Lourdes und Steine vom Fundament des Hospitals der heiligen Elisabeth in Marburg, schließlich Erde aus der Priszilla-Katakombe in Rom; aus Afrika Erde vom Grabe der ersten christlichen Märtyrer in Uganda; aus Amerika Steine vom Sonnentempel in Cuczo und vom Titicacasee, Erde von den Gräbern der heiligen Rosa von Lima und des seligen Martin de Porres; aus Asien Erde aus Nagasaki in Japan, wo am 9. August 1945 die zweite Atombombe fiel; aus Australien Erde vom Platz der Kathedrale in Melbourne und ein Stein vom Platz der St.-Patrick-Kathedrale in Sidney. In die beiden Rundsäulen des Raumes ritzte man Symbole und Wappen der führenden Völker der Erde ein. Am 1. November 1956 brachte eine Abordnung aus der Diözese Arras mit Kanonikus Beun, General de la Bretêche und Vertretern französischer Frontkämpfer-Verbände für diese Kapelle eine Eichentruhe mit Erde von sieben französischen Soldatenfriedhöfen der beiden Weltkriege. Sie trugen alte Regimentsfahnen mit.

Die Statue des heiligen Bernhard

Schon bei den Vorbereitungen zum Bau der Kirche hatten verschiedene französische Herren, die sich für das Vorhaben engagierten, sich dafür ausgesprochen, daß auf dem Kirchplatz vor dem Gotteshaus ein Wahrzeichen errichtet werden müsse. Besonders die Herren Heibel, Ardellier, Moreux, Mongin, Schneider, Eschlimann, Tande und Spitzmueller setzten sich für den Gedanken ein. Schließlich wurde auch der Hohe Kommissar und Botschafter André François Poncet dafür gewonnen. Nach eingehenden Beratungen über verschiedene Möglichkeiten erhielt der Kunstbildhauer Bernhard Mongin, Paris, den Auftrag, eine Statue des heiligen Bernhard von dreieinhalb Meter Größe zu schaffen und auf einem Sockel zu errichten, der selbst eine Höhe von vier Metern haben sollte.

Säule und Statue wurden am Sonntag, dem 20. Januar 1957, im Rahmen einer Tagung der Pax-Christi-Bewegung und in Anwesenheit vieler französischer und deutscher Gäste von Bischof Dr. Joseph Schröffer, Eichstätt, geweiht.

Die Statue war ein Geschenk der französischen Katholiken. Mit der Errichtung dieses Wahrzeichens hatte der Bau der St.-Bernhards-Kirche seine Vollendung gefunden.

Emmanuel von Severus OSB

Von Mainz nach Wien und zurück

In meiner Vaterstadt Wien stellt man mir oft die gleiche Frage wie in meiner klösterlichen Heimat: »Wie kommen Sie denn gerade nach Maria Laach?« In lockerem Gesprächskreis antworte ich oft lachend: »Ich bin der Bumerang der Familie.« Manchmal sage ich auch provozierend: »Ich bin der älteste Gastarbeiter Österreichs in Rheinland-Pfalz.« Und da Ministerpräsident Dr. Bernhard Vogel ein sensibles Gespür für Pointen hat, griff er diese etwas ironische Antwort sogar bei hochoffizieller Gelegenheit auf. Aber sollte es bei meinem Urgroßvater Johann Bernhard Anton Severus, geboren am 11. Januar 1779 in Mainz und dort in St. Christoph am folgenden Tag getauft, anders sein als bei den Militärs hoher Ränge, die den Ehrenbreitstein vor der Jahrhundertwende gegen die französischen Revolutionsheere verteidigten? Was uns der Rheinische Antiquarius Ch. von Stramberg vom k. k. Kommandanten Oberst Sechter auf dem Ehrenbreitstein und seinem Nachfolger Oberst Faber erzählt, die es beide in der k. u. k. Armee zu hohen Stellungen brachten, traf auch auf Johann Bernhard Severus zu: Der Kadett, der 1797 auf dem Ehrenbreitstein kämpfte, taucht 1811 bei den Hoch- und Deutschmeistern der österreichischen Armee auf. Wenn er auch in diesem Jahr bei Laubenheim auf altem Mainzer Territorium wieder verwundet wird, so bedeutet Soldatsein im alten Österreich doch Dienst in Galizien ebenso wie in Böhmen und im Großherzogtum Toskana. Aus den Tagebüchern des Mainzers Severus, dessen Vorfahren aus dem kurmainzischen Königstein um 1700 an den Rhein kamen und dem geistlichen Kurfürsten Schreiber, Mundschenken und Geistliche stellten, erfahren wir leider nicht, wie er, 1856 geadelt, schließlich nach Kärnten kam; wir wissen nur, daß er am 29. November 1856 in Klagenfurt starb. Und doch sollte dies nach noch nicht 100 Jahren für die 1945 aus dem Egerland vertriebenen Severus, meine Vettern, von großer Bedeutung sein. Denn das Klagenfurter Grab qualifizierte sie vor den österreichischen Behörden zur Aufnahme in die Zweite Republik. Dieses Familienschicksal spiegelt europäische Geschichte mit allen kriegerischen Verwirrungen und blutigen Ereignissen der neuesten Zeit. Darum ist es nicht erstaunlich, daß der jüngste Urenkel des Mainzers Johann Bernhard nun wieder an den Rhein fand – diesmal in die Abtei am Eifelsee, die Gründung des Pfalzgrafen der Rheinfranken. Dort wurden ihm Lebensaufgabe und Lebenserfüllung geschenkt, im Raum des kurtrierischen Koblenz und seines Ehrenbreitstein.

Mit dem Substituten im päpstlichen Staatssekretariat, Msgr. J. B. Montini, dem nachmaligen Papst Paul VI., und Abt Basilius Ebel († 1968) am 28. Juli 1952 in der Bildhauerwerkstatt der Abtei Maria Laach.

Die Fragen, die heute in Rheinland-Pfalz an mich gestellt werden, beziehen sich meist auf die Entwicklung unseres Klosters seit der im Jahre 1930 wiedererlangten Freiheit des Koblenzer Landes, auf die Auseinandersetzung mit dem Nationalsozialismus und das Überleben im Krieg. Ich kann mich gewiß nicht darauf berufen, daß ich damals noch zu jung gewesen sei. Gewiß standen das Studium, die Mönchs- und Priesterweihe als die nächsten erstrebenswerten Ziele vor meinen Augen, gewiß füllte das geistige Leben meines Klosters meine Interessen voll und ganz aus, aber die politischen und gesellschaftlichen Erschütterungen machten auch vor den Klostermauern nicht halt. Ich erlebte die Spannungen in den Krisen der Weltwirtschaft und der Weimarer Republik, die sich auch im Kloster äußerten, aber ich hörte auch von den Ereignissen in Österreich, ich spürte immer wieder die Genugtuung und Dankbarkeit meiner Mutter und meines um viele Jahre älteren Bruders, daß ich im rheinischen Kloster geborgen sei, den erbitterten Auseinandersetzungen in Österreich entzogen, die terrorähnliche Formen annahmen, die Familien spalteten und verfeindeten. Die Frage, die man sich in der österreichischen Heimat stellte, drängte sich auch in der rheinischen Abtei auf: Was wäre aus mir geworden, hätte ich nicht die Heimat der Vorfahren am Rhein wiederentdeckt? Aber gerade in ihr fehlten auch nicht die Stimmen der ehemaligen Mitschüler und Bundesbrüder: Heraus mit Dir aus dem Kloster, hilf uns im Widerstand gegen das heraufziehende Unheil! Ich nahm, so muß ich heute offen gestehen, dies alles nicht so recht ernst – die Elemente

Bundeskanzler Konrad Adenauer besucht mit dem italienischen Ministerpräsidenten Alcide de Gasperi im Jahre 1953 die Abtei Maria Laach. Zweiter von links: Ministerpräsident Altmeier.

klösterlichen Lebens blieben ja erhalten, seine Strukturen blieben unverändert, und wenn bei älteren Mitbrüdern gelegentlich eine gewisse Frontkämpfermentalität ausbrach, so lächelten wir als die junge und neue Generation. Freilich, schon im März 1934 sprach Abt Ildefons von Verbrechern, ich hörte von einem Koblenzer Politiker, der nun als Reisender einer Marinadenfirma in Maria Laach gewesen sei – es war der spätere Ministerpräsident Peter Altmeier. Ich sah Konrad Adenauer, der hier im Verborgenen leben mußte, aber die Geborgenheit des Klosters, die für die Sorge meiner Mutter beruhigend war, die straffe und in gewissem Sinne geschlossene Ausbildungs- und Studienordnung brachte mir doch nicht den unmittelbaren Kontakt zu den Zeitereignissen, um mich ihre Bedrohung in letzter Schärfe erkennen zu lassen. Dies wurde natürlich anders im Kriege, anders, als viele Klöster aufgehoben wurden, anders, als ich als »angeschlossener« Österreicher Soldat in Rußland und auf dem Balkan wurde, anders, als ich oft, befragt und bedrängt, vielfach aber auch in großer Gewissensnot und unter dem Druck äußerer Umstände, über meine Entscheidungen reflektierte. Ich werde nie den Namen des kleinen Dorfes vier Kilometer westlich von Zagreb vergessen und die Villa, in der mir die Kameraden von der Nachrichtentruppe der 2. Panzerarmee am 5. Mai 1945 sagten: »Maria Laach kannst Du vergessen, das ist zerstört.«

Etwas mehr als drei Monate später stand ich vor dem unversehrten Laacher Münster, zwar abgerissen und hungrig, nichts in meiner Tasche als das Neue Testament und mei-

nen Entlassungsschein, aber das Kloster und seine Kirche standen, Abt Herwegen lebte, wenn auch durch Alter und Krankheit geschwächt, und der Aufbau begann. Er begann so, wie es nahelag: auf den alten Fundamenten, aber doch in einem neuen Gebilde, das sich bald und in wechselnden Entwicklungsphasen verwandelte: aus der französischen Besatzungszone in das Land Rheinland-Pfalz. Zunächst konnte ich an dieser Entwicklung nicht großen Anteil nehmen. Schon vom Tode gezeichnet, hatte mir Abt Herwegen im Januar 1946 das Amt des Novizenmeisters anvertraut. Es nahm meine ganze Kraft in Anspruch, denn die Fragen, mit denen die jungen Menschen aus den Gefangenenlagern des Zusammenbruchs in das Noviziat kamen, waren ohne Zahl, die Geister mußten geprüft werden, ob sie aus Gott waren, und so mancher mußte fest an der Hand genommen werden, damit er »die Kurve« ins neue, ungewohnte Leben kriegte.
Das wurde 1948 anders, als Abt Basilius Ebel, Abt seit 1946, fast in einer Art Verlegenheitslösung, mich zu seinem Stellvertreter berief. »Nur für ein Jahr«, wie er mir versicherte. Aber die alte Mönchsweisheit wurde nun auch an mir wahr, daß klösterliche Provisorien die dauerhaftesten sind. Das meine hält nun fast schon vier Jahrzehnte. Das aber hieß auch Teilnahme am Werden und Leben des neuen Landes Rheinland-Pfalz. Die dabei gesammelten Erfahrungen sind nicht leicht zu ordnen. Allgemein empfand ich, ohne viel darüber zu reflektieren, daß dieses Land nun rheinischer würde als die alte preußische Rheinprovinz es war. Das zeigte sich in der schlichten, aber starken Religiosität, wie der Ministerpräsident Peter Altmeier sie lebte, und in der selbstverständlichen, oft mit Humor gewürzten Art, wie er sie aussprach. Und doch war auch das aus gesellschaftskritischem Feingefühl gewonnene Urteil zu bewundern, mit dem er das Leben der Klöster in seinem Lande sah und in dessen Leben einordnen wollte und einordnete. Da waren die Staatssekretäre, die seiner Kanzlei vorstanden oder das Land beim Bund vertraten; da war die mit Scharfblick, Menschenkenntnis und Fingerspitzengefühl betriebene Personalpolitik, die stets das Ganze im Blick behalten mußte: die katholische Mehrheit, die Vielfalt der verschiedenen Vorstellungswelten, von denen das Leben der Menschen an Rhein und Mosel, in der Eifel und auf dem Westerwald, auf dem Hunsrück und an der Nahe beherrscht war. Die äußerst empfindliche Brückenstellung zum französischen Nachbarn im Westen war mit größter Umsicht wahrzunehmen. Da gab es Sonderprobleme, die mir von Österreich her besser vertraut waren als der Bevölkerung im Kreise Mayen, als sie Flüchtlinge aus dem rumänischen Banat und aus Bessarabien aufnehmen sollte. Sorgfältig mußte ich auch beobachten, wie mit der Festigung des Landes Rheinland-Pfalz gelegentlich Richtungskorrekturen vorgenommen werden mußten, ohne daß die alten Bindungen aufgegeben werden sollten: so im Blick auf die neue Universität Mainz und die »alte« Universität Bonn, die obersten Landesbehörden in Mainz, die sich aus den alten Provinzbehörden entwickelten. Aber die Rheinländer

Bild links:
Der Apostolische Nuntius in Deutschland, Aloysius Münch, Bischof von Fargo, liest dem Prior aus F. W. Webers »Dreizehn Linden« über die Pflichten des Priors vor (1955).

Bild rechts:
Bundespräsident Prof. Dr. Theodor Heuss bei seinem Besuch in Maria Laach am 1. April 1959.

nördlich und südlich des Vingstbaches, der alten römischen Provinzgrenze, der Grenze der alten Kurstaaten Köln und Trier, der Lautverschiebung und der Genießer von Eifler Landbrot und rheinischem Schwarzbrot, machten dies nicht schwer. Sie fanden oft Lösungen der Probleme, von denen der preußische Oberpräsident vor 1918 hätte sagen können, sie seien »typisch österreichisch«. Vor allem sorgte auch die Nähe Bonns mit den Freundschaftsbezeugungen von Konrad Adenauer und Theodor Heuss, daß man etwas vom Duft der weiten Welt verspürte. Aber ich habe hier weder die Klosterchronik noch meine Memoiren aufzuzeichnen, und es wäre unbescheiden, mit großen Namen und regen Beziehungen aufzutrumpfen.

Persönlich erlebte ich Rheinland-Pfalz in den 40 Jahren seines Bestehens zwar nicht als heile Welt, aber als eine sehr gute Mischung einfachen bäuerlichen und weinbauenden Volkes ebenso wie qualifizierter Techniker in der Industrie. Als Historiker konnte ich mich an der tiefen Verwurzelung in seinen keltischen, römischen und fränkischen Vorzeiten begeistern sowie an Werken kirchlicher und profaner Kunst, die Höhepunkte in einer großen Geschichte und Überlieferung darstellten. Mehr als einmal erfuhr ich in der Seelsorge, im Apostolat der Gastfreundschaft, im regen Gedankenaustausch mit den Gelehrten des In- und Auslands, wie sehr die Menschen in unserem Kloster eine Kostbarkeit gerade dieses Bundeslandes Rheinland-Pfalz verehrten und schätzten und darum auch viele leidvolle Erfahrungen in den Zeiten der krisenhaften Erschütterungen nach dem Zweiten Vatikanischen Konzil 1962 bis 1965 mit uns trugen. In weiten Gebieten dieses Landes ist die Kirche und ihr Glaube noch Volkskirche, und so erlebte man immer auch die Verbundenheit des Volkes mit seinen Klöstern an den kirchlichen Hochfesten, im Alltag und in leidvollen Prüfungen. In meinem Dienst als Prior hatte ich stets auch die Aufgabe, mein persönliches Erlebnis dieses Landes den Aufgaben dieses Landes einzuordnen und für das Land zu artikulieren. Daraus ergab sich oft eine nicht leicht durchschaubare Gemengelage und – um im Bild der Wasserwirtschaft zu bleiben – eine manchmal rascher, manchmal langsamer sich verändernde Tiefensicht. Der erste Schwerpunkt für manche Aktivitäten des Klosters war zunächst das uneingeschränkte Ja zu diesem Lande. Es ist verpflichtender Ausdruck der Dankbarkeit, daß uns die Rechtsordnung dieses Landes in Freiheit die Möglichkeit gewährt, unseren geistlichen Lebensentwurf zu verwirklichen. So führte das Kloster nach dem Zweiten Weltkriege sogleich die philosophische Ordenshochschule der Beuroner Kongregation bis zur Neuordnung der theologischen Studien nach dem Zweiten Vatikanischen Konzil weiter. So faßte Abt Basilius Ebel (1946 bis 1966) die wissenschaftlichen Unternehmungen seines Vorgängers in einem nach diesem benannten Abt-Herwegen-Institut, Gesellschaft zur Erforschung der christlichen Liturgien und der monastischen Lebensformen, zusammen, das sich in seinen Fachbereichen internationales Ansehen erwarb und Lehrer sowie Fachleute in internationale Kommissionen und Arbeitsgruppen entsandte. So öffnete sich die Abtei unter Abt Urbanus Bomm (1966 bis 1977) neuen Formen der Zielgruppenseelsorge und stellte bald in den Katholiken- und Ordensräten Mitarbeiter in zum Teil leitender Stellung. Die herkömmlichen Wege der Seelsorge wurden intensiviert und sowohl in den Aushilfen und Vertretungen in den Nachbardekanaten des Klosters und seinen Krankenhäusern oft bis zur Verausgabung der letzten Kräfte wahrgenommen. In allen Möglichkeiten pastoralen Dienstes spricht das Kloster sein Wissen darum aus, daß ihm neben den staatlichen und gesellschaftlichen Leitungskräften des Landes ein hohes Maß an Mitverantwortung für die Menschen auferlegt ist, in deren Mitte seine Mönche leben. Gewiß ist es heute nicht mehr notwendig, Kulturarbeit wie in den längst vergangenen Zeiten der Rodung der Wälder und des agronomischen Lehrbetriebs zu leisten, aber die Kunstwerkstätten der Abtei, ihr Kunstverlag, ihre Gärtnerei und ihre Obstplantagen legen den Mönchen die ernste Verpflichtung auf, aus den ihnen anvertrauten Anbau- und Weideflächen das Beste herauszuholen und damit auch den Standard der Kultur des Landes und der Lebensqualität im Lande Rheinland-Pfalz zu heben. Die Lehrstellen der klösterlichen Betriebe sind darum gesucht und gefordert. Sie bieten nicht nur Arbeitsplätze, sondern sie helfen vielen Menschen des Landes, vom Sinn, den die Mönche ihrem Klosterleben geben, auch einen Sinn für ihr eigenes Leben im menschlichen, gesellschaftlichen und politischen Lebensraum zu finden. Darum

Gespräch der Religionen: Mit Reverend Mumon Yamada, Superintendent Priest of Myoschini Sect, Rinzai School of Zen Buddhism (September 1979).

glauben die Benediktiner von Maria Laach, daß ihr Zusammenleben für viele Menschen heute einen Modellcharakter haben kann und daß dieses Modell gerade da fruchtbar verwirklicht wird, wo Mönche einer geistlichen Gemeinschaft mit den Christen in der Welt von heute zusammen arbeiten.

Persönlich wird das Erlebnis dieses Landes Rheinland-Pfalz meist ganz verschieden erfahren und empfunden werden. Oft aber ist es auf verschiedenen Ebenen und in verschiedenen Räumen doch das gleiche. Als ich im Jahre 1979 hier den Hochmeister einer buddhistischen Zen-Schule empfangen durfte und zur Teezeremonie eingeladen wurde, stieg in meiner Erinnerung ein Bild aus dem Jahre 1912 auf: Vom Hof der Theresianischen Militärakademie in Wiener Neustadt schaute ich zu einem Balkon auf, wo der zu Besuch weilende japanische Großadmiral Togo, der Eroberer von Port Arthur im russisch-japanischen Kriege, stand. Hier konnte ich erleben, wie Ort und Zeit sich verändert haben. Aber im Brückenland Rheinland-Pfalz gilt mehr als anderswo das Wort, das einmal im Landeshauptarchiv in Koblenz fiel: »Wer die Vergangenheit nicht kennt, den kann es leicht die Zukunft kosten.« Ein Wort, das sein Gewicht nicht nur für Europa hat. Dieses vor Augen, hat Konrad Adenauer Alcide de Gasperi und mich einmal zwei alte Europäer genannt.

Rheinland-Pfalz – Persönlich

Benediktiner-Abteikirche von Maria Laach, eine der bedeutendsten und vollkommensten Schöpfungen romanischer Baukunst in Deutschland, und trotz einer langen Bauzeit seit Ende des 11. Jahrhunderts von einer einzigartig einheitlichen Wirkung und Ausdruckskraft.

Alfred Epstein

In die Heimat zurückgekehrt

Als ich im Jahr 1933 meine Heimatstadt Mainz unter dramatischen Umständen verlassen mußte, bestand für mich kaum Hoffnung auf eine Wiederkehr, da die Absichten des Naziregimes in etwa voraussehbar waren. Nicht voraussehbar war allerdings die Brutalität und Grausamkeit, welche es zur Erreichung seiner Ideologie anwenden würde.
Als sich diese Diktatur der Gewalt und des Terrors nach zwölfjähriger Herrschaft endlich zu Tode gesiegt hatte, erfuhr ich nach und nach, daß meine gesamte Familie Opfer des Rassenwahns geworden war. Einzig und allein meine Mutter konnte im letzten Augenblick aus dem Konzentrationslager Theresienstadt befreit werden. Sie beschloß ihren Lebensabend in der Schweiz, konnte jedoch den sinnlosen Tod ihrer Familie nie überwinden.
Ich selbst hatte nach meiner Flucht in Frankreich Asyl gefunden. Bei Kriegsausbruch gelang es mir, nach Algerien zu entkommen. Nachdem auch dort politische Unruhen – verbunden mit Terroranschlägen – ausbrachen, mußte ich auch dieses einst gastfreundliche Land verlassen. Da ich – wie alle Glaubensgenossen – aus Nazideutschland als deutscher Bürger jüdischen Glaubens ausgebürgert war, mußte ich zunächst wieder die deutsche Staatsbürgerschaft erlangen, was nicht ohne eine Reihe von Formalitäten bei der Deutschen Botschaft in Algier möglich war. Im April 1960 konnte ich endlich mit meiner Frau in meine Heimatstadt zurückkehren.
Bei meiner Flucht im Jahr 1933 hatte ich zwar eine politisch zerrissene, jedoch intakte Stadt verlassen. Bei meiner Rückkehr fand ich eine Stadt vor, die von den Auswirkungen des Zweiten Weltkrieges arg in Mitleidenschaft gezogen war. Wohin das Auge blickte, sah man Trümmergrundstücke; es war nicht die Stadt, die ich in Erinnerung hatte, ihr Antlitz war völlig gewandelt. Wo einstmals alte Patrizierhäuser standen, wurden moderne Häuser im sozialen Wohnungsbau errichtet, die der Stadt ein völlig fremdes Gepräge gaben. Auch hatte das Wirtschaftswunder gerade in vollem Maße begonnen. Es war für uns einfach überwältigend, mit welcher Vehemenz man daranging, die ganze Vergangenheit abzuschütteln, um sich selbst und das ganze Umfeld umzuwandeln. Es war erschreckend, wie schnell der Wohlstand sich verbreitete und mit welcher Selbstverständlichkeit er konsumiert wurde. Gut erhaltene Möbel standen an den Straßenrändern, bereit für den Sperrmüll, die Küchen wurden bis zum kleinsten Gerät voll elektri-

fiziert, alles mußte erneuert werden. »Grillhähnchen«, mit Paprika gewürzt, waren der Schlager; die Handwerker auf dem Bau aßen sie zum zweiten Frühstück, die Hausfrauen kauften sie zum Mittagstisch, auch die darauf spezialisierten Restaurants hatten alle Hände voll zu tun. Ohne jüdische Beteiligung wurde eine Wirtschaft aufgebaut, die in ihrer Praxis und Gesinnung dem entsprach, was die Nationalsozialisten als »typisch jüdisch« bezeichnet hatten.

Nicht nur die Stadt, auch die Jüdische Gemeinde Mainz hatte ihr Antlitz völlig gewandelt. Die prachtvolle Synagoge, erst im Jahr 1912 erbaut, stand nicht mehr. Meine Freunde und Bekannten waren dem sinnlosen Morden zum Opfer gefallen oder lebten, in alle Winde verstreut, irgendwo in der Welt. Die wiedergegründete Jüdische Gemeinde war nur ein Schatten der einstmals blühenden, traditionsreichen Gemeinde; kein Kinderlachen war zu hören, kein bekanntes Gesicht war zu sehen. Eintausend Jahre der altehrwürdigen Gemeinde Magenza waren ausgelöscht. Geblieben sind Gedenktafeln, Plaketten und Grabsteine. Der Gedenkstein auf unserem Friedhof trägt die Inschrift:

»Unseren Opfern zum Gedenken
Den Mördern zur Schande
Den Lebenden zur Mahnung.«

Das im Jahr 1952 erbaute Gemeindehaus mit dem Betsaal entsprach den damaligen Bedürfnissen, da zur Zeit meiner Rückkehr nur etwa 78 Juden in Rheinhessen lebten. Die Landgemeinden waren alle verwaist, lediglich in Worms, Bingen und Ingelheim lebten noch einzelne Juden, die von der Jüdischen Gemeinde Mainz als Rechtsnachfolgerin der Gemeinden Rheinhessens betreut wurden. Die vordergründigen Aufgaben bestanden in der Wohlfahrtspflege sowie in der Pflege und Erhaltung der jüdischen Religion und des jüdischen Kultus. Regelmäßige kulturelle Veranstaltungen, wie diese vor Hitlers Machtantritt eine Selbstverständlichkeit waren, konnten nicht wieder eingeführt werden, da der Zuhörerkreis nur sehr begrenzt gewesen wäre.

Der zu jener Zeit amtierende Oberbürgermeister Franz Stein bat mich wiederholt, an der Neugestaltung der Jüdischen Gemeinde mitzuwirken, da ich als gebürtiger Mainzer die Mentalität der Bevölkerung kannte und auch den erforderlichen Kontakt zu den Behörden herstellen würde. Nach reiflicher Überlegung ließ ich mich im Jahr 1962 in den Vorstand und im Jahr 1964 zum Vorsitzenden wählen, allerdings ohne zu ahnen, daß dieses Ehrenamt eine Vollbeschäftigung sein würde.

Der Haushaltsplan unserer Gemeinde war zu jener Zeit äußerst bescheiden. Ein großer Teil der 1940 arisierten Liegenschaften in Mainz und Rheinhessen war bereits auf dem Vergleichswege zu minimalen Beträgen den Eigentümern überlassen. Obwohl die Israelitische Gemeinde Mainz vor dem Krieg sehr wohlhabend war und sowohl über Liegenschaften, Stiftungen als auch über wertvolle museale Kultgegenstände und

Die zu Beginn des 20. Jahrhunderts erbaute und 1912 eingeweihte neue Hauptsynagoge in der Bonifaziusstraße (später Hindenburgstraße) in Mainz. Sie wurde in der »Reichskristallnacht« ein Raub der Flammen.

Handschriften verfügt hatte, wurde vom Amt für Wiedergutmachung ein Pauschalsatz eingesetzt, der nur einem Bruchteil des tatsächlichen Wertes entsprach. Die eingehenden Anträge wurden nur schleppend bearbeitet, so daß wir mit den vorhandenen Mitteln nur sehr vorsichtig umgehen konnten. Mitglieder, die die Konzentrationslager überlebt hatten und in Mainz ihre Bleibe fanden, waren völlig mittellos und mußten unterstützt werden, ebenso mußten die laufenden Unkosten getragen werden. Mein Ehrenamt bedeutete für mich einen Zehn- bis Zwölfstundentag, verbunden mit Ärger und Aufregungen. Die ersten antisemitischen Pamphlete wurden unserer Gemeinde zugesandt; die braune Saat ging wieder auf, zum Glück blieb sie auf eine kleine Minderheit beschränkt.

Mein Amtsvorgänger hatte bereits auf dem Nachbargrundstück unter Beteiligung der Behörden den Grundstein für den Bau einer neuen Synagoge gelegt. Nach Lage des Haushaltsplanes und aufgrund unserer Mitgliederzahl beschloß ich mit meinen Vorstandskollegen, dieses Vorhaben zu annullieren, um zunächst eine gesunde Basis zur Weiterentwicklung unserer Gemeinde zu schaffen. Nachdem unsere Gemeinde zwischenzeitlich auf 130 Personen angewachsen war, ließen wir im Jahr 1966 den vorhandenen Betsaal unter Einbeziehung der angrenzenden Räume umbauen, so daß wir ihn auf annähernd 100 Sitzplätze vergrößern konnten. Diese Lösung entspricht auch heute noch unseren Bedürfnissen; eine große Synagoge hätte mehr musealen als religiösen Zwecken gedient. Bereits am 27. März 1966 konnte der erweiterte und neu ausgestattete Betsaal eingeweiht werden.

Das frühere, sehr angesehene jüdische Krankenhaus in der Mombacher Straße war an sozial schwache Mieter vermietet; die Mieten deckten nicht annähernd die enormen

Blick in das Innere der alten Synagoge, die nach Plänen des Architekten Willy Graf aus Stuttgart erbaut worden war.

Reparaturkosten, so daß wir das Haus im Jahr 1972 verkauften. Mit dem Erlös errichteten wir auf dem ursprünglich für den Bau einer Synagoge vorgesehenen Bauplatz ein mehrstöckiges Wohn- und Geschäftshaus.

Den Wiederaufbau der in der Pogromnacht, am 9. November 1938, zerstörten Synagoge in Worms verdanken wir in erster Linie unserem guten Freund, dem Universitätsprofessor Dr. Dr. Otto Böcher, der aufgrund seiner zahlreichen historischen Veröffentlichungen und seines unermüdlichen Engagements der eigentliche Initiator war.

Zur Einweihung der im historischen Stil wiederaufgebauten ältesten Synagoge Deutschlands, der Raschi-Synagoge in Worms, am 1. Dezember 1961, am 1. Chanukkafest des jüdischen Jahres 5722, waren der damalige Vizekanzler Prof. Ludwig Erhard in Vertretung der Bundesregierung sowie viele prominente Persönlichkeiten des öffentlichen Lebens anwesend. Der Wiederaufbau dieser Synagoge bedeutete für die Juden der Welt ein historisches Ereignis. Obwohl diese Synagoge ihrer eigentlichen Bestimmung nicht wieder zugeführt werden konnte, wird sie ganzjährig von vielen Juden der Welt besucht. Ein- bis zweimal im Jahr finden dort Gottesdienste der Juden in den amerikanischen Streitkräften statt. Zum 40. Gedenktag der Pogromnacht, im November 1978, trafen wir uns in dieser Synagoge mit ehemaligen Juden aus Worms, die aus aller Welt angereist waren, um der Märtyrer des Nazireiches zu gedenken. Für die meisten von ihnen war es das erste Wiedersehen mit ihrer einstigen Heimat. Die erschütternden Wiedersehensszenen werden mir ewig in der Erinnerung haften bleiben.

Im Jahr 1967 haben wir durch Zufall das Tagebuch von Regierungsrat Michel Oppenheim entdeckt. Als Mittelsmann zwischen der Jüdischen Gemeinde und der Gestapo schrieb er deren Anweisungen, die zur totalen Vernichtung der tausendjährigen, traditionsreichen Gemeinde führten, in den Jahren 1941 bis 1943 im Stenogrammstil nieder. Nach vielen Verhandlungen konnte dieses Tagebuch – kommentiert von Dr. Anton Maria Keim – im Jahr 1968 durch unsere Gemeinde veröffentlicht werden. Unsere Hoffnung, daß diese Dokumentation in den Schulen zum Geschichtsunterricht herangezogen würde, hat sich leider – trotz der Versprechungen – nicht erfüllt. Große Resonanz fand dieses Büchlein hauptsächlich im Ausland, und zwar vorwiegend bei den Emigranten.

Im Jahr 1969 wurde ich zur ersten Bürgerreise der Stadt Mainz in die USA eingeladen. Anlaß war die alljährlich stattfindende Steubenparade in New York. Ich hatte viele ehemalige Freunde und Bekannte über mein Kommen informiert, so daß wir ein Wiedersehen in New York vereinbaren konnten. Obwohl wir uns über die dazwischen liegenden mehr als 30 Jahre äußerlich verändert hatten, haben wir uns alle sofort wiedererkannt. Alle diese Emigranten hatten durch ihre Flucht aus Nazideutschland ihr Leben gerettet, doch das Heimweh nach der verlorenen Heimat blieb bei den meisten von ihnen weiter bestehen. An eine Rückkehr dachte jedoch keiner von ihnen, obwohl einige dieser einstmals wohlhabenden Menschen täglich um ihr Leben ringen mußten und Arbeit verrichteten, die ihnen in der Wiege nicht vorhergesagt war. Die Tochter eines Bankiers und Witwe eines Arztes arbeitete zum Beispiel tagsüber in einem Haushalt und verdingte sich abends als Babysitter, um nicht dem Sozialamt zur Last zu fallen.

Mit dem Stadtrat durfte ich an der ersten Reise nach Israel teilnehmen, die für uns alle – so glaube ich – zu einem Erlebnis wurde. Der Botschafter der Bundesrepublik Deutschland gab uns zu Ehren einen Empfang, wozu auch in Israel lebende Emigranten aus Mainz eingeladen waren. Als der Botschafter mich fragte, ob ich einen Satz in Mainzer Mundart sagen könne, erwiderte ich: »Es gibt nur ääns, und das ist Määnz.« Dieser Satz wurde mit großem Beifall aufgenommen.

Im Jahr 1964 wurde in Mainz durch Herrn Pfarrer Hermann Hickel die »Gesellschaft für Christlich-Jüdische Zusammenarbeit« gegründet. Erstmals in der Mainzer Geschichte kamen Juden und Christen zusammen, um sich über Glaubensfragen zu unterhalten und um ein besseres gegenseitiges Verständnis herbeizuführen. Man könnte die Gründung dieser Gesellschaft – die bis zum heutigen Tag besteht – als historisches Ereignis bewerten. Die Vortragsabende, die stets ein religiöses Thema beinhalten, erfreuen sich stets guten Zuspruchs. Eine jährliche Besichtigungsfahrt der näheren und weiteren historischen und religiösen Einrichtungen erfreut sich großer Beliebtheit. Die »Gesellschaft für Christlich-Jüdische Zusammenarbeit« in Mainz ist außerdem in

Auf seinem ersten Deutschlandbesuch im Jahre 1980 begrüßt Papst Johannes Paul II. den Ehrenvorsitzenden der jüdischen Gemeinde in Mainz, Alfred Epstein. Rechts neben dem Papst Werner Nachmann, Vorsitzender des Direktoriums des Zentralrates der Juden in Deutschland.

der Bundesrepublik die Kontaktstelle für die Versuchsfarm Wadi-Mashash in der Negev-Wüste, die unter der Leitung von Prof. Dr. Evenari nach dem System der Nabatäer eine Fruchtbarmachung der Wüste erreichen sollte. Zum Besuch von Prof. Evenari lud der damalige Ministerpräsident Dr. Helmut Kohl am 27. April 1971 in den Festsaal der Staatskanzlei zu einem Begrüßungsempfang ein.

Während meiner Amtszeit als Vorsitzender der Jüdischen Gemeinde Mainz hatte ich die Aufgabe, unsere Gemeinde nach außen zu vertreten. Viele Kontakte mit den Behörden entwickelten sich fast auf freundschaftlicher Basis und blieben auch nach meiner Amtszeit weiterhin bestehen. Zu meinen »runden Geburtstagen« wurde ich von der Stadt Mainz mit der Gutenbergstatuette, dem Ehrenring der Stadt Mainz und zum 75. mit der Nachbildung des Privilegs des Mainzer Erzbischofs Gerhard II. von Eppstein für die Mainzer Judenschaft vom 18. Juni 1295 ausgezeichnet. Als hohe Ehre habe ich es empfunden, daß der damalige Bischof von Mainz, Kardinal Prof. Dr. Hermann Volk, mir zu meinem 70. Geburtstag im Rathaus persönlich gratulierte. Desgleichen erhielt ich das Bundesverdienstkreuz und von der Verfolgtenorganisation die Goldene Ehrenmedaille für Verdienste um das Wohl des deutschen Volkes und den Staat. Alle diese Ehrungen waren für mich ein Zeichen der Toleranz und der Sympathie, und ich habe sie mit Freuden als Vertreter unserer Gemeinde angenommen.

Als der erste Botschafter des Staates Israel, Seine Exzellenz Asher Ben Nathan, einen Antrittsbesuch beim damaligen Ministerpräsidenten Altmeier machte, waren auch meine Frau und ich zu einem Mittagessen in der Staatskanzlei geladen. Die Atmosphäre war freundschaftlich und ungezwungen.

Anläßlich des Aufenthaltes von Papst Johannes Paul II. in Mainz empfing dieser eine Delegation der jüdischen Repräsentanten in der Bundesrepublik Deutschland und überreichte einem jeden von uns eine Gedenkmünze.

Am 13. Dezember 1981 hatte ich die Ehre, der Delegation der Stadt Mainz anzugehören, welche dem Künstler Marc Chagall die Ehrenbürgerurkunde überreichte.

Im Jahr 1977 konnten wir eine Chronik der Mainzer Juden von den Anfängen bis zur Gegenwart herausgeben. Verfasser war Prof. Dr. Eugen Ludwig Rapp, welcher leider kurz vor dem Erscheinen dieser Chronik verstarb. Eintausend Jahre wechselvoller Geschichte sind in diesem Büchlein in Stichworten zusammengefaßt. Trotz blutiger Verfolgung, Intoleranz, Glaubenshaß und Wirtschaftsneid blieb die Tradition der Mainzer Juden während tausend Jahren bestehen, bis zum gewaltsamen Ende einer großen Geschichte, bis zum größten Massaker der jüngsten Vergangenheit. Besondere Sorgfalt schenkte Prof. Dr. Rapp in dieser Chronik der Mainzer Grabdenkmalstätte, die einige der ältesten jüdischen Grabsteine Europas beinhaltet. Im letzten Jahr seiner Amtstätigkeit besuchte Bundespräsident Carstens in Begleitung seiner Gattin und von Ministerpräsident Vogel den jüdischen Friedhof in Worms. Als ich darauf hinwies, daß wir in Mainz einige Grabsteine haben, die älter sind als die ältesten Steine in Worms, sagte Herr Ministerpräsident Vogel: »Da sieht man den Lokalpatrioten!« Ich glaube, man kann mich wirklich als einen Lokalpatrioten bezeichnen, denn ich freue mich regelmäßig, wenn ich aus einem Urlaub nach Mainz zurückkehren darf.

Trotz aller Bitternis, die mir einmal in dieser Stadt widerfahren, trotz der großen Verluste familiärer, ideeller und materieller Natur liebe ich diese Stadt, mit der mich die schönsten Kindheits- und Jugenderinnerungen verbinden und in welcher Toleranz und Loyalität – bis zum Machtantritt Hitlers – stets eine Selbstverständlichkeit waren, was ich in dem Mainz der Nachkriegszeit wieder erleben durfte.

Während meiner 15jährigen Amtszeit hatte ich viele interessante Begegnungen. Ich glaube, nicht nur Verständnis erbeten, sondern auch Verständnis entgegengebracht zu haben. Als Ehrenvorsitzender der Jüdischen Gemeinde Mainz darf ich auch heute noch – trotz meiner 83 Lebensjahre – an Veranstaltungen und Empfängen als Vertreter der Gemeinde oder als Ehrenringträger der Stadt Mainz teilnehmen.

Ich wünsche mir, daß sich unsere Nachkriegsgeneration des Erbes der altehrwürdigen Gemeinde Mainz würdig erweist und daß die Jüdische Gemeinde Mainz nicht vom Aussterben bedroht wird, wie dies in einigen Gemeinden von Rheinland-Pfalz der Fall ist. Mögen die aufrichtig gemeinten, beeindruckenden Ansprachen unseres Bundespräsidenten Richard von Weizsäcker auf fruchtbaren Boden fallen!

Seite 278/279:
Der alte jüdische Friedhof in Mainz mit seinen zahlreichen bemerkenswerten Grabsteinen aus dem Mittelalter.

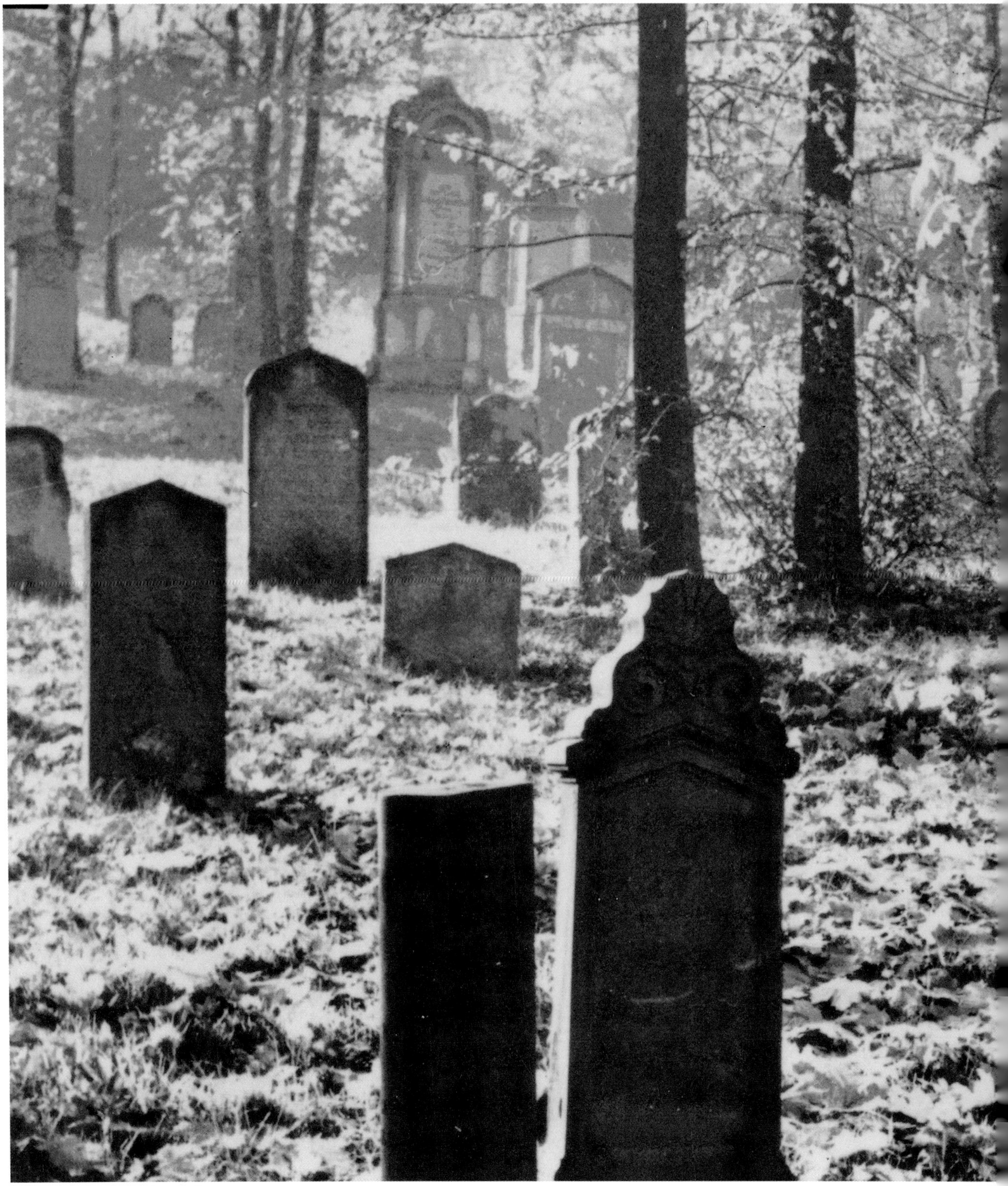

Erinnerungen und Begegnungen

Rheinland-Pfalz – Persönlich

Die von Marc Chagall in hohem Alter gestalteten Fenster zu St. Stephan in Mainz sind ein Anziehungspunkt vieler Begeisterter aus nah und fern geworden. Ihre Motive aus der biblischen Botschaft bedeuten zugleich ein Bekenntnis des am 28. März 1985 verstorbenen Malers zur jüdisch-christlichen Verbundenheit.

280

Karl Holzamer

Stationen kultureller Entwicklung

Das Wort des Oberkommandierenden der Französischen Besatzungszone General René Koenig bei der Wiedereröffnung der Mainzer Universität am 22. Mai 1946: »Vous êtes chez vous« nahm für die übrigen Kulturbereiche in dem allmählich entstehenden neuen Landesgebilde Rheinland-Pfalz nur langsam, aber doch stetig Gestalt an. Meine erste persönliche Erinnerung reicht zurück zur Abnahme des Zentralabiturs im Regierungsbezirk Trier im Sommer 1947. Nach französischem Muster hatte die Besatzungsbehörde das Zentralabitur mit gleichen Prüfungsaufgaben für den schriftlichen Teil in den Regierungsbezirken von Rheinland-Pfalz angeordnet und zugleich die Punktbewertung (statt Noten) eingeführt, wobei die Skala sich bis 20 Punkte als bestem Wert erstreckte; mit mindestens zehn Punkten war das Abitur bestanden, für die Zulassung zum Studium an Universitäten oder Hochschulen waren aber mindestens 13 Punkte erforderlich. Das verstieß zwar gegen unser Recht, das eben mit dem bestandenen Abiturexamen auch die Zulassung zur Immatrikulation verknüpft. Für diese Abiturienten sollte der Zugang zum Fachstudium erst nach einem Übergang durch ein Propädeutikum erfolgen.

Professoren der Johannes Gutenberg-Universität wurden in Verbindung mit den deutschen Unterrichtsbehörden als Prüfungskommissare für die drei Tage dauernde mündliche Prüfung in den jeweiligen Regierungsbezirken eingesetzt, wobei alle Abiturienten des Bezirks (zum Beispiel Trier, wo ich 1947 und 1948 als Prüfungskommissar tätig war) sich dort einzufinden hatten und von Studienräten jeweils anderer Schulen geprüft wurden.

Zwei Vorkommnisse sind mir besonders in Erinnerung geblieben. Der Vater eines Abiturienten, der »nur« mit zwölf Punkten abgeschnitten hatte, konnte es nicht fassen, daß sein Sohn, der ein weit besseres Abitur als er selber gemacht hatte, nicht gleich immatrikuliert werden konnte.

Der heutige Philosophie- und Pädagogik-Professor an der Erziehungswissenschaftlichen Hochschule Rheinland-Pfalz (Landau), Johannes Nosbüsch, erzählte auf lateinisch seine Reise von seinem Heimatdörfchen in der Eifel nach Trier. – Ich hatte die Freude, ihn auch später zur Promotion zu führen und ihn zeitweilig als Assistenten zu haben.

Aus der »Not« der nicht gleich zum Studium zugelassenen Abiturienten machten wir eine Tugend, die den zunächst Benachteiligten eine Chance bot, die den anderen nicht ohne weiteres gegeben war. Das für die »Zehn- bis Zwölf-Punkte-Abiturienten« vorgesehene »Propädeutikum« eröffnete ein »Studium generale« – Philosophie, Literatur, Kunstgeschichte, Geschichte (in den Schulen von den Franzosen nur bis zur Zeit der Befreiungskriege erlaubt) – vor allem auch gediegene Einführungen in die verschiedenen Studien- und Berufszweige, an denen sich die Fachkollegen aller Fakultäten mit großer Hingabe beteiligten. – Wenn dann nach zwei Semestern Propädeutikum das Fachstudium regulär absolviert wurde, konnten vor den abschließenden Examina unter Umständen die beiden Vorsemester mit angerechnet werden. Damit war also nicht nur keine Zeit verloren, sondern auch eine allgemeine Bildungsgrundlage gewonnen, an der es durch die Kriegsverhältnisse ohnehin mangelte und die den Studenten in jedem künftigen Beruf zugute kam.

Die Einschränkung, die die Kulturabteilung der französischen Besatzungsbehörde den Schulen für den Geschichtsunterricht auferlegte, entsprang der Furcht, der Nationalismus und sogar nationalsozialistische Tendenzen hätten dadurch geschürt werden können, zumal ein Teil der Lehrerschaft auf nationalsozialistische Erziehung eingeschworen schien. – Auch eine andere Tendenz, die sich gegen das humanistische Gymnasium richtete, konnte in ihrer Wirkung genau das verfehlen, was man eigentlich im Sinne einer »re-éducation« erreichen wollte. – Ich erinnere mich eines Gesprächs mit der sehr gebildeten Madame Giron, der Vertreterin von General Schmittlein, dem Leiter der genannten Kulturabteilung in Baden-Baden. Ich stieß auf Verständnis, wenn ich ihr gegenüber diese Tendenz als völlig abwegig verwarf. Sie als Franzosen hätten schon aufgrund ihrer romanischen Sprache und der clarté der rationalen Struktur ihrer Kultur, zumal in der Literatur, längst nicht diese Neigung zur Romantik und zu emotional verklärten Idealen wie wir – unsere deutsche klassische Literaturepoche fällt für die Franzosen geradezu unter das Rubrum der Romantik –; die Klarheit und Logik der lateinischen Sprache würden also gerade bei uns schwärmerischen Ausuferungen (und damit auch der Verführung einer nationalsozialistischen Ideologie) entgegenwirken. Die typischen Nationalsozialisten seien eben auch in diesem Sinne keine Humanisten gewesen, wie überhaupt ihre Bildung minimal war.

Der Universität gegenüber zeigte man sich überhaupt weit liberaler und aufgeschlossener als anfänglich in anderen Kulturbereichen und in den übrigen Besatzungszonen. Während nach meiner Erinnerung die Philosophische Fakultät in Mainz im Sommersemester 1946 etwa 15 bis 18 planmäßige Professoren umfaßte, waren an der Philosophischen Fakultät der Johann Wolfgang Goethe-Universität in Frankfurt (Amerikanische Besatzungszone) nur vier oder fünf Lehrstühle besetzt. In die Schulen aller Gattungen drang diese Liberalität erst allmählich ein. Zum Teil hing dies mit der Entnazifizierung zusammen.

Es mag verwunderlich erscheinen, wenn in einem Beitrag »Kulturpolitik in Rheinland-Pfalz« die Besatzungszeit vor oder kurz nach der Entstehung des Landes Rheinland-Pfalz aus preußischen, hessischen und pfälzisch-bayerischen Gebietsteilen so ausführlich behandelt wird. Aber gerade in dieser Zeit wurden im Zusammenspiel, aber auch in einem eigenständigen Verfahren gegenüber der Besatzungsmacht die entscheidenden Wege für die Kulturpolitik gebahnt, wie sie sich in der Verfassung vom 18. Mai 1947 artikulierte und in den Jahren und Jahrzehnten danach unter den Kultusministern Süsterhenn, Finck, Orth, Vogel, Frau Laurien und Gölter praktisch umgesetzt wurde.

Aus den Jahren des Übergangs zu einer wirklich eigenen Kulturpolitik des Landes sind besonders die spätere Staatssekretärin M. Gantenberg und Regierungsdirektorin Rothländer hervorzuheben, von denen sich erstere um die höheren Schulen und letztere um die Volksschulen und Pädagogischen Akademien große Verdienste erworben haben. Die Sorge um die damals einzige Universität des Landes in Mainz hatte sich Prof. Süsterhenn weitgehend selber vorbehalten.

Bei einer systematischen und historisch geschlossenen Darstellung der Kulturpolitik in Rheinland-Pfalz – die hier im Hinblick auf persönliche Erinnerungen *nicht* gefragt ist – dürften die Diplomatenausbildung in Speyer und die dortige Verwaltungshochschule nicht fehlen; sie müßten auch in ihrer Bedeutung für den Bund gewürdigt werden. Das gleiche gilt für die Dolmetscher-Hochschule bzw. das Dolmetscher-Institut in Germersheim, das vor seiner Eingliederung in die Universität Mainz der Staatskanzlei (und nicht dem Kultusministerium) unterstand. – Es war überhaupt charakteristisch für dieses Bundesland, daß es – bereits vor der Gründung der Bundesrepublik im Jahre 1949 – bundesweite Aufgaben übernahm und überregionale Institute an sich zog oder ihnen zu ihrer Gründung verhalf. – Die ehemalige Preußische Akademie der Wissenschaften in Berlin etablierte sich sozusagen neu als Akademie der Wissenschaften und der Literatur in Mainz (der Generalsekretär Prof. Scheel bildete die Brücke), und das Institut für Europäische Geschichte (unter den Professoren Lortz und Göhring) fand ebenfalls den richtigen Nährboden in der Metropole des Alten Reiches. Auch die sich immer besser gestaltenden Beziehungen zum Nachbarland Frankreich müssen eingeflochten gesehen werden in den großen Bogen der Kulturpolitik, auch und gerade dann, wenn es sich nicht nur um hochoffizielle Vorhaben und Maßnahmen, sondern um private Initiativen handelt, wie etwa bei Städtepartnerschaften oder um den sehr effektiven Kreis der Partnerschaft Rheinland-Pfalz/Burgund.

Wenn in einem Karnevalsschlager der ersten Nachkriegszeit fröhlich gesungen wurde: »Mariandel, -andel, -andel! Du hast ganz Rheinland-Pfalz am Bandel«, dann bewies

Domus Universitatis in Mainz, zu Beginn des Dreißigjährigen Krieges als Kollegiengebäude für die Jesuiten-Universität errichtet. Es war damals neben den vielen Kirchen das höchste und ansehnlichste Gebäude der kurfürstlichen Residenzstadt am Rhein. Nach dem Zweiten Weltkrieg mit Hilfe der Franzosen wiederaufgebaut, allerdings nur mit einem Dachreiter versehen und nicht mit zweien, wie in einem inzwischen in Paris gefundenen Kupferstichblatt überliefert.

auch das, daß man sich doch sehr bald nicht mehr gegängelt fühlte, sondern Partnerschaft und Eigenständigkeit sich gerade auch im kulturellen Bereich herausbildeten.
Als *Kultur*ereignis ist mir in besonderer Weise der erste Jahrestag der rheinland-pfälzischen Verfassung und damit auch der Gründung des Landes in Erinnerung. Man hatte bewußt den 18. Mai dafür gewählt, damit im Jahre 1948 (eben am ersten Jahrestag) der Zusammenhang zum 18. Mai 1848 – der Deutschen Nationalversammlung in der Paulskirche in Frankfurt am Main – hergestellt und damit auch an die große demokratische Tradition angeknüpft wurde, der erst spät, nach manchen unzeitgemäßen Unterbrechungen und Rückschlägen, Erfolg beschieden war. Der Landtag von Rheinland-Pfalz residierte damals noch in Bad Ems, die Regierung Altmeier in Koblenz. Auf Einladung der Regierung durfte ich im Stadttheater Koblenz die Festrede halten und dabei besonders den sozialen Akzent der Ereignisse um 1848 unterstreichen und die Person des späteren Mainzer Bischofs Ketteler, der ja Mitglied der Nationalversammlung in Frankfurt war, würdigen. Äußerlich war es eine ärmliche Kundgebung, aber in der nun freien Atmosphäre des politischen und gesellschaftlichen Umfelds eine unvergeßliche Feier. Ein auch bescheidenes »Fest«essen schloß sich in Niederhausen, der Weinbaudomäne des Landes, an, bei der der Festredner wie die Regierungsmitglieder sich an der Qualität des dargereichten Weines ein wenig gütlich tun konnten.
Die Erfahrung jener Jahre der leeren Regale und der Markenverpflegung blieb dieser Generation erhalten: die geistigen Güter – von einer Theateraufführung im kaum beheizten Saal bis zu überfüllten Vorträgen in den Volkshochschulen oder der Universität – wurden gesucht, überaus geschätzt und mit großem Gewinn angenommen, während heute die materielle Sättigung und Übersättigung die Menschen allzu leicht geistig faul, unzufrieden und leer werden läßt. Für eine staatliche Kulturpolitik zeigte sich eine weitere Folgerung. Je mehr ein Staat – trotz der ihm obliegenden Förderung der Kultur – in diesem Bereich die Initiative freier Bürger sich entfalten läßt, um so besser entwickelt sich das gesamte Kulturklima. Der Staat soll nicht selbst Kunst und Kultur machen und verordnen, sondern so viel Förderung gewähren, daß beides sich aus der freien Gesellschaft heraus entwickelt. Materielle Armut kann durchaus auch geistigen Reichtum bedeuten.
Soweit ich persönlich von der in Rheinland-Pfalz verwirklichten Kulturpolitik oder einer sich mitfolgend entfalteten Kultur berührt und teilweise an ihr beteiligt sein durfte, gab es neben der Universität in Mainz, der dann in den 70er Jahren die von Trier und Kaiserslautern folgten, zwei Schwerpunkte: Zum einen die Lehrerbildung und zum anderen den Rundfunk (Südwestfunk und Zweites Deutsches Fernsehen). Auch wenn uns manches an den elektronischen Medien, wertmäßig betrachtet, »kulturlos« erscheinen mag, so gehört doch der Informationsbereich und erst recht der künstlerische und

unterhaltende Teil dieser Medien zur Kultur der heutigen Menschheit. – Die zumindest indirekte Mitarbeit am Südwestfunk und die am Zweiten Deutschen Fernsehen zeigt deutlich ein Stück Kulturpolitik des Landes.

Wenden wir uns zuerst der Lehrerbildung in Rheinland-Pfalz zu. Die in den 20er Jahren vom damaligen preußischen Kultusminister Prof. Carl Heinrich Becker geschaffenen Pädagogischen Akademien hielten eine Akademisierung des Lehrerberufes gegenüber den Präparandenanstalten und Lehrerseminaren alten Stils für nötig und boten eine *wissenschaftliche* Ausbildung von Abiturienten in Pädagogik, Philosophie, Psychologie usw. an, stellten zugleich aber auch die Nähe zur Kunstakademie her. *Praxis*bezogen und *musisch* gestaltend (jeder Student einer Akademie mußte ein Musikinstrument spielen und bei der Aufnahmeprüfung eine einfache Melodie vom Blatt singen können) sollten Lehreranwärter die Kunst und das Handwerk der Bildung und Erziehung üben und beherrschen lernen und so *Schulmeister* werden.

Die nationalsozialistische Bildungspolitik wandelte die Akademien in Hochschulen – das wäre noch nicht schlimm gewesen – und verwässerte die gute Mischung von wissenschaftlicher Grundbildung und praktisch-musischer Ausbildung. Dank Persönlichkeiten, wie den Regierungsdirektoren von den Driesch und Helene Rothländer, die die guten Jahre der Preußischen Pädagogischen Akademien noch selbst miterlebt hatten, kehrte man in Rheinland-Pfalz wieder zu diesem Hochschulmodell zurück:

Man begann folgerichtig mit etwa sechs oder sieben über das Land verteilten »Pädagogischen Akademien«, die nicht nur den Namen, sondern auch die geschilderten Aufnahmebedingungen und Ziele der Preußischen Akademien der 20er Jahre übernahmen und mit der Abschlußprüfung in neun Fächern noch am guten alten Schulmeister – allround und nicht spezialisiert – festhielten.

Die Umwandlung dieser Akademien in vier oder fünf »Pädagogische Hochschulen« und schließlich in *eine* »Erziehungswissenschaftliche Hochschule« (seit 1971) änderte am Grundprinzip der *praxisnahen* Ausbildung nichts, wenn auch die Spezialisierung für Grund- und Hauptschule und für Fachlehrer sich breitmachte und die musische Basis für *alle* Lehrer zu kurz kam.

In anderen Ländern ging man zum Teil andere Wege, die zu einer fast reinen »Verwissenschaftlichung« und damit von der Praxis und auch von der tatsächlichen Wissenschaft wegführten. Man konnte nur staunen, wenn von einem Wissenschaftsfach: »Didaktik der Grundschule« die Rede war; und ein nur wissenschaftlich ausgebildeter Psychologe ist noch lange kein praktischer Psychologe.

Da der Verfasser dieses Beitrages lange Jahre Vorsitzender des Kuratoriums der Erziehungswissenschaftlichen Hochschule Rheinland-Pfalz war, kann er bestätigen, daß man sich trotz aller Prestigeversuche, den Universitäten an wissenschaftlicher Qualität

Die Anfänge des Zweiten Deutschen Fernsehens, das inzwischen zu einem Markenzeichen der Landeshauptstadt geworden ist, lagen außer Landes: in diesen Baracken im hessischen Eschborn im Taunus. Im Haus-Jargon der Fernsehmacher aus der ersten Stunde werden diese Anlagen in der Erinnerung liebevoll als »Telesibirsk« bezeichnet.

gleichzukommen und die Lehrer der Hauptschulen in höhere Besoldungsgruppen zu bringen – was durchaus sinnvoll sein konnte –, dem ursprünglichen Ziel und Sinn Pädagogischer Akademien nahe bleiben wollte. Als die Akademien aus finanziellen und technisch-organisatorischen Gründen aufgelöst wurden und man die eine »Erziehungswissenschaftliche Hochschule Rheinland-Pfalz« (mit Sitz in Mainz und relativ eigenständigen Abteilungen in Landau, Trier und Koblenz) errichtete, suchte man von seiten des Lehrkörpers und auch des das Ministerium beratenden Kuratoriums die Praxisnähe zu verteidigen und die Bildungsaufgabe der künftigen Pädagogen in den Vordergrund zu stellen, die für Philologen während ihres Studiums an Universitäten in der Regel zu kurz kommt.

In der Frage des Anteils und der gesetzlichen Mitbeteiligung an den modernen Medien hat das Land Rheinland-Pfalz und besonders Ministerpräsident Dr. h. c. Peter Altmeier vielfach aus der Defensive heraus handeln müssen, und dann aber (mit und ohne Unterstützung anderer Bundesländer) doch beachtliche Erfolge verzeichnen können.

Ähnlich den Anordnungen im Universitätsbereich verfügte im November 1948 die französische Besatzung für die drei Länder Rheinland-Pfalz, Südbaden und Süd-Württemberg-Hohenzollern (das später mit Südbaden in dem Land Baden-Württemberg aufgegangen ist) die Einrichtung des Südwestfunks – zur Ablösung des bis dato geltenden Besatzungsrundfunks in Baden-Baden und Koblenz. Diese Ordonnance, die den Rechtssitz dieser neuen Anstalt in Mainz vorsah, enthielt die wesentlichen Elemente des öffentlich-rechtlichen Rundfunks, wie er sich mit Hilfe der Besatzungsmächte allenthalben durchsetzte – Rundfunkrat, Verwaltungsrat und Intendant, der gleichermaßen für das Programm und den Geschäftsbetrieb des Senders verantwortlich ist. Bei der Ablösung dieses französischen Status durch einen Staatsvertrag der drei Länder spielte Rheinland-Pfalz eine sehr wesentliche Rolle, indem es aus sachlich-praktischen Erwägungen darauf verzichtete, den Sitz des Südwestfunks auch tatsächlich in Mainz einzurichten (ein Verzicht, der nicht leicht anderswo auch geübt wird), legte jedoch zu Recht Wert darauf, im Rundfunkrat gegenüber dem südlichen Anteil des Südwestfunks die Mehrheit zu haben (25 gegen 24 Mitglieder des Rundfunkrates) und ein eigenes Landesstudio in Mainz zu besitzen. Auch der zuweilen schwierige Kampf gegen die »Zentrale« Baden-Baden um ein gut ausgebautes Landesstudio in Mainz (neben zwei anderen in Freiburg und Tübingen) wurde von der Regierung in Mainz (die es ja bei der Selbständigkeit des Rundfunks gegenüber den Regierungen nicht entscheiden oder gar erzwingen konnte) lebhaft unterstützt.

Aus meiner persönlichen Sicht zeichnete sich die Kulturpolitik in Rheinland-Pfalz bis zum heutigen Tage durch eine konsequent föderalistische Auffassung aus, die dem Staat gibt, was des Staates ist, aber der Initiative von unten (wie dem Elternrecht) sowie den gesellschaftlich verantwortlichen Körperschaften, Institutionen und Organisationen Raum und Eigenrecht gibt oder beläßt.

Ich habe das gerade beim Südwestfunk-Staatsvertrag unmittelbar positiv erfahren, auch wenn dies zunächst nicht ganz den Vorstellungen von Ministerpräsident Dr. h. c. Peter Altmeier entsprach. Der Staatsvertrag war schon unterzeichnet von Altmeier, Wohleb und Müller. Der Südwestfunk hatte aber noch einen wichtigen, seine relativ eigenständige Position stützenden Ergänzungswunsch, dem auch die beiden Staatspräsidenten Müller und Wohleb bei einem Besuch vom Verwaltungsratsvorsitzenden Dr. Knecht und mir als Rundfunkratsvorsitzenden zustimmten. Das Gespräch mit Ministerpräsident Altmeier im damaligen Gästehaus der Landesregierung brachte die Lösung: es wurde noch ein Ergänzungsstaatsvertrag abgeschlossen, dem dann auch die drei Parlamente in Mainz, Tübingen und Freiburg ihr positives Votum gaben.

Auf diese föderalistische Grundüberzeugung, die in der Praxis ihre Früchte trug, stützt sich auch die hervorragende Rolle, die Altmeier beim Kampf für das spätere ZDF führte. Im Staatsvertrag vom 6. Juni 1961 wurde diese große Institution mit Sitz in Mainz begründet und die Förderung durch eine großzügige Länderbürgschaft statt der ursprünglich geplanten Grundausstattung für das »mittellose« ZDF garantiert.

Hierüber müßte eigentlich eine besondere Würdigung geschrieben werden, die zugleich auch einer Wiedergutmachung gegenüber dem Lande Rheinland-Pfalz und seinem damaligen Ministerpräsidenten auf dem Rundfunkgebiet gleichkommt. – Hier nur kurz ein Resümee. Adenauer und sein Finanzminister hatten die Deutschland-Fernsehen

Professor Dr. Karl Holzamer, der erste Intendant des Zweiten Deutschen Fernsehens, und Frau Holzamer mit Ministerpräsident Dr. Bernhard Vogel bei einem Pressefest.

GmbH gegründet, die der Träger eines Zweiten Programmes neben dem Fernsehprogramm der ARD sein sollte. Altmeier klagte gemeinsam mit anderen Ländern in Karlsruhe und bekam im ersten Fernseh-Urteil vom 28. Februar 1961 recht: Die Gesetzgebung für den Rundfunk ist Ländersache. Mit dieser Bestätigung konnte er in erstaunlicher Kürze seine Kollegen auf Länderebene zu einem Staatsvertrag zur Errichtung des Zweiten Deutschen Fernsehens bringen, die ohne Adenauers Gründung und Altmeiers Initiative nach meiner Überzeugung nie, und wenn doch, dann niemals in so kurzer Zeit – in gut drei Monaten – zustande gekommen wäre. Das Zweite Programm wäre auch nach einer Auflösung der Deutschland-Fernseh-GmbH die Domäne der ARD geblieben.

Auch die Nachfolger des Ministerpräsidenten, Dr. Kohl und Dr. Vogel, und ihre Regierungen haben diesen kulturellen (und nicht nur politischen) Föderalismus mit Konsequenz fortgesetzt und trotz verschiedener Widerstände auch mit den zentralen Aufgaben eines Bundesstaates – mit elf Ländern – durchgehalten. Darin sehe ich das Kernstück rheinland-pfälzischer Kulturpolitik.

Man hat zumal der Kulturpolitik des Landes Enge und Provinzialität vorgeworfen. Sehr zu Unrecht. Die Respektierung des Elternrechtes, die Ermöglichung auch eines nichtöffentlich-rechtlichen Rundfunks sind nur zwei Beispiele neben vielen anderen für die Liberalität, die in dieser Hinsicht von staatlicher Seite geübt wird. In diesem geistigen Klima, das auch von den Bewohnern des weinfrohen Landes in natürlicher Weise verbreitet wird, läßt sich gut atmen und kulturell mit Freude arbeiten.

Kunst »vor dem Bau«. Das Gelände des ZDF auf dem Lerchenberg in Mainz zeichnet sich durch eine vielgestaltige Freiluft-Kunstgalerie aus. Hier ein Licht-Wasser-Objekt von Hermann Goepfert und Johannes Peter Hölzinger.

Hubert Armbruster

Die Wiedergründung der Universität Mainz

Über die Vor- und Frühgeschichte der wiedergegründeten Universität Mainz zu berichten heißt, sich auf ein recht schwieriges Unterfangen einlassen, gemessen an den herkömmlichen und wohlfundierten Maßstäben der Geschichtsschreibung, ihrer Methodik, ihrer Quellenlehre und ihrer bewährten Verfahrensweisen. Mit der gebotenen Deutlichkeit sei deshalb zu diesem Beitrag von vornherein gesagt: Er versteht sich als Schilderung von Erlebnissen, Begegnungen und auch Einsichten eines Zeitzeugen; nicht als Forschungsbeitrag im strengen Sinn des Wortes.

Aus dem Kreis derer, die die Wiedergründung »vor Ort« erlebt haben, sind nur noch wenige am Leben. Was sie dabei an Erfahrungen eingebracht und schriftlich niedergelegt haben, ist vergleichsweise gering. Um so bemerkenswerter und verdienstvoller ist daher die Arbeit eines Historikers unserer Universität – ich meine Prof. Dr. H. Mathy –, der sich seit Jahren in mühevoller Arbeit um die Erforschung und Darstellung der Universitätsgeschichte (einschließlich ihrer jüngsten Phase) bemüht – und dies in zahlreichen Veröffentlichungen, die die verdiente Beachtung und Würdigung erfahren haben.

Wer den Rückblick auf den Neubeginn im Jahre 1946 wagt, muß von vornherein die Hoffnung begraben, er könne sich auf einen reichen Bestand schriftlicher Quellen stützen. Sie fließen nur äußerst spärlich; das Feld ist karg bestückt. Über wichtigste Vorgänge gibt es keine Aufzeichnungen. Die von deutscher Seite Beteiligten hatten angesichts der drängenden Fülle der Alltagsarbeit gar keine Zeit, ihre Maßnahmen in schriftlichen Aufzeichnungen chronologisch festzuhalten; oft hatten sie nicht einmal das Papier, das hierzu nötig gewesen wäre. Ob die Öffnung der französischen Archive das Vorgehen seitens der Besatzungsmacht deutlicher beleuchtet, bleibt abzuwarten.

In der Folge soll versucht werden, einige persönliche Erinnerungen und Eindrücke zusammenzutragen, die für mich bedeutsam waren und vielleicht das Wissen um die Zeit der Neugründung der Mainzer Universität ergänzen können.

Der Ruf an die Rechts- und Wirtschaftswissenschaftliche Fakultät erreichte mich im Fühjahr 1946. Eine schlichte Mitteilung ließ mich wissen, daß die Eröffnung der Universität im Rahmen einer Feier am 22. Mai 1946 erfolgen solle; der Beginn der Vorlesungen war auf den folgenden Tag festgesetzt. Von den Erschwernissen und Widrigkeiten, die sich alledem, nicht zuletzt auch durch äußere Einwirkungen, in den Weg stellten, kann

Die zu Beginn des Zweiten Weltkrieges am Binger Schlag in Mainz errichtete Flakkaserne wurde auf Betreiben der französischen Besatzungsmacht seit Herbst 1945 zum Standort der wiedereröffneten, in Wirklichkeit neuen Johannes Gutenberg-Universität ausgebaut. Hier der Zustand des Geländes im Sommer 1945.

man sich heute kaum mehr eine Vorstellung machen. Besorgung von Unterkommen, Verpflegung, Beschaffung von Büchern, Schreibutensilien und schließlich eines bescheidenen Büros in der Universität stießen auf oft kaum überwindbare Schwierigkeiten. Wie oft hatte man mit vielen Mühen die notwendigen Vorbereitungen getroffen und meinte, einen bescheidenen Fortschritt erreicht zu haben, da stand man unversehens, aus mancherlei Gründen, wieder am Anfang.

»La réalité dépasse la fiction« (Die Wirklichkeit übertrifft die Beschreibung) – so kommentierte einmal ein französischer Freund, dem ich gelegentlich mein Leid klagte, die Schilderung meines mühseligen und aufreibenden Alltags. Dieses Los teilten alle als Lehrende an die Universität Berufenen und – vielleicht in noch größerem Maße – die Studenten, die zahlreich nach Mainz kamen, um hier ein Studium neu zu beginnen oder fortzusetzen. Immer wieder versuche ich den heutigen Studierenden die mehr als kargen Lebensumstände der damaligen Studenten, ihre Opferbereitschaft und ihren Behauptungswillen zu beschreiben. Oft konnte den materiellen Bedrängnissen nur mit Phantasie und Improvisationstalent sinnvoll begegnet werden, eine Erfahrung, die vielen für ihren künftigen Weg zugute kam.

Eine Begebenheit am Rande, die mir wichtig erscheint, sei erwähnt:

Als ich am 21. Mai 1946 von meinem früheren Wirkungskreis Tübingen nach Mainz fuhr, um tags darauf bei der feierlichen Eröffnung der Universität anwesend zu sein, betrat ein

Ein bedeutender Tag in der Mainzer Geschichte: Eröffnung der Johannes Gutenberg-Universität am 22. Mai 1946. Hier der »Aufgang« der Festgäste in die Aula. Rechts oben der Gründungsrektor Professor Dr. Josef Schmid.

gutgekleideter Enddreißiger von gepflegtem Aussehen, guten Manieren, mit ausdrucksvollem, klugem Gesicht in Stuttgart das Zugabteil. Es dauerte nicht lange, und wir kamen ins Gespräch. Bald erfuhr ich, daß mein Mitreisender, der ein akzentfreies, gepflegtes Deutsch sprach, mit seinen Eltern nach den USA emigriert und nun bei der amerikanischen Kulturabteilung in Wiesbaden tätig war. Als ich das Ziel meiner Reise und meine künftige Tätigkeit in Mainz erwähnte, sprach er mit großer Offenheit über die Schwierigkeiten, die sich in der US-Zone dem Wiederaufbau eines geordneten Universitätslebens in den Weg stellten. Eine Bemerkung, die in diesem Zusammenhang fiel, habe ich nie vergessen: »Sie werden erleben, daß die Franzosen auf diesem Gebiet viel geschickter, effizienter und flinker reagieren als die Amerikaner.« Er zeigte große Bewunderung für den Fortgang und den Erfolg der Wiedergründung der Universität Mainz, allen materiellen Widrigkeiten zum Trotz.

Auch die Wiedergründung der Universität in Mainz ist ein winziges Kapitel im »großen Welttheater des Lebens«, in dem nicht nur menschliche Tugenden, sondern auch Schwächen wie Nachlässigkeit, Bequemlichkeit, Dummheit und nicht zuletzt Neid und Mißgunst tragende Rollen spielten.

Das »Wunder von Mainz« – so wurde oft beifällig die Wiedergründung bezeichnet – ist in vieler Hinsicht nicht abzulösen von dem großen Rahmen, dem deutsch-französischen Verhältnis. Schon damals wurde davor gewarnt, die Deutung und Auslegung dieser komplizierten Sache durch letztlich unverbindliche Aussagen, die nur zu oft aus den Wolken stammten, zu betreiben. Ich fühlte mich jenen verbunden, die mit Leidenschaft für einen nüchternen Realismus plädierten, geprägt von Geduld, Augenmaß und Scharfblick. Mit ihnen war ich überzeugt, daß die Aussöhnung der beiden Nachbarvölker nur im Umkreis realistischer Einschätzungen Wirklichkeit werden könne. Daher auch wieder und wieder der Ruf nach verläßlicher Erkundung der Fakten. Mißt man Wert und Wirkung so mancher Aussagen jener Zeit, welche die Phase, von der wir sprechen, begleiteten, so kann der Rückblick wohl da und dort aufschlußreich sein. Frankreich – das hieß auch damals manifeste Vielfalt und oft vieldeutige Mannigfaltigkeit: Die Metropole mit ihrer kulturellen und politischen Dominanz, die Kraft und der Reichtum der Provinz, die zahlreichen Spielarten wirtschaftlicher Entfaltung, die ethnischen Differenzierungen, die Manifestation landschaftlicher Vielfalt und verkehrsmäßiger Dichte, die Verschiedenheiten landwirtschaftlicher Bewirtschaftung und vieles andere. Je mehr man die Kenntnis dieser Grundfakten ins Gespräch mit den Verantwortlichen der Besatzungsmacht einbringen konnte, desto stärker wuchsen Vertrauen und Bereitschaft zur Zusammenarbeit.

Erinnerungszeichen: Dazu gehören auch Erfahrungen, die den Bemühungen galten, Gründungsvorgänge in die damaligen Gegebenheiten einzubetten. So sei zum Beispiel auf die psychologischen Belastungen hingewiesen, die aus der deutschen Geschichte von 1933 bis zum Zusammenbruch nach verlorenem Krieg resultierten, oder auf die Tatsache der Besetzung und des Übergangs staatlicher Kompetenzen an die Besatzungsmächte. Das war eine heute kaum mehr nachempfindbare seelische Last.

Dies alles gilt es zu bedenken, wenn man die Zeit der Wiedergründung der Mainzer Universität zu erhellen versucht. Viele Vorgänge, die letztendlich diese Phase prägten, liegen offen zutage, sind auch heute noch faßbar und machen ihre Darstellung möglich. Aber man sollte nie außer acht lassen, daß es nicht nur die »Vorderbühne« gab; da war auch noch die Welt hinter den Kulissen. Dort reiften – jenseits des Rampenlichts, in aller Stille – maßgebliche Entscheidungen heran; dort agierten Persönlichkeiten, die prägende Kräfte auslösten – und dies ohne lautes Plakatieren. Dort herrschte eine stetig wirksame Vigilanz und eine bewährte Diskretion.

Wer Erinnerungszeichen aus jener Frühzeit der Wiedergründung aufspürt, wird zunächst und vor allem mit einem Umfeld konfrontiert, das der Gründung einer Universität äußerste Schwierigkeiten und Hindernisse in den Weg legte. Ich denke dabei vor allem an die vom Krieg heimgesuchte Stadt. Sie glich einem Trümmerfeld. Ich denke auch an die vielen ausgebombten Bewohner, die nun außerhalb der vertrauten Umwelt leben mußten – oft ohne Hoffnung auf baldige Rückkehr –, an den empfindlichen Mangel an Nahrungsmitteln und die Mißstände im Verteilungssystem. Wer wollte es wagen

Im Wintersemester 1948/49 versammeln sich in der ungeheizten Aula der Universität über 1000 Studenten, um Carl Zuckmayer zu hören, der mit »Des Teufels General«, wie er selber bekannte, »der deutschen Jugend, die ratlos aus dem Zusammenbruch hervorgegangen war, Rede und Antwort« stehen wollte.

und verantworten, angesichts der bedrückenden Wohnungsnot noch zusätzlich Menschen in die Stadt zu rufen, deren Unterbringung gesichert werden mußte – so fragte man. Einen großartigen, heute oft vergessenen Beitrag leisteten damals viele Familien, die in den weniger zerstörten Vorstädten oder in der weiteren Umgebung lebten und den Studierenden Unterkunft boten. In vielen bäuerlichen Familien waren sie auch als Tischgenossen willkommen. Wie oft sprachen diese Menschen von »unseren Studenten«, und dies mit jener Wärme, Anteilnahme und tätigen Nächstenliebe, die mir unvergeßlich bleiben werden. Vor allem waren es die »kleinen Leute«, die größte Opfer brachten und stolz waren auf die Wiedergründung einer Universität in ihrer Stadt. Diese stillen und anspruchslosen Helfer bleiben die allzu oft vergessenen und selten genannten »Ehrenbürger« unserer Alma mater.

Auf der anderen Seite gerieten die Verantwortlichen der städtischen Verwaltung oft in zwiespältige Situationen, gab es doch Menschen, die angesichts der Not der Stadt die Wiedergründung einer Universität für unangemessen oder verfrüht hielten. Ja, das gab es eben auch: die Argumente negativer Art, den Streit um Prioritäten, die negierenden, pessimistischen Stimmen der Zweifler, Zauderer und Saumseligen. Immer wieder konnte ich aus der Nähe beobachten, mit wieviel Geduld und welchem taktischen Geschick die Stadtväter, insbesondere der unvergessene damalige Oberbürgermeister Kraus, diesen negativen Trend zu überspielen wußten. Sie glaubten daran, daß die Wiedergründung für ihre Stadt ein kultureller und auch wirtschaftlicher Faktor von höchster Bedeutung sein würde. Und ihre Hoffnungen erfüllten sich, sie wurden sogar weit übertroffen – der Skepsis und der Vorbehalte aller Kleinmütigen zum Trotz.

Auch wirtschaftliche Aspekte kamen hier zum Tragen. Was wäre – so darf man sich fragen – aus dem Mainzer Aufschwung geworden ohne die vielen Tausende von Studenten, die zahlreichen Bediensteten, die die wiedergegründete Universität im Laufe von 40 Jahren nach Mainz führte. Der Verzicht auf die Wiedergründung: eines Tages ein »kommunaler Alptraum«...

Diese Wiedergründung steht im übrigen ein für die alte Erfahrung, daß eine Universität nicht im luftleeren Raum entstehen und lebensfähig sein kann. Sie braucht eine geistige und materielle Umwelt, die ihr förderlich ist. Sie bedarf eines Nährbodens, der sie prägt, flankierender wirtschaftlicher Kräfte, die sie stützen, einer geistigen Landschaft, die sie atmen läßt, und schließlich auch einer Verwaltung, die ihr Eigenleben und ihre Eigendynamik erspürt, achtet und behutsam stützt. Jede Form von Bürokratismus hingegen steht ihrer Entfaltung und Wirksamkeit im Wege. Hätte es damals schon eine entsprechend entwickelte staatliche Unterrichtsverwaltung gegeben, so wäre die Neuschöpfung nie in so kurzer Zeit, mit dieser Effizienz und diesem imponierenden Durchgriff gelungen. Man stelle sich vor, die damals mit dem Wiederaufbau betrauten Personen hätten sich einem System burokratischer Umklammerung, Beengung und Einschnürung gegenübergesehen...

Wer die Phase der Universitätsgeschichte, die uns hier beschäftigt, ausleuchtet, wird nicht übersehen dürfen, daß auch auf seiten der Besatzungsmacht gelegentlich mancherlei Dissonanzen aufbrachen. Sie bestimmten aber nie das Bild. Als der Beschluß an höchster Stelle getroffen war und die zeitlichen Abläufe festgelegt waren, wurde alles getan, die Wiedergründung ins Werk zu setzen, und dies mit Mut und der Einsicht, daß die Besatzungsmacht auf diesem Felde ein hohes Maß an Prestige investiert hatte. Eindrucksvoll war dabei, wie nüchtern man auch die Risiken sah und wie entschlossen man sich ihnen stellte. Der wachsame Beobachter der Szene entdeckte alsbald die grundlegenden Vorkehrungen, Planungen, die Agenda, nach der verfahren wurde. In diesem Kontext sind zu nennen: die Konzentration der Entscheidungsgewalt und die Klarstellung der Kompetenzen; der entschlossene, beharrliche und zielbewußte Einsatz der Verantwortlichen; eine glückliche Hand bei der Auswahl der Persönlichkeiten, denen man das Werk anvertraute. Von diesen Persönlichkeiten soll später noch die Rede sein. Schließlich: rechte Würdigung und Respekt vor den in dem besetzten Land gewachsenen Universitätstraditionen und urbane Großzügigkeit dort, wo sie gefordert war. Dies galt insonderheit für das umsichtige Streben nach diskreter Zusammenarbeit mit deutschen Persönlichkeiten, die sich als Gegner des nationalsozialistischen Systems bewährt und ausgezeichnet hatten und die auch über die Sensibilität für die Erfordernisse und die Grenzen einer solchen »cohabitation« verfügten.

Zu erwähnen ist auch ihr Mut, ihre fürsorgliche Hilfsbereitschaft und das Wissen um die gelegentlich bösartig vorgetragenen Anfeindungen von Leuten, die einfältig, naiv oder zu töricht waren, die wichtige Funktion der »Brückenbauer« sinnvoll abzuschätzen. Diese Brückenbauer wußten, daß Geduld und klug angelegte Interventionen allemal besser waren als »teutonische Energieanfälle«. Nicht zuletzt erfaßten sie auch die durch die Kapitulation bedingte politische und rechtliche Lage: die den Deutschen da und dort eingeräumte öffentliche Gewalt war nur eine Leihgabe, eine treuhänderische Funktion – immer offen für Interventionen und Kontrollen der Besatzungsmacht.

Immer wieder drängte es mich, die ersten Schritte, die der eigentlichen Wiedergründung vorausgingen, zu erkunden. Meine Bemühungen ergaben, daß bereits im Spätjahr 1945 – ein halbes Jahr nach der Einstellung der Kampfhandlungen – die Sondierungen für die Wahl eines Ortes einsetzten, der eine im Nordteil der Französischen Besatzungszone zu gründende Universität aufnehmen sollte. Dies legt die Vermutung nahe, daß schon im September 1945 bei den zuständigen Stellen der Besatzungsmacht der Wille zur Gründung feststand. Als treibende Kraft erwies sich der Leiter der Kulturabteilung in der Besatzungsverwaltung, General Dr. Raymond Schmittlein. Seinem weitreichenden Einfluß, seinem Ansehen und seinen engen Beziehungen zu General de Gaulle ist es vor

Bild links:
Die deutsch-französische Aussöhnung ist das Ziel zahlreicher Aktivitäten der wiedergegründeten Mainzer Universität. Ihr diente auch die Einladung an den französischen Außenminister Robert Schuman, der den Campus 1950 besuchte. Im Bild: der Politiker mit Rektor Isele (links) und Kurator Eichholz (rechts).

Bild rechts:
Bundeskanzler Dr. Konrad Adenauer hielt im Jahre 1950 auf der Delegiertenkonferenz des Verbandes Deutscher Studenten eine Rede in der Aula der Johannes Gutenberg-Universität.

allem zu verdanken, daß sowohl General Koenig, die oberste Spitze der Besatzungsgewalt, als auch die Pariser Behörden den Gründungsplan akzeptierten und sich dann rasch entschieden – für Mainz, gegen Speyer, Neustadt und Trier. Hier ist auch eines Mannes zu gedenken, der in äußerster Diskretion unermüdlich für Mainz gekämpft hat: Walter Hummelsheim, ehemals Landrat in Bernkastel-Kues, später ein hoher Beamter in der Montanunion. Im KZ-Lager Buchenwald, wo ihn die Nationalsozialisten aus politischen Gründen über Jahre hinaus eingesperrt hatten, traf er hochstehende französische Persönlichkeiten des politischen und kulturellen Lebens. Seine selbstlose Hilfe, die die eigene Person immer wieder in Gefahr brachte, hat einigen von ihnen das Leben gerettet. Dies brachte ihm Zuneigung und ein offenes Ohr für seine Vorschläge und Einlassungen. Auf zahlreichen Reisen nach Paris hat er dabei geholfen, die Weichen für Mainz zu stellen. Am 27. Februar 1946 erging dann durch den obersten Verwaltungschef der Zone, General E. Laffon, das denkwürdige Gründungsdekret. Es ist von soldatischer Kürze. Der Kernsatz lautet: »Die Universität Mainz wird ermächtigt, ihre Tätigkeit vom 1. 3. 1946 an wieder aufzunehmen.« Am gleichen Tag erfolgte die förmliche Ernennung von Professor Dr. Josef Schmid zum Rektor. Unter primitivsten, heute kaum mehr begreiflichen Umständen baute er einen leistungsfähigen Verwaltungsstab auf, der seine Arbeit sozusagen am Punkte Null im Keller eines Mainzer Privathauses

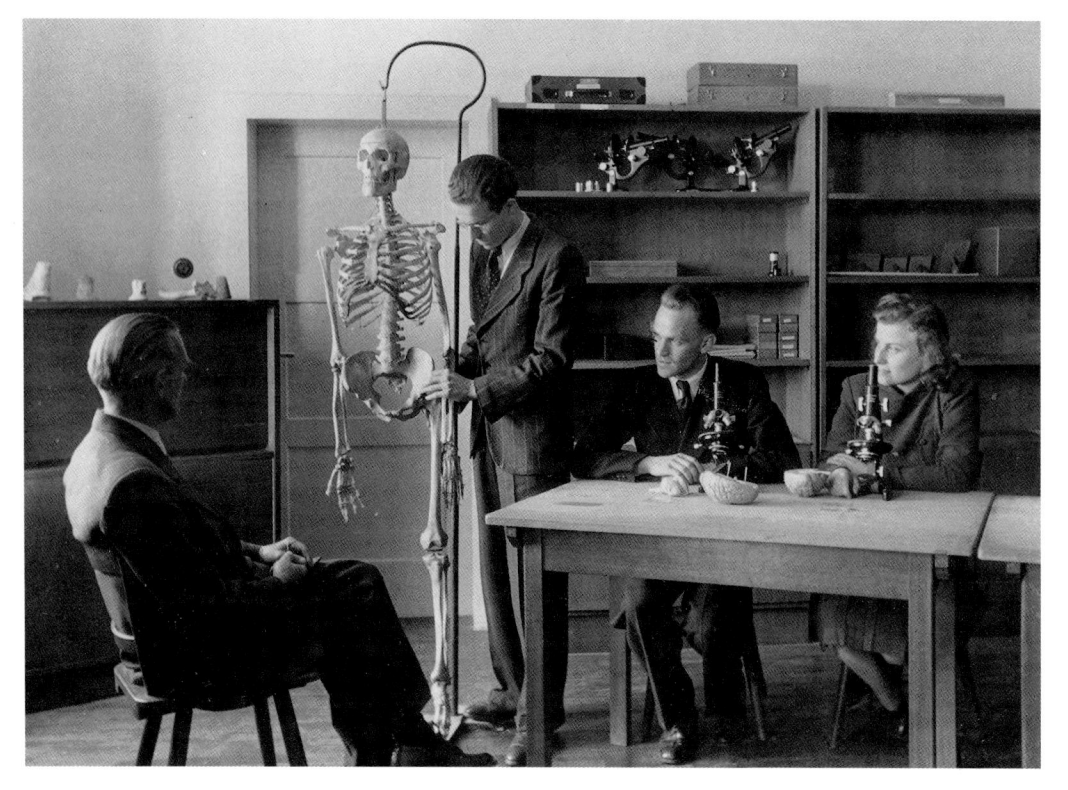

Die erste Studentengeneration, die aus dem Krieg heimkehrte, zeichnete sich – bei ungünstigsten äußeren Bedingungen und primitiven Verhältnissen – durch einen unbändigen Willen und einen enormen Fleiß im Studium aus. Hier eine Szene aus einer Prüfung in Anatomie.

begann: Umgekehrte Kisten dienten als Schreibtische. Zum Verwaltungsdirektor wurde Rechtsanwalt Fritz Eichholz, der spätere Kurator und Kanzler, ernannt. Seine wichtigste Aufgabe war der Aufbau einer schnell und reibungslos arbeitenden Bau- und Personalverwaltung. Mit seinem zupackenden Wesen, seiner Verläßlichkeit und organisatorischen Findigkeit konnte er auf diesem Posten wichtigste Führungsaufgaben übernehmen und durchführen.

Die größte Sorge bereitete die Unterbringung der Universität in geeigneten Baulichkeiten. Die Wahl fiel auf die ehemalige Flak-Kaserne und das dort vorhandene Umland, freilich bei noch völlig ungeklärten Besitzverhältnissen. Diese Kaserne wies starke Zerstörungen auf; die Dächer waren abgedeckt. Es gab weder Möbel noch Installationen von Wasser, Gas, Kanalisation oder Fernsprecher. Nach einem großartigen Einsatz von Mainzer Handwerkern und Kriegsgefangenen konnte ein erster Bauabschnitt bereits zur Eröffnungsfeier am 22. Mai 1946 fertiggestellt werden. Der größte Teil der benötigten Baumaterialien war nur auf dem Tauschweg zu beschaffen. 10 000 Liter Wein und 1 000 Liter Weinbrand – von der Besatzungsmacht eigens Monat für Monat freigegeben – erwiesen sich als Edelvaluta; Reichsmarkbeträge zählten hier nicht. Eine großzügige Zuteilung von Bezugsscheinen ermöglichte nach und nach den Erwerb des Mobiliars. Improvisation war das Gebot der Stunde. Als ein selten glücklicher Umstand erwies sich

Im August 1947 fand der erste Internationale Ferienkurs an der Universität Mainz statt. Die jüngste deutsche Universität versuchte damit, unterstützt durch Lebensmittel-Sonderzuteilungen der Militärregierung, eine Brücke zur freien Welt zu schlagen. Im Bild: Teilnehmer des Ferienkurses im Foyer des Auditorium Maximum, darüber der Leitspruch der Universität: Ut omnes unum sint – Daß alle eins seien!

die Ernennung von Major Louis Théodore Kleinmann zum Stadtkommandanten von Mainz. Mit seiner elsässischen Herkunft, seiner bezwingenden Menschlichkeit, dazu seinem realistischen Sinn und der glänzenden Gabe für das Organisatorische verfügte er über Voraussetzungen, die ihn für dieses Amt geradezu prädestinierten. Er empfand die wirksame und erfolgreiche Förderung der Wiedergründung der Universität als seinen eigentlichen Auftrag. Mit seinem Optimismus und seiner Tatkraft beflügelte und ermunterte er viele; seine menschliche Schlichtheit und das Wissen um die tiefere und bleibende Notwendigkeit einer deutsch-französischen Aussöhnung und Zusammenarbeit waren im letzten das Geheimnis seines Erfolges. Die Universität hat ihren Dank durch die Ernennung Kleinmanns zum Ehrenbürger und durch die Benennung einer Straße auf dem Campus, die an ihn erinnert, deutlich gemacht.

Am 23. Mai 1946 begannen die Vorlesungen. Bereits 2000 Studenten waren immatrikuliert. Bei der Eröffnungsfeier hatte General Koenig mit aller Entschiedenheit den deutschen Charakter der nunmehr wiedergegründeten Universität betont: »Vous, les Allemands, vous êtes ici chez vous.« Um den zweiten Bauabschnitt zügig zu verwirklichen, wurde eine Arbeitshilfe der Studenten organisiert. »Wir werfen mit jeder Schippe Dreck das Alte hinter uns«, schrieb ein studentischer Arbeitshelfer. Jeder Immatrikulierte mußte 150 Arbeitsstunden pro Semester ableisten. Später wurde die Zahl auf 96 Stunden reduziert. Aber auch 300 Stunden Arbeitseinsatz waren keine Seltenheit.

Die allgemeinen Lebensbedingungen waren von unbeschreiblicher Härte. Die große Kälte im Wintersemester 1946/47 war die größte Bewährungsprobe. Die in der Universität erstellten Wohnräume und auch die Vorlesungsräume konnten nicht mehr geheizt werden. Die Ernährung war höchst mangelhaft. Trotz dieser Schwierigkeiten ging der Vorlesungsbetrieb weiter. Die Zahl der Studenten wuchs rasch. Im Jahr 1947 – bereits 21 deutsche Universitäten hatten ihren Betrieb wieder aufgenommen – war Mainz mit fast 7000 Studenten (nach München) der Hörerzahl nach die zweitgrößte Universität Deutschlands. Man sprach zu Recht vom »Mainzer Wunder«. Auch das gesellschaftliche Leben regte sich. Ein Theaterdienst wurde eingerichtet, das Akademische Studio und ein Seminar für künstlerische Erziehung gegründet. Freilich – die Musen konnten sich mit Tanz und Sang nur regen, weil es damals Menschen gab, die mutig, zuversichtlich, unter großen Entbehrungen und zumeist auch anonym die Bühne erstellten.

Wer im Hinblick auf den Neubeginn Erinnerungszeichen aufspürt, muß zunächst und vor allem feststellen, daß die Gründungsetappe, so wie sie ablief – zügig und unter Bewältigung allergrößter Schwierigkeiten –, in jeder Hinsicht geprägt war durch die enge und vertrauensvolle Zusammenarbeit starker und herausragender Persönlichkeiten. Einige Namen wurden bereits genannt. Die Liste wäre zu ergänzen durch den Hinweis auf eine Frau, die in vielen Bereichen General Schmittlein vertrat. Ich denke an die

Fritz Straßmann, der Mitarbeiter Otto Hahns und Lise Meitners bei der Entdeckung der Kernspaltung, lehrte seit 1946 an der Johannes Gutenberg-Universität. 1972 wurde er – hier die Szene – zum Ehrenbürger der Landeshauptstadt Mainz ernannt.

heute noch in Paris lebende Madame Irène Giron. Sie sprach ein untadeliges Deutsch. Durch ihre Kenntnisse, ihre einfühlsame Art und ihre überzeugende Menschlichkeit hat sie großen Anteil am Neubeginn. Alle, die ihren Weg kreuzten, vermögen nur mit größter Hochachtung ihr Wirken einzuschätzen. In der Metropole waren es vor allem Robert Schuman, häufiger Außenminister und auch Ministerpräsident der IV. französischen Republik, sowie Alain Poher, der spätere Präsident des Senats. Ihre Vision von einer wachsenden und für Europa entscheidenden deutsch-französischen Zusammenarbeit und Gemeinsamkeit bestimmte auch ihr Eintreten für die Wiedergründung der Mainzer Universität.

Fragt man schließlich, was dieser Gründung denn Bestand und im Fortgang eine so imponierende Verläßlichkeit gab, so fällt die Antwort nicht schwer. Es war die Tag für Tag in die Wirklichkeit umgesetzte Überzeugung, daß nur die Gemeinsamkeit der Lehrenden und Lernenden die Gewähr für eine gedeihliche Entwicklung erbringen könne. In einer Rede sprach der Vorsitzende des Allgemeinen Studentenausschusses damals von den Professoren als »unseren Freunden und echten Weggefährten«. Zum Schaden von Universität und Staat ist dieser Geist des Aufbruchs und Beginnens verlorengegangen. Die atomisierte Gruppenuniversität ist zum Schauplatz von Spannungen geworden. Ist es übertrieben, wenn man den Leitsatz der Wiedergründung »Ut omnes unum sint« heute geradezu als Anlaß für eine Gewissenserforschung empfinden müßte?

Rheinland-Pfalz gilt wegen seiner vielen Vereine, aber auch wegen seiner Leistungszentren in der Breite wie in der Spitze als außerordentlich »sportfreudig«. Hier eine Plastik des Pfälzer Bildhauers Otto Kallenbach auf dem Gelände der Johannes Gutenberg-Universität.

Emil Zenz

Schulische und kulturelle Anfänge in Trier

Auf der zweiten Konferenz von Quebec (11. bis 19. September 1944) hatte der amerikanische Finanzminister Henry Morgenthau eine Denkschrift vorgelegt, die neben der Entnazifizierung und Verkleinerung des Deutschen Reiches die Rückentwicklung Deutschlands auf den Status eines Agrarstaates vorsah. An diesen Morgenthauplan dachten viele Deutsche, insbesondere Akademiker und Techniker, aber auch die jungen Soldaten, die solche Berufsziele ansteuern wollten, als das Deutsche Reich am 8. Mai 1945 bedingungslos kapitulierte. Die Sorge war nicht unbegründet, denn Hitler hatte solche Maßnahmen ja auch in Polen angewandt und die Auffassung vertreten, für den Polen reiche es aus, wenn er die Grundzüge des Rechnens und Schreibens beherrsche.

Für die Soldaten, die in Trier ihre Heimat hatten, kam eine besondere Situation hinzu. Zwar waren alle Städte des Reiches durch Bomben mehr oder weniger stark zerstört. Wegen der Evakuierung der Stadt konnten aber in Trier selbst kleinere Schäden, etwa an Dächern, nicht repariert werden, so daß Schnee, Regen und Wind bald dafür sorgten, daß sich selbst Bagatellschäden nach einigen Monaten zu Totalschäden entwickelten.

Nach der Eroberung der Stadt durch die Amerikaner in der Nacht zum 2. März 1945 war ein Teil der Schulen zerstört, ein weiterer Teil schwer und ein anderer Teil leicht beschädigt. Da die Bevölkerung erst ab April 1945 in größeren Scharen zurückkehrte, war an eine Eröffnung der Schulen nicht zu denken, selbst wenn es eine Behörde gegeben hätte, die dies hätte veranlassen wollen. Die Amerikaner und der von ihnen eingesetzte Oberbürgermeister Breitbach hatten allerdings zunächst andere Sorgen: Die Versorgung der nach Trier heimkehrenden Menschen mit Nahrungsmitteln, Wohnraum, Kleidern, Schuhen, Wäsche und Heizmaterial sowie die Wiederherstellung des Strom- und Wassernetzes.

Als die Franzosen am 10. Juli 1945 die Amerikaner als Besatzungsmacht ablösten, wurde die Versorgung der deutschen Bevölkerung noch schlechter, weil die Franzosen – im Gegensatz zu den Amerikanern – die Verpflegung ihrer Truppen von der deutschen Landbevölkerung requirierten. Andererseits brachten die Franzosen in das provisorische Verwaltungssystem eine differenziertere Ordnung, indem sie die Bezirksregierung weiter ausbauten und damit die Stadtverwaltung, die sich bisher mehr oder weniger um alles hatte kümmern müssen, entlasteten.

Bevor sich aber die Schultore öffneten, gab es einen ernsthaften Streit zwischen den Franzosen und der katholischen Kirche bzw. den meisten katholischen Eltern und den wenigen damals schon aktiven ehemaligen Mitgliedern des früheren Zentrums. Die Franzosen hätten gerne, wie es bei ihnen zum großen Teil der Fall war und ist, auch die Volksschulen als simultane Schulen errichtet. Nun war aber im Preußen der Weimarer Zeit die Konfessionsschule die Regel gewesen, und erst die Nationalsozialisten hatten sie gegen den Willen der Mehrheit der katholischen Eltern abgeschafft. Da die Franzosen nur schwerlich als Verteidiger eines nationalsozialistischen Erlasses auftreten konnten, waren sie im Trierer Regierungsbezirk schon Mitte September bereit, die konfessionelle Volksschule zu dulden.

Der Schulbetrieb begann in Trier am 2. Oktober 1945 – fast ein Jahr nachdem die Schulen wegen der Evakuierung der Stadt geschlossen worden waren. Es handelte sich um 15 katholische, eine evangelische und eine neuapostolische Schule. Eingeschult wurden an diesem Tage 9 258 Kinder, für die 130 notdürftig ausgestattete Klassenräume zur Verfügung standen. Auf jeden Klassenraum kamen also rund 70 Kinder. Am schlimmsten war die Lage in Trier-Mitte: Hier mußten 1 400 Kinder von 26 Lehrern in 13 Räumen unterrichtet werden. Das ging nur mit Unterrichtsausfall oder Schichtunterricht – einmal morgens, einmal nachmittags. 1946 wurde die Lage noch schlimmer. Am 1. Oktober 1946 hatte Trier etwa 46 000 Einwohner, und laufend kehrten weitere Trierer in ihre Heimatstadt zurück. Die Zahl der Klassenräume aber blieb konstant, und die Zahl der Lehrer stieg nur langsam an, weil alle zurückkehrenden Beamten sich der Entnazifizierung unterziehen mußten, was einige Zeit dauerte und in sehr vielen Fällen zur Entfernung aus dem Dienst führte.

Die Raumprobleme der höheren Schulen waren noch größer als die der Volksschulen. Das Friedrich-Wilhelm-Gymnasium, das Hindenburggymnasium und die Ursulinenschule waren zerstört; ihre Schüler fanden zunächst in anderen Schulen notdürftig Unterkunft, später dann im Kasernenbering von St. Maximin, deren Mannschaftsräume man zu Klassenzimmern umfunktionierte. Die Städtische Studienanstalt (heute Treviris-Gymnasium), die Auguste-Viktoria-Schule und das Kaiser-Wilhelm-Gymnasium (heute Max-Planck-Gymnasium) waren teils mehr, teils weniger stark beschädigt. In einigen Auszügen aus Berichten der Studienanstalt heißt es über den Unterricht:

»Bis zum 6. 10. vormittags war erst ein Fenster mit Brettern vernagelt. Alle Türen fehlen, so daß in den meisten Klassenzimmern von drei Seiten aus der Wind durch die Räume pfeift. Die Schülerinnen und Lehrkräfte waren Erkältungen so stark ausgesetzt, daß nach dem Diktieren des Stundenplans und sonstiger Anweisungen der Unterricht bis Freitag, den 15. 10. und schließlich nach einer Stunde bis Montag, den 18. 10. verlegt werden mußte.«

»An sechs Tagen des November fiel der Unterricht wegen zu großer Kälte völlig aus; an den meisten Tagen des Monats wurde täglich nur fünfmal Zehnminutenunterricht gegeben. Seit dem 23. November findet der Unterricht in den Räumen der geheizten Ursulinenschule statt, wodurch ein geregelter Unterricht, wenn auch mit Kurzstunden zu 30 Minuten, ermöglicht wird.«

»Unser Schulgebäude hat nun zu zwei Fünftel mit Holz verschalte Fenster. Türen sind an neun Klassen, am Lehrerzimmer und am Physiksaal eingebaut. Es regnet stark durch.«

Einen Monat nachdem diese letzten Zeilen niedergeschrieben waren, kehrte ich aus französischer Kriegsgefangenschaft nach Trier zurück. Da ich seit 1943 am Kaiser-Wilhelm-Gymnasium als Studienrat angestellt war, meldete ich mich dort zum Dienst. Nach vier Wochen, die ich nach den Strapazen der Kriegsgefangenschaft zur Erholung und zur Herrichtung eines Zimmers (durch Holzverschalung der Fenster, Aufstellen eines Bettes, eines Tisches und eines Ofens) benötigte und die die Entnazifizierungskommission brauchte, um mich politisch zu überprüfen und meiner Einstellung als Lehrkraft zuzustimmen, trat ich meinen Dienst am Kaiser-Wilhelm-Gymnasium an. Diese Schule war, was ihren Bauzustand anbelangte, ebenso wie die Auguste-Viktoria-Schule noch gut brauchbar. Außer der Turnhalle und einem Klassenzimmer, die völlig zerstört waren, hatten wir nur größere Dachschäden zu beklagen.

In einer Reihe von Klassenzimmern gab es noch mit Pappe verkleidete Fenster. Wenn es regnete, mußte in einigen Klassen des obersten Stockwerks der Unterricht unterbrochen werden. Im übrigen wurden die Dachschäden bis Ende 1946 einigermaßen beseitigt. Die Zentralheizung funktionierte eine Zeitlang nicht – wie ich vermute, aus Mangel an Koks. So mußte an manchen Tagen des extrem kalten Winters 1946/47 der Unterricht ausfallen. Aber selbst wenn Koks geliefert wurde, ging man mit diesem wertvollen Heizmaterial so sorgfältig um, daß die Heizung fast immer nur lauwarm war. Nicht selten wurde der Unterricht in Mänteln abgehalten. Als es im März 1947 die ersten Sonnentage gab, verließ ich des öfteren mit einer Klasse die Schule und ging in den Palastgarten, wo wir den Unterricht im Freien fortsetzten.

Natürlich fehlte es an Lehr- und Lernmitteln. Wenn man Glück hatte, gab es in den Klassenzimmern noch Tafeln und Bücher, die in den Kellerräumen des Gymnasiums den Krieg überdauert hatten. Nun hatten die Franzosen alle Fachbücher mit Ausnahme der lateinischen, griechischen und mathematischen verboten, was sich vor allem in den neusprachlichen Fächern und im Deutschen auswirkte. Die Schüler der oberen Klassen konnten literarische Werke oft nicht zu Hause lesen, um diese dann im Unterricht nach Gehalt und Gestalt besprechen zu können, vielfach mußten solche Werke in der Klasse vorgelesen werden, ehe das eigentliche Gespräch beginnen konnte. Erst als Anfang 1947 die ersten von den Franzosen genehmigten Lehrbücher herauskamen, wurde die Lage besser. Aber nicht nur Bücher fehlten, sondern auch Papier. Diktate und Aufsätze wurden auf einem Papier geschrieben, das der Schüler sich irgendwie besorgt hatte: von Einheitlichkeit konnte keine Rede sein.

Am allerschlimmsten aber war, daß eine nicht geringe Zahl von Lehrern und Schülern nüchtern oder wenigstens hungrig zur Schule kam. Im Winter 1946/47 lag die Zahl der Kalorien, die jeder Trierer bekam, bei 710. An manchen Tagen gab es sogar nur 689 Kalorien, weniger als während des Krieges in den besetzten Gebieten die dort lebenden Menschen erhalten hatten. Am 4. April wurde auf der Basilika eine schwarze Fahne gehißt, um darzutun, daß in Trier die Hungersnot herrschte. »Durch die Räumung, wodurch Trier und viele Grenzorte ganz leergemacht worden sind, durch die Zerstörung von Brücken und Tunnels, wodurch lange Zeit keine Züge und Autos nach Trier fahren konnten, durch die Requisitionen der Franzosen und die Unmöglichkeit, im Frühjahr 1945 die Felder zu bestellen, ist die Not groß«, heißt es in einer erhaltenen Chronik aus jenen Tagen.

Aber in dieser Zeit der Not entstand damals so etwas wie eine Solidargemeinschaft. Jeder Schüler, der etwas Brauchbares hatte, brachte dies als Gabe für die Klassengemeinschaft mit: dazu gehörten Bücher, Papier, Kreide, Bleistifte und ähnliches. Manche Schüler aus Konz und von der Obermosel, deren Heimatorte die Franzosen zum Saarland geschlagen hatten und die mit Lebensmitteln weit besser versorgt waren, weil Frankreich damit für die Abtretung dieser Gebiete von Deutschland werben wollte, teilten ihre mitgebrachten Brote mit ihren hungernden stadttrierischen Klassenkameraden – ein Zeichen, daß Not nicht unbedingt Egoismus gebiert.

Im Verlaufe des Jahres 1947 entspannte sich die Lage. Die Lebensmittelzuteilungen wurden besser, wenn sie auch unzureichend blieben. Die Reparaturarbeiten am Schulgebäude begannen, und auch die ersten Lehr- und Lernmittel wurden geliefert.

Eigenartig und einmalig war das Generationsproblem. Viele Schüler hatten in der Obersekunda, spätestens in der Unterprima die Schule verlassen müssen. Sie hatten Arbeitsdienst, Kriegsdienst und einige auch Kriegsgefangenschaft hinter sich. Manche von ihnen hatten einen militärischen Rang bekleidet und Verantwortung getragen. Dies galt natürlich nur für die ältesten der damaligen Oberprimaner, während die übrigen Flakhelfer gewesen waren. Aber gerade die Ältesten traf es hart, daß sie nun wieder die Schulbank drücken mußten. Für mich als Fachlehrer einer Oberprima waren diese keine Schüler mehr; sie waren reife Männer, und so glich der Unterricht oft mehr einem Universitätsseminar als dem normalen Schulunterricht. Bei diesen Menschen brauchte man keine Entschuldigung; wenn sie fehlten, hatten sie Grund dazu. Nein, diese früheren Soldaten (und dies gilt zu einem Großteil auch für die Flakhelfer) gingen mit Eifer

Unmittelbar nach dem Zweiten Weltkrieg war in den zerstörten Städten dennoch so etwas wie ein Aufbruch im Kulturleben zu verspüren – belebt durch den neuen demokratischen Geist der Freiheit. Hier ein Plakat der Direction de l'Education publique für Theater und Musikfestspiel in Trier.

und Selbstdisziplin an die Arbeit. Sie waren ohne Illusionen. Es gab kein Klagen, Murren oder Selbstbemitleiden. Sie alle wußten, daß nur Arbeit und Leistung ihnen eine Zukunft bescheren konnten. Ein Staat und ein politisches System waren vergangen; ihr Idealismus war mißbraucht worden. Ihr Ziel war, die Vergangenheit hinter sich zu lassen und ein neues Leben in einem freien Rechtsstaat zu beginnen. Es ist kein Zufall, daß nahezu alle diese Schüler sich später im Leben bewährten und manche von ihnen Positionen errangen, von denen sie damals nicht zu träumen gewagt hätten. Diese Generation, die sich in den nächsten Jahren dem Ruhestandsalter nähert, kann ihren Enkeln sagen, daß sie ihr Leben gemeistert hat, wenn es auch heute Stimmen gibt, die meinen, die damalige Generation hätte, anstatt zu arbeiten, besser Buße in Sack und Asche leisten sollen.

Das erste Abitur im Jahre 1946 brachte große Schwierigkeiten mit sich. In der Weimarer Zeit hatte in Preußen folgende Sprachenfolge geherrscht: bei den humanistischen Gymnasien ab der Sexta Latein, ab Quarta Französisch und ab Untertertia Griechisch. Bei den Realgymnasien war die Sprachenfolge bis Quarta die gleiche; ab Untertertia gab es statt Griechisch Englisch. Die Nationalsozialisten hatten neben der Abschaffung der Oberprima (achtjähriges Gymnasium) mit Ausnahme einiger weniger humanistischer Gymnasien, die man bestehen ließ, folgende Sprachenfolge eingeführt: ab Sexta Englisch, ab Quarta Latein und ab Untertertia Französisch. Die Franzosen verlangten nun, daß die Gymnasien mit Französisch als erster Sprache (ab Sexta) zu beginnen hätten und daß dieses Fach mit sechs Wochenstunden an die Spitze aller Lehrfächer zu stellen sei. Die Abiturienten des Jahrgangs 1946 konnten natürlich nicht allzuviel Französisch, und man konnte an sie sprachlich nicht solche Anforderungen stellen, wie dies später geschah. So lag bei der Prüfung der Schwerpunkt bei der Frankreichkunde. Für diejenigen, die schon früh aus dem Schulleben hatten ausscheiden müssen, galt dies zum großen Teil auch für andere Fächer. Hier mußten Konzessionen gemacht werden. Mit Recht: Denn was manchen dieser jungen Menschen an Einzelwissen fehlte, das glichen sie durch die Reife aus, mit der sie zu den ihnen gestellten Fragen Stellung nahmen. Nie hat der Begriff »Reifeprüfung« eine solche Berechtigung gehabt wie 1946.

Die sogenannte Basilika in Trier wurde zu Beginn des 4. Jahrhunderts von Kaiser Konstantin als Palastaula errichtet und in der Mitte des 19. Jahrhunderts auf Anordnung König Wilhelms IV. von Preußen »in ursprünglicher Größe und Stilreinheit« wieder aufgebaut. Die schwere Beschädigung im Zweiten Weltkrieg führte in den Jahren 1954 bis 1956 unter Verzicht auf die spätklassizistische Ausstattung zu einer erneuten Restaurierung.

1947 waren diese Schwierigkeiten zu einem erheblichen Teil beseitigt. Aber es entstanden neue Probleme. Die Landesregierung, gedrängt von der französischen Besatzungsmacht, wünschte eine drastische Verringerung der Gymnasiasten. Unten begann dies damit, daß man an Stelle der Sexta eine Selecta schuf. Bestand ein Kind diese Klasse nicht, dann mußte es die höhere Schule verlassen, es sei denn, bestimmte Gründe veranlaßten die Klassenkonferenz, die Wiederholung dieser Klasse zu gestatten.

Oben wollte man dieses Ziel durch die Einführung des Zentralabiturs nach französischem Vorbild erreichen. Dies bedeutete, daß alle Prüfungsarbeiten für alle Gymnasien des Landes (für die altsprachlichen Gymnasien waren es die Fächer Deutsch, Französisch, Latein, Griechisch, Mathematik, für die neusprachlichen Gymnasien die Fächer Deutsch, Französisch, Latein, Englisch, Mathematik) einheitlich vom Kultusministerium gestellt wurden. Um jede Unregelmäßigkeit zu vermeiden, mußten die einzelnen Facharbeiten am gleichen Tage, und zwar vormittags, geschrieben werden. Jede Arbeit wurde von zwei Fachlehrern mit einer Zensur versehen (ohne Kenntnis des Namens des Prüflings, den man vorher abgeschnitten hatte); divergierten die Noten, setzte das Kultusministerium die endgültige Note fest.

Die mündliche Prüfung fand für alle Gymnasien des Regierungsbezirks Trier (zuzüglich Traben-Trarbach) in der Aula der Auguste-Viktoria-Schule statt. Jeder Prüfling mußte, je nach Art der Schule, in sieben Fächern geprüft werden, darunter in jedem Fall in Deutsch und Französisch. Eine Befreiung von der mündlichen Prüfung gab es nicht. Die Prüfungskommissionen (für jedes Prüfungsfach drei Lehrkräfte) waren vom Kultusministerium aus Lehrern der verschiedenen Gymnasien zusammengesetzt worden, wobei es eine Ablösung nicht gab. Sie saßen in einer Art von Zellen, die durch herabhängende Landkarten gebildet worden waren. Diese Art von Prüfung war schwierig, einmal, weil die Abiturienten durchweg von fremden Lehrern geprüft wurden, dann aber, weil man von jeder Schule den Kanon der behandelten Wissensgebiete anfordern mußte. Vor der Prüfung gab es eine Vorbereitungszeit von zehn Minuten, in denen der Prüfling sich im hinteren Saal der Aula unter strenger Aufsicht vorbereiten konnte. Die Prüfung selbst dauerte zehn Minuten. Anfang und Ende wurden durch einen Wecker signalisiert, was den Nachteil hatte, daß man manchmal gerade bei einer für den Prüfling wichtigen Frage abbrechen mußte. Vom erreichten Durchschnitt aller Noten hing die Berechtigung des Reifezeugnisses ab. Die Noten bestanden aus Punkten; 20 Punkte war die höchste und null Punkte die niedrigste Bewertung. Das Zeugnis der Reife gab es in drei Stufen: mit einem Mindestdurchschnitt von zehn Punkten oder darunter galt das Reifezeugnis als Abgangszeugnis. Elf bis 14 Punkte gaben die »Reife für die Hochschulprima«, was praktisch eine Wiederholung der Prüfung nach einem halben Jahr bedeutete. Nur wer einen Mindestdurchschnitt von 15 und mehr Punkten hatte, konnte eine

Universität besuchen. Die Aufsicht über diese Prüfung hatte ein Mainzer Universitätsprofessor, wie auch alle Reifezeugnisse den Stempel der Mainzer Universität trugen. Die Reifeprüfung des Jahres 1948 fand unter den gleichen Bedingungen statt, nur daß dieses Mal die Oberprimaner nicht nach Trier zu kommen brauchten, sondern die Prüfungskommissionen zu den einzelnen Gymnasien reisten. Auch lag dieses Mal die Aufsicht bei einer Vertreterin des Kultusministeriums. Der Schreiber dieser Zeilen hat als Mitglied der Kommission für das Prüfungsfach Deutsch an beiden Reifeprüfungen teilgenommen. Dabei konnte er feststellen, daß die in den Oberprimen geforderten Leistungen sehr verschieden waren – von der Note anspruchsvoll bis zur Note bescheiden. Dies betraf natürlich in erster Linie die jeweiligen Fachlehrer, war aber auch auf die Versorgung mit Lehrbüchern zurückzuführen; die Trierer Oberprimaner kamen zum Beispiel leichter an Literatur heran als etwa die Schüler von Traben-Trarbach.

Ich war und bin ein Anhänger des Zentralabiturs, so wie es heute noch in Bayern und anderen Ländern besteht, weil auf diese Weise eine gerechtere Benotung ermöglicht wird. Damals aber war das Zentralabitur ein Unding, weil einfach die Voraussetzungen (gleicher Kanon in den sprachlichen, für alle verbindliches Pensum in den anderen Fächern) fehlten. Insgesamt war der damalige Versuch, die Zahl der künftigen Akademiker zu beschränken, das genaue Gegenteil von dem, was später folgte: die absolute Öffnung der Gymnasien – auch für Wenig-Begabte unter Senkung der Leistungsanforde-

Ein Theaterplakat unterrichtet die Bevölkerung von Trier über den Spielplan vom 7. bis 14. April 1946.

rungen durch die Möglichkeit der Abwahl von Fächern – mit dem Ergebnis, daß wir heute einen Überschuß an Akademikern haben.

Die wichtigste *kulturelle* Arbeit begann, bevor sich sonst irgendwie in Trier kulturelles Leben zu regen begann. Bomben hatten die frühgotische Liebfrauenkirche in Trier mehrfach und derart getroffen, daß sie jederzeit einbrechen konnte. Dem zähen Drängen des Pfarrers Jonas und der ständigen Fürsprache des Oberbürgermeisters Breitbach ist es zu verdanken, daß die Franzosen die Rettung dieses Bauwerks als vordringlich ansahen, so daß sie alles Material zur vorläufigen Sicherung dieser Kirche freigaben. Die Arbeiten begannen bereits im Sommer 1945, Arbeiten, die in der Tat dieses wertvolle bauliche Juwel für die Nachwelt retteten. Das Ganze: ein eindrucksvolles Bild einträchtiger Denkmalpflege inmitten größter materieller Not.

Kurz nach Ende des Krieges war an ein kulturelles Leben nicht zu denken. Die Stadtbibliothek hatte ihre wertvollsten Bestände (insbesondere die Handschriften) rechtsrheinisch untergebracht. Die meisten Bücher lagen in Kellern und waren der Nässe ausgesetzt. Die von den Nationalsozialisten an Stelle der verbotenen katholischen Büchereien gegründete Städtische Bücherei war einem Bombentreffer zum Opfer gefallen. Bücher, die man rettete, mußten auf Befehl der Besatzungsbehörde zunächst daraufhin untersucht werden, ob sie nicht nationalsozialistisches Gedankengut enthielten. Die Priesterseminarbibliothek konnte durch die nimmermüde Arbeit des Bibliothekars und seiner Helfer gerettet werden, aber auch hier hatte die Nässe Schaden angerichtet; zudem war sie in völlige Unordnung geraten.

Das Landesmuseum hatte ebenso wie das Städtische Museum Teile seiner Bestände in Bunkern und Kellern untergebracht; andere Teile lagen unter Trümmern. Zwei Museen, das Weinmuseum und das Missionsmuseum (mit seltenen Waffen aus dem indonesischen Raum) waren nach 1945 verschwunden: teils zerstört, teils gestohlen. Besser verwahrt waren die Bestände des Bischöflichen Archivs und des Domschatzes. Aufgrund der in der französischen Revolutionszeit gemachten Erfahrungen, als man wertvolle Bestände rechts des Rheins auslagerte, die aber nur zu einem geringen Teil nach Trier zurückkehrten, hatte man die Archivbestände und die Zimelien des Domes in einen Raum unter der Domschatzkammer gebracht und den Zugang zugeschüttet. So überstanden sie den Krieg.

Naturgemäß mußten nun neue Räume gesucht oder geschaffen und die alten, weniger beschädigten, wiederhergestellt werden. Dies brauchte seine Zeit. Immerhin konnte die Stadtbibliothek bereits Ende 1945 einen Notdienst einrichten, wenn auch nur ein Teil der Bücher für Leser bereitstand.

Ein Kuriosum war, daß von allen kulturellen Institutionen das Trierer Theater als erstes seinen Spielbetrieb wieder aufnahm.

Als das alte Theater in der Fahrstraße wegen der Kriegslage und der sich nähernden Front am 16. Juli 1944 seine Pforten schloß und als in den Dezembertagen des gleichen Jahres das Theatergebäude am Viehmarkt total ausgebombt wurde, schien für Trier das Ende einer über 140jährigen Theatergeschichte gekommen. Was sollte noch das Theater? Hatte es nicht ebenso wie alle übrigen gesellschaftlichen und kulturellen Institutionen Deutschlands in den entscheidenden Schicksalsjahren der Deutschen versagt? War nicht, ehe die Theatergebäude in Trümmer sanken, das geistig-kulturelle Erbe vertan und das humanitäre Bewußtsein der meisten Deutschen zerstört worden?

Die Lage war in der Tat verzweifelt. Die meisten Deutschen hatten vieles, manche alles verloren: geliebte Menschen, die materielle Existenz, den Beruf, die Heimat. Aber das Wunder geschah. Ohne jede Sicherheit, von Hunger und Entbehrung geplagt, sorgten die Menschen sich damals nicht nur um ihre materielle Existenz, sie machten sich auch auf den Weg, um wieder zu einem Sinn des Lebens und zu einer neuen Ordnung zurückzufinden. Stärker denn je wurde die Frage nach dem eigenen Wesen und damit nach dem des Nächsten, der Gesellschaft und damit des ganzen Volkes gestellt. Man überprüfte die eigene Vergangenheit und machte sich Gedanken um die Zukunft. So geschah das Unerwartete: in ihrer Not und Verzweiflung wandten sich viele Deutsche damals neben dem religiösen dem geistig-kulturellen Leben zu, insbesondere auch dem Theater, um im Spiegel der Bühne Schreckbild und Vorbild zu schauen, aber auch, um für einige Stunden das Elend der Zeit vergessen zu können.

So war es auch in Trier. Wenn es noch irgend einer Bestätigung bedurft hätte, daß Triers Musik- und Theaterleben einem echten Bedürfnis entsprach, so wurde dieser Beweis dadurch erbracht, daß die nach Trier zurückgekehrten Bürger vor allen anderen kulturellen, sportlichen und gesellschaftspolitischen Äußerungen ihren Anspruch auf Theater und Musik anmeldeten und schließlich auch durchsetzten. Nachdem jahrelang Härte und Brutalität geherrscht hatten, brach das Musische im Menschen so elementar hervor, daß das Erstaunliche geschah und daß das Theater- und Musikleben wieder begann. In Trier zurückgebliebene oder dorthin zurückgekommene Künstler sahen sich in der Stadt um und entdeckten, daß der kleine Saal des Vereinshauses Treviris für ihre Zwecke noch verwendbar war. Nachdem die Genehmigung von der französischen Militärregierung erteilt war, übernahm der frühere Intendant Dr. Hesse die Leitung des kleinen Ensembles.

Und nun begann eine schwierige Arbeit. Es fehlte an allem. Der reichhaltige Fundus des Theaters war größtenteils verbrannt oder nach einem letzten Gastspiel in Luxemburg geblieben. Es gab weder Kulissen noch Stoff für neue Kostüme, Perücken, Leim und Farben, und die Bühnenarbeiter hatten weder Holz noch Nägel, um eine Bühne herrichten zu können. Aber der Idealismus und der Wille, das Theater wieder zu eröffnen, schufen

Eine Seite aus dem Programmheft des Stadttheaters Trier im Saalbau Treviris aus der Spielzeit 1948/49 mit einer Erklärung des Oberbürgermeisters zur Abwägung der »finanziellen und kulturellen Belange«.

Steffny Inh.: Matthias und Alfons Steffny

Uhrmacher · Juwelier · Goldschmied

Eigene Werkstätten ·

Feine Handarbeiten in Gold und Juwelen

Paulinstraße 11   **TRIER**   Nähe Porta Nigra

Der Entschluß, das Stadttheater Trier auch in der Spielzeit 1948/49 weiterzuführen, ist der Stadtverwaltung sehr schwer gefallen. Immer wieder sind die finanziellen und die kulturellen Belange gewissenhaft gegeneinander abgewogen worden. Die Finanzsorgen der Stadt sind größer als je zuvor. Aber das Gefühl der Verpflichtung gegenüber der großen Vergangenheit unserer Stadt und den kulturellen Aufgaben der Gegenwart und Zukunft, an denen mitzuwirken das Theater in ganz besonderem Maße berufen ist, hat den Willen zur Erhaltung des Stadttheaters obsiegen lassen über die Nöte des Alltags. Daß dazu das Verständnis der Mitglieder des Stadttheaters und des Städt. Orchesters gegenüber der schwierigen Lage beigetragen hat, sei hier anerkennend festgestellt.

Jedoch nicht der Beschluß der Stadtverwaltung, sondern sein Echo in der Bürgerschaft sichert erst den Bestand des Theaters. Es hängt jetzt alles von der regen Anteilnahme der alten und neuen Freunde des Theaters aus Trier und dem Trierer Land an den Veranstaltungen der heimischen Bühne ab. Je besser das Theater besucht wird, desto mehr ist sein Bestand gewährleistet.

Ich bin gewiß, daß unser Stadttheater alles tun wird, die hohen Erwartungen, die ihm entgegengebracht werden, mit guten Leistungen auf dem Gebiete der Oper, des Schauspiels und der Operette zu erfüllen.

Kemper, *Oberbürgermeister*

Gaststätte

Schwarzer Ochse

Inh.: Walter Kaap

DAS FÜHRENDE SPEISERESTAURANT AM PLATZE

Fernruf 3712   **TRIER**   Am Hauptmarkt

das Unmögliche. Man suchte in alten Kisten nach Stoffen, nicht selten mit Erfolg, und natürlich ließ man auch die Verbindung zur Militärregierung spielen. So konnte schließlich eine Behelfsbühne errichtet und die zum Spielen notwendigsten Requisiten besorgt werden. Auch eine zwar dürftige, aber brauchbare Beleuchtung wurde beschafft, und schließlich fand sich noch ein altes Klavier. Nachdem die Franzosen auch Stühle bereitgestellt hatten, öffnete das »Neue Haus« am 6. Oktober 1945 seine Pforten mit einem musikalischen Abend, der aus Liedern und Arien mit Klavierbegleitung bestand. Am 19. Oktober folgte das Schauspiel »Ingeborg« von Curt Goetz. Diese beiden Abende wurden abwechselnd jeden vierten Abend gespielt. Daneben gab es Abende mit Rezitationen und Violin- und Klaviersoli. Anfang 1946 wagte man sich an die erste Operette. Es war der »Vetter aus Dingsda« von Eduard Künneke, der allerdings immer noch mit Klavierbegleitung aufgeführt werden mußte.

Das Interesse der Trierer war groß. Waren bei Eröffnung des Theaters 196 Besucher anwesend, so wurde es ab der dritten Aufführung zur Regel, daß das Theater ausverkauft war. Die 400 vorhandenen Plätze reichten in keiner Weise aus. Da inzwischen der große Saal der Treviris wetter- und winddicht gemacht worden war, beschloß man, dorthin umzuziehen. Dort fand man bessere Bühnenverhältnisse vor. Mit Hilfe der Franzosen war es sogar möglich, sich einen Schnürboden zu leisten. So konnte man auch zur ernsteren Muse übergehen: zu Goethes »Urfaust«, zu Lessings »Nathan der Weise« und in der Oper zu Beethovens »Fidelio«. Das Orchester, das inzwischen auf 24 Musiker angewachsen war, konnte nunmehr auch die Kammermusik pflegen.

So war es damals. Die Menschen erlebten im echten Sinne des Wortes, daß der Mensch nicht allein vom Brote, das heißt von den materiellen Dingen lebt, sondern auch von der Kunst. Dies im Gegensatz zu heute, wo Kunst und Kultur oft nur eine angenehme Beigabe zum materiellen Wohlstand sind.

Dieser Bericht wäre unvollständig, wenn man nicht der kulturellen Leistungen gedenken würde, die die Franzosen damals erbrachten. So sehr sie die Bevölkerung materiell leiden ließen, so sehr bemühten sie sich, nach zwölfjähriger Absperrung die kulturelle Luft der freien, weiten Welt nach Trier zu bringen. (Dahinter stand natürlich eine erzieherische Absicht.) So eröffneten sie bereits Ende 1945 ein »Institut Français«. Dort konnte man aktuelle Zeitschriften und Zeitungen lesen, Bücher ausleihen, Vorträge in deutscher oder in französischer Sprache hören und Konzerte genießen. Ein Höhepunkt jener Zeit waren Aufführungen von Racines »Phèdre« und »Britannicus« vor der Porta Nigra. Es ist nicht zuviel gesagt, wenn man behauptet, daß diese kulturelle Hilfe der Franzosen viel dazu beigetragen hat, Aversionen abzubauen und damit auch den Grundstein für die deutsch-französische Freundschaft zu legen.

Im gleichen Heft für die Spielzeit 1948/49 wird der damals neu entdeckte und durch »Des Teufels General« im Mittelpunkt stehende Carl Zuckmayer dem Nachkriegs-Publikum nahegebracht. Interessant Zuckmayers Meinung zu Theaterstücken von Sartre und Camus (siehe letzter Absatz).

Dr. Curt Schweicher

Begegnung mit Carl Zuckmayer

Es ist merkwürdig, daß es eigentlich das Stichwort „Mosel" war, das mich mit Zuckmayer zusammenführte. Erich Kästner und Carl Zuckmayer hatten mit dem Feuilletonredakteur der „Neuen Zürcher Zeitung" beim „Bernkastler Doktor" gesessen. Als ich zufällig mit dem Feuilletonredakteur ein Gespräch über meine Heimat führte, da leitete eine Wendung des Gespräches von der sichtbaren Mosel zur trinkbaren und damit zu Zuckmayer hin, von dessen Anwesenheit ich so erfuhr. Am Tage darauf begegnete ich Zuckmayer.

In Zuckmayer trifft man einen Menschen, um den Farmerluft weht. Man sieht von ihm zuerst die gebräunte Haut. Dann die hellen Zähne und die wachen Augen. Man möchte sagen: etwas Indianerhaftes lebt im Gesichte dieses Dramatikers. Die Jahre in Amerika haben sich den Zügen eingeschrieben. Da schien es mir ganz natürlich, daß die Tochter des Dramatikers Winnetou heißt. Die Erscheinung Zuckmayers wirkte an jenem Tage betont gepflegt. Das verband sich sehr eigentümlich mit seiner schönen Naturhaftigkeit. Man hatte den Eindruck eines Menschen, von dem man annimmt, er sei soeben einem Bade entstiegen, aber bald spalte er wieder Holz. Wie es Menschen gibt, die ewig unrasiert wirken, mögen sie auch noch so sehr auf die schattenlose Glätte ihres Kinns bedacht sein, so gibt es Menschen, die ewig rasiert erscheinen. Zu solchen gehört Zuckmayer. So nimmt es nicht wunder, daß man in ihm bald einen liebenswürdigen Gesellschafter entdeckt. Aber doch einen Gesellschafter sehr bescheidener Art, auch dann, wenn nur eigentlich er das Gespräch führt. Wir waren damals mit einem jungen deutschen Historiker, älteren Berliner Schauspielern und einigen Musikern zusammen. Zuckmayer erzählte von seiner ersten Fahrt durch Deutschland nach dem Kriege. Die Not griff ihm ans Herz. Stark war er von der Jugend beeindruckt. Zuckmayer und mit ihm die Berliner Schauspieler hatten den Glauben, daß gerade von dem gefallenen Deutschland eine besonders starke künftige Menschlichkeit, ein besonders starker Wille zu einer Völker-Eintracht ausgehen würden. Zuckmayer sprach von den Jahren seines Exils, der Sehnsucht nach dem Wiedersehen seiner Heimat und der Wirkung, die in Berlin eine Aufführung seines „Hauptmanns von Köpenick" auf ihn ausübte. Obwohl damals gerade „Des Teufels General" in Zürich uraufgeführt wurde, lebte in Zuckmayer stärker die Berliner Wiederbegegnung mit dem „Hauptmann von Köpenick". Er sah darin die Bestätigung, daß auch im Zeitstück, wie er es auffaßt, zeitlose Züge sind. „Ist nicht im Hauptmann von Köpenick auch der Deutsche unserer Tage gezeichnet, umhergeworfen zwischen den Rädern der Bürokratie?", so fragte uns der Dramatiker. „Ich will mit meinem Theater nur das Leben geben."

Und wir sprachen davon, wie er es einst in seinen Werken (von denen man „Katharina Knie" und den „Hauptmann von Köpenick" in Trier schon sah, Red.) gegeben hatte. Zuckmayer erzählte von seiner rheinischen Heimat, von Mainz, von seiner Verwurzelung in den Gegenden, in denen man vom Schinderhannes erzählt. Zuckmayers Theater hat eine sehr volkstümliche Note. Ich widerstand der Lockung nicht, ihn um seine Ansicht des französischen Theaters zu fragen, das in jenen Tagen durch Aufführungen von Sartre und Camus, der „Eurydike" von Anouilh und der „Irren von Chaillot" im Zürcher Schauspielhaus Triumphe feierte. Er bejahte dieses Theater nicht, er fand es als ein Theater des Geistes zu wenig lebensnah. „Wir Deutsche brauchen ein Theater, das durch die Wahrheit des Ereignisses packt, für uns öffnet sich der Vorhang über Geschehnissen, die sich nicht in der Sphäre der Philosophie, sondern der des Lebens abspielen. Das jedenfalls möchte ich dem Zuschauer geben." So äußerte sich Zuckmayer. „Des Teufels General" ist das Exempel zu seinen Worten.

Nachdruck nur mit Genehmigung und Quellenangabe.

Der Ort Neumagen an der Mosel, das antike Noviomagus, hat durch sein Weinschiff fast in allen kunsthistorischen und archäologischen Werken über die Römer in Deutschland einen festen Platz errungen. Weniger bekannt, aber nicht unbedeutend eine ganze Reihe von Grabaltären und Grabpfeilern aus diesem Ort, die sich heute ebenfalls im Rheinischen Landesmuseum zu Trier befinden, zum Teil mit farbiger Fassung. Sie wurden in den Fundamenten der konstantinischen Befestigung jener Straße gefunden, die den blühenden Moselort mit der Augusta Treverorum verband.

Hanna-Renate Laurien

Elf Jahre Kulturpolitik

Elf Jahre Rheinland-Pfalz, 1970 bis 1981, das hat Spuren hinterlassen – bei mir und beim Land. Von einigen dieser Spuren soll die Rede sein.
Bernhard Vogel war immer dabei. Zuerst als »mein« Kultusminister, ich »seine« Staatssekretärin, dann als »mein« Ministerpräsident, ich »seine« Kultusministerin. Übrigens, wenn dies Possessivpronomen, gar nicht so selten, in den Schreiben der Ministerialen auftauchte »mein Ministerium beschließt...«, kommentierte der Chef ironisch: »Ich und mein Haus wollen dem Herrn dienen...« und vertrieb allmählich diesen Sprachgebrauch. In Berlin gelingt dies nicht, mir nicht. Diese Distanz zum besitzanzeigenden Wort macht ein Amtsverständnis deutlich: das Amt gehört uns nicht. Menschliche Nähe und Gemeinsamkeit werden dadurch nicht ausgeschlossen, sondern ermöglicht.
Es fing recht exemplarisch an. Am 13. November 1969 hatte Bernhard Vogel im Restaurant des Mainzer Landtages – ich im Hosenanzug, der war blau, aber Vogel behauptet bis heute, er sei rot gewesen – mir das Angebot gemacht, als Ministerialdirigentin, Hauptabteilungsleiterin Schule, nach Mainz zu wechseln. Am 15. Dezember 1969 nahm ich an seiner Pressekonferenz teil, auf der er die »Thesen zu einem neuen Hochschulgesetz in Rheinland-Pfalz« und sozusagen als Beilage mich, die ich im Januar den Dienst antreten sollte, vorstellte. Ich hatte übrigens fast 40 Grad Fieber, die einzige Lungenentzündung in meinem Leben. Ich war mit meinem BMW angefahren, hielt fröhlich durch und fuhr in der Nacht zurück nach Köln, zu der Schule, deren Oberstudiendirektorin ich war; denn schließlich ist Dienst Dienst. Später wurde mir kolportiert, daß der Pressereferent des Kultusministeriums, Dr. Hans Heiner Boelte, heute Programmdirektor in Stuttgart, kommentiert haben soll: »Die fährt jetzt entweder gegen einen Baum oder wir haben die lange...« Für eine gewisse Zeit hatten sie mich nun. Dieser Dezemberabend brachte wichtige Einsichten und vermittelte einen Stil.
Thesen vor einem Gesetzentwurf, Diskussion in der hochschulinteressierten Öffentlichkeit. Manche Neuerung: Nicht mehr Ordinarien und andere Professoren, vielmehr alle »Professor«, unterschieden nur durch die Besoldung; an der Spitze der Senat und ein Präsident; manches, was nicht verwirklicht wurde, wie zum Beispiel das Studienjahr statt der Semestereinteilung; anderes, das nachdrücklich bewahrt wurde: die Qualität der wissenschaftlichen Lehre, gebunden an Promotion und Habilitation, keine »Dis-

count-Professoren« und ein klares Verhältnis zwischen Hochschule und Staat; Universitäten als Körperschaften öffentlichen Rechts und mit Raum zur freien Entscheidung, allerdings nicht mit Globalhaushalt – diesem Ende guter Haushaltsführung – ausgestattet.

Immer wieder die freiheitlich-verantwortungsbewußte Meinung, die erstarrte Privilegien aufbrach, ohne die Hochschulen unqualifizierten Mehrheiten auszuliefern. Aus den Thesen wurde später ein Hochschulgesetz, das, ebenso wie die Mitarbeit am Hochschulrahmengesetz, das Aushandeln manchen Kompromisses, getragen war von dieser Mischung aus Offenheit, Wandlungsbereitschaft und Grundsatztreue. Darum gab es – man erinnere sich, es war 1970! – zwar lebhafte Diskussionen, nicht aber eine erschütterte Hochschul-, Bildungs- oder Kulturlandschaft.

Bei einer großen Protestveranstaltung in der Mainzer Universität zeigte sich dies auch. Ich war schon Kultusministerin, Bernhard Vogel sorgte sich um meine Sicherheit, schickte zusätzlich Schutz (in Zivil) mit. Ich entdecke auf dem Campus kistenweise Tomaten, zeige sie den Veranstaltern, dem RCDS (Ring Christlich Demokratischer Studenten) und hole mir die gewählten Studentenvertreter, die auch für einen späteren Termin eine Zusage bekommen hatten. Ergebnis: Die Kisten wurden – bis auf spärliche Reste, die dann natürlich auch flogen und von fangsicheren jungen Leuten von mir abgehalten wurden – weggeräumt. In der tosenden Veranstaltung wird meine »body guard« entdeckt. »Zeige Dich!« Er tut's, ruft »Alaaf«. Geschrei. Ich: »Ihr habt alle Eure Freunde mit, und nur ich soll ohne kommen?« Gelächter. Und als jemand sich anschickt zu urinieren, ich das Mikrophon ergreife und laut schreie: »Platz für die Menschlichkeit! Hier darf jeder müssen, nur am richtigen Platz!«, wird tatsächlich Platz gemacht; und als einer mir zubrüllt: »Halt die Fresse!« kontere ich: »Ich hab' keine Fresse, Sie haben keine Schnauze, wir haben beide einen Mund!« Und es gelingt ein Sachgespräch, fast jedenfalls, so daß Gerhard Löwenthal, der mit Team im Saal war, was ich wiederum nicht bemerkt hatte, abends kommentierte: »Das gibt es nur in Mainz. Mainz ist nicht Freiburg (dort war gerade ein CDU-Politiker nicht zum Reden gekommen), nicht Marburg, nicht Frankfurt.« Ich kann dies nur bestätigen, denn in Frankfurt, einmal auch in Heidelberg und in Münster, war das Klima viel härter, lag viel mehr Dreck nach Veranstaltungsschluß herum, waren die Beschimpfungen viel schlimmer. Mein Fahrer kommentierte das übrigens einmal in Frankfurt mit den Worten: »Aber Frau Doktor, das sollen doch mal unsere Chefs werden. Wie soll denn das gehen?«

Es paßt zu dieser Mischung aus Festigkeit und Offenheit, als ich dann als Kultusministerin »mein« Hochschulgesetz, genauer: die Novelle des vorigen, einbrachte, daß es gelang, die verfaßte Studentenschaft nicht wie in der Mehrzahl der anderen CDU-CSU-regierten Länder abzuschaffen, vielmehr sie zu behalten als ein zwar schwieriges, aber für die Studenten wichtiges Instrument. Ohne die Hilfe des Ministerpräsidenten hätte ich das im Kabinett nicht durchbekommen.

Ganz leise Bemerkung: Die für Schule, Hochschule, Kultur verantwortlichen Minister (Senatoren) sind verloren, wenn sie keinen kultur- und bildungsbewußten Regierungschef haben. Ich habe auch in Berlin wieder das Glück, in Eberhard Diepgen – in jungen Jahren war er bildungspolitischer Sprecher der Berliner CDU – einen Mitstreiter für dies Ressort zu haben, das zwar haushaltstechnisch unter »konsumtiven Ausgaben« läuft, de facto aber Investitionen für die Zukunft setzt.

Die Mischung aus Festigkeit und Offenheit, die mir übrigens eine gute Vorbereitung für meine nicht ganz einfachen Berliner Aufgaben war, bestimmte viele Einzelfragen, führte immer wieder zu praktischen, am Menschen orientierten Lösungen und half uns, die ideologischen Kreuzzüge – gegen die wir uns dann aber auch wehrten – anderen zu überlassen, zum Beispiel Herrn von Friedeburg mit seinen Rahmenrichtlinien.

Doch hier soll zuerst von der Mischung aus Offenheit und Festigkeit die Rede sein. Unstrittig für uns die Vorzüge des gegliederten Schulwesens. Gesamtschule – ein anderer Weg, aber nicht schlechthin der bessere Weg. Wer Neues bringt, muß den Vergleich mit dem Bestehenden nicht nur aushalten, sondern bestehen. Auf keinen Fall also der leichtere Weg. Unsere Leitlinie: Jeder Abschluß muß auch ein Anschluß sein, keine Sackgassen, sondern Übergänge. So haben wir das zehnte freiwillige Schuljahr für die Schülerinnen und Schüler eingerichtet, die nach intensiver Bemühung in einem Jahr die sogenannte mittlere Reife erreichen wollten. Übrigens mit zum Teil großartigen Ergebnissen, sogar mit der Fähigkeit, in die gymnasiale Oberstufe überzugehen und ein erstklassiges Abitur zu bauen. Kein Abschluß eine Sackgasse, jeder Abschluß ein Anschluß! Auch unser Konzept der Orientierungsstufe – 5. und 6. Schuljahr – belegt diese Linie. Sie ist von meinem Berufsverband, dem Philologenverband, in dem ich in Nordrhein-Westfalen 2. Landesvorsitzende und 1. Vorsitzende Rheinland war, in Rheinland-Pfalz nicht unkritisiert geblieben. Wir wollten keine Organisationsschlachten, nicht den ja zur Zeit wieder topmodernen Streit über die Zuordnung dieser Jahre zu dieser oder jener Schulform. Wir konzentrierten uns auf die Inhalte. Orientierungsstufe an jeder Form des gegliederten Schulwesens, aber in den Inhalten so angelegt, daß Vergleiche möglich werden, daß eben das Abitur nicht schon mit zehn oder elf Jahren abverlangt wird, Übergänge möglich sind. Die Praxis bestätigte diesen Ansatz, denn erfreulicherweise wechselten Schüler nicht allein vom Gymnasium zur Realschule, von der Realschule zur Hauptschule, sondern es gab auch die »Aufstiegsbewegung«.

So wie wir das freiwillige zehnte Schuljahr angesetzt hatten – Chancen für den Befähigten, aber nicht schulsatte Kinder noch ein Jahr länger in der Schule hocken lassen –, so wie wir die Orientierungsstufe inhaltlich gestaltet und nicht organisatorisch bekämpft

Nicht selten führt das rheinland-pfälzische Kabinett auch Sitzungen mit gesellschaftlich bedeutenden Gruppen und Institutionen, etwa Kirchen und Gewerkschaften, aber auch mit den Regierungen benachbarter Bundesländer durch. Hier eine solche Sitzung der Landesregierung unter Ministerpräsident Vogel. Rechts von dem Regierungschef Otto Meyer, Minister für Landwirtschaft, Weinbau und Forsten, dann Frau Laurien sowie Justizminister Otto Theisen.

haben, so galt diese Grundhaltung auch hervorragend für den berufsbildenden Bereich. Das klare Ja zum dualen System, die Überzeugung, daß der Staat insbesondere angesichts der großen Jahrgänge Hilfe geben müsse, nicht aber Dauersubventionen, lassen mich nachdrücklich darauf hinweisen, was wir seinerzeit alles in Rheinland-Pfalz für die berufliche Bildung getan haben.

Das ist immer noch nachzulesen in den »Schwerpunkten der beruflichen Bildung 1978 bis 1985«, und das war bestimmt vom Grundgedanken der Vielfalt. Berufsgrundbildungsjahr, das erste Jahr beruflicher Bildung, das nach den Beschlüssen des von allen Ministerpräsidenten unterzeichneten Bildungsgesamtplanes für alle Auszubildenden realisiert werden sollte, haben wir eben nicht nur in schulischer Form (Berufsgrundschuljahr) eingeführt, da in der Tat ein solches Jahr nicht immer voll auf die anschließende Lehre anzurechnen sinnvoll war, wir haben uns in die Mühsal des – man beachte schon den Namen! – »Berufsgrundbildungsjahres im dualen System in kooperativer Form« gestürzt. Das bedeutete in der Praxis nicht mehr und nicht weniger als die Abstimmung der Lerninhalte von Schule und Betrieb, die Beziehung von Theorie und Praxis. Wir hatten zwar bald mit dieser Form die Spitzenstellung in der Bundesrepublik Deutschland erreicht, aber wir bemerkten sehr früh, daß das Berufsgrundbildungsjahr niemals für alle Berufsschüler realisierbar sein würde, in welcher Form auch immer, und richteten daher unsere Aufmerksamkeit und unseren Einsatz auf den Umfang des

Berufsschulunterrichts. Sechs oder sieben Stunden, das war und ist zu wenig, zwanzig Stunden ist zu viel; so etwa zwölf bis vierzehn Stunden, je nach Fachrichtung, erschien uns damals – übrigens auch heute – sinnvoll und möglich. Es geht dabei um den allgemeinbildenden Anteil des Unterrichts für die Lehrlinge. Es geht um Deutsch, Sport, Sozial- oder politische Weltkunde, in manchen Berufen um Englisch, in Rheinland-Pfalz auch um das Fach Religion. Es geht, anders ausgedrückt, auch darum, ob man die Gesprächsfähigkeit der Schüler und Schülerinnen stärken oder ignorieren will, die nicht bloß Schüler, sondern auch Kollege im Betrieb sind, die die Wirklichkeit des Betriebes kennen und sehr oft besser als manch ein Abiturient wissen, daß Betrieben ihr Gewinn nicht als »Profit« vorzuwerfen, sondern als Voraussetzung für den Erhalt von Arbeitsplätzen zu bestätigen ist. Aufs schönste belegte dies einmal in Frankenthal ein junges Mädchen, eine Hauptschülerin, zugleich Schulsprecherin. Sie hatte den Ausbildungsvertrag bereits in der Tasche, sollte in den nächsten Wochen mit ihrer Lehre beginnen. Brodelnde Versammlung der Schüler, Thema Schulstreik. Ist dies ein unpassendes Mittel oder Ausdruck »demokratischer Freiheit«? Letzteres meinte ein Gymnasiast und erging sich in der Darstellung der Notwendigkeit von solchen die »Regierenden aufrüttelnden Zeichen«. Das Mädchen hörte zu, meldete sich zu Wort und stellte ernüchternd fest: »Ich gehe zur Schule, damit ich etwas lerne. Wenn ich demonstrieren will, kann ich das am Nachmittag sehr wirksam tun. Schulstreik, nein, da haben nur die Lehrer frei!«
Allerdings war der Anteil des allgemeinbildenden Unterrichts für die Auszubildenden keineswegs unumstritten. Ich komme zur Einweihung eines Berufsschulzentrums; heute sagt man Inbetriebnahme, nicht mehr »Einweihung«, weil uns das Weihevolle, das »unter den Schutz stellen« offenbar abhanden gekommen ist. Ein Mann, Handwerksmeister seines Fachs, faucht mich an, was denn der Quatsch solle: Sport für Berufsschüler, und gar Religion. »Der bewegt sich genug auf meinen Gerüsten, und Religionsunterricht? Ein anständiger Mensch wird er bei mir!« Ich habe lange gebraucht, um ihm zu erklären, daß Sport auch soziale Bande knüpft, auch zum guten Umgang mit verfügbarer Zeit anleitet, schroff gesprochen die beste Drogenprophylaxe darstellt; und Religionsunterricht soll ja nicht zuerst Morallehre sein, sondern helfen, die großen Fragen des Lebens, die nach Tod und Leben, nach Frieden und Gerechtigkeit, ja nach dem Sinn des Lebens, wenn schon nicht glatt zu beantworten, so doch wenigstens stellen und aushalten zu können. Ob ich den Guten überzeugt habe, weiß ich nicht.
Daß die Sache zutrifft, vertrete ich bis heute. In Berlin ist Religion nicht Schulfach, sondern Angebot der Kirchen insgesamt, aber das Grundthema besteht hier wie dort. Immer wieder gelingt es in der Gemeinsamkeit von Wirtschaft und Staat, von Betrieb und Schule, diesen Bildungsanspruch der Jugendlichen mit dem erforderlichen Maß betrieblicher Ausbildung zu verbinden. Inzwischen hat sich die Zwölf-Stunden-Zahl

als eine Art Obergrenze – von wenigen Ausnahmen, wie etwa im Bankengewerbe, wo wir wohl 14 Schulstunden haben, abgesehen – gut eingependelt.

Uns war eine an der Realität orientierte Bildungspolitik stets Partner einer soliden und dynamischen Wirtschaftspolitik. Nicht Qualifikationskampagne dort und Null-Bock hier, vielmehr in beiden Bereichen: Mut zum Investieren, Mut zum unternehmerischen Wagnis. Vor vielen Jahren hat mein damaliger Kollege Gaddum, der Finanzminister des Landes, übrigens in den Sommerferien, einmal die in Rheinland-Pfalz zugelassenen Sozialkundebücher gelesen. Er kam wieder und meinte: Da steht nichts Falsches drin, aber was fehlt, ist aufregend. Montanmitbestimmung o. k., Betriebsverfassungsgesetz o. k., Produktions- und Exportzahlen, gut, aber – und nun wörtlich: »…der Gustav Freytag unserer Tage kommt nicht vor. Mittelständisches Unternehmertum kommt nicht vor.« Heute würde er sagen: Die Haltung, die durch venture capital (Chancen- oder Wagniskapital) angesprochen wird, kommt nicht vor. Wir haben auf vielfache Art versucht, die Gespräche der Menschen über die grundlegenden Fragen in Gang zu bringen. Es war Bernhard Vogel, der – mit mir zusammen – die Kreisbereisungen als Kultusminister begann, dann übernahm jeder von uns einen Teil selbständig, und schließlich – als er Ministerpräsident wurde – setzte ich sie fort. Am Morgen reiste man an, begleitet von den Fachbeamten, übrigens nicht nur Schulleuten; bald nahm ich auch gern den einen oder anderen jungen oder mittelalten Juristen mit.

Die erste Runde versammelte meist alle Schülersprecher der Schulen des Landkreises oder der kreisfreien Stadt, dazu die Redakteure der Schülerzeitungen. Dann folgte das Gespräch mit den Schulleitern, nach dem Mittag kamen die Personalvertreter aller Schulen, dann die Elternvertreter, und abends gab es eine öffentliche Versammlung. Jeder Kanaldeckel kam zur Sprache, aber auch manch Grundsätzliches. Bestimmte Leute in meiner Partei, in meiner Fraktion haben zwar gedacht und manchmal auch gesagt, daß wir allen Wünschen willenloser hätten nachgeben müssen, daß der Schülertransport, die nicht voll vom Staat bezahlten Schulbücher Grund für den einen oder anderen Stimmenverlust seien, aber heute sind es wohl dieselben Leute, die unsere Standfestigkeit gegenüber einer totalen Wohlstands- und Anspruchsgesellschaft preisen. Kreisbereisungen zeigen uns, wo der Schuh drückt. Für mich sind sie eine gute Vorbereitung gewesen, in Berlin Schulbesuche, die es bei den Vorgängern nicht gab, einzuführen. Pluralität der Meinung wird dort eher in der Einzelschule als im Bezirksgremium erfahren. Die Grundidee: Vor Ort Erfahrungen sammeln, mit den Menschen reden, die sich nicht aufmachen, den berühmten Brief an den Minister oder Senator zu schreiben, diese Grundidee ist Basis einer bürgernahen, realistischen Politik.

Begegnung, Gedankenaustausch bestimmte auch die Foren, die wir durchführten. Es begann in der Auseinandersetzung um die hessischen Rahmenrichtlinien. Ich hatte sie in

Anläßlich des 500jährigen Jubiläums der Johannes Gutenberg-Universität, 1977, trafen sich im Künstlerbahnhof Rolandseck Universitätspräsident Peter Schneider, Englands Ex-Premier Edward Heath, Frankreichs Botschafter Wormser sowie Kultusminister Dr. Hanna-Renate Laurien. Der Erlös der Veranstaltung diente der Finanzierung wissenschaftlicher Publikationen für die 500-Jahr-Feier.

Wort und Schrift aufs Korn genommen. Wie schrieb die GEW (in: »Was sollen Schüler lernen?« Fischer-Taschenbuch Nr. 1460, S. 16)?: »Zitate der wortgewaltigen Hanna-Renate Laurien, dem ideologischen Sprachrohr des katholisch-konservativen Bad Kissinger Kreises der CDU/CSU«. Kissingen, das sei schnell eingefügt, war der Kreis aller CDU/CSU-Staatssekretäre, den ich in der Tat gegründet hatte, um die Politik in unseren Bemühungen abzustimmen, zu verdeutlichen und nicht bloß zu verwalten. Er hatte sich einmal in Mainz getroffen, es war ungewiß, ob Bayern mitmachen würde. Ich fragte Bernhard Vogel. Er meinte: »Na, gehen Sie doch das nächste Mal nach Bayern, man muß sich ja nicht immer in Rheinland-Pfalz treffen. Und dann nennen Sie Ihren Kreis nach dem bayrischen Ort.« Daher »Kissingen« – er besteht noch heute. Doch zurück zur Rahmenrichtlinien-Auseinandersetzung. Ich hatte auch für den Deutschunterricht die Maßstäbe des Grundgesetzes eingefordert, mich dagegen gewehrt, daß der DGB zum Unterrichtsziel gemacht, die Familie abgewertet wurde, vielmehr Pluralität verlangt und immer wieder betont, daß Kritik ohne Maßstäbe, Freiheit ohne Bindung im Chaos, in Rücksichtslosigkeit ende. Wir wollten es aber nicht mit dem Kritisieren genug sein lassen, wir wollten zeigen, wie der Unterricht aussehen sollte. »Deutschunterricht – ein Politikum?«, so hieß unser Forum 1973, auf dem der Ministerpräsident eine weit beachtete Rede hielt. Immer wieder setzten wir solche Foren an – über Erziehung, lange bevor

Geist und Kunst mag freier Lauf gelassen werden... Eine der bedeutendsten deutschen Kleinkunstbühnen seit mehreren Jahrzehnten ist das Mainzer »unterhaus«. Kultusministerin Dr. Hanna-Renate Laurien im Gespräch mit Gert Fröbe bei der Eröffnung der neuen Räume.

es den Kongreß »Mut zur Erziehung« gab; auch »Berufsausbildung – Partnerschaft konkret« belegte 1980 den Grundgedanken der Offenheit, der Vielfalt und der Maßstabsorientierung. Ganz selbstverständlich war uns das Zusammenwirken der zuständigen Ressorts Wirtschaft und Schule; ganz selbstverständlich war uns das Zusammenwirken von IG-Metall-Vertretern und Arbeitgebervertretern, von Schulleitern und Wirtschaftsmännern und -frauen, von Wissenschaftlern und Praktikern.
Auch zur musikalisch-künstlerischen Erziehung gab es gute Foren. Da bliesen einmal Speyerer Jungen die Trompeten, die sie aus den umliegenden Bauernhöfen, dort ungenutzt, gesammelt hatten, da gab es Pantomime und Tanz, da dichtete ein Oberstudiendirektor (und nicht schlecht), da wetteiferte auch die Kapelle des Gesamtschulversuchs Kaiserslautern mit altrenommierten Gymnasien.
»In Rheinland-Pfalz singt und klingt es«, so hatte ich einmal eine Rundfunksendung eingeleitet. Und so war und ist es. Zahlreiche mehr als hundert Jahre bestehende Gesangvereine erhielten die Zelter-Plakette, Beleg für ihr Wirken. Die oft zitierte Meinung, daß die Deutschen, als ihre Revolution 1848 gescheitert war, Turn-, Sport- und Gesangvereine gründeten, mag stimmen oder nicht, diese Vereine waren und sind Stätten menschlicher Begegnung und kultureller Offenheit. Jeder gibt den besten Ton, den er hat, und zugleich weiß er: er kann und darf sich auf den Ton des Nachbarn verlassen. Bei den Kreisbereisungen hatte ich übrigens eingeführt, daß die erwähnte Abendveran-

staltung mit einem musikalischen, künstlerischen oder theatralischen Beitrag der Schulen eingeleitet wurde. Da staunte mancher, wie er sein Bild über die »Jugend von heute« korrigieren mußte. Wie diese Jugend mit Feuereifer bei der Sache war, wie der Solotrompeter faszinierte, wie die flotte Band die Erwachsenen mitriß, wie die Theaterszene Freude an Sprache und Mimik vermittelte. Unvergessen übrigens die rhythmische Tanzgruppe einer Sonderschule, die »nicht stimmte«, weil sich die Prominenz, wir, nicht wie erwartet aufs Podium, sondern in die erste Reihe setzte, so daß uns die Tänzer und Tänzerinnen nun den Rücken zudrehten. Nicht lange, denn die Lehrerin drehte jeden und jede »von Hand« um, und nun stimmte es!

Musik im Land, das waren auch unsere beiden staatlichen Orchester. Ich will nicht die Mühsal schildern, die es kostete, das eine in die A-klingenden Stimmen, das andere in die B-klingenden Stimmen zu bringen, ich will nur daran erinnern, was es an künstlerischer Qualifizierung bedeutete, daß es gelang, Eschenbach als Dirigenten zu gewinnen. Und es begann in Rolandseck. Dort, in unserem »Vorposten des CDU-regierten Rheinland-Pfalz«, nicht etwa Vorort von Bonn!, trafen sich Künstler, Musiker, immer wieder bewegte und bewegende Menschen. Diesmal war's der neue (gestiftete) Flügel. Eschenbach war dabei. Der engagierte Musikreferent Dr. Ludwig brachte uns schnell zu einem ersten »Tastgespräch« zusammen, und daraus wurde dann – mit Findungskommission aus Komponist, Dirigent, Kritiker – schließlich das Engagement als Generalmusikdirektor »unseres« Orchesters.

Die Finanzen dafür zu gewinnen war auch damals schon nicht leicht. So ging ich Kooperationsverträge mit den Mannheimern ein und erreichte das Ziel der A-klingenden Stimmen, das ja auch Vergütungskonsequenzen hat, in Schritten. Diese Schritte imponierten der Gewerkschaft so, daß ich mit dem Voss-Preis (10.000,- DM) geehrt wurde, den ich nun sogleich als Stipendium in unsere Musikschulen geben konnte. Übrigens Geld. Celibidache ließ sich für den Trierer Dirigentenkurs gewinnen, der kommenden Dirigenten Unterweisung gab und ein Orchester zur Verfügung stellte. Das hat man schließlich nicht wie ein Klavier zu Hause. Celibidache verlangte Barzahlung. Unser Aufatmen war erheblich, als ein Mitarbeiter die kleine, prall gefüllte Tasche nicht nur abgeliefert, sondern sie mit Maestro auf dem Flugplatz abgesetzt hatte. Daß Everding sich für eine reine Unkostenpauschale bereit fand, das Schlußforum mit Rihm (Komponist), von Lojewski (Kritiker), Kaiser (Kritiker) und mit ausübenden Künstlern zu leiten, war ein High-light. In den Programmen der staatlichen Orchester versuchten wir den Brückenschlag zur Moderne mehr als einmal zu vollziehen. Eben nicht ein Programm »nur Klassik«, eins »nur Moderne«, sondern gemischt, um abzuholen und weiterzuführen. Penderecki in Mainz, Kirchner in Ludwigshafen. Auch Auftragskompositionen (ohne inhaltliche Bindung) wie »Das kalte Herz« gab es immer wieder: Kunst als Ausdrucksmittel menschlichen Lebens. Übrigens hat das Landesjugendorchester einmal bei einem Empfang in der Staatskanzlei aufgespielt, und das so hervorragend, daß die Begeisterung der Zuhörer kaum zu bändigen war und die Eltern der jungen Künstler, die nicht als Hörer zugelassen (Platzmangel), aber zum Empfang geladen waren, Mühe hatten, überhaupt hineinzukommen.

Rheinland-Pfalz und Musik, das gehört so zusammen wie Rheinland-Pfalz und Gutenberg. Und es gelang in einer parteiübergreifenden Zusammenarbeit von Jockel Fuchs und mir, eine Gutenberg-Bibel für Mainz zu erwerben. Er besorgte bei seiner SPD-Stadtregierung die eine, ich bei der CDU-Landesregierung die andere Million, und wir hatten sie, die Bibel, weit preisgünstiger als später Baden-Württemberg ein anderes Exemplar. Wie wichtig in solchem Zusammenhang fachkundige Mitarbeiter sind, erwies sich auch hier. Wir hätten den amerikanischen Bestimmungen entsprechend einen hohen Ausfuhrzoll zahlen müssen, wenn wir nicht hätten nachweisen können, daß die öffentliche Präsentation dieses kostbaren Gegenstandes vollzogen wurde. In Null Komma nichts gab es im Rathaus die Gelegenheit dazu, mit allen Sicherheitsmaßnahmen versehen, und wir hatten den Zoll gespart.

Nicht so ganz legal haben wir ihn einmal in einer anderen Angelegenheit gespart. Da ging es um den großen Karikaturisten Nast. Von ihm stammt der Santa Claus, wie ihn Amerika kennt. Von ihm stammen Esel und Elefant, die Tiersymbole der beiden großen amerikanischen Parteien, und von ihm stammt ein ganzes Bündel politischer Karikaturen. Ein engagierter Landauer Bürger, Hermann Glaesgen, hatte die Idee, einen Wettbewerb zur politischen Karikatur auszuschreiben und den Sieger in Wein aufzuwiegen. Es war ein umfangreicher Amerikaner, so daß es sich lohnte. Zugleich aber auch ein Signal, wie politische Karikatur, ein wichtiges Instrument der Meinungsbildung und der politischen Auseinandersetzung, den Bogen von Landau nach USA spannt. Eine Ausstellung erwuchs aus dieser Initiative, die auch in der Landesvertretung Rheinland-Pfalz in Bonn gezeigt wurde. Und eines Tages kam ein privates Angebot aus den Vereinigten Staaten, viele Erstdrucke von Harper's zur Verfügung zu stellen, zu schenken. Alles lief fröhlich an, bis wir entdeckten, welch hohen Zoll wir hätten zahlen müssen. Gerade zur rechten Zeit fand ein Treffen der Landesregierung mit amerikanischen Offizieren statt. Dabei kam so nebenbei heraus, daß eine der amerikanischen Universitäten eine Zweigstelle in Frankfurt oder Heidelberg hatte. Ihr dies zu schenken vermied die Zollprobleme und ermöglichte uns dennoch, bei großzügiger Haltung des Eigentümers, diese »Erstdrucke« zu präsentieren.

Freundschaft über die Grenzen hinweg, diese Leitlinie bestimmt das Land, das einmal aus der Retorte geboren wurde und sich längst als organisches Gefüge versteht. Die deutsch-französische Freundschaft prägt sich aus in der Partnerschaft zwischen Rheinland-Pfalz und Burgund, prägte sich aus in der Vorliebe für den Kir, ein Getränk, das die gleiche Mischung verwirklicht, die der Kanonikus Kir aus Dijon für die deutsch-französische Freundschaft angestrebt hatte. Diese Leitlinie, die das Eigene einbringt und sich dem Fremden öffnet, die aus der Erfahrung der Ferne vertiefte Nähe gewinnt, bestimmte auch unsere Haltung bei der Auseinandersetzung um die deutsch-polnischen Schulbuchempfehlungen. Es war eine Sternstunde des Parlaments, als am 30. August 1979 die Fraktionen, vom Ausrutscher einer SPD-Abgeordneten abgesehen, auf hohem Niveau diskutierten und immer wieder die Wahrhaftigkeit der historischen Aussage als Grundlage für den Friedensstandpunkt hervorkehren. Die Verpflichtung zur historischen Wahrheit gegenüber den Opfern und den Tätern, die Bereitschaft, Geschichte auch mit den Augen des anderen zu sehen und das Recht auf Selbstbestimmung nicht an Oder oder Elbe enden zu lassen. Ein kleiner Gag in ernster Situation: Es ging um den Schüleraustausch auf Gegenseitigkeit, der plötzlich durch den Leiter der ausländischen Abteilung des Zentralkomitees der Polnischen Vereinigten Arbeiterpartei in Frage gestellt wurde, wenn nicht die Schulbuchempfehlungen wörtlich übernommen würden. Mich veranlaßte dies zu einem Brief an den Staatsminister im Auswärtigen Amt, der auch beantwortet wurde. Diese Antwort vom 18. Juli 1979 habe ich in der Parlamentsdebatte zitiert, wobei der Satz: »...daß die von Ihnen übermittelte polnische Interpretation des Schulbuchartikels im deutsch-polnischen Kulturabkommen weder seinem Wortlaut noch seinem Sinn gerecht wird« von besonderer Bedeutung war. Es ging nicht um sklavisch-wörtliche Übernahme, sondern um freiheitliche Interpretation auf der Basis geschichtlicher Wahrheit. Sehr bewußt hatte ich in der Debatte immer vom »Staatsminister im Auswärtigen Amt« gesprochen, um erst in meinem Schlußsatz zu enthüllen, daß dies eine Gemeinsamkeit mit der Demokratin Hildegard Hamm-Brücher war. Auch dies vielleicht ein Stil im Lande, daß stets auch in ernster Debatte Heiterkeit mitschwang. So war es einmal in einer in Wahlkampfzeiten leidenschaftlich geführten Debatte um Schul- oder Familienpolitik. Ich stand am Rednerpult und hörte den Zwischenruf eines Oppositions-Abgeordneten: »Nun wollen wir doch endlich nach dem Junggesellen Vogel und der Junggesellin Laurien einmal jemand mit Kindern als Minister.« Man hatte übrigens in der SPD-Mannschaft die achtenswerte Professorin Helge Proß, die auch nicht über eigene Kinder verfügte, so daß der Zwischenruf von daher überraschen mochte. Doch ich reagierte spontan durchaus anders. Ich wandte mich mit liebevoller Ironie dem Abgeordneten zu und bat ihn, er möge doch einmal in der Bibel nachlesen, wo es heißt, daß die Kinder derer im Geiste zahlreicher sind als die derer im Fleische. Ich habe ihn ganz getrost suchen lassen und ihm erst später diese moderne Übersetzung aus dem Galater-Brief zur Kenntnis gegeben.

Persönliche Impressionen lassen viel Wichtiges aus, sie lassen aus all die Gesetze, die wir

Seite 328/329:
Am 16. November 1980 trifft Papst Johannes Paul II. bei stürmischem und regnerischem Wetter auf dem Flugplatz Mainz-Finthen ein. Hier die erwartungsvolle Prominentenschar. In der ersten Reihe von links nach rechts: Ministerpräsident Dr. Bernhard Vogel, Landtagspräsident Albrecht Martin, Oberbürgermeister Jockel Fuchs, Kultusminister Dr. Hanna-Renate Laurien, Bischof Dr. Paul Cordes, Apostolischer Nuntius Erzbischof Guido del Mestri, Innenminister Kurt Böckmann sowie der Sekretär des Kardinals von Köln, Domvikar Manfred Melzer.

Hanna-Renate Laurien

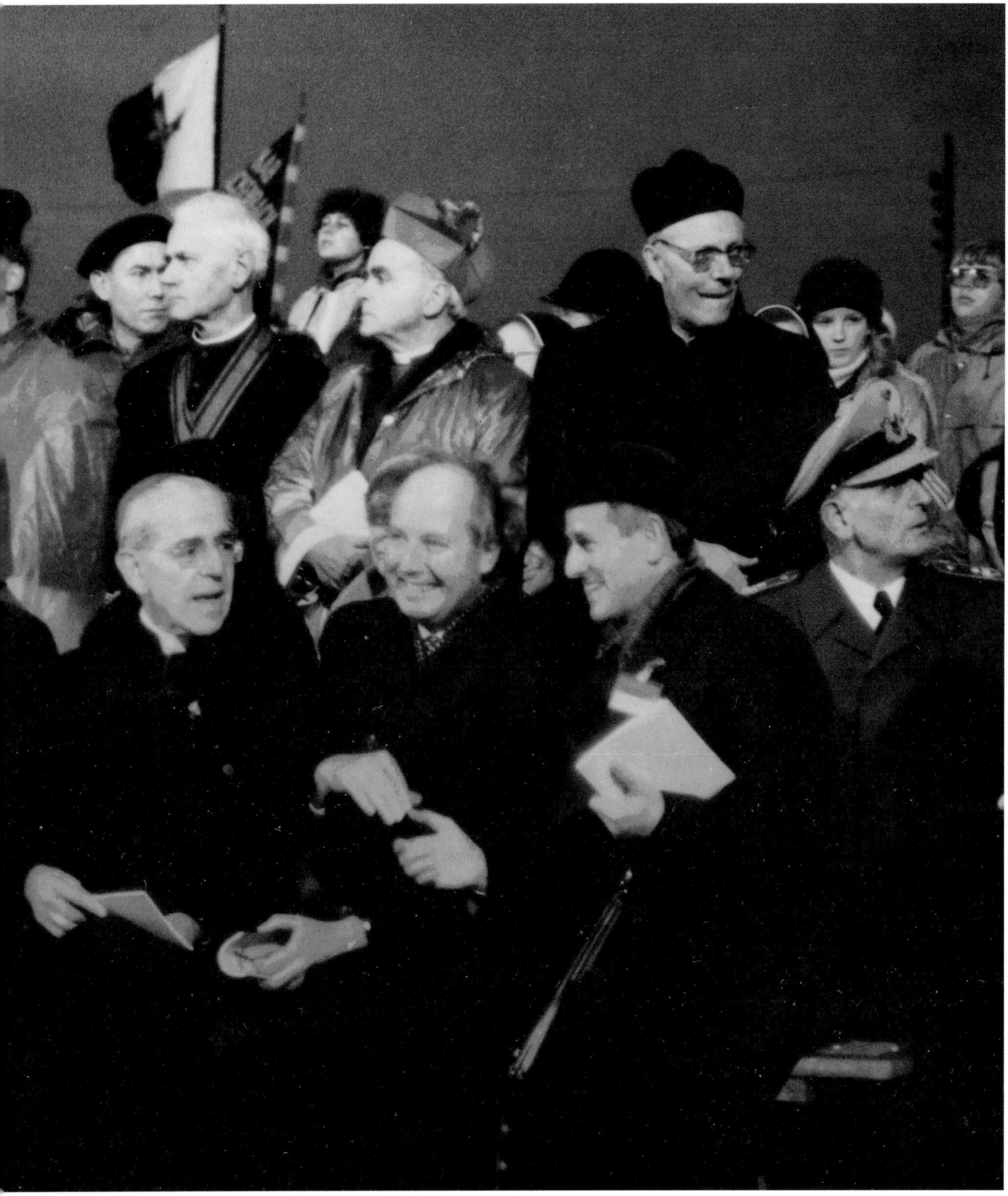

Frauen in der Politik verfeinern die Sitten: Landrat Dr. Braun-Friderici, Trier, tröstet die Staatssekretärin Dr. Hanna-Renate Laurien am Tage nach der für die CDU verlorenen Bundestagswahl 1969 mit einem Strauß dunkelroter Rosen.

verabschiedet haben, auch die Freude darüber, daß zum Beispiel das Denkmalschutzgesetz mit den Stimmen aller drei Fraktionen verabschiedet werden konnte. Sie lassen aus, wie Verwaltungsreform und Kommunalreform in jedem Ressort spürbar umgesetzt wurden. Sie lassen aus, wie systematische Aufbauarbeit aus dem vermeintlichen Land der Rüben und Reben ein Land mit Tradition und Selbstbewußtsein werden ließ. Sie sind nicht mehr und auch nicht weniger als eine Liebeserklärung an ein liebenswertes Land, dem ich mich übrigens mit meinen engsten Berliner Mitarbeitern bis heute verbunden weiß. Einmal im Jahr kommen die Berliner Heuschrecken für zwei Tage, ein Wochenende, zum »Tanken und Luftholen«, zum Wiedersehen und -sprechen nach Rheinland-Pfalz. Forellen und Wein, Burgen und Dome, Gespräche und Zusprüche bestimmen dann die Stunden. Rheinland-Pfalz – Gott erhalt's!

Werner Bornheim gen. Schilling

Denkmalschutz und Denkmalpflege in einem neuen Land

Am 19. November 1945 begann der Regierungskonservator bei der Bezirksregierung in Koblenz seine Tätigkeit. Nach dem Regierungsbezirk Trier kam bald noch ein neuer Regierungsbezirk Montabaur mit den Kreisen Diez, Montabaur, St. Goarshausen und Westerburg hinzu, also mit Teilen der ehemaligen preußischen Provinz Hessen-Nassau. Es folgte Rheinhessen links des Rheines, dann der ehemals bayerische Regierungsbezirk Pfalz. Über eine »Provinz« Rheinland-Hessen-Nassau bildete sich das Land Rheinland-Pfalz, das sich 1947 eine Verfassung gab. Der Konservator blieb. Das Landesdenkmalamt in Koblenz richtete eine Zweigstelle für die Pfalz in Speyer ein. Das Amt selbst siedelte 1955 an den Sitz der Landesregierung nach Mainz über. Das Landesamt mit dem Landeskonservator unterstand sofort dem Kultusminister. Erwägungen des ersten Ministerpräsidenten, dieses Amt der Staatskanzlei, das heißt dem Ministerpräsidenten unmittelbar unterzuordnen, führten zu keinem Resultat, was der staatlichen Denkmalpflege auf die Dauer nicht schadete. Immerhin läßt diese Absicht die Wertschätzung erkennen, die die Denkmalpflege von Anfang an erfuhr.

Die neue Schöpfung, die also am 19. November 1945 von Koblenz ausging, hatte die Vorgängerinstanzen zu berücksichtigen und deren Erfahrungen in die völlig neu zu schaffende Behörde – denn eine solche sollte sie unbedingt werden – einzubringen. Das Vertrauen der obersten Instanz ließ dem Neugründer damals noch breiten Spielraum. Es mischte sich noch nicht allerhand Unverstand aus prestigehaften oder prinzipiellen Gründen hinein. Der Optimismus der Männer der ersten Stunde bewährte sich.

Die rechtlichen Vorgänger dieser Konstellation waren für die Pfalz das Bayerische Landesamt für Denkmalpflege in München, für die hessen-nassauische Provinz das Marburger Amt, Darmstadt für Rheinhessen und Bonn für den Südteil der ehemaligen Rheinprovinz. Der Reiz der Aufgabe, daraus eine neue Einheit zu schaffen, übertrumpfte alle Schwierigkeiten. Die Besatzungsoffiziere taten mit, schließlich ohne Arg, was wohl zu vermerken ist. So schwand bald das Mißtrauen, zum Beispiel was die Bergungsorte von Sammlungen und Museen anging, in denen man illegale Erwerbungen aus Kriegszeiten vermutete. Erschwerend wirkten sich allerdings die noch fließenden Verschiebungen der Besatzungszonen aus. Schließlich konnte das Ganze zu einer doch stabilen Organisation geführt werden. Die Kontinuität des Geistes bewährte sich.

Es gab gute Hilfen. Im Lande wurden sie zum Beispiel durch die Mitglieder des am 23. Oktober 1946 eingesetzten Denkmalrates gewährt, der dem Denkmalpfleger auch über Ratfunktionen hinaus zur Seite stand. Einige der Namen behalten ihren Klang für die rheinische Geschichte dieser Zeit: Bruno Hirschfeld, Friedrich von Bassermann-Jordan, Cornelius Heyl von Herrnsheim, Heinrich Menke, Fritz Michel, Friedrich Sprater. Nikolaus Irsch, Diözesankonservator in Trier, der ältesten Diözese Deutschlands, übernahm den Vorsitz. Im Laufe der Jahrzehnte regenerierte sich dieser vortreffliche Rat. Den Vorsitz hatte dann jahrelang Franz Xaver Michels inne, auch dem Rheinischen Verein für Denkmalpflege und Landschaftsschutz verbunden. Der Denkmalrat blieb bewußt auf eine knappe Mitgliederzahl beschränkt. Die acht für das Land zuständigen Kirchenbereiche – die evangelische Kirche mit den Sitzen Darmstadt, Düsseldorf und Speyer, die römisch-katholische in Köln, Limburg, Mainz, Speyer und Trier – entsandten stets ihre Sachverständigen – ein Gremium ohne politische Ambitionen.

Im November 1949 verabschiedeten die Kultusminister das sogenannte Königsteiner Abkommen über die Kulturhoheit der Länder. In Rheinland-Pfalz amtierten bis 1986 sieben Kultusminister: Ernst Albert Lotz, Adolf Süsterhenn, Albert Finck, Eduard Orth, Bernhard Vogel, Hanna-Renate Laurien und Georg Gölter.

Das Verhältnis der zuständigen Minister zur staatlichen Denkmalpflege war naturgemäß unterschiedlich. Adolf Süsterhenn, gleichzeitig Justizminister, hatte sich zum Beispiel mit den Auswirkungen der Bodenreform auf die Monumente zu befassen. Beim Wiederaufbau der Trierer Basilika sprach er als Politiker mit; dieser Wiederaufbau war einer der bedeutendsten in Deutschland. Eduard Orth widmete sich mit Hingabe der Restaurierung des Speyerer Doms. Die Staatssekretärin Mathilde Gantenberg hob allein durch den Stil ihrer Erlasse das Niveau. Sie unterstützte die Bemühungen, moderne und alte Kunst in Einklang zu bringen. Bei der Restaurierung des Koblenzer Residenzschlosses gab man zum ersten Male zeitgenössischen Künstlern die Chance, in größerem Rahmen mitzuwirken. Und in Koblenz setzte sie eine Heimstatt für junge Künstler durch. Die »neue Zeit« brach herein, freudig begrüßt. Aber man schöpfte aus älteren Prinzipien und jungen Erfahrungen. So gelang es unter anderem, das von einem französischen Architekten mit Emphase verfochtene Projekt eines Ringes von Hochhäusern um die Stadt Mainz zu ersticken, eines Ringes von Giganten um die Fülle der historischen Ruinen, die sich nur sehr langsam zu erholen begannen.

Natürlich hatte man das »neue Land« als ein Ganzes mit uraltem Kern zu sehen und manchmal zu verteidigen. Die Monumente, die großen wie die kleinen, erleichterten dies. Mit Köln machten die Regierungsbezirke Koblenz und Trier einst die denkmalreichsten des ehemaligen Preußen aus, mit Arnsberg dazu die waldreichsten. Am 25. Februar 1947 hörte Preußen auch de jure auf zu bestehen.

Denkmalschutz und Denkmalpflege in einem neuen Land

Das frühromanische Mittelschiff des Speyerer Domes St. Maria und St. Stephan, der als das größte Bauwerk der romanischen Epoche in Deutschland gilt. Als Grablege der Salier, Staufer und einiger Habsburger wurde er bereits im Mittelalter als ein Symbol des Kaisertums schlechthin empfunden. 1689 zur Ruine ausgebrannt, ist das Ringen um die Wiedergewinnung seiner Gestalt ein von Irrwegen nicht freies Stück praktischer Denkmalpflege und Restaurierungsgeschichte.

Die neue Organisation berief sich in manchem auf den preußischen Minister und Reichsfreiherrn Karl vom und zum Stein, in Nassau geboren und zu Frücht bei Bad Ems begraben. Seine Gruft sollte bald in die Obhut des neuen Landesamtes für Denkmalpflege übergehen. Seine Gedanken zur kommunalen Selbstbesinnung fanden wieder Anklang, zum Segen der staatlichen Denkmalpflege.

Rheinhessen links des Rheines fand nun mit Mainz einen uralten Mittelpunkt wieder, der es im Grunde schon seit dem ersten nachchristlichen Jahrtausend auszeichnete. Die Pfalz blieb unverrückbar in ihrem lebendigen Selbstbewußtsein, was den Monumenten bekam. Der Taunus und der Westerwald entdeckten einen fast verschütteten Weg zu sich selbst wieder. Und die Eifel blieb sich treu, allerdings auch in der immer noch nicht gebannten Gefahr zerreißender neuer Straßenzüge. Das Land wird von uralten Straßen durchquert, entlang denen sich Kultur und Zivilisation entfalten konnten. Vor allem ist es ein Land der Flußtalkulturen, die zu den großartigsten Europas zählen: rechts des Rheins Lahn und Sieg, links Nahe, Mosel und Ahr, deren Nebenflüsse und Bäche die denkmalträchtige Region durchziehen.

Man wußte um die verbindenden Kräfte der Epochen. Es galt, diese zu verlebendigen und nicht etwa Entwicklungen rückgängig zu machen. Darüber war zu berichten, die hellhörige Öffentlichkeit zu unterrichten – und den weniger Hellhörigen Anstöße zu vermitteln. So erscheinen denn die Jahresberichte der staatlichen Denkmalpflege seit 1949 regelmäßig im Druck, was in den ersten Nachkriegsjahren nicht überall in Deutschland selbstverständlich war. Dazu gibt es seit 1959 wieder die amtlichen Inventare der Kunstdenkmäler, in soliden Bänden mit dem Untergrund des weitgespannten wissenschaftlichen Fundus. Das Handbuch der Deutschen Kunstdenkmäler für Rheinland-Pfalz, zusammen mit dem des so verwandten Saarlandes, erschien erstmals 1972, und 1984 erneut und erweitert. Aber für mehrere Kreise und Städte – vor allem Mainz, Trier und Worms – fehlen noch solche Inventare. Nichts kann sie ersetzen.

Natürlich war man sich der Relativität von Wertungen und Bewertungen bewußt. In solchen Fällen hilft der Rückhalt der Qualität am besten. Das heißt nicht etwa stehenbleiben. Nichts entbindet uns von derartigen Maßstäben. Es sind die der zeitlos gewordenen Qualität des Kunstwerks. Und diese liefern auch einer schwimmenden Gegenwart feste Orientierung. Sie erweitern sich natürlich, entfernen sich auch vom antiken Richtsatz, daß Monumente »von Dauer« sein sollen. Von der Trierer Porta Nigra bis hin zum wenige Jahrzehnte alten Westwallbunker wurde uns der Schutz aufgetragen.

Andererseits schämte man sich politisch – nicht konservatorisch – des Begriffs des »Erbes« und wollte den Landeskonservator, den Sprecher der deutschen Denkmalpfleger beim Europarat in Straßburg, bewegen, sich von diesem Wert zu distanzieren. Im europäischen Denkmalschutzjahr 1975 nahm Trier seinen gebührenden Platz als

Modellstadt ein. Und mittlerweile rangiert der Speyerer Dom auf der von der UNESCO kreierten Liste des historischen Welterbes. 1948 begann sich die Vereinigung der Landesdenkmalpfleger in der Bundesrepublik Deutschland zu formieren. Zu deren stellvertretendem Vorsitzenden, dann für zwölf Jahre zum eigentlichen Vorsitzenden wählte man den Landeskonservator von Rheinland-Pfalz, was die Perspektive weitete. Ein Denkmalamt, das sich aus den Ämtern von vier Vorgängerländern bildete und den Anspruch auf wissenschaftliche Grundlagen erhob – bald übernahmen seine Mitarbeiter Vorlesungen an den Universitäten Mainz, Trier, Kaiserslautern, Saarbrücken und Frankfurt –, hatte den modernen Anforderungen zu entsprechen, ohne ins Management zu verfallen, wie es andernorts passierte. Die wachsende Bedeutung der Naturwissenschaften bot ungeahnte Möglichkeiten. Die Wurzeln der Denkmalpflege am Rhein reichen auch auf Forderungen Goethes zurück, der den Naturwissenschaften vertraut gegenüberstand. So konnte man hierbei wieder auf Traditionen verweisen, sich aber auch dem Neuen ohne Komplexe öffnen.

Offenheit für die Aufgaben einer zwischen 1933 und 1945 nicht erlaubten Weite schien also eines der ersten Gebote. Offenheit über Europa hinaus war selbstverständlich, was sich ausdrückt in Mitgliedschaften in der Deutschen UNESCO-Kommission oder beim Internationalen Rat für Denkmäler und historische Stätten (ICOMOS). Das verhalf wohl zu Blicken über den heimatlichen Zaun. Tragikomödien spielten sich an den Zonengrenzen ab. Remagen bleibt hier zu nennen; sein Bahnhof bekam eine traurige Berühmtheit, bis hin zur Beschlagnahmung von Kunstwerken, die über die Zonengrenze »ausgeführt« werden sollten. In Köln sang man: »Wir sind die Eingeborenen von Trizonesien«, doch in Koblenz sollte noch das ehemalige Residenzschloß für die Delegationen von vier Besatzungsmächten wiederaufgebaut werden. Der Landeskonservator hatte es dem Ministerpräsidenten für den Landtag vorgeschlagen – es kam anders.

Scheu vor Institutionen jenseits der Landesgrenzen hätte sich verhängnisvoll ausgewirkt. So hieß es denn, seine Unbefangenheit im Umgang mit allem zu bewahren. Was verbindet mehr als der Genuß des Schönen im Kunstwerk! Aber gerade das Schöne schien bei vielen nicht mehr gefragt. Es war nicht zu verkennen, daß gerade dieser Genuß zurückwich, ja von vielen unwillig abgetan oder gar nicht mehr verstanden wurde. Diese Gefahr gilt für unser ganzes gespaltenes Vaterland. Daß die Not ihre eigenen Wege heraufbeschwört, wurde deutlich.

Außerdem suchte die deutsche Zweifelsucht Alte und Junge heim, denen nun die zwischen 1933 und 1945 überstrapazierten Begriffe schal erschienen. Um die Kategorie »national« und »konservativ« drückten sich viele, und schließlich tönten sie im Munde mancher Politiker verschiedener Parteien geradezu wie Schimpfworte. Das färbte auf die Bewertung der Denkmalpflege ab, von der maßgebende Leute nicht erkennen moch-

ten, wie sehr sie sich als Denkmalschutz beweisen muß. Alsbald fand man zu Schlagwortentschuldigungen wie: Es handelt sich einfach um Generationsunterschiede.
Um so schwieriger wurde es, Proportionen zu erkennen. Die seit 1933 überforderten geschichtlichen Maßstäbe pendelten ins Gegenteil um. Jedoch die stete Bereitschaft, dem Objekt zu helfen, war eine gesunde Kur, die vor falschem Pathos bewahrte. Jedes Objekt verlangt wie ein Kranker seine eigene Heilung, von innen und außen her. Als Amtsleiter ein Kunsthistoriker, als dessen Vertreter ein Architekt, das bewährte sich. Ein organisches Gefälle der Mitarbeiter, ein breiter Mittelbau an Verwaltung entsprach dem. Ein Jurist kam hinzu – vor 1945 hatte kein Denkmalamt einen solchen. Die juristischen Belange vertrat, ging es hart auf hart, die oberste Denkmalschutzbehörde, was im Grunde gar nicht schlecht war. Aber die Welt wird nicht einfacher, sondern komplizierter.
Es läßt sich nicht leugnen, daß die Denkmalpflege und noch mehr der Denkmalschutz einer starken Staatsautorität bedürfen. Diese sollte auf der Bereitwilligkeit der Denkmaleigentümer und -besitzer wie deren Nutznießern beruhen. Gerade dies aber mußte Spannungen erzeugen. »Denkmalpflege ist eine politische Aufgabe«, wurde vielerorts verkündet. Doch was verstand ein junges, nicht aus sich selbst gefügtes Staatsgebilde unter »politischer Aufgabe«?
Den Jungen war dies zunächst nicht klarzumachen. Politik klang vielen nach Parteipolitik, und dem Wort Partei haftete ein böses Omen an. Die Basis der Beziehung zwischen privatem Denkmaleigentümer und staatlichem Konservator macht aber das gegenseitige Vertrauen aus.
Zunächst galt es zu versuchen, den Bestand zu übersehen und womöglich zu erfassen. Man hat in diesem Land mit rund 40000 Denkmälern zu rechnen. Eine Schätzung der damit betrauten Konservatoren nimmt für das Gebiet der Bundesrepublik insgesamt 500000 Denkmäler an. Für elf Länder ist das wenig, und für Rheinland-Pfalz sehr bescheiden. Aber allein schon diese allgemeine erste Statistik jagte der obersten Denkmalschutzbehörde puren Schrecken ein.
Als sich die anderen deutschen Länder mit neuen Denkmalschutzgesetzen versahen, keimte dieser Wunsch auch hierzulande auf. Ziemlich hoch oben im Olymp der Zuständigkeiten erwog man hinter vorgehaltener Hand, sich mit einem Denkmalpflegegesetz statt eines Schutzgesetzes als Alibi zu begnügen und so der Pflicht des Schutzes aus dem Wege zu gehen – es gab ja auch das Landespflegegesetz. Doch die sanfte Pflege braucht viel Optimismus. Im Artikel 40 Absatz 3 der rheinland-pfälzischen Verfassung vom 18. Mai 1947 fühlte sich der Schutz verankert.
Der ziemlich unbequeme Landeskonservator rührte sich für den Schutz; unstatthaft, wie man erklärte. Auf der weiteren Ebene der Konservatoren nahm die Unruhe zu, über

Die Villa Ludwigshöhe bei Edenkoben in der Pfalz, auf dem Hang über der Rheinebene gelegen, repräsentiert in der Bauidee des bayerischen Kronprinzen ein südliches Ideal. Seit der Zeit von Ministerpräsident Kohl und Kultusminister Vogel im Besitz des Landes und mit einem Teil des Slevogt-Nachlasses ausgestattet.

die deutsche Grenze hinaus. Die Freunde, die Leiter großer konservatorischer Zentralen deutschsprachiger Länder wie Österreich und der Schweiz, blickten besorgt herüber auf den Ehrgeiz eines neuen und kleinen Landes, eine Hierarchie staatlicher Hoheitsverpflichtungen über den Haufen zu werfen. Die Niederlande äußerten sich in diesem Tenor. Und mit ihnen der Staatskonservator Luxemburgs, des so schwer geschundenen Landes, zum Freund geworden seit dem Wiederaufbau der Brücke über die Sauer bei Echternacherbrück.

Brücken galt es wieder zu schlagen – beim Wiederaufbau der Drususbrücke über die Nahe in Bingen aus dem 11. Jahrhundert, der im Kern römischen Brücke über die Mosel in Trier, der gotischen Balduinbrücke in Koblenz und so vieler anderer bis zu denen des 19. Jahrhunderts im Bereich der Nahe und ihrer Zuflüsse. Auch hier konnte kein anderes Land in der Vielfalt Schritt mit uns halten. Modernste Probleme berührten sich mit jahrtausendealten.

Diese Vielfalt zu bewältigen schien nicht einfach. Doch gerade dies macht den Reiz denkmalpflegerischer Tätigkeit aus.

So verdichtete sich schließlich das Landesgesetz zum Schutz und zur Pflege der Kulturdenkmäler, gleich Denkmalschutz- und -pflegegesetz vom 23. März 1978, das am 1. Mai

1978 in Kraft trat. Es definiert in drei Paragraphen die Kulturdenkmäler und die Denkmalzonen. Es festigt bewährte Positionen und opfert andere, wie zum Beispiel die der gesicherten Zusammenarbeit der staatlichen mit der kirchlichen Denkmalpflege.

Aber so einfach ist die Ausführung des Gesetzes nicht. Der Drang nach finanziellen Garantien für kulturelle Werte stößt dort ins Leere, wo zum Beispiel der Staat alles jenem bezahlen soll, der sich jeder Verpflichtung entzieht. Oder, umgekehrt, wo derjenige, der zahlt, über alles befindet, was ihm zwar nicht gehört, aber von ihm als unbedingt zu erhaltender Wert erkannt wird. Das kann sehr relativ sein.

Zwischen 1933 und 1945 hat der Begriff der »sozialen Bindung im Eigentum« verhängnisvolle Erfahrungen gezeitigt. Nun sollte diese freiwillig erfolgen. Die agrarische Konsistenz herrschte vor, und der Landmann geht besonders gern eigene Wege.

Von oben kam der Wunsch nach einer »dynamischen Denkmalpflege«. Im Europarat verklärte man die »Revitalisierung«. Ruinen hatten die Leute satt. Aber es gab und gibt Konservatoren, welche die authentischen Ruinen keinesfalls anrühren möchten.

In Trier mußte dem wiederholten und behördlich protegierten Ansturm, Amphitheater und Kaiserthermen weitgehend »auszubauen«, widerstanden werden. Andererseits waren auch dort Ergänzungen notwendig. Ja, solche wurden mehr und mehr unerläßlich, obwohl manche Kreise im naiven Bewußtsein meinten, unberührt würden die Ruinen uns überdauern. Auguste Rodins Maxime, die Dinge »in Schönheit sterben zu lassen«, lebte wieder auf.

Man kennt das gegenteilige rührige Bemühen vieler Bauhütten, unter dem Motto »wenn schon, denn schon« zu erneuern, soweit eben möglich. Die kranke Steinsubstanz tut sich mit der scheinbar trefflichen Nachempfindung zusammen. Schnell ist alles neu. Die Katharinenkirche in Oppenheim bietet ein lehrreiches Beispiel für das Hin und Her der Anschauungen seit 150 Jahren bei einem der bedeutendsten gotischen Kirchenbauten Deutschlands. Neue Techniken entwickelten sich, bewährte alte galten weiter.

Mit den Vorläufern aus Berlin, Bonn, Darmstadt, Marburg und München konnte man sich umschauen und auswählen. Ein neues Landesamt profitierte von dieser Vielfalt. Es lohnte sich, unvoreingenommen loszuziehen. Und man war ja unparteiisch – nicht im Lande geboren. Man besuchte den Bundeskanzler Konrad Adenauer, den persönlichen Lehrmeister in Köln bis zum Übergang nach Koblenz. Für einige Politiker grenzte dies an Hochverrat. Der weise Mann wies Richtungen, und darum ging es.

Die schöne Lais von Korinth hatte man einmal, in freilich anderen Zusammenhängen, gefragt, wie ein Mann sein müsse. »Unbekümmert«, sagte sie. Ein nicht zynisches Unbekümmertsein war nun geboten. Es verblüfft nicht, wenn man im nachhinein nun feststellt, daß diese Art im Lande am ehesten in den Weinbaugegenden verstanden wurde. Aber auch im hohen Westerwald wie in der hohen Eifel. Das Elend der Kriegsjahre hatte gerade in den ländlichen Bereichen klare Köpfe heranreifen lassen. Die unerbittliche Konsequenz ländlicher Betätigung hatte bestimmte Bereiche sehr typisch geformt, besonders an der Mosel. Viel unsicherer gerierten sich die Städte.

Hunderte von Brücken waren zerstört. Deren Wracks sperrten die Flußläufe. Man wollte voran und die Ruinen überwinden.

Wie ging es vor dem Denkmalschutzgesetz von 1978 zu?

Bayern und Preußen hatten keine Denkmalschutzgesetze, und doch Organe staatlicher Denkmalpflege seit mehr als hundert Jahren. In Rheinhessen gab der dem Jugendstil schon zugetane Großherzog am 16. Juli 1902 das Gesetz »den Denkmalschutz betreffend« heraus. Dieses Gesetz wirkte in manchem bahnbrechend, vor allem für den Schutz der Umgebung der Denkmäler, das heißt also nicht nur für deren eigenen Bestand. Aus solchen Regungen des frühen 20. Jahrhunderts entstand der Umweltschutz, das Schlagwort unserer Tage. Daß man über 150 Jahre lang ohne spezifische Gesetze Denkmalschutz betrieb und durchsetzte, ist ein Phänomen eigener Art, dem man hier leider nicht näher nachgehen kann.

Der letzte führende deutsche Konservator, Geheimrat Dr. Dr. h. c. Robert Hiecke, beantwortete die Frage nach der Möglichkeit, Denkmalschutz ohne spezifische Gesetze zu praktizieren, so: »Wir konnten regieren.« Wer aber regierte in einem neu aus dem Boden geschossenen Wald von Zuständigkeiten?

Solchen Träumen war nicht mehr nachzuhängen. Aber ebensowenig dem des Verzichts auf das Regieren. So freute man sich über die Stärkung der Mittelinstanz, welche die Regierungspräsidenten in Koblenz, Mainz, Speyer und Trier verkörperten, vermehrt durch einen neuen Sitz in Montabaur. Ebenso hatte man diese Instanz mit zu verteidigen, als einige Landräte sie nach dem Rezept des Saarlandes abschaffen wollten; der vernünftige Vater, selbst Landrat, war ebenso für den bewährten sogenannten Instanzenzug. Und behutsam sorgte man mit bei der Stärkung der staatlichen Hochbauämter. Die höchste Baukultur zeigte die Pfalz. Es kamen außerdem geflohene Baubeamten ins Land – die besten aus der Dresdener Schule. Man hatte diese unvergleichliche Stadt noch vor ihrer Zerstörung erlebt, und so besaß man seine Maßstäbe. Die Mosel herab, die Lahn hinauf zog einst ein Strom deutscher Kultur in den Osten.

Einige befremdeten diese Maßstäbe natürlich. Aber die meisten freuten sich über die Weite und ließen uns gewähren, ja unterstützten uns sogar.

So galt es, Ordnung im eigenen Hause zu schaffen. Einen Maßstab bot die neugegründete, dem Landeskonservator unterstellte Verwaltung der staatlichen Schlösser mit 80 Objekten, ein Unikum in Deutschland insofern, als sie in anderen Ländern – Bayern, Berlin, Hessen – unabhängig von der staatlichen Denkmalpflege existieren. Gerade die Verbindung aber bietet ein großartiges Regulativ. Dies ist gar nicht zu überschätzen.

Bürresheim bei Mayen mit einer in Jahrhunderten gewachsenen Ausstattung und Stolzenfels bei Koblenz mit einer Sammlung aus dem 19. Jahrhundert bergen mehr als 5 000 bewegliche Kunstgegenstände; allein wie diese sich darbieten, ist von außerordentlichem Interesse. Die Villa Ludwigshöhe bei Neustadt in der Pfalz mußte nach jahrzehntelanger Vernachlässigung von Grund auf in ihrem bedeutenden klassizistischen Stil als Gesamtkunstwerk restauriert und möbliert werden. Sooneck unterhalb Bingen hatte man nach Kriegsende ausgeplündert, und auch diese Burg war mit neuem Leben zu versehen, ebenso der Pfalzgrafenstein im Rhein bei Kaub. Auch die Trierer Römerbauten (außer der Basilika und dem Dom) zählen hierzu, die Klause bei Kastel hoch über der Saar, der Trifels, arg erweitert, Burg Nassau und andere.

Gleichzeitig wuchs die möglichst diskrete Fürsorge für den privaten Kunstbereich, der in mancherlei Bedrängnis geraten war. Zwar erhöhten sich die jährlichen Finanzmittel für die Denkmaleigentümer langsam, ebenso aber auch eine gefährliche behördliche Lust, hier abstrakte Reglementierungen bei Zuteilungen verlorener Zuschüsse durchzusetzen. Dem galt es entgegenzuwirken, um dem Privatmann das Vergnügen an der eigenen Kulturpflege nicht zu nehmen, sondern dieses noch zu erhöhen. Denn der Staat ist dazu da, aufmunternd zu handeln. Im Laufe von drei Jahrzehnten beriet man hin und wieder drei Generationen einer Familie, um die Konstanz zu sichern. Bodenreform, Währungsumschwung, Rückgang der Fachkräfte für den Unterhalt und schließlich im Handwerk, in der Handwerksarbeit und ihrem großartigen Gewerbe führten zu nicht absehbaren Engpässen, die schließlich über Sein oder Nichtsein der Denkmäler entschieden. Natürlich wirken sich auch materialmäßige und menschliche »Überalterung« – man zögert vor einer derartigen Wortkombination – aus. Das betrifft alles, von den großen Bauwerken über die kleinen Wohnstätten bis hin zu Siedlungshäusern unseres Jahrhunderts.

Der Staat, das Land, spürt dies zu Recht am eigenen Leibe. Die Risiken des einzelnen sollen ebenso seine Norm sein. Das Land umfaßt mehr als 500 Burgen und Schlösser. Zählt man die verschütteten Reste untergegangener Wallanlagen und Fliehburgen dazu, erhöht sich die Zahl beträchtlich; viele dieser Anlagen sind entwicklungsgeschichtlich von außergewöhnlicher Bedeutung, oft noch nicht gehobene Schätze aus der Genesis des menschlichen Erdenwandels.

An die 300 historische Profanbauten von besonderem Rang gehören dem Lande selbst. Oft ging der Staat sachgemäß damit um, manchmal aber auch nicht, was den zur Pflege angehaltenen Privatmann mit Recht verstimmte. In Mainz ging der Staat vorbildlich vor, die Vielzahl der Palaisbauten dieser kurfürstlichen Residenz wieder herzurichten und der Öffentlichkeit nutzbar zu machen. Größere Schloßbauten in Koblenz, Trier und Zweibrücken erstanden wieder. Und der Staat trug in einigen Fällen mit dazu bei, daß

Mittelbau des barocken Residenzschlosses in Zweibrücken. Erbaut unter dem Pfalzgrafen Gustav Samuel Leopold von dem schwedischen Architekten Jonas Erikson Sundahl in den Jahren 1720 bis 1725.

Die Klause über der Saar bei Kastel im Kreis Trier-Saarburg. Von keinem Geringeren als dem preußischen Baumeister Schinkel wurde sie zurückhaltend, doch sicher und geschmackvoll in die Landschaft einbezogen.

von ihm veräußerte große Schlösser wie die in Hachenburg, Montabaur und Oranienstein praktischen, die Substanz erhaltenden Zwecken zugeführt wurden, die vor allem der Jugend dienen: Die beiden erstgenannten als Ausbildungsstätten für das Bankgewerbe, der dritte Bau als Kaserne um einen musealen Kern.

Wiederbelebung, Revitalisierung wurde also überall auf den Schild gehoben. Nach dem Trümmermeer des Zweiten Weltkrieges berührten die Ruinen als ein zu überwindendes Menetekel. Zunächst sicherte man Dächer, Türen, Fenster, dann setzte sich der uralte Trieb, mehr zu tun, durch. Gerade für die Lande am Verkehrsstrom des Rheines, einem Urland des Tourismus, macht dies einiges aus.

Es kann kein Zweifel darüber bestehen, daß sich ein geschichtliches Denken, Fühlen, Handeln nur sehr zögernd verbreitete. Andererseits wollte man die Ruinen überwinden. Die praktischen wie theoretischen Auseinandersetzungen mit der gigantischen Aufgabe sind noch nicht zu Ende. Alte wie junge Ruinen erfordern immer wieder individuelle Behandlung. Einen modernen Begriff der Ruine, weit in unsere Zeit hinwirkend, schuf einst die Rheinromantik mit der Verherrlichung der Burgen über dem Strom. Gleichzeitig damit setzte aber auch der Trieb zur merkantilen Auswertung, weit über das »interesselose Wohlgefallen« hinaus, ein. Schon bald nach 1945 fragten sich maßgebende Konservatoren, wieweit die Erhaltung des Status quo eine moralische Pflicht sei, ab wann dies zu einer musealen Denkmalpflege führe. Die reine Sicherung macht nach wie vor ein unüberbietbares Ideal aus. Aber wieweit diese möglich war und ist, bleibt in der Regel offen. Rheinab baut man ganze römische Lagerstätten wieder auf, zu unbedenklich. Man entschuldigt dies mit der Verlebendigung des Denkmalbewußtseins. Zwei Freiluftmuseen im Lande vermitteln heile Eindrücke von an ihrem ursprünglichen Platz nicht zu haltenden Gebäuden ländlicher Kultur. Aber die Versetzung von Denkmälern kann nur selten, und dann höchstens als »notwendiges Übel«, gutgeheißen werden. »Ein Denkmal ist keine Kommode«, warnte der erste Konservator der Rheinprovinz, Paul Clemen. –

Der Steinzerfall nahm in den letzten 50 Jahren rascher zu als während der 500 Jahre zuvor. In Rheinland-Pfalz reicht die Skala der verwendeten Materialien vom harten Basalt über Trachyt und Sandstein bis zum weichen Tuff, vom Schieferdach zur Ziegeldeckkung bis zur Nahe vom Süden her; in der Eifel und im Westerwald verschwanden die letzten Strohdächer, im Süden die schindelgedeckten Bauten und überall die Bleidächer großer Kirchen.

Verputz und farbige Architekturfassung halfen wieder, den Verfall etwas zu bremsen. Von Bingen rheinabwärts spürt man dies nun an den Ortsbildern. Damit verliert sich aber ein der Welt vertrautes, von der Romantik entdecktes Erscheinungsbild, was hinzunehmen ist. Nicht hinzunehmen aber ist die klaffende Wunde des Steinbruchs über dem Rhein bei Trechtingshausen.

Nach 1945 beeilte man sich, das Reichsnaturschutzgesetz aufzukündigen. Plötzlich waren die bisher einigermaßen behüteten Talbilder vogelfrei. Dagegen anzugehen war schwer. Es führte zusammen mit einem noch unkomplizierten System des Hand in Hand zu einigen Erfolgen. Aber nicht überall. Dieses Handeln »auf schwankenden Boden« hatte auch sein Gutes, da es dazu zwang, sich immer wieder mit Menschen zu befassen – eine bloß nach Gesetzen arbeitende Verwaltungsmaschine ist unmenschlich. Und mehr und mehr junge Menschen wurden hellhörig.

Dieses Miteinander führte zu manchem Fruchtbaren. So zum Beispiel beim Schutz der Fachwerkbauten. Außerordentlich freudig griff man den Schutz des Fachwerks auf. Der Bestand setzt mit Beispielen aus dem 14. Jahrhundert an der unteren Mosel ein und bietet Varianten vom Pfälzer Wald bis zum Westerwald. Die Hausforschung hat in den letzten Jahren manches zum Typus weiterermittelt. Das Land weist die meisten romanischen Wohnhäuser Deutschlands auf. Mit den Palaisbauten der Burgen hält es einen Rekord.

Die mangelnde Pflege während der Kriegszeit hatte vielen Häusern zugesetzt. Ein Neubaufieber tat das gleiche. Hier galt es, systematisch zu helfen. Von den direkten Kriegszerstörungen, die in Mainz und in Koblenz am schlimmsten waren, sei hier nicht gesprochen; eine Veröffentlichung bietet einen Überblick. Trier war am Ende des Krieges völlig von Menschen geräumt. Es fand sich in seinem Stadtkern eindrucksvoll wieder, ohne Punkthaus- und Hochhausehrgeiz.

Es stand in engem Zusammenhang mit dem Schutz dieser einstigen römischen Kaisermetropole, daß vom Landesdenkmalamt der archäologische Denkmalschutz, in der Regel als »Bodendenkmalpflege« bezeichnet, übernommen wurde. Außenstellen in Koblenz, Mainz, Speyer und Trier arbeiten in die gleiche Richtung, die zum Beispiel wegen des Straßenbaus unentwegt erforderlich ist. Die Methodik hat sich mit der Entwicklung der Naturwissenschaften verfeinert. Schon aus der vorrömischen Zeit bietet die Besiedlung der Lande rechts und links des Rheines außerordentlich bedeutende Spuren der menschlichen Entwicklung – bei Neuwied tat sich ein derartiges Zentrum auf, und die Kuppen des Donnersbergs bieten für die Vor- und Frühgeschichte immer wieder neue Aufschlüsse. Unser Bild von den Kelten hat sich dadurch verändert und erweitert.

Die archäologische Denkmalpflege atmete nach 1945 tief auf, als ihr der Ballast unwissenschaftlicher Gedanken und tendenziöser Propaganda genommen wurde. Doch ist für den jüngeren Bereich der Denkmalpflege das Versickern eines natürlichen Nationalgefühls schädlich, besonders, wenn man es an der gegensätzlichen Entwicklung bei unseren westlichen Nachbarn mißt. »We have desire for history«, erklärte ein amerikanischer Offizier kopfschüttelnd, als er sich wieder einmal einem Akt deutscher Bilderstürmerei gegenübersah. Langsam wächst in den Schulen anscheinend wieder der Sinn für einen solchen Hinter-, ja Untergrund. Das 19. Jahrhundert hat im Guten wie Schlechten das Geschichtsgefühl zu einem Geschichtsbewußtsein gewandelt, dem es fremd wurde, von den rheinischen Landen, den Rheinlanden, zu sprechen. »Das Rheinland« verengte sich zu einem bloßen politischen Verwaltungsbegriff. Die Monumente folgen jedoch durchaus nicht immer unmittelbar den Ufern des Rheines. Aber dessen sammelnde, verbindende und weitertragende Kraft bewährte sich doch seit mehr als einem Jahrtausend. Manchem, den es nach dem Elend von 1945 hierher verschlug, boten die Denkmäler wenigstens einen gewissen Trost, und sei es einfach durch ihr Dasein oder durch ihre Qualität. Denn echte Qualität verbindet und vereint. Und Landschaften

Denkmalschutz und Denkmalpflege in einem neuen Land

Schloß Stolzenfels am Rhein ist eine bedeutende Leistung preußischer Denkmal-Sanierung im 19. Jahrhundert. Schinkels Gestaltung verhalf einer mittelalterlichen Ruine zu einer baukünstlerischen Ausgeglichenheit. Hier ein Blick in die Wohnräume der Königin.

Eines der wichtigsten Industrie-Denkmäler des Landes ist die Sayner Gießhütte, die in den 20er Jahren des 19. Jahrhunderts von Carl Ludwig Althans an die Stelle einer 1769/70 gegründeten Eisenhütte Kurtriers erbaut worden ist und in unserem Jahrhundert lange dem Verfall preisgegeben war.

erinnern an verlorene Heimatbereiche. Die Rheinländer haben nicht immer genug Rücksicht auf dieses Sich-Wiederfinden der Suchenden genommen, die in den Denkmälern, in deren Schönsein, weit über einen blutleeren Ästhetizismus hinaus das Heimatliche wieder spüren.
So ist es nötig, Kultur und Zivilisation in den Monumenten zu begreifen – und nutzbar zu machen. Zivilisation kann vom Positiven nicht so tief durchtränkt sein wie Kultur. Aber sie ist doch mit dem Denkmal verbunden, in zu schützenden Maschinenanlagen,

Siedlungsbauten, nun schon aus der zweiten Hälfte unseres Jahrhunderts, und in wichtigen Vorläufern der Industrie. In Ludwigshafen, Worms, an der Sieg bei Wissen und anderswo erwachsen Probleme zu technisch überholten Siedlungen und Industriebauten, so auch in Nievern an der Lahn. Gerettet wurde die großartige Eisenhalle bei Bendorf-Sayn, doch anderes bleibt weiter gefährdet.

Denkmalschutz und Denkmalpflege bilden in anderen Ländern eine Art Gradmesser für das nationale und historische Bewußtsein.

Die französische Militärregierung lancierte einen Wettbewerb zum Wiederaufbau des Denkmals Kaiser Wilhelms I. auf dem Deutschen Eck in Koblenz. Ein kommunistischer Beamter der obersten Wiederaufbauinstanz stolperte in dieses Unternehmen hinein. Es gab allerlei Vorschläge, vom drehbaren Café bis zum Krematorium, nur keinerlei Meinung, das Denkmal, wie es gewesen war, wieder aufzubauen. 1986 wird gerade dies von mehr und mehr Organen der öffentlichen Meinung gefordert.

Gleichzeitig prangert man in Berlin im sogenannten Wissenschaftskolleg Deutschlands »lapidaren und ehernen Denkmalskult« als »neowilhelminisches Wiederaufleben« an. Und andererseits geht man vertrauten Legenden bilderstürmerisch zu Leibe. In Oberwesel mußten die Tafeln mit der barocken Darstellung des Martyriums des Knaben Werner von seiner Namenskapelle über Nacht verschwinden. Man sage nicht, der Atavismus der Bilderstürmerei sei für immer vorüber.

Mit dem Nachlassen der Bildung wächst stets ein oft gefährliches Eiferertum. Gern tut man heute ein leidenschaftliches Sicheinsetzen mit dem Stichwort »emotionell« ab. Die Grade des Einsatzes für die Monumente sind verschieden. Der gesunde Menschenverstand blüht nicht überall. Ein maßgeblicher Beamter weigerte sich, im früheren Koblenzer Residenztheater die Krone wieder vergolden zu lassen: »Das ist nicht demokratisch«. Ein anderer wollte selten gewordene Fachwerkkapellen im Westerwald verschwinden lassen – sie seien zu ärmlich, und es gehe uns doch so gut. Das Auftrumpfen mit dem Gutgehen wird zum beliebten Triumph, zum Scheintriumph einiger deutscher Scheindiplomaten im Ausland, unterbaut von der Lust zu einer neureichen Geldanbiederung. Das schadet auch der Denkmalpflege. Konrad Adenauer ließ sich von de Gaulle bewegen, das Palais Beauharnais als Residenz des deutschen Botschafters in Paris einwandfrei restaurieren zu lassen. Das hebt unser Ansehen, und man tut als Gutachter gerne mit. Konrad Adenauers Maßstäbe, die er einst lehrte – man sucht sie auch in der Denkmalpflege.

Langsam pendeln sich die Zerstörungen einer mißverstandenen Liturgiereform in den katholischen Gotteshäusern ein; in einer unmittelbar an der Grenze gelegenen Diözese wirkten sie sich verheerender aus als alle kriegerischen Eingriffe zwischen 1939 und 1945. Zwölf Jahre eines ruchlosen Regimes rissen kulturelle Zusammenhänge von über tausend Jahren nieder; innerlich wie äußerlich. Das Monument ist der Seismograph des unbestechlichen Kulturbewußtseins.

Es war nicht immer einfach, die erstrebten Zusammenhänge verständlich zu machen. Die Menschen hatten 1945 noch manche Reserven, positive wie negative, die in ihrem Charakter meist auf fränkischem Untergrund beruhten, die aber in den letzten Jahren mehr und mehr verschwunden sind. Es gilt auch nicht, diese Eigenschaften wie Eigenheiten primär anzusprechen. Aber immerhin stammen aus solchem Untergrund viele Monumente, und solche Individualitäten bestimmen ebenso den Umgang mit den Denkmälern, ja deren Dasein überhaupt. Es gelang, durch das Eingehen auf derartige Eigenheiten ganzen Gruppen von Monumenten zu helfen. Hier aus der abstrakten Distanz heraus urteilen zu wollen, macht eine der Gefahren des Gesetzesmechanismus aus. Ob es das Tun um die Dome von Mainz, Speyer, Trier oder Worms war oder ob es um die letzten Wassermühlen in den Seitentälern der Mosel ging –, immer stand, wenn eben möglich, der persönliche Kontakt vorne an. Der Stall für den Ortsbullen nahe dem Rathaus, der Kirche und dem Dorfbrunnen im Westerwald bestimmte die gesamte Situation. Da fanden sich ländliche Instinkte wieder. Und man gehörte auch zum Landesverkehrsverband und rang mit dessen Nöten; Bernkastel zum Beispiel rühmte sich einer kaum zu überbietenden Übernachtungszahl, was Folgen für den ganzen Ort hat. Alte, schöne Badeorte heischten um Hilfe bei ganz veränderten Besucherschichten – Dürkheim, Kreuznach, Münster am Stein, Bertrich, Neuenahr, Ems, aber auch das Kurhaus bei Gleisweiler und das ehemalige Jagdschlößchen am Mineralbrunnen in Geilnau markierten idyllische, gesellige Stätten. Es gibt unzählige Gasthäuser, und manche davon sind »historisch«. Aber nicht allzu viele von ihnen strahlen wirklich jene selbstverständliche natürliche Geborgenheit aus, die noch heute viele englische Wirtschaften charakterisiert. Mit einer Kutsche auf dem Garagendach und einem Spinnrad vor der Toilette schafft man noch kein Cachet. Nostalgie ist einzubeziehen, natürlich, aber es geht eben doch um mehr. Die Rheinromantik schenkt gute Beispiele dazu.

Fordert das Einzeldenkmal immer wieder primär zur Analyse und Heilung auf, so muß der Denkmalpfleger doch über dem Ganzen stehen, um das einzelne für sich wie in seiner Bedeutung für die Gesamtheit herauszuarbeiten und zu retten. Gerade das aber ist dem Außenstehenden oft nur schwer klarzumachen. Man sagt, daß dem Historiker überwiegend am Einzelfall und an seiner Ergründung gelegen sei, dem Politologen überwiegend an Gesetzmäßigkeiten, Typen, damit auch an Wiederholungen. Das verkennt die viel weiter gespannte Aufgabe des Historikers als Konservator, mit der Konsequenz angewandter Geschichtswissenschaft, von deren festen Normen kein Denkmalpfleger entbunden wird. Der Kultusminister Orth formulierte einmal seinem Denkmalhüter gegenüber: »Sie haben es schwer! Sagen Sie nichts, sagen die Leute: Er ist ja selber

Denkmalschutz und Denkmalpflege in einem neuen Land

Das Nassauer Rathaus präsentiert sich noch heute als stattlicher Fachwerkbau mit prächtigen Erkern in strenger Symmetrie.

schuld, wenn er nichts sagt. Und sagen Sie was, sagen die Leute empört: Wie kommt der dazu, etwas zu sagen?«

Der Kern der Tätigkeit, die beratende Funktion, wandelt sich in der Praxis oft ungewollt zur Exekutive, eben durch das Gesetz, das gerade dies vermeiden will. Es erzeugt Notwehr. Das hat durchaus seine Kehrseite, die unter anderem mit der Überforderung der Denkmalpflege wie des Denkmalschutzes durch die höchst interessierte Öffentlichkeit zu tun bekommt. Das Amt muß unbedingt auf der wissenschaftlichen Erfahrung gründen, was vielfach in Vergessenheit gerät. Es verkörpert also auch ein wissenschaftliches Institut. Dieser Institutscharakter rückte jüngst in Niedersachsen schon durch den Titel des Amtes als »Institut für Denkmalpflege«, ähnlich wie bei der Zentrale der Denkmalpflege der DDR in Berlin, den behördlichen Amtscharakter zu sehr in den Hintergrund. In den Rheinlanden wäre dies ganz unmöglich.

Die Herabsetzung des Schutzalters für Denkmäler bis in die 50er Jahre unseres Jahrhunderts führt zu kaum übersehbaren Folgen. Die Doppelung von Behörde und Institut verleiht dem Amt seine Mittlerrolle, deren sich die Exekutive in den verschiedenen Ebenen der Denkmalschutzbehörden bis zur obersten Instanz ausdrücklich als Fachbehörde bedient. Es kommt darauf an, wie weit man diese Behörde ernst nimmt. Das Abwägen der Interessen ist hin und wieder ein heißes Eisen für die Beteiligten. Paul Clemen meinte einmal verärgert, Denkmalschutzlisten seien da, um Beamten das Denken zu ersparen! Welche Wandlung bis heute.

In solchem Zusammenhang erinnert man sich gerne der Zusammenarbeit mit der Bundesbahn, als die Rheintalstrecke zu elektrifizieren war. Die romantischen Eisenbahntunnel reichten nicht mehr, mußten entlastet, verdoppelt werden. Mit sachlichen Männern fuhr man auf einer Draisine fröhlich die Strecken ab. Vorbildliche Lösungen gelangen damals für Dämme, Masten – hier waren italienische Anregungen einzubringen – und Gitter. Nicht so beruhigt denkt man an die Rheinkanalisierung um den Mäuseturm am Binger Loch.

Die Gefahr einer neuen Autobahn – natürlich sind Autobahnen notwendig – quer durch das denkmalreiche Waldgebiet der südlichen Pfalz scheint gebannt. Doch für die Eifel besteht sie weiter. Das Vergnügen an den Fachwerkbauten setzte deren Rettung bald im Selbstlauf durch. Da viele noch in den Händen von Winzern waren und der Weinbau nicht derart umwerfend wie die übrige Landwirtschaft Veränderungen von Behausung und Wirtschaftsgebäuden propagierte, blieben die meisten dieser Wohnhäuser lebendig. Gefährlicher ist es für die Gebäude der Tabakkultur in der Pfalz, wo in schönen Dörfern zwischen Weinstraße und Rhein die Trockenspeicher und Vordächer verschwinden, ähnlich wie in den badischen Gehöften rechts des Rheins. Das Leerstehen und anschließende Verfallen der großen Scheunen verursacht hierzulande nicht die Sorge, wie zum

Beispiel in Schleswig-Holstein, da dieser Gebäudetyp hier nur selten vorkommt. Das Problem besteht allerdings auch für die Scheunenketten rheinhessischer Dörfer. Die früher gegenüber dem Ackerbau überwiegende Viehhaltung hinterläßt ihre Spuren. Von der einst am Zweibrücker Hof bewährten Pferdezucht blieb nur der Rest eines Gestütes mit ein paar bildhauerischen Hinweisen auf die ursprüngliche Bestimmung übrig. Ländliche Reitervereine retten hin und wieder größere Stallungen, aber wie lange, bleibt abzuwarten. Ähnliches gilt für den Eichelscheiderhof bei Waldmohr, einst ebenfalls zweibrückisch.

Die verschiedenen Hofformen, vom sogenannten lothringischen Gehöft unter einem Dach bis zur ähnlichen Form des Bauernhauses im hohen Westerwald, häufig mit nach Norden herabgezogenem Dach für die Ställe, schleifen sich in den spezifischen Formen immer mehr ab. Der letztgenannte Typus wird bald kaum noch existieren. Besser hat es der sogenannte fränkische Typus mit Wohnhaus, Stallungen und Scheune um den Innenhof. Die Weinberghäuschen im Glantal, besonders um Meisenheim, verdienen mehr Unterstützung; ihr Sinn droht abhanden zu kommen. Besser steht es mit den Weinbergs- und Gartenhäuschen an der Weinstraße. Barocke Gartenpavillons verfallen. Monbijou bei Zweibrücken litt böse. Neue Gehöfte, nicht wie die alten gegen die Kälte in Mulden gebettet, drängen sich mit Silotürmen auf. Wenn sich alte Inhalte verlieren, hat man neue zu suchen. Alte Bauten vertragen merkwürdigerweise neue Zweckbestimmungen besser, als man denkt. Obgleich ihre spezifische Klassifizierung in der Regel den Zweck schneller verrät als ein moderner Durchschnittsbau, der manchmal Hallenbad und Kirchenraum kaum voneinander unterscheiden läßt, scheint die Spannweite größer. Die Veränderungen der Landwirtschaft verwandeln auch das Bild außerhalb der Dörfer. In der westlichen Eifel beginnt man sich Sorgen um die vielen kleinen Kapellen zu machen, die einst den von den Pfarrkirchen weit abgelegenen Höfen zum Gottesdienst dienten. Immerhin ist die Welle der Bilderstürmerei vorbei. Nun mehren sich Einbrüche und Diebstähle in den Kirchen, und in den der Öffentlichkeit zugänglichen Schlössern muß man alle kleineren Gegenstände vor einer bestimmten Besucherart sichern. Und die Bestrafung der Entdeckten ist mehr als gelinde.

Gebührend bemüht man sich um die Denkmäler der Technik. Bald nach 1945 verraten Verordnungen, Erlasse und schließlich die neuen Denkmalschutzgesetze die zögernde Übernahme in die Kategorie der Kulturdenkmäler. Das hessische Denkmalschutzgesetz von 1902 sagt zur Technik noch nichts Ausdrückliches, und doch stand man gerade damals am Wormser Dom in grundlegenden Auseinandersetzungen mit der Technik, bahnbrechend für das 20. Jahrhundert. Das rheinland-pfälzische Denkmalschutzgesetz bezieht »Zeugnisse, insbesondere des geistigen oder künstlerischen Schaffens oder des handwerklichen oder technischen Wirkens« ein. Auch hierfür bietet das Land eine fast

Der Osteiner Hof in Mainz, heute im Besitz der Bundeswehr. Kurfürst Friedrich Karl von Ostein, der von 1743 bis 1763 regierte, ließ ihn für seine Familie durch den Architekten Johann Valentin Thomann um 1750 erbauen.

kaum zu überblickende Vielfalt, die genug Probleme aufwirft, aber auch Lösungen möglich macht.

Und wieder kann man auf gesetzliche Äußerungen zum Schutze der Technik vor bald 150 Jahren verweisen. Gerade dies ermuntert zu neuen Anfängen.

So geht es also weiter. Die Denkmäler sind vom Menschen durch Menschen für Menschen geschaffen. Gerade das entbindet niemanden von seinen Pflichten. Schiller hat einmal gesagt: »Die Kunst, o Mensch, hast Du allein!« Deren Spielarten, Kategorien, Wandlungen, deren Gegenwirkungen, Auslöschen, Ignorieren und Negieren – sie ändern nichts an dem, was besonders Rheinland-Pfalz in seiner großartigen Fülle zu bewältigen bietet.

Berthold Roland

Künstler, Poeten und Museumsleute

Ich habe es und hatte es früh mit Kunst zu tun.
Ich gehöre einer Generation an, deren Erinnerung gut bis in die Jahre vor dem Zweiten Weltkrieg zurückreicht, die in der Jugendzeit die Nöte und Schrecken der Kriegsjahre miterlebte und bald nach dem Kriegsende zum Studium kam: eine vermieste Jugend, und doch empfand man nicht die ganze Tragik der Zeit. Man verstand nicht, warum uns die Eltern bedauerten. Ich gehöre zu der Generation, die sich, in jeder Weise ausgehungert, mit einem ungeheuren Bedürfnis nach geistigen Werten ins Studium stürzte – als Pfälzer zunächst an der neugegründeten Universität in Mainz.
Da war die frühe Jugendzeit im Pfarrhaus von Schweigen-Rechtenbach an der elsässischen Grenze, dann in Rhodt unter Rietburg, wo der Blick von unserem Bubenzimmer am Maulbeerbaum vorbei, über die Weinberge zur »Villa Ludwigshöhe« ging. Als wir 1936 von Rhodt nach Speyer zogen, kam Adolf Kessler, der Künstlerfreund meiner Eltern, und hielt den blumenüberfüllten, prächtigen Pfarrhof zur Erinnerung im Aquarell fest. Ich stand neben ihm, als er von der Scheune her das barocke Pfarrhaus mit der Freitreppe ins Bild brachte. Adolf Kessler, den wir bei den Großelternbesuchen in Godramstein häufig sahen, war es auch, bei dem ich die ersten Kunstgespräche mitbekam. Da hörte ich von Max Slevogt, der zeitweise bei den Schwiegereltern im Godramsteiner Schlössel gewohnt hatte; ich erinnere mich an Gespräche über das im Krieg der Vernichtung anheimgefallene Slevogtsche Golgatha-Fresko in der Friedenskirche Ludwigshafen, ich höre noch Adolf Kessler von seinem Besuch mit dem Schwager Rudolf Wackernagel und dessen Kunsthistoriker-Kollegen Heinrich Wölfflin in Giverny bei Claude Monet erzählen. Ich erinnere mich auch noch an Olga Loew, Tante der Anna Frank, die spürbaren Einfluß auf die häusliche Kultur im Pfarrhaus und auf die Interessen meiner Mutter genommen hat. Ich bezweifle nicht, daß die Besuche im Atelier Adolf Kesslers, wo ich viele seiner Werke, Landschaften, Blumenstilleben, Porträts und Entwürfe für die Wandbilder entstehen sah, einen nicht mehr auszulöschenden Eindruck hinterlassen haben, der mein Leben sehr bestimmen sollte. Daß Adolf Kessler einer der ersten war, der aus der Hand von Ministerpräsident Dr. Helmut Kohl die neugeschaffene Max-Slevogt-Medaille überreicht bekam, erfüllt mich noch heute mit Freude.
In Speyer wohnten wir seit 1936 in der Prinz-Luitpold-Straße 9 als Nachbarn neben

Dr. Friedrich Sprater, Direktor des Historischen Museums der Pfalz. Ich sehe ihn noch in der kalten Jahreszeit frühmorgens den Aschenkasten heraustragen und die Zeitung mit in die Wohnung nehmen. Eine unvergeßliche Persönlichkeit, mit einem bemerkenswerten Kopf, klugen, gütigen Augen, immer freundlich. Er war voll von köstlichen Geschichten, er erzählte von den »Mainzern« Arens und Behrens, Behn und Dehn. Friedrich Sprater schrieb an wissenschaftlichen Texten, auch wenn er inmitten einer recht lebhaften und lustigen Kaffeegesellschaft saß. Mit den Spraterschen Kindern sind wir zu Führungen auf die Limburg, zum Kriemhildenstuhl und auf den Trifels, die Spratersche »Gralsburg«, mitgenommen worden. So lernten wir auch Professor Rudolf Esterer kennen, der damals den Trifels auszubauen hatte und später bei der Restaurierung des Speyerer Doms Regie führte. Im Hause Sprater wurde ich mit dem aus Zweibrücken stammenden Hans Buchheit, ehemals Generaldirektor des Bayerischen Nationalmuseums in München, bekannt, der mich später bei seinem Nachfolger Theodor Müller einführte. Buchheit kam gern auf seine frühere Nebentätigkeit als Schiedsrichter bei großen Fußballspielen zu sprechen und darauf, wie er noch selbst die Räume seines Museums weißelte. Friedrich Sprater ist es gewesen, der mich nach einer Gasexplosion, die ich bei einem chemischen Versuch in Abwesenheit meiner Eltern ausgelöst hatte, rasch zum Arzt brachte, um mein verletztes rechtes Auge zu retten. Aus dem Nachlaß Friedrich Spraters wurde mir sein Exemplar der Memoiren Johann Christian von Mannlichs vermacht. Auch dies nicht ohne Folgen.
Der Maler Adolf Kessler kann für die Slevogtsche Tradition in der Pfalz und die Tätigkeit der »Pfälzischen Künstlergenossenschaft« nach 1945 stehen, Museumsdirektor Dr. Friedrich Sprater für hervorragende Museumsarbeit, Sammlertätigkeit und Denkmalpflege in der Pfalz der ersten Hälfte unseres Jahrhunderts und in den Anfängen des Landes Rheinland-Pfalz. Das waren zwei anregende Kräfte, die für mein Kunst-Engagement eine wesentliche Bedeutung haben sollten.
Nach der ersten Ausstellung der »Pfälzischen Sezession« im Speyerer Museum, die ich als Schüler des benachbarten Gymnasiums sah – zunächst hat mich damals Fritz Zolnhofer tief beeindruckt – und nach der von der französischen Besatzungsmacht arrangierten großen Ausstellung moderner französischer Kunst im Mainzer »Haus am Dom« – für uns junge Leute damals eine Sensation, die ersten originalen Gemälde von Matisse und Picasso gab's zu sehen – reifte der Entschluß, nach dem Schulabschluß Kunstgeschichte zu studieren. Friedrich Gerke nahm mich in sein Kunstgeschichtliches Institut an der Universität Mainz auf. Die wenig älteren Mitstudenten waren u. a. Kurt Eitelbach, Hans Halbey, Hans-Jürgen Imiela, Wilhelm Jung und Peter Ludwig. Friedrich Gerke wußte zu begeistern. Was er den jungen Studenten in dieser hoffnungslos zerstörten Stadt Mainz an grandiosen kunst- und religionsgeschichtlichen Überblicken bot,

wird man zeitlebens nicht vergessen können. Otto Friedrich Bollnow führte in existenzielles und existentialistisches Denken ein. Karl Holzamer brachte philosophisches Rüstzeug bei.

Der Kontakt zur rheinland-pfälzischen Heimat blieb auch während des weiteren Studiums in Göttingen und München erhalten. Die Jahresausstellungen der »Pfälzischen Sezession« waren dabei die Höhepunkte. Es gab erste direkte Kontakte zu deren Vorsitzendem Rolf Müller-Landau, einem Maler von Rang, als Mensch eine enorm integrierende Figur. Die »Pfälzische Sezession«, das war ein Kreis großartiger Menschen und Künstler, die untereinander durch vielfältige Freundschaften verbunden waren. Die Verbindungen führten alle über Rolf Müller, führten zu Hermine Müller und ihren Kindern. Nach dem frühen Tod dieses bewundernswerten Mannes übernahm der Bildhauer Theo Siegle den Vorsitz der Sezession, ich übernahm, neben meiner Tätigkeit als Volontär und Kustos am Historischen Museum der Pfalz in Speyer und am Reiß-Museum in Mannheim, 1959 ehrenamtlich die Sezessionsgeschäfte: über ein Jahrzehnt eine schöne, wenn auch oft mühevolle Arbeit, die mein ganzes Leben nachwirken wird. Damals haben sich viele freundschaftliche Beziehungen ergeben, zu Hans Purrmann, dem Ehrenvorsitzenden der Sezession, zu Werner Gilles, Edvard Frank, Edgar Ehses, Max Rupp, Alo Altripp, Karl Kunz, Rudolf Scharpf, Otto Kallenbach, Gustav Seitz, Kurt Lehmann, Emy Roeder, Hermann Geibel, Wilhelm Loth. Viele dieser Künstler leben nicht mehr. Aber die Erinnerung an den damaligen Künstler- und Freundeskreis der Sezession, der auch bundesweit seine Bedeutung, im Deutschen Künstlerbund ein gewichtiges Wort zu sagen hatte, ist wie ein Blick in goldene Jahre, in eine unwiederbringliche Zeit. Der Briefwechsel mit Hans Purrmann gehört dazu. Ich suchte Hans Purrmann in Montagnola auf, konnte dazu beitragen, das zwischenzeitlich einmal getrübte Verhältnis zur Vaterstadt Speyer zu klären und sein Einverständnis zur Begründung eines gutgemeinten Hans-Purrmann-Preises der Stadt Speyer zu erhalten. Meine Mutter brachte Speyerer Brezeln und Pfälzer Leberwurst mit, wovon Hans Purrmann in heimatlichem Empfinden nur allzuviel aß: »wie bei meiner Mutter«. Das letzte Mal begegnete ich ihm auf unserer Hochzeitsreise 1964 in Levanto bei Genua, wo der Künstler in einem von seinem Sohn angemieteten schönen Landsitz mit Blick zum Meer seine letzten Sommermonate verbrachte.

Hans Purrmann, der 1957 zusammen mit Carl Zuckmayer den Kunstpreis des Landes Rheinland-Pfalz erhielt, erweist sich heute immer mehr als einer der großen deutschen Maler des 20. Jahrhunderts, der an Matisse und den Fauves zu einer eigenen, im besten Sinne malerisch-dekorativen Bildauffassung kam. Seit meinem Wirken für das Landesmuseum Mainz, das schon in der Zeit als Kunstreferent im Kultusministerium begann, habe ich den Bestand an besonderen Purrmann-Gemälden – zu denken ist etwa an die herrlich farbfrischen Entwürfe zum Speyerer Kreistagssaal-Triptychon – und Werken seiner Freunde aus der Matisse-Schule, Bilder vor allem von Oskar Moll und Rudolf Levy, wesentlich erweitern können. Noch heute fühle ich mich Hans Purrmann, seiner Kunst und seiner Kunstauffassung verpflichtet.

Über die Arbeit für die »Pfälzische Sezession« lernte ich auch Helmut Kohl kennen. Bei einer Ausstellungseröffnung der Sezession im Ludwigshafener Kulturhaus, später Ludwig-Reichert-Haus genannt, hatte ich die Kunstpolitik des rheinland-pfälzischen Kultusministeriums heftig attackiert. Ich meinte damals nicht Minister Dr. Eduard Orth, der, selbst Kunstsammler, immer viel Verständnis für die Künstler und ihre Nöte hatte, sondern die allgemeine Situation und speziell die Ministerialbürokratie in Mainz. Dem Landtagsabgeordneten Helmut Kohl, der vor allem wegen Rudolf Scharpf gekommen war, imponierte dies wohl, und er versicherte mir gleich, daß er mich im Auge behalten werde. Und so ist es auch gekommen. Eine erste Zusammenarbeit ergab sich bei Helmut Kohls Bestreben, den Bahnhof Rolandseck im nördlichen Teil des Landes vor dem beschlossenen Abriß zu retten und dort ein kulturelles Zentrum zu schaffen. Kohl, damals Fraktionsvorsitzender seiner Partei, nahm seinen Geschäftsführer Willibald Hilf und mich mit zu einem ersten Besuch bei Johannes Wasmuth im Bahnhof. Sein Entschluß zur Rettung des Bahnhofs stand hinterher fest und wurde zur Pressemeldung. Ministerpräsident Peter Altmeier dementierte anderntags. Doch die Uhren liefen in Mainz schon anders.

Die Kunstpreisträger des Jahres 1957, Carl Zuckmayer und Hans Purrmann, mit dem damaligen Kultusminister Dr. Eduard Orth.

Hans Purrmanns wegen hatte sich der Kunsthistoriker und Beckmann-Forscher Erhard Göpel an mich gewandt. Er arbeitete gerade an seinem Buch »Leben und Meinungen des Malers Hans Purrmann«. Bei einem Pfalz-Besuch brachte ich ihn zu Hermine Müller ins neue Heuchelheimer Haus. Von hier aus fuhren wir hinüber nach Bergzabern zum Künstlerehepaar vom Scheidt-Saalfeld. Erhard Göpel wollte Martha Saalfeld und Werner vom Scheidt kennenlernen – die von Hermann Hesse so geschätzte Martha Saalfeld, deren Gedichte Hans Purrmann liebte, und Werner vom Scheidt, der Hermann Hesses treffliches Porträt geschaffen hat und der selbst so ganz dem Gärtner Hesse entsprach. Erhard Göpel kannte aus seinen Vorarbeiten den Briefwechsel Purrmann-vom Scheidt-Saalfeld. Das wurde auch mein erster Besuch in der Zeppelinstraße 13, Bad Bergzabern. Es wurde eine überaus herzliche, über den Tod hinausreichende Freundschaft. Dieses Künstlerehepaar – Martha Saalfeld bekam 1963 den Kunstpreis des Landes zugesprochen, Werner vom Scheidt erhielt 1974 aus der Hand von Ministerpräsident Kohl die Max-Slevogt-Medaille – hat in Zurückgezogenheit gelebt und ein großartiges Werk hinterlassen. Martha Saalfeld, vor einem guten Jahrzehnt verstorben und in der großen Literaturszene ziemlich vergessen, darf eine wahre Dichterin genannt werden. Ihr Werk, ihre Lyrik und ihre lyrisch-rhythmische Prosa, wird wiederentdeckt werden. Hermann Hesse hat dies schon prophezeit. Elisabeth Langgässer nennt sie die »scheue, pfälzische Sappho«. Eines ihrer pfälzischen Gedichte kann hier nicht fehlen.

> »Die sanfte Linie! Und es übersteigt
> Sie keine kühnere. Da wölbt das Blau
> Der Beere sich am Holz und goldnes Grau
> Der edeln Äpfel und das Nächste neigt
>
> Sich wie das Fernste. Schwankte je im Licht
> Ein Acker so wie dieser, so beschwingt,
> So zarten Flügels? – Aber es gelingt
> Ein Zärtliches nur selten zum Gedicht.
>
> Dann ist das Rauhe da: die braune Nuß,
> Die feiste Rübe, borstiges Getier
> Und Hopfenfelder und ein bittres Bier
> Bei süßen Trauben; Saftiges zum Schluß,
>
> Geschlachtetes. Noch vieles stellt sich ein:
> Kastanien noch und Mandeln, Brot und Wein...«

Und der Graphiker Werner vom Scheidt hat das Werk der Lebensgefährtin begleitet. Es entwickelte sich daraus ein umfangreiches, von den Freunden geliebtes druckgraphisches Schaffen, das eines Tages in seiner Einmaligkeit voll erkannt werden wird. Wie schrieb Hermann Hesse 1947 an ihn? »Ich liebe und verehre an allen Ihren Arbeiten die Ruhe, Treue und Unbeirrbarkeit, mit der Sie die Gebilde der Natur darstellen, es atmet Liebe und Weisheit daraus, und diese Liebe, diese Treue, diese dankbare und ehrfürchtige Betrachtung der Natur scheint mir ein hohes und edles Gut, eines, das die heutigen Menschen zu verlieren im Begriffe sind. Es ist nur natürlich und man nimmt es vielleicht oft zu sehr als selbstverständlich hin, daß Ihre Naturbetrachtung sich einen so reinen Ausdruck, ein so delikates und beherrschtes Handwerk geschaffen hat.«

Voll Dankbarkeit darf ich bekennen, daß es mir vergönnt war, diese beiden Menschen und ihr Werk eine Strecke Wegs zu begleiten.

Zu einem entscheidenden Faktor in meinem Leben sollte die bis heute währende Zusammenarbeit mit Helmut Kohl werden – Beratung und Ausstellungen im Bundeskanzler-

Der Kunstpreis 1963 wird der Dichterin Martha Saalfeld verliehen. Rechts Dr. Seel vom Kultusministerium.

amt gehören dazu. Vorläufig letztes Resultat ist die Herausgabe des groß angelegten Werkes »Verfemte Kunst – Bildende Künstler der inneren und äußeren Emigration in der Zeit des Nationalsozialismus«, das kurz vor Weihnachten 1986 in einem ersten Exemplar dem Bundeskanzler übergeben und der Öffentlichkeit vorgestellt wurde.

1970 holte mich Dr. Helmut Kohl, 1969 Ministerpräsident geworden, als Kunstreferent ins Kultusministerium nach Mainz. Ich habe deswegen eine herrliche, bestens bezahlte Position im Münchner Kunstauktionshaus Weinmüller-Neumeister und auch eine für meine Familie unvergleichlich schöne Lebenssituation aufgegeben. Was lockte mich, was konnte mich von München wegbringen? Die Zusage Helmut Kohls, mit ihm und seinem Kultusminister Dr. Bernhard Vogel für die pfälzische und rheinische Heimat kulturell Bleibendes bewirken zu können. Helmut Kohl hat sein Versprechen gehalten. Im »Franziskaner« fand das entscheidende Gespräch mit dem Kultusminister statt. Ich konnte als Kunstreferent im Mainzer Kultusministerium (1970 bis 1983) eine ganze Menge mitbewirken. Ich hatte es mit den Künstlern, den Kunsthandwerkern, mit Kunst am Bau, mit den Schriftstellern, mit den Landesmuseen und den vielen mittleren und kleinen nichtstaatlichen Museen zu tun. Nicht zuletzt fungierte ich als persönlicher Kunstberater des Ministerpräsidenten. Spaß machte mir die Vielfalt der Aktivitäten und Möglichkeiten des Wirkens, freilich war damit ein Übermaß an Arbeit verbunden: Künstlerförderung und Kunstankäufe nach allen Seiten, Vorbereitung der Künstlergespräche des Ministers in allen Regionen des Landes, Wiedereinführung der Landeskunstausstellungen, Verbesserung der Kunst-am-Bau-Verordnung, Schaffung und Vergabe der Max-Slevogt-Medaille, Stiftung des Staatspreises für das Kunsthandwerk (Minister Holkenbrink), des Staatspreises für Bildende Kunst und Architektur (Minister Gaddum), in Zusammenarbeit mit dem Südwestfunk Schriftstellerlesungen in den Räumen des neuen Kultusministeriums, in Zusammenarbeit mit der Landesbank Herausgabe (mit Werner Hanfgarn) der Zeitschrift KUNST aktuell, Herausgabe von Anthologien (Redaktion: Susanne Faschon, Werner Hanfgarn, Hajo Knebel, Berthold Roland), Bearbeitung der Landesbank-Prachtbände »Museen in Rheinland-Pfalz« und »Zweitausend Jahre Baukunst in Rheinland-Pfalz«, wissenschaftliche Gesamtleitung der Bände »Burgen und Schlösser in Rheinland-Pfalz« und »Kirchen, Dome und Klöster in Rheinland-Pfalz« des Ahrtal-Verlages von Wolfgang Segschneider. Daß ein solches Arbeitsprogramm sehr viele Begegnungen mit Künstlern, Schriftstellern, Kunstinteressierten, Kunstwissenschaftlern und Museumsleuten brachte, braucht wohl kaum näher erläutert zu werden. Vielleicht konnte man bei dem von Landrat Gerhard Schwetje zusammen mit dem Berufsverband Bildender Künstler Rheinland-Pfalz im Edesheimer Weinkeller der Südlichen Weinstraße zu meinem 50. Geburtstag arrangierten Empfang den umfassendsten Eindruck von meinem damaligen Wirkungskreis gewinnen. Der damalige Kultusminister äußerte einmal, daß in diesen Jahren der kulturelle Boden umgepflügt worden sei. Die Ära Kohl-Vogel wußte auch in diesem Bereich Aufbruchsstimmung zu vermitteln.

Von einigen herausragenden Ereignissen soll wenigstens kurz berichtet werden. Da war gleich 1971 die Erwerbung des Gemälde-Nachlasses von Max Slevogt, der sich geschlossen auf Neukastel, dem heute auch Slevogt-Hof genannten Sommersitz des Künstlers, befand. Eigentlich sollte zunächst der ganze herrlich gelegene Gebäude- und Hofkomplex für das Land erworben werden, um dort die Gemälde der Öffentlichkeit zugänglich zu machen. Die schwierigen Verhandlungen scheiterten. Die Enkelin des Malers und ihre Familie wollten sich nicht in eine so starke Abhängigkeit vom Land begeben, was auch zu verstehen ist. Mit der Tochter Slevogts, Nina Lehmann-Slevogt, und ihrem Mann, Eugen Lehmann, konnte das Kultusministerium über die Gemälde einig werden – ein Ankauf, der auch in Zukunft als ein glückliches Ereignis gelten wird. Das Land Rheinland-Pfalz hat seine Verpflichtung diesem großen Maler gegenüber gesehen. 121 Gemälde, dazu die Bibliothek, Bildhauerporträts und der Flügel des Künstlers gingen in das Eigentum des Landes über. Nach der Restaurierung des Bildbestandes im Mainzer Landesmuseum wurde dieser stolze Besitz an Malerei eines der großen Künstler des deutschen Impressionismus und deutscher Kunst am Ende des 19. und zu Beginn des 20. Jahrhunderts im Land gezeigt, aber auch in Dijon und Warschau. Die erste Ausstellung, die Helmut Kohl als Bundeskanzler im Kanzleramt von mir arrangieren ließ, war eine Ausstellung dieser prachtvollen Gemälde, angereichert durch Slevogts graphischen Zyklus zum »Lederstrumpf« und seine Illustrationen zu Mozarts Handschrift der »Zauberflöte« – ein Riesenerfolg in Bonn. 1972 war es mir gelungen, die wohl schönste geschlossene Sammlung von Slevogts Druckgraphik, die »Sammlung J. Grünberg«, die nach 1933 von der Familie Dr. Plesch nach England und in die USA hatte gerettet werden können, für das Kultusministerium an Land zu ziehen. Auch das war eine glückliche Fügung. Es lag in der Luft, mit diesen Beständen eine Max-Slevogt-Galerie zu begründen. Und dies geschah auf Schloß »Villa Ludwigshöhe« bei Edenkoben, in unmittelbarer Nähe zum Slevogthof, in Slevogts pfälzischer Landschaft.

Die Erwerbung der Ludwigshöhe vom Wittelsbacher Ausgleichsfonds im Jahre 1975 war ein weiterer Glücksfall. Lange war über den Kauf verhandelt und gesprochen worden. Schließlich griff der Ministerpräsident selbst ein. Auch das gehört zu dem »Erlebten«. Eines Morgens wurde ich in die Staatskanzlei gerufen. Vom amerikanischen Flugplatz ging es mit Ministerpräsident Dr. Kohl, Finanzminister Gaddum und Juliane Weber im Privatflugzeug nach München. Die Verhandlungen beim Ausgleichsfonds dauerten nicht lange, man war sich rasch einig. Der Nachmittag wurde zu einem Besuch in Feldafing bei Lothar-Günther Buchheim genutzt, der gerade sein »Boot« veröffentlicht hatte. Was wenige wissen oder vermuten: Helmut Kohl war in seinem Element. Ein unvergeßlicher Tag. Im Frühjahr 1975 unterschrieb Kultusminister Dr. Vogel in Anwesenheit von Herzog Max in Bayern den notariellen Vertrag mit dem Wittelsbacher Ausgleichsfonds in Edenkoben. Es folgten die Jahre einer gründlichen Restaurierung. 1980 konnte Bernhard Vogel die »Villa« mit ihren herrlich ausgestatteten Räumen und der wie selbstverständlich integrierten Max-Slevogt-Galerie der Öffentlichkeit übergeben. Seitdem ist daraus mit den Ausstellungen, Veranstaltungen und Konzerten ein kultureller Anziehungspunkt im Süden des Landes geworden. Slevogt hat das ihm zukommende königliche Zuhause gefunden. Die Ausstellung »Max Slevogt – Pfälzische Landschaften« anläßlich seines 50. Todestages im Jahre 1982 hat in unvergleichlicher Weise verdeutlicht, daß Slevogt seine pfälzische Wahlheimat in eine internationale Bildwürdigkeit erhob.

Als Kunst- und Museumsreferent im Kultusministerium habe ich miterlebt, wie sich Helmut Kohl für das Mainzer Landesmuseum einsetzte. Die Pläne für den Wiederaufbau des im Krieg zerstörten Museumstraktes an der Schießgartenstraße und für die des notwendigen Ausstellungspavillons im Hof lagen lange vor. Die Rezession schien ihre Realisierung wieder unmöglich zu machen. Durch das persönliche Engagement des Regierungschefs wurden die allgemeinen Befürchtungen mit einem Schlag gegenstandslos. Es konnte gebaut werden. Aufgrund eines Gespräches Helmut Kohl – Georg Meistermann wurde die Jahresausstellung des Deutschen Künstlerbundes 1974 nach Mainz geholt, was zuvor undenkbar gewesen wäre. Die Hauptausstellung und die Eröffnung fanden im Landesmuseum statt. Man wunderte sich über Mainz. Noch heute werde ich von Künstlern und Kunstfachleuten angesprochen, die damals im Vorstand des Künstlerbundes und in der Ankaufskommission des Bundesinnenministeriums waren und die Einladung des Ministerpräsidenten in den Keller der Staatskanzlei miterlebt haben. Das gab es in anderen Landeshauptstädten noch nie.

Eines Tages stand unerwartet die Jugendstilglassammlung H. R. Gruber zum Verkauf. Ich informierte Dr. Kohl und machte ihn darauf aufmerksam, daß eine solche Erwerbung für das Landesmuseum Mainz eine richtungsweisende Erweiterung und großartige Bereicherung bedeuten würde und daß natürlich das nötige Geld im Haushalt des Museums nicht vorhanden wäre. Er sagte auf der Stelle seine Unterstützung beim Finanzministerium zu und brachte das Projekt in der nächsten Kabinettssitzung zur Sprache. Der Ankauf konnte erfolgen und hat dem Mainzer Landesmuseum eine vielgerühmte Abteilung eingebracht, um die es beneidet wird. Auch vom Ökonomischen sollte sich der Ankauf als Glücksfall erweisen. Mit dieser neuen Abteilung zeichnet sich der besondere kulturelle Bezug Deutschland-Frankreich ab, der mit dem Namen Mainz verbunden ist.

Ähnlich rasch, in Sekundenschnelle, hatte sich Ministerpräsident Dr. Kohl bei den Chagall-Fenstern entschieden. Ich hatte ihm von den Vorstellungen und Plänen Pfarrer Mayers von St. Stephan berichtet. Er schaute mich prüfend an und fragte mich, wie schon so manchmal: »Ist das was, ist da was dran, läßt sich das realisieren?« Auf meine bejahende Antwort und knappe Begründung erwiderte er: »Das erste Fenster ist bezahlt, sagen Sie das Herrn Pfarrer Mayer.« Das war der Start für die großartige Ausstattung der Pfarrkirche St. Stephan mit Chagall-Fenstern. Ich bewundere heute noch die Gläubigkeit, mit der Pfarrer Mayer an seinem Wunschtraum – seiner Vision, muß man sagen – festhielt. Hier wurden Berge versetzt.

Mit Johannes Wasmuth, dem »Bahnhofsvorsteher« und »Fürsten« von Rolandseck, traf ich mich 1974 in Paris, um mit ihm zu Margarete Arp nach Meudon hinauszufahren und über die Rechte zur Aufstellung einer Skulptur von Hans Arp auf dem Vorplatz des neuen Mainzer Rathauses zu sprechen. Auch hier die Großzügigkeit von Helmut Kohl, der Stadt Mainz zu ihrem architektonisch so bedeutenden Rathaus von Arne Jacobsen und Otto Weitling eine entsprechende Plastik zu schenken. Wir fanden den »Schlüssel des Stundenschlägers«, eine Reminiszenz von Hans Arp an jenen Stundenschläger am Markusplatz in Venedig, als eine Art Pendant zum Uhrturm am Rathausübergang bestens geeignet. Noack in Berlin führte die Skulptur in der notwendigen Größe aus. Ein monumentaler Hans Arp, ein dominanter Punkt in der Skulpturengalerie am Mainzer Rheinufer.

Es gab eine Reihe wesentlicher Gespräche zwischen Kohl, Künstlern und Schriftstellern, nicht nur bei Kunstausstellungen oder beim Empfang der rheinland-pfälzischen und bundesweiten Künstlerschaft auf Burg Gutenfels über Kaub am Rhein. Es kam zu Gesprächen mit dem Vorstand des Berufsverbands Bildender Künstler Rheinland-Pfalz unter seinem Präsidenten Hans Altmeier über optimale Kunst-am-Bau-Regelungen, es kam zu Einzelgesprächen in der Staatskanzlei. Ich erinnere mich an das Gespräch mit Beuys. Wie war Kohl davor gewarnt worden! Und wie anders ist es gekommen. Beuys hatte sogar den legendären Hut abgenommen, plädierte für seine variable, mobile Akademie, in der er Wochenendkurse für Tüncherlehrlinge abhalten wollte, etwa in der Eifel, im Hunsrück oder im Westerwald; in Altenheime wollte er gehen. Das Gespräch verlief geistig lebendig, und Kohl sagte hinterher, er wisse gar nicht, was für Vorbehalte man gegenüber diesem Mann hätte, er habe noch selten mit einem Künstler so anregend und vernünftig gesprochen. Wenn ich Beuys später traf, erinnerte er sich gerne an Mainz und hat immer Grüße an Kohl aufgetragen. Viel ernster und gegensätzlicher verlief das Gespräch mit Heinrich Böll. Da waren echte Auseinandersetzungen. Je weiter gesprochen wurde, desto tiefer wurde der trennende Graben, bei allem guten zwischenmenschlichen Wollen. Es ging um den Beruf und Auftrag des Politikers und des Schrift-

Oskar Kokoschka beim
Zeichnen der
Carl-Zuckmayer-Bildnisse
im Oktober 1976.

stellers. Ich weiß nicht, auf welcher Seite der Wunsch, sich wieder zu sehen und zu sprechen, wirklich auch so gemeint war. Der Böll-Besuch wurde nicht zur Sternstunde, ein historisches Ereignis ist er heute gewiß schon.

Ein anderes Ereignis verdient einen ausführlicheren Bericht: das Zustandekommen des Porträts Carl Zuckmayers von Oskar Kokoschka. Am Anfang stand die Überlegung, wie das Land Rheinland-Pfalz dem 80jährigen Dichter eine Freude machen könne. Kultusminister Dr. Bernhard Vogel gab mir den Auftrag, möglichst privat darüber Erkundigungen einzuholen. Ich schrieb an die mir befreundete Dr. Edith Barr in London, die die Aufführung des »Hauptmann von Köpenick« nach England vermittelt hatte. Sie sollte nun auch bei diesem Projekt zur wunderbaren Vermittlerin werden. Sie erfuhr von Alice Zuckmayer, Carl Zuckmayer wolle von Oskar Kokoschka gezeichnet werden: »Nicht nur, daß es für meinen Mann die größte Freude sein würde, es wäre auch großartig, wenn der 90jährige Kokoschka den 80jährigen Zuckmayer zeichnet! Kokoschka hat einen Verleger, der seine Verträge etc. macht, aber in diesem Fall möchte Frau Olda Kokoschka, daß Sie, bzw. die Herren von Rheinland-Pfalz, sich direkt an sie wenden. Nun habe ich Ihnen den größten Wunsch, den mein Mann überhaupt hat, mitgeteilt. Es wäre sehr schön, wenn dieser Wunsch von seiner Heimat erfüllt werden könnte. Wir sind seit 11 Jahren mit Kokoschka befreundet. Mein Mann wünscht sich *nichts so sehr*, als als 80jähriger vom 90jährigen Kokoschka gezeichnet zu werden, es ist sein größter Wunsch. Ich schreibe Ihnen dieses Mal sofort und in froher Aufregung, und ich bin sehr froh, daß Sie die Vermittlung übernehmen.«

Es wurde das Treffen Kokoschka – Zuckmayer am Genfer See vereinbart. Die Sitzungen, von denen Alice Zuckmayer in der Mainzer Staatskanzlei bei der Überreichung des Bildes so überaus lebendig berichtete, fanden im Villeneuver Atelier Kokoschkas statt. Carl Zuckmayer lud Dr. Bernhard Vogel nach Vevey ein. Ich durfte den Minister dorthin begleiten. Zuckmayer war erfüllt von den bereits entstandenen Zeichnungen und von fast jugendlicher Begeisterung. Frau Kokoschka kam am Abend zu unserer Runde. Nach Saas-Fee zurückgekehrt, schrieb mir Carl Zuckmayer: »Am Montag, dem 11. X. [1976] glückte ihm eine Zeichnung, die ich geradezu genial finde, sowohl in der künstlerischen Gestaltung als auch in der Erfassung meiner wahren, inneren Natur. Er selbst hält diese Arbeit für eine der besten Zeichnungen seines Lebens und wollte sich schwer davon trennen. Er gedachte zunächst eine Lithographie daraus zu machen, hatte aber Angst, daß die Zeichnung durch die Steinplatte irgendwie verwischt oder geschädigt werden könnte. Natürlich wünscht er sich eine gute Fotografie in Originalgröße davon. Inzwischen werden Sie das Blatt erhalten haben, und ich hoffe, Herr Minister Vogel und Sie werden die gleiche Freude daran haben wie ich selbst.«

Am 18. Dezember wurde das Bild überreicht. Alice Zuckmayer: »...Ich kann Ihnen gar nicht sagen, wie sehr ich mich auf diese Feier, in der mir das Bild übergeben wird, freue. Gestern bekam ich von Frau Elisabeth Furtwängler einen Brief, in dem sie äußerte, daß die Zeichnung dieses Bildes für Oskar Kokoschka, meinen Mann, Frau Olda Kokoschka und mich eine ›Sternstunde‹ bedeutet hat.«

Carl Zuckmayer erkrankte. »Auf Wunsch des 80jährigen Patienten wurde vor seinem Bett das Porträt aufgehängt, das Oskar Kokoschka von seinem Freund ›Zuck‹ gemacht hat. Frau Zuckmayer holte es extra aus Mainz.« (Zeitungsnotiz) Das Kokoschka-Porträt hing dann auch im Zimmer des Zuckmayerschen Hauses in Saas-Fee, in dem der Dichter aufgebahrt lag. Das Bildnis schaute auf den Toten. Ein Porträt-Ereignis, das auch zum kulturellen Porträt des Landes Rheinland-Pfalz gehört.

Und hier muß ich auch des aus Koblenz gebürtigen Schriftstellers Josef Breitbach gedenken. Wie bin ich mit ihm bekannt geworden? Ich habe ihn weder in der Rue Soufflot beim Panthéon in Paris aufgesucht, um diese berühmte Wohnung und die legendäre Bibliothek nahe der Sorbonne zu sehen oder um wenigstens das beste Pistazieneis von Paris bei ihm zu genießen, noch habe ich ihm in der den Englischen Garten vornehm begleitenden Königinstraße in München eine Visite gemacht. Ich hatte mit ihm bei der

Verleihung des Kunstpreises 1975 an Joseph Breitbach und der Förderpreise an die Bildhauerin Liesel Metten, die Schriftsteller Peter Renfranz und Michael Bauer in der Staatskanzlei.

Vorbereitung zur Übergabe des Kunstpreises Rheinland-Pfalz 1975 Kontakt aufzunehmen. Die Verbindung sollte bis zum Tod Joseph Breitbachs nicht mehr abreißen. Einmal wurden wir von ihm mit Helmut Schoeck, Professor für Soziologie, ins Mainzer Hilton eingeladen, über das er schon wegen des störenden morgendlichen Lichteinfalls in seiner Suite sehr ungehalten war. Es war gewiß nicht ganz schicklich, daß sich unser kleiner Bub im Verlauf des stundenlangen Essens und der noch längeren Gespräche unter den Tisch begab und dort sanft einschlief. Ich habe bisher niemand kennengelernt, der sich so philosophisch-leidenschaftlich der Politik verschrieben hatte wie Josef Breitbach. Da war er ganz der französischen Tradition verpflichtet, ein homme de lettres, der in die Tagespolitik eingriff. Als junger Mensch war Joseph Breitbach, kommunistisch orientiert, nach Paris gekommen und soll als Kaufhaus-Manager zu sagenhaftem Reichtum gekommen sein. Aber über diese Dinge sprach er nicht. Er war durch seinen Ziehvater Jean Schlumberger zu einem politisch engagierten Literaten konservativster Prägung geworden. Sein Roman »Bericht über Bruno« dürfte am ehesten als sein politisches Testament gelten. Öfter rief er mich mitten in der Nacht aus Paris an, es wurden immer lange, lange Gespräche. Den mit 10 000,- DM dotierten Kunstpreis Rheinland-Pfalz ließ er sofort der in den USA lebenden Mutter des in Haft befindlichen jugoslawischen Dissidenten M. Mihajlow überbringen. Seine Ansprache bei der Preisübergabe wird man nicht vergessen können. Hinterher versammelten sich die rheinland-pfälzischen Schriftsteller bei Kultusminister Dr. Vogel zu einer guten Aussprache, die nicht ohne Auswirkung auf die Szene blieb.

Die Aufgabe, über persönliche Begegnungen und Erlebnisse auf dem künstlerisch-kulturellen Sektor zu schreiben, ist mehr als verlockend, sie bringt aber auch die Qual der Auswahl. Wo anfangen, wo aufhören? Die herausragenden Ereignisse? Im Rückblick dominieren essentielle Begegnungen, auch wenn sie kurz, bisweilen zufällig gewesen sein oder aus beruflicher Veranlassung stattgefunden haben mögen. Oft dürfte der subjektiv menschlich-anrührende Kontakt entscheidend gewesen sein.

Greifen wir einige wenige Persönlichkeiten und Erlebnisse heraus.

Da ist der in Neuhofen bei Ludwigshafen geborene und heute noch dort ansässige *Otto Ditscher*. Er gehört zu den Künstlern, die mir nach dem Krieg am meisten auffielen. Ich nahm persönlichen Kontakt auf. Es ist daraus eine bis heute dauernde Freundschaft zu Otto und Jo daraus geworden. Der sehr geschätzte, aber immer auch mal wieder unterschätzte, stille, ganz auf sich und sein Schaffen gerichtete Künstler ist eine Begabung, die sich immer wieder in einer nicht endenden Experimentierfreudigkeit beweist. Ewig jung in der Auffassung scheint er zu sein und bleiben zu wollen. Ich habe seine Entwicklung seit 1945 aus nächster Nähe verfolgt. Es gelangen ihm in den 50er und 60er Jahren mit die gelöstesten abstrakten Bilder, die in Rheinland-Pfalz entstanden. Immer wieder Vor- und Rückgriffe. Einmal habe ich die Auffassung vertreten, Otto Ditscher eine erwartete Hilfe aus Gewissensgründen nicht geben zu können. Ich hatte nicht recht, ich habe zurückblickend nicht recht behalten. Das Ekely/Oslo-Stipendium in der Umwelt des großen Norwegers Edvard Munch hat Otto Ditscher, der Heckel- und Hubbuch-Schüler, vor einigen Jahren groß erlebt; es hat ihm eine Fülle erstaunlich frischer Bilder eingebracht. Otto Ditscher, Inhaber der Max-Slevogt-Medaille, schenkte seiner Heimatgemeinde Neuhofen eine große Sammlung aus seinem Œuvre, die einen Überblick über sein viele Jahrzehnte übergreifendes Schaffen bietet. Die Gemeinde baute ihm das Dachgeschoß des historischen Rathauses aus, um diese Galerie aufzunehmen: eine gemeinsame kulturelle Tat, deren Beispiel nicht hoch genug eingeschätzt werden kann. Man ist immer wieder verwundert, welcher Reichtum an Ausdrucks- und Entwicklungsmöglichkeiten sich da zeigt. Der jetzt 84jährige Otto Ditscher wird sich mit seiner Kunst als ein erfrischender, ein sprudelnder Quell in der rheinland-pfälzischen Kunstlandschaft erweisen.

Der heute 78jährige Idar-Obersteiner *Max Rupp* hat mich, seit ich ihn kenne, als

Mensch und Künstler interessiert. Ich darf hier einen Text, den ich zu seinem 70. Geburtstag geschrieben habe, im Auszug bringen.

M. R. kommt aus und lebt in der Provinz.

M. R. könnte in der Großstadt leben.

M. R. lebt bewußt in Idar-Oberstein.

M. R. ist Obersteiner.

M. R. gehört zu jenen soziologisch so interessanten Hunsrückern, in denen sich Weltläufigkeit und Heimatbezug ganz selbstverständlich verbinden.

M. R. malt und schreibt. Malt er besser? Schreibt er besser? Schildert er deshalb so anschaulich, weil er die Bilder real oder bildhaft-abstrakt vor bzw. in sich hat? »Dort, wo das Wort versagt, setzt meine Malerei ein.«

M. R. ist ein guter Künstler.

M. R. hat ein gutes künstlerisches Urteil.

M. R. ist ein guter Kunstpädagoge.

M. R. ist ein unentbehrlicher Kunstberater.

M. R. könnte auch ein guter, vortrefflicher Kunstschul-Direktor geworden sein, wenn nicht die Administration gewesen wäre, die mehr auf ihn drückte als durch ihn hätte wirksam sein können. Er bewundert und bedauert diejenigen, die das können.

M. R. wird immer ein pädagogisch engagierter Maler sein. M. R. ist nie ein malender Studienrat gewesen.

M. R. war zum Ausbruch bereit, praktizierte den Ausbruch. M. R. war und wird immer Kunsterzieher sein. Hätte er auch Sportlehrer sein können? Das tägliche Sporttraining nahm und nimmt er ernst – gewissenhafter als den täglichen Umgang mit Kunst. Das gehört zu seinem Wissen um Kunst.

Die Kunst hat ihn bewegt.

Mit Kunst hat er andere bewegt.

M. R. hält sich zu neuen Einsichten bereit. Kürzlich kam er von London zurück und, obgleich elitär ausgerichtet, predigte er, noch nicht ganz zu Hause von diesem Zentrum avantgardistischer Kunst, das Lob des Mittelmaßes. M. R. probt, praktiziert den Aufstand gegen Normen.

Was an M. R. zu bewundern ist: sein Genießenkönnen im junggeselligen Alleinsein, aber auch in abgegrenzter Geselligkeit. Die öfters praktizierte, niemandem angekündigte Kurzreise nach Paris ins Drei-Sterne-Hotel des Gare de l'Est gehört ebenso wie die Kennerschaft französischer Rotweine dazu.

Das M. R. avisierte Bundesverdienstkreuz 1. Klasse hat der Künstler, aber auch der sich vorbildlich gemeinnützig verhaltende Oberstein-Bürger ohne Zögern abgelehnt. Die Max-Slevogt-Medaille für besondere Verdienste um die bildende Kunst in Rheinland-

Pfalz nahm er ohne Zögern an. M. R. gehört unter die ersten, die die von Theo Siegle, dem Freund aus der Pfälzischen Sezession, geschaffene Medaille erhielten.

M. R. hätte mehr erreichen können, wenn er gewollt hätte.

Max Rupp – hat er nicht sehr viel erreicht?

Zu diesen Zeilen stehe ich auch heute. Das Interesse an Max Rupp kann nur stärker werden.

Zu einem Nachruf werden diese Zeilen auf *Johann Georg Müller,* der 1986 mit 73 Jahren in Koblenz verstarb. Immer wollte ich über ihn schreiben. Nie ist es dazu gekommen, obwohl ich viele Ausstellungen von und mit ihm machte. Ich habe diesen Johann Georg, den »Schorsch«, sehr gern gemocht, als Maler und als Mensch, der es mit sich und seinen Mitmenschen nicht leicht hatte, mit seiner Umwelt wenig zurechtkam, oder doch? Er war echt, zumeist kompromißlos, zu kompromißlos, werden viele sagen. Er war in sich richtig. Seine Kunst ist nicht zu verwechseln. In seinen Anfängen hat er sich gewiß an

Kulturpreis der Stadt Koblenz, erstmals 1983 vergeben. Von rechts: Johann Georg Müller, Frau Nelly Meffert (für ihren Mann, den Grafiker Clement Morreau), Dr. Edwin Maria Landau und Oberbürgermeister Willi Hörter.

Picasso orientiert, wohl aus einer immanenten Übereinstimmug. Dann nahm seine Kunst ihre Eigenentwicklung, gewann ihre Eigendynamik. Oft sind es magische Gebilde, eigentlich immer Stilleben, die zu großen, riesigen Formaten in Blau-Akzenten drängen. Wer seine kleinen Gouachen kennt, weiß, was da vorhanden war, weiß erst von seiner schöpferischen Mächtigkeit. Seine Fotos harren noch der Entdeckung. Er kam schließlich soweit, daß er nicht mehr verkaufen wollte, weil er sich selbst hoch einschätzte und seine Bilder nicht bei Bürgern hängen wissen wollte. Welche Einsicht! Ja, wenn er Franzose gewesen wäre ...! Eines Tages wird er den ihm gebührenden Rang einnehmen, dessen bin ich mir gewiß. Die Stadt Koblenz hat sich eine Sammlung seiner Hauptwerke sichern können. Den Kunstpreis des Landes bekam Johann Georg Müller 1974. Er ist, er bleibt ein Aktivposten des Landes. Wenige Tage vor seinem Tod rief mich seine junge Frau an, die sich schon bisher mit der Kinderschar durchschlagen mußte. Ich telefonierte mit ihm im Krankenhaus. Er war, wie immer, der großartige Kerl – und sehr, sehr tapfer. Diesen Johann Georg vergißt man nicht. Die eigentliche Aktualität seiner Bilder steht noch bevor.

Gernot Rumpf. Ich kannte und schätzte den Vater Rumpf, den Bildhauer Otto Rumpf, der 1985 verstarb. Gernot Rumpf ist mir bewußt erstmals begegnet, als er bei der Neueinrichtung des Speyerer Museums am Ende der 50er Jahre seinem Vater half, einen der ergänzten römischen Steine wieder aufzustellen. Damals muß Gernot Rumpf etwa 16 bis 17 Jahre gewesen sein. Ich konnte beobachten, wie sich dieser junge Mann künstlerisch entfaltete. Daß ich als Kunstreferent dabei etwas zu helfen vermochte, hat er allein seinem Talent, seiner herausragenden Begabung zu verdanken. Der junge Rumpf war phantasievoller, einfach besser als andere. Sein Lehrer Josef Henselmann an der Münchner Akademie sagte mir einmal, Gernot Rumpf sei sein begabtester Schüler gewesen. Man konnte ihn empfehlen. Er schaffte den Pfalzpreis, den Purrmann-Preis und auch den Rom-Preis. Dottore Elisabeth Wolcken stellte fest, daß noch selten ein Künstler der Villa Massimo so viel aus seinem Rom-Aufenthalt gemacht hätte wie er. Bei seiner abschließenden Ausstellung in Rom riß man sich um seine Arbeiten. 1973, schon mit 32 Jahren, erhielt er den Kunstpreis des Landes, den großen Staatspreis. Die Jury hatte damals über andere Vorschläge zu entscheiden, aber beim Gang durch die Landeskunstausstellung erschien Gernot Rumpf als allein preiswürdig. Heute ist er Professor an der Universität Kaiserslautern und beweist auch seine pädagogisch vielseitigen Möglichkeiten.

Gernot Rumpf, unermüdlich, bis zur Erschöpfung tätig, hat schon viele große Bronzewerke vollenden können. Wer kennt nicht den Glockenbaum vor dem Mainzer Kultusministerium, den Elwetritsche-Brunnen im Altstadtbereich von Neustadt oder den Brückenaffen in Heidelberg? So wie Dichter die Begabung des Erzählens haben, so

Das »Bildnis einer Römerin«, um 1859, des in Speyer geborenen Anselm Feuerbach (1829 bis 1884) bildet den Auftakt zu den berühmten Nanna-(Risi-)Porträts. Das Gemälde gelang 1927 als Geschenk der Bayerischen Staatsregierung an das Historische Museum der Pfalz in Speyer.

Das von Max Slevogt (1868 bis 1932) in barocker Auffassung impressionistisch gemalte Bild »Geburt der Venus«, 1923, wurde einmal als »aus musikalischer, trunkener Sinnenfreudigkeit geboren« bezeichnet. Es befindet sich in der 1980 eröffneten Max-Slevogt-Galerie von Schloß »Villa Ludwigshöhe« in Edenkoben/Pfalz.

schöpferisch formen sich die Figuren und Gestalten aus seinen Händen und erheben sich bei allem Wirklichkeitssinn ins Phantastisch-Überwirkliche, oft Humorvolle. Der jetzt 45jährige Künstler hat sich ins Bewußtsein seiner Mitmenschen eingeprägt, ich vermute auf lange Zeit. Oft erschrickt der Künstler über zuviel Zustimmung und Anerkennung für seine Arbeiten. Zum künstlerischen Gespür gehört auch Argwohn in dieser Richtung. Eines ist sicher: Gernot Rumpf ist aus der Kunstszene von Rheinland-Pfalz nicht wegzudenken.

Das ist Erlebtes mit Künstlern. Dazu gehören die Begegnungen und Erfahrungen mit Museums- und anderen Kunstleuten. Über den Speyerer Museumsdirektor Friedrich Sprater hatte ich schon eingangs zu berichten. Bei seinem Nachfolger Karl Schultz, gescheit und stets mit einem Sack voll Anekdoten parat, war ich Volontär. Mit Charles Maria Kiesel in Kaiserslautern hatte ich meine frühen Gefechte und einen durch Susanne Faschon vermittelten versöhnlichen Beschluß. Viel zu tun hatte ich mit Karl-Heinz Esser in Mainz, mit Josef Röder in Koblenz, mit Reinhard Schindler und Curt Schweicher in Trier, mit tüchtigen Museumsleuten, mit Individualisten, wie sich das gehört. Eine unvergleichliche Figur war Ernst Willem Spies, der »Doktor Spies«, der Leiter des Heimatmuseums in Traben-Trarbach, der auch nicht vom Regierungspräsidenten davon abgebracht werden konnte, sich »Heimatbildner« zu nennen. Wie ein Feldherr zog er bei Führungen durch sein Museum, manchmal mit gezogenem Degen. Es wäre reizvoll, all diesen oft amüsanten Begegnungen bis in die fernsten Ecken unseres Landes nachzugehen.

Von einer international anerkannten Persönlichkeit im Museumsbereich muß ich noch sprechen, von dem Mainzer Wolfgang Fritz Volbach, Archäologe, Kunstwissenschaftler und Museumsmann hohen Ranges, der heute 94jährig wieder ganz in Mainz lebt. Es ist nur wenigen noch bekannt, daß er nach einem langen Rom-Aufenthalt in den Anfängen des Landes Rheinland-Pfalz als Kultur-Abteilungsleiter im Kultusministerium tätig gewesen ist, schon im Neustadter Vorstadium und in der Vor-Mainzer, in der Koblenzer Zeit. Was er von dieser beruflichen Periode erzählt, mag uns heute kaum glaubhaft erscheinen. Viel eher nimmt man ihm ab, daß er es in diesem Amt nicht aushielt und als Direktor des Römisch-Germanischen Zentralmuseums nach Mainz, wo er schon als junger Mann tätig war, in die Museumsarbeit zurückkehrte.

Ich habe Wolfgang Fritz Volbach erst spät kennengelernt. Ein Zettel im Mainzer Kunsthistorischen Institut machte mich darauf aufmerksam, daß Volbachs Frau Vivyan für einige Zeit Zimmer in der römischen Wohnung zum Vermieten anbot. Wir fuhren hin und hatten dort wunderschöne Tage. Eine vergnügliche Sache war es, mit Volbachs an verborgenen kleinen Plätzen über römische Gemüsemärkte zu gehen und einzukaufen. Vivyan Volbach, die zweite Frau Volbachs, eine englische Schriftstellerin, achtete sehr

Künstler, Poeten und Museumsleute

Der Glockenbaum vor dem Kultusministerium, ein Werk des Bildhauers Gernot Rumpf von 1974/76.

darauf, ihren Mann gesund zu ernähren. Fritz Volbach ergötzte sich, wenn unser kleiner Bub von der römischen Schmiertorte schwärmte. An den Abenden erzählte er aus seinem reichen Leben, etwa von seiner Tätigkeit beim »Heilige Vadder«, oder, bis in den Ersten Weltkrieg zurück, von seiner Assistenzzeit bei Wilhelm von Bode am Kaiser-Wilhelm-Museum in Berlin. Weltläufigkeit! Von wem könnte man so etwas noch hören? Wolfgang Fritz Volbach, ein Zeitzeuge im internationalen Museums- und Gelehrtenbereich. Ludwig Berger, ein Freund der Jugendzeit, und Professor Kurt Böhner, der Nachfolger am Römisch-Germanischen Zentralmuseum, haben großartig darüber geschrieben. Und wenn ich jetzt Wolfgang Fritz Volbach nahe seiner Wohnung bei der Stadtbibliothek auf den Bus warten sehe, der ihn zur Bibliothek der Mainzer Akademie bringt, dann weiß ich, daß er noch nicht aufgehört hat, sein in der ganzen Welt bekanntes wissenschaftliches Werk behutsam weiterzuführen.

Neben den Künstlern und Museumsleuten gibt es Menschen, die allein schon durch die Art, wie sie die Welt angehen und was sie um sich versammeln, Kunst und Kultur präsent machen. Zu ihnen gehörte in der Pfalz Justizrat Dr. Wilhelm Steigelmann in Rhodt unter Rietburg. Ich hätte nicht gedacht, daß, wenn ich diese Zeilen über ihn schreibe, daraus ein Nachruf würde. Ende 1986 ist er unerwartet gestorben. Im Sommer war

Bei der Ausstellungseröffnung »Aufbruch nach 1945 – Bildende Kunst in Rheinland-Pfalz 1945-60« am 10. April 1987, von links Ministerpräsident Dr. Vogel, Landtagspräsident Dr. Volkert und Dr. Roland.

Seite 375:
Das »Blumenstilleben mit Spiegel« hat Hans Purrmann (1880 bis 1966) in den frühen 50er Jahren an seinem Domizil in Montagnola/Tessin gemalt. Es gehört zur Abteilung 20. Jahrhundert des Landesmuseums Mainz.

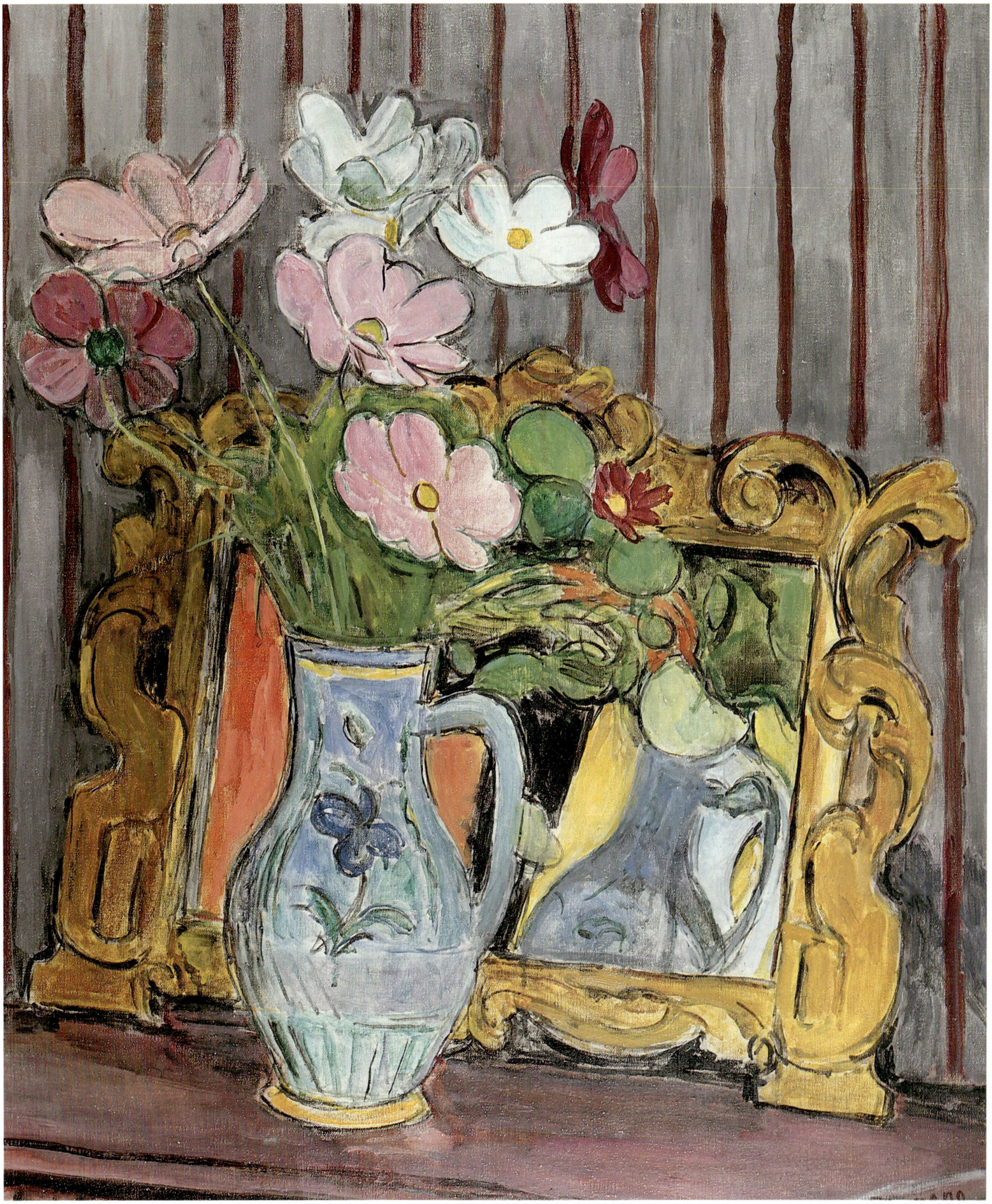

er 85 geworden. Die Gratulationscour wollte nicht enden, auch der Bundeskanzler und der Ministerpräsident hatten ihm herzliche Grüße und Wünsche zugesandt.

Soweit ich zurückdenken kann, ist mir der Rechtsanwalt Dr. Steigelmann ein Begriff. Mit etwa fünf Jahren kam ich in sein Elternhaus in Rhodt. Ich habe noch eine Vorstellung von seinen Eltern. Der vollbärtige Weingutsbesitzer Steigelmann und seine feinsinnige Frau Cornelia waren dem Ortspfarrer Eugen Roland zugetan und stifteten für die Rhodter Kirche das Altarbild »Auferstehung« von Adolf Kessler. Bei manchen Familienfesten waren wir im Hause Steigelmann eingeladen. Für mich, den kleinen Pfarrersbub, war es aufregend, daß ich dort auch Vertreter der Steigelmann-Runckschen Buren-Verwandtschaft aus Südafrika sah. Aus dieser Zeit ist mir der immer der Kunst zugeneigte Rechtsanwalt Dr. Steigelmann als eine schon von der Gestalt her große und gewichtige Persönlichkeit in Erinnerung. Die freundschaftlich-vertraute Zuneigung und die gemeinsamen Kunstinteressen sollten ein halbes Jahrhundert überdauern, ob es sich nun um die Gesellschaft der Zügel-Freunde, die Aktivitäten in Wörth oder Elmstein, ob es um Heinrich Jakob Fried, um Johann Jakob Serr oder um Hans Purrmann, um den Slevogt-Nachlaß auf Neukastel oder um die Ludwigshöhe ging. Er war immer hilfsbereit, immer ein guter Vermittler. Für die Ausstellung zum 200. Geburtstag König Ludwigs I. stellte er 1986 aus seinen Sammlungen die großartigen Sizilien-Lithographien Friedrich von Gärtners, des Architekten von Schloß »Villa Ludwigshöhe«, zur Verfügung. In einem Konzert der Ludwigshöhe konnte Justizrat Dr. Steigelmann anläßlich seines 85. Geburtstages als Ehrengast gefeiert werden.

Wie oft bin ich im Rhodter Weinschlössel gewesen. Immer waren es schöne und wertvolle Stunden. Rudolf Neumeister, der Münchner Kunstauktionator, schon vor seiner Firmengründung mit Dr. Steigelmann bekannt, feierte hier mit den pfälzischen Freunden bei einem Schlachtfest. »Der Herr Konsul ist mir eine Sau wert«, konstatierte Wilhelm Steigelmann. Einmal bin ich mit Hans Haug, dem legendären Straßburger Museumsdirektor, bei Wilhelm Steigelmann gewesen. Hinterher sagte Hans Haug: »Dieser Dr. Steigelmann ist echter, elsässischer als jeder Elsässer.« Nur nebenbei bemerkt, die Steigelmannschen Vorfahren kamen aus dem Elsaß. Hans Haug erkannte das Bodenständige und den selbstverständlichen Zug ins Große bei Wilhelm Steigelmann. Er war ein echter Kunstfreund, Kunstförderer, ein wirklicher Mäzen – keiner jener Pseudo-Mäzene, die unter Vorspiegelung höherer Interessen nur den eigenen Ruhm oder den finanziellen Vorteil im Auge haben. Was er zu den Anfängen der »Eselsburg« von Fritz Wiedemann in Mußbach getan hat, bleibt beispielhaft. Wie viele Künstler haben ihm zu danken. Mit ihm war es um die Kunst und die Künstler gut bestellt. Wilhelm Steigelmann war eine, war seine eigene Kunstinstitution, ein prächtiger, liebenswerter Mann, der fehlen wird.

Dr. Heinrich Schreiner, heute Präsident der Landeszentralbank, hat sich als Staatssekretär im Finanzministerium immer wieder der Kunstförderung angenommen. Hier überreicht er die Max-Slevogt-Medaille an die Maler Alo Altripp und Willy Fuegen.

Auf diesen Seiten konnte – nur viel zu knapp – über einige der persönlichen Erlebnisse mit Künstlern, Poeten, Kunst- und Museumsleuten berichtet werden. Eigentlich muß ich mich jetzt bei vielen Nicht-Erwähnten, die mir aber viel bedeuten, entschuldigen. Beim Niederschreiben ist mir der Gedanke gekommen, diese Erinnerungen mehr umfassend und Rheinland-Pfalz-übergreifend festzuhalten. Aber schon bei dem vorliegenden, notwendigerweise bruchstückhaften Unterfangen verdeutlicht sich unversehens ein Stück Landesgeschichte, Geschichte des nach dem Zweiten Weltkrieg entstandenen neuen Landes Rheinland-Pfalz; es zeichneten sich Konturen und Profile ab, die wesentlich zur Kultur des vor 40 Jahren entstandenen Landes Rheinland-Pfalz gehören. Kunst und Kultur nehmen bei Politikern oft nicht den Rang ein, den sie haben. Die Geschichte rückt dieses Bild zurecht. In der Distanz wird man gewahr, wie Kunst und Kultur über die Tagespolitik triumphieren. Wer weiß heute noch genau Bescheid über die politischen Entscheidungen und Probleme der Vergangenheit. Aber die Dome, Kunstdenkmäler und Werke der Kunst stehen und sind gegenwärtig: sie präsentieren Kulturbewußtsein der Vergangenheit.

Seite 378:
»Das Duett« des Rotterdamer, von P. de Hoch und J. Vermeer beeinflußten Malers Jacob Ochtervelt (1635 bis 1710) entstand Ende des 17. Jahrhunderts. Es gehört zum 1920 von Cornelius Wilhelm Freiherr von Heyl gestifteten Kunsthaus Heylshof in Worms – ein charakteristisches Bild der Gemäldegalerie im Kunsthaus Heylshof Worms.

Rheinland-Pfalz – Persönlich

Emmerich Smola

Episoden aus Studio Kaiserslautern

Es war der vorletzte Augusttag des Jahres 1946. Ich kann mich noch gut an die Radiomeldung erinnern, nach welcher auf Anordnung des hohen französischen Kommissars ein neues Land gebildet werden sollte mit dem Namen Rheinland-Pfalz, ein Begriff, der seinerzeit im Bewußtsein der geschichtlichen Tradition nahezu absurd erschien. Aber wen kümmerte das so richtig? Es gab im Grunde nur eine Tagessorge, nämlich die, nach Möglichkeit etwas zu essen zu bekommen. Wer weiß, was Hunger ist und was er vermag, kann die Gleichgültigkeit begreifen, mit der so vieles Politische in jener Zeit hintangestellt wurde. Wer konnte damals ahnen, daß die Weichen für ein neues Deutschland gestellt wurden? Es war der unbewußte Anfang der Entwicklung eines Bundeslandes, dessen landsmännische und landschaftliche Bestandteile keine historischen Bezüge zueinander hatten. Was daraus geworden ist, wissen wir. Wie es dazu kam und wie die ersten Jahre vorübergingen, möchte ich so schildern, wie ich die Zeit erlebt habe – in der Auseinandersetzung mit dem Alltag.

Drei Monate vorher kam ich zum ersten Mal in meinem Leben in die Pfalz. In einem Zeitungsausschnitt, den mir meine damalige Braut und heutige Frau aus Pirmasens nach Wilhelmshaven schickte, suchte der neugegründete Südwestfunk für sein pfälzisches Studio in Kaiserslautern so ziemlich alles, was man beim Rundfunk braucht. Tatsächlich erhielt ich auf meine Bewerbung für die Position eines Regieassistenten eine Einladung und fuhr sofort los, das heißt, zunächst stand ich tage- und nächtelang bei der englischen Verwaltung um einen Passierschein an. Als ich nach einer Reise auf Puffern, Trittbrettern, in Viehwaggons und unverglasten Abteilen drei Tage zu spät ankam, war die Stelle vergeben. Der Sendeleiter hatte sie einem Herrn aus Dresden zugesprochen. Er meinte, daß ich als Musikstudent doch ins Orchester gehen könne; da sei der Mangel noch größer und außerdem gäbe es dort eine bessere Bezahlung. Zunächst wollte ich nicht, aber nach einer halbstündigen Überlegung war mir klar, daß ich sonst wieder nach Norden müßte, und das wollte ich auf keinen Fall. So absolvierte ich mit einem geliehenen Kontrabaß in einem Gasthaus das Probespiel und – bekam die Stelle, mit der Aussicht auf 310 RM Monatsgehalt.

Etwas nachdenklich trug ich dann das Instrument zu seinem Eigentümer, einem Postbeamten, zurück und rastete anschließend inmitten der Stadt, nahe einer Kirche, auf einer

Eine Aufnahme des Funkorchesters Kaiserslautern aus dem Jahre 1946, in dem Emmerich Smola (ganz links) als Bassist fungierte.

Bank, die umliegenden ehemaligen Rosenbeete waren in einen Kartoffelacker umgewandelt, der, wie sich später herausstellte, von einer Stadträtin betrieben wurde. Man hatte mir in Pirmasens in einem Wehrmachtsessengeschirr Kartoffelsalat mitgegeben, und während der in meinen Magen wanderte, überlegte ich, daß in der unbeschädigten Kirche doch sicher eine Orgel stehen müßte. Eine Frau, die Holz hackte, wies mir den Weg zu einem alten Oberlehrer, der das Amt des Organisten versah, und der brachte mich unverzüglich auf die Orgelbank – offenbar hat er mich vom ersten Augenblick an gut leiden können. Ich spielte ein sehr schweres und zudem auch noch sehr lautes Stück von Reger und sah, wie nach einiger Zeit ein Pfarrer ganz empört auf meinen Begleiter zuschoß, um sich über das Getöse und die gestörte Mittagsruhe zu beschweren. Der Oberlehrer legte ganz bedächtig den Finger an den Mund – und nach zehn Minuten hatte ich meine zweite Stelle. Wie ich die beiden Berufe vereinbaren könnte, dieser Gedanke störte mich zunächst nicht; ich war glücklich, eine Bleibe zu haben.

Aber wieso ging ich ausgerechnet nach Kaiserslautern? Neben der persönlichen Bindung gibt es noch eine andere Erklärung: Noch vor meiner Schulzeit lernte ich Noten lesen, und schließlich waren es die bronzierten Buchstaben am Eisengußgestell der Nähmaschine meiner Mutter, die mich fesselten. Da sie als begeisterte Lehrerin jede pädagogische Hilfe in Anspruch nahm, erklärte sie mir die Bedeutung der Schriftzeichen: NÄHMASCHINENFABRIK – KAISER – KAISERSLAUTERN. Da war er zum ersten Mal: dieser lange Name, und was Wunder, daß mich Jahre später die Stationsbezeichnungen unseres Rundfunkgerätes interessierten – denn wieder konnte ich lange Ortsnamen entziffern. Wien, Moskau, Paris, Prag oder Berlin waren Begriffe, aber Königswusterhausen, Beromünster und Mühlacker, ja, Kaiserslautern, das waren ferne Welten, welche die Phantasie eines angehenden Musikers erregten. Dazu kam, daß – zwischen 1934 und 1939 – jeden Dienstag um 15.00 Uhr ein »Kammerorchester« aus Kaiserslautern im Radio Stücke spielte, die mir gut gefielen. Dies war nicht der erste Weg zum Rundfunk. Als Dreijähriger hatte ich eine böse Diphtherie und mußte, da im Böhmerwald der Schnee zu tief lag, auf unserem Küchentisch operiert werden. Dabei bekam ich eine Kanüle in den Hals, die ich ein halbes Jahr tragen mußte, und wenn ich sprechen wollte, war mit einem Finger ein kleines Loch zu schließen.

Um dabei sehr vorsichtig umzugehen und mich ruhig zu halten, verfiel mein Vater auf eine List. Er versprach mir, zu einem Lehrer zu gehen, der einen Apparat besaß, aus dem Musik kommen würde. Er hatte sich nämlich daran erinnert, daß mich meine Mutter, wenn ich als Wickelkind brüllte, auf ein Pölsterchen unter den Flügel legte, an dem mein Vater Unterricht gab, worauf ich sofort still war. Als man mir den Kopfhörer überstülpte und ich Musik hören konnte, war ich fasziniert, und für mich stand von jenem Augenblick an fest, weder Feuerwehrmann noch Polizist werden zu wollen, sondern etwas mit dem blinkenden Stein anzufangen, dessen Berührung mit einer Nadel Klänge zauberte. Und wie wird man Pfälzer? – Unser erstes öffentliches Konzert sollte am 9. Juli 1946, zugleich als Start des neuen Studios, stattfinden. Da wir keine einheitliche Kleidung besaßen, wurde angestrebt, wenigstens in gleichfarbenen Hemden auf die Bühne zu gehen. Aber auch das war nicht möglich, denn ich hatte nur zwei umgearbeitete Marinehelferinnenblusen, an denen der Rüschenansatz, trotz aller Schneiderkunst, noch erkennbar war. Um zu einem Hemd zu kommen, schickte man mich also zu einer Bezugsscheinausgabe. Um vier Uhr morgens war ich da und kam um elf Uhr an die Reihe. »Was möchten Sie?« »Ein Hemd.« »Warum?« »Weil ich Musiker bin und auf der Bühne ein Hemd bräuchte.« Traurig meinte der Mann hinter dem Tisch: »Ich kann Ihnen keinen Schein geben, weil es kein Hemd mehr gibt.« Als er meinem Blick begegnete, wechselte seine Stimmung, er sah mich nachdenklich an, wobei man förmlich seine Gedanken lesen konnte. Ganz langsam zog er seine Brieftasche aus der Hose, nahm einen Schein heraus und sagte zu mir in seinem unverfälschten Pfälzer Dialekt: »Isch bin aus Mackebach, isch war Klarinettischt«, und, indem er mir seine Hand vor die Augen hielt, fuhr er fort: »Mer hän se in Rußland drei Finger abgeschoß, isch konn nimmie uff die Bihn, do, nemme se moiner.« Von diesem Augenblick an wußte ich, wo ich hingehörte.

Wie war nun das Leben bis zur Währungsreform, und unter welchen Umständen haben wir den Aufbau gewagt? Es gehörte Mut dazu, und es gab nicht wenige, die es für sinnlos hielten, sich in die Arbeit zu stürzen. Es gab keine Noten, die Instrumente waren für professionelle Zwecke teilweise unbrauchbar. Saiten für die Streichinstrumente konnten nur beschafft werden, wenn der französische Kontrolloffizier ein Wildschwein schoß, dessen Fleisch zum Tausch geboten werden konnte.

Schallplatten erbettelten wir uns, indem wir von Haus zu Haus gingen. Die Studiotechnik wurde von unseren Technikern eigenhändig zusammengebastelt, selbst die Mikrophone waren Eigenbau. Wenn wir dazu Material brauchten, mußte der Kontrolloffizier Wein requirieren, oder Redegewandte wurden in die Vorderpfalz geschickt, um Trinkbares zu besorgen – was oft alleiniges Tauschmittel war. Aber auch im personellen Bereich gab es Lücken, weil qualifizierte Leute nicht ohne weiteres in die französische Zone gingen, die als die am schlechtesten versorgte galt. Es gab zwar als Lockmittel von den Franzosen für uns Funkleute eine zweite Lebensmittelkarte, aber die Fleisch- und Fettabschnitte waren fein säuberlich – keiner wußte von wem – herausgetrennt.

Wie schlecht es uns damals ging, erkennt man an einer Begebenheit, die symptomatisch für unsere Situation war: Eines Tages kamen zwei estnische Hilfswillige in das Studio und sagten, daß in einem Vorort von Kaiserslautern Amerikaner eine Telefon-Relaisstation unterhielten. Ihr Leben dort wäre sehr langweilig, und so hätte man beschlossen, dreimal in der Woche Tanz zu veranstalten, und sie fragten, ob wir nicht dazu spielen wollten. Es wurde ausgemacht, daß jeder von uns »pro Dienst« 25,- RM erhalten sollte, dazu 20 Zigaretten und außerdem ein Käsebrot und Tee. Wir waren sofort bei der Sache, und es stellte sich heraus, daß unser Hauptverdienst eigentlich darin lag, daß wir alle Stunden Kippen sammeln durften. Pro hundert Gramm Tabak des Mundstückes gab es 500 Gramm Brot, für angeglimmten Tabak 750 Gramm und für den vom Mittelstück gar ein Zweipfünder! Normalerweise mußte man dafür am Schwarzen Markt 200,- RM bezahlen. Bedenkt man, daß die Durchschnittsgehälter bei 250,- bis 300,- RM lagen, so kann man sich vorstellen, daß man damit nicht weit kommen konnte, und ich schäme mich nicht, dies alles zu erzählen.

Eines Tages kam ich in unser Vertragsgasthaus und wollte mein Essen bestellen, da stand neben mir ein Mann mit einer Gans, die er verkaufen wollte. Den vollen Preis konnte ich ihm nicht bezahlen, und so bot ich ihm meine noch verschlossene Gehaltstüte an. Er nahm die 310,- Mark, und ich steckte das Federvieh in meine große Aktentasche. Auf dem Heimweg rutschte mir der Hals des Tieres aus der Tasche, was wiederum ein Polizist sah, der mich sofort wegen Schwarzhandels mit auf die Wache nehmen wollte. Zum

Glück begegnete uns ein Kollege von ihm, den ich kannte; er stammte auch aus dem Osten und hatte genauso viel Hunger. Mein Begleiter verschwand, und meine Wirtin war sofort bereit, die Gans zuzubereiten – als Gegenleistung erhielt sie ein Bein. Um sechs Uhr abends war das Tier gebraten, um sieben Uhr gänzlich verspeist, und um acht Uhr war ich im Krankenhaus, wo es mir wieder aus dem Magen gepumpt werden mußte!

Ja, und dann habe ich auch geheiratet, im Oktober 1947. Es war ein kalter Tag. Das Hochzeitskleid der Braut war gegen einen Ster Holz geliehen. Ebenso ein schwarzer Anzug für mich, aber ohne Holz. Dafür stammte er von einem Herrn, der zwölf Zentimeter kleiner war als ich. Das Problem bestand darin, die Wehrmachtssocken nicht in die Soldatenschuhe rutschen zu lassen, denn das hätte zur Folge gehabt, daß man die nackten Füße gesehen hätte. Zu essen hatten wir bis zum Beginn der Trauung in der Kirche nichts, aber es geschah ein Wunder, und irgendwoher wurden wir versorgt. Nachmittags fuhren wir mit dem Zug nach Pirmasens, um dort mit der Familie zu feiern. Auf der Fahrt wurde uns die Aktentasche gestohlen – in der ich seinerzeit die Gans versteckt hatte –, und nun waren meine Hose, eine Kleinigkeit zu essen, 50 Gramm Tabak, die Pfeife sowie eine Flasche Wein fort, die für die Hochzeitsnacht bestimmt war. – Die Hochzeitsgesellschaft war in einem Hotel untergebracht, und als meine Mutter sich am

Ein selbstgebasteltes Regiepult aus dem Jahre 1946 im Studio Kaiserslautern.

nächsten Tag anzog, bemerkte sie, daß eine Maus ein riesiges Loch in ihren Mantel genagt hatte, um an das Stückchen trockenes Brot in der Tasche zu kommen, welches meine Mutter als eiserne Ration mitgenommen hatte.

Es gab Sonderzuteilungen, und im »Aushang« unseres Studios vom 1. April 1947 konnte man lesen, daß pro »Gefolgschaftsmitglied« 40 Zigaretten in der Buchhaltung ausgehändigt und vier Säcke Altpapier für Anheizzwecke angeboten wurden. Am 22. Juli 1947 wird im »Umlauf« eine Fahrraddecke der Größe 28 x 1,75 für den dringendsten Fall der Bedürftigkeit durch den Betriebsrat angekündigt. In einer Notiz vom 25. August 1947 geht es um die Beschaffung von Brennholz: »Der Einschlag des Holzes beginnt am 8. September, wobei es unseren Leuten, je nach Möglichkeit, freigestellt wird, mit dem Holzfällerkommando in den Wald zu fahren, um dort für sich das sogenannte Astholz zu schlagen. Werkzeug zum Richten ist mitzubringen«. Am 4. Oktober 1947 wird für drei Räume der Musikabteilung ein elektrischer Heizofen beantragt, weil kein Sonnenstrahl mehr dort eindringen kann. Der Unterzeichnende schließt sich der Bitte der »Jungfrauen, Frauen und Männer« an. Da es aber nur einen Ofen gab, mußte er dort aufgestellt werden, wo gerade viel gearbeitet wurde! Am 22. Oktober erscheint der Hinweis, keine privaten elektrischen Heizöfen mehr zu benutzen; die Technik erhält vom Kontrolloffizier den Auftrag, den Strom hierfür abzuschalten. Die dienstlichen Öfen wurden in der Zwischenzeit eingesammelt, weil zeitweise das Stromnetz zusammengebrochen war! Am 10. Oktober erscheint die Mitteilung, daß die Kartoffelabschnitte der zweiten Lebensmittelkarte für den gesamten Bereich der französischen Zone gestrichen werden. Wegen des Protestes wird am nächsten Tag verlautbart, daß für den Monat Oktober pro »Gefolgschaftsmitglied« zehn Kilogramm Kartoffeln und für jeden Säugling ein weiteres Kilogramm zur Verteilung kommen. Am 15. November erscheint im Umlauf Nr. 75 die Nachricht, daß es gelungen sei, für die dringendsten Fälle beim Wirtschaftsamt Schuhbezugsscheine zu besorgen. Es wird ausdrücklich darauf hingewiesen, daß nur berücksichtigt werden kann, wer nachweist, nur ein Paar Schuhe zu besitzen. Außerdem wird darauf hingewiesen, daß nur ein Bruchteil der Berechtigten berücksichtigt werden könne. Am 11. Dezember 1947 werden für die Abfüllung von je zwei Flaschen Wein der Weihnachtssonderzuteilung Korken verlangt mit der Begründung: »Die Abfüllfirma braucht diese Korken und darüber hinaus noch Ersatzkorken, da bei alten Korken immer die Gefahr besteht, daß sie abbrechen.«

Am Ostermontag des Jahres 1948 saß ich in meinem Zimmer, als sich plötzlich von der Straße her unfallähnlicher Lärm verbreitete. Der Blick aus dem Fenster offenbarte das Unglück: Ein Lastwagen der französischen Garnison war zu schnell um die Ecke gefahren, und eines der Fässer, die er geladen hatte, hatte die seitliche Sicherung durchbrochen und war auf die Straße gestürzt. Der Duft der ausströmenden Flüssigkeit ließ keine

Frage offen, und der requirierte Wein suchte in der Straßenrinne Abfluß. Es ist unglaublich, wie schnell man in dieser Zeit schaltete, mit einigen Putzlappen wurde der Wein in der Straßenrinne angestaut und in gewöhnliche Eimer gelöffelt. Die Ernährung war für einige Tage gesichert – die allerdings sonst sehr magere Weincreme werde ich nie vergessen.

Im Funkhaus mußten Erweiterungsbauten durchgeführt werden. Da es keine Ziegel gab, wurden Abbruchsteine angefahren, und für den Transport innerhalb des Hauses gab es für 100 Ziegel eine »Bosco«, eine schwarze Zigarettensorte, die von der Militärverwaltung als Repräsentationsfond ausgegeben wurde. Sänger sangen mitunter nicht für Geld, sondern gegen 20 »Bosco«. Benzin für den Reportagewagen, einen umgebauten alten »Wanderer« mit unersättlichem Durst, gab es gegen »Bosco«. Notenpapier gab es nur gegen »Bosco« und für technische Ersatzteile war immer eine Mischung von Wein und »Bosco« zusammen mit einem Supertalent an Überredungskunst nötig.

Es gab in den ersten Monaten noch Zapfenstreich, und die Bürger durften von 10.00 Uhr abends bis 5.00 Uhr morgens nicht auf die Straße. Um nach den Spätabendsendungen noch nach Hause zu kommen, gab es Sonderausweise, und man wurde immer wieder kontrolliert. Der Abteilungsleiter Musik war zwar ein begabter und anerkannter Komponist, aber in Funk- und Verwaltungsdingen gänzlich unerfahren. Der Leiter des Orchesters kam vom Theater; vom Repertoire eines Rundfunkklangkörpers hatte er nicht viel Ahnung, geschweige denn von der eigentlichen Unterhaltungsmusik. Als Solisten wurden zeitweise Sänger beschäftigt, die im besten Falle als talentierte Laien zu bezeichnen waren. Für die allmählich übergreifende internationale Programmkonzeption war kein Verständnis da, weil man aus den alten Schuhen nicht herausfand.

Nur so ist es zu verstehen, daß beim Eröffnungskonzert des pfälzischen Südwestfunkstudios am 9. Juli 1946 die Komposition »Les Préludes« von Franz Liszt als musikalischer Beitrag im Programm erschien. Das Hauptthema war während des Krieges bei den Ankündigungen von militärischen Siegen durch den »Großdeutschen Rundfunk« verwendet worden. Mein – allerdings damals unkompetenter – Hinweis stieß selbst bei den Franzosen auf Unverständnis!

Von den Sorgen des Alltags überschattet, entwickelte sich langsam das gesellschaftliche Leben. Ein erster Höhepunkt in der Pfalz war der Filmball 1947 im Neustadter Saalbau. Alles, was im deutsch-französischen Kinobereich Rang und Namen hatte, war erschienen, von Marika Rökk bis Jean Marais. Aus Paris kam das damals sehr bekannte Tanzorchester Jean Tristan, Kurt Hohenberger spielte auf, und wir bestritten die Tango- und Walzerfolgen. Besonders die vielen Franzosen füllten beim Tango das Parkett, und schon nach dem zweiten Durchgang schickte der Standortoffizier für uns eine riesige Platte mit den herrlichsten belegten Brötchen auf die Bühne. Zum Dank legten wir noch

spontan »Ole Guappa« zu und mußten, als wir in die Garderobe kamen, feststellen, daß unsere französischen Kollegen alles aufgegessen hatten.
Wir waren in einer solchen Erregung, daß diese fluchtartig den Raum verließen und beim Publikum Schutz suchten. Noch heute spüre ich einen leeren Magen, wenn ich den Tango »Ole Guappa« höre.
In Kaiserslautern lief so langsam das Theaterleben an, gespielt wurde in einem Kino, und für eine Eintrittskarte mußte man in der kalten Jahreszeit außer Geld noch ein Stück Kohle mitbringen. – Im Orchestergraben war es derart kalt, daß die Musiker fingerlose Handschuhe trugen, und natürlich saß man im Mantel da. Das Konzertleben begann mit Kirchenmusikprogrammen. Das erste größere gesellschaftliche Ereignis war im Januar 1948 der »FU-RI-BÜ-BA«, ein Funk-Rheinische Illustrierte-Bühnen-Ball. Der Südwestfunk stellte Orchester und Programmkonzeption, das Pfalztheater Solisten, Chor und Requisiten, und die Wochenzeitung war für Propaganda und Ausstattung zuständig. Im ersten Teil gab es ein konzertantes Programm und als Abschluß das Finale des zweiten Aktes der »Fledermaus«. Es war ein rauschendes Fest. Unter den Tischen standen die Taschen mit Wein und Eßbarem, zu kaufen gab es Lakriz-Bier und Tafelwasser. Die Garderoben waren das Ergebnis unergründlicher Phantasie. Am nächsten Tag war man sich über ein großes Erlebnis einig, und selbst der schlimmste Kopfschmerz konnte den Erfolg nicht schmälern. Es gibt Kaiserslauterer, die diese Veranstaltung als den Beginn der Hoffnung auf bessere Zeiten bezeichnen.
Eines Tages ging im Flüsterton die Nachricht durch das Haus, die Franzosen wollten sich endgültig die Pfalz einverleiben und als eine der ersten Handlungen das Funkhaus besetzen. Der Widerstand formierte sich, die Ziegel lagen noch unverbaut in den Räumen. Es schien sogar, daß selbst der französische Kontrolloffizier die Verteidigungsvorbereitungen übersah. Es war eine eigenartige Stimmung, und man war der Ansicht, daß selbst er zu den Steinen gegriffen hätte, wäre es zum Sturm gekommen. Aber es geschah überhaupt nichts! Statt dessen kam die Währungsreform und mit ihr die Hoffnung, daß es doch einmal besser werden könnte.
Am 14. Januar 1948 übernahm ich zunächst provisorisch die Leitung des Studioorchesters in Kaiserslautern, worauf dann im März die endgültige Berufung erfolgte. Ich bewarb mich vor allem deshalb, weil ich auch für das gesamte musikalische Programm des Studios zuständig wurde und ich meine Vorstellungen zeitgemäßer Rundfunkmusik in den verschiedensten Ebenen verwirklichen konnte. Wie entsetzlich schwer dies war, habe ich sofort zu spüren bekommen. Einer meiner ersten Wege war der zum Verwaltungsleiter, um Geld für Spezialarrangements zu bekommen, welche der durch Zufälle entstandenen Besetzung des Klangkörpers entsprachen. Er starrte mich wie ein Wesen vom anderen Stern an. So etwas hatte er noch nie gehört. Nach endlosen Debatten

Die ersten Aufnahmen, die Zarah Leander nach dem Kriege sang, entstanden in Kaiserslautern. Neben dem Sendeleiter Carl Grösch (mit Mikrophon) Emmerich Smola (Juli 1949).

bekam ich das Geld, welches im übrigen vor der Währungsreform noch zur Genüge vorhanden war. Wir hatten zwar einen für Wortsendungen akustisch ausgestatteten Raum, aber für musikalische Sendungen war er gänzlich untauglich. Er war schalltot ausgelegt und für 22 Musiker viel zu klein. Nach einem – unter unsäglichen Schwierigkeiten – durchgepeitschten Versuch in einem Kino war der erste Bann gebrochen. Aber der Kinosaal stand nur für die *Sendungen* zur Verfügung, die alle live ausgestrahlt werden mußten. – Das Pfalztheater benutzte abends den Raum für Aufführungen von Oper, Operette und Schauspiel. So zogen wir jeden Tag nach einer Probe um die Mittagszeit vom »Funkhaus« in das Capitol-Kino, der Orchesterwart an der Deichsel des Planwagens mit den Instrumenten und die Musiker schiebenderweise hinterher, quer durch die Stadt. – Wenn das Konzert um 13.30 Uhr zu Ende war, saßen schon die ersten Kinobesucher im Saal. Als sich dies herumgesprochen hatte, wurden es immer mehr Hörer, und wir waren gezwungen, wegen der unzumutbaren Arbeitsweise eine andere Lösung zu finden. Wir musizierten auf der Bühne, und als zum ersten Male Erika Köth als Solistin mitwirkte, wäre sie beim Singen beinahe rückwärts in den tiefen Orchestergraben gestürzt, wenn ich sie nicht im letzten Augenblick an den Haaren wieder hochgezogen hätte. Ein anderes Mal traf eine umfallende Stehlampe den Pianisten ausgerechnet in dem Augenblick, als er mitten in einer Kadenz sich ganz den Eingebungen der großen Kunst hingab.

Wir zogen also in die »Alte Eintracht«, wo wir nach zwei Jahren zum ersten Mal richtig arbeiten konnten. Akustische Einbauten, die uns Fachleute aufschwätzten, haben wir in einer Nacht- und Nebelaktion eigenhändig entfernt. Typisch war, daß dies die Spezialisten gar nicht merkten, ja sogar weiterhin glaubten, der gute Klang wäre ganz ihr Werk gewesen. Die Glaswolle, die wir damals verschwinden ließen, hat uns monatelang mit einem ekelhaften Juckreiz verfolgt. Die Regie war in einer Kammer untergebracht, in der Mehl des Hilfswerkes der evangelischen Kirche lagerte. Die Mäuse sahen unserem Toningenieur Köhler ungläubig zu, wenn er seine zwei Regler betätigte. Als des öfteren Störungen auftraten, wurde sein Stoßseufzer: »Immer die Mais« zum geflügelten Wort, die Tiere hatten die Kabelumwicklungen als willkommene Futterabwechslung schätzen gelernt. Als der Techniker einmal wagte, mehr als ein Mikrofon für die Sendung zu benutzen, wurde er vom technischen Direktor kurzerhand für einige Wochen strafversetzt. Aber nur er wußte, wo die Mäuse ihre Arbeit ansetzten, und dieses Wissen brachte ihn früher als vorgesehen wieder an seinen Arbeitsplatz zurück. Der Saal selber wurde durch einen großen, gußeisernen Ofen erwärmt, und während der Sendungen konnte man das knisternde Feuer und unter Knall berstende Kastanien an den Lautsprechern vernehmen. Als eines Tages während einer Livesendung etwa fünf Quadratmeter Putz von der Decke fielen und das Orchester nach fürchterlichem Lärm in einer undurchsichtigen Staubwolke verschwand, beendete die Sprecherin geistesgegenwärtig das Programm mit der Formulierung, wie wir sie unter Berücksichtigung unserer geringen Ausstrahlungsweite scherzhafterweise gebrauchten: »Hier ist das Studio Leiserskautern«, und sie fügte hinzu, was ihr vor Schreck eingefallen war: »Die Endung ist besendet.« Als sich die Wolke auflöste, bemerkte ich an den Blechbläsern, daß sie sich die hutartigen Schalldämpfer auf den Kopf gesetzt hatten, um der Katastrophe zu entgehen.

Unsere Programme richteten sich danach, was für Noten vorhanden waren und welche Stücke wir mit der vorhandenen Besetzung des Orchesters spielen konnten. Irgend jemand spürte ein ausgelagertes Notenteilarchiv des ehemaligen Reichssenders Saarbrücken auf, der damals im Ausland war. Ein ehemaliger Kaffeehausmusiker verkaufte uns sein »Repertoire«. Der Verlag Schott in Mainz hortete noch eine kleine Auflage seines »Domestikums«. Aber wir fanden kein einziges Stück von Kalmán, Leo Fall, Abraham usw., die Säuberung der Archive von nichtarischer Musik war total. Einige dieser Werke rekonstruierten wir aus der Erinnerung. Aber dabei waren zwölf Jahre zu überwinden, und es schlichen sich Fehler ein, die später nur mit Mühe ausgemerzt werden konnten.

Immerhin glänzten unsere Programme mit etwa 150 Stücken, denn in den anderen Zonen wurde die Entnazifizierung wiederum viel genauer durchgeführt, als dies in der französischen Zone der Fall war. Aber auch hier waren zahlreiche Komponisten, vor allem aus der Filmbranche, unerwünscht. In einer Liste vom 11. Juni 1947 erschienen elf

Namen der Rundfunkunterhaltungsmusik, die nicht ins Programm gesetzt werden durften. Am 25. Oktober 1947 teilte die Zentrale in Baden-Baden mit, daß Kompositionen von Franz Grothe grundsätzlich nicht verboten seien; es werde jedoch gewünscht, seinen Namen bei der Ansage möglichst nicht zu nennen und auch in der Presse nicht erscheinen zu lassen. In einer undatierten Anweisung einige Wochen später »bat« Kommandant Hirn, vorübergehend Platten und Kompositionen von Franz Grothe »trokkenlegen zu wollen«.

Jedes Programm mußte durch den örtlichen französischen Kontrolloffizier Oberleutnant Miltenberger, der aus dem Elsaß stammte, zensiert werden, und der ganze Vorgang endete zuweilen in einem entwaffnenden Gelächter. »Mösiö Miltomberscheh« liebte Musik, er liebte Essen und Jagen, er schoß Wildschweine, die wir in unserer Kantine und als Tauschobjekt brauchten, er requirierte den Wein, er holte Leute, die wir brauchten, aus dem Gefangenenlager und befreite uns von den persönlichen Meldungen in Bretzenheim. Er hatte einen deutschen Schäferhund, der unsere Damen zwar in sein Zimmer ließ, aber nicht wieder heraus. Er wies in goethischem Deutsch darauf hin, daß die Zigaretten auf seinem Schreibtisch nur dann entnommen werden sollten, wenn er auch selber da war. Es ging die Sage um, daß er ehemaliger Offizier der deutschen Armee sei und in Rußland gekämpft hätte. Ob das wahr war, konnte nicht geklärt werden, aber er durchschaute uns alle so, daß wir annahmen, es könnte so gewesen sein.

Auch der deutsche Sendeleiter war ein Original. Er war früher unter anderem Alleinunterhalter in Kaffeehäusern gewesen und hatte ein einschlägiges Repertoire »auf dem Kasten«. Seine Weinreportagen wurden um so interessanter, je mehr er Proben genommen hatte. Er kannte jedes Wirtshaus in der Pfalz und mußte nur in Ausnahmefällen bezahlen. Sein Fahrer war in der Regel nur nachts unterwegs, und wenn es zu einer anderen Zeit war, dann wußte er, daß es bestimmt wieder Nacht werden würde.

Die Anweisungen aus der Sendeleitung beschränkten sich auf das Notwendigste. Es hat lange gedauert, bis es möglich war, die Zustimmung zu moderneren Programmen zu erhalten. Die Vorstellung der überkommenen Musikkonzeption war zu tief in die Gemüter der Reichsrundfunkgeneration eingefurcht. Aber ich hatte ja nicht nur das Orchester zu betreuen. Da war noch die Redaktion und die Fülle von kammermusikalischen, volkstümlichen, pädagogischen Sendungen, die ebenfalls alle live ausgestrahlt wurden und ein Spiegelbild der musikalischen Kultur der Pfalz abgeben sollten. Programme wie »Nachwuchs stellt sich vor«, »Pfälzer Künstler musizieren«, »Arbeiter singen und spielen«, »Sang und Klang im Volkston«, später »Pfälzer Chorgesang«, »Pfälzer Dorfmusik mit Schorsch Stalter« und noch einige mehr waren zu betreuen, und wieder spielte die Zensur eine große Rolle. Die Ansagen durften nicht frei erfolgen, sie waren der Zensur vorzulegen. Selbst die Rahmenmusiken der Kirchenfunksendungen

Ministerpräsident Peter Altmeier mit Emmerich Smola anläßlich eines Festkonzerts zum 2000jährigen Jubiläum der Stadt Mainz 1962. Links der Musikwissenschaftler Prof. Dr. Adam Gottron.

mußten eine Zeitlang eingereicht werden. Noch heute sprechen mich Menschen an, die sich daran erinnern, wie wir die ersten Volksliedsendungen ausstrahlten. Die Überstrapazierung unserer volkstümlichen Literatur während des Dritten Reiches hatte starke Aversionen bei den Besatzern aufkommen lassen, zudem bestand eine Art Überfütterung unserer Bevölkerung damit.

Es gab keine Gesangvereine, und erst allmählich entstand da und dort eine Vereinigung. Die Militärregierung ließ aber für eine Ortschaft nur jeweils einen Verein zu. Nun waren ja von jeher die organisierten Sänger die Träger örtlicher Musikkultur, und ich war davon überzeugt, daß man über sie wieder manches erreichen konnte. Jedenfalls gelang es, den Kontrolloffizier davon zu überzeugen, daß geschickt gestaltete Chorsendungen das traditionelle, politisch unberührte Liedgut wiederbeleben könnten. Jedoch auch nationale Töne waren verpönt, und die Auswahl der unverdächtigen Strophen war unerläßlich. Eines Tages wurde ich wieder einmal zu Miltomberscheh gerufen. Schon an dem aufgerichteten, feindselig dreinschauenden Hund glaubte ich zu erkennen, daß Unheil im Verzuge war. »Sie sind entlassen!« waren ohne Gruß die ersten Worte. »Warum?« »Sie haben gestern in der Chorsendung nationalsozialistisches Liedgut verbreitet!« Da ich das Programm zur Zensur vorgelegt hatte und keine Beanstandung erfolgt war, wollte ich wissen, um was für ein Lied es sich handelte. »Der Chor aus Rodalben sang bei der gestrigen Sendung: ›Dort, wo der Rhein...‹« »Ja, aber warum ist denn dieses Lied nicht erlaubt, unser Sender in Koblenz hat es ja als Sendezeichen?« Miltomberscheh nahm das Telefon und rief seinen Kollegen Perlstein (ein Wiener Emigrant, der in der französischen Armee Dienst tat) in Koblenz an. In reinstem elsässischen Französisch fragte er nach dem Titel der Melodie, und ich hörte aus der Muschel in unverfälschtem Wienerisch: »Dort, wo der Rhein...«. Grinsend legte Miltenberger den Hörer auf, und in gleichem Rhythmus legte der Hund sich mit der Schnauze wieder auf die Erde. »Sie sind wieder eingestellt!« Die zweite Entlassung drohte mir, als bei einer Kirchenfunksendung zwei Produktionsnummern durch das Archiv vertauscht wurden. 335 statt 353, und am Schluß einer Adventsendung kam statt »die Tür macht auf, das Tor macht weit« die Marika-Rökk-Nummer: »In der Nacht ist der Mensch nicht gern alleine.« Es war nicht herauszubringen, wo der Fehler lag oder wer die Verwechslung verantworten mußte, und so blieb ich auch in diesem Falle dem Südwestfunk erhalten. Oberstes Gesetz des Studios war es, daß alle Programme streng auf die Pfalz bezogen waren. Mit unserem Reportagewagen fuhren wir zu den Chören, und man kann sich vorstellen, was los war, wenn monatelange Proben endlich zu einer Aufnahme führen sollten und unsere einzige Bandmaschine streikte. Einmal wurde sogar der ganze Ü-Wagen von den aufgebrachten Sängern umgeworfen. Aber wir hatten die Singebewegung wieder in Schwung gebracht, und der Pfälzische Sängerbund wurde 1949 wieder ins Leben gerufen. Die Förderung der heimischen Komponisten wurde eingeleitet – Philipp Mohler, Hans Mattern, Theo Klan, Fritz Theil, die Wormserin Johanna Senfter und manche andere wurden einem größeren Publikum zugänglich gemacht. Wir brachten auch dezente Barmusik mit dem spanischen Ensemble Bergasa, das in Kaiserslautern seßhaft war.

Das Programm war vielseitig. Professor Müller-Blattau, ein führender Musikwissenschaftler, betreute eine musikhistorische Sendereihe. In Kusel etablierte sich damals eine Lehrerbildungsanstalt, und da niemand für den musischen Bereich aufzutreiben war, erhielt er die Sondergenehmigung, dort Musikunterricht zu erteilen. Seine Beiträge wurden besonders kritisch durch unseren Kontrolloffizier betrachtet; aber eines Tages erhielt auch er die Genehmigung, frei vor dem Mikrophon zu sprechen, und die Sendungen gewannen dadurch viel an Spontaneität. Als er einen Beitrag mit studentischem Liedgut aus dem Kommersbuch mit dem Titel »Hausmusik bei Zelter« vorschlug und es sich herausstellte, daß nur ein Chor junger Stimmen sich dafür eignete, fuhr ich nach Kusel in die Lehrerakademie, um den Studentenchor anzuhören. In einer Hauswirtschaft, auf einer Bühne, die mit Tannenkulissen versehen war, sang ein junger Mann in kurzen Hosen – es war immerhin November – die Zwischenverse so sicher und schön, daß ich annehmen mußte, Müller-Blattau hätte mir einen Sänger untergeschoben.

Ein Studio-Konzert in Kaiserslautern: Fritz Wunderlich singt eine Arie aus der Oper »Alcide al bivio« von Vincenzo Righini.

Als er dies verneinte und mir sagte, der Solist wäre Kuseler und der Sohn einer armen Witwe, meinte ich, ob es für ein solches Talent nicht zu schade wäre, den Lehrerberuf zu ergreifen.

Der Professor war ein wenig beleidigt über meine Ansichten von Lehrern, überging aber großzügig meine Meinung. Drei Wochen später, ich hatte das Kuseler Intermezzo längst vergessen, meldete mir meine Sekretärin eine »alte Frau und einen jungen Mann aus Kusel«, die mich sprechen wollten. Es war der Sänger mit seiner Mutter, die sich nun erkundigte, wie ich das denn eigentlich gemeint hätte, Herrn Prof. Müller-Blattau gegenüber. Sie erzählte mir auch, daß sie selbst Musikerin gewesen sei und zusammen mit ihrem Mann Kinotheken, Musik während der Stummfilme, gespielt hätte. Der Tonfilm habe sie brotlos gemacht, aber es wäre durchaus möglich, daß der Sohn doch etwas an Begabung geerbt haben könne. Nach einem kurzen Gespräch rief ich die Freiburger Musikhochschule an, es stellte sich heraus, daß noch freie Stipendienplätze vorhanden waren, die Voraussetzung dafür wäre aber eine Begabungsprüfung. Ich gab dem jungen Mann den Rat, nicht nur Gesang, sondern auch ein Instrument zu erlernen, damit er mehrere Eisen im Feuer hätte. Das Geld für die Fahrt zur Aufnahmeprüfung mußte er sich – wie er mir viel später berichtete – ausleihen, aber all das lohnte sich, und zwei Jahre später konnten wir die ersten Aufnahmen mit Fritz Wunderlich machen. Willy Stech

Am 1. Februar 1958 fand das Einweihungskonzert im neuen Südwestfunk-Studio Kaiserslautern statt. Von links: Anton Dermota (Staatsoper Wien), Erika Köth, Emmerich Smola und Willy Stech.

hatte auch eine Aufnahme mit ihm als Sänger und Trompeter gemacht, leider ist diese einmal gelöscht worden.

Schon im März 48 sagte mir eines Tages ein Mitarbeiter, er hätte im Vogelhändler eine herrliche Christel gehört, sie würde zwar ein wenig hinken und er hätte den Eindruck, daß sie ein wenig schiele (was übrigens gar nicht stimmte), aber sie sei einfach toll. Niemand wußte, wie sie hieß, und so blieb mir nichts anderes übrig, als den Orchesterwart in ein bestimmtes Gasthaus zu schicken, in dem ständig ein Ofen geheizt war und die Mitglieder des Pfalztheaters ihre gesamte Freizeit verbrachten. Als ich Stunden später aus dem Funkhaus kam, radelte mir der Orchesterwart mit einem kleinen Mädchen auf der Querstange entgegen. Auf meine etwas ärgerliche Frage, ob er die Sängerin gefunden habe, meinte er: »Ei, do isse!« Über 30 Jahre haben wir mit Erika Köth zusammengearbeitet.

Um dieselbe Zeit besuchte mich ein entlassener Kriegsgefangener. Er sagte mir, daß er in Kaiserslautern Schreiner gelernt hätte, aber auch als Bariton ausgebildet worden sei, und bat mich, einmal im Funk singen zu dürfen. Er wolle aber nicht mehr als Bariton auftreten, ein Tenor sei viel gefragter, und er traue sich in dieser Hinsicht allerhand zu. Kurt Schumacher war sein Name, und als er über Mannheim nach Karlsruhe kam, mußte er seinen Namen ändern, weil er es als Tenor nicht schaffte und wieder das Baritonfach belegen mußte. Der Karlsruher Intendant, dem er aus unseren Sendungen bekannt war, fragte ihn kurz: »Was ist Ihre Lieblingspartie?« – »Marcel.« – »Also, Ihr neuer Vorname ist Marcel.« Dann schlug er das Telefonbuch auf und legte mit geschlossenen Augen den Finger auf eine Adresse. – »Ihr Nachname ist ›Cordes‹!« Marcel Cordes war geboren, eine der schönsten Stimmen im italienischen Fach, die es im deutschen Kulturraum je gab. Übrigens kam auch Erika Köth über unsere Programme nach Karlsruhe.

Die Währungsreform brachte auch bei uns große Einschnitte. Das Geld war plötzlich etwas wert und wurde rar. Die Schaufenster füllten sich wieder und – wie aus dem Boden gestampft – tauchten eine Reihe von Künstlern auf, die wir jahrelang nicht gesehen hatten. Ein Anruf bei mir zu Hause lautete einfach: »Kommen Sie sofort, Zarah Leander ist im Anmarsch.« Es war atemberaubend, wie sie anrauschte. Sie wollte wieder in Deutschland auftreten und bereitete eine Tournee vor; eine Gräfin war ihre Managerin. Unser Orchester sollte sie auf der Tournee begleiten, was einige Wochen später auch geschah. Während der Verhandlung sagte die Diva, daß man nicht genug Benzin zur Weiterfahrt hätte, und der Verwaltungsleiter fühlte sich ungemein geehrt, daß es in seinem Aufgabenbereich lag, SWF-Benzin auszuleihen. Im übrigen sei es, meinte sie indigniert, fast unmöglich, zwei Monate nach der Geldreform Deutsche Mark an der Grenze eingetauscht zu bekommen, und ich lieh der »Göttlichen Zarah« die letzten 50,- DM. Weder das Benzin noch die 50 Mark haben wir wiedergesehen, und ich mußte den Kauf der Hose, die ich unbedingt brauchte, um einen ganzen Monat verschieben.

Eduard Künneke tauchte ein paar Wochen später auf und war unter der Voraussetzung, daß man ihm etwas Morphium besorge, zu einem Interview bereit. In der Annahme, er brauche dies zur Linderung von Schmerzen, ging ich in die nächste Apotheke und mußte mir erstaunt sagen lassen, daß es Drogen nicht zu kaufen gebe. Ich wechselte die Apotheke, bekam nun, da Künneke der Apothekerin vom Theater her bekannt war, das Morphium und unsere Hörer eine ungewöhnliche Reportage. Die Sache ist verjährt, die Apothekerin längst tot.

1949 wurde das Grundgesetz verabschiedet, und die Kontrolloffiziere verschwanden aus den Funkhäusern. Unser Generalintendant Friedrich Bischoff wurde wieder zum Intendanten zurückgestuft, und wir begannen die gewonnene Freiheit zu nutzen. Als erstes Ergebnis wurde in Zusammenarbeit mit dem Bayerischen Rundfunk und dem Berliner Sender ein Programm mit dem schönen Namen »Ruck-Zuck-Sendung« geboren.

Weil bei Tag eine Gemeinschaftsleitung während des Sendebetriebes nicht möglich war, wurden ab ein Uhr nachts die Sender zusammengeschaltet. In den Studios in Berlin, München und Kaiserslautern saßen die jeweiligen Orchester, die ein Skelettprogramm bestritten. Die einzige für diesen Zweck geeignete Aufnahmeapparatur stand in München, dort wurde auch die Aufzeichnung vorgenommen. Der Gag der Ringschaltung war jeweils der Schluß, bei dem alle drei Orchester gemeinsam spielten. Es war erstaunlich, was dabei herauskam, und es gab niemals eine Panne.

Am 15. Mai 1945, am Tag meines Transportes in das Gefangenenlager, hatte ich zum ersten Mal das amerikanische Orchester André Kostelanetz im britischen Soldatensender gehört. Für mich, der ich bis dahin im DTU – dem deutschen Tanz- und Unterhaltungsorchester – das Beste vom Besten erblickt hatte, war eine neue Welt aufgegangen. Die Farbigkeit der Instrumentationen, die technische Realisation und das musikalische Material übten auf mich eine außerordentliche Faszination aus, der ich sofort erlag. Seit jenen Eindrücken habe ich immer wieder versucht, eine solche Qualität zu erreichen. Ganz gelang mir dies nicht, aber der »Spiegel« schrieb in den frühen 50er Jahren, daß wir in Deutschland dieser Orchesterleistung am nächsten gekommen wären.

Als ich viel später, anläßlich eines Besuches, die Studios der New Yorker CBS-Station kennenlernte, kam ich auch am Zimmer von Kostelanetz vorbei. Seine Vorzimmerdame wies mich kalt ab: »Herr Kostelanetz empfängt keine Deutschen!« Kurze Zeit später erzählte ich dies einem Londoner Kollegen – er lachte und meinte, es treffe sich gut, in einigen Wochen würde Kostelanetz in London ein Funkkonzert dirigieren, und er lud mich dazu ein. Natürlich war ich dort, und im Anschluß fand ein kleiner Empfang statt, bei dem man mich neben den von mir so Verehrten setzte. Als ich ihm von meinem New Yorker Erlebnis erzählte, lachte er herzlich und meinte, seine Sekretärin mache das immer so, bei einem Deutschen sei es nur viel einfacher gewesen. Wir sind als Freunde auseinandergegangen.

Aber auch die Begegnungen mit den bekannten Dirigenten des deutschen Rundfunks der »großen Radioära« waren nicht ohne Reiz. Gustav Görlich war seit meiner frühesten Jugend so ein Ideal. – Den ausgeschnittenen Blaudruck aus einer Rundfunkzeitung trug ich bis zum Tage meiner Entlassung aus dem Marinegefangenenlager bei mir. Ein kanadischer Offizier, der nicht glauben wollte, daß ich bis zum letzten Kriegstage Musik machte, und mich immer wieder auf die Seite der SS-Verdächtigen stellte, sah das Bild, starrte mich entgeistert an und teilte mir mit, daß er mit Görlich zusammen an der Wiener Akademie studiert hatte und später emigrieren mußte.

Der Bann war gebrochen, aber die Geschichte noch nicht zu Ende. Vor meiner Berufung als Dirigent mußte ich verschiedene Einstellungsgespräche führen. Das wichtigste fand im Zimmer 13 des Hotels Elisabeth (damals Funkhaus), einem umgebauten WC, in Baden-Baden statt. Als ich den Namen des Prüfenden las, erstarrte ich: Gustav Görlich. Es war die schwerste Examinierung, die ich jemals durchstehen mußte, und den Ausschlag gab meine Antwort auf die Frage, wann Johann Strauß gestorben sei. Er machte

Ein festliches Konzert mit Lisa della Casa 1968 in der Rhein-Mosel-Halle zu Koblenz.

mir das Kompliment, diese Frage als einziger der sechs Bewerber richtig beantwortet zu haben. Aber wie das Leben so spielt – ich wußte das nur durch die Hilfe eines Schutzengels: Zufällig hatte ich einige Tage zuvor im Rundfunk eine Sendung über Johann Strauß gehört, und da wurde, in Zusammenhang mit der Jahrhundertwende, das Datum genannt. Als ich Görlich nach seiner Pensionierung die Geschichte erzählte, meinte er in seiner bekannten Wiener Art: »Des is Wurscht, oba g'wußt host's.« Ich habe viel von ihm gelernt und konnte weitertragen, was er mir aus der Wiener Musiktradition unermüdlich vermittelt hat.

Ganz anders Otto Ebel von Soosen! Er war in den 30er Jahren durch vielseitige Programme bekannt geworden, die von Hannover ausgestrahlt wurden. Meinen zahllosen

Versuchen, ihn zu bewegen, mir solche Programmzettel zu zeigen, wich er mit den tollsten Ausreden aus, und so lud ich ihn ein, einmal bei uns zu gastieren. Selbst bei vielen Gläsern Wein war nichts herauszuholen, bis ich bemerkte, daß auch er keine Unterlagen mehr hatte, und bei der Fülle unbekannter Literatur verließ ihn das Gedächtnis. Wie ich feststellen mußte, befand sich der einzige vierteilige Sammelband der Programmzeitschrift »Die Deutsche Funkstunde« in einem Auslagerungsarchiv der preußischen Staatsbibliothek. Aber auch dort konnte ich nicht finden, was ich suchte.

Aber noch einmal Gustav Görlich: 1954 hörte ich bei den Maifestspielen in Wiesbaden einen ganz jungen deutschen Bariton. Einige Wochen später kam er zu uns, um bei einem Livekonzert in Landau in der Pfalz mitzuwirken. Der »Eiserne Gustav« hörte die Übertragung, und am nächsten Tag raunzte er mich in der schlimmsten Weise an: »Wenn Du mir noch einmal so einen Knödler bringst, wirst Du entlassen!« Der Sänger war Hermann Prey.

Als 1950 die ersten Bandproduktionen zur Sendung gelangten, lag ich eines Abends auf meinem amerikanischen Feldbett und las. Da klingelte das Telefon: »Hier Bischoff, ich höre gerade Ihre Sendung und muß Ihnen sagen, daß sie dem Niveau des Südwestfunks nicht entspricht!« Der Hörer wurde aufgelegt, ohne daß ich auch nur ein Wort antworten konnte.

Vielleicht hatte man sich mit mir einen Scherz erlaubt, wie das manchmal üblich war –, ein Intendant ruft nämlich nicht unbedingt knapp vor Mitternacht an. Da ich aber mit der mir von seiten der Studioleitung »aufgezwungenen« Programmkonzeption sowieso nicht einverstanden war, nutzte ich die Gelegenheit und veränderte unter dem Hinweis auf höchsten Einspruch den Stil der Sendung. Etwa ein Vierteljahr später – ich hatte den Vorfall längst vergessen – läutete um die gleiche Zeit wieder das Telefon: »Hier Bischoff, so können Sie das Programm lassen!« – klick, und das Telefon war wieder stumm. Was waren das Zeiten, als die Intendanten sich noch direkt um das Programm kümmern konnten...

Zusammen mit dem Beginn der Bandproduktionen kam – unter regionalen Aspekten – die Idee auf, die Werke der Mannheimer Schule als edelste unterhaltende Musik wieder mehr ins Auge zu fassen. Das war damals nicht so einfach, weil ja nur wenige Stücke verlegt waren; die meisten lagerten in Archiven und mußten aus verschiedensten Gründen erst durch stilvolle Bearbeitungen spielbar gemacht werden. Hunderte von klassischen Sinfonien, Instrumentalkonzerten und Chorwerken bereichern seit dieser Zeit unsere Sendungen, und die Musik der Höfe von Mannheim, Mainz, Trier bzw. Koblenz und Zweibrücken erlebte eine glanzvolle Renaissance.

1951 wurden die Studios von Koblenz und Kaiserslautern nach Mainz zusammengelegt. Das in Koblenz stationierte Orchester wurde in das von Kaiserslautern integriert, und

In 40 Jahren hat sich einiges getan: das Rundfunkorchester des Südwestfunks, Sitz Kaiserslautern, im Jubiläumsjahr 1986.

somit begann für uns eine neue Ära. Unter föderativen Aspekten war dieser Schritt für die Pfalz und besonders für die Region Kaiserslautern von großer Wichtigkeit. Das Orchester war nun auch imstande, Originalliteratur zu interpretieren, und seine Aufnahmen wurden in das Gesamtprogramm übernommen. Da sich die Zeiten langsam zu normalisieren begannen, konnten wir auch unserer Arbeit ein besseres Profil geben – zwar mußte ich noch bis 1954 morgens in Kaiserslautern dirigieren und nachmittags in Mainz meinen Redaktionsdienst abwickeln, was meinem 25-PS-Volkswagen täglich 160 km abverlangte, aber man hatte ja zu essen, und es ging aufwärts.

Allerdings störte der wachsende Fluglärm in immer größerem Maße unsere Arbeit, und so suchte ich in vielen Eingaben um Abhilfe. Ganze Aktenbündel nutzten nichts – bis eines Tages der Zufall zu Hilfe kam. Im Sommer 1955 kam der Vorsitzende unseres Rundfunkrates, Herr Professor Holzamer, nach Kaiserslautern und wollte sich in meinem Büro für eine Beerdigung umziehen. Es blieb ihm noch ein wenig Zeit, und so lud ich ihn ein, sich das Orchester bei der Arbeit anzusehen. Nach meiner Begrüßung stieg er auf das Dirigentenpult, und in dem Augenblick, als er zu sprechen begann, raste ein Pulk amerikanischer Düsenjäger über die Stadt, wie wir es zuvor noch nie erlebt hatten. Er war sprachlos – vergaß seine Ansprache und stammelte: »So kann man doch nicht arbeiten.« Dreißig Monate später zogen wir in unser neues Studio um, in dem wir nun schon bald 30 Jahre Musik machen. Mit dem Neubau sind wir endlich seßhaft geworden, und der Aufbau konnte als abgeschlossen angesehen werden. – Jeden Tag erklingen

Empfang im Casimirsaal in Kaiserslautern zum 40jährigen Dienstjubiläum des Verfassers am 8. Mai 1987. Von links nach rechts: Landrat Rudolf Tartter, der Hörfunkdirektor des Südwestfunks Dr. Hubert Locher, Emmerich Smola, Intendant Willibald Hilf, Klaus Arb – Nachfolger von Smola, Oberbürgermeister Theo Vondano (Kaiserslautern).

unsere Aufnahmen in den verschiedenen Programmen, nicht nur im Südwestfunk, aber nur die wenigsten Hörer wissen, daß sie in Kaiserslautern, mitten in der Pfalz, entstehen.

Die Bilanz unserer 40jährigen Arbeit kann man in nüchternen Zahlen ausdrücken: Über 15 000 verschiedene Musikstücke wurden schallplattenreif aufgezeichnet. Es fanden weit über tausend öffentliche Veranstaltungen und Livesendungen statt. Über 6 000 Stunden Sendeprogramme wurden in Kaiserslautern gestaltet. Fast 1 000 Solisten sind bei uns aufgetreten, darunter Namen wie Franz Völker, Julius Patzak, Anton Dermota, Amadeo Berdini, Luigi Alva, Jean Madeira, Rupert Glawitsch, Franz Flügel, Wilhelm Strienz, Zarah Leander, Josephine Baker, Traute Rose, Rosel Schweiger, Lore Hofmann, Lore Fischer, Wolfgang Windgassen, Josef Traxel und die meisten der heute bekannten Sänger. Hunderte von jungen Solisten betraten hier zum ersten Mal die Welt des Mikrofons, die meisten von ihnen haben es nicht geschafft, auf die Dauer erfolgreich zu sein, aber für die anderen hat es sich gelohnt: Erika Köth, Fritz Wunderlich, Marcel Cordes, Judith Blegen und viele mehr sind durch die Sendungen des Südwestfunks einem breiten Publikum bekanntgemacht worden. Gastdirigenten wie Alois Melichar, Franz Grothe, Robert Stolz, Wal-Berg, Emil Kahn, Max Schönherr, Georg Haentschel und viele andere haben hier gewirkt. Die wieder zu entdeckende Literatur hat hier ihre Heimstatt, Auftragskompositionen und Uraufführungen gab es in Fülle, alle bekannten Arrangeure der moderneren Unterhaltungsmusik haben für uns geschrieben. Unser breitangelegtes Repertoire hat überall Anerkennung gefunden, und wenn Unbekanntes gesucht wird, meldet man sich in unserem Archiv.

Die Mitglieder des Orchesters haben in der ganzen Region ungezählte Stunden Musikunterricht erteilt. Aber die erstaunlichste Zahl ist die unserer echten Fluktuationsfälle: Seit 1951 haben nur sechs Musiker eine andere Stelle angenommen!

Man muß darauf hinweisen, daß die Rundfunkstruktur, so wie sie uns von den Franzosen vorgeschrieben war und wie sie nach dem Greifen des Besatzungsstatuts weitergeführt wurde, eine Programmgestaltung ermöglichte, die frei von Propaganda und sonstigen Zwängen dem Wohl der Hörer diente. Wir haben erlebt, wie schwer es war, selbst im künstlerischen Bereich, überkommene Relikte auszumerzen. Die politische Beeinflussung blieb darauf beschränkt, die demokratische Willensbildung verständlich zu machen, und so hat der öffentlich-rechtliche Rundfunk einen großen Anteil an der Entwicklung unseres Staatssystems und dessen förderativer Ordnung. Dies war in Rheinland-Pfalz wegen seiner geographischen Gegebenheiten und der landsmannschaftlich so unterschiedlichen Bevölkerung gar nicht so einfach.

Lange habe ich überlegt, in welcher Form und mit welchem Aufhänger ich den Beginn und das erste Dutzend Nachkriegsjahre in Rheinland-Pfalz aus meinem Blickwinkel schildern sollte. Ich glaube, daß dies ohne die Einbeziehung der persönlichen Erlebnisse nicht möglich ist, und ich habe die Chance des Verstehens, weil sich jeder, der diese Zeit erlebt hat, in diesem Spiegelbild selbst erkennen wird. – Es ging ja allen gleich, und gleich waren auch die Umstände, unter denen sich die anderen Musikkulturinstitute des Landes zu entwickeln begannen. Auch wir Musiker wollten von der Ziegenweide nichts wissen, auf der wir ein sinnloses Leben fristen sollten.

Obwohl vor allem die ersten fünf Jahre unter unsäglichen Entbehrungen durchgestanden werden mußten, hat sich gelohnt, was wir angefangen haben, und wir sind stolz darauf.

Emmerich Smola, der Verfasser dieser Erinnerungen, als junger Dirigent.

Karl-Günther von Hase

Als Preuße am Rhein

Uns deutschen Kriegsgefangenen in der Sowjetunion wurde im Februar 1947 bekanntgegeben, daß die Alliierten durch Kontrollratsgesetz Nr. 46 die Auflösung des Landes Preußen verordnet hatten. Im allgemeinen ließen wir die Verlesung von Nachrichten in unserer Baracke in Sowjet-Karelien schweigend über uns ergehen. Zu diesem ideologisch begründeten Dekret regte sich sofort spontaner und laut werdender Widerspruch. Preußen, obwohl sein Staatsgebiet heute auf vier Staaten (UdSSR, Polen, DDR und Bundesrepublik Deutschland) aufgeteilt ist, kann nicht einfach für tot erklärt und aus der Geschichte getilgt werden. Preußen hat nicht den Vorteil des natürlichen Zusammenhalts einer gewachsenen Stammesgemeinschaft gehabt. Das Erbe Preußens, das fortwirkt, liegt im geistigen Bereich. Natürlich hat Preußen kein Monopol auf Tugenden und war auch nicht frei von Fehlern. Es ist verherrlicht und verdammt worden. Sicher ist, daß es in seiner rund 250jährigen Geschichte ermutigende Zeichen gesetzt hat, an denen sich alle Erben Preußens, legitime, selbsternannte und unfreiwillige, zeitlos orientieren können.
Die Maximen »Jedem das Seine« und »Mehr sein als scheinen« sowie eine Reihe unbequemer, kantiger Eigenschaften für Staat und Bürger wie: Pflichterfüllung, Kameradschaft, Treue, Fleiß, Sparsamkeit, Bescheidenheit, Disziplin und Fürsorglichkeit gehören zur unvergänglichen moralischen und ethischen Erbmasse Preußens. Jeder deutsche Stamm, ob Bayern, Sachsen, Schwaben, Pfälzer, Hessen, verfügt ebenfalls über diese Tugenden. Auf Preußens kargem Boden und gerade in seinen Notzeiten sind diese Tugenden aber mehr als anderswo zur allgemein akzeptierten Richtschnur des Handelns für Staat und Bürger geworden. Diese Tugenden konnten in Preußen ein besonders klares Profil gewinnen.
Zu den Erben Preußens gehört auch das Land Rheinland-Pfalz. Von seinen fünf Regierungsbezirken Koblenz, Trier, Montabaur, Rheinhessen und Pfalz sprachen sich Koblenz und Trier, das heißt die ehemaligen preußischen Bezirke, am deutlichsten in der Volksabstimmung vom 18. Mai 1947 für die Annahme der Verfassung des neuen Landes aus. Man kann daher freundlich provozierend sagen: »Ohne Preußen kein Rheinland-Pfalz«. Ebenso wahr ist aber auch die Umkehrung dieser These, nämlich: »Ohne die Pfalz und den Rhein kein Preußen.« Die Pfalz und die Rheinlande waren das Herzstück

des Heiligen Römischen Reiches Deutscher Nation. Der Rückhalt, den das alte Reich bot, hat es dem Deutschen Orden, den Askaniern und Hohenzollern erst möglich gemacht, die Grundlagen Preußens zu legen. Das römische Erbe, in Rheinland-Pfalz heute noch sichtbar und spürbar, hat auch Preußen als Vorbild in der Rechtsprechung, im Heerwesen und in der Verwaltung gedient. Erinnerungen jedes Preußen an Rheinland-Pfalz bewegen sich daher in einem historisch gesicherten Beziehungsfeld. (Man könnte hier auch noch den Bayerischen Erbfolgekrieg von 1778/79 erwähnen, in dem Friedrich der Große für die Souveränität Bayerns und der Pfalz eintrat.)

Meine eigenen persönlichen Erinnerungen und mein Verhältnis zu Rheinland-Pfalz, oder, um genau zu sein, zunächst einmal zur Pfalz, beginnen mit einer Frau, die alle Pfälzer und alle Preußen lieben: Liselotte von der Pfalz. Die Popularität dieser berühmten Fürstin und Autorin hatte gerade nach dem Ersten Weltkrieg – zu meiner Schulzeit in den 20er und 30er Jahren – ganz Deutschland erfaßt. Es war die Zeit, wo wir – auch schon vor 1933 – voller Überzeugung sangen »Siegreich wollen wir Frankreich schlagen«, und hierzu paßte Liselotte gar nicht schlecht. Ihre Reputation drang, unterstützt auch durch populäre – heute würde man sagen tendenziöse – Filme, bis in unser Berliner Klassenzimmer. Ich gestehe es – es war mein erstes Pfalz-Erlebnis –, noch heute erinnere ich mich einer Filmszene mit der Schauspielerin Renate Müller in der Rolle der Liselotte. Am Hofe von Versailles angekommen (für uns ein Reizwort wegen des gleichnamigen Friedensdiktates), packte sie, umgeben von mokant kichernden, eleganten französischen Hofdamen ungerührt ihre bescheidene, schlichte Pfälzer Mitgift (Unterwäsche, Kleider, Schmuck usw.) aus. Liselottes berühmte Briefe haben auch heute nichts von ihrer Echtheit und Anziehungskraft verloren, obwohl sich Franzosen und Deutsche jetzt gottlob mit anderen Augen sehen als in den 30er Jahren.

Zu meinen stärksten personenbezogenen Erinnerungen an Rheinland-Pfalz gehört meine Verehrung und Freundschaft für Peter Pfeiffer, den Schöpfer und Gestalter der Ausbildung für den Auswärtigen Dienst der Bundesrepublik Deutschland. Peter Pfeiffer, 1895 in Speyer geboren und in der Pfalz aufgewachsen, erhielt 1949 von Konrad Adenauer den Auftrag, den Nachwuchs für den Höheren Auswärtigen Dienst der Bundesrepublik aufzubauen. Er brachte für diese Aufgabe in jeder Hinsicht hervorragende Voraussetzungen mit: Ein Elternhaus – die Familie stammt aus Rheinzabern –, das sich in seinen Kindern – unter den acht Söhnen waren allein drei Botschafter – das schönste Zeugnis ausgestellt hatte. Eine Laufbahn als Diplomat, die ihn auf große Posten und in die unmittelbare Nähe bedeutender Persönlichkeiten – zum Beispiel Gustav Stresemann – brachte. Dazu ein Charakter, der über alles notorisch Preußische verfügte, aber gemildert, ergänzt, korrigiert oder überhöht war durch viele für seine pfälzische Heimat typischen Wesenszüge wie Herzensbildung, Güte, Heimatliebe, Humor, Freude an

Der Nachwuchs für den höheren Auswärtigen Dienst der Bundesrepublik Deutschland wurde nach 1949 zunächst in Speyer ausgebildet. Dieses Gebäude war der Ausgangspunkt vieler diplomatischer Karrieren.

allem Diesseitigen, aber auch Tapferkeit in der Hinnahme von Schicksalsschlägen. Pfeiffer machte seine Heimatstadt Speyer zur ersten Ausbildungsstätte für die künftigen Diplomaten der Bundesrepublik. Hierfür sprachen eine Reihe von höchst praktischen Gründen. Am wichtigsten war ihm selber, daß seine Schüler in Speyer der Hektik der Tages- und Parteipolitik oder frühzeitigem Karrieredenken entzogen waren.

Ich war unmittelbar nach meiner im Dezember 1949 erfolgten Entlassung aus der sowjetischen Kriegsgefangenschaft von Schleswig-Holstein, wo meine Frau als Flüchtling lebte, per »Anhalter« nach Bonn gefahren, um mich im Museum König bei Peter Pfeiffer, der Anwärter für den ersten Nachwuchslehrgang suchte, vorzustellen. Aus der Chance, die er mir als ehemaligem aktiven Offizier trotz Fehlens wichtiger Ausbildungskriterien (ich hatte kein Hochschulstudium) gab, entwickelte sich meine Zugehörigkeit zum Auswärtigen Dienst. Vielleicht wäre man in Preußen formeller verfahren, dann hätte ich die Speyerer Schule nicht besuchen können, so aber wurde Rheinland-Pfalz zum Ausgangspunkt meiner Berufslaufbahn nach dem Krieg.

Die ersten Speyerer Lehrgangsteilnehmer waren kriegsbedingt oft schon ältere Semester, Familienväter und Persönlichkeiten, die bereits öffentliche Verantwortung getragen hatten und über beträchtliche Lebenserfahrung verfügten. Gerade deshalb tat es sicher gut, daß wir in einem nach heutigen Maßstäben sehr einfachen, alten Lehrerseminar in der Speyerer Johannesstraße untergebracht waren. Nach dem obligatorischen Frühsport ging es jeden Morgen mit Indianergeheul wie bei Pennälern unter die Dusche im Gemeinschaftswaschraum. Natürlich hatten wir (1950!) auch Verpflegungsprobleme. So mußte dreimal der Mittagstisch gewechselt werden, bis wir in der Obhut des Marienheims in Speyer satt werden konnten.

Der spartanische Internatsbetrieb der Schule, in die beschauliche und kulturell reiche Atmosphäre der alten Reichsstadt eingebettet, schuf in allen Lehrgängen einen Crew-Geist im guten Sinne, gemeinsame innere Verbundenheit und überraschend schnell auch einen Traditionsstolz, durch diese Schule in Rheinland-Pfalz gegangen zu sein.

Das Auswahlprinzip Pfeiffers beruhte auf Menschenkenntnis, Priorität für den Charakter, Toleranz und Bekenntnis zur Pluralität. Das erbrachte eine bunte Auswahl von nach Herkommen, Charakter, Temperament und Vorbildung sehr verschiedenen Diplomatenanwärtern. Es sollte kein Einheitstyp geschaffen, sondern ein Mosaik verschiedenster Charaktere und Begabungen für den Auswärtigen Dienst herausgebildet werden, in der Überzeugung, daß der gesamte Auswärtige Dienst ein repräsentativer Querschnitt des deutschen Volkes sein müsse.

Die pfälzische Lebensart, die wir in Speyer kennenlernten, brachte es mit sich, daß wir uns nicht nur um all die schönen Dinge kümmerten, die man zum diplomatischen Handwerk braucht. Wir spürten bald im Umgang mit den Speyerer Bürgern, von denen manche zu lebenslangen Freunden wurden, was Familie und Bodenständigkeit bedeuten und welch hohen Rang die Eigenständigkeit gerade auch der Gemeinden hat. Vieles andere zeitlos Gültige haben wir in Speyer an der Quelle erfahren können: die gegenseitige Toleranz und die notwendige Zusammenarbeit der beiden großen christlichen Konfessionen. Wir lebten im Schatten ihrer geschichtsträchtigen Symbole, des Kaiserdoms und der protestantischen Gedächtniskirche. Viele Besuche, oft mit den Gastprofessoren, im Dom und seiner Krypta mit den Gräbern der deutschen Kaiser zählen zu meinen stärksten Erinnerungen der Speyerer Zeit. Standen wir, so fragte man sich 1945 und auch noch 1950, am Ende deutscher Geschichte überhaupt, oder gab es einen Weg zurück zu Ehre, Achtung und Geltung? Die in Speyer vor den Kaisergräbern naheliegende Rückbesinnung auf die mittelalterliche Geschichte gab uns trotz aller Demütigung durch den Zusammenbruch ein Stück Selbstachtung, Mut und Vertrauen für die Zukunft. In Speyer lief das Wort um: das einzige, was in der Stadt lebt, sind die toten Kaiser. Ich kann bestätigen: sie haben geholfen, Geschichtsbewußtsein und damit Mut zur staatlichen und historischen Kontinuität zu beleben. Die gleiche Kraft, vielleicht eher romantisch, aber doch im seelischen Bereich wirksam, ging von Besuchen des Trifels aus, der im Mittelalter die Reichskleinodien barg. Der Slevogthof mit den Erinnerungen an das Nibe-

Die Hauptstraße von Speyer ist bis heute die Achse vom Altpörtel auf den Kaiserdom geblieben, eine mittelalterliche via triumphalis. Während die etwa gleichzeitigen Dome von Mainz, Worms oder Trier im Kern der Altstadt und von engen, kleinen Gassen umgeben lagen, kam es in Speyer zu einer einmaligen Konstellation der Hoheitsgebiete von Domimmunität einerseits und Freier Reichsstadt andererseits. Zweifellos der bedeutendste romanische Kirchenbau in Deutschland, symbolisiert sich hier, nicht zuletzt durch die Gräber der Salier, etwas von der Selbstdarstellung abendländischer Kaiserwürde und der Verbindung von Regnum und Sacerdotium.

lungenlied vermittelte ein weiteres Stück deutscher Geschichte. Ein anderer Vorteil des etwas abgelegenen Speyer bestand darin, daß unsere Gastprofessoren – oft froh, dem hektischen Getriebe ihrer Universitäten einmal entronnen zu sein – die Abende nach ihren Vorlesungen stets mit uns in langen Diskussionen verbrachten.

Von Speyer zogen wir nach dem Examen in alle Himmelsrichtungen in die weite Welt hinaus, niemand hat dort die prägende Zeit im Herzen von Rheinland-Pfalz vergessen. Ich war schon bald nach dem Examen wieder zurück in der Pfalz. Als frischgebackener Legationssekretär dem Protokoll in Bonn zugeteilt, durfte ich eine Reihe von ausländischen Missionschefs auf der ersten Diplomatenjagd im Soonwald betreuen. Da die Jagdgäste nicht immer mit ihrer Waffe und den deutschen Jagdbräuchen vertraut waren, ist hierüber viel geschrieben, gelacht und auch gelästert worden. Die Männer der grünen Farbe von Rheinland-Pfalz mußten in der Tat oft beide Augen zudrücken oder in Deckung gehen, wenn gegen Jagdregeln zum Schutz von Mensch und Tier verstoßen wurde. Aber für viele deutsche Teilnehmer war es eine große Freude, nach der langen Verbotszeit erstmals wieder eine Jagdwaffe führen zu können. Später habe ich im Kreis Mayen

Richtfest des Ende 1984 fertiggestellten ZDF-Sendezentrums auf dem Mainzer Lerchenberg. Links Alt-Intendant Holzamer sowie Intendant K.-G. von Hase. Neben dem Zimmermann Ministerpräsident Dr. Vogel und Oberbürgermeister Fuchs.

zusammen mit meinem Freund Walter Henkels, dem Bonner »Hofchronisten«, ein kleines Jagdrevier gepachtet und dort meinen »Lebensbock« schießen können. Walter Henkels hat über manche unserer Jagderlebnisse in seinen Jagdbüchern berichtet.

Während meiner Bonner Zeit als Regierungssprecher bei den Kanzlern Adenauer, Erhard und Kiesinger (1962 bis 1967) und als Staatssekretär im Verteidigungsministerium ist die berufliche und persönliche Verbindung zu Rheinland-Pfalz nie abgerissen. Die unmittelbare Nachbarschaft des Landes zur Bundeshauptstadt brachte viele Berührungspunkte und immer wieder Kontakte bei Rheinreisen von Staatsoberhäuptern und anderen Prominenten, die zu begleiten waren. So konnte ich erfahren, wie betroffen die Vertreter Frankreichs waren, als Königin Elizabeth II. von England bei ihrem Staatsbesuch 1965 in Kaub daran erinnerte, daß der preußische Marschall Blücher hier über den Rhein gegangen war, um schließlich mit Wellington in Waterloo Napoleon zu besiegen. Als Preuße erinnert man sich auch in Rheinland-Pfalz, daß Andernach für die Bundeswehr dieselbe Bedeutung hat wie das Bornstedter Feld bei Potsdam als Wiege für die preußische Armee.

Im Kloster Himmerod in der Eifel, also auch in Rheinland-Pfalz, sind die ersten Konzepte für eine Wiederbewaffnung entworfen worden. Häufig habe ich als Staatssekretär im Verteidigungsministerium wichtige Einrichtungen der Bundeswehr in Rheinland-Pfalz besichtigen können: Koblenz, die stärkste Garnison überhaupt mit dem Stab des III. Korps, die Schule für Innere Führung, die Nachrichtenschule in Bad Ems und anderes.

In meine Zeit im Verteidigungsministerium fiel auch meine erste Begegnung mit Carl Zuckmayer, dem Rheinhessen aus Nackenheim, einem der Großen der deutschen Literatur. Zuckmayer war im Jahre 1969 gebeten worden, in Berlin die Rede zum 25. Jahrestag des Attentates vom 20. Juli zu halten. Ich vertrat mit einem kurzen Gedenkwort die Bundeswehr. Noch heute sehe ich Zuckmayer vor mir, wie er im Bendlerblock, dem ehemaligen Sitz des Reichswehrministeriums und später des Oberkommandos der Wehrmacht, wenn man so will also im Herzen Preußens, mit bewegenden, alle Teilnehmer erschütternden Worten der Widerstandskämpfer gedachte. Keine persönliche Bitterkeit für das eigene Schicksal kam von seinen Lippen, nur Hochachtung für die Märtyrer und eine nur von einem begnadeten Dichter zu leistende Schilderung und Bewertung des »Geschehens«. »Als wär's ein Stück von mir« könnte sein inneres Motto gewesen sein. Später – als Botschafter beim Vereinigten Königreich – habe ich Carl Zuckmayer mehrmals in London – auch im privaten Rahmen – getroffen. Er betreute dort die Aufführung einer englischen Fassung seines »Hauptmanns von Köpenick«, eines Stücks, das für Preußen viele Fragen aufwirft. Sein »englischer Hauptmann« – in der Titelrolle Paul Scofield – hatte einen Riesenerfolg, nicht zuletzt deshalb, weil im konservativ denkenden England die autoritäre Wirkung einer schönen Uniform noch heute, anders als bei uns, ungebrochen fortlebt und damit das Stück aktuelle Bezüge hatte.

Ein zweites Mal führte mich mein berufliches Schicksal in das Land Rheinland-Pfalz, als ich 1977 für die Öffentlichkeit überraschend – noch als Botschafter in London, aber schon designiert als Botschafter bei der Europäischen Gemeinschaft in Brüssel – zum Intendanten des ZDF gewählt wurde. Die Entscheidung, den Staatsdienst zu verlassen, wurde mir leicht gemacht durch die unvergleichlich wichtige und vielseitige Aufgabe, die sich nun auf dem Lerchenberg bot. Die deutschen Länder, darunter die Erbmasse Preußens, soweit in der Bundesrepublik gelegen, haben das ZDF errichtet. Im Staatsvertrag (§ 2) heißt es: »Die Sendungen der Anstalt sind für Fernsehteilnehmer *in ganz Deutschland* bestimmt«, und weiter: »Die Sendungen sollen vor allem der Wiedervereinigung Deutschlands in Frieden und Freiheit und der Verständigung unter den Völkern dienen.« Für diese Ziele waren wir auch als Botschafter eingetreten, es gab keinen Zweifel, die neue Herausforderung anzunehmen. In einem ungeteilten Deutschland wäre der Sitz des ZDF, der nationalen deutschen Fernsehanstalt, Berlin gewesen. Unter den im Nachkriegsdeutschland gegebenen Umständen war Mainz der ideale Ersatz für Berlin. Zentral gelegen, auf historischem Boden, Europa zugewandt, Hauptstadt eines kulturell reichen, wirtschaftlich aufstrebenden und gesellschaftlich aufgeschlossenen Bundeslandes.

Helmut Kohl, damals Oppositionsführer im Bundestag, aber als ehemaliger Ministerpräsident von Rheinland-Pfalz noch Vorsitzender des Verwaltungsrates, führte mich in einem Gespräch in seinem Hause in Oggersheim in meine Aufgabe ein. Bei der offiziellen Einführung auf dem Lerchenberg wenig später bemerkte er in der Chefetage des 14. Stockwerkes: »Von hier aus hat Goethe 1793 die Belagerung von Mainz beobachtet, heute blickt man auf den besten Spargel der Nation.« Eineinhalb Jahre später konnte ich zusammen mit Helmut Kohl den Grundstein für den schon von meinem Vorgänger, Professor Holzamer, konzipierten dritten Bauabschnitt des ZDF legen, der unter meinem Nachfolger, Professor Stolte, fertiggestellt und feierlich eingeweiht wurde. Trotz der in erster Linie überregionalen Aufgabe des ZDF ergab sich aus dem Sitz der Anstalt in Mainz und meinem privaten Wohnsitz in Ingelheim eine zunehmend engere Verbindung mit dem seit den Speyerer Zeiten vertrauten Lande Rheinland-Pfalz. In diesen Jahren ist Rheinland-Pfalz für den »heimatlosen Preußen« so etwas wie eine Wahlheimat geworden. Dazu haben in erster Linie die Menschen in Rheinland-Pfalz beigetragen. Zu ihrer Mentalität gehören eine frische, fröhliche Art, Unternehmungslust, Geselligkeit, Schlagfertigkeit, die Fähigkeit, das Leben leichtzunehmen und sich mit Witz, Humor und Satire – wobei die Mundart gern gebraucht wird – über unangenehme Seiten hinwegzusetzen. Man ist zufrieden mit dem, was man hat, und daher gutmütig.

Besuch der englischen Königin beim ZDF im Jahre 1978. Rechts die von Henry Moore geschaffene Bronzeplastik Hill-Arches.

Wenn Außenstehende Rheinland-Pfalz als eine »Provinz« bezeichnen, so hat das für die Rheinland-Pfälzer keinen negativen Beigeschmack. In Rheinland-Pfalz hat Provinz nichts mit Provinzialität zu tun. Die Rheinland-Pfälzer und integrierte Neubürger fühlen sich wohl in einem Lande, das ihnen liebenswert und anheimelnd erscheint und ihnen Lebensqualität bietet. Alles »Heroische«, »Bombastische« und »Protzenhafte« liegt dem Rheinland-Pfälzer nicht. Die Rheinland-Pfälzer sind ihrem Naturell nach konservativ. Konservativ sein heißt – nach preußischem Verständnis –, die Erfahrungen der Vergangenheit so einzubeziehen, daß man den Fortschritt besser und gründlicher vorbereiten kann. Der Wahl-Preuße Scharnhorst hat festgestellt: »Für Konservative ist es die vornehmste Tradition, an der Spitze des Fortschritts zu marschieren.« Die Rheinland-Pfälzer sind gegen Radikalität in der politischen Auseinandersetzung. Aus politischen Gegnern werden keine politischen Feinde. Das politische Klima, der gemeinsame Nenner staatsbürgerlicher Gesinnung, ist in Rheinland-Pfalz stets etwas moderater temperiert bzw. höher entwickelt als in anderen Bundesländern. Hierzu hat auch die zentrale Lage beigetragen, die Tatsache, daß die landschaftlichen Eigenarten verbindend in die Nachbarräume eingreifen. Carl Zuckmayer hat die Lande am Rhein als Völkermühle bezeichnet. Als Mühle im Sinne einer Kelter oder eines Schmelztiegels. Der

Rheinland-Pfälzer liebt keine extremen Positionen, will weder Nord- noch Südlicht sein. Von den vielen Erinnerungen aus meiner Intendantenzeit an Rheinland-Pfalz können hier nur wenige kurz berichtet werden. Der Besuch von Königin Elizabeth II. im ZDF anläßlich ihres Staatsbesuches 1978 war ein großes Ereignis. Nur mußte leider unser geplantes großes Freilichtprogramm wegen wolkenbruchartigen Regens in die Meistermann-Halle verlegt werden. Immerhin konnte die Königin die zu Ehren ihres Besuches vom ZDF beschaffte Bronze-Plastik von Henry Moore »Hillarches« feierlich einweihen. Zu Henry Moore gibt es übrigens auch einen preußischen Bezug: er gehört zu den ganz wenigen ausländischen Inhabern des am schwarz-weißen Bande getragenen Ordens Pour le Mérite für Wissenschaften und Künste. Es ist der einzige Orden Preußens, der noch heute in der Originalfassung verliehen wird. Ein weiterer Höhepunkt der Erinnerung für mich war der Deutschland-Besuch von Papst Johannes Paul II. Bei Mainz, in Finthen, hielt er eine eindrucksvolle Messe mit Zehntausenden von Gläubigen unter freiem Himmel. Auf einem Empfang der Bundesregierung für den Papst in Schloß Augustusburg in Brühl am Vortage hatte ich die Ehre, Johannes Paul II. durch Bundespräsident Carstens als Intendant des ZDF vorgestellt zu werden. Der Papst bemerkte freundlich-nachdenklich in deutscher Sprache: »Fernsehen, das ist Macht.«
Auch der französische Staatspräsident Giscard d'Estaing, geboren im preußischen Koblenz während der französischen Besatzung nach dem Ersten Weltkrieg, erwies Rheinland-Pfalz die Ehre seines Besuches. In seiner Rede im Rathaus von Mainz machte er in humorvoller Weise deutlich, daß von allen französischen Souveränen und Präsidenten, die im Laufe der Geschichte an oder über den Rhein gekommen seien, er mit den friedlichsten und freundschaftlichsten Absichten gekommen wäre. Wer in Rheinland-Pfalz gelebt hat, weiß, daß kein Bundesland von seiner Lage, seiner Gliederung, seiner Bevölkerung und seiner erlittenen Geschichte her so sehr dazu berufen ist, Bannerträger der deutsch-französischen Freundschaft zu sein wie Rheinland-Pfalz.
Unser Umzug aus dem stolzen Stadtpalais der Deutschen Botschaft am Belgrave Square im Londoner Westend nach Ingelheim am Rhein – von meinen Töchtern als ein »Hammer« gekennzeichnet, aber von unserem heutigen Bundespräsidenten und damaligen Vizepräsidenten des Bundestages Richard von Weizsäcker bestens empfohlen aufgrund eigener Erfahrung – hat uns nicht geschadet und eher neue Dimensionen erschlossen. Nichts gegen London, aber das deutsche Kleinstadtleben hat sehr beachtliche Vorteile. Insbesondere wenn man in einer Stadt wie Ingelheim lebt, die als ehemalige Kaiserpfalz Karls des Großen alte Traditionen mit dem Stolz verbindet, Sitz eines der bedeutendsten, weltweit renommierten Pharma-Unternehmens zu sein. Die »Ingelheimer Internationalen Tage« bieten Jahr für Jahr den Rahmen für interessante Begegnungen und erlesene kulturelle Bereicherungen aus aller Welt, von Korea bis zum benachbarten Bur-

Der Vorsitzende des ZDF-Verwaltungsrates, Ministerpräsident Dr. Bernhard Vogel, und Intendant Karl-Günther von Hase in lockerer Unterhaltung auf einem Pressefest, wo sich schreibende und »tönende Zunft« begegnen.

gund. In der karolingischen Saalkirche von Ingelheim hat eine unserer Töchter geheiratet. Als »Preußisches« kann ich von Ingelheim berichten, daß ein Bismarckturm das Panorama beherrscht. Aber nicht nur deshalb zieht es uns noch oft in die Rotweinstadt zurück. Die Mainzer »Fassenacht« darf bei preußischen Erinnerungen an Rheinland-Pfalz nicht fehlen. Eines meiner Probleme als ZDF-Intendant war der Loyalitätskonflikt, der sich aus meiner Zugehörigkeit zum Aachener »Orden wider den tierischen Ernst« – die Verleihung wird bekanntlich durch die ARD betreut – und der Verantwortung für die Ausstrahlung der Sendung »Mainz, wie es singt und lacht« ergab – sie erfolgt turnusgemäß alle zwei Jahre durch das ZDF. Als beiden Veranstaltungen gemeinsames Element muß hier wieder Preußen herhalten. Der Karneval am gesamten Rhein war in seinen Anfängen eine Reaktion auf die »Verpreußung« des Rheinlandes nach 1815. Preußen war übrigens sehr viel toleranter als sein diesbezüglicher Ruf, und der Spott hat nicht geschadet.

Rheinland-Pfalz hütet auch die Erinnerungen an meinen ersten beruflichen Abschnitt als Soldat bei den »Preußen«. Das Ehrenmal des deutschen Heeres zur Erinnerung an Millionen tapferer Soldaten, deren Grab die ganze Erde ist, steht auf dem Ehrenbreitstein bei Koblenz. Ein Gedenkstein für mein altes Panzer-Artillerie-Regiment befindet sich in Idar-Oberstein, zur Einweihung hielt der Landtagspräsident von Rheinland-

Pfalz eine bewegende Rede. In Beilstein an der Mosel, wohlbehütet im Schatten des kleinen Kirchleins dieses malerischen kleinen Ortes, steht eine weitere Gedenktafel einer Einheit meines Regimentes. Eine Kulturnation, die diesem Anspruch gerecht werden will, muß es sich gefallen lassen, danach beurteilt zu werden, wie sie mit ihren Toten umgeht. Das wird heute leider mehr und mehr vergessen. Es schmerzt, daß unsere Gesellschaft in dem Bemühen, den Opfern der Gewaltherrschaft den schuldigen Respekt zu erweisen, die Soldaten, die im Glauben, ihr Vaterland zu verteidigen, gefallen sind, immer tiefer einstuft und mehr und mehr vergißt. In Rheinland-Pfalz, scheint mir, wird das Andenken an unsere Gefallenen noch in Ehren gehalten.

Kehren wir zum Anfang der Erinnerungen zurück. Preußen ist aufgelöst, ist »verboten worden«. Das preußische Erbe ist aber, wie wir gesehen haben, nicht an ein Territorium oder an einen Volksstamm gebunden. Preußen lebt in den Seelen, im Kern ist es die Idee von Pflicht, Dienen und Treue zu Volk und Land. Mit dieser Idee hat Preußen, als es sich vor fast 300 Jahren zu entwickeln begann und sein Staatsbewußtsein begründete, viele »Nichtpreußen« angezogen, die zu seinem Aufstieg oft entscheidend beigetragen haben. Rheinland-Pfalz gehört in der Bundesrepublik zu den nach 1945 neu geschaffenen Ländern. Das Land ist auf dem besten Wege, ein Landesbewußtsein für seine Bürger zu schaffen. Die Natur, die wirtschaftlichen Möglichkeiten, die Art des Umgangs der Menschen miteinander, nicht zuletzt auch die politische Kultur und das Bekenntnis zu Tugenden, die man preußisch nennt, werden Rheinland-Pfalz helfen, seinen Platz als den eines beliebten, geachteten und gesuchten Landes unserer Republik weiter auszubauen.

Höhepunkt meiner Erinnerungen an Rheinland-Pfalz waren zwei Feiern aus Anlaß meines Abschieds vom ZDF im Jahre 1982. Ministerpräsident Bernhard Vogel überreichte mir auf dem Lerchenberg mit Dankesworten, die ich nicht vergessen werde, ein Bild der Berliner Kaiser-Wilhelm-Gedächtnis-Kirche. Er stellte damit einmal mehr die Verbindung zwischen Rheinland-Pfalz und Preußen her, die in meinem Leben eine so große Rolle gespielt hat. Mein Nachfolger, Professor Dieter Stolte, kam zur Feier meines ersten Geburtstages im Ruhestand mit einem großen Aufgebot von ZDF-Kollegen eigens von Mainz nach Bonn und half mir mit diesem Freundschaftsbeweis, den neuen Lebensabschnitt zu beginnen.

Walter Henkels

Rheinland-pfälzisches Kaleidoskop

Der Rhein ist eine Landschaft für den Augenmenschen. Er ist das A und O und die Mitte des Bindestrichlandes Rheinland-Pfalz. Was das Rheintal auch heute noch an Landschaftsbeglückung zu verschenken mag, das ist es wert, wieder und wieder ins öffentliche Bewußtsein gerückt zu werden. Strom und Rebstock lassen einen die guten Geister der alten Barden immer wieder beschwören. Die Romantik, die geistes- und stilgeschichtliche Epoche, die Aufklärung und Klassizismus ablöste, hatte in Rheinland-Pfalz ihren Hauptsitz. Vom Mittelrhein gingen die Hauptwirkungen aus. Sie begann mit dem stimmungsgetragenen Neuerlebnis der Landschaft. Alles Reale wurde poetisiert. Aber in der Spätromantik im 19. Jahrhundert hatte es sich als undurchführbar erwiesen, Poesie und Realität sich durchdringen zu lassen.

Eingebettet in die Geschichte, war der Rhein für zwei Jahrtausende ein politisches und militärisches Kraftfeld erster Ordnung. Der Strom erfuhr eine grundstürzende Veränderung seiner Physiognomie: die Hinrichtung der Rheinromantik. Im 17. Jahrhundert reiste der alte Kupferstecher Matthäus Merian den Rhein hinunter und beschrieb und zeichnete seine »anmüthigen Jugendbildnisse« unserer Städte; wörtlich sagte er, daß unser »teutsches Vatterland von den Ausländern für eine finstere Wildniss, traurigste Wohnung, ungeschlachtes und mehrentheils unerbautes Erdreich gehalten wurde«.

Noch heute trägt der Rhein sein altes »Ritterkostüm«, noch stehen die Burgruinen auf den Höhen rechts und links von ihm, aber die Zeit der Gedenkreden und Denkmalsfeiern, da man mit patriotischem Pathos das vaterländische Gefühl und die nationalen Gefühlswerte proklamierte, nämlich die Zeit des Kaiserreichs mit ihren allzuoft recht brüsken Gedenkreden, war endgültig dahin. Auch die »rheinische Romantik«, dieses Schlüsselwort, dem sich ganze Poetengeschlechter in ungezählten Elogen angenommen hatten, war zu Ende. Die Schönheit des Landschaftsbildes lag zwar offen zutage, die Natureindrücke, verbrämt von Historien und Sagen, die den Strom zum Landschaftsideal machten, reichten in Schilderung und Deutung bis in die Mitte dieses Jahrhunderts. Die Burgentrümmer fand man schön, man besang Rhein und Wein und Mägdelein, wenn auch in verschiedenen Formen; die Romantik der bemoosten Ruinen geisterte, wenn auch hoffnungslos verkitscht, bis in die Karnevalsschlager der 50er Jahre. Die Ruinen »grüßten«. Und ein seltsames Geschehen: Die Loreley, die im Dritten Reich verpönte, derentwegen in den 60er und 70er Jahren Kaiser Hirohito von Japan und das sowjetische Staatsoberhaupt Mikojan einen Abstecher zu Schiff an den Mittelrhein machten, war auch unter den Nazis nicht totzukriegen gewesen. In einem Liederbuch war das Lied von ihr unterschrieben: Verfasser unbekannt; es stammt, wie man weiß, von Heinrich Heine. Aber so sehr man in den 70er Jahren des 20. Jahrhunderts auch das Wort Nostalgie bemüht, in der Rheinromantik schafft man keine zum Gefühlvollen, Wunderbaren, Märchenhaften und Phantastischen neigende Weltauffassung und -darstellung mehr. Der Kamm der schönen Jungfrau Loreley ist rostig geworden, die Rheinromantik von den Zeiten weitgehend verdrängt.

*

»Denken Sie doch – was kann da nicht alles vorgekommen sein in einer alten Familie. Vom Rhein – noch dazu. Vom Rhein. Von der großen Völkermühle. Von der Kelter Europas! Und jetzt stellen Sie sich doch mal Ihre Ahnenreihe vor – seit Christi Geburt. Da war ein römischer Feldhauptmann, ein schwarzer Kerl, braun wie 'ne reife Olive, der hat einem blonden Mädchen Latein beigebracht. Und dann kam ein jüdischer Gewürzhändler in die Familie, das war ein ernster Mensch, der ist noch vor der Heirat Christ geworden und hat die katholische Haustradition begründet. – Und dann kam ein griechischer Arzt dazu oder ein keltischer Legionär, ein Graubündner Landsknecht, ein schwedischer Reiter, ein Soldat Napoleons, ein desertierter Kosak, ein Schwarzwälder Flößer, ein wandernder Müllerbursch vom Elsaß, ein dicker Schiffer aus Holland, ein Magyar, ein Pandur, ein Offizier aus Wien, ein französischer Schauspieler, ein böhmischer Musikant – das alles hat am Rhein gelebt, gerauft, gesoffen und gesungen und Kinder gezeugt – und – der Goethe, der kam aus demselben Topfe, und der Beethoven, und der Gutenberg, und der Matthias Grünewald, und – ach was, schau im Lexikon nach. Es waren die Besten, mein Lieber! Die besten der Welt! Und warum? Weil sich die Völker dort vermischt haben. Vermischt, wie die Wasser aus Quellen und Bächen und Flüssen, damit sie zu einem großen lebendigen Strom zusammenrinnen. Vom Rhein – das heißt: vom Abendland. Das ist natürlicher Adel. Das ist Rasse. Seien Sie stolz darauf, Hartmann – und hängen Sie die Papiere Ihrer Großmutter in den Abtritt. Prost!« (Carl Zuckmayer in »Des Teufels General«, General der Flieger Harras zum Fliegeroffizier Hartmann, der eine jüdische Großmutter bei sich festgestellt hatte. S. Fischer Verlag.)

*

Da steht er, der rheinland-pfälzische Mensch, möch zo Foß no Kölle jonn, und weiß nicht, was soll es bedeuten. Da steht er, der Mensch der Bewegung in den Tälern am Rhein, an der Mosel, Nahe und Lauter, in Ludwigshafen und Trier, der Mensch der

Die Eifellandschaft mit ihrer herben Schönheit, hier bei Gerolstein, ist im Zeitalter des modernen Tourismus aus ihrer früheren Rolle als »Preußisch-Sibirien« und als militärisches Vorfeld nunmehr in den Mittelpunkt der Europäischen Gemeinschaft gerückt.

Der Wald ist in Rheinland-Pfalz mehr als romantische Kulisse. Seine Schutz- und Erholungsfunktion für die Bewohner aus den städtischen Ballungsgebieten wird immer bedeutender. Übrigens war der im Juni 1987 verstorbene Walter Henkels ein leidenschaftlicher Waidmann.

Beharrung in Hunsrück, Eifel, Westerwald und Pfälzer Wald. Das Lokalblatt nennt er Käsblatt, aber er wird sich nie von ihm trennen. Die Obhut der Geistlichkeit hat sich stark gelockert, und seine Skepsis ihr gegenüber ist größer geworden, obwohl Aschermittwoch, Christi Himmelfahrt, Fronleichnam oder – für die Andersgläubigen in der Pfalz und im Westerwald – Buß- und Bettag gern als zusätzlich bezahlte Feiertage mitgenommen werden. Dafür dankt er seinem DGB. Auch der modernste Computer kann noch nicht verhehlen, daß die gerade Linie der kürzeste Weg zwischen zwei Punkten ist. Das lernen seine Kinder schon in der Grundschule, in den Mittel- und Oberklassen. Aber da lernen sie auch, wie man das im Grundgesetz postulierte Recht auf Kriegsdienstverweigerung praktizieren kann. In den ländlichen rheinland-pfälzischen Gebieten gibt es weniger Kriegsdienstverweigerer als in den paar größeren Städten mit den Gymnasien. Was daraus zu schließen ist – man frage in Mainz nach.

*

Schon zwischen Worms und Mainz gibt es der hochgelobten Weinorte viele. Der Glykolschatten, der bis zur Nahemündung reichte, hat sich schon weitgehend verflüchtigt. Auf dieser Rheinstrecke, von der Weinstraße über Rheinhessen bis zur Nahe, sprießen die Weinlagen wie Blümlein auf der Wiese. »Ein stat lit an dem Rine, diu ist so wünnesam/Und ist geheizen Wormeze...« So singt es von Worms, der Stadt der Burgunden, im Nibelungenlied. Im Schatten des Domes stritten einst Brunhild und Kriemhild, am Königshof erfüllte sich Siegfrieds Schicksal. Im »Goldenen Mainz«, der Stadt Gutenbergs und des Minnesängers Frauenlob und Landeshauptstadt von Rheinland-Pfalz, mußte nach dem Zweiten Weltkrieg die Erinnerung ein wenig der Phantasie nachhelfen, denn auch sie hatte in diesem Kriege nicht wenig gelitten, aber ein alter Schriftsteller weiß von dem »eigentümlichen, fleißigen Völkchen der Mainzer, das eine angeborene Munterkeit hat«, manch Freundliches zu berichten. Rechts des Stromes am Fuße des Taunus der Rheingau, der jetzt zum Land Hessen gehört, den Goethe mit Enthusiasmus »des Rheins gestreckte Hügel, hochgesegnete Gebreiten, Augen, die den Fluß bespiegeln, weingeschmückte Landesweiten« besang. Aber auch auf der linken Rheinseite liegen die Weinorte wie an einer Perlenschnur aufgereiht, Bingen wie eine Fermate im bunten Bild. Wer sich hier im Sommer rheinabwärts einem der großen, weißen Dampfer der Köln-Düsseldorfer Rheindampfschiffahrt anvertraut und das im silbrigen Dunst verschönte Tal, die leuchtende Gegenwart der Wingerte, die absteigenden Gebirgsschroffen von Taunus und Hunsrück erlebt, der kann am Ende was erzählen. Will er in Bacharach, Oberwesel, St. Goar, Boppard aussteigen? Diese Rheinstrecke mit der Burgenszenerie ist immer noch ein Prunkstück der europäischen Geographie. Koblenz ist der Mittelpunkt dieser Rheinstrecke geblieben, denn von hier gehen die Straßen und Schienenstränge auch ins Mosel- und Lahntal.

Seite 418/419:
Beilstein im Cochemer Krampen liegt sehr reizvoll am Ausgang eines engen Nebenbaches der Mosel und ist beherrscht von der Burgruine Metternich, einem der Stammsitze des gleichnamigen Geschlechts.

Walter Henkels

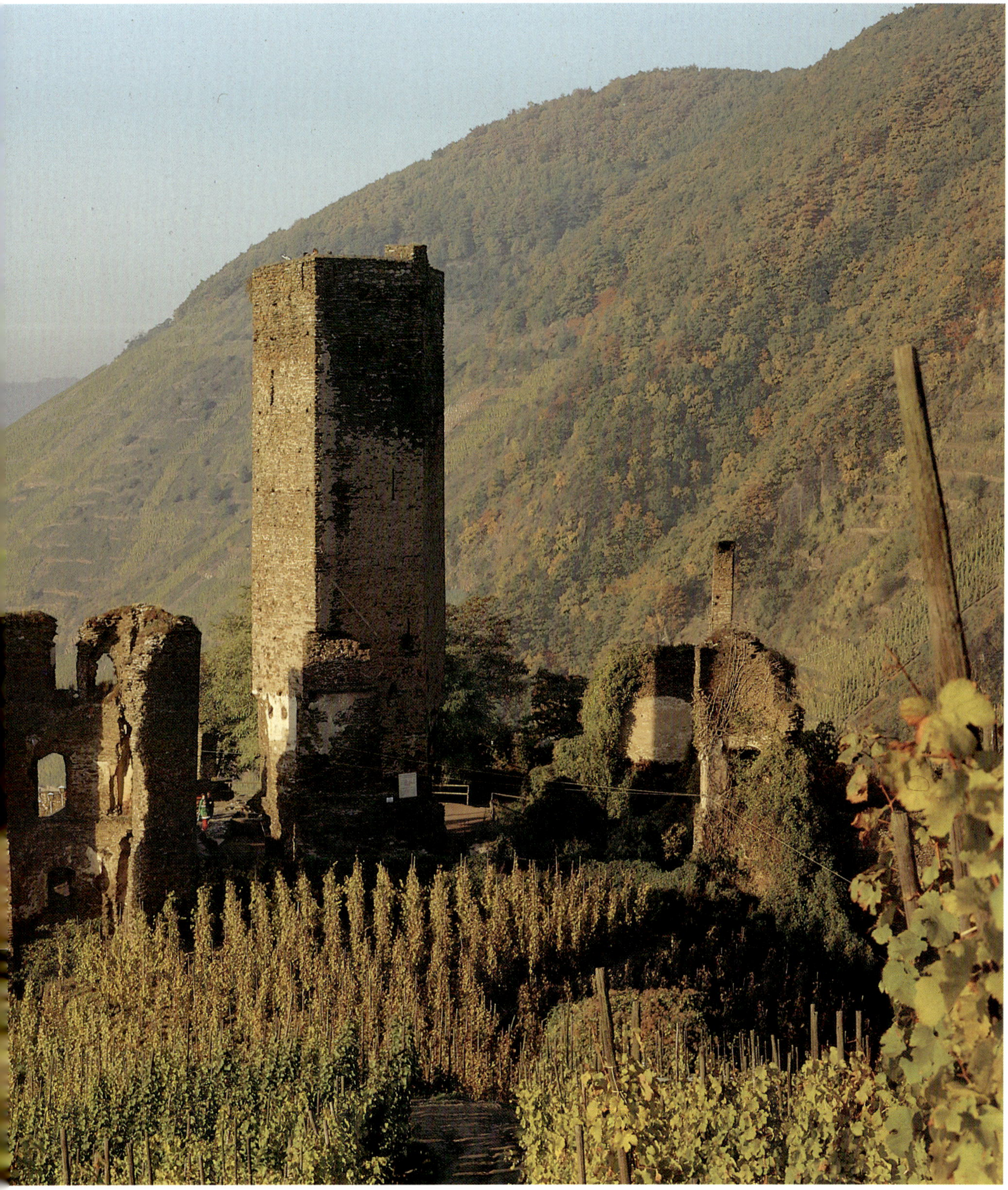

Hier nun, in Koblenz, gibt es wohl noch das Postament, auf dem Kaiser Wilhelm I. ritt, aber das Standbild selbst wurde am 16. März 1945 von seinem Denkmalssockel heruntergeschossen, amerikanische Artillerie holte ihn vom Podest, den Tucholsky einmal einen Tortenaufsatz genannt hatte. An jenem Märztag traf eine von fünftausend auf Koblenz abgefeuerten Granaten das Denkmal. Dieser Schuß hatte gleichsam historische Bedeutung. Der 14 Meter hohe Kaiser stürzte mit Pferd und neun Meter hohem Genius nach unten und hing dort, zerrissen, zerborsten, zerfleddert, des Pathos und des nationalen Symbolwertes beraubt, über ein Jahr lang nach unten, der bronzene Pferdeschweif nach oben. Mit der Bronze des Denkmals machte man dann sogenannte Kompensationsgeschäfte, man tauschte Bronze gegen Zement oder Kartoffeln. Aber den kaputtgeschossenen, schon verladenen Kaiserkopf rollte ein Koblenzer Bürger bei Nacht und Nebel vom Wagen, er wollte seinen alten Kaiser Wilhelm wieder haben. Die Weltläufte sollten eines Tages doch wieder ins Lot kommen. Sie kamen auch wieder ins Lot, und zwar als in Koblenz das politische Handwerk wieder begann. Der erste Verkehrsminister war ein Kommunist, der in einem Kellergelaß auf der Insel Oberwerth sein Büro aufgeschlagen hatte. Kein Kaiser und kein Genius nahmen wieder auf dem Sockel am Deutschen Eck Platz. Es gab nur noch verbale Tiefschläge gegen die Kaiserzeit, jener Kommunist verschwand bald aus Koblenz. Und den riesigen Bronzekopf des Kaisers sah man als Schmuckstück im Landkreis Koblenz am Swimming-pool eines Hauses in der Gemeinde St. Sebastian. Erst im Jahre 1986 gab es in Koblenz wieder das Bemühen alter Herrschaften, den Kaiser auf seinen Podest zu hieven, auf dem jetzt schon viele Jahrzehnte, von Bundespräsident Heuss gestiftet, eine schwarzrotgoldene Fahne weht.

*

An Rhein und Mosel, Nahe und Ahr – man schreibt das erste Nachkriegsjahr 1946 – erfolgt im Frühjahr der Abstich der 45er Weine. Der »Junge« hat sich in den Fässern ausgetobt und sich beruhigt. Nun, da er hell wird, will er probiert sein. Wieder und wieder wird er »abgestochen« und auf neue Fässer gefüllt. Tag für Tag steigt der Winzer in den Keller, mal der Lehrer, mal der Briefträger, mal der Nachbar, und alle probieren, schmecken, riechen und prüfen. COS – das ist schon das Geheimnis der Römer gewesen, die hier den Rebstock anbauten. COS – colore, odore, sapore – Farbe, Geruch, Geschmack, das ist das, was sie jetzt bei den Kellerproben feststellten. Sie kommen zu ungeahnten optimistischen Resultaten. Qualitativ ist der 45er ein »Jahrhundertwein«, einer, der nur wenige Male in jedem Jahrhundert vorkommt, ein Wein von ungewöhnlicher Süße, schöner Säure und überreich an Bukett. Der Winzer in Beilstein im Kreise Cochem sagt: »Bei uns ist das so: Entweder regnet es schon, oder es regnet noch. Einerseits ist die Sonne gut, andererseits ist sie es nicht, wenn sie zu lange scheint und es Dürre gibt. Einmal gibt es einen schönen, milden Winter, dafür haben wir dann Maifröste. Einerseits ist es eine schöne Beere, andererseits wird das Rebenlaub von der Peronospora oder von der Kräuselmilbe befallen. Der Rote Brenner hat dem 45er beispielsweise sehr übel mitgespielt. Es gibt kaum eine Tatsache im Winzerjahr, bei der nicht ›einerseits‹ und ›andererseits‹ zu sagen wäre. So auch beim 45er: Qualität hervorragend, Quantität miserabel.«

Wir probierten. Ob wir den zarten Rosen- und Resedenduft im Keller bemerkten? Ja. Und Duft und Glanzhelle des Tropfens im Glase? Auch das. Um den »Abgang« des Weines zu prüfen, hieß der Winzer uns wenige Tropfen mit leisem Schlürfen saugen. Unter »Abgang« verstehen sie die Eigenschaft gehaltreicher Weine, nach dem Genuß einen nachhaltigen Eindruck zu hinterlassen, im Gegensatz zu anderen, die »vorn« zwar gut »ansprechen«, »hinten« aber »kurz« sind, also keine befriedigende Nachwirkung haben.

Die systematische Schädlingsbekämpfung ist das A und O des Weinbaus. Aber die Mittel dazu werden in der sowjetischen und britischen Besatzungszone hergestellt. Jeglicher Ausschank von Wein in Lokalen ist verboten. Der Winzer erhält zum Selbstverbrauch und zur Entlohnung von Arbeitskräften acht Prozent des Bestandes. Sonst ist der Wein »blockiert«. Und wo bleibt er? Er ist beschlagnahmt für die französischen Besatzungstruppen, Export und Interzonenaustausch gegen wichtige Nahrungsmittel.

Die Mosel ist der ruhige, gelassene und intime Fluß geblieben. 22 Brücken liegen von Koblenz bis Trier in der Mosel, zerbombt, zerschossen, gesprengt. Die Zerstörung der großen Eisenbahnbrücken bei Eller und Bullay hat den Verkehrsstrang nachhaltig zerrissen. Von Koblenz bis Eller fahren nur ganz wenige Züge. Der Dichterfürst sagte: Sorgenbrecher sind die Reben. Hier irrte Goethe. So viel Sorgen wie jetzt haben die Moselwinzer um die Reben nie gehabt.

Der Schwarzmarkt blüht wie überall. Wie in anderen Zonen die Zigarette, so ist hier die Flasche Wein zum bestimmenden Währungsfaktor geworden. Aus Wesermünde kam in der Trarbacher Gegend ein Leichenwagen an, der heimlich Heringe ab- und unheimlich Wein auflud. Noch ein Stückchen meldet die Polizei, die den Heringen auf die Spur kam. Im Moselkrampen erschienen angeblich amerikanische Militärfahrzeuge mit Zivilisten, kauften drei Fuder Wein für je 15 000 Mark und schenkten dem Winzer ein Klavier obendrein. Alles, wie gesagt, 1946.

*

Vernünftig reisen durchs Moseltal kann man mit der Eisenbahn, zu Schiff oder mit dem Wagen. Dann aber nicht mit der Landkarte, sondern mit der Weinkarte. Man soll einmal alte Knaben befragen, die sich in den Weinen besser auskennen als im Geschichtsbuch der Mosel, man soll sie nach den Charakteren und Tugenden der hundert und aber hundert Weine befragen, die da wachsen, gleich hinter Koblenz beginnend bis hinauf nach Trier und noch viel weiter. Die Zahl der Moselorte kann man nicht zählen, die der Weine schon gar nicht.

Da kann man nur einige Orte aufschreiben. Da beginnt man bei Lay, Winningen, Dieblich und Kobern – allerorten immer wieder die unübersehbaren Wingerte – und muß dann fortfahren: Gondorf, Lehmen, Alken, Löf, Brodenbach, Hatzenport, Moselkern, Müden, Pommern, Klotten. Viele hat man noch vergessen. Da stehen die Burgen, Thurandt, Oberburg, Niederburg, Eltz. Alle haben Jahrhunderte verschlafen, träumen in die Tage und lassen wohl mal, wenn nicht der Nebel seinen Vorhang ins Moseltal hängt, ihre Türme und Zinnen im stillen, schweigsamen Fluß spiegeln. Ungezählt sind die Windungen, Krümmungen und Kehren, die der Fluß nötig hat, um sich durch die Berge zu zwängen. Einen tiefen und ernsten Akkord schicken die beiden Gebirge Eifel und Hunsrück, die die Mosel trennt, hinunter, so daß einen die Lockung überfällt, in ihre heimlichen Bergwälder einzudringen. Aber die Moseldörfchen lassen einen nicht los. Immer wieder muß man St. Urban, dem Schutzpatron des Moselweins, seine Reverenz erweisen. Da ist Cochem, die schöne Kreisstadt des Kreises Cochem-Zell. Die das Städtchen krönende Burg schaut weit ins Tal. Man muß im Cochemer Krampen stehen, den genau ein Dutzend Dörfer umranken, darunter das malerische Beilstein; dort verwenden sie gerne den Superlativ: das Dornröschen an der Mosel. Das gute, altertümliche Beilstein liefert das ewige Spiel der Kulisse: Landschaft, Luft und Licht, mal hell, doch meist dunkel und schwermütig. Es ist der schönste Fleck an der Mosel, von Koblenz bis Trier.

*

Beilstein hat schon hundert Jahre vor Bonn Stadtrechte gehabt. Es ist mit 160 Einwohnern die kleinste Stadt der Bundesrepublik Deutschland. Auf je 15 Einwohner entfällt eine Kneipe. 1310 bekam es die neuerliche Bestätigung, zum erstenmal wurden die Stadtrechte »mit den Freiheiten und Rechten für ewige Zeiten« gewährt. Pater Fidelis ist der Prior des mit drei Mönchen besetzten Karmeliterklosters. Er hat die Schwarze Madonna, das Prunkstück der Klosterkirche, gut und sicher versteckt. In der Nische der Klosterkirche steht eine Kopie. Nur einen Steinwurf entfernt liegt die Metternichsche Burg.

In einem schönen Festakt weihten sie 1986 das Bürgerhaus ein, wo, mit eigenhändigen Unterschriften versehen, die Bilder der Bundespräsidenten Carstens und von Weizsäcker und des Bundeskanzlers Adenauer, von Helmut Schmidt und Helmut Kohl den Besucher grüßen, »mit besten Wünschen für Beilstein«. Toni Bauer, der Bürgermeister, regiert hier schon seit mehreren Jahrzehnten.

Meist zweimal im Jahr hat die Mosel Hochwasser. Aber hier ist nicht Petrus anzuklagen,

Das Kloster Arnstein an der Lahn wurde gegen die Mitte des 12. Jahrhunderts gegründet, reich dotiert und zunächst den Prämonstratensern aus Gottesgnaden bei Calbe an der Saale übergeben. Seit 1919 gingen die Reste der alten Anlage an die Väter der Genossenschaft vom Heiligen Herzen Jesu über, während die Klosterkirche bereits nach den Freiheitskriegen zu Beginn des 19. Jahrhunderts Pfarrkirche von Seelbach geworden war.

der es in den Vogesen, im Saarland und in Hunsrück und Eifel zu viel regnen ließ, hier trifft keine Schneeschmelze die Schuld, sondern es handelt sich um »hausgemachte« Naturkatastrophen, es sind offensichtlich »großräumige« Hochwasserkatastrophen. Schuld trägt, die Fachleute wissen es jetzt, der viele Beton, mit dem Flüsse und Bäche eingedeicht wurden.

*

Auch weiter aufwärts, von Bullay bis Trier, zieht die Mosel noch manche Schmuckschleife. In Bullay erlebt man einen Abend – der Mond geht auf, und stille Sterne stehen –, der in seiner Stille und Abgeklärtheit wie ein Märchen anmutet. Von Zell ist nur zu sagen: Wunderquell der »Schwarzen Katz«. Von Traben-Trarbach steigt man auf die Feste Montroyal, die der vierzehnte Ludwig anlegen ließ. Bei jedem weiteren Ort muß man an die Lagen denken: Erdener »Treppchen«, Ürziger »Würzgarten«, Zeltinger »Schloßberg«, Graacher »Himmelreich«, Bernkasteler »Doktor« oder »Badstub« oder der »Stein der Weisen«. Immer weiter geht es: Wintrich, Piesport mit seinem »Goldtröpfchen«, Trittenheim, Leiwen, Clüsserath. Zauberhaft schön ist der Rahmen, den die Natur hier gespannt hat. Das Tal ist in Moselluft eingehüllt wie in lauter Seide. Von Hunsrück und Eifel rücken dunkles Tannicht und leuchtendes Buchengrün herab. Die Erde hat hier ein mutwilliges Spiel getrieben. Manchmal kehrt der Fluß zu sich selbst zurück, eine große Schlinge um eine Bergnase legend, ein Dörfchen umziehend oder eine Burg belagernd. Der Vorzug dieses Flußlaufs ist, daß er keine Geschäftigkeit kennt, daß er wie in einem Traum versunken scheint, aus dem es nur hier und da ein Erwachen gibt. Der Wein steht am Anfang und am Ende, er zieht das Ruwertal und, hinter Trier, das Saartal hinauf; er klettert alle Bergesbreiten empor, wohin nur die Sonne ihren Strahl zu schicken vermag. In Trier muß man in der Dämmerstunde Einkehr halten. Gibt es einen schöneren Ausklang einer Moselreise?

*

Es ist nichts Neues gesagt: Die Stadt ist auf eine perfekte Weise ein Museum. Das antike Trier mit der Porta Nigra, den Kaiserthermen, den Kirchen. Der Besucher erlebt die magische Welt der Geschichte mit einem Korso von Denkwürdigkeiten. Das Auge nimmt die gefälligen Quartiere der Trierer Geschichte wahr, das Ohr allerdings auch die »Sozialgeräusche«, vor allem den Verkehrslärm; aber beim Spaziergang, getreu ein Pensum abgehend, kann man immer neue Wunder sehen. Jeder Platz verschmilzt Jahrhunderte, verbindet zwei Jahrtausende. Mit zwei ihrer großen Söhne ist die Stadt gemeinsam auf den Markt der Touristik gegangen, mit dem Kaiser Konstantin und Karl Marx, dem Propheten des Klassenkampfes, der in den ersten Jahren nach dem Zweiten Weltkrieg noch unterschlagen wurde. Es ist gewissermaßen ein freischwebender Gedankensplitter, den der Dichter liefert, der hier bei Trier geboren wurde, Stefan Andres: »Und es kam der Tag – es war der Tag der großen Gewährung, da ich selber, ich war etwa acht Jahre alt, mit der Mutter nach Trier fuhr. Bisher hatte ich nur, wenn ich hoch auf Maroul bei den weidenden Kühen stand, die blauen Türme der Stadt von ferne erspäht. – ›Trier, Trier, Trier‹ summten die Telegrafenstangen und wußten kein anderes Wort, während sie sonst mancherlei Namen aus der Weite herantrugen und wie den Rosenkranz betende Frauen in sich erwogen.«

*

Der Hunsrück – das ist der Südwestflügel des Rheinischen Schiefergebirges zwischen Mosel und Nahe, die linksrheinische Fortsetzung des Taunus bis zur Saar. Er bildet ein von Ost nach Südwest gerichtetes schiefwinkliges Parallelogramm, dessen längere Seite über 100 Kilometer mißt. In den Wäldern des Hunsrücks hausten bis zur Mitte des 19. Jahrhunderts noch Wölfe. Der letzte wurde am 3. März 1851 im Soonwald an der Tiefenbacher Straße durch Oberförster Großholz erlegt. An einer Eiche brachte man eine Gedenkplatte an. Beim Forstamt Entenpfuhl steht das Denkmal des Jägers aus Kurpfalz, eingeweiht vom letzten deutschen Kaiser Wilhelm II. im Jahre 1913. Aber die Historiker streiten, wer der Jäger eigentlich war; war es der Königlich Preußische Forstinspektor Friedrich Wilhelm Utsch oder der Pfalzgraf Johann Casimir, Verweser von Kurpfalz? Und die Familie Melzheimer wollte das Denkmal schleifen lassen, weil es ein Melzheimer gewesen sei.

Der »deutsche Michel«, aus dem Guldenbachtal stammend, ist einer jener unnotierten Werte der Nation, die je nach Bedarf verbrämt werden, von einer Doktorarbeit Bernd Grote »Der Deutsche Michel – Ein Beitrag zur publizistischen Bedeutung der Nationalfiguren« 1967 bis zum Großen Brockhaus, der die Herkunft des Namens für umstritten hält. Deutscher Michel – das ist die sinnbildliche Darstellung des Deutschen, vor allem in der Karikatur; er hinterließ uns den Ruf der Trottelhaftigkeit und Gutmütigkeit, hieß eigentlich Johann Michael Elias von Obentraut und wurde 1574 als Sohn des Kurfürstlichen Rats und Amtmanns zu Stromberg geboren.

Der Bundespräsident Theodor Heuss ließ 1954 hier die erste Diplomatenjagd stattfinden, Nachfolger Walter Scheel ließ sie 20 Jahre später wieder einschlafen. Der zweite Bundespräsident Heinrich Lübke übertrug sie den Jagdherren, den Ministern von Brentano, Dahlgrün, von Merkatz und Lauritzen und schließlich dem Außenminister Willy Brandt. Aber hier war auch schon Otto von Bismarck auf den Hirsch gegangen, als er 1849 Gesandter in Frankfurt war, ebenso der Generalfeldmarschall von Hindenburg, der im Ersten Weltkrieg in Kreuznach als Chef des Generalstabs des Feldheeres die Oberste Heeresleitung vertrat. Hier jagten auch noch der Raumforscher Wernher von

Braun und der Bundestagspräsident Gerstenmaier. Und wer wollte ihn nur vergessen, Johannes Bückler, Schinderhannes genannt, der die Bewunderung von Carl Zuckmayer erfuhr. Die öffentliche Meinung hatte ihn nicht als gemeinen Verbrecher, sondern als Sozialrebellen eingestuft, der für Gerechtigkeit war und den Armen half. Als gewöhnlicher Wegelagerer wurde er hingerichtet.

*

Hügel und Tal, der hellgrüne Laubwald, der dunklere Tannenwald, an Hängen und hineingebettet in Mulden: es ist der Stil des Gotischen und es sind die Linien des Kargen und Ernsten, die der Eifel das Gesicht geben. Wer auf der Hohen Acht am weltbekannten Nürburgring steht, Schichtung und Bewegung von Hügel zu Hügel abtastet, dunkel paspeliert die Horizonte, der weiß es: Stille liegt über diesem Land, das im ältesten Eifel-Baedeker noch die seltsame Apostrophierung »rheinisches Sibirien« erhielt. Sibirien? Woll'n mal sehen! – Am Toten oder Weinfelder Maar bei Daun liegt die kleine Kapelle. In einer dunklen Nische steht die Madonna mit den sieben Schwertern: ein merkwürdig langes Gesicht, eine flache Stirn, vom Kopfhaar überzogen, hohe, kreisförmige Brauen in einer starken Spannung zum Gesicht, das naiv wirkt, gläubig, einfältig. Ein vom Schmerz geprägter Mund. Aus dem Auge rollt eine Träne. Sie hat das Antlitz einer Eifelbäuerin und ist Sinnbild dieser herben, melancholischen Landschaft, deren westliche Bezirke an der belgischen und luxemburgischen Grenze mit ihren Höckerlinien und gesprengten Westwallbunkern immer noch vom Kriege gezeichnet sind. – Aber man darf unbedenklich sagen: Abgesehen von diesem westlichen Teil hat die Eifel des Rühmens- und Lobenswerten genug, genug was sie dem Ruhesuchenden bieten kann. Überall gibt es noch Gasthöfe und Pensionen, die den Geldbeutel des kleinen Mannes nicht so sehr strapazieren. Die Natur ist hier noch ziemlich freigebig, auch wenn hier militärische Anlagen ins Auge stechen. Die Eifel ist noch Bauernland. Und es ist die große Seenlandschaft mit dem Laachersee, der Benediktinerabtei Maria Laach und – um den Kneippkurort Daun – den 55 Vulkankegeln.

*

Und noch einmal zurück ins Jahr der Gründung von Rheinland-Pfalz, 1947, ins Ahrtal. Daß Rotspon für alte Knaben eine von den besten Gaben, wissen wir schon seit Wilhelm Busch. Das Wort erproben konnte man, als hier noch die Besatzer-Gendarmen vorbeiradelten in Deutschlands größtem Rotweinbaugebiet. Die Ahr ist ein kleines Flüßchen, in trockenen Sommern ein Rinnsal. Die Romanciers haben die Mosel die liebliche Tochter des Rheins, die Ahr aber die wildeste Tochter genannt. Die Ahr war nicht nur berühmt wegen ihrer Weinberge, deren Erträge die Franzosen unbarmherzig blok-

Auf einem steil zur Ahr abfallenden Felsen befindet sich die Burg Kreuzberg, heute zu Altenahr gehörig. Ende des 17. Jahrhunderts von den Franzosen zerstört, baute man sie im 18. Jahrhundert wieder auf. Der Torbau, die Ringmauer und vor allem der Bergfried stammen in ihrer Substanz aus spätmittelalterlicher Zeit. 1340 wurde die ursprüngliche Anlage im Befestigungsgürtel Kurkölns an der Ahr errichtet.

kierten, das heißt, beschlagnahmten, auch gab es in einem stillgelegten Bergtunnel große Champignonzuchten, und es gab die Ahrforelle, deren Fang die Franzosen in die Hand nahmen. Ein Flakschießplatz Ahrbrück, dessentwegen die Deutsche Wehrmacht einmal zehn Orte von der Landkarte radierte und 2250 Menschen verpflanzte. Der Schießplatz wurde später wieder von ostvertriebenen Bauern mit Beschlag belegt. Der Pfarrherr, ein Mann mit schlohweißem Haar, sagte dem Besucher der Ahr, er wisse doch, was der Lateiner sagte: vae victis, wehe den Besiegten.
Die französischen Holzfäller sind da, die Gendarmen beschlagnahmen versenkbare Nähmaschinen und Radios, und aus dem Burgunder wird in Frankreich Parfüm und Seife gemacht. Und hat nicht der Gouverneur der französischen Besatzungszone, der erst 1986 verstorbene C. Hettier de Boislambert, gesagt, die deutschen Besatzer hätten im Zweiten Weltkrieg soviel Rotwild in Frankreich geschossen, daß es nicht unbillig sei, Rotwild in Deutschland einzufangen. Die Franzosen brachten Netze mit. Im Hunsrück wurden 70 Treiber in die Dickung geschickt, und Hirsch, Alt- und Schmaltiere verfingen sich in den Netzen. Das Wort Reparationen sollte der Zensur anheimfallen. Hatten es die Deutschen an der Loire anders gemacht? – Aber 1948 gab es bei Johann Gilles, Schreinermeister und Vorsitzender der Winzergenossenschaft Walporzheim, eine Weinprobe, er nahm die Besuchergruppe mit in den Keller: Unser Kommandant ist gut, sagte er, aber die Besatzungspolitik ist töricht. Bei Gilles bekam man auf bequeme Weise die Ahr auf die Zunge. Es wurde ein Kolleg über Wachstümer und Jahrgänge, Temperamente und Charaktere, Kreszenzen und Tugenden. Herr Gilles zog das Resümee des Lokalpatrioten: Unsere Weine sind die besten!

*

Schon vor dem Ersten Weltkrieg hatte man die intimen Schönheiten des Westerwaldes entdeckt: Steile, schroff ansteigende Höhen sind im Westerwald fast unbekannt. In breiten Schwingungen fliehen die Höhenzüge. Es ist ein weiches Fliehen der Kuppen, das dem ganzen Bergland einen tiefen, ernsten Akkord gibt. Viele Tälchen und Flüßchen senden ihre Wasser dem Rhein, der Sieg, der Lahn, der Dill und der Heller zu. Überall glucksen Bäche und Wiesenrinnsale. Die Zahl der Sommerfrischen und Luftkurorte beläuft sich auf sechs bis sieben Dutzend. Man müßte sich anstrengen, wollte man die Eigenheiten und Schönheiten all dieser Kleinstädte und Dörfer aufzählen. Die Lahn umschließt im Süden, Osten und zum Teil im Norden den Westerwald. Die bekanntesten Städte sind das tausendjährige Montabaur, die Gartenstadt Hachenburg, die Kannenbäckerstadt Höhr-Grenzhausen, das alte Westerburg mit seinem Schloß. Und auf den Höhen gibt es nur Weite und Ferne. Von den höchsten Bergen – der Fuchskauten ist 657 und der Steegskopf 655 Meter hoch – kann man bei klarer Sicht 52 Orte zählen.

*

Die Eifellandschaft ist das Ambiente der Romane und Novellen von Klara Viebig. Am Totenmaar wirkt sie außerordentlich melancholisch – eine Szene, die durch das düstere Kirchlein und seinen Friedhof noch verstärkt wird. Wenn freilich der Ginster in Blüte steht, leuchtet der Kratersee in strahlendem Gelb.

Seite 430/431: Moselbogen bei Pünderich und Zell – ein Blick, der die Reisenden seit altersher begeistert. In der Bildmitte die Marienburg.

»Das Licht der Welt erblickte ich an den Ufern jenes schönen Stromes, wo auf grünen Bergen die Torheit wächst und im Herbst gepflückt, gekeltert, in Fässer gegossen und ins Ausland geschickt wird... Viel Torheit wird im Lande selbst konsumiert, und die Menschen sind dort wie überall – sie werden geboren, essen, trinken, schlafen, lachen, weinen, verleumden, sind ängstlich besorgt um die Fortpflanzung ihrer Gattung, suchen zu scheinen, was sie nicht sind, und zu tun, was sie nicht können, lassen sich nicht eher rasieren, als bis sie einen Bart haben, ehe sie verständig sind, und wenn sie verständig sind, berauschen sie sich wieder mit weißer und roter Torheit. Mon Dieu! Da mein Glaube nicht so stark ist, muß mir die Phantasie helfen, und sie versetzt mich schnell nach dem schönen Rhein.« (Heinrich Heine)

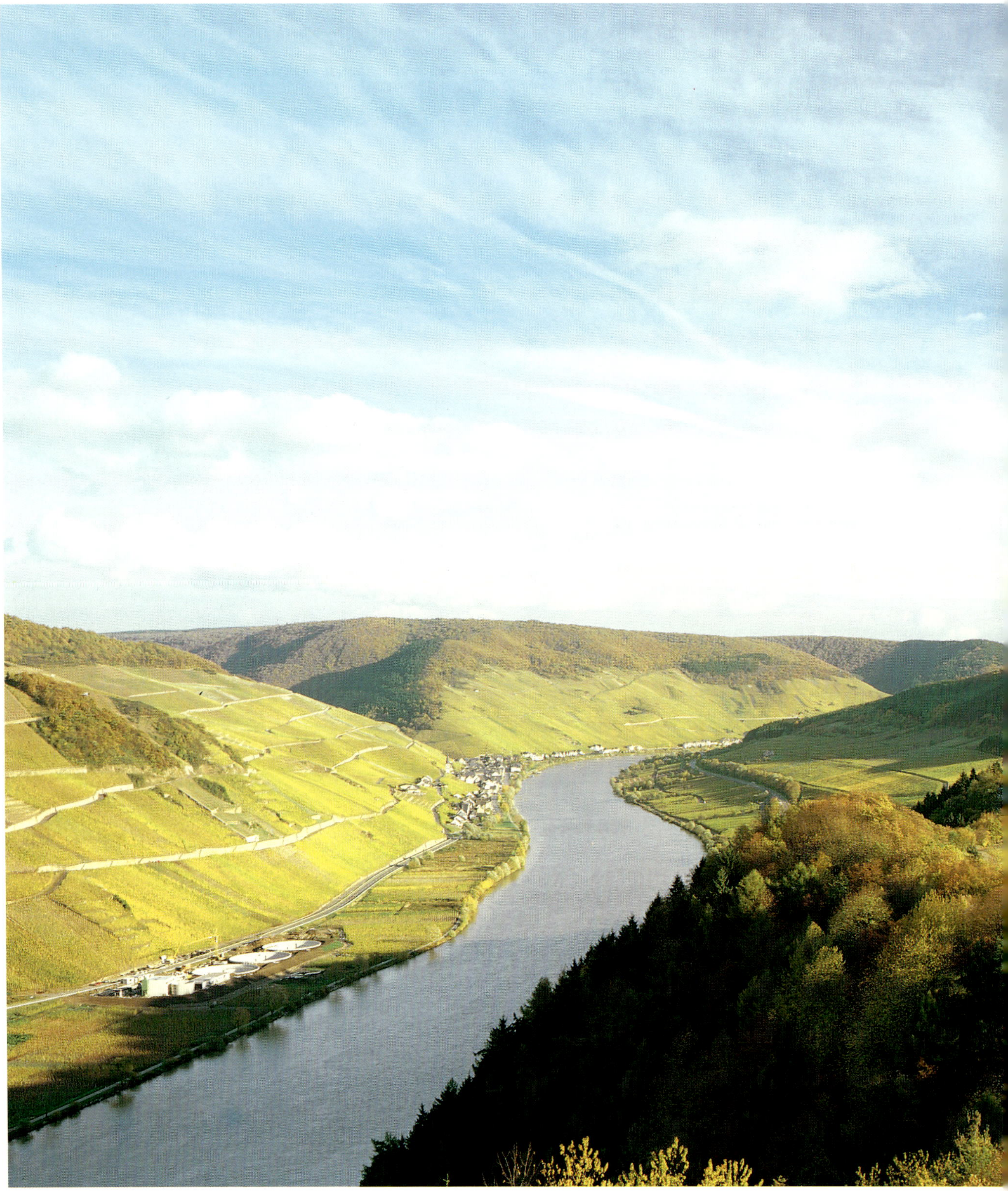

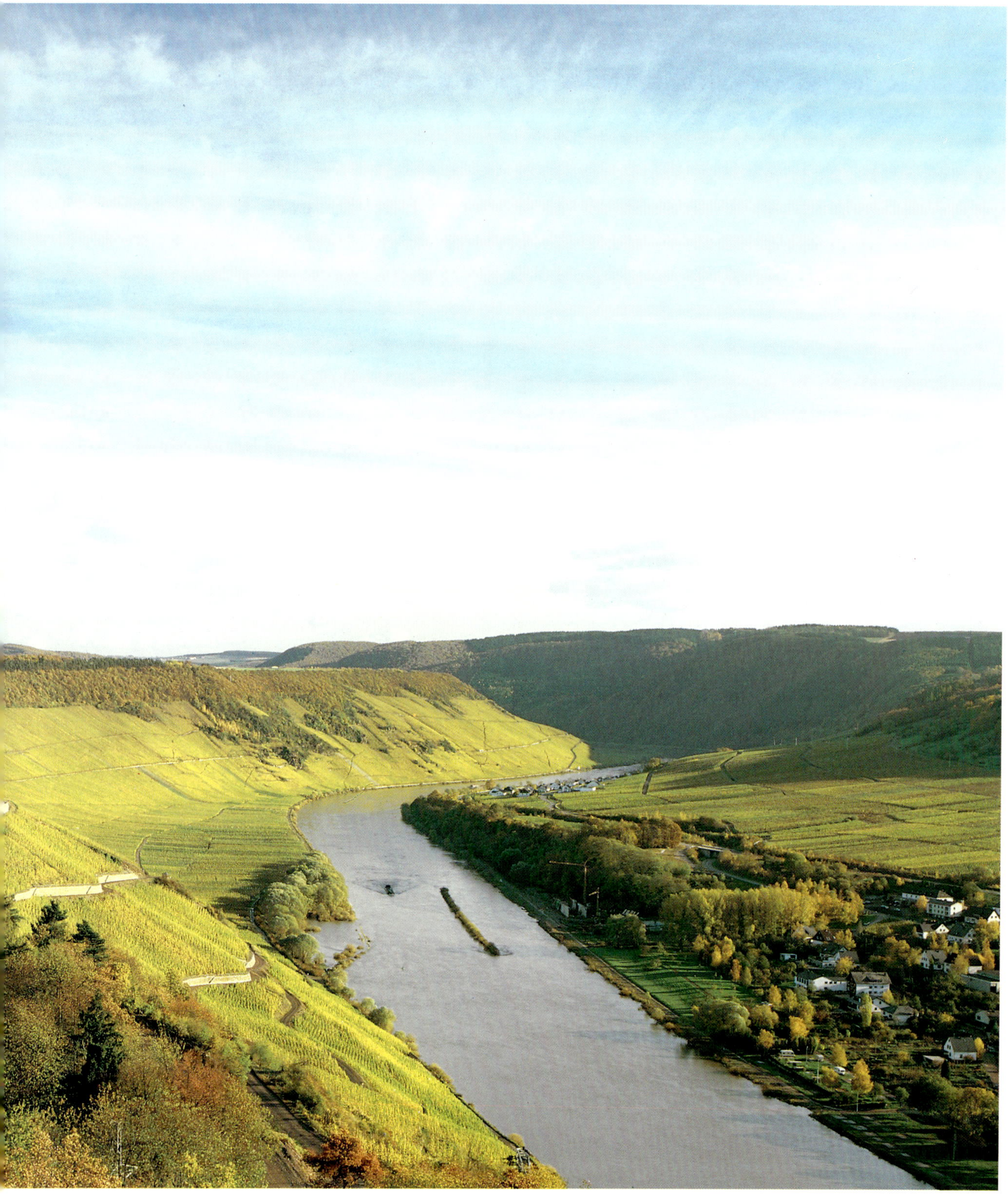

Eine idyllische Partie auf dem Weg von Seebach (Ortsteil von Bad Dürkheim) zum »Klosterblick«. Mit dem Naturschutzgebiet Pfälzer Wald besitzt Rheinland-Pfalz das größte zusammenhängende Waldgebiet Deutschlands. Eine Oase der Ruhe für die gestreßten Bewohner aus den Ballungsräumen; seine Pflege ist im Zeitalter der Umweltverschmutzung zur Lebensnotwendigkeit geworden.

Heinrich Holkenbrink

Erlebtes, Gedachtes, Versuchtes

Es gab und gibt vieles, was es nicht »gibt«. Hoffentlich gilt das auch künftig als beachtenswert und realistisch, obwohl es vordergründig nicht sichtbar. Sonst bliebe nur die Verwaltung des Bestehenden statt politischer Zukunftsgestaltung übrig.

Es war am 15. August 1945, in Kriegsgefangenschaft, im Lager Andernach. Bei den Franzosen hatte man diejenigen herausgesucht, die von zu Hause aus Bauern waren. Man wollte, daß sie zur Erntehilfe in die Eifel geschickt würden, um dort auf den Höfen, auf denen es in den letzten Kriegsjahren keine oder nicht genügend Männer gegeben hatte, die Ernte 1945 einzubringen. Wir kamen deswegen auf einem französischen Militärlastwagen, von Andernach über Mayen, Gerolstein fahrend, am Nachmittag in Prüm an und wurden dort abgeladen, um für die erste Nacht auf Schulbänken in der Prümer Schule untergebracht zu werden. Wir hatten noch Zeit an diesem Nachmittag, Maria Himmelfahrt, uns in Prüm und in der Nachbarschaft ein wenig umzusehen, eventuell nach Äpfeln zu suchen, die unter Bäumen lagen oder noch an Bäumen hingen. Wir erfuhren viel Freundlichkeit, beispielsweise von den Bewohnern in Niederprüm.
An dem katholischen Feiertag Maria Himmelfahrt war Erstkommunion in Prüm und Umgebung. Wir wurden zum Teil in die Häuser eingeladen, um dort die Erstkommunionfeier mitzumachen. Wir waren überrascht, wie sehr die Leute dort, die auch alle nicht viel hatten, mit uns teilen wollten. Am anderen Morgen wurden wir in Prüm vom Bürgermeister in eine Bäckerei geführt, um dort frisches Brot zu bekommen; es war noch ganz naß. Viele hatten nachher Schwierigkeiten damit. Aber danach fragte zunächst niemand von uns. Wir hatten den Magen so leer, daß man auch Brennesseln, die man an der Straße hätte pflücken können, hineingesteckt hätte, nur um eine Fülle im Magen zu spüren. Dann kam ich mit einem Kameraden zusammen in den mehr als zur Hälfte zerstörten Ort Weinsheim, nahe bei Prüm, zum Bauern Georg Meyer.
Er war schon ein alter Mann und betrieb den Hof zusammen mit zwei Töchtern. Ein Sohn war nicht da. Wir haben, so gut es ging, die Ernte eingebracht und dann, nach etwa 14 Tagen, gemeldet, daß unsere Aufgabe erfüllt sei.
Ich kam anschließend nach Büdesheim zum Bauern Schiffering. Einige Wochen habe ich dort auf dem Hof geholfen. Als ich an einem Sonntag im späten September von meinem früheren Bauern Meyer nach Weinsheim zum Kaffee eingeladen wurde, war ich morgens vorher beim Pastor in Büdesheim und hatte mir Lektüre erbeten. Mit dieser Lektüre unter dem Arm ging ich quer über die Wiesen und die Felder entlang nach Weinsheim. Dort begegnete mir ein Ehepaar, das mit einem Kind im Sportwagen spazie-

renging. Ein Mann in einer abgerissenen Soldatenuniform, der unter dem Arm einige Bücher trug, mag sicher aufgefallen sein. Auf alle Fälle kam dieses Ehepaar auf mich zu und erkundigte sich nach meinem Woher und Wohin. Es stellte sich bald heraus, daß der, der mir dort begegnete, ein früherer Lehrer war, der zu Zeiten des Nationalsozialismus als katholischer Jugendführer strafversetzt wurde. So trafen sich unerwartet und deshalb überrascht zwei katholische Jugendführer. Gleichzeitig stellte sich heraus, daß dieser Lehrer auch kommissarischer Schulrat und stellvertretender Landrat in Prüm war; Herr Hansen, Toni Hansen, wie man ihn nannte, stammend aus Prüm, fragte mich: »Wie ist das, ich soll am 1. Oktober hier überall Schulen aufmachen, ich habe keine Lehrer, entweder sind sie in Gefangenschaft oder noch nicht entnazifiziert. Wenn Sie ein paar Semester Philologie studiert haben, können Sie da nicht am 1. Oktober eine Schule hier auf einem Dorf übernehmen? Es ist sonst«, das wußte er als stellvertretender Landrat, »vorgesehen, daß ihr in die Grube nach Frankreich sollt, um dort Kohlen zu hacken. Ich werde zum Kommandanten nach Schönecken gehen«, sagte der Schulrat, »und sagen, ich hätte jemanden gefunden, der eine Schule übernähme. Würden Sie das machen?« Ich antwortete: »Morgen früh.« Mit einer Empfehlung des Schulrates fuhr ich zur Kommandantur nach Schönecken und war ein paar Tage später Lehrer einer zweiklassigen Schule in Schwirzheim, zwischen Prüm und Gerolstein.

Ich nehme vorweg: ich war dort den ganzen Winter 45/46, und wenn ich über viele Jahre an meine Dienstzeit in der Schule zurückdenke, war dies eine schöne, und ich glaube, auch eine fruchtbare Zeit.

Ich erhielt von der Kommandantur in Schönecken eine Anweisung, die Lehrerstelle in Schwirzheim zu übernehmen mit der Auflage, mich täglich beim Ortsbürgermeister von Schwirzheim zu melden. Gleichzeitig wurde ich beauftragt, statt einer Uniform Zivilkleidung zu tragen. Ich blieb französischer Kriegsgefangener und bin aus dieser Gefangenschaft nie entlassen worden. Schulrat Hansen empfahl mir, mich mit dem zuständigen Pastor von Gondelsheim, Hubert Schmitt, in Verbindung zu setzen. Ich erhielt von diesem auch heute noch von mir hochverehrten priesterlichen Freund eine Zivilausstattung aus seinem Kleiderschrank.

Am Schulmorgen nach den Ferien trat ich meinen Dienst an. Als erste Aufgabe ergab sich, die über den ganzen Schulhof verstreute Granatwerfermunition einzusammeln, um diese Gefahr für die Schulkinder zu beseitigen. Mit den ältesten Jungen der Schule haben wir eine tiefe Mulde gegraben, in der diese Munition vergraben wurde. Der Lehrer stapelte die von den Jungen gereichte Munition. Dies geschah nicht sachgerecht genug, nach Meinung der Jungen. Man löste mich ab. Die Schüler machten das geschickter. Ich werde diesen Vorgang nicht vergessen. Sie konnten es, die Jungen des freiwilligen 9. Schuljahres, wirklich besser als ihr Lehrer. Was in dieser ersten pädagogischen Zusam-

menarbeit in Schwirzheim geschah, war, daß nicht der Lehrer den Jungen etwas beibrachte, sondern die Jungen dem Lehrer klarmachten, was zu geschehen habe. Nach meinem Eindruck hat dies sehr dazu beigetragen, daß diese Jungen in den künftigen Monaten einem manches abnahmen, was sie sonst vielleicht nicht getan hätten.
Die Schwirzheimer Schule war eine zweiklassige Volksschule. Es gab ein erstes bis neuntes Schuljahr. Aber es gab jetzt nur einen Lehrer, also mußten die Schüler aufgeteilt werden; die einen kamen morgens, die anderen am Nachmittag. Rückblickend muß ich sagen, daß es sowohl bei den Jungen wie bei den Mädchen eine große Anzahl sehr aufgeweckter Kinder gab. Ein Teil der älteren Jahrgänge, des 9. Schuljahres, und aus diesem Jahrgang vor allem eine Reihe Schülerinnen, waren rasch dafür zu haben, als Hilfslehrkräfte sowohl bei den ganz jungen Jahrgängen wie bei den nachhilfebedürftigen, schwächeren Schülern mittlerer Klassen tätig zu sein. Es gab keine Lesebücher, Hilfsmaterialien waren kaum vorhanden. Die Gesamtausstattung beschränkte sich fast auf Tafelkreide. Die Wochen vergingen; ehe man sich versah, kam Weihnachten auf uns zu. Von der Weihnachtsfeier in der Schule gemeinsam mit den Eltern will ich hier nicht weiter berichten, sondern etwas herausgreifen, was nur für diese Jahre als besonders charakteristisch in dauernder Erinnerung geblieben ist.
In den Wochen vor Weihnachten rief mich Schulrat Hansen zu sich und fragte mich, ob ich denn zu Weihnachten nicht zu den Eltern in meine Heimat ins Münsterland fahren wolle. Ich wollte das sehr gerne, aber ich hatte keine Papiere. Ich war französischer Kriegsgefangener, und die Kontrollen waren in dieser Zeit, vor allem an den Grenzen zum englischen Besatzungsgebiet, sehr streng. Ganz überraschend legte mir der Schulrat seine Ausweispapiere auf den Tisch und ging ohne ein Wort in die Küche zu seiner Frau. Als er zurückkam, mußte ich ihm sagen: »Herr Schulrat, ich bin betroffen ob Ihrer Besorgnis für einen Ihrer Lehrer. Ich bin aber auch betroffen über den Mut, den Sie hier zeigen. Wenn das auffällt, sind Sie als Schulrat unmöglich, können als Vertreter des Landrates nicht im Amt bleiben, und dann fehlt dem Prümer Raum derjenige, der wegen seiner politischen Vergangenheit den Franzosen die Meinung sagen kann. Die Leute brauchen Sie, Sie haben eine Familie, das läßt sich nicht machen.« Schulrat Hansen nahm seinen Ausweis zurück und entgegnete: »Dann bekommen Sie einen Ausweis auf dem Bürgermeisteramt gemacht, ob das zulässig ist oder nicht.« Dort saß die Tochter eines hochangesehenen Lehrers aus Weinsheim, des Herrn Molitor. Den Mut, den der Schulrat hatte, hatte auch das damalige Fräulein Molitor. Ich bekam den Ausweis, der es mir dann doch möglich machen sollte zu fahren.
Nach der Frühmette von Pastor Schmitt am Weihnachtsmorgen 1945 in Gondelsheim ging ich, den Ausweis in der Tasche, Reiseproviant im Rucksack auf dem Rücken, von Gondelsheim nach Olzheim und wartete, bis eventuell ein Auto auf der Straße von

435

Als junger Lehrer mit einer Schulklasse beim Wandertag.

Prüm nach Stadtkyll und damit in Richtung Köln käme und mich mitnehmen würde. Aus der Kirche von Olzheim erklangen aus dem Weihnachtshochamt die Weihnachtslieder. Es schneite. Selten habe ich die Eifellandschaft so intensiv erlebt wie an diesem Weihnachtsmorgen.

Es kam kein Auto. Am Nachmittag bin ich zurück nach Gondelsheim ins Pfarrhaus gegangen und habe Weihnachten dann dort verbracht, um einige Tage später auf einem offenen Lastwagen von Prüm nach Köln mitgenommen zu werden.

Ich kam zu meinen Eltern, verbrachte dort die Weihnachtsferien und fuhr zurück. In Prüm und in Schwirzheim hatte man bereits vermutet, ich würde nicht zurückkommen. Zwei Gesichtspunkte waren ausschlaggebend dafür, doch zurückzukehren: zum einen die Verpflichtung gegenüber dem Mut des Schulrates Hansen und des Fräuleins Molitor auf der Stadtverwaltung in Prüm, zum anderen das Vertrauen der Schwirzheimer Eltern und Kinder ihrem Lehrer gegenüber. Den Beginn meines Wegs in Rheinland-Pfalz verdanke ich also der Zivilcourage des Herrn Hansen, einer Bediensteten der Stadtverwaltung in Prüm und den Eltern und Kindern der Dorfschule in Schwirzheim, im Prümer Land.

Zu Anfang des Jahres 1946 bot mir der damalige Leiter des Bischöflichen Konviktes von Prüm, Direktor Schäfer, bei sich im Konvikt die Tätigkeit als Subdirektor an, wie man das nannte, oder als Präfekt, wie man es auch hätte nennen können. Ich hatte Herrn Direktor Schäfer in den vergangenen Monaten im Zusammenhang mit der Gründung neuer katholischer Jugendgruppen kennengelernt. Damals kamen eine Anzahl von Schülern der oberen Klassen außer der Reihe in das Konvikt, die während des Krieges zeitweilig in den verschiedensten Gymnasien gewesen waren und deren Leistungen auf einen Nenner gebracht werden mußten. Einen Kaplan als Subdirektor konnte der Bischof von Trier bei den damaligen Personalverhältnissen dem Prümer Konvikt nicht zur Verfügung stellen. Ich war am Nachmittag verpflichtet, meinen Dienst im Prümer Konvikt zu tun, das damals in Niederprüm untergebracht war. Das alte Konvikt in Prüm hatte die SS in die Luft gejagt. Morgens ging ich in die Volksschule in Niederprüm. Auch diese Tätigkeit im Konvikt war, so sieht es die Rückerinnerung, eine glückliche Herausforderung, die so viel an unmittelbar menschlicher Begegnung anbot, wie das zu Normalzeiten kaum denkbar ist. Eine Zeitlang schliefen der Konviktsdirektor und ich auf Matratzen am Boden. Trotz allem ging es recht fröhlich zu; Ausgangspunkt dieser Fröhlichkeit und gewisser »Nichtsnutzigkeiten« war Direktor Schäfer selber.

Es gab – das war auch in der Schule in Schwirzheim so gewesen – im Konvikt für mich eine besonders schwache Stelle: Wenn Lieder eingeübt werden sollten und Herr Direktor Schäfer zunächst mir dieses Einüben zuteilte, mußte ich offenbaren, daß mir jede Fähigkeit zu singen abging. Zunächst fiel es dem Konviktsdirektor schwer, mir das zu glauben. Nach seiner ganzen Zeit der Jugendseelsorge konnte er sich nicht vorstellen, daß jemand nicht singen könne. Bei mir war das aber so.

Ich erinnere mich aus dieser Konviktszeit in Prüm an manche Nacht, an Gespräche mit Herrn Schäfer und manchmal, wenn er zu Besuch kam, mit dem hervorragenden Kunsterzieher am Prümer Gymnasium, Wilhelm Mallmann. Die Jahre nach dem Krieg waren eine Zeit, als in den Köpfen viel Raum war, der nach Auffüllung verlangte, und es gab in der Abgeschiedenheit der Eifel wenig, was hektisch verwirrte. Das Fernsehen gab es noch nicht. Ich erinnere mich noch an Gespräche, die über Reinhold Schneider geführt wurden, die sich um Theodor Häckers Buch »Vergil, Vater des Abendlandes« drehten, ich denke an Abende, an denen Guardini uns beschäftigte.

Ich will auch hier eine Erinnerung besonders herausgreifen: Das Haus war im Winter sehr kalt. Die Heizung bestand aus einem großen Stahlkorb, in dem Koks brannte. Dieser Korb stand im Treppenhaus, und von dort verteilte sich die Wärme, wenn auch nicht gerecht, so doch überall spürbar, durch das ganze Haus. Abends, wenn die Bettruhe begonnen hatte, das Haus still war – ein Radiogerät stand zur Verfügung –, haben der Konviktsdirektor und ich manchmal Nachrichten, möglichst aus aller Welt, gehört. Für mich war das nach all den Kriegsjahren und der Zeit der Gefangenschaft ein heute gar nicht mehr vorstellbares Erlebnis.

Eines Abends, als ich wieder das Radiogerät anstellte, kam ich, ohne es zu ahnen, in eine Sendung, die aus Rom, aus dem Petersdom, die Installierung der neuen Kardinäle wiedergab. Man hörte, wie die einzelnen geistlichen Würdenträger aufgerufen und von Pius XII. mit den Insignien ausgestattet wurden. Deutscherseits waren der Kölner Erzbischof Frings, der Bischof von Berlin, Graf Preysing, und der Bischof von Münster, Graf Galen, dabei. Als mein ehemaliger Heimatbischof, jetzt Kardinal von Galen, aufgerufen wurde, erhoben sich alle Anwesenden im Petersdom und applaudierten mit weltweitem Beifall diesem Bekennerbischof. Ein Erlebnis, das heute sicher nur schwer nachvollziehbar ist. Ein Ereignis, das man empfand, weil es einen deutschen, frommen, schlichten, tapferen Kirchenmann Zeugnis ablegen ließ von dem anderen Deutschland, das auch eine historische Wahrheit darstellt und als solche anerkannt zu werden verdient.

Ich sah den Bischof in meiner Schülerzeit noch vor dem Bischöflichen Palais stehen, Gestapo, SS und Polizei ringsum. Die katholische Jugend war um ihren Vater versammelt, dem die Tränen der Rührung über sein großes Gesicht liefen. Unbeugsam stand er dort. Ich habe in der Nacht, in jener Sendung und an diesem Beispiel verstanden, was Heinrich Heine meinte, wenn er die Westfalen sentimentale Eichen nannte. Mitten in den Trümmern des Krieges, auf uns lastete in der armen Eifel die Besatzung, zeigte sich in der Sendung dieses Bild. Schade, daß die Schüler schon schliefen und das nicht miterleben konnten. Wir haben in den folgenden Tagen oft darüber gesprochen. Nec laudibus, nec timore, das war der Wahlspruch des Bischofs, weder durch Lob noch durch Furcht wollte er sich verwirren lassen. Dieses andere Deutschland, in der Person des Bischofs Galen vorgeführt, wollte Pius XII., der Deutschland kannte, im Petersdom der

Im Freundeskreis auf der Pädagogischen Akademie in Bad Neuenahr im Jahre 1946. Holkenbrink zweiter von rechts.

Welt vorstellen. Vor dieser »sentimentalen Eiche« stand respektvoll in Rom die Welt auf und applaudierte.

Manchmal nach dem Kriege ist mir dieses Bild bewußt geworden, wenn wir an die würdelose Zeit des Totalitarismus dachten und uns hüten wollten, erneut Mitläufer zu werden. Selten waren Bürger innerlich so bereit wie in diesen Jahren der Not, an Grundsätzen und Überzeugungen festzuhalten und danach zu handeln.

Im Sommer 1946 wurden wir Schulhelfer, wie man uns nannte, aus der Eifel, dem Hunsrück und von der Mosel in Trier zur Weiterbildung zusammengezogen. Zahlreiche Lehrer waren inzwischen aus der Gefangenschaft zurückgekommen, so daß man von der Personaldecke her daran denken konnte, die vorübergehenden Schulhelfer für die Dauer als Lehrer auszubilden.

Die meisten Männer waren fünf Jahre Soldat gewesen, und die Frauen, die diese Ausbildung als Schulhelferinnen mitmachten, waren gleichfalls in einem Alter, das nur zum Teil noch dem Studentenalter entsprach. Für alle, die sich an dieser Ausbildung in Trier beteiligt haben – unter dem Protektorat unserer damaligen Direktorin der Auguste-Viktoria-Schule, Frau Dr. Gantenberg, der späteren Staatssekretärin und Bundestagsabgeordneten, und unter der Direktion von Herrn Dr. Feiten, der die Schulabteilung der Bezirksregierung führte –, und für mich selbst bleibt diese Zeit unvergessen.

Von seiten derjenigen, die als Dozenten dort tätig waren, wie von seiten der »Studenten« war ein Engagement festzustellen, das ich sonst kaum wieder angetroffen habe. Das ist nicht leicht zu beschreiben.

Dies ist keine Herabsetzung anderer Jahrgänge. Fünf Jahre erlebter Kriegszeit, der Versuch, trotz dieser fünf Jahre, trotz der Zeit, die der Ausbildung und beruflichen Entwicklung einfach weggerissen waren, entschlossen die Zukunft anzustreben, schufen einen außergewöhnlichen Einsatz, aber nicht nur, um den Beruf zu erreichen, sondern auch um sich Klarheit zu verschaffen über die zurückliegenden Jahre. Manche hatten den Beruf des Lehrers ursprünglich nicht angestrebt und sind tüchtige, engagierte Lehrer geworden. Viele derjenigen, die damals angefangen haben, sind später wichtige Kräfte in verantwortungsvoller Stellung in der Schulverwaltung oder an den Pädagogischen Hochschulen geworden.

Wir standen in dieser Zeit, was das Land Rheinland-Pfalz angeht, erst im Vorhof und in einer Entwicklung, die noch sehr stark, zum Teil fast ausschließlich, von der Besatzung bestimmt wurde. Das galt auch für die Schulverwaltung. Ich will zur Charakterisierung dieser Situation wiederum nur ein paar Beispiele herausgreifen.

Wir erlebten nach einer Vorlesung, daß ein französischer Schuloffizier uns Junglehrer, wie er uns nannte, aufforderte, uns in einer geheimen Abstimmung entgegen den Vorstellungen der deutschen Schulverwaltung zu äußern.

439

Unter den Herren der Besatzung gab es sehr verschiedene Einstellungen. Sehr stark vertreten war die Gruppe, die das, was deutscherseits unter dem Begriff christlicher Pädagogik verstanden wurde, automatisch als rückständig bezeichnete und das französische Schulsystem unmittelbar übertragen wollte. Es kam in der Aula der Auguste-Viktoria-Schule zu einer sehr harten Diskussion. Der französische Schuloffizier verlangte aber anschließend eine Abstimmung und erwartete ein Ergebnis im Sinne seiner gegen die deutschen Vorstellungen vorgetragenen Zielsetzungen. Wir haben uns dagegen gewehrt und diesem radikalen Schuloffizier gegenüber geäußert, er möge bitte zur Kenntnis nehmen, daß seine Umschulungsvorstellung mehr gefruchtet hätte, als ihm in diesem Augenblick lieb sei. Er habe uns in der Vergangenheit immer wieder gesagt, wie unverständlich es bleibe, daß wir auf die Diktatur in unserem Lande hereingefallen seien. Dies hätte uns sehr beeindruckt, und wir seien fest entschlossen, auf keinen Fall mehr irgendeiner Sache zuzustimmen, von der wir nicht überzeugt seien und die wir nicht vorher genau hätten prüfen können. Wir seien entschlossen, uns als Demokraten zu verhalten und lehnten diese Überfallabstimmung ab. Die Abstimmung fand nicht statt. Die Auseinandersetzung war beim Bischof bekannt geworden.

Am Tag danach kam im Auftrage des Schulbischofs, Weihbischof Metzroth, Prof. Knauber zu mir als dem Sprecher der Junglehrerschaft und erkundigte sich nach dem Vorgang. Er fragte mich, ob ich bereit sei, beim Weihbischof Metzroth diesen Vorgang zu Protokoll zu geben, damit Erzbischof Bornewasser mit dem General Koenig, mit dem eine Besprechung in einer Reihe von Angelegenheiten verabredet sei, auch darüber sprechen könne. Dieses Protokoll wurde angefertigt und Erzbischof Bornewasser zur Verfügung gestellt. Wir wissen nicht, ob die Versetzung des Schuloffiziers, die später stattgefunden hat, auf eine Intervention unseres Erzbischofs auf das Protokoll der Junglehrerschaft zurückzuführen ist. Sonst wäre zu vermerken, daß ein französischer Schuloffizier aufgrund des Protokolls eines französischen Kriegsgefangenen durch den Oberbefehlshaber der französischen Zone versetzt wurde.

Ein zweiter Vorgang ist den Älteren in unserem Bezirk noch sehr gut in Erinnerung. Die Lehrerschaft, die Junglehrerschaft wie die älteren Kollegen, wurde von Zeit zu Zeit aus dem gesamten Bezirk zu Schulungstagungen zusammengezogen. Es wurden politische Schulungsvorträge gehalten. Eine solche Veranstaltung fand im großen Saal der damaligen Treveris statt. In manchen Darstellungen, die wir dort hörten, gab es nur ein Deutschland, das Deutschland Hitlers. Viele befanden sich noch in ihrer Entnazifizierung und hatten es schwerer als wir Jungen, sich zu wehren und Differenzierung zu verlangen. Es gab damals die jungen Kolleginnen und Kollegen, die sich in der gemeinsamen pädagogischen Ausbildung jeden Tag sahen und viel diskutierten, unter denen niemand war, der den Nationalsozialismus verteidigen wollte. Aber es gab unter uns auch

Als Bundestagsabgeordneter mit Bundeskanzler Ludwig Erhard während einer Moselbereisung.

eine Reihe junger Frauen und Männer, die sich zu nationalsozialistischer Zeit, als konfessionelle Jugendführer zum Beispiel, mit dem Nationalsozialismus auseinandergesetzt, die keine Zukunft im eigenen Vaterland mehr vor sich gesehen hatten, wenn es so weitergehen würde. Sie waren damals so jung, daß sie in verantwortlichen Positionen noch nicht hatten schuldig werden können, solche Positionen hatten sie nicht gehabt. Sie waren aber alt genug gewesen, um zu sehen, was bei der Kristallnacht, was während des Krieges, was an Verfolgung im Lande gegenüber aufrechten Menschen vor sich gegangen war. In der Diskussion in der Treveris waren wir einig in der kompromißlosen Ablehnung des Nationalsozialismus, aber nicht bereit, das andere Deutschland, das es auch gegeben hatte, unter den Tisch fallen zu lassen und dieses Deutschland zu verleugnen. Die radikale Ablehnung des totalitären Systems verband sich nicht nur mit der Bitte, sondern mit der Forderung, denen gerecht zu werden, die bewußt ihr Leben, ihre Zukunft, ihren Beruf riskiert hatten im Widerstand gegen dieses nationalsozialistische Regime. Ich muß zur Ehre der damaligen Vertreter der Franzosen in dieser Versammlung sagen – und tue es gerne –, daß diese Auffassung und diese Haltung respektiert wurden.

Wenn ich zurückdenke, dann waren es solche Vorgänge, die auf beiden Seiten zu Bausteinen der deutsch-französischen Freundschaft wurden. Diejenigen, die in den Augen ihrer Mitbürgerinnen und Mitbürger der Besatzung einfach nachliefen, waren nicht in der Lage, auch in den kommenden Jahren nicht, Bausteine beizutragen.

Ein Prozeß politischer Selbsterziehung, in Selbstbewußtsein und Bescheidenheit zugleich, ist erfolgt in dieser Kriegsgeneration, der uns rückblickend heute noch glücklich macht. Ich will dabei nicht verschweigen, daß eine Persönlichkeit wie Frau Dr. Gantenberg, deren Widerstand gegen den Nationalsozialismus nicht bestritten werden konnte – auch von der Besatzung nicht –, uns jungen Leuten ein Vorbild gewesen ist. Sie hat uns geholfen, eine Brücke zu bauen zu einer neuen Demokratie, sie hat uns herausgeholt aus der Vorstellung, man habe uns im eigenen Vaterlande genug betrogen, wir seien nicht erneut bereit, auf jemanden wieder hereinzufallen. Wir hätten uns fern gehalten und hätten dann den neuen Mitläufern das Feld überlassen.

Was in Vorbereitung der staatlichen Neugründung auch in unserem Lande auf diese Weise geschehen ist, wie durch solche Vorbilder Möglichkeiten geschaffen worden sind, sich erneut zu entscheiden für den politischen Einsatz, ist nicht zu überschätzen.

Ein Teil der Schulhelfer aus dem Regierungsbezirk Trier kam zum Weiterstudium an die neugegründete pädagogische Akademie, so nannte sie sich, nach Bad Neuenahr. Als Sprecher der Schulhelfer im Bezirk Trier blieb ich zunächst weiterhin in Trier mit der Absicht, sobald die Universitäten wieder öffnen, dort mein Studium fortzusetzen.

Aber nach der geschilderten Auseinandersetzung mit dem französischen Schuloffizier würde es wohl nicht lange ein Geheimnis bleiben, daß das Protokoll für den Erzbischof Bornewasser und sein Gespräch beim General Koenig von einem französischen Kriegsgefangenen stammte. Dessen Zeit in Trier als Schulhelfer wäre sicher schnell zu Ende gegangen. Frau Dr. Gantenberg riet mir deshalb, noch im Nachgang nach Bad Neuenahr zu gehen und dort vorläufig mein Studium fortzusetzen, eventuell dort auch Examen zu machen, um dann weiter an der Universität zu studieren. Ich nahm diesen Rat an, kam nach Bad Neuenahr und legte nach einem weiteren zweisemestrigen Studium 1947 mein Lehrerexamen ab. Anschließend wurde ich von der Leiterin der Volksschulabteilung im Kultusministerium dem Kultusminister Prof. Süsterhenn vorgestellt. Man forderte mich auf, statt nach Nordrhein-Westfalen in die Heimat zurückzukehren, in Rheinland-Pfalz zu bleiben. Ich hatte aber bereits die Zusage für eine Schulstelle in Münster, Westfalen, erhalten und gleichzeitig von der dortigen Schulbehörde die Erlaubnis, mein Studium an der inzwischen wieder geöffneten Universität Münster fortzusetzen. Ich blieb, auf den Vorschlag des Kultusministeriums, in Rheinland-Pfalz und erhielt meine erste Lehrerstelle in Remagen mit der Zusage, neben dem Dienst in der Schule in Bonn studieren zu können.

In einer Pressekonferenz am 14. Dezember 1973 erläutert der Minister für Wirtschaft und Verkehr das Autobahnkonzept für Rheinland-Pfalz sowie die mittel- und langfristigen Maßnahmen zur Förderung der Infrastruktur im »Herzen Europas«.

Daraus wurde aber nichts. Denn nach einiger Zeit erhielten einige meines Jahrganges vom Ministerium das Angebot, in Mainz weiterzustudieren, mit dem Ziel, als Lehrer in der Lehrerbildung tätig zu sein. So kam ich 1948 nach Mainz an die Universität. Anschließend erfolgte meine Versetzung an das Pädagogium nach Bad Neuenahr, einer Vorstufe der Ausbildung für die pädagogische Akademie.

Als 1949 die Lehrerbildung wieder voll in deutsche Hoheit überging, wurden diese Lehrerbildungsanstalten der Pädagogien nach Konfessionen getrennt. So wurde ich von Bad Neuenahr an das Pädagogium nach Wittlich versetzt und erhielt gleichzeitig die Erlaubnis, neben dem Unterricht in Wittlich einen Teil der Woche die Studien in Mainz fortzusetzen. Ich muß feststellen, daß die Beweglichkeit und Großzügigkeit des Kultusministeriums uns gegenüber – wir haben dieses Studium in Mainz zu mehreren betrieben – vorbildlich war, und wenn ich an Frau Rothländer, Frau Dr. Gantenberg oder Herrn Dr. Eiserlo denke, geschieht das mit großem Dank. Die Pädagogien wurden in Aufbaugymnasien umgewandelt, und 1953 legte ich das erste Staatsexamen für den höheren Schuldienst an der Universität Mainz ab, um ein Jahr später das zweite Staatsexamen in Trier und Koblenz zu machen.

Von diesem Studium getrennt und neben der beruflichen Tätigkeit in der Schule entwikkelte sich in der Wittlicher Zeit die Arbeit in der Jungen Union, zunächst auf der Ebene des Kreises Wittlich. Dann wurde ich Vorsitzender im Bezirk Trier und später Landesvorsitzender von Rheinland-Pfalz. Aus dieser Zeit stammt die erste Bekanntschaft mit Helmut Kohl. 1959 wurde ich Landtagskandidat für den Kreis Wittlich, kam mit Helmut Kohl und dem späteren Innenminister Heinz Schwarz zusammen in den Landtag und wurde bald schulpolitischer Sprecher der CDU-Landtagsfraktion. 1961 waren Bundestagswahlen, und der damalige Kultusminister Dr. Orth, gleichzeitig Bezirksvorsitzender der CDU der Pfalz, bot eine Unterstützung der Pfalz für die Trierer an, ein Bundestagsmandat für den Landtagsabgeordneten Holkenbrink. Meine Neigung, den Platz zu wechseln, war keineswegs vorhanden. Helmut Kohl, Heinz Schwarz und ich, wir drei jungen Leute in der Fraktion, wollten uns nicht trennen. Die Chance aber, daß für den Trierer Raum ein weiterer Abgeordneter in den Bundestag kommen könne, war aus der Sicht eines großen Teiles der Trierer Parteifreunde schwer auszuschlagen.

So kam ich über die Landesliste in den Bundestag nach Bonn und versuchte gleichzeitig, den Kontakt mit der Jungen Union des Landes, insbesondere mit Freunden wie Helmut Kohl und Heinz Schwarz, zu halten.

Meine Tätigkeit in Bonn vollzog sich zunächst vor allem im Ausschuß für Forschung, aber dann bald immer mehr im Verkehrsausschuß. Und so entstand nach und nach die Vorstellung von einer Verkehrskonzeption für das Land Rheinland-Pfalz.

Wie kam es zu diesen Überlegungen? Für mich als Bauernsohn aus dem Münsterland ist es ein nachhaltiger Eindruck gewesen, als wir mit einem ganzen Zug voller Abiturienten aus Münster, Westfalen, in die Westpfalz gefahren wurden, um dort 1939 als Arbeitsdienstler Bunker am Westwall zu bauen. Wir lagen zwischen Pirmasens und Zweibrücken bei Nünschweiler. Die Armut in manchen Dörfern dieser Region hat mich enorm beeindruckt. Was war der eigentliche Grund für diese schwierige wirtschaftliche Lage? Jeden Morgen, wenn wir zur Arbeit auszogen, stand im Westen – man sagte uns, das sei der Raum Bitsch – ein Fesselballon, von dem aus die deutsche Seite beobachtet wurde. Wir erlebten, wie abgeschlossen der Grenzraum war, wie trennend die Maginotvorstellung Frankreichs gewirkt hatte, wie Frankreich durch die Maginotlinie fast wie mit einem Brett vor dem Kopf Deutschland gegenüberstand und wie wir Deutsche uns durch den Westwall ein entsprechendes Brett vor den Kopf nagelten. Damit waren wir im Bunkerbau 1939 beschäftigt.

Als ich nach dem Krieg, wie geschildert, vom Rhein in die Eifel kam, wiederum in den Grenzraum, in die Nähe der belgischen, luxemburgischen Grenze und im Trierer Raum wiederum in die Nähe der französischen Grenze, wurde dieser Eindruck noch vertieft. Und es wurde zu einem der für mich wichtigsten Erlebnisse meines Lebens zu sehen, wie in den 50er und 60er Jahren dieses Gegeneinander zu einem Miteinander zwischen

Dem Minister für Wirtschaft und Verkehr werden bei der Hannover-Messe die Produkte aus Rheinland-Pfalz präsentiert – hier die neuesten Erzeugnisse der Töpferkultur aus dem Kannebäckerland.

Frankreich und Deutschland wurde, wie eine Gestalt wie Robert Schuman, der Mißtrauen in der eigenen Nation fand, Außenminister Frankreichs wurde und mit Konrad Adenauer den Weg der Versöhnung wagte. Angesichts der Erfahrungen an der Grenze vor dem Krieg und nach dem Krieg war dieser Vorgang für mich faszinierend.
Eine solche Wende mußte Konsequenzen nach sich ziehen. Es entstand eine Vorstellung, die sich verfestigte. Wenn man die alten nationalen Grenzen zwischen Belgien, Luxemburg, Frankreich und Deutschland als eine Symmetrieachse, die bis dahin trennend gewirkt hatte, betrachten und den Raum vom Rhein bis zur alten Reichsgrenze um diese Symmetrieachse klappen würde, entstünde ein europäisch-geographischer Zentralraum etwa von Aachen im Norden bis Karlsruhe im Süden und von Koblenz im Osten über Trier bis nach Verdun im Westen. Dieser Raum war in vieler Beziehung vernachlässigt worden, auf beiden Seiten, von beiden Nationen. Er galt als Aufmarschgelände, als nationales Manövergelände, und man glaubte, daß eine Auseinandersetzung auf dem europäischen Festland, wenn es dazu kommen würde, sich zwischen Frank-

reich und Deutschland abspielen müßte. Die deutsche Seite hatte darum im 19. Jahrhundert die Eisenbahnlinien so gebaut, daß sie diesem Aufmarsch gegen Frankreich voll dienen konnten. Wer den von Süden nach Norden verlaufenden Rheingraben in Richtung Westen verließ, traf auf eine wirtschaftliche Insuffizienz. Unter wirtschaftlichen Gesichtspunkten fehlten weithin die Bezüge im Eisenbahnnetz des 19. Jahrhunderts. Später, zwischen den beiden Weltkriegen – als zu Heinrich Brünings Zeiten als Reichskanzler die Überlegungen für ein Autobahnnetz getroffen wurden und fertig in den Schubladen lagen, die Hitler dann für sich nach seiner Machtergreifung in Anspruch nahm –, hat man gegen die Planung der Autobahnführung zum Beispiel zwischen Köln und Frankfurt, auf der rechten Rheinseite, von seiten des Generalstabes Einspruch erhoben. Es gebe Teile der Linienführung, die nicht genug Artillerieabstand vom linken Rheinufer hielten. Vorstellungen, Überlegungen zwischen dem Ersten und Zweiten Weltkrieg! Eine solche Linie würde von der Artillerie der Franzosen erreicht, und dort, wo die Autobahn zu dicht am linken Rheinufer liege, sei sie nicht zukunftsgerecht, wie man sagte. Dieser linke Rheinraum und darüber hinaus die entsprechenden Regionen in Frankreich, Luxemburg und Belgien mußten nach dem Zweiten Weltkrieg neu bedacht werden.

Es bedurfte hier eines ganz schlichten, unbefangenen Blickes. Dann ließ sich eine Konzeption auf die ganz knappe Frage bringen: Wie machen wir aus dieser geographischen europäischen Zentrallage eine faktische, eine wirtschaftlich funktionierende?

Welche Rolle ergibt sich daraus für das Land Rheinland-Pfalz, zu seinem eigenen Nutzen, zum Vorteil seiner Regionen und weit darüber hinaus zu einem Gesamtvorteil europäischen Zuschnitts?

Rheinland-Pfalz durfte nicht umgangen werden, es mußte Verbindungsraum werden zwischen den umliegenden Ballungsräumen Rhein-Ruhr, Rhein-Main, Rhein-Neckar, Saarland, Lothringen, Süd-Luxemburg und schließlich Rotterdam und Antwerpen.

Rheinland-Pfalz mußte seine Verbindungsstraßen einpassen in ein europäisches Achsennetz, zum Beispiel in die Linie Paris – Mannheim – Ludwigshafen – München – Wien oder Rotterdam – Basel oder Skandinavien – Hamburg – Köln – Trier – Metz – Nancy – Dijon – Marseille. Das rheinland-pfälzische Netz mußte eine künftig durchgehende Verbindung von Leipzig nach Paris im Auge behalten. Mehr und mehr gewann die Auffassung an Boden, die Anbindung an das Großstraßennetz werde für weltweit bedachte Investitionen in Rheinland-Pfalz wichtiger sein als alle möglichen kurzfristigen Subventionen. Man hat zunächst, örtlich oft zu punktuell denkend, dieses »Gerede« von den Verkehrsachsen belächelt.

Das ließ sich nicht vermeiden. Man hat dann aber nach und nach eingesehen, auch in Konkurrenz zu anderen, zum Teil stärkeren Ländern, daß es einer überzeugenden

Schubkraft bedurfte und daß zum Beispiel Bayern und Baden-Württemberg von dieser Ausfüllung eines wenig entwickelten geographischen Zentralraumes im Hinblick auf ihre europäischen Verpflichtungen selber unmittelbaren Nutzen ziehen konnten.

Es zeigte sich, daß es leichter war, ein Vielfaches an Investitionsmitteln aus solchen Gesamtzusammenhängen heraus zu erreichen, als wenn sie nur örtlich begründet gewesen wären. Das galt zunächst bei Minister Seebohm, das hat für die Herren Minister Leber und Gscheidle und für Herrn Minister Dollinger nicht anders ausgesehen. Rheinland-Pfalz ist diesen Herren und ihren Mitarbeitern sehr verpflichtet. Die Zusammenarbeit war ausgezeichnet, herzlich sogar.

Die Einigkeit im eigenen Hause in Mainz war in diesen Fragen hervorragend. Ich habe besonders auch in diesem Zusammenhang den Herren Staatssekretären Alfons Schwarz, Dr. Brix und Dr. Stollenwerk zu danken. Im Lande hat man gewußt, daß in diesen Fragen nicht nur ein Fachministerium plädierte, sondern – angeführt von Ministerpräsident Dr. Kohl und später fortgeführt von Ministerpräsident Dr. Vogel – die Meinung der gesamten Landesregierung zum Ausdruck kam.

Gleichen Dank schulde ich dem Parlament und speziell dem Ausschuß für Wirtschaft und Verkehr sowie dem Haushalts- und Finanzausschuß. Es ist gelungen, das ganze Land auf eine Konzeption einzuschwören. Ich darf sagen, daß auch bei manchen Auseinandersetzungen zwischen Regierung und Opposition ein sachliches Ringen die Debatten ausgezeichnet hat.

So entstand, als ich die Nachfolge des Bundestagsabgeordneten Jakob Diehl übernehmen durfte, die linksrheinische Autobahn von Koblenz in Richtung Trier und von Mannheim-Ludwigshafen über Kaiserslautern in Richtung Saarbrücken; später kam von Köln über Euskirchen eine Linie hinzu, die, wenn sie ganz fertig ist, im Raume Daun in die Eifelautobahn von Köln nach Trier einmünden wird und das Rhein-Ruhr-Gebiet mit dem Saarland quer durch die Eifel und den Hochwald verbindet. Noch wichtiger war, von Rotterdam, dem größten Welthafen, der fast vor unserer Tür liegt, oder von Antwerpen, dem größten Containerhafen Europas, über die A 60 eine Verbindung zum Frankfurter Autobahnkreuz zu schaffen. Ein Teil davon ist heute bereits fertig. Diese Entwicklung vermochte es, aus einer nur geographischen europäischen Zentrallage Stück für Stück eine faktische zu machen. Als in der Freundschaft zwischen Rheinland-Pfalz und Burgund, die zunächst eine Freundschaft zwischen Weinländern war, in gemeinsamen Diskussionen ein Verkehrsstrang entwickelt wurde, der die Lücke zwischen dem deutschen und dem französischen Autobahnnetz schließen sollte, ergab sich, zur Stunde fast fertiggestellt, ein großer Fremdenverkehrsstrang von Skandinavien über Hamburg und durch Rheinland-Pfalz in Richtung Metz – Nancy, Dijon, Lyon, Marseille. Auch dies war ein Schritt zur Verwirklichung einer europäischen Zentrallage

Rheinland-Pfalz. Ich will die große Bedeutung der Autobahn von Mainz nach Kaiserslautern, einer Straße zwischen dem Rhein-Main-Gebiet, Mainz, Kaiserslautern und Saarbrücken, ebenfalls unterstreichen. Und außerdem hat das Land eine kreuzungsfreie Landesstraße von der Sauerlandautobahn über Betzdorf und das Nistertal in Angriff genommen und zu einem beträchtlichen Teil fertiggestellt, um den Westerwald an die linksrheinische Autobahn und den Koblenzer Raum anzubinden.

Es soll in diesem Konzept aber nicht nur von Achsen zwischen Paris und Wien, Hamburg und Marseille oder von Rotterdam bis Basel die Rede sein. Das, was in unserem Mittelgebirgsland Rheinland-Pfalz, durchzogen von manchen wunderschönen Tälern, an Ortsumgehungen gebaut wurde oder vorgesehen ist, hat gleichfalls hohen Rang, nicht zuletzt aus Umweltgründen, die von Jahr zu Jahr ernster genommen wurden. Ich habe in den vergangenen Jahren auf diesem Gebiet viel dazulernen müssen. Hier sollte jemand, der konservativ denkt, besonders aufgeschlossen und fortschrittlich, nicht modisch sein. Der Mensch steht im Mittelpunkt, seine Sicherheit auf der Straße, die unserer Kinder, der alten Leute. Die Natur ist Geschenk, nicht nur naiver Tummelplatz. Unsere Autobahnen sind im Verkehr um ein Vielfaches sicherer als alle anderen Straßen. Es gibt aber auch hier noch viel zu tun. Die früheren Handelsstraßen und ihre Kreuzungen stellten kulturelle Anreize dar. Da gibt es an unseren neuen Straßen noch viel Ausgestaltungsmöglichkeiten. Für einen so hochrangigen Kulturraum, wie Rheinland-Pfalz ihn darstellt, gilt dies besonders.

Die Aufgabe, zu deren Lösung Rheinland-Pfalz verkehrspolitisch im Wasserstraßenbau beitragen konnte, das habe ich bereits als Bundestagsabgeordneter miterlebt, ist nicht leicht zu überschätzen. Es war eine politische Entscheidung, getroffen zwischen Konrad Adenauer und Charles de Gaulle, die Mosel zu kanalisieren. Ob wir heute noch die Großmütigkeit besäßen, ein solches Objekt gegen eine Fülle von Widersprüchen durchzubringen? Was steht hinter dieser Kanalisierung der Mosel? Die Frage lautete, ob der Nachbarraum Lothringen wirtschaftlich verfallen und ein Großteil seiner Industrie an die Mittelmeerküste verlagert werden sollte – was bereits beabsichtigt war – oder ob sich hier vorhandenes Leben in diesem Raume retten oder weiterentwickeln ließ. Würde die Bundesrepublik, und davon betroffen war besonders das Land Rheinland-Pfalz, dies mit einsehen?

Wir können nicht nur die Vorteile einer Zentrallage nutzen wollen, ohne auch die Pflichten, die sich daraus nachbarschaftlich ergeben, mitzubedenken. So wurde der Moselkanal 1965 fertig. Er ist heute leistungsfähig, und landschaftlich ist die Mosel ohne Frage schöner, als sie je war. Sie wurde Erholungsziel für Deutsche, Belgier, Holländer, Franzosen und Luxemburger – eine Wasserstraße, gepflegt und umweltbedacht. Auch hier haben Verkehrserschließung und Umweltgestaltung Hand in Hand gearbeitet.

Eine der modernen Verkehrsadern, wie sie nach der Konzeption von Land und Bund in Rheinland-Pfalz in den vergangenen Jahren entstanden sind.

Erst als die Bundesbahn durch den Ausbau der Binnenwasserstraßen und die Erstellung eines Autobahnnetzes unter Konkurrenzdruck geriet, fing man auch hier an, Konsequenzen zu ziehen durch Elektrifizierung der Strecken, durch Verbesserung der Sicherheit. Als ein solches Beispiel kann die Beseitigung der Bahnübergänge an der Bundesstraße 9 entlang der Bahnstrecke von Köln nach Mainz genannt werden. Elektrifiziert wurden die Strecken durch die Pfalz über Kaiserslautern nach Saarbrücken, von Koblenz nach Trier. Bei den neuesten Überlegungen der Bahn, Schnellstrecken zu bauen, den Wettbewerb mit dem innerdeutschen Luftverkehr und dem Auto aufzunehmen, droht wieder die Gefahr, jenen zentraleuropäischen Raum, von dem wir sprachen,

Der Blick der rheinland-pfälzischen Wirtschaft »über den Tellerrand« der eigenen Region hinaus in die Märkte der Welt ist wichtiger denn je. Das Bild zeigt den Wirtschaftsminister mit dem stellvertretenden chinesischen Außenhandelsminister.

nicht genügend zu beachten, ihn eher zu umfahren als zu durchqueren, rechtsrheinisch von Köln nach Frankfurt und von Köln nach Paris. Unklar ist noch, ob die andere Strecke nach Paris über Saarbrücken – Kaiserslautern – Mannheim, dann nach Frankfurt und München, ausgebaut oder über Straßburg geführt wird.

Die Entwicklung von Rheinland-Pfalz geschah in den letzten Jahrzehnten vor allem mit Hilfe des Lastwagens. Eine künftige Weiterentwicklung des Großstraßennetzes in unserem Lande ist durch die ihm innewohnende Systemschlüssigkeit festgelegt und auf Dauer gesichert.

Niemand kann den Straßenbau als eine Angelegenheit der »Kunst um der Kunst willen« betrachten oder betreiben. Es handelt sich um eine dienende Funktion für eine wirtschaftliche, eine gesellschaftliche, eine völkerverbindende Entwicklung. Wenn auf so vielen Wegen und mit so vielen Fahrzeugen wie heute, gefahren von jedermann, schon die früheren Generationen in Deutschland und Frankreich, Belgien und Luxemburg sich gegenseitig kennengelernt hätten, wäre es der Verbohrtheit eines Hitler nie gelungen, mit den Tiraden über die Erbfeindschaft zwischen Deutschland und Frankreich seine Aufhetzung mit Erfolg zu betreiben. Bei der Entwicklung des Verhältnisses der heutigen Generationen zum Nachbarn ist eine dichte Verkehrsinfrastruktur, vor allem ein enges Straßennetz, nicht zu überschätzen.

Ich will auch von der wirtschaftlichen Bedeutung des Verkehrs sprechen: Dieses Land Rheinland-Pfalz war, als es entstand, eines unter den Ländern, denen man keine Zukunft gab. Man hielt es für das Land, das, weil nur zusammenkommandiert, schnell auseinanderfallen würde. Heute steht es außer Frage als konsolidiertes Land unter den anderen Bundesländern keineswegs an letzter Stelle. Es gehört, von letzter Stelle aus gestartet, in seiner wirtschaftlichen Entwicklung zum ersten Drittel der deutschen Länder. Bisher sind die Großstraßenzüge nicht zu Fluchtstraßen aus dem Lande geworden, im Gegenteil. Sie haben in den 60er und vor allem auch in der ersten Hälfte der 70er Jahre zu Betriebsansiedlungen aus den Ballungsräumen in Rheinland-Pfalz geführt. Die bitteren Jahre der Rezession haben seit Mitte der 70er Jahre diese Entwicklung gehemmt. Der Export aber hat sich trotzdem sehr gesteigert, gerade nach Frankreich und in die Benelux-Staaten. Die Zentrallage ist und bleibt die bedeutendste Schubkraft für unser Land.

Die Weiterentwicklung in der Zukunft wird schwer sein, wird auch nicht, wenigstens nicht gewichtig, von breit gestreuten Subventionen vorangetrieben werden können, sondern von elementaren Vorteilsbedingungen gegenüber anderen Räumen. Unser Land steht vor der Alternative: Entweder ist es Verbindungsraum und wird dies immer mehr, zwischen fünf großen Ballungsräumen, die unser Land umlagern. Es ist dann für solche Produktionen von Interesse, die mit den verschiedenen Vorproduktionen in den einzelnen Ballungsräumen zusammenarbeiten müssen. Oder wir werden aufgesaugt von diesen Ballungsräumen. Die Rohstoffbedingungen, die zur Herausbildung dieser früheren Schwerpunkte zu einem beträchtlichen Teil beigetragen haben, bestehen heute so nicht mehr.

Ich denke an die Saarindustrie oder die Ruhrindustrie. Für eine regionale Strukturpolitik, die, wenn sie an mehr als an Augenblickserfolgen orientiert ist, sich der sozialen Marktwirtschaft weiterhin verpflichten soll, ist und bleibt von staatlicher Seite die Verkehrsinfrastrukturpolitik besonders entscheidend. Alle Verkehrsträger werden dabei zusammenwirken müssen.

Dieses junge Land hat trotz aller Fortentwicklung auf den verschiedenen Gebieten noch weiterhin enormen Nachholbedarf, um seine Funktion an der Stelle, an der es liegt, umfassend erfüllen zu können. Die Kraft für die Weiterentwicklung zu finden setzt voraus, daß Visionen auf den verschiedenen Gebieten und eine integrierte Vision dieser Teilaspekte entwickelt werden.

Romantik inmitten industrieller Szenen: Eine Abendstimmung am Rhein in der Nähe von Ludwigshafen läßt für einen Augenblick die Werke der Technik mit den ursprünglichen Uferzonen verschmelzen.

Max-Günther Piedmont

Als Weingutsbesitzer in der Landespolitik

Mein Weinbaubetrieb befindet sich in Filzen an der unteren Saar, etwa zwölf Kilometer südlich von Trier. Da mein Heimatort mitten im Westwall lag und sowohl bei Beginn des Zweiten Weltkriegs als auch an seinem Ende von der Zivilbevölkerung geräumt werden mußte und außerdem durch die Kampfhandlungen 1944/45 stark in Mitleidenschaft gezogen war, fand ich bei meiner Rückkehr aus der Kriegsgefangenschaft 1946 chaotische Verhältnisse vor. Aber meinen Berufskollegen im gesamten Umfeld des Westwalls und zumal im Vorfeld zur französischen Grenze ging es nicht besser.

Die Häuser waren zerstört, das Vieh abgetrieben und die Keller leer – von den Lagerweinen war nichts mehr vorhanden. Was an Möbeln und Hausrat noch brauchbar war, wurde teilweise von der französischen Besatzungsmacht requiriert. Und durch die Weinberge zogen sich Laufgräben, Erdbefestigungen, Bombentrichter und ähnliche »militärische Notwendigkeiten«.

In den Jahren 1945 und 1946 konnte überhaupt keine Weinernte eingebracht werden, da man die Stöcke zur bloßen Erhaltung zurückgeschnitten hatte. Die wirtschaftliche Situation war niederschmetternd. Zu dieser Misere kam dann noch die bis 1947 dauernde Abtrennung vom Regierungsbezirk Trier in das bis vor die Tore der Hauptstadt an der Mosel reichende »Saargebiet«.

Bis zum Kriegsende ein unpolitischer Mensch, bemühte ich mich nunmehr um den Wiederaufbau, vor allem auf der kommunalen und berufsständischen Ebene. 1947 wurde ich Gemeinderat, gehörte dann dem Verbandsgemeinderat und dem Kreistag Trier bzw. später dem von Trier-Saarburg an.

Die Probleme in unserem Berufsstand häuften und überschlugen sich damals. Die Ablieferungspflicht von Naturalien, das Fehlen von Baumaterial und von Schädlingsbekämpfungsmitteln gehören ebenso in diesen Zusammenhang wie die Eingriffe der Besatzungsmacht und die Zwangsverfügung von Wein an bisher unbekannte sogenannte Kommissionäre, die diesen im Auftrag der Franzosen den Intendantur-Kellereien zuführten. Man hatte uns weder vor dem Krieg für die zum Bunkerbau und zur Errichtung von Panzerhindernissen in Anspruch genommenen Flächen entschädigt noch danach für die Kriegsschäden an Häusern und Wohnungen, bei den Ernten sowie für den Verlust der Viehbestände.

Zwei kritische Situationen möchte ich aus dieser Zeit anführen: zunächst den Kampf um die Rückgliederung des Kreises Saarburg an Trier. Unter dem Druck der Saar-Regierung sollten sich die damaligen Gemeinderäte für den Verbleib beim Saarland aussprechen. Ich tat das nicht, sondern setzte mich in allen Orten, die ich bereiste, für den Wiederanschluß an den Bezirk Trier ein. Darauf drohte man mir mit der Ausweisung für den Fall, daß die Entscheidung zugunsten des Saarlandes ausginge. Aber gottlob kam es anders.

An die zweite kritische Situation habe ich folgende Erinnerung: Drei Tage vor der Währungsreform 1948 erschien ein mir unbekannter Kommissionär mit einem Deblockadeschein des französischen Kreisdelegierten aus Saarburg und wollte von der ersten vollen Ernte nach dem Krieg, die aus 14 Fudern 1947er bestand, nicht weniger als 10 für die Franzosen »abverfügen«. Es war das damalige Kreistagsmitglied Franz Reh aus Leiwen, das mich vor der Entnahme bewahrte. Er machte nämlich geltend, er selber habe eine Abverfügung für diesen Wein in Händen und rettete damit die Ernte für mich. Mit diesen 14 Fudern beziehungsweise ihrem Erlös konnte ich in der Folge meinen Betrieb wieder leidlich aufbauen. Dies war sozusagen die Lösung meiner Existenzfrage.

Nach der Rückgliederung an Trier begann der Aufbau der berufsständischen Organisationen und Verbände. Zunächst wurde der Aufbau der Landwirtschaftskammer Koblenz unter dem späteren CDU-Bundestagsabgeordneten Paul Gibbert aus Moselkern sowie Direktor Kunibert Zimmer genehmigt, dann kam es zur Gründung des Bauern- und Winzerverbandes Rheinland-Nassau. Ich selbst wurde 1948 zum Kreisvorsitzenden des Bauern- und Winzerverbandes Saarburg gewählt und behielt dieses Amt bis 1971. Von 1967 bis heute gehöre ich ununterbrochen dem Präsidium des Bauern- und Winzerverbandes an.

In der Aufbauphase waren viele Besprechungen mit dem damaligen Landwirtschaftsminister Stübinger und seinem Staatssekretär Hartmann notwendig. Eine große Stütze bedeutete für uns immer wieder der unvergessene Prälat Hennen, der Ökonom des Bischöflichen Priesterseminars in Trier. Ende 1948 war dann nach vielen Auseinandersetzungen mit der Besatzung, die die Genehmigung zu erteilen hatte, die Gründung des Verbandes perfekt.

Es gab in jenen ersten Jahren unvorstellbare Schwierigkeiten in der berufsständischen Arbeit. Da ging es einmal um die Lockerung der Fesseln der Zwangswirtschaft, zum anderen um den Abbau jenes Mißtrauens, das uns die Besatzung entgegenbrachte. Im täglichen »Geschäft« dreht es sich um Unterstützungen für den Ankauf von Saatgut und Maschinen, kurz darum, die Produktionsmittel und damit die Ernährung der Bevölkerung wenigstens annähernd sicherzustellen.

Während die Währungsreform am 20. Juni 1948 für die industriellen Produkte eine weitgehende Wirtschaftsfreiheit brachte, verlief die Entwicklung auf dem landwirtschaftlichen Sektor anders. Nur ganz allmählich nahm man einzelne Erzeugnisse aus der Bewirtschaftung heraus, ansonsten herrschte im Grunde bis 1951 Zwangswirtschaft bei gebundenen Preisen, die von zuständigen Kommissaren bürokratisch überwacht wurden. Aus dieser Zweigleisigkeit entwickelte sich jene ungünstige Preiskonstellation, welche die Landwirtschaft noch heute schwer belastet. Aus dieser Situation entstand andererseits damals der Impuls, die Landwirtschaft von den zwangswirtschaftlichen Maßnahmen zu befreien.

Im Jahre 1951 wurde ich für die FDP in den Landtag von Rheinland-Pfalz gewählt und gehörte diesem – mit kurzen Unterbrechungen – fünf Legislaturperioden an. Mit der Konsolidierung des in den ersten Jahren in seiner Existenzberechtigung immer wieder umstrittenen Landes konnte auch eine gesetzliche Regelung vieler Angelegenheiten meines Berufsstandes beginnen. Noch zu dieser Zeit überwachten Beauftragte der Besatzungsmacht sowohl die Parlamentsarbeit wie die Tätigkeit der Verbände. Im Deutschhaus zu Mainz gab es ein eigenes Büro der Franzosen, die von dort aus Zugang zur Tribüne hatten. Ich kann mich noch gut an ein Schreiben des französischen Kommissars an Ministerpräsident Altmeier erinnern, in dem sich dieser über Zuständigkeitsüberschreitungen der Landwirtschaftsverbände beschwerte: mit dem Hinweis, daß man ja jederzeit die Bestätigungen der Verbände im regionalen Bereich zurückziehen könne. Nur ganz allmählich schien sich die Überwachung zu lockern, und nach und nach wurde der Weg zu einer freien Arbeitsweise ermöglicht. Vielleicht trug dazu auch die Auswechslung der in Deutschland stationierten »ersten Garnitur« von Besatzungsoffizieren bei.

Der zweite Landtag von Rheinland-Pfalz wies eine relativ hohe Präsenz von Landwirten und Winzern auf und entsprach damit weitgehend der Zusammensetzung der Bevölkerung – was sich für die anstehende Arbeit als günstig erwies. Ging es doch darum, strukturpolitisch relevante, lebenswichtige Fragen zur Sprache und Entscheidung zu bringen. Der Grenzlandausschuß, dem ich angehörte, stand vor der Aufgabe einer Bestandsaufnahme über die noch nicht erledigten Ersatzleistungen aus den Verpflichtungen des ehemaligen Deutschen Reiches bezüglich des Westwalls und dessen Straßen, Bunkern und Panzergräben. Das Land stellte zunächst Mittel für die Härtefälle zur Verfügung und entwarf Programme zugunsten der sogenannten »Roten Zone«.

Doch der Wiederaufbau ging nur langsam voran. Zunächst sorgte man sich um die Produktionsmittel, um Vieh-Ersatz, landwirtschaftliche Geräte und Maschinen; dann ging man an die Beseitigung der Gräben, Bunker, Feldstellungen und die Reparatur von Häusern und Stallungen. Schließlich wurden die Waldschäden in den Kampfgebieten aufgenommen – besonders in den Gemeindewaldungen, aber auch in den Privatwäldern gab es beträchtliche Mengen an Splitterholz. Obgleich ein voller Ausgleich für erlittene

Unbill nicht geleistet werden konnte, wurden die bescheidenen Mittel dennoch von jedermann begrüßt.

Meine Arbeit im Weinbauausschuß war davon geprägt, daß in den 50er und 60er Jahren entscheidende Weichen für die Weinbaupolitik gestellt wurden, die maßgeblich von Rheinland-Pfalz als größtem Weinbauland in der Bundesrepublik beeinflußt waren. Freilich haben sich, im nachhinein betrachtet, nicht alle Gesetze und Verordnungen als segensreich erwiesen. Dies betrifft vor allem die Probleme der Anbauregelung. Minister Stübinger und sein Staatssekretär Hartmann sowie der Leiter der Weinbauabteilung Dr. Renz setzten im Grunde die alte »Reichsnährstandsregelung« nicht außer Kraft. Sie vermochte freilich den neuen Verhältnissen nicht mehr gerecht zu werden.

Im Zug der wirtschaftlichen Entwicklung und bevor die Europäische Gemeinschaft Kontur anzunehmen begann, wurden in allen Gebieten die Anbauflächen erweitert, teils um die Rentabilität zu erhöhen, teils aber auch, um neue Sorten anzupflanzen. Großen Wirbel verursachte der Versuch, einen nach damaligem Gesetz verbotswidrig angelegten Weinberg in der Pfalz auszuhauen sowie die vor den Verwaltungsgerichten bis in die höchste Instanz durchgezogene Klage eines Weinhändlers aus Alf an der Mosel.

Das Bundesverfassungsgericht entschied schließlich am 10. Juli 1958 gegen die alte Anbauregelung von 1937, da deren Begründung nicht mehr zutreffe. Diese besagte, daß auf allen Flächen, auf denen landwirtschaftliche Erzeugnisse für die Ernährung der Bevölkerung angebaut werden könnten, keine Reben angepflanzt werden dürften. Diese Begründung – so nunmehr das oberste Gericht – sei heute hinfällig, doch biete das Grundgesetz andere Möglichkeiten einer Regulierung.

Nun begann die sogenannte »kaiserlose Zeit«, die zu einer wahren Flut von Neuanpflanzungen führte. Es dauerte außerordentlich lange, bis im Einklang mit der EWG, dem Vorläufer der EG, eine neue Anbauregelung gefunden und praktiziert werden konnte. Denn die Schlupflöcher über Flurbereinigungen und Ausnahmeregelungen waren zu groß, um eine wirksame Sperre zu begründen. Auch die nicht selten anstehenden Wahlen – ob im Land oder im Bund – bildeten meines Erachtens einen Hemmschuh für einen massiven staatlichen Eingriff. Und auch nachdem eine konkrete Anbauregelung erlassen war, wurden immer noch Neuanlagen größeren Umfangs getätigt, so daß von Jahr zu Jahr mehr Wein auf den Markt gelangte und die Preise drückte.

Ein besonderes Problem in der Frühzeit des Landes bildete die Aufhebung der Weinabgabe. In einem Landesgesetz vom 1. Januar 1948 hatte Rheinland-Pfalz den Wein mit einer Abgabe von 40 Pfennig pro Liter besteuert. Von den Gerichten wurde dies als verfassungswidrig erkannt, und die Abgabe mußte zurückgezahlt werden. Da jedoch eine individuelle Erstattung unmöglich schien, zahlte man einen Teil der Summe an die drei Weinbauverbände mit der Maßgabe, die Gelder wieder für den Weinbau zu verwenden.

Filzen an der Saar, der Ort, in dem sich das Weingut des Autors befindet.

Minister Stübinger machte den Vorschlag, die Werbung anzukurbeln, und so wurde das Deutsche Weininstitut als Werbeinstrument aus der Taufe gehoben. Es errichtete unter anderem das Haus des Deutschen Weines, an dem die Verbände, das Land und die Stadt Mainz beteiligt waren: der erste Schritt zu einer kompakteren und zentralen Werbung. Auch der Weinhandel wurde als Träger beteiligt, als ein Betrag von 300 000 DM aus der Ausgleichskasse der Intendanturkellereien frei wurde.

Fragen von großer Wichtigkeit waren die Flurbereinigung und der Wiederaufbau von reblausverseuchten Gebieten. Hier schien der Berufsstand der Winzer vor schier unlösbare Aufgaben gestellt. In großen Teilen des Landes, vor allem in den reblausverseuchten und aufgegebenen Gemarkungen, die auch aufgrund der Vielzahl von kleinen Parzellen wirtschaftlich unrentabel waren, konnte man die hohen Kosten für die Sanierung nicht aufbringen. Auch das Land sah sich allein nicht zur Finanzierung in der Lage. So wurde auf Vorschlag von Minister Stübinger durch Landtagsbeschluß die Wiederaufbaukasse der rheinland-pfälzischen Weinbaugebiete als Anstalt des öffentlichen Rechts gegründet. Jeder Winzer mußte eine Abgabe von 50 Pfennig pro Ar Weinbergsfläche entrichten, die als Beitrag des Berufsstandes zum planmäßigen Wiederaufbau verwendet werden sollte. Es kann kein Zweifel bestehen, daß sich diese Einrichtung segensreich auswirkte. Für jeden gemäß den Richtlinien geplanten Wiederaufbau gab und gibt es ein zinsgünstiges Darlehen auf zehn Jahre, mit entsprechenden Freijahren bezüglich der Rückzahlung; die Bürgschaft für die Kapitalbeschaffung übernimmt das Land. Damit wurde ermöglicht, daß die Flurbereinigung im Einklang mit dem Wiederaufbau vonstatten gehen konnte. Zunächst wurden die »dringendsten« Gemarkungen bevorzugt behandelt, und schließlich konnten etwa 1 000 Hektar pro Jahr bebaut werden.

Aber leider waren bei der Flurbereinigung in einzelnen Gemarkungen teilweise größere neue Flächen in den Weinbau einbezogen worden, und man hatte damit wiederum das Gesamtareal vergrößert. Die Weinbauverbände argumentierten mit der zu kleinzelligen Struktur der einzelnen Betriebe und deuteten nicht selten stereotyp an: Wenn die deutschen Winzer sich den einschränkenden Bestimmungen unterwürfen, werde noch mehr Wein importiert. Das neuerdings überarbeitete Weinwirtschaftsgesetz enthält dazu gottlob strengere Vorschriften.

Die Gründung des Stabilisierungsfonds für Wein war angesichts der zunehmenden Erntemengen notwendig geworden, um neben einer Verstärkung der Werbung vor allem die Unterbringung eines neuen Jahrgangs zu sichern. Die europäischen Instanzen zahlen eine Lagerbeihilfe für jene Weine, die nicht sofort im Herbst vermarktet werden sollen, um einen Preisverfall zu unterbinden. Die Mittel dafür bringen Winzer, Weinhandel und Bund auf und legen sie ähnlich wie bei der Wiederaufbaukasse um; vom Handel wird eine sogenannte »Flaschenhalsabgabe« erhoben. Die Hauptaufgabe des Stabilisierungsfonds liegt aber bei der Werbung für den deutschen Wein.

Sehr intensiv habe ich die Vorbereitungen für ein neues deutsches Weingesetz mitverfolgt und begleitet. Nachdem die Europäische Wirtschaftsgemeinschaft auch im Weinbau Gestalt gewonnen hatte, ergab sich die Notwendigkeit, das deutsche Weingesetz dem der anderen Nationen anzugleichen. Harte Auseinandersetzungen zwischen Weinbau und Weinhandel sind mir in der Erinnerung geblieben, die an der Mosel sogar zu Ausschreitungen führten. Es gab regelmäßig Pfeifkonzerte in den Versammlungen, und bei einer Kundgebung in Kröv kam es zu Schlägereien. Damals ging es um die siebte Verordnung, betreffend die »Süßhaltung« der Weine, sowie um die Festlegung der Mostgewichte für die einzelnen Qualitätsstufen.

Man muß in diesem Zusammenhang erwähnen, daß sich nach dem Krieg die Geschmacksrichtung beim Weinkonsum geändert hatte bzw. von den Vermarktern dem Verbraucher als veränderungsbedürftig suggeriert worden war. Süß war jetzt »in« – nach der langen Entbehrung und in Konkurrenz zu anderen Weinbaugebieten. Es kam schließlich soweit, daß ein totales Abgleiten gebietstypischer Merkmale drohte. Dazu trat der Wunsch vieler Moselwinzer, einen übergebietlichen Verschnitt zu verbieten. Dies heizte die Kontroversen mit dem Handel noch stärker an, zumal die großen Kellereien des Landes nicht mehr in der Pfalz, sondern an der Mosel lagen. Das Argument lautete stets, es werde – durch Verschnitt – ein Drittel mehr Mosel verkauft als geerntet. Ein Verbot des Verschnitts – so glaubten viele – würde den Moselwein knapper machen und dazu beitragen, ihn preismäßig besser zu plazieren. Der Erfolg all dieser Maßnahmen blieb freilich zweifelhaft, denn nun wurden an der Mosel pfälzische und rheinhessische Weine abgefüllt und damit diesen Gebieten neue Absatzwege eröffnet.

Es gab also harte Debatten und Auseinandersetzungen auf Bundesebene, im Land und in den Verbänden, bis endlich im Jahre 1971 das neue Gesetz verabschiedet werden konnte. In Fragen der Auslegung freilich gingen die Unklarheiten noch lange weiter, zumal was das Verhältnis zur EWG betraf, und so erinnert sich alle Welt auch des Worts vom »Mainzer Landrecht«, was besagen sollte, daß Mainz manche EWG-Bestimmung contra legem auslegte – übrigens nicht zum Nachteil der rheinland-pfälzischen Weinwirtschaft.

Auch in Brüssel gab es manch harte Nuß zu knacken, und die Vertreter von Rheinland-Pfalz hatten es nicht immer leicht, sich dort zu behaupten. Die laufend erneuerten Brüsseler Verordnungen beunruhigten fast permanent den deutschen Weinhandel, und bis zur Stunde ist auf dem gesetzgeberischen Sektor noch keine Ruhe eingekehrt.

Die Beratungen für das neue Weingesetz begannen im Frühjahr 1965. Sie zogen sich bis Ende 1970 hin. Inzwischen sind bereits mehrere Änderungen und Angleichungen erfolgt, und auch in Zukunft werden wir von Novellierungen nicht verschont bleiben – die Ruhe auf dem Weinmarkt wäre ein trügerisches Bild. Für den kleineren Betrieb wird der Anschluß an eine Genossenschaft oder Erzeugergemeinschaft zur einzigen Chance des Überlebens. Das deutsche Weingesetz in Verbindung mit den EG-Bestimmungen ist für die Bereitung von Wein zu kompliziert geworden. Es gilt, die auf uns zukommenden Herausforderungen adäquat zu lösen und auch die jüngsten – vom Ausland importierten – Skandale vergessen zu machen.

Alles in allem waren die zwei Jahrzehnte als Parlamentarier in Mainz sowie in den Gremien des Weinbaus für mich eine befriedigende Zeit. Gerade in den 50er Jahren konnte man bei der Konsolidierung des Landes mitarbeiten und vor allem dem landwirtschaftlichen Berufsstand sowie der Bevölkerung in einer Grenzregion zu neuem Mut verhelfen. Trotz aller Auflösungstendenzen festigte sich das Landesbewußtsein nach und nach. Ich denke gern an meine Arbeit für die Winzer und den Weinbau in Rheinland-Pfalz zurück und hoffe und wünsche, daß sich die düsteren Schatten, die zur Zeit den Horizont noch verdunkeln, durch eine kluge und entschiedene Politik allmählich tilgen lassen – zum Wohl eines der schönsten Berufe.

Rheinland-Pfalz – Persönlich

Die kleine Gemeinde Kanzem, an einer Saarschleife in der Verbandsgemeinde Konz (Landkreis Trier-Saarburg) gelegen, hat über 50 Hektar Weinbaufläche und gegen 100 Hektar Waldungen.

August Eichmann

Die Neuorganisation des Sparkassenwesens

Will man auf die Entwicklung des Landes Rheinland-Pfalz und auf das Zusammenwachsen seiner Teilgebiete eingehen, ist es nicht unangebracht, auch das Zusammenfügen der öffentlichen Sparkassen und die Gründung einer eigenen Landesbank-Girozentrale in den Jahren 1957/58 kurz zu schildern, stellen doch die öffentlichen Sparkassen die mit Abstand größte Gruppe von Kreditinstituten in unserem Lande dar.
Der Verfasser ist einer der wenigen noch Lebenden, die damals als aktiv Mithandelnde am Gesetzgebungsverfahren, wie auch insbesondere an den aus dem neuen Gesetz abzuleitenden vielfältigen Satzungsvorschriften und Musteranweisungen, beteiligt waren. Eine Ehrenpflicht dürfte es sein, bei dieser Gelegenheit der zahlreichen inzwischen verstorbenen Initiatoren des Gesetzeswerkes und seiner Folgebestimmungen, wie des Staatssekretärs Dr. Steinlein, des späteren Landesbankdirektors Oberbillig, der Landesbankdirektoren Fickeisen und Dauber, des späteren Landesobmannes der Sparkassenleiter Direktor Hoffmann aus Trier sowie des mit dem Verfasser eng zusammenwirkenden Revisionsdirektors Drießen zu gedenken. Selbstverständlich stehen bei einer Landesgesetzgebung die Landesregierung mit ihrer Gesetzesinitiative und der Landtag als Legislative im Mittelpunkt, aber die doch relativ reibungslose Durchsetzung der Gesetzesziele in der Praxis wäre ohne das zielstrebige und verständnisvolle Zusammenwirken der genannten Persönlichkeiten nicht so leicht möglich gewesen.
Den Lesern dieser Zeilen wird im allgemeinen bekannt sein, daß das im Jahre 1946 ins Leben gerufene Land Rheinland-Pfalz als Teil der damaligen französischen Besatzungszone aus Gebieten mehrerer vor der Kapitulation von 1945 vorhandener Länder zusammengesetzt wurde. Es waren im Norden und Westen die früheren preußischen Regierungsbezirke Koblenz und Trier sowie Teile der preußischen Provinz Hessen-Nassau, im Osten und Süden Rheinhessen als Teil des vormaligen Volksstaates Hessen sowie die Pfalz als ehemaliger bayerischer Regierungsbezirk, während des Krieges ohne formelle Loslösung von Bayern zu einem Teil des sogenannten Reichsgaues Westmark geworden. Dementsprechend war auch das für die Sparkassen geltende Landesrecht in den einzelnen Landesteilen recht unterschiedlich, wenn auch in den Grundzügen so weit übereinstimmend, daß die Sparkassen mit ihrer kommunalen Bindung, mit ihren Geschäftszweigen und ihrer Zielsetzung die gleichen Grundtendenzen erkennen ließen.

So galten für die Sparkassen in den früher preußischen Teilen des Landes noch das preußische Sparkassenreglement von 1838 (!) sowie die Verordnung vom 20. Juli und 4. August 1932 über die Sparkassen, die kommunalen Giroverbände und kommunalen Kreditinstitute in den bis 1937 in Kraft getretenen Fassungen, für die ehemals hessischen Sparkassen das hessische Sparkassengesetz von 1902 und für die pfälzischen Sparkassen das bayerische Sparkassengesetz von 1933 in der Fassung vom 4. Mai 1942. Im Verein mit den für den Geschäftsbetrieb wichtigen Rechtsvorschriften, den Mustersatzungen und der bayerischen Sparkassenordnung, arbeiteten somit die Sparkassen des Landes nach in zahlreichen Einzelheiten voneinander abweichenden Bestimmungen, was insbesondere die Tätigkeit der staatlichen Aufsichtsbehörden wesentlich beeinträchtigte. Zudem waren alle für die Verfassung und Tätigkeit der Sparkassen geltenden Vorschriften, die ja zum Teil noch aus lange vergangenen Epochen der Entwicklung der Sparkassen stammten, längst überholt und mit den zeitgerechten Bedürfnissen der Sparkassenarbeit kaum noch in Übereinstimmung zu bringen.

Letzteres galt übrigens nicht nur für die Sparkassen in Rheinland-Pfalz, vielmehr auch für die Institute in allen anderen Ländern der jungen Bundesrepublik Deutschland. Dieser Umstand hatte den in anderer Rechtsform wieder entstandenen Deutschen Sparkassen- und Giroverband schon in den ersten Jahren nach Inkrafttreten des Grundgesetzes dazu bewogen, nach Abstimmung mit den kommunalen Spitzenverbänden auf Bundesebene in einer Broschüre mit der Bezeichnung »Materialien zur Erneuerung des Sparkassenrechts« (»Bonner Materialien«) Vorschläge für eine grundlegende Änderung der Verfassung und Verwaltung der Sparkassen auszuarbeiten und diese allen interessier-

Ein Bild aus »alten Zeiten«: Die erste Tagung der Sparkassendirektoren nach Gründung des Verbandes. Wer kennt die Köpfe, nennt die Namen...?

ten Stellen wie Landesregierungen, Regionalverbänden und Girozentralen vorzulegen. Diese »Materialien« sahen vor allem zwei grundlegende Veränderungen des Sparkassenrechts vor. Es handelte sich dabei um die sogenannte Organteilung und die sogenannte Personalhoheit der Sparkassen. Das bedeutet zum einen, daß an die Stelle des bisher einzigen Leitungs- und Vertretungsorgans der Sparkasse die Trennung in einen ehrenamtlich tätigen Verwaltungsrat als Aufsichts- und Überwachungsorgan und einen für die Geschäftsführung zuständigen, hauptamtlich besetzten Vorstand treten sollte; zum andern, daß das inzwischen erheblich angewachsene Personal der Sparkassen nicht mehr Bedienstete des kommunalen Gewährträgers, vielmehr Beamte und Angestellte der Sparkassen sein sollte.

Für Rheinland-Pfalz war nun – und damit kommen wir zum eigentlichen Thema dieses Beitrags – die oben geschilderte Reform des im Lande geltenden Sparkassenrechts auch damit zu verbinden, die öffentlichen Sparkassen aus ihrer je nach Landesteilen geltenden Zugehörigkeit zu verschiedenen Sparkassen- und Giroverbänden zu lösen, sie in einem eigenen, für das ganze Land zuständigen Verband zu vereinigen und gleichzeitig an die Stelle des Verbundes mit drei verschiedenen Girozentralen eine für Rheinland-Pfalz zuständige Girozentrale zu setzen, die auch als Bank des Landes, als Landesbank und Girozentrale dienen sollte.

Hier lagen nun die hauptsächlichen Schwierigkeiten, die bei dem Gesetzeswerk zu überwinden waren. An dieser Stelle ist es nicht zu umgehen, die Verhältnisse, wie sie sich vor der Neuordnung des Sparkassenrechts in unserem Lande darstellten, kurz zu schildern. In den Regierungsbezirken Trier und Koblenz gehörten die Sparkassen dem Rheinischen Sparkassen- und Giroverband in Düsseldorf an, der wegen der anfänglich fast hermetischen Abschottung der französischen Besatzungszone eine Außengeschäftsstelle zuerst in St. Goar, dann in Neuwied und schließlich in Koblenz eingerichtet hatte. Ihr oblag die Vertretung der südrheinischen Sparkassen in gemeinsamen Angelegenheiten, die Einzelberatung sowie die Information dieser Sparkassen durch den Rundschreibendienst, wobei die Koblenzer Geschäftsstelle nach Absprache mit dem Hessischen Sparkassen- und Giroverband die gleiche Tätigkeit auch für die Sparkassen in Rheinhessen und im damaligen Regierungsbezirk Montabaur ausübte. Die Verbandsprüfungen bei den Sparkassen wurden nach Wiederaufnahme der Prüfungstätigkeit durch die Prüfungsstellen der Verbände in Düsseldorf bzw. Frankfurt am Main unmittelbar bei ihren jeweiligen Mitgliedssparkassen vorgenommen. Im Regierungsbezirk Pfalz bestand ein eigener Sparkassen- und Giroverband mit Sitz in Kaiserslautern, da die dortigen Sparkassen durch Anordnung des Reichsministers der Wirtschaft vom 29. November 1941 aus ihrer alten Organisation, dem Bayerischen Sparkassen- und Giroverband, gelöst und mit den Sparkassen im Saarland und im der deutschen Zivilverwaltung unterstellten

Lothringen zum »Sparkassen- und Giroverband Westmark« zusammengeschlossen worden waren. Als bei Kriegsende der »Reichsgau Westmark« wieder auseinanderfiel und auch die Betreuung der pfälzischen Sparkassen durch den in Saarbrücken ansässigen Restverband nicht mehr möglich war, entstand durch behördliche Anordnung vom 22. Dezember 1946 der »Sparkassen- und Giroverband Pfalz«, dem die damals 30 pfälzischen Sparkassen und ihre kommunalen Gewährträger angehörten. Dieser Verband hatte zwar einen kleineren Zuschnitt, übte aber mit seiner Geschäftsstelle, seiner Prüfungsstelle und seiner in kleinerem Umfang betriebenen Schulungsarbeit im Rahmen seiner Möglichkeiten alle wesentlichen Tätigkeiten eines Regionalverbandes aus.

Ein ähnlich vielschichtiges Bild zeigte zu diesem Zeitpunkt auch die Organisation des Sparkassenzentralbankwesens in Rheinland-Pfalz. Die in Kaiserslautern für die Pfalz tätige selbständige Landesbank und Girozentrale Kaiserslautern war hervorgegangen aus der früheren Niederlassung der Bayerischen Gemeindebank (Girozentrale) bzw. aus deren Nachfolgeinstitut, der Landesbank und Girozentrale Westmark, Niederlassung Kaiserslautern. Sie hatte als Gewährträger den Sparkassen- und Giroverband Pfalz sowie den Bezirksverband Pfalz, eine regionale Körperschaft, deren Aufgaben ähnlich wie die der Landschaftsverbände in den früheren preußischen Provinzen über den Tätigkeitsbereich einer einzelnen Kommune hinausgingen. Die beiden weiteren in Rheinland-Pfalz tätigen Girozentralen hatten ihren Sitz außerhalb des Landes. Es waren die Hessische Landesbank (Helaba) mit Sitz in Frankfurt am Main und einer Zweigstelle in Mainz sowie die Rheinische Girozentrale und Provinzialbank mit Sitz in Düsseldorf, die in Koblenz eine ansehnliche Niederlassung betrieb. Als Girozentralen konnten auch diese Niederlassungen ihre Aufgaben einigermaßen erfüllen, wenn auch selbstverständlich das Schwergewicht ihrer Tätigkeit außerhalb von Rheinland-Pfalz lag; als Bank des Landes waren aber weder das nur in einer Region arbeitende Institut in Kaiserslautern noch viel weniger die Niederlassungen der mit ihrem Hauptsitz außerhalb der Landesgrenzen ansässigen Girozentralen geeignet. So mußte ein Gesetz, das die Neuordnung des Sparkassenwesens in Rheinland-Pfalz zum Ziel hatte, die Errichtung eines für das ganze Land zuständigen Sparkassenverbandes wie auch die Errichtung einer eigenen Landesbank und Girozentrale vorsehen, an welcher das Land mit als Träger auftrat.

Angesichts der Bedeutung, die dieser Neuordnung zukam, wird man sich zunächst fragen, warum es bis zum Jahre 1957 dauerte, bis die Landesregierung den Entwurf zu einem entsprechenden Landesgesetz vorlegte. Die Gründe dafür reichten jedoch weit über die Reform des Sparkassenwesens hinaus. Bis zum Jahre 1956 wurde das durch Besatzungsanordnung entstandene Land Rheinland-Pfalz vielfach als Provisorium angesehen, und selbst das seit 1949 für die Bundesrepublik geltende Grundgesetz enthielt in seinem Artikel 29 die Möglichkeit von Volksbegehren über die Landeszugehö-

Zehnjähriges Jubiläum des Sparkassen- und Giroverbandes Rheinland-Pfalz am 2. Juli 1968 in Mainz. Von rechts nach links: Generaldirektor Poullain (Präsident des DSGV), Verbandsvorsteher Dr. Kohns und Ministerpräsident Altmeier.

rigkeit bestimmter Gebiete, was eindeutig auch auf Gebietsteile des Landes Rheinland-Pfalz gerichtet war. Erst als dieses Volksbegehren in der Pfalz als dem wichtigsten der davon betroffenen Gebiete im April 1956 gescheitert war, erschien das Land Rheinland-Pfalz als soweit konsolidiert, daß man nun, gleichzeitig mit der Reform der Verfassung und Verwaltung der Sparkassen, die Gründung einer eigenen Landesbank und Girozentrale wie auch eines für das Land zuständigen Sparkassenverbandes ins Auge fassen konnte. Nach manchen vorausgegangenen Fühlungnahmen kam es am 25. April 1957 zur Vorlage eines Regierungsentwurfs für ein Landesgesetz über die Neuordnung des Sparkassenwesens (Sparkassengesetz).

Gegen den Regierungsentwurf ergaben sich jedoch eine Reihe von Einwendungen, und zwar sowohl – wie kaum anders zu erwarten – bei den Beratungen des Gesetzes im Parlament bzw. seiner Ausschüsse wie auch außerhalb des Landtages von seiten der einzelnen interessierten Gruppen. Das waren hinsichtlich der sozusagen »internen« Bestimmungen des Entwurfs auf der einen Seite die kommunalen Landesverbände unter Federführung des Landkreistages, dessen Mitglieder ja die meisten der damals 63 Sparkassen in Rheinland-Pfalz unterhielten. Auf der anderen Seite hatten sich schon Jahre vorher die Bezirksarbeitsgemeinschaften der Sparkassenleiter gebildet, die ihrerseits die Interessen der Sparkassen, wie sie sie verstanden, vertreten wollten und deren Ansichten insbesondere die beiden Verbandsgeschäftsstellen in Kaiserslautern und Koblenz artikulierten. Es ging dabei beispielsweise um die sogenannte Personalhoheit der Sparkassen. Trotz des Umfangs, den die Sparkassen auch personell angenommen hatten, verfügten sie immer noch über kein eigenes Personal. Die bei ihnen beschäftigten Mitarbeiter waren nach wie vor, wie zur Zeit der Gründung der Sparkassen, ausschließlich zum Sparkassendienst bestimmtes Personal des kommunalen Gewährträgers. Eine Regelung, die heute selbstverständlich erscheint, erregte damals als Änderung angeblich bewährter Verhältnisse auch Widerspruch. Der Gesetzgeber suchte schließlich einen Kompromiß, indem er die »Personalhoheit« modifizierte: die Vorstandsmitglieder blieben Beamte des Gewährträgers, während die übrigen Bediensteten bei der Sparkasse in ein Dienstverhältnis zu dieser traten.

Damit habe ich aber einem anderen Punkt schon vorgegriffen, nämlich der Bildung eines hauptamtlich besetzten Vorstandes als dem eigentlichen Geschäftsführungs- und Vertretungsorgan der Sparkasse. Er sollte an die Stelle des Vorstandes alter Art treten, der ehren- bzw. nebenamtlich besetzt war und der die Leitungsaufgaben schon lange nicht mehr wahrnehmen konnte, da Vielfalt und Häufung der ihm zur Entscheidung übertragenen Geschäftsvorfälle die ständige Entscheidung durch ehrenamtlich tätige Personen nicht mehr zuließen. Der Regierungsentwurf hatte für die Gewährträger noch eine Wahlmöglichkeit zulassen wollen zwischen der Organteilung und der Beibehaltung des alten Vorstandes, dem in diesem Falle auch der Sparkassenleiter angehören sollte. Bei den Ausschußberatungen gewann aber die Überzeugung die Oberhand, daß diese Wahlmöglichkeit entfallen und das Gesetz überall die sogenannte Organteilung in Verwaltungsrat und Vorstand vorsehen solle.

Zeitraubender und schwieriger als das Ausräumen dieser Meinungsverschiedenheiten erwies sich jedoch die Loslösung der Sparkassen aus ihren bisherigen verbandlichen und bankmäßigen Bindungen und die Errichtung einheitlicher Gebilde für das ganze Land. Eine ganze Reihe unterschiedlicher Auffassungen waren hier unter einen Hut zu bringen. Verhältnismäßig einfach war noch die Gründung eines eigenen Sparkassen- und Giroverbandes für Rheinland-Pfalz. Das Gesetz sah vor, daß der Pfälzische Sparkassen- und Giroverband aufgelöst werden sollte und die Sparkassen in den Regierungsbezirken Rheinhessen, Montabaur, Koblenz und Trier aus ihren alten Verbänden in Frankfurt und Düsseldorf auszuscheiden sowie alle in Rheinland-Pfalz domizilierenden Sparkassen und ihre kommunalen Gewährträger zum gleichen Zeitpunkt einen neuen Verband, den Sparkassen- und Giroverband Rheinland-Pfalz, zu bilden hätten. Anders war die Lage bei der zu errichtenden Landesbank und Girozentrale für Rheinland-Pfalz. Hier sah der Regierungsentwurf zunächst drei Gewährträger bzw. Trägergruppen vor, die jeweils zu einem Drittel das Stammkapital der Bank aufbringen sollten: das Land, der neue Sparkassen- und Giroverband und der Bezirksverband Pfalz, der ja an der in Kaiserslautern bestehenden Anstalt beteiligt war, sowie ein für das übrige Land noch zu gründender Bezirksverband. Während jedoch in der Pfalz der noch aus bayerischer Zeit übernommene kommunale Bezirksverband eine allseits anerkannte Einrichtung war und ist, fand der Gedanke, in den anderen Landesteilen einen oder gar mehrere andere Bezirksverbände zu errichten, dort keinen Anklang. Der Vorschlag stieß auf so entschiedenen Widerstand, daß man den Gedanken einer Drittelung des Stammkapitals während der parlamentarischen Beratungen fallen ließ und lediglich Land und Sparkassenverband als alleinige Gewährträger vorgesehen wurden.

Das aber hatte zur Folge, daß der Bezirksverband Pfalz aus der Beteiligung an der Landesbank und Girozentrale Kaiserslautern »herausgekauft« werden mußte, denn die Körperschaft war verständlicherweise nicht bereit, ohne Beteiligung an den inzwischen aufgelaufenen Rücklagen dieser Bank auszuscheiden. Da der langjährige ehrenamtliche Verbandsvorsteher des Pfälzischen Sparkassenverbandes, Bürgermeister Dr. Reichert, inzwischen lebensgefährlich erkrankt und schließlich auch verstorben war, entfielen die Verhandlungen mit dem Bezirksverband über das entsprechende Ersuchen des Wirtschaftsministeriums in der Hauptsache auf den Verfasser dieser Zeilen. Unter verdienstvoller Mitwirkung des als »Schiedsrichter« von beiden Seiten anerkannten Präsidenten des Rechnungshofes und späteren Finanzministers Dr. Dahlgrün gelang es, den Bezirksverband zum Ausscheiden zu bewegen und mit seinen Vertretern eine faire finanzielle Lösung zu vereinbaren.

In den Landesteilen, insbesondere im rheinischen Raum, stieß die Errichtung einer eigenen Landesbank und Girozentrale zum Teil auf erhebliche Bedenken. Die 26 Sparkassen in den Gebieten Koblenz und Trier fühlten sich von der Rheinischen Girozentrale und Provinzialbank recht gut betreut, auch die Sparkassen in Rheinhessen hatten keine Beschwerden gegen die Zusammenarbeit mit der Hessischen Landesbank – Girozentrale vorzubringen. Darüber hinaus wurde auch aus Kreisen der Wirtschaft die Frage laut, ob die neue, zwangsläufig noch klein beginnende Bank insbesondere die Rheinische Girozentrale mit ihrer Niederlassung in Koblenz ersetzen könne. Daß auch die betroffenen Institute gegen die geplante Entscheidung argumentieren würden, war natürlich von vornherein zu erwarten gewesen. Dies galt besonders für die Düsseldorfer Girozentrale, die einen nicht unerheblichen Teil ihres Geschäftsgebietes verlieren sollte.

Verabschiedung von Generaldirektor Steinlein im Januar 1970. Rechts neben ihm sein Nachfolger an der Spitze der Landesbank Paul Skonieczny.

Die Pfälzer hingegen waren davon betroffen, daß ihre zwar in kleinerem, aber doch halbwegs befriedigendem Rahmen arbeitenden selbständigen Einrichtungen in den größeren Gebilden aufgehen und ihren Sitz nach Mainz verlegen sollten. So wurden in mündlichen Verhandlungen, in Anhörungen vor den Landtagsausschüssen, in Eingaben und Denkschriften die unterschiedlichen Meinungen bekundet und anderslautende Lösungen angestrebt. Als der Fortgang der parlamentarischen Beratungen erkennen ließ, daß es zur Errichtung der landeseinheitlichen Einrichtungen kommen würde, mußten nolens volens die beiden in Kaiserslautern ansässigen Einrichtungen innerhalb der großen Sparkassenorganisation die Vertretung des rheinland-pfälzischen Standpunktes übernehmen. Der Verfasser kann sich daran erinnern, daß bei einem streitbaren Meinungsaustausch während einer Verhandlung mit den nordrheinischen Partnern der damalige Generaldirektor der Rheinischen Girozentrale und Provinzialbank, Präsident Butschkau, die Frage aufwarf, ob man in Rheinland-Pfalz überhaupt über die fachlichen und personellen Ressourcen verfüge, um eine solche Bank zu gründen und zu führen. Der Verfasser dieses Beitrages antwortete mit einem abgewandelten Bismarck-Zitat aus dem Preußischen Landtag: »Setzen wir das Kind in den Sattel, reiten wird es schon können.«

Zu diesem Zeitpunkt liefen bereits unterhalb der offiziellen Ebene der Gesetzesfindung

Gedenken an Johann Christian Eberle zu dessen 90. Geburtstag in Laumersheim 1959. Zweiter von rechts der Autor des Beitrags, links Verwandte Eberles.

Verhandlungen über die künftige Besetzung der leitenden Positionen, wie des zunächst nebenamtlichen Amts des Verbandsvorstehers und seines Stellvertreters, wobei in Abstimmung mit den kommunalen Verbänden festgelegt wurde, daß diese beiden Positionen aus dem Kreis der dem Verbandsvorstand angehörenden Leiter kommunaler Gewährträger zu besetzen seien. Hingegen sollten zum Kreis der dem Vorstand angehörenden Sparkassendirektoren der von diesen mittelbar gewählte Landesobmann und dessen Stellvertreter zählen. Auch die personelle Besetzung wurde bereits unter der Hand »gehandelt«, wie auch die kommunalen Verbände über die von ihrer Seite kommenden weiteren Vorstandsmitglieder entschieden und andererseits die Arbeitsgemeinschaften der Sparkassenleiter ihre Vertreter im Verbandsvorstand auswählten. So stand bereits vor der offiziellen Geburt des neuen Verbandes ein gewisses personelles Gerüst für den Verbandsvorstand, was später die ersten Schritte des neuen Verbandes ungemein erleichterte. Hinsichtlich der Besetzung der Organe der Bank war bald das Interesse der Landesregierung an einem Vertreter des Landes als Vorsitzendem des Verwaltungsrates erkennbar, und auch die Spitze des Bankvorstandes sollte mit einem vom Land benannten Herrn besetzt werden.

Der Schreiber dieser Zeilen wurde durch die Vertreter des Ministeriums für Wirtschaft und Verkehr gebeten, einen Entwurf für die erste Satzung des neuen Sparkassen- und

Sparkassentag 1978
(20jähriges Verbandsjubiläum)
Von links nach rechts:
Vorsitzender des Vorstands der Landesbank Erwin Sinnwell, Präsident der Landeszentralbank
Fritz Duppré, Präsident des Deutschen Sparkassen- und Giroverbandes
Helmut Geiger, Ministerpräsident Vogel und Verbandsvorsteher Hans Jung.

Giroverbandes auszuarbeiten, der dann nach Abstimmung mit den kommunalen Verbänden und den zur Genehmigung ermächtigten Ministerien der ersten Verbandsversammlung zur Beschlußfassung vorgelegt werden sollte.

Am 12. März 1958 wurde dann das »Landesgesetz über die Neuordnung des Sparkassenwesens – Sparkassengesetz –« in dritter Lesung beschlossen; es trat am 1. April 1958 in Kraft.

Zum gleichen Zeitpunkt trat auch der neue Sparkassen- und Giroverband Rheinland-Pfalz ins Leben, während die neue Landesbank und Girozentrale Rheinland-Pfalz erst mit Wirkung vom 1. Juli 1958 entstehen sollte, wie auch die Auflösung des Pfälzischen Sparkassenverbandes und der Landesbank und Girozentrale Kaiserslautern erst ab diesem Datum vorgesehen waren. Diese zeitliche Verschiebung beim Inkrafttreten der einzelnen Bestimmungen erklärt sich daraus, daß man dem neuen Verband als Mitträger der neuen Landesbank nach seiner Gründung Gelegenheit geben mußte, die Satzung der neuen Bank mit dem Land als dem anderen Gewährträger abzustimmen und zu beschließen. Mit der Wahrnehmung der Geschäfte des jungen Verbandes wurde zunächst der de jure noch fortbestehende pfälzische Verband beauftragt, der dies im Benehmen mit der Koblenzer Geschäftsstelle des Rheinischen Sparkassen- und Giroverbandes bis zum 1. Juli 1958 auch durchführte.

Das dazu ermächtigte Ministerium für Wirtschaft und Verkehr berief die erste, konstituierende Mitgliederversammlung des Sparkassenverbandes auf den 23. April 1958 nach Mainz ein. Bis zur Wahl des ersten Verbandsvorstehers führte der Leiter des einladenden Ministeriums, Staatssekretär Dr. Steinlein, den Vorsitz. Die Versammlung billigte einstimmig die ihr vorgelegte Satzung des jungen Verbandes und wählte anschließend ebenso einstimmig die von den kommunalen Verbänden bzw. den Arbeitsgemeinschaften der Sparkassenleiter vorgeschlagenen Mitglieder des Verbandsvorstandes. Erster – zunächst ehrenamtlicher – Verbandsvorsteher wurde Landrat Dr. Kohns aus Mayen, stellvertretender Verbandsvorsteher wurde Oberbürgermeister Dr. Klüber, Ludwigshafen am Rhein. Beide Herren sollten diese Ämter über einen Zeitraum von zehn Jahren versehen, also für zwei Wahlperioden; sie haben sich um den Aufbau des jungen Verbandes große Verdienste erworben.

Die folgenden Monate waren – neben den laufenden Geschäften – mit Beratungen über die Satzung der neuen Bank und über die von den Ministerien für Wirtschaft und Verkehr und für Inneres zu erlassende neue Mustersatzung für die Sparkassen angefüllt und – nicht zuletzt – mit Verhandlungen zwischen Wirtschaftsministerium und den Rechtsträgern der Rheinischen Girozentrale und der Hessischen Landesbank wegen der Übertragung der beiden Niederlassungen in Koblenz und Mainz auf die neue Landesbank und Girozentrale Rheinland-Pfalz. In die Verhandlungen um die Übertragung der Stammkapitalanteile und eines Anteils an den Rücklagen auf die aus dem Düsseldorfer Verband ausscheidenden südrheinischen Sparkassen wurde auch der neue Verband eingeschaltet. Hinsichtlich der Anteile am Hessischen Sparkassenverband ergab sich, daß die in Betracht kommenden rheinland-pfälzischen Sparkassen ihre Einzahlungsverpflichtung großenteils noch nicht valutiert hatten, so daß sich insoweit eine Übertragung erübrigte.

Am 1. Juli 1958 wurde dann auch formell die Landesbank und Girozentrale Rheinland-Pfalz errichtet, die ihren Sitz in Mainz hatte und entsprechend dem Sparkassengesetz Niederlassungen in Kaiserslautern und Koblenz unterhielt. Die Gründungs- und Aufbauphase bot natürlich gerade für die Bankanstalt mancherlei Schwierigkeiten sachlicher und personeller Natur. Relativ reibungsarm ging die Bildung des Verwaltungsrates und des Bankvorstandes über die Bühne.

Vorsitzender des Verwaltungsrates wurde Staatssekretär Dr. Krauthausen, sein Vertreter und gleichzeitig Vorsitzender des Kreditausschusses wurde kraft Satzung der Verbandsvorsteher, Präsident Dr. Kohns. Den Vorstandsvorsitz übernahm der bisherige Staatssekretär im Ministerium für Wirtschaft und Verkehr, Dr. Steinlein, ordentliche Mitglieder wurden der bisherige Vorstandsvorsitzende der Anstalt in Kaiserslautern, Direktor Fickeisen, und der bisherige Leiter der Niederlassung der hessischen Landesbank in Mainz, Direktor Jung. Zu stellvertretenden Vorstandsmitgliedern wurden die beiden Leiter der Niederlassungen in Kaiserslautern und Koblenz, Direktor Dr. Frieß und Direktor Dauber, gewählt. Letzterer, bisher Filialdirektor der Nassauischen Sparkasse, hatte sich als Abgeordneter des rheinland-pfälzischen Landtages Verdienste um das Zustandekommen des neuen Sparkassengesetzes erworben. Während die beiden Niederlassungen in Koblenz und Kaiserslautern über ausreichende und zweckmäßige Räumlichkeiten in neuerrichteten Gebäuden verfügten, stand für die Hauptniederlassung in Mainz vorerst nur das relativ kleine Gebäude zur Verfügung, in dem bis dahin die Zweigstelle der Helaba residiert hatte. Im Laufe der nächsten beiden Jahre konnte jedoch in aller Eile ein sich anschließender Ergänzungsbau errichtet werden, der dann bis zur Fertigstellung des imposanten Neubaues an der Großen Bleiche eine Bleibe bot. Der junge Verband war zunächst, auch nach der Vereinigung mit der Koblenzer Geschäftsstelle, in den von ihm gemieteten Räumen im Neubau der Landesbank Kaiserslautern verblieben. Im Mai 1958 fand die erste Sitzung des neugebildeten Vorstandes statt, in der über die Bildung der erforderlichen Ausschüsse und vor allem auch über die personelle Besetzung der Einrichtungen des Verbandes beschlossen wurde. Zum Leiter der Geschäftsstelle wurde der bisherige Geschäftsführer des Sparkassen- und Giroverbandes Pfalz, Eichmann, bestimmt, als sein Stellvertreter Direktor Ammedick von der bisherigen Geschäftsstelle des Rheinischen Verbandes in Koblenz; Leiter der Prüfungsstelle wurde Revisionsdirektor Drießen, der diese Funktion bereits bei dem Kaiserslauterer Verband versehen hatte.

Aufgrund einer in der konstituierenden Verbandsversammlung beschlossenen eigenen Satzung bildeten sich die fünf Bezirksarbeitsgemeinschaften der Sparkassenleiter, deren Leiter dann den Landesobmann und dessen Vertreter bestimmten. Erster Landesobmann wurde der inzwischen verstorbene Sparkassendirektor Hoffmann aus Trier, sein Stellvertreter wurde Sparkassendirektor Engeldrum, Worms.

Dank des Einsatzes aller Beteiligten konnte der junge Verband seinen Tätigkeitsbereich so weit ausfüllen und ausdehnen, daß sich nach verhältnismäßig kurzer Zeit die Sparkassen in Rheinland-Pfalz zum größten Teil mindestens so gut wie früher unterrichtet und betreut fühlen konnten. Anfänglich vorhandenes gegenseitiges Mißtrauen der so lange getrennt gebliebenen Gruppen der Sparkassen in den verschiedenen Landesteilen wich bald einem gewissen Zusammengehörigkeitsgefühl, das bereits im Sommer 1958 auf einer gelungenen Sparkassentagung in Worms zum Ausdruck kam (s. Bild S. 462).

Zu den regelmäßigen Prüfungen der Sparkassen mußte die Prüfungsstelle des Verbandes zunächst die personelle Mithilfe des Rheinischen und des Hessischen Sparkassenverbandes in Anspruch nehmen, die auch dankenswerterweise gerne gewährt wurde. Vom nächstfolgenden Jahr an konnte aber der rheinland-pfälzische Verband seine Revisions-

Terrassenansicht von Schloß Waldthausen, erbaut vor dem Ersten Weltkrieg durch den »Kohlenbaron« Wilhelm Freiherr von Waldthausen (1875 bis 1928).

tätigkeit nach Auffüllung des Prüferstabes ausschließlich mit eigenen Kräften fortsetzen.

Bereits ein Jahr nach seiner Gründung übernahm es der Sparkassenverband, auch die wichtige Aufgabe der überbetrieblichen Aus- und Fortbildung der Sparkassenmitarbeiter zu institutionalisieren. Die Sparkassenschule Rheinland-Pfalz wurde errichtet, die am Sitz des Verbandes mit wenigen hauptamtlichen und einer größeren Anzahl nebenamtlich tätiger Dozenten die Schulungsarbeit übernahm. Wie bei zahlreichen anderen Neueinstellungen beim Verband sowie bei der dringend erforderlichen Personalausweitung bei der Bankanstalt hatte man auch bei der Besetzung der Schulleitung eine glückliche Hand und gewann mit dem Diplom-Handelslehrer Aßmann aus Hannover eine pädagogisch geeignete und mit der Schulung von Mitarbeitern der Sparkassen vertraute Kraft. Die Schule, der Verband selbst und die Landesbank haben sich in der Zwischenzeit zu Institutionen entwickelt, die man sich aus der Sparkassenorganisation in unserem Land kaum noch fortdenken kann.

Nach Indienststellung des neuen Mainzer Gebäudes der Landesbank und Girozentrale Anfang des Jahres 1963 siedelten dann auch die Einrichtungen des Verbandes, Geschäftsstelle, Prüfungsstelle und Sparkassenschule, nach Mainz über. Hier war der Verband zunächst als Mieter im Bankgebäude ansässig, allerdings nur vorübergehend. Die Bank dehnte sich mit rasch wachsendem Geschäft in den kommenden Jahren personell so weit aus, daß sie bald gezwungen war, die Räume des Bankgebäudes für sich allein zu beanspruchen. In den Jahren 1970/71 baute dann der Sparkassenverband in Gemein-

Schloß Waldthausen, das künftige Bildungszentrum der rheinland-pfälzischen Sparkassenorganisation.

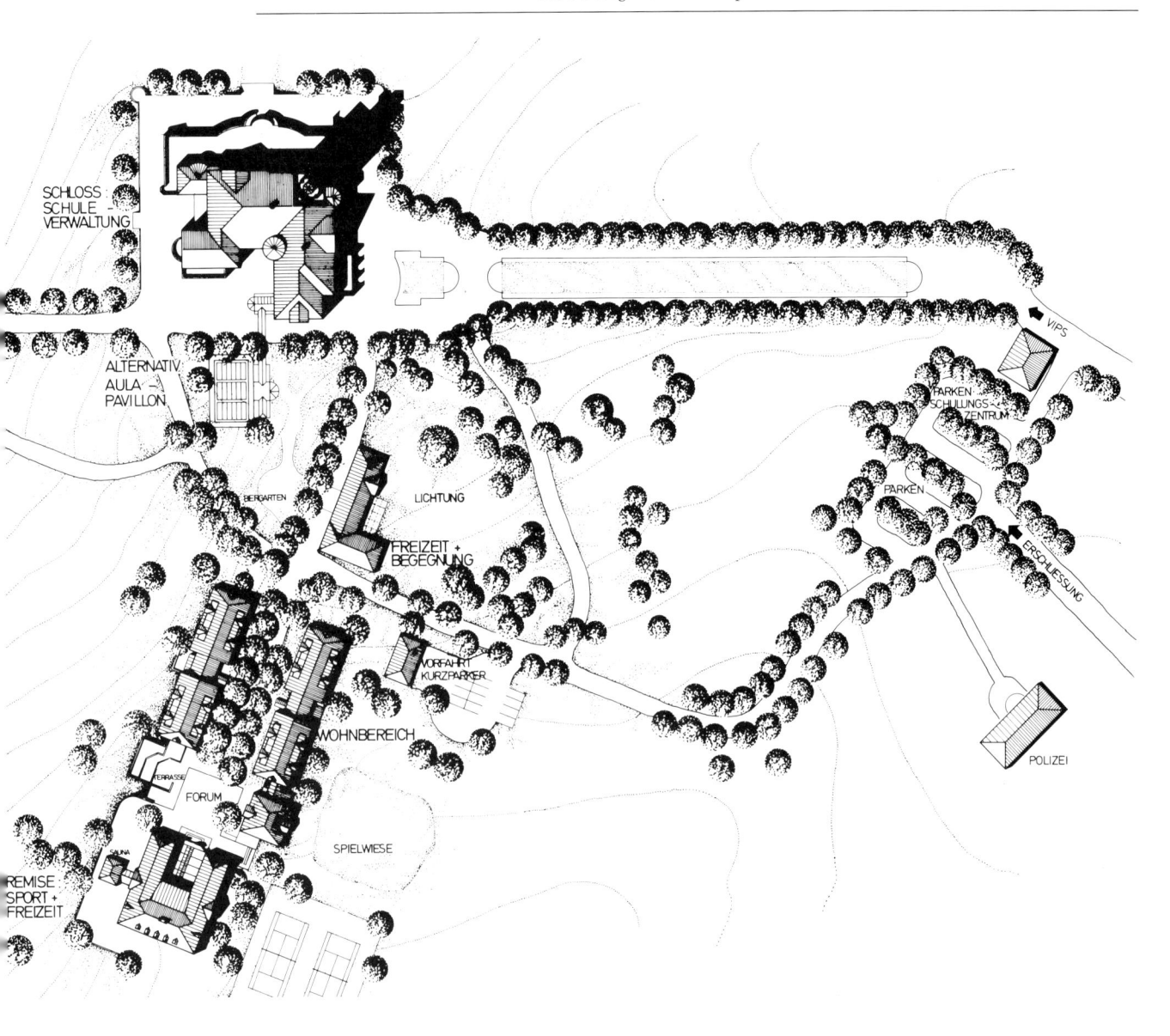

Überarbeiteter Wettbewerbsentwurf der Architekten Gerharz und Frank (Bad Kreuznach) für das Sparkassen-Bildungszentrum, der weitgehend realisiert wird.

schaft mit einem Mainzer Einzelhandelsunternehmen ein Gebäude ganz in der Nähe des Bankgebäudes als eigenes und vorläufig ausreichendes Domizil aus.

Will man die Gründungsperiode der gemeinsamen Einrichtungen der Sparkassen in Rheinland-Pfalz vollständig schildern, so muß man wohl noch der Errichtung einer eigenen öffentlichen Landesbausparkasse gedenken. In den Jahren 1958 und kurz danach standen andere Aufgaben im Vordergrund; man glaubte wohl auch, man würde sich mit der gleichzeitigen Errichtung einer Bausparkasse personell übernehmen. So arbeiteten in den folgenden Jahren wie vordem drei öffentliche Bausparkassen mit Sitz außerhalb des Landes in Rheinland-Pfalz, und zwar mit unterschiedlichem und teilweise auch nicht ausreichendem Erfolg. Im Jahre 1973 entschloß man sich zur Errichtung einer eigenen Landesbausparkasse Rheinland-Pfalz als Abteilung der Landesbank – Girozentrale. Wie richtig diese Entscheidung war, zeigte sich in den folgenden Jahren. Während früher die öffentlichen Bausparkassen in unserem Land ein relativ geringeres Gewicht als andernorts hatten, wuchs die in enger Zusammenarbeit mit den Sparkassen und mit einem dichten Netz von Außendienststellen wirkende neue Bausparkasse bald zum Marktführer im Bausparwesen des Landes empor. Damit war die Neuorganisation des Sparkassenwesens in unserem Lande organisatorisch zum Abschluß gekommen.

Seit der Gründung des neuen Verbandes und der Landesbank ist inzwischen ein Menschenalter vergangen. Die handelnden Personen in Regierung, Parlament, Verband und Bank sind nun nahezu alle seit mehr oder weniger langer Zeit von der Bühne der aktiven Tätigkeit abgetreten. Geblieben aber sind der damals neu gegründete Sparkassen- und Giroverband Rheinland-Pfalz, die Landesbank – Girozentrale Rheinland-Pfalz und die Erinnerung einiger weniger an eine manchmal turbulente, aber doch schöne und letzten Endes erfolgreiche Berufstätigkeit.

Johann Christian Eberle, 1869 im pfälzischen Laumersheim geboren, ist der Initiator und Organisator des Giroverkehrs der Sparkassen und damit der Begründer des modernen Sparkassenwesens. Er starb 1937 in Dresden.

Hanns Simon

Ein Unternehmer und seine Stiftung

Als ich nach sechs Jahren Krieg und zwei Jahren französischer Gefangenschaft endlich als Soldat entlassen war, kam ich auf dem Bahnhof Trier an; von dort gab es keine Möglichkeit nach Bitburg zu kommen. Es blieb mir nur der Fußmarsch von 30 Kilometern. Wenige alte Autos fuhren an mir vorbei. Keines hielt an. Einen Soldaten in abgewetzter Uniform mitnehmen, das gab es jetzt nicht mehr. Die Zeiten hatten sich gründlich geändert. Beim Eintritt in die Trümmerstadt Bitburg kontrollierte ein Luxemburger Soldat meine Entlassungspapiere. Also waren Luxemburger als Besatzung in Bitburg, und vor ihrer Kommandantur und vor ihrer Fahne mußte jeder Deutsche seinen Hut ziehen.
Und dann die »tote« Stadt! Und die Bitburger Brauerei von 65 Sprengbomben getroffen! War da überhaupt noch ein Wiederaufbau möglich? Doch es gab keine andere Wahl als anpacken, aufräumen und aufbauen, trotz aller Mißlichkeiten, trotz erbärmlicher Lebensbedingungen, trotz beschränkter Materialien, wenn man überhaupt welche bekam, trotz Tauschwirtschaft in kleinstem Ausmaß – eine bittere, armselige Zeit, die von allen größte Opfer forderte.
Die Versuchung für unsere Mitarbeiter, die aus dem Krieg heimgekehrt und an ihren alten Arbeitsplatz in der Brauerei zurückgekehrt waren, zu den Bauern zu gehen, wo es Butter und Speck gab als beste Tauschartikel für alle Herrlichkeiten, war sehr groß; doch keiner verließ den Betrieb. Solche Betriebstreue in dieser elenden Zeit zeigte uns, daß wir das richtige Verhältnis zu unseren Mitarbeitern gefunden hatten; das ist das große Kapital der Brauerei, auch heute noch. Auch die Angestellten blieben, als wir ihr Gehalt nicht mehr bezahlen konnten; keiner ging, jeder schränkte sich ein, hoffend auf eine bessere Zeit; sie mußten jedoch lange warten.
Aber der Krieg war vorbei, es fielen keine Bomben mehr. Man war heil heimgekommen, da mußte man sich glücklich schätzen und als Dank für das gütige Geschick sich an die Arbeit machen. 14 Jahre dauerte es, bis die Brauerei ihren Vorkriegsausstoß von 130 000 Hektoliter pro Jahr erreicht hatte. Zunächst durfte nur »Dünnbier« hergestellt werden, das seinen Namen zu Recht trug. Nach der Währungsreform dauerte es noch ein ganzes Jahr, bis normales Bier aus Gerstenmalz gebraut werden durfte; alle anderen Getränke – auch Wein und Spirituosen – waren schon lange auf dem Markt.
Gleichzeitig setzte die neue Regierung des Landes Rheinland-Pfalz in Koblenz die Bier-

Atrium des Hauses Beda, das Kulturzentrum der Eifel in Bitburg. Die Figur in der Mitte: Orpheus von Gerhard Marcks.

steuer – als Landessteuer – so hoch an, daß jeglicher Verkauf von »Bitburger« über die Landesgrenzen hinaus, zum Beispiel in den Kölner Raum, unser Hauptabsatzgebiet, unmöglich war. Erst die Drohung, das in Bitburg gebraute »Bitburger« in Köln fertigzustellen und damit die Biersteuer dem Land Nordrhein-Westfalen zukommen zu lassen, veranlaßte die Regierung, die Biersteuer auf die Höhe aller anderen Länder zu senken. Danach konnte der Aufschwung richtig losgehen. Die Schäden in Bitburg wurden, trotz des Verlustes der aus der Familie meiner Mutter stammenden völlig zerstörten Bavaria-Brauerei und vieler schwer beschädigter Gaststätten und Bierverlage, langsam beseitigt; 1958 konnte ein neues Sudhaus errichtet werden.

1959 war bereits ein Jahresausstoß von 200 000 Hektoliter erreicht, bis 1973 hatten wir eine Million Hektoliter pro Jahr geschafft; damit war BIT die größte Braustätte in Rheinland-Pfalz; dazu kam die Mehrheits-Beteiligung am Gerolsteiner Sprudel, dem alkoholfreien, den Brauereibetrieb ergänzenden Getränke-Sektor. Ein eigenes Flaschenabfüllwerk, Gabit genannt, wurde zur Entlastung des Bitburger Betriebes in Köln errichtet. Als auch das nicht ausreichte, gelang es mir, in Bitburg-Süd ein großes Industriegelände zu erwerben und durch Landzukäufe zu erweitern – ein Gelände, das für den größten Brauereibetrieb und gewiß für die siebte und achte Familiengeneration ausreichen wird.

Aus Dankbarkeit für meine unversehrte Rückkehr aus Krieg und Gefangenschaft (von meinen Offizierskameraden war ich der einzige, der heimgekehrt war) und für den enormen Aufschwung des Unternehmens aus einem Trümmerhaufen zu einer der größten Brauereien in Westdeutschland konnte ich jetzt die Verwirklichung eines Jugendtraums in Angriff nehmen und eine kulturelle Stiftung errichten. 1968 war es soweit: Nicht durch einen hohen Geldbetrag, sondern durch die Übereignung eines Anteils aus meiner Beteiligung an der Bitburger Brauerei gründete ich eine gemeinnützige Stiftung. Damit ist sie heute Gesellschafterin mit einem Nominal-Kapital von zwei Millionen DM. Sie erbrachte mittlerweile eine Reihe kultureller Leistungen, wie Beschaffung von Musikinstrumenten, Finanzierung von Doktorarbeiten, Büchern, Filmen, Unterstützung von Künstlern und Wissenschaftlern, einer Volkstanzgruppe, großen Festveranstaltungen, Musikvereinen usw. Die Errichtung eines großen Kulturhauses in Bitburg, des Hauses Beda (Beda, röm. = Bitburg), 1974 in Angriff genommen, war bisher das größte Projekt der Stiftung. Es wird von meiner Tochter Christa geleitet und konnte im Jahre 1986 auf einen zehnjährigen Betrieb zurückblicken – nach dem Vorbild des französischen »maison culturelle«, das kein totes Museum, sondern ein mit prallem Leben erfülltes Haus sein sollte, was auch unser Haus Beda in den letzten Jahren geworden ist.

Blick in den Garten hinter dem Haus Beda.

Die Vorderfront des Hauses Beda zieren vier Bronzesäulen des in Wittlich geborenen Bildhauers Hanns Scherl, die inhaltlich in enger Beziehung zu den Aktivitäten dieser »guten Stube« von Bitburg stehen. Links der Hinweis auf das musikalische Erlebnis und die Angebote vielfältiger Konzerte, nicht zuletzt von jungen Musikern gegeben. Die zweite Säule thematisiert den Bereich Tanz und Sport, wobei der Künstler drei Paare

ner Bitburger Volkstanzgruppe »eingearbeitet« hat. Das dritte Motiv
Bildende Kunst« weist sowohl auf die Ausstellungen wie auf Mal- und
Modellierkurse hin, während die Bronzegruppe Literatur all denen

gewidmet ist, die sich am Theaterspiel, an Dichterlesungen oder an
Vorträgen jeder Art erfreuen wollen, und außerdem auf die Bibliothek des
Hauses aufmerksam macht.

Ich darf mich glücklich schätzen, daß durch die energische und liebenswürdige Leitung meiner Tochter Christa und ihrer tüchtigen Mitarbeiter meine Vorstellungen verwirklicht wurden, die ich einmal mit den Worten zusammengefaßt habe: »Welch großes Glück und innere Befriedigung bedeutet es, andere Menschen durch seine Ideen, Gedanken und Werke zu erfreuen, zu bereichern und zu hohem Menschsein zu bringen, wenn einem dazu die Phantasie, die Schaffenskraft und die Mittel gegeben sind.«

Und das ist Haus Beda heute: Der Festsaal bietet 300 Gästen Platz, die Bücherei erreicht pro Jahr mittlerweile 50000 Ausleihungen. Neben einem Ballett-Saal gibt es Mal- und Modellier-Studios, Ausstellungs- und Kursräume. Im Eifel-Ardennen-Museum sind etwa 300 Gemälde (über 50 von v. Wille), Skulpturen und eine Fossiliensammlung untergebracht. Eine Gartenanlage mit Skulpturen und ein Eingangs-Atrium mit römischen Mosaiken sind weitere Anziehungspunkte des Hauses.

Neben Kammerkonzerten und Ausstellungen finden zahlreiche regelmäßige Veranstaltungen statt: Mal- und Modellierkurse, Volkshochschulkurse, Bastelnachmittage, Vorlesestunden für Kinder, eine Briefmarken- und Münzbörse, Schachspiel, Orchester und Chorproben, Musikunterricht, Volkstanz, Ballettunterricht, Zusammenkünfte des Kunstkreises Beda, Unterricht der Kreismusikschule und vieles mehr.

Seit drei Jahren grüßen vier bronzene Stelen von der Vorderfront des Hauses Beda den Vorübergehenden. Die über 40 Figuren des Wittlicher Bildhauers Hanns Scherl weisen auf das, was im Inneren des Hauses geboten wird, hin. Sie stellen dar: Musik, Tanz, Bildende Kunst und Literatur. Diese größte bildhauerische Leistung des Eifelraumes, aus 100 Gußteilen zusammengesetzt, wurde durch Spenden der Bitburger Bevölkerung finanziert.

Zum Schluß bleibt eine bittere Feststellung. Seit der Körperschaftsteuerreform 1977 hatte meine Stiftung erhebliche Steuern zu zahlen – obwohl sie als gemeinnützig anerkannt ist. Die Brauerei mußte von 1977 bis 1986 für meine Stiftung bereits 1,3 Millionen DM an den Fiskus abführen. Ein Vergleich mit dem Stiftungsrecht in anderen Ländern fällt für uns beschämend aus. Aber alle meine Eingaben zu diesem Thema wurden abgewiesen, meine Verhandlungen und Gespräche mit den zuständigen Politikern blieben ohne Ergebnis. Wer soll da noch animiert werden, durch eine Stiftung für die Öffentlichkeit tätig zu werden und dafür einen Teil seines Vermögens zu opfern?

Trotz allem gebe ich die Hoffnung nicht auf, daß Deutschland als westliches Kulturland diese Steuer aufhebt und damit Voraussetzungen schafft, die in vielen Kulturstaaten eine Selbstverständlichkeit sind.

Eines der bedeutendsten Werke des 1910 geborenen Bildhauers Hanns Scherl ist der dem Dichter Stefan Andres gewidmete Brunnen in Schweich. Andres, der am 29. Juni 1970 in Rom starb und auf dem Campo Santo Teutonico im Schatten von St. Peter begraben liegt, hat sich in seinen Werken, zu denen auch der Roman »Der Knabe im Brunnen« gehört, mit dem Thema der menschlichen Freiheit, aber auch mit der Problematik von Schuld und Erlösung immer wieder auseinandergesetzt.

Seite 484/485: Winterspelt in der Verbandsgemeinde Prüm ist eine Landwirtschaftsgemeinde nahe der belgischen Grenze mit Fremdenverkehr. Ihre waldreiche Umgebung mit herrlichen Aussichtspunkten verlockt zu ausgedehnten Spaziergängen.

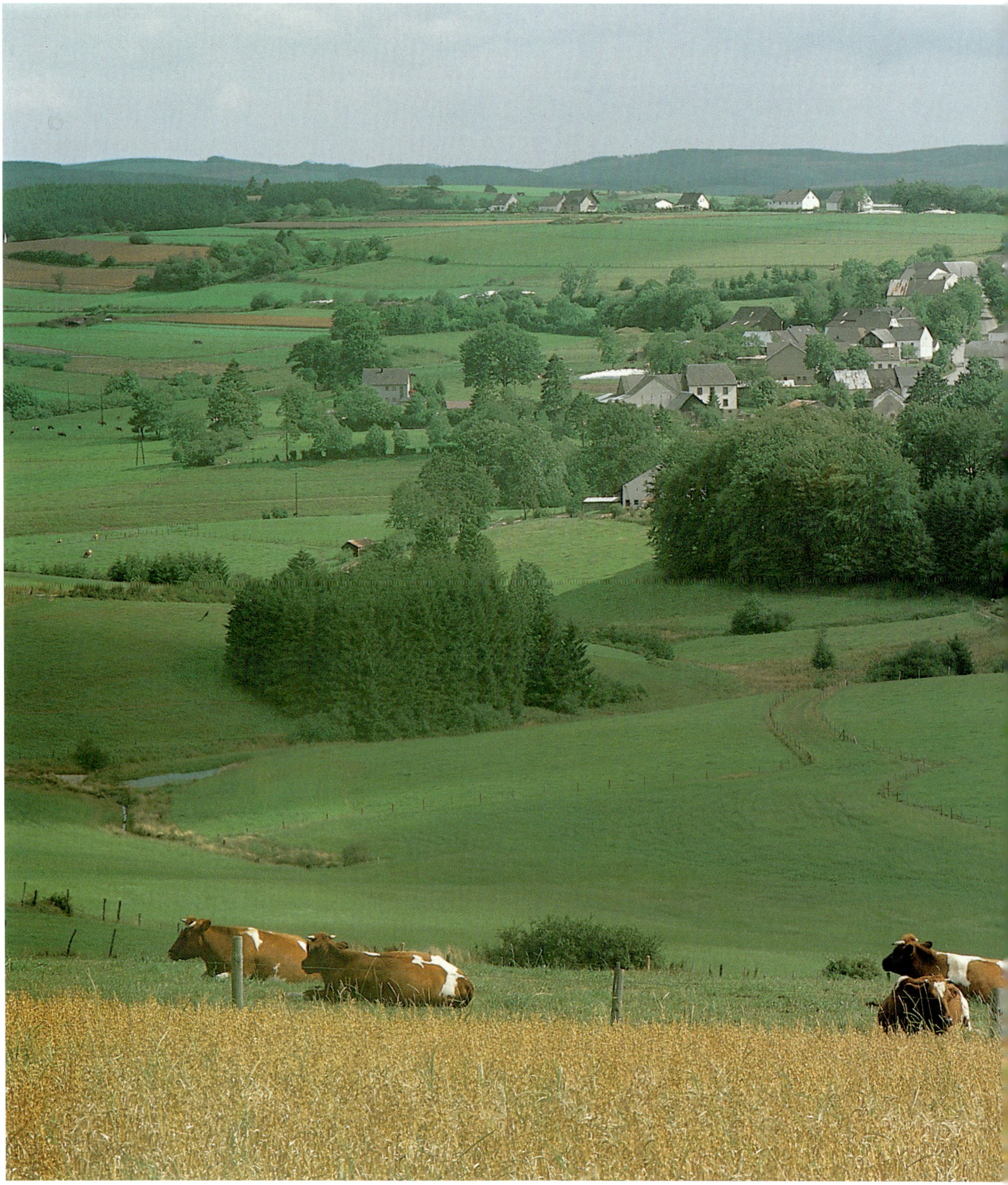

Erinnerungen und Begegnungen

Kirche und Kloster beherrschen noch heute das Stadtbild von Prüm in der Eifel. Bemerkenswert aus der Baugeschichte dieser unvollendeten Anlage ist das Wirken von Balthasar Neumann, der 1744 durch Erzbischof Franz Georg von Schönborn aus Trier mit Plänen für das Stift beauftragt wurde.

Jockel Fuchs

Oberbürgermeister in der Landeshauptstadt

Vier Jahrzehnte Rheinland-Pfalz, das ist, gemessen an der 2000jährigen Geschichte einer Stadt wie Mainz, sicher kein überwältigendes Geschichtsjubiläum. Aber was ist während dieser 40 Jahre in diesem und mit diesem neuen Land nicht alles geschehen. Ich selbst kam aus der Kriegsgefangenschaft zurück, als Rheinland-Pfalz gerade gegründet war. Das war Anfang Dezember 1947, als ich in meinem Heimatdorf Hargesheim eintraf. Kurz nach dem Weihnachtsfest machte ich mich dann auf den Weg nach Mainz, wo ich als Volontär bei der damals neugegründeten sozialdemokratischen Zeitung »Die Freiheit« meine journalistische Laufbahn begann. Vier Jahrzehnte lang waren es dann die Entwicklung und das Schicksal dieses »Retortenlandes«, die mich immer wieder beschäftigten, die mich nicht mehr losließen, die meine anfängliche Skepsis verwandelten in Zustimmung und Bejahung zu diesem Land, das heute in der Bundesrepublik seinen festen, gesicherten und geachteten Platz einnimmt.
Ich habe Rheinland-Pfalz von Anfang an als Journalist, dann als Politiker, die letzten 22 Jahre als Oberbürgermeister der Landeshauptstadt begleitet. In der persönlichen Erinnerung nimmt natürlich diese letzte Phase einen besonderen Raum ein. Der Neubeginn des altehrwürdigen Mainz und des gerade neugegründeten Landes waren ja durchaus vergleichbar. Stadt und Land mußten ganz von vorne beginnen. Es war damals wirklich die Stunde Null. Als ich im Januar 1948 mit dem Zug nach Mainz kam, da war die Stadt geteilt, zerbombt. Nur noch weite Trümmerfelder, Ruinen. Im linksrheinischen Mainz lebten gerade noch 52 000 Menschen, die anderen 70 000 waren tot, verschleppt, evakuiert. Von 40 000 Wohnungen waren gerade noch 3 000 nutzbar. Und dann der Hunger. Das Gebäude des Hauptbahnhofs wurde gerade wiederaufgebaut, das Postamt war notdürftig wiederhergestellt. Die Adelshöfe zerstört, ausgebrannt. Nur der Osteiner Hof als militärisches »Gouvernement« war schon aufgebaut. Die Ludwigsstraße nur Trümmer, einige Baracken – das Theater zerstört – am Liebfrauenplatz kein Haus mehr heil – die Seilergasse nur noch Ruinen – das Brandgebiet nur Kellerwohnungen – Türme, Schlösser und Kirchen ausgebrannt – die alte Rheinbrücke ein Trümmerstrang im Fluß. Die barocken Prachtbauten Schloß, Deutschhaus, Zeughaus ausgebrannt, zerstört. Die Voraussage, daß gerade hier einmal die Keimzelle, das Herz eines nur wenige Jahrzehnte später blühenden neuen Landes schlagen würde, hätte ich damals als reine Spinnerei

abgetan. All diese Trümmer damals, das Elend in Kälte und Not – man kann es wirklich als die Agonie einer Stadt bezeichnen, was ich da bei meinem ersten Gang durch Mainz in diesem kalten Januar 48 sah.

Es gibt nur wenige Städte, die in ihrer langen Geschichte so oft zerstört und wiederaufgebaut worden sind wie Mainz. Diese Stadt hat in ihrer über 2000jährigen Geschichte Zeiten höchster Blüte erlebt, immer wieder unterbrochen von Katastrophen, die Mainz in Schutt und Asche legten, wie damals wieder. Was der Stadt zu ihrer Gründung, zu ihrem Aufstieg, zu dem Glanz vom goldenen Mainz verholfen hatte, das brachte auch immer wieder Zerstörung: die Gunst oder Ungunst der Lage. Auf den sich hier kreuzenden Völkerstraßen brachten zu allen Zeiten die Händler den Reichtum, die Krieger den Tod in die Stadt. Aber die Wechselfälle des Schicksals ließen hier im Rheinknie einen Menschenschlag sich entwickeln, der auch den kleinsten Lebensfunken nutzt und der immer wieder mit unbändigem Willen das Zerstörte aufbaut. Und so begann es auch jetzt wieder, dieses Wunder, daß die Mainzer an den Wiederaufbau dieser Wüstenei gingen.

Heute hat diese Stadt immer noch oder wieder viel von der Gestalt und dem Flair des alten historischen Mainz. Vom vielgerühmten Mainzer Panorama ist auch heute noch vieles erhalten: es wird geprägt von den Prachtbauten aus der kurmainzischen Zeit, vom Kurfürstlichen Schloß, dem Deutsch- und Zeughaus. Das neue Rathaus der dänischen Architekten Arne Jacobsen und Otto Weitling am Ufer des Rheins fügt sich hell und klar gegliedert ein. Immer noch dominierend der mächtige Dom, der weitgehend aus romanischer Zeit stammende, baugeschichtlich vielfältigste und fesselndste unter den rheinischen Domen. Um diesen Mittelpunkt liegen Markt, Liebfrauenplatz und Höfchen, drei Plätze, die besonders an Markttagen zu Anziehungspunkten für die ganze Region werden, heute wieder Glanzpunkte in dieser Stadt. Dahinter die verwinkelte Altstadt, die seit eineinhalb Jahrzehnten in einem aufwendigen Sanierungsprogramm vor dem Verfall gerettet wird. Über die eng geschlossene Innenstadt verstreut die zahlreichen Adelshöfe, barocke Paläste, die aus den Trümmern von damals wieder entstanden sind.

Wenn ich heute sagen sollte, was mich bei diesem so glänzenden Wiedererstehen aus den Ruinen am meisten beeindruckt, bewegt, beschäftigt hat, dann muß ich die Antwort schuldig bleiben. Es erstand ja aufs neue, quasi aus dem Nichts, die ganze außerordentlich breite Palette städtischen Lebens. Das reichte von der Befriedigung der dringendsten Wohnbedürfnisse, anfangs häufig noch in Baracken, über den Aufbau der Wirtschaft, deren Basis im rechtsrheinischen Mainz nun von der Stadt abgetrennt war, über den ganzen kulturellen Bereich mit dem damals noch zaghaften, aber von unbändigem intellektuellen Hunger getragenen Theaterneubeginn am Pulverturm, über den Aufbau der ganzen Infrastruktur, die Schaffung eines umfassenden Freizeitangebotes, wie wir

»Dies alles ist mir untertänig...« Das neue Rathaus der Landeshauptstadt, später nicht selten »Fuchsbau« genannt, geht seiner Vollendung entgegen.

das heute neudeutsch nennen – wer hätte davon vor 40 Jahren nur zu träumen gewagt –, bis hin zum Entstehen eines Stadtbildes, wie es in der ganzen 2000jährigen Geschichte noch nie so reich und vollendet war.

Natürlich gibt es viele Erinnerungen – gute und manchmal auch eine bittere dazwischen, aber immer voller Leben – an diese vier Jahrzehnte mit dem erst zaghaften Keimen, dann langsamen Grünen, dann fast verschwenderischen Blühen einer Stadt und eines Landes. Ich war ja nun von Anbeginn an als Journalist und Politiker in beiden Bereichen verwurzelt, in der Landes- und in der Kommunalpolitik. Die für die Entwicklung von Stadt und Land so ungeheuer dynamischen 60er Jahre sind natürlich besonders erinnerungsträchtig. Und wenn ich an diese Jahre im Deutschhaus zurückdenke, dann sind sie weniger beherrscht vom Pulverdampf parlamentarischer Schlachten, in denen man sich nur schwer verheilende Wunden beibrachte. Natürlich gab es die auch. Aber es waren doch eher die Qualmwolken der Marke Richmond Medium Navy-cut, die die vielen Stunden einer damals noch jungen Politikergeneration in gemeinsamen Auseinandersetzungen, gemeinsamer Arbeit, aber auch gemeinsamer Fröhlichkeit im sogenannten falschen Kabinett umhüllten und die auch heute noch dem längst zum Nichtraucher gewordenen bei der Erinnerung daran in die Nase steigen.

Es war damals nur eine kleine Runde, die da zusammensaß, qualmte und Politik machte

– alle im Alter zwischen 30 und 40, alle Pfeifenraucher, alles Leute, die die Verhältnisse in dem Land, koste es, was es wolle, ändern wollten und auch geändert haben. In diesem Kreis – Helmut Kohl gehörte dazu, Willibald Hilf, Karl Thorwirth und ich – wurden interfraktionell die praktischen Voraussetzungen geschaffen für die beiden entscheidenden Reformen, die die Landespolitik jahrzehntelang bestimmten und die für eine ganze Generation von Sozialdemokraten – ich nenne hier nur Hans König, Adolf Rothley, Oskar Munzinger, Karl Haehser – fast zu einer Glaubensfrage geworden waren: die Schulreform und die Gebietsreform. Diese beiden Reformen waren das eigentliche Sprungbrett, auf dem Rheinland-Pfalz sich im Vergleich der Länder von den hinteren Plätzen nach vorne katapultierte.

Ich selbst kam 1955 zum ersten Mal in den Landtag und nahm mich da vor allem der Schul- und Bildungspolitik als einer der Hauptpositionen sozialdemokratischer Politik an. Wir fühlten uns – und waren es sicher auch – als parlamentarische Wortführer der Bevölkerungsteile, die die christliche Gemeinschaftsschule wollten. Doch bis es zu dieser heutigen Selbstverständlichkeit kam, dauerte es noch einige Jahre. Damals kam ein junger Abgeordneter aus Ludwigshafen, Helmut Kohl, der eine neue Generation in der CDU vertrat und führte, die gegen das fast absolute Regiment des konservativen Landesvaters Altmeier aufmuckte. Es gelang Kohl, die erstarrten und verkrusteten Strukturen seiner Partei im Schulstreit systematisch aufzuweichen. Die Zeit war dafür reif geworden, und Helmut Kohl hatte dafür einen Instinkt. Die Chancen wuchsen, im Schulstreit endlich den Durchbruch zu schaffen und das Ziel zu erreichen, für das die Sozialdemokraten 15 Jahre lang gekämpft hatten. Das war jene Zeit, in der es zu intensiven interfraktionellen Kontakten kam. Das war die Zeit unseres Pfeifenkabinetts. Gerade in dieser Runde hatten wir alle gelernt, daß man ab- und zugeben muß, daß man aufeinander zugehen muß, daß man Kompromisse schließen muß. Wir sammelten damals Erfahrungen in praktischer, in tätiger Demokratie. Nur so war ein gemeinsames Handeln von Regierung und Opposition überhaupt möglich. Wir hielten alle nicht viel von ideologischen Verkrampfungen. Wir konnten miteinander reden, miteinander umgehen, hatten damit aber keineswegs die politischen Fronten aufgehoben. Wir hatten unsere gegensätzlichen Standpunkte und versuchten natürlich, unsere politischen Ziele durchzusetzen. So manche Redeschlacht, so manche harte politische Auseinandersetzung im barocken Deutschhaus zeugte davon.

Der ganze Stil in den politischen Auseinandersetzungen war damals doch anders als heute, wärmer, menschlicher, vielleicht auch nicht so effektiv wie heute. Es hat dabei immer wieder Fröhlichkeit und Spaß gegeben. Und so kann ich mich noch gut daran erinnern, wie wir einmal um 1960 herum zu fünft – das waren Hans König, Karl Haehser, Adolf Rothley, Karl Thorwirth und ich – nach einer Landtagssitzung im Landtagsre-

Jockel Fuchs, Fraktionsvorsitzender der SPD, wendet sich in einer parlamentarischen Interpellation an den jungen Kultusminister Dr. Bernhard Vogel im Mainzer Landtag.

staurant bei einem herrlich kühlen Bier saßen und uns über eine gravitätische Angewohnheit von Landesvater Altmeier ärgerten: immer vor einer Parlamentsentscheidung, wenn wirklich schon alles gesagt war, ergriff Altmeier noch einmal das Schlußwort – und das dauerte meistens 20 Minuten. So richtig schön in Bierlaune wollten wir's Altmeier einmal zeigen und verabredeten, daß nach seinem Schlußwort sich einer von uns melden und dann das letzte, dann das allerletzte und dann wirklich das allerallerletzte Wort sprechen sollte. Gedacht, gesagt, getan: die Gelegenheit kam, Altmeier zelebrierte sein Schlußwort. Als er fertig war, meldete ich mich und erzählte irgend etwas. Altmeier mußte jetzt wieder »in die Bütt«. Aber kaum hatte er geendet, war Karl Haehser an der Reihe, um noch einen draufzusetzen. Dieses Spielchen trieben wir dann in der Folgezeit weiter, zum diebischen Vergnügen der meisten Abgeordneten quer durch die Parteien hindurch. Natürlich hat sich Helmut Kohl darüber am meisten amüsiert. Kein Wunder. Vielleicht war diese Art des Karikierens einer landesherrlichen Angewohnheit nicht gerade die feinste Art. Und wir haben bei diesen Scharmützeln ja auch nur heiße Luft gegen heiße Luft abgelassen. Ich bin aber überzeugt, daß Peter Altmeier nachher selbst darüber lachen konnte.

In einer anderen Sitzung stand ich als kulturpolitischer Sprecher unserer Fraktion am Rednerpult und setzte mich mit Georg Picht, dem Erfinder des Bildungsnotstandes, auseinander. Diese »parlamentarische Sternstunde« wurde plötzlich von Karl Haehser mit der Empfehlung unterbrochen, der Abgeordnete Fuchs möge doch das Schiebedach seines Wagens schließen, alldieweil draußen ein Platzregen niederginge. Ich konnte gar nicht mehr an Picht denken, sondern sah nur noch mein Auto als Aquarium vor mir. So abrupt wurde wohl selten eine Rede abgeschlossen: »Ich muß schließen, später mehr!« Auch dies zeigt, wie warm und lebensvoll die Atmosphäre in diesem rheinland-pfälzischen Landtag letztlich gewesen ist.

Solche kleinen, farbigen Erinnerungen gibt es in einem langen Politikerleben natürlich viele. Wie zum Beispiel dieser »Beinahe-Krimi« um die Heimholung der Gutenberg-Bibel. Es war im Januar 1978, als wir durch einen Artikel der New York Times davon Wind bekamen, daß in New York gleich drei dieser ein halbes Jahrtausend zuvor in Mainz gedruckten Bücher zum Verkauf anstünden. Als ich das hörte, reagierte ich spontan: Wir holen uns die Bibel zurück. Es war nach Expertenmeinung wohl die letzte Chance, Eigentümer einer Gutenberg-Bibel zu werden. Denn mit einer Ausnahme sind heute alle noch existierenden Gutenberg-Bibeln in fester Hand von Institutionen und damit kein Objekt mehr für den Buchmarkt.

Für Mainz ging es dabei um sehr viel; einmal darum, das Zeugnis einer Sternstunde seiner Geschichte heimzuholen – zum anderen ging es um den Anspruch des Gutenberg-Museums, Weltmuseum der Druckkunst zu sein. Ein Zentrum der Gutenbergforschung ohne Gutenberg-Bibel? Schwer vorstellbar. Wenige Jahre zuvor hatte der Preis für diese Bücher noch mit etwa zehn Millionen DM außer Reichweite europäischer Interessenten gelegen. Erst nach dem folgenden Dollarverfall konnten wir überhaupt einen Gedanken daran verschwenden, dieses schönste je gedruckte Buch an seinen Geburtsort zurückzuholen. Am selben Tag, als die Nachricht von den Verkaufsgerüchten nach Mainz drang, stimmten Stadtvorstand und Hauptausschuß sofort zu, alles zu unternehmen, damit dieser »Deal« klappte. Dann kamen spannende Tage des Finassierens und Taktierens, wobei es darum ging, den Kaufpreis auf ein realisierbares Maß herunterzuhandeln, immer in Furcht, daß der vom Verkäufer vorgeschobene andere Interessent wirklich existierte. Nun, die Mainzer hatten die besseren Nerven – der unbekannte Dritte existierte nicht, und bei 3,7 Millionen DM wurde man handelseinig. Natürlich machte dieses teuerste Buch der Welt damals Schlagzeilen in der ganzen Weltpresse. Doch die Mainzer hielten diesen Rekord nur wenige Wochen, dann wurden sie vom Land Baden-Württemberg überholt, das die zweite angebotene Gutenberg-Bibel eine runde Million teurer erwarb. Den Mainzern ermöglichte damals das Land Rheinland-Pfalz mit einem Zuschuß von einer Million DM diesen spektakulären Coup. Mit großem Bahnhof holten wir die Mainzer Bibel dann am 26. April am Rhein-Main-Flughafen ab. Im Ratssaal wurde der Vertrag mit dem New Yorker Antiquar Hans P. Kraus unterzeichnet, und dann verschwand die Kostbarkeit im Tresor des Museums.

Nun handelte es sich bei der Mainzer Gutenberg-Bibel um ein Exemplar, das ein englischer Adliger im 18. Jahrhundert in Deutschland gekauft hatte und das dann über 170 Jahre in einer englischen Bibliothek verschwunden war. Erst 1951 war es wieder in den USA aufgetaucht. Knapp vier Wochen nach dem Kauf, am 23. Mai, kam die Englische Königin Elizabeth II. zu Besuch nach Mainz. So lag es nahe, dieses sogenannte Shuckburgh-Exemplar, das zu den ersten und schönsten, typographisch reinsten Exemplaren gehört, die Gutenbergs Werkstatt verlassen haben, mit dem Besuch der Queen in Verbindung zu bringen. Mit großem Gepränge fuhr Königin Elizabeth vom Mainzer Hauptbahnhof durch die Stadt zum Gutenberg-Museum, wo sie in einem symbolischen Akt die Bibel aufschlug und dieses ehrwürdige Buch der Öffentlichkeit übergab. Kurz zuvor, bei der Ankunft der königlichen Gäste im Gutenberg-Museum, war gerade ein Wolkenbruch über Mainz niedergegangen, und so stand Prinz Philip bei dem Übergabeakt neben mir, mit einem zusammengerollten Regenschirm, aus dem Wasser tropfte, und verfolgte das bedeutsame Geschehen, von dem Festredner von nun an sagen konnten, es sei eine historische Stunde gewesen – für Engländer bestimmt keine außergewöhnliche Situation.

Dieser Farbtupfer in den Erinnerungen eines Oberbürgermeisters ist nun bestimmt nicht der wichtigste Akt in den über zwei Jahrzehnten Mainzer Lebens gewesen. Es gab

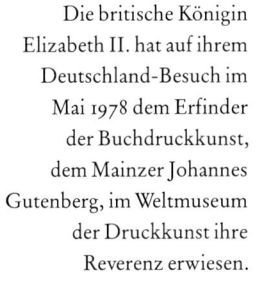

Die britische Königin Elizabeth II. hat auf ihrem Deutschland-Besuch im Mai 1978 dem Erfinder der Buchdruckkunst, dem Mainzer Johannes Gutenberg, im Weltmuseum der Druckkunst ihre Reverenz erwiesen.

sicher sehr viel bedeutsamere Entscheidungen und Ereignisse. Aber was dieses Geschehen so bedeutsam erscheinen läßt, war eine Mainzer Entwicklung, die vor 40 Jahren niemand hatte voraussehen können, nämlich die Entwicklung der Stadt zu einem der wichtigsten modernen Medienzentren. Man muß sich das einmal vorstellen: Da hat in Mainz vor über 500 Jahren Gutenberg mit seiner Erfindung des Drucks mit beweglichen Lettern den großen Durchbruch in die Neuzeit ermöglicht. Die gesellschaftliche Bedeutung dieser Erfindung war enorm. Zum ersten Mal war es möglich, Bücher in großen Auflagen herzustellen – und zu einem Preis, der es vielen möglich machte, sich Bücher und damit Informationen zu kaufen. Von Mainz aus breitete sich diese Erfindung wie ein Buschfeuer aus – innerhalb eines halben Jahrhunderts ging sie rund um die Welt.
Mainz ist von Gutenberg in den Brennpunkt dieser Entwicklung gestellt worden. Das hat sich auch 500 Jahre danach noch nicht geändert. Das Phänomen Gutenberg ist heute noch bei uns lebendig wie eh und je. War es bisher nur das gedruckte Wort, so sind es heute die elektronischen Medien, die zusammen mit Gutenbergs Erfindung das Leben dieser Stadt mitgestalten und prägen. Gerade hier in Mainz erleben wir hautnah die zukünftige Medienentwicklung.
Aber im Stadtbild hat diese Entwicklung unübersehbar ihren Niederschlag gefunden. Wer sich heute Mainz über die Autobahn nähert, erblickt auf dem Lerchenberg über der Stadt den eindrucksvollen Komplex von Europas größter Fernsehanstalt, dem Zweiten Deutschen Fernsehen. Als am 6. Dezember 1984 das Sendebetriebsgebäude des ZDF eingeweiht wurde, war das für die Stadt ein historisches Datum. Damals hat das ZDF – »Europas heimlicher Gigant«, wie ein Wirtschaftsmagazin in einer Reportschlagzeile schrieb – den Paragraphen eins des ZDF-Staatsvertrages voll realisiert: »Die Anstalt hat ihren Sitz in Mainz«. 20 Jahre dauerte es vom Kauf des eine Million Quadratmeter großen Geländes, bis mit der Einweihung des allein eine halbe Milliarde DM erfordernden Sendebetriebsgebäudes dieser Mainzer Sitz des ZDF endgültig wurde. Heute verfügt das ZDF auf dem Lerchenberg über das modernste Sendezentrum der Welt.
Vielleicht kann man verstehen, daß ich als Mainzer Oberbürgermeister gerade diesen Medienbereich im Leben unserer Stadt so hervorhebe. Für den gelernten Journalisten, der als Oberbürgermeister auch Präsident der Internationalen Gutenberg-Gesellschaft ist, die das Erbe Gutenbergs zu pflegen und fördern hat, und der gleichzeitig den Vorsitz im Fernsehrat des Zweiten Deutschen Fernsehens innehat, liegt wohl dieser Schwerpunkt sehr nahe. Damit bin ich an zwei Medien gebunden, die in ihrer Rivalität immer wieder die Kulturpessimisten und Kassandra-Rufer mobilisieren: Das gedruckte Wort und das Fernsehen.
Auch wenn sie immer wieder totgesagt wird, ich selbst glaube nicht diesen Kassandra-Rufen, die die Buchkultur des Bürgertums schwinden sehen, zurückweichen sehen vor

HANNS DIETER HÜSCH

MAINZ 1987

Mein braunes Auge und mein blaues Herz
zieh'n im Oktober und im März
zu seh'n ob meines Lebens Spiel will glücken
oft in die Fremde
mit meiner Schicksalsstadt im Rücken

Mein altes großes kleines Mainz
ganz klein und heimlich sollst Du sein
in meiner krausen Seele
ganz nah und warm
in meinem kranken Wanderbein

Du bist nicht meine Mutterstadt
auch nicht mein Vaterland
Du bist wie meine tote Frau
mein Vorort mit dem Trauerrand
Du machst mich todeskrank und lebenssatt
Ich brauche Dich
Du meine Liebesstadt

Oft steh ich in der Fremde still
und spür'
wie mich Vergangenes
erdrücken will
und hoff' der Himmel
ist kein Kindermund
und nimmt mich auf
nach meiner letzten Stund'

Ich bin Nomade
evangelisch und zugleich
ein Deserteur
bin flüchtig undankbar
am Morgen arm am Abend reich
am nächsten Tag verwahrlost
heimatlos und liederlich
dann denke ich an Dich
Mein gutes Mainz

Ich brauch' nicht Deinen Dom
und Dein geschichtliches Gedöns
nimm meine Ängste nimm sie mir
ich brauch' nicht Deinen Wein
und Deine lauten Tage
Deine Prahlerei und Deinen Protz
ich brauche Deinen Aschermittwoch
Mainz

Du bist wie meine tote Frau
Gewissen und Erinnerung
und liegst in meinem Rücken
streng und weich
auf meinen Reisen durch das Heil'ge Römische Reich
Deutscher Nation
So alt bin ich geworden
Du hast mich so gemacht
und ich will sein genau wie Du:
Im Leben oft geweint
Im Tode noch gelacht.

dem übermächtigen Angriff der elektronischen Medien. Das Medium des gedruckten Worts und die elektronischen Medien schließen einander nicht aus, sie bilden zwar Gegensätze, sind aber keine Alternativen – sie sind hier in Mainz gelebtes Leben.

Das gedruckte Wort kann und muß seine Ergänzung, seine Unterstützung, seine Förderung durch das Fernsehen erfahren. Auf der anderen Seite kann gerade das gedruckte Wort die ohne Zweifel vorhandenen negativen Seiten des Fernsehens für die Erziehung des Menschen, für seine Entwicklung, für die menschliche Kultur neutralisieren.

Natürlich wird das Buch die Stellung, die es nun ein halbes Jahrtausend innehatte, seit jenen Jahren, da Gutenberg in Mainz die Bibel druckte, in Zukunft nicht mehr allein einnehmen. Die neuen Medien, über deren Weg in die Zukunft eigentlich noch niemand etwas mit Sicherheit sagen kann, werden einen großen Teil des »Informationsumsatzes« an sich reißen. Nur eines ist sicher – wir stehen am Beginn einer Epoche, in der die Information umgesetzt wird wie Ware, produziert wird wie Industrieprodukte. Die Informationen werden alles erfassen und alles durchdringen. Sie werden das menschliche Leben mit Sicherheit verändern. Aber auch dann noch wird ein Medium all das tragen, was wir heute verbinden mit dem geistigen Erlebnis »Lesen«.

Mainz, die Landeshauptstadt von Rheinland-Pfalz, wird im Brennpunkt dieser Entwicklung stehen. Das ZDF, 3 SAT und SAT 1, das große SWF-Landesstudio, die Zeitungsgruppe Rhein-Main-Nahe, die große Konzentration von Journalisten, aber auch die High-tech-Unternehmen wie IBM oder Schott und eine Vielzahl mittlerer und kleinerer außerordentlich innovativer Betriebe sind die eigentlichen Garanten dafür, daß auch diese kleine unter den Landeshauptstädten der Bundesrepublik in der Zukunft des Informationszeitalters eine überragende Rolle spielen wird.

Der Kern des ZDF-Sendezentrums besteht aus dem kreisförmigen Betriebsgebäude, in dem die aktuellen Sendungen wie die »heute«-Nachrichten produziert werden, und dem Hochhaus, Sitz der Intendanz, aller Redaktionen sowie der Verwaltung.

Werner Ludwig

Ludwigshafen, eine rheinland-pfälzische Wirtschaftsmetropole

Im Frühjahr 1956 erreichte mich die Anfrage, ob ich Leiter des Ausgleichsamtes in Ludwigshafen werden wolle. Bevor ich mich entschied, bat ich meinen damaligen Chef, den Direktor der Landesversicherungsanstalt Rheinland-Pfalz in Speyer, Hermann Langlotz, um seinen Rat. Er sagte: »Wenn Sie hierbleiben, werden Sie sicher eines Tages mein Nachfolger, wenn Sie aber nach Ludwigshafen gehen, werden Sie dort Oberbürgermeister.« Inwieweit er dies wirklich ernst meinte, vermag ich nicht zu beurteilen. Jedenfalls wurde ich neun Jahre später in das mir von Hermann Langlotz prophezeite Amt in Ludwigshafen eingeführt.
Als ich am 1. September 1956 meinen Dienst als Leiter des Ausgleichsamtes antrat, war Werner Bockelmann Oberbürgermeister der Stadt Ludwigshafen, mein unmittelbarer Vorgesetzter war der für das Sozialdezernat zuständige ehrenamtliche Bürgermeister Peter Trupp. Zwischen uns kam es schnell zu einem engen Vertrauensverhältnis. Über meine Pflichten als Dienststellenleiter hinaus beauftragte mich der spätere Ehrenbürger Ludwigshafens, ihm auch in allen anderen Fragen des Sozialdezernats zuzuarbeiten. So geschah es nicht von ungefähr, daß mich der Stadtrat nach der Pensionierung von Peter Trupp am 31. Januar 1958 als dessen Nachfolger zum hauptamtlichen Beigeordneten und Sozialdezernenten wählte.
Mein größtes persönliches Problem im Jahr 1956 war es, in Ludwigshafen eine Wohnung zu finden. Doch der langjährige Oberbürgermeister Valentin Bauer, der auch im Ruhestand das Amt des ehrenamtlichen Vorstands der Gemeinnützigen Aktiengesellschaft für Wohnungsbau (GAG) beibehalten hatte, half, daß ich relativ rasch mit meiner Familie übersiedeln konnte. Nunmehr habe ich bereits die Hälfte meines Lebens in Ludwigshafen verbracht.
Im folgenden befasse ich mich, ohne Wert auf Vollständigkeit zu legen, mit Erlebnissen und Ergebnissen aus einer 30jährigen Tätigkeit für die Stadt, die mir Heimat geworden ist.
Was mich an Ludwigshafen zunächst am stärksten beeindruckte, war die Bereitschaft der Bürger, Neuankömmlinge schon nach kurzer Zeit zu integrieren. Sicher liegt das mit daran, daß die Ludwigshafener Bürgerschaft, im Gegensatz zu der von altehrwürdigen, geschichtlich gewachsenen Städten mit sehr eng verflochtenen Familien- und

Freundeskreisen, eher »zusammengewürfelt« ist. Das geht zurück auf die stürmische Industrialisierung im 19. Jahrhundert, als die junge Stadt viele arbeitsuchende Menschen aus allen Teilen des damaligen Deutschen Reiches, ja sogar die ersten »Gastarbeiter« geradezu aufsog. Was Wunder, daß es dann für die neuen Ludwigshafener selbstverständlich war, die nach ihnen Zugezogenen ebenfalls in ihre Reihen aufzunehmen. Nach 1945 kamen, weil es hier Arbeit gab, auch ganze Heerscharen von Vertriebenen, Flüchtlingen und Spätaussiedlern nach Ludwigshafen – vor dem Mauerbau 1961 bis zu 5 000 im Jahr!

Der Wiederaufbau der hochgradig zerbombten Stadt hatte erst sehr spät begonnen. Das lag daran, daß die französische Besatzungsmacht selbst arm dran war und der größte Steuerzahler Ludwigshafens, die BASF, überdies unter Sequesterverwaltung stand. Der Sequester wurde erst ab 1949 de facto und 1952 de jure aufgehoben. Bis dahin flossen die Steuereinnahmen nur sehr spärlich. Wenn es dem ersten gewählten Oberbürgermeister Valentin Bauer dennoch gelang, unter äußerst schwierigen Bedingungen den Wohnungsbau zu forcieren, dann lag dies an seinem Durchsetzungsvermögen und seiner Phantasie, immer neue öffentliche Geldquellen zu erschließen. Noch heute sind denn auch die übrigen rheinland-pfälzischen Städte »zweiter Sieger« hinter Ludwigshafen, wenn es um die Vergabe staatlicher Mittel im »Windhundverfahren« geht. Der Wohnungsbau blieb bis in die 70er Jahre hinein eine der wichtigsten städtischen Aufgaben. Manche heutige Kritiker der städtebaulichen Gestaltung der in jenen Jahren entstandenen neuen, fast aus dem Boden gestampften Wohngebiete wissen nicht, wie groß seinerzeit die Not der Menschen war, denen so schnell wie möglich geholfen werden mußte. Trotz aller Anstrengungen warteten viele Familien oft jahrelang auf die ersehnte eigene Wohnung. Selbst heute gibt es noch einen Fehlbedarf, der indes in einigen Jahren durch ein ausgeglichenes Angebot behoben sein dürfte.

Die Notwendigkeit, eine Vielzahl von Wohnungen sehr schnell, preisgünstig und innerhalb einer engen Gemarkungsgrenze zu errichten, hatte zwangsläufig zur Folge, daß in erster Linie der soziale Wohnungsbau betrieben wurde. Zur Befriedigung des Massenbedarfs bauten daher die städtische GAG fast 15 000 und die Wohnungsgesellschaften der BASF mehr als 10 000 Mietwohnungen.

Mit steigendem Lebensstandard, dem Wunsch nach einem Einfamilienhaus im Grünen und angesichts des Mangels an Baugrundstücken in der eigenen Gemarkung, die nur durch die freiwillige Eingliederung von Ruchheim etwas vergrößert werden konnte, verzogen immer mehr junge Familien ins Umland. Das ist kein spezifisches Ludwigshafener Charakteristikum, wirkt sich allerdings in anderen Städten statistisch weniger gravierend aus, weil ihnen die Gebietsreform zu erheblichen Eingemeindungen und damit zur Gebietserweiterung verhalf. Der Gesetzgeber hat dies Ludwigshafen, aber auch

Ein Oberbürgermeister freut sich, wenn ein neues Bauprojekt in seiner Stadt unmittelbar den Menschen nützt. Werner Ludwig hier beim ersten Spatenstich zum Neubau des Klinikums in Ludwigshafen. Links der damalige rheinland-pfälzische Gesundheitsminister Prof. Dr. Klaus Töpfer.

Frankenthal und Speyer im wesentlichen verweigert. Ein Gegensteuern ist nur sehr bedingt möglich. Ludwigshafen versucht es zum Beispiel mit den derzeit laufenden Programmen für das »Kostengünstige Bauen«.

Ende der 50er, Anfang der 60er Jahre – Dr. Hans Klüber hatte die Nachfolge von Werner Bockelmann, der zum Frankfurter Oberbürgermeister gewählt worden war, angetreten – setzte dann in den verschiedensten Bereichen eine sprunghafte Entwicklung nach vorne ein. Noch 1956 gab es beispielsweise kein städtisches Alten- und Pflegeheim, keinen einzigen städtischen Kindergarten und praktisch keinerlei Jugendeinrichtungen. Mit dem alten Pfalzbau, notdürftig wieder instandgesetzt, besaß Ludwigshafen nur eine bescheidene Kulturstätte. An ein Museum war nicht zu denken und an ein Zentralrathaus schon gar nicht. Die Pendler quälten sich über den aus dem vergangenen Jahrhundert stammenden Viadukt, der die durch das breite Band der Gleise des Sackbahnhofs zweigeteilte Innenstadt verband.

Nun sollte die als Arbeiterwohnsiedlung entstandene Stadt Ludwigshafen ein neues Gesicht bekommen. Die erste städtische Kindertagesstätte wurde 1958 fertiggestellt. Heute sind es 22 Einrichtungen, die in Abstimmung mit den Trägern der freien Wohlfahrtspflege erbaut wurden und deren Kindergartennetz ergänzen. Neben zwei Alten- und Pflegeheimen stehen neun Altenwohnheime zur Verfügung, außer dem zentralen

Haus der Jugend gibt es in fast jedem Stadtteil eine Begegnungsstätte für junge Menschen, der Bildung unserer Kinder und Jugendlichen dienen neben vielen Einzelschulen drei Schulzentren, ein Zentrum der Berufsbildenden Schulen und die nach dem Ludwigshafener Philosophen Ernst Bloch benannte Integrierte Gesamtschule. Dem 1956 eröffneten ersten städtischen Hallenbad folgten zwei weitere, überregionale Bedeutung haben Sonderschulen mit beschützenden Werkstätten für geistig und körperlich behinderte junge Menschen.

Nach der Friedrich-Ebert-Halle (Baujahr 1965) im gleichnamigen Park konnte 1968 auf dem Areal einer ehemaligen Brauerei inmitten der Stadt der neue Pfalzbau mit Konzert- und Festsälen, Theater, Konferenzräumen und Gaststätte seiner Bestimmung übergeben werden. Das 1979 vollendete Wilhelm-Hack-Museum (größte Miró-Wand der Welt!) errang eine weit über die Grenzen Ludwigshafens hinausgehende Reputation. Schließlich konnte, ohne auf viele andere städtische Projekte eingehen zu wollen, 1979 im Herzen der City das neue Rathaus den Bürgern seine Pforten öffnen. Es steht auf dem Gelände des früheren Ludwigshafener Hauptbahnhofs. Und damit ist das Stichwort für eines der wichtigsten Ereignisse in der Geschichte der Stadt gegeben.

Bereits im vorigen Jahrhundert waren, vor allem aus verkehrstechnischen Gründen, Überlegungen angestellt worden, den Hauptbahnhof zu verlegen und ihn von einem Sack- zu einem Durchgangsbahnhof umzuwandeln. Jahrzehntelange Planungen, immer wieder von Kriegs- und Notzeiten unterbrochen, führten endlich 1962 zu einem Vertrag zwischen der Deutschen Bundesbahn und der Stadt Ludwigshafen. Bei der Vertragsunterzeichnung im Ludwig-Reichert-Haus kleckste der Füllhalter meines Amtsvorgängers Dr. Hans Klüber. Man könnte im nachhinein auch sagen, die Feder sträubte sich ahnungsvoll angesichts der finanziellen Konsequenzen aus diesem Abkommen, denn die geschätzten 90 Millionen Mark Verlegungskosten, von denen die Bundesbahn, Bund und Land zusammen sowie die Stadt je ein Drittel aufbringen sollten, summierten sich in der Endabrechnung auf 157 Millionen Mark! Hinzu kamen weitere rund 200 Millionen Mark der Stadt für den Grunderwerb.

Zum Glück half das Gemeindefinanzreformgesetz, wenigstens einen Teil der horrenden Ausgaben über die Förderung des öffentlichen Personenverkehrs (unterirdischer Ausbau der Straßenbahn zur Stadtbahn) aus Bundes- und Landesmitteln zu finanzieren. Alles in allem blieb es jedoch eine sehr kostspielige Maßnahme, die entscheidend zur hohen Verschuldung der Stadt beigetragen hat.

Darüber soll aber nicht vergessen werden, daß erst die Bahnhofsverlegung die Chance der Neugestaltung der Innenstadt eröffnete. Wesentliche Voraussetzung dafür war die Herausnahme des starken Durchgangsverkehrs. Dies konnte nur dadurch erreicht werden, daß der bereits 1959 abgeschlossene erste Abschnitt der Stadthochstraße Süd über

Der Pfalzbau in Ludwigshafen, eine der modernen Stadthallen in Rheinland-Pfalz.

Seite 502/503: Miró-Wand am Wilhelm-Hack-Museum, nach einem Entwurf von Joan Miró aus dem Jahre 1978. Es handelt sich um die flächenmäßig größte Arbeit des Künstlers.

den neuen Hauptbahnhof hinweg verlängert und zusätzlich die Stadthochstraße Nord gebaut wurde. Sie liegt über den einstigen Bahnhofsgleisen und erlaubt im Verein mit der neuen Kurt-Schumacher-Brücke, der zweiten Rheinbrücke nach Mannheim, eine direkte und kreuzungsfreie Zufahrt zur BASF. Damit war es möglich, die einst verkehrsreichsten Straßen der Stadt, Bismarck- und Ludwigstraße, zu Fußgängerzonen umzugestalten sowie die dicht von Wohnungen und Geschäften gesäumte Prinzregentenstraße von Straßenbahn- und Autoverkehr zu befreien.

Entgegen vielen unsachgemäßen Betrachtungen führte die Anlage des Hochstraßensystems nicht zur autogerechten, sondern zur menschengerechten Stadt. Die Luftverhältnisse verbesserten sich beträchtlich, Kinder können wieder ungestört in den Straßen spielen und Käufer unbeschwert in den Fußgängerbereichen flanieren.

Der Verlegung des Hauptbahnhofs ging die Aussiedlung mehrerer stark emittierender,

Werner Ludwig

Ludwigshafen, eine rheinland-pfälzische Wirtschaftsmetropole

die angrenzenden Wohngebiete sehr belastender Gewerbebetriebe voraus. Dadurch entstanden im Stadtzentrum zahlreiche begrünte Freiräume. Bei der späteren Verlagerung der Fabrikationsanlagen der Grünzweig + Hartmann AG wurde die Chance genutzt, eine durchgehende Grünverbindung von der Innenstadt bis in die Erholungsgebiete im Norden der Stadt herzustellen. So kam die Stadtplanung ihrem Ziel, die Durchlüftung mit Hilfe zusätzlicher Grünflächen zu verbessern und noch mehr Möglichkeiten der Naherholung zu schaffen, ein großes Stück näher. Mit Fug und Recht und ohne Übertreibung darf gesagt werden, daß die graue Industriestadt Ludwigshafen von ehedem zu einer Großstadt im Grünen geworden ist. Auch der am dichtesten besiedelte Stadtteil, der Hemshof, eines der größten Sanierungsgebiete im Bundesgebiet, wurde unter Wahrung der alten Strukturen in geduldiger Arbeit Schritt für Schritt baulich verjüngt und wesentlich aufgelockert.

Als Industriestadt bietet Ludwigshafen Arbeitsplätze für Menschen aus der gesamten Region. Selbst wenn keine bis ins letzte exakten Zahlen vorliegen, darf doch davon ausgegangen werden, daß von den 110000 hier Beschäftigten mehr als 50 Prozent Einpendler sind. Schon das erforderte den Ausbau eines gut funktionierenden Straßensystems.

Um den Arbeitskräftemangel zu den Zeiten der Hochkonjunktur in den 60er und zu Beginn der 70er Jahre zu beheben, warb vorwiegend die Industrie sehr viele ausländische Gastarbeiter an. Deshalb leben jetzt 18000 Bürger fremder Zunge in Ludwigshafen. Daraus ergaben sich und ergeben sich weiterhin noch immer große Probleme, insbesondere im schulischen und im Wohnbereich. Nicht nur in Ludwigshafen wird es eine wichtige Aufgabe sein, die Eigenständigkeit der unterschiedlichen Kulturkreise zu wahren und dennoch einen möglichst hohen Integrationsgrad zu erreichen. Vor allem der Jugendarbeitslosigkeit, die sich bei den ausländischen Familien weitaus stärker auswirkt, gilt es zu begegnen, um das Vertrauen in unsere demokratische Rechtsordnung zu erhalten.

Letztes Thema ist ein Exempel für Probleme, die eine große industrielle Ballung für eine Stadt mit sich bringt. Die chemische Produktion in unmittelbarer Nähe von Wohnbezirken und in einer für den Standort Ludwigshafen typischen, da gewachsenen Verdichtung zwingt zu vielerlei Maßnahmen. Ihr Erfolg hängt von einer guten Abstimmung zwischen Kommune und Industrie ab. Daß dabei für beide Seiten positive Ergebnisse zu erzielen sind, beweist die gemeinsame Kläranlage von BASF und Stadt. Ihr schlossen sich mittlerweile auch die Stadt Frankenthal und ein Teil der Landkreisgemeinden an. Hier wird der Nachweis geführt, daß Ökologie und Ökonomie kein Gegensatz sein müssen, sondern daß es durchaus möglich ist, sowohl effektiv dem Umweltschutz zu dienen als auch kostengünstig zu arbeiten.

Mit der Stillegung alter und der Inbetriebnahme neuer industrieller Anlagen konnte in

Ludwigshafen, eine rheinland-pfälzische Wirtschaftsmetropole

Das Rathaus in Ludwigshafen, ein moderner Verwaltungsbau, wird auf diesem Bild durch Wasserkünste in ein verzaubertes Ambiente getaucht.

Die thronende Muttergottes eines mittelrheinischen Meisters um 1420, heute im Wilhelm-Hack-Museum in Ludwigshafen. Die Plastik stammt aus Alken an der Mosel. Die Kunsthistoriker ordnen sie dem »weichen Stil« unserer Regionen zu, der am Mittelrhein und seinen Nebenflüssen damals blühte.

den vergangenen Jahren die Luftbelastung erheblich verringert werden. Ein weiteres Beispiel für umweltfreundliche Kooperation ist die geplante Lieferung von Abwärme der BASF zur Beheizung eines kompletten Stadtteils, dessen Fernheizung bislang auf Gas- und Ölbasis, also mit wertvollen Primärenergien, erfolgte.

Außerdem wird die Stadt zusammen mit den Städten und Landkreisen der Vorderpfalz ihr Müllheizkraftwerk nachrüsten, um den Schadstoffausstoß weiter zu senken. Dagegen liegt die mehrheitlich auf den Kfz-Verkehr zurückzuführende Stickoxydbelastung noch im kritischen Bereich. Hier kann auch Ludwigshafen nur auf eine vermehrte katalytische Abgasreinigung setzen.

In vielen Gesprächen werde ich immer wieder gefragt, ob es denn zwischen einem so großen Betrieb wie der BASF und der Stadtverwaltung nicht zwangsläufig zu Spannungen kommen müsse. Professor Seefelder, der frühere Vorstands- und jetzige Aufsichtsratsvorsitzende, fand dafür vor kurzem den scherzhaften Vergleich: er und ich hätten immer an einem Strang gezogen, manchmal allerdings an den verschiedenen Enden.

Natürlich kann es nicht ausbleiben, daß es Interessengegensätze gibt, die ausgeglichen werden müssen. So war es beispielsweise ein wichtiges Anliegen für die BASF, eine zügige Verkehrsführung zum Unternehmen zu bekommen; ein im Grunde berechtigter Wunsch, von dessen Verwirklichung auch die Stadt profitierte. Zwei Seiten einer Medaille präsentieren sich auch in der Beteiligung der BASF am größten Wohnungsbauvorhaben im Stadtbereich, dem Bau des Stadtteils Pfingstweide. Einerseits wurde der Verdichtung der Bebauung Vorschub geleistet, andererseits konnte in den schwierigen Jahren der akuten Wohnungsnot vielen Menschen relativ schnell geholfen werden.

Zu den »Dauerbrennern« im Verhältnis Stadt – Industrie zählt zweifellos die umstrittene Frage des Gewerbesteuerhebesatzes, der in den zurückliegenden Jahren zweimal erhöht werden mußte. Es ist verständlich, wenn solche Entscheidungen von den Betroffenen nicht begeistert begrüßt werden. Die Stadt ihrerseits kann den aus der Industrieansiedlung erwachsenden Belastungen nur mit Hilfe ausreichender Steuereinnahmen wirksam begegnen. Über die sinnvolle Verwendung dieser Steuergelder muß selbstverständlich auch mit denen diskutiert werden, die sie aufbringen. Dieser Dialog ist in Ludwigshafen niemals abgerissen.

Wenn vom Wirtschaftszentrum Ludwigshafen gesprochen wird, denkt jeder zunächst an die Großbetriebe. Daß es daneben viele für die Stadt bedeutsame Kleinbetriebe gibt, die eine wichtige Rolle in der Stadt – und innerhalb der Industrieunternehmen selbst – einnehmen, sollte darüber aber nicht vergessen werden. Gerade das Handwerk und die Mittelbetriebe haben in nicht unerheblichem Maß von den 2,5 Milliarden Mark profitiert, die seit der Währungsreform von der Stadt in Ludwigshafen investiert wurden.
Zwischen den gesellschaftlichen Gruppierungen kam es bei uns nie zu einer unheilbaren

507

Ein Weltunternehmen mit seinem Sitz in Ludwigshafen: Die BASF mit ihren rund 50 000 Mitarbeitern bestimmte den Aufstieg der Industriemetropole. Gemeinsam bemühen sich »Stadt und Werk« um die Lösung der anstehenden Probleme.

Blick in die Fußgängerzone in Ludwigshafen, die auch »Kunst zum Anfassen« bietet.

Seite 510/511: Der 445 Meter hohe Löffelsberg bei Schindhard im Wasgau – eine typische Westpfälzer Landschaft.

Konfrontation. Stets überwog das Miteinander. Das dokumentiert auch die gute Zusammenarbeit im Verein zur Förderung der beruflichen Ausbildung und Beschäftigung (VFBB) junger Menschen unserer Stadt. Dort wirken Industrie- und Handelskammer, Kreishandwerkerschaft, Gewerkschaften und Stadtverwaltung zur gemeinsamen Lösung der anstehenden Probleme eng zusammen.

Unternehmungsgeist und Risikobereitschaft kennzeichnen sowohl den Ludwigshafener Arbeitgeber als auch den Arbeitnehmer. Hätte ich heute noch einmal die Entscheidung zu treffen, nach Ludwigshafen zu gehen, ich würde diesen Schritt aus der Erkenntnis meiner 30 Ludwigshafener Jahre jetzt erst recht tun. Ludwigshafen ist für mich eine liebenswerte Stadt, in der es sich zu leben lohnt.

Rheinland-Pfalz – Persönlich

Erinnerungen und Begegnungen

Rheinland-Pfalz – Persönlich

Das Rathaus von Landau, am Marktplatz jener Stadt, die wie keine andere in Rheinland-Pfalz ein Stück deutsch-französischer Geschichte symbolisiert. Bereits über ein Jahrhundert vor der Französischen Revolution, 1679, fiel sie an das Nachbarland, wurde von Vauban als Festung ausgebaut und erst nach dem Wiener Kongreß wieder deutsch.

Helmut Mathy

»Das ist Abendland...«

Strukturen und Gestalten der rheinisch-pfälzischen Geschichtslandschaft

Kelter und Kernland Europas

Es ist eine alte Erfahrung, daß erst in der Auseinandersetzung des Menschen mit seiner Umwelt und mit dem ihm begegnenden Anderen Selbstverständnis und Selbsterkenntnis möglich sind oder zumindest beflügelt werden, weil dabei – in der Konfrontation mit dem, was einem begegnet – die eigenen schlummernden Kräfte geweckt werden mögen und der Mensch besser zu sich selbst kommen kann. Doch neben der aktuell-personalen Begegnung in der Ich-Du-Relation bleibt auch eine mehr bildungsmäßige oder »kollektive« Konfrontation von Bedeutung – und zwar im Sinn des inneren Betroffenseins oder des Ergriffenwerdens durch Kulturgüter, geistige Bewegungen und Strömungen, gewachsene Strukturen, Ereignisse und Erlebnisse. Auf welchem Gebiet aber könnte das dialogische Prinzip intensiver gepflegt und zum Sprechen gebracht werden als auf dem der Historie, die mit tausend Fäden in unser eigenes Dasein verknüpft bleibt und trotz der Umtriebe, Verirrungen, Katastrophen und Verbrechen Kontinuitäten aufweist, in denen abseits aller Hektik und raschen Veränderungen auch solche Strukturen einer longue durée freilegbar sind, die zu bewußtem Streben nach Humanität in der Gegenwart unerläßliche Voraussetzung bleiben? Von diesem Ausgangspunkt her sei versucht, die europäischen Fundamente der heimischen Geschichte in einigen Ereignissen, Strukturen und bei einigen Persönlichkeiten jener Regionen ins Visier zu nehmen, die heute im Bundesland Rheinland-Pfalz vereinigt sind.

Dieser Griff in die Historie mag auch als Anknüpfungspunkt für künftige Impulse und Gestaltungsmöglichkeiten wirken – nicht um daraus pragmatisch-platte Modelle zu entwickeln, sondern in dem Sinn, den Jakob Burckhardt vor 100 Jahren in seinen »Weltgeschichtlichen Betrachtungen« erörtert hat, als er sagte, die Geschichte mache nicht klug für ein andermal, es sei vielmehr ihres Amtes, den Menschen weise für immer zu machen.

*

Europäische Komponenten in den historischen Kernlandschaften von Rheinland-Pfalz und die Begegnung mit ihren nicht »museal« verstaubten, sondern immer neu zu durchdringenden Ansätzen: dieser Leitfaden mag zunächst von der durch die Volksabstimmung am 18. Mai 1947 angenommenen Verfassung ausgehen, in der man sich zwei Jahre vor Annahme des Grundgesetzes als demokratischer und sozialer Gliedstaat Deutschlands bekannte. Man bestimmte zudem die Farben Schwarz-Rot-Gold, ein Symbol der deutschen Freiheit und Einheit seit dem 19. Jahrhundert, zur Landesflagge und nahm das Bekenntnis zu einem freien und einigen Europa von Anfang an nicht nur in »Sonntagsreden« ernst, selbst als im Alltag die Sorge um das nächste Pfund Kartoffeln alle weiteren Perspektiven überwucherte.

Peter Altmeier, der spätere langjährige Ministerpräsident, sagte bereits am 6. Dezember 1946 als Sprecher der Christlich-Demokratischen Partei in der Beratenden Landesversammlung zur historischen Orientierung der neuen Politik im Pathos des Aufatmens nach der Befreiung vom Nationalsozialismus: »Wir betrachten die Gründung des rheinisch-pfälzischen Landes als einen ersten Schritt zur Rückverlegung der Politik in die Wiege des Deutschtums. Als Menschen vom Rhein und aus der Pfalz, die niemals das abendländische Geisteserbe und die traditionelle Verbindung mit den Völkern Westeuropas verleugnet haben, bekennen wir uns auch heute wieder aus innerster Überzeugung zu unserer Verpflichtung, den geistigen und politischen Kern der deutschen Neuordnung zu bilden und damit zugleich die Eingliederung Deutschlands in die Gemeinschaft der europäischen Völkerfamilie zu vollziehen…«

*

Es ist freilich – auch ohne dieses Zitat – unbestritten, daß in jenen Territorien und kleinzelligen Geschichts-Landschaften, die in das Bundesland Rheinland-Pfalz nach dem Zweiten Weltkrieg, zunächst nach dem Willen der französischen Besatzungsmacht, eingemündet sind, durch die Jahrhunderte europäisches Potential angelegt war, auf dessen verpflichtendes Erbe man sich beziehen und besinnen darf.

Betrachtet man das Landeswappen mit den Symbolen von Kur-Mainz, Kur-Trier und Kur-Pfalz oder denkt man daran, daß auf der anläßlich des 30jährigen Verfassungsjubiläums 1977 geschaffenen Medaille mit der Porta Nigra in Trier, den Domen von Speyer und Mainz sowie der Balduinbrücke in Koblenz etwas von jener abendländischen Prägekraft erscheint, die diese Territorien links und rechts des Rheins als Mittler, Brücke und Begegnungslandschaften zwischen West und Ost durch die Jahrhunderte besaßen, so wird schon umrißhaft die Rolle angedeutet, die sie im »europäischen Konzert« zu spielen vermochten.

Denn ebenso wie Mainz als nach Rom größte Kirchenprovinz des Abendlandes sich weit nach Süden und Osten erstreckte, bis in die Alpen hinein, ja zeitweilig Prag, der bedeutendste Handelsplatz zwischen West- und Osteuropa, dem Metropoliten am Rhein unterstand, so reichte die Kirchenprovinz Trier nach Westen, nach Frankreich und Lothringen, nach Metz, Toul und Verdun; und auf den im Zeichen des Humanismus kurz nach dem Tod des Nikolaus von Kues und des Johannes Gutenberg gegründeten Universitäten in Trier wie in Mainz studierten nicht nur Söhne der unmittelbaren Heimat, sondern viele aus dem weiten Bereich der Kirchenprovinzen und Erzbistümer – damit die geistige Entsprechung zu der politischen Aussage mittelalterlicher Geschichtsschreibung dokumentierend, daß am Rhein »maxima vis imperii«, des Reiches Schwerpunkt, sowie das politische Gravitationszentrum eines weit ausstrahlenden Umfeldes liege.

Kein Historiker und kein Verfassungsrechtler hat jemals so anschaulich und einprägsam das Gemisch verschiedener Völkerschaften in der Kelter Europas am Rhein und seinen Nebenflüssen zu charakterisieren vermocht wie Carl Zuckmayer in seinem viel gespielten und viel diskutierten Stück »Des Teufels General«, als er den um seinen Ahnenpaß besorgten jungen Leutnant Hartmann von General Harras belehren läßt: »Denken Sie doch – was kann da nicht alles vorgekommen sein in einer alten Familie. Vom Rhein – noch dazu. Vom Rhein. Von der großen Völkermühle. Von der Kelter Europas! (...) Vom Rhein – das heißt: vom Abendland. Das ist natürlicher Adel. Seien Sie stolz darauf.«

Die Einbeziehung der das Bundesland Rheinland-Pfalz konstituierenden Geschichtslandschaften für ein halbes Jahrtausend in das Imperium Romanum mag zwar aus heutiger Sicht weniger bedeuten als der Anteil, den die Kurstaaten am Rhein an der deutschen Reichs- und europäischen Kirchengeschichte hatten, oder als die Querverbindungen, die in der rheinischen Aufklärung zu Frankreich geknüpft wurden, aber auch bis nach Böhmen reichten, woher sich eine Reihe bedeutender »Musikanten« in den barocken Orchestern der Kurfürsten rekrutierte.

Man mag es drehen und wenden wie man will: Römische Zivilisation, Germanentum und Christentum haben diese Landschaften und die in ihnen beheimateten und wirkenden Menschen von vornherein weltoffen-mobil gemacht und mit einer Mentalität ausgestattet, die, über den eigenen Kirchturmshorizont hinausreichend, in Begegnung mit anderen Stämmen, in »connubium et commercium« keine Abschottung zuließ, wie es in dem Zitat von Zuckmayer treffend zum Ausdruck kommt.

*

Aber man muß auch die Kehrseite dieser freundlich blinkenden Medaille berücksichtigen. Die strategisch exponierte Lage dieser Lande an Rhein und Mosel sowie in der Pfalz hat die Menschen durch die Jahrhunderte Kriege um Kriege am eigenen Leib und Leben erfahren und erleiden lassen.

Besonders die religiösen Auseinandersetzungen und zumal der Dreißigjährige Krieg, in dem weite Landstriche von den Schweden besetzt waren, aber auch von kaiserlichen und

spanischen Heeren heimgesucht wurden, deren Soldateska grausam und unerbittlich hauste, schlugen den Städten wie dem flachen Land vielfältige Wunden.
Dieser Krieg mit den unermeßlichen Leiden und den Bedrückungen der Bevölkerung hat, wie man aus der Überlieferung zahlreicher Ortschroniken weiß, ganze Landstriche veröden lassen und die Bewohner teilweise im wörtlichen Sinn dezimiert. Der pfälzische Erbfolgekrieg brachte nach 1689 weitere Zerstörungen, und nach Louvois', des Kriegsministers Ludwig XIV. berüchtigter Aufforderung »Brûlez le Palatinat« – Brennt die Pfalz nieder! – brauchte man lange, bis man sich von diesem schweren Schlag erholt hatte. Im Spanischen Erbfolgekrieg und im Siebenjährigen Krieg durch französische Einquartierungen in Mitleidenschaft gezogen, gingen auch die kriegerischen Ereignisse und Entwicklungen im Gefolge der Französischen Revolution und Napoleons nicht ohne nachteilige Spuren vorüber, wenn auch die Modernisierung von Staat und Gesellschaft in der Abschaffung des Ancien régime und seiner Feudalwirtschaft nicht übersehen werden sollte und langfristig positive Wirkungen hatte.
Und die Kriege unseres Jahrhunderts? Daran braucht man die Älteren nicht zu erinnern; für die nachgeborenen Generationen aber sind sie gottlob Geschichte – nicht um vergessen zu werden, sondern um als warnendes und mahnendes Beispiel vor ihnen zu stehen; als ein Beispiel dafür, wohin extremer Nationalismus, politische Großmannssucht, militaristischer Hochmut und ideologische Verblendung führen können.
Es zeigt sich auch hier die leidvolle Konstante der im Bundesland Rheinland-Pfalz vereinten Regionen auf Schritt und Tritt: strategisch exponierte Lage und generationenlanges Ausbluten sowie demographischer Aderlaß gingen Hand in Hand. Aus solchen Schatten martialischer Geschichte dämmert diesen Landen aber auch eine frühe freiheitliche und »demokratische« Tradition herauf: in den Bauernkriegen zur Zeit der Reformation, in der Mainzer Republik während der Französischen Revolution und beim Hambacher Fest von 1832, von dem eine schwarzrotgoldene Protestfahne im Plenarsaal des Mainzer Landtags als verpflichtendes Symbol hängt.

※

Alles aber, was die Bewohner der mittelrheinischen Lande durch Jahrhunderte in Kriegen und Schreckenszeiten erdulden mußten, hat sie – historisch geläutert – bereit und fähig gemacht, die Sache der Versöhnung und des Friedens zu ergreifen. Denn gerade diese Vergangenheit mit den vielen Franzosenkriegen seit dem 17. Jahrhundert mag mit zu jenem vehementen Ansporn beigetragen haben, nach 1945, als dieses alte Europa darniederlag und besonders unser durch den Wahnsinn eines exzessiven Nationalismus und der braunen Barbarei in politische Abenteuer und Verbrechen gestürztes Volk in seiner vielzitierten »Stunde Null« sich befand, endgültig und unwiderruflich die Hand zur

Versöhnung auszustrecken: vor allem nach Frankreich und Luxemburg, zu unseren westlichen Nachbarn, um die schwere Hypothek der »Erbfeindschaft« zu beseitigen und zu überwinden. In den vier Jahrzehnten rheinland-pfälzischer Geschichte war es sehnlicher Wunsch der Bürger, für die Verbrechen und Grausamkeiten, unter denen während der Zeit des NS-Regimes viele Nachbarn der Deutschen und auch Deutsche selbst zu leiden hatten, Wiedergutmachung zu leisten.

Wir ziehen nach Amerika

Viele der Älteren können für sich in Anspruch nehmen, seit dem Ende des Zweiten Weltkrieges einer neuen Epoche echter deutsch-amerikanischer Freundschaft den Weg gebahnt zu haben. Dafür zu danken, fühlen sich die Bürger von Rheinland-Pfalz besonders verpflichtet: die Menschen jenes Landes, das, im Kernraum der Europäischen Gemeinschaft gelegen, den Wert atlantischer Partnerschaft aus den Erfahrungen der Geschichte begriffen hat.

Von dem amerikanischen Präsidenten Theodore Roosevelt ist zu Beginn dieses Jahrhunderts das Wort überliefert: »Jedes Einwanderungselement hat zu unserem Nationalcharakter beigetragen. Keinem aber schulden wir mehr als dem deutschen.«

In welchem Land in der Bundesrepublik ist dieses Wort aktueller als in Rheinland-Pfalz, aus dessen historischen Kernlandschaften sich immer wieder ein Strom von Einwanderern in die »Neue Welt« ergoß? Schon nach den Wirren und den Schrecken des Dreißigjährigen Krieges, als viele Dörfer und Städte der Pfalz verwüstet und ihre Einwohner ins Elend gestoßen worden waren, haben die verarmten Schichten im ganzen südwestdeutschen Raum verwundert und aufatmend den Erzählungen von den Reichtümern in der Neuen Welt und in dem »freyen Land Amerika« gelauscht. Wie dieses pfälzische und mittelrheinische Gebiet territorial und konfessionell zerklüftet, wirtschaftlich vereinzelt und ohne Impulse war; aus wie vielen Herrschaften, geistlichen und weltlichen Gebieten und allerkleinsten Einheiten es bestand: davon kann man sich angesichts des heutigen großräumigen Denkens kaum eine zutreffende Vorstellung machen.

Obwohl im Zeitalter von Absolutismus und Merkantilismus auch der kleinste Staat auf deutschem Boden eine zahlreiche Bevölkerung als vorteilhaft ansah und Menschen in sein eigenes Land zu ziehen bemüht blieb, kam es vornehmlich im Südwesten des Reiches wegen der primitiven Verkehrsverhältnisse und der gegenseitigen »Abdichtung« der Territorien sowie infolge großer Mißernten zu bitterster Armut und Hungersnot. In diesem Landstrich der Bauernkriege war die Güterzerstückelung am weitesten getrieben worden, und hier hatte man am schwersten unter der Last der zerstörerischen Kriege gelitten.

Auf solchen Schiffen verließen die Menschen aus unseren Regionen wegen religiöser und wirtschaftlicher Gründe das Land ihrer Väter, um ihr Glück im »freyen Amerika« zu suchen.

Wie hoffnungsvoll mußten daher den Menschen am Rhein und in der Pfalz die Werbetraktate William Penns im Ohr klingen, die von der Fruchtbarkeit der Felder im fernen Amerika berichteten, das Recht der Selbstverwaltung hervorhoben, die politische und religiöse Freiheit priesen und vor allem den »freyen Boden« als erstrebenswertes Ziel hinstellten: ohne persönliche Bindung an die Scholle, ohne Zinsen, Zehnten, Fronden und Jagdgerechtigkeiten der Herren: unübersehbar weites Land stand den ersten Kolonisten zur Verfügung. Penns »heiliges Experiment« hat unsere Vorfahren aus der Pfalz auf die Neue Welt aufmerksam gemacht. Ihre Blicke richteten sich auf das Land der unbegrenzten Möglichkeiten, und viele fanden jenseits des Ozeans die Ruhe und Entfaltungsmöglichkeiten, die ihnen die alte Heimat nicht mehr geben konnte. Freilich sind auch viele den Strapazen der Überfahrt über den Atlantik nicht gewachsen gewesen.

Ein weiteres markantes Datum aus der Gründungsgeschichte der Vereinigten Staaten sei hervorgehoben, das auf einen Teil der Pfalz, insonderheit auf das ehemalige Herzogtum Pfalz-Zweibrücken, Bezug hat:

Dem 1780 nach Nordamerika entsandten Expeditionskorps Frankreichs gehörte das Zweibrücker Regiment Royal-Deux-Ponts an, das von den Grafen Christian und Wilhelm von Forbach geführt wurde, den Söhnen des Herzogs Christian IV. Dieses Regiment nahm im Oktober 1781 an der Entscheidungsschlacht von Yorktown teil – an jener Schlacht, die den Friedensschluß zwischen England und den Vereinigten Staaten einleitete. So haben viele Deutsche und Deutschamerikaner mit großem Elan und unter härtesten Bedingungen für die Unabhängigkeit der USA gefochten, andererseits sind – es sei nicht verschwiegen – auch Abertausende von Deutschen als englische Söldnertruppen über den Atlantik verbracht worden, um den neuen Staatenbund an der Seite der Engländer zu bekämpfen.

Golo Mann hat einmal geäußert: reichere Reserven an menschlich gutem Willen als in Amerika gebe es sonst auf der Welt nicht mehr. Darin steckt neben Bewunderung auch ein Stück Selbstverständnis; denn gerade im Vergleich zu anderen Völkern vermögen wir uns selber besser zu erkennen. Schon von dieser Tatsache ist der Dank, der den Vereinigten Staaten geschuldet wird, über die Generationen hinweg gleichsam ein Essential der Gegenwart.

Das gegenseitige Geben und Nehmen zwischen Alter und Neuer Welt, der geistige Austausch zwischen Amerika und der Bundesrepublik, aber auch die freundschaftliche Verbundenheit und das Einstehen der Völker füreinander im Geist der Freiheit sind gerade aus der bewegten rheinisch-pfälzischen Vergangenheit übermittelte Lektionen, die auch in Zukunft beherzigt sein wollen.

Kunstdenkmäler von abendländischem Rang

Der moderne Besucher und Tourist in Rheinland-Pfalz, auch jener aus der Neuen Welt, der nicht selten auf den genealogischen Spuren seiner Ahnen wandelt, deren Taufregistern in den Archiven nachspürt oder in der Heimatstelle Pfalz des Bezirksverbandes in Kaiserslautern (heute Institut für Pfälzische Geschichte und Volkskunde) über seine eigentliche Herkunft aus »Old Germany« belehrt sein möchte, wird besonders von den Kunstdenkmälern abendländischen Ranges in diesem Land angezogen und zu Begegnungen mit seiner Vergangenheit motiviert. Einige von ihnen, wie die römischen Hinterlassenschaften in Trier, der ältesten Stadt Deutschlands, die Kaiserdome am Rhein, aber auch verschiedene Burgen und Schlösser haben geradezu »Weltgeltung« erlangt, und eine Rheinfahrt von Bingen nach Koblenz, vorbei an jenen romantischen Ruinen deutscher Kleinstaatlichkeit, gehören zum Programm vieler Besucher sogar aus dem fernen Osten, vor allem aus Japan. Keine der rheinland-pfälzischen Städte hat wie Trier ihr antikes Erbe gepflegt, umsorgt und trotz aller Zerstörungen im Kern bewahren können, so daß es auch am Ende des 20. Jahrhunderts noch jeden aufmerksamen Besucher in seinen Bann schlägt.

Dieses Zentrum der abendländischen Welt, des europäischen Geistes und der christlichen Botschaft konnte in seinen besten Zeiten als Rom des Nordens gelten. Die vielen Ausstellungen, die im Jubiläumsjahr 1984 stattfanden, und die historischen Forschungen, die von einzelnen und ganzen Wissenschaftler-Teams veröffentlicht wurden, geben Zeugnis von der politischen, wirtschaftlichen und geistigen Strahlkraft der »urbs opulentissima«.

Trier war aber nicht nur Römerstadt, sondern auch mittelalterliche Bischofs-Metropole und spätmittelalterlicher Kurfürsten-Sitz – mit einem weit ausgreifenden Erzbistum, das bis zum Vorabend der Großen Revolution auch französische Gebiete umschloß. Vor der modernen Ausuferung des Nationalismus wurden weltbürgerliche Impulse nach Westeuropa vermittelt und von dort immer wieder empfangen.

Oberbürgermeister Felix Zimmermann begrüßt den Bundespräsidenten Karl Carstens bei seinem Besuch in Trier anläßlich der 2000-Jahr-Feier 1985.

»Das ist Abendland…«

Die Liebfrauenkirche in Trier. Das vor der Mitte des 12. Jahrhunderts über der Südkirche der konstantinischen Doppel-Kathedrale errichtete vielgliedrige Werk ist einer der bedeutendsten gotischen Zentralbauten überhaupt und kann in seiner architektonischen Struktur St. Elisabeth in Marburg an die Seite gestellt werden.

Der Sitz wichtiger Reichs- und Provinzbehörden war mit all jenen Einrichtungen versehen, die die mittelmeerische Stadtkultur ausgebildet hatte. Der beste heutige Kenner des antiken Trier, Heinz Cüppers, dazu: »Neben dem Forum, Herzstück der kommunalen Selbstverwaltung, der Rechtsprechung und des städtischen Wirtschaftslebens, boten Amphitheater und Circus-Rennbahn jene grausamen und unterhaltsamen Spiele, die auf Mosaiken, Reliefsigillaten, gravierten Glasgefäßen dargestellt sind (...). Den privaten Bädern der Landvillen und Stadtpaläste entsprechend, waren in Lagern und Lagervorstädten Thermen zur Körperpflege errichtet worden. Die Stadt Trier verfügte über einen nahe der Mosel gelegenen Badepalast, die ›Barbarathermen‹, die, aufs kunstvollste mit Meisterwerken antiker Bildhauerkunst verziert, den Badefreuden einen ebenso festlichen wie luxuriösen und monumentalen Rahmen gaben.«

Wo anders in unserem deutschen Vaterland ist die Präsenz von christlichem Erbe so konkret und sichtbar ins Stadtbild eingraviert: im Dom, in den alten Stiftskirchen, den Klöstern, geistlichen Institutionen, in den Bücherschätzen, Buchmalereien so unmittelbar anschaulich wie in der Stadt des heiligen Apostels Matthias?

Zur urbanen Vollendung gehörten auch und besonders die Bürger, die Handwerker, die Zünfte, gehörte das Zusammenwachsen der Bewohner in langfristigem Ringen zu einem Organismus; zu dieser Gesamtheit führen Stadtrecht und Selbstverwaltung, Mitsprache und Teilhabe am Regiment wie am wirtschaftlichen Aufschwung eines Umschlagplatzes für den weltberühmten Moselwein.

Die großen Dome am Mittelrhein, in Mainz, Worms und Speyer, repräsentieren neben den römischen Hinterlassenschaften der alten Augusta Treverorum und neben dem, was im Bereich der Burgenkultur des späteren Mittelalters in einigen markanten Beispielen noch heute vor uns steht, die bedeutendsten Kunstdenkmäler auf dem Boden von Rheinland-Pfalz. Sie sind aber nicht nur für die Kunst- und Baugeschichte relevant, sondern symbolisieren in ihrem Ursprung mehr, als wir heute auf Anhieb zu erkennen vermögen: etwas von der Symbiose zwischen geistlich und weltlich und damit von der politischen Prägekraft, die einst diese Landschaften in einer weitausgreifenden universalen Idee integrierten.

Der tausendjährige Dom des heiligen Martinus zu Mainz, dessen Jubiläum im Gedächtnis an seinen Erbauer Willigis 1975 gefeiert wurde, steht samt seinen Vorgängerbauten für die Beständigkeit der alten Aurea Moguntia, ist aber mit seinen vielen Zerstörungen, Bränden und Wiederaufbauarbeiten auch Zeichen dafür, wie die Lande am Mittelrhein immer wieder durch Zerstörung, Krieg und Feindschaft von Dynastien und Völkern geprägt waren und darunter zu leiden hatten. Am Hochaltar dieses Domes soll ein Gedicht eingraviert gewesen sein, das den Glanz des alten Erzbistums und seiner Hauptstadt beschwor und einen Begriff von dem unbändigen Stolz auf die große Ver-

»Das ist Abendland...«

Der Ostchor des Mainzer Domes, wie er hier im Vordergrund aufragt, präsentiert sich heute mit seiner eigentlichen Schaufront zum Rhein hin. Bis in die napoleonische Zeit stand freilich davor noch das hochgotische Juwel der Liebfrauenkirche. Sein Verlust war wohl die schmerzlichste Wunde, die dem Stadtbild im 19. Jahrhundert geschlagen wurde. Aber auch die Ansicht des im Hintergrund zur Geltung kommenden Westbaus ist eines der stolzesten Architektur-Ensembles weit und breit.

gangenheit vermittelte in den – hier aus dem Lateinischen übersetzten – Worten: »Ich bin die goldne Stadt, Mainz mit Namen genannt, Lieblingstochter Roms, der würdigen Mutter der Welt, mit Volk erfüllt und köstlich und heiter gelegen, durch Flüsse, Quellen und Luft ganz mit Gesundheit gesegnet; eine Leuchte und Zier bin ich dem Gottesdienste und bevölkert von frommen und gütigen Bürgern, die selten Fehde führen und stets des Friedens Freunde sind: das ist mein Ruhm vor allen Städten der Welt.«

Der Mainzer Dom stellt als Hauptkirche der Erzkanzler des Heiligen Römischen Reiches auf dem geistigen Hintergrund einer heute nur noch schwer vorstellbaren Verbindung von Regnum und Sacerdotium ein durch eine überaus reiche Fülle prachtvoller Grabdenkmäler ausgezeichnetes Kulturmonument dar, an das die Wogen der abendländischen Politik unmittelbar und manchmal sich überschlagend heranbrandeten. Man hat ihn mit einem mächtigen, ruhenden Schiff verglichen, im Häusermeer der Stadt vor Anker gegangen; mit seinen kreuzbekrönten Türmen alles andere überragend, auch noch in jüngster Zeit sich von der modernen Bebauung einmalig und unverwechselbar abhebend. Maßstäbe einer alten Metropolis haben Stadt und Hauptkirche geprägt – vielleicht schon seit jener Zeit, da Moguntiacum als Sitz des kaiserlichen Statthalters Zentralort für ein Gebiet war, das etwa von Koblenz über den Taunus nach Frankfurt und Darmstadt und südlich weiter bis zum Bodensee, ja Genfer See reichte und das wohl Dijon, die heutige »Partnerin« der rheinland-pfälzischen Landeshauptstadt, ebenso einschloß wie Straßburg, von wo das Mainzer Geistesleben während des Humanismus wie zu Beginn des 19. Jahrhunderts in besonderer Weise befruchtet wurde.

Unter Bonifatius, dem Apostel der Deutschen, erlangte Mainz, einer der Hauptplätze einer weitausgreifenden Missionierung der deutschen Stämme, die Grundlage für seine spätere kirchenpolitische und verfassungsrechtliche Entwicklung. Denn der nachhaltigste Vorstoß, der die Predigt des Christentums nach Sachsen hineintrug, erfolgte von den Regionen an Rhein und Main.

Auf diesem Fundament ruht die eine der tragenden Säulen mittelalterlicher Weltordnung, die zur Entfaltung der Kirche und damit zur zunehmenden Macht ihres vornehmsten deutschen Erzbischofs führte. Eine weitere Säule basierte auf dem Kaisertum von Gottes Gnaden; und weil der Mainzer Erzbischof der erste Geistliche in deutschen Landen war, wurde er mit der Zeit der angesehenste unter den Reichsfürsten. Dieses Ansehen fand seinen Ausdruck in der Übernahme des Erzkanzleramtes, das seit der zweiten Hälfte des 10. Jahrhunderts fest mit Mainz verbunden war. Diese politisch außerordentlich wichtige Funktion stand in unmittelbarer Beziehung zur kirchlichen Position des Mainzers, die sich zum einen auf die erste Metropolitangewalt in Deutschland stützte, andererseits aber in enger Verbindung mit ihr beim Amt des Erzkapellans in Erscheinung trat, das zum ersten Mal Erzbischof Luitbert nach der Reichsteilung von 870

erhielt. In einer Quelle aus dem 11. Jahrhundert erscheint Mainz nach den Forschungen von Johannes Bärmann gar als »metropolis Germaniae«, und in der Tat stellte diese Kirchenprovinz in ihrer Ausdehnung von der unteren Elbe bis zu den Graubündener Alpen, von den Vogesen bis zur thüringischen Saale mit ihrem Dutzend an Suffraganen den größten kirchlichen Verwaltungskörper im Reich, ja im gesamten Abendland dar.
Obgleich der Mainzer auf den Titel eines Primas Germaniae keinen gesteigerten Wert legte, ist er unbestritten durch das Erzkanzleramt, das freilich bald mit seinem Ursprung in der Führung der kaiserlichen Kanzlei nicht mehr viel gemein hatte, sondern zu einer politischen Funktion geworden war, der erste Fürst des Reiches. Das läßt sich besonders in seinen Befugnissen bei der Kaiserkrönung ablesen, die ihm die Handhabe boten, erfolgreich den »Königsmacher« zu spielen. Nach den Rheinischen Geschichten und Sagen von Niklas Vogt konnte etwa Gerhard II. von Eppstein von sich behaupten, »daß er die Kaiser in seiner Tasche stecken habe«.
Auch in der Bau-Geschichte der Wormser Kathedrale lassen sich wichtige Daten ermitteln, die dieses Gotteshaus von gleichfalls abendländischem Rang immer wieder neu mit unserem zeitgenössischen Bewußtsein zu konfrontieren geeignet sind.
In der Zeit des frühen Christentums war das Bistum Worms, das es heute freilich nicht mehr gibt, von großer Bedeutung, wie auch die Civitas publica des Frankenreiches mit ihrer Königspfalz und als Tagungsort von frühen Reichsversammlungen in die Annalen der Reichsgeschichte eingegangen ist. Nicht weniger als 22mal hat Karl der Große in der Civitas Wormatia geweilt und wiederholt in der dortigen Pfalz überwintert, ja hier im Jahre 783 seine Hochzeit mit Fastrada geschlossen.
Die fundamentale Einheit von Kirche und Reich, Thron und Altar dokumentiert sich aber besonders sinnfällig in der Kathedrale des Bischofs Burchard aus ottonischer Zeit, einem durch Fülle und Ausstrahlung seiner Formen wie durch die Geschlossenheit des Gesamtbildes einzigartigen Beispiel romanischen Baustils in seiner hohen Reife. »Wie eine mächtige Burg«, so hat Friedrich M. Illert den historischen Hintergrund einmal ausgeleuchtet, »steht der Wormser Dom auf der rheinischen Höhe eines Hügels, der vom Donnersberg zum Rhein zieht und zwischen den Tälern der Eis und der Pfrimm die große, von der Natur selbst geformte Völkerstraße vom Herzen Frankreichs über Lothringen durch die Kaiserslauterner Senke nach Worms führt. Diese Straße von Paris zum Rhein zieht vor der Südseite des Domes vorbei. Unmittelbar vor seinem Ostchor kreuzt sie die Nordsüdstraße, die, dem Rheinlauf folgend, das Mittelmeer mit dem Norden verbindet, und zieht ostwärts über den Rhein zur Donau und in die Fernen des Morgenlandes. Das ist die große Situation, aus der alles Geschehen sich erklärt, das diesen Dom mit Glorie und Not umgibt und noch großartiger und härter umbrandet als seine Nachbarn in Mainz und Speyer.«

Als Bischof Burchard im Jahre 1000 zu seiner geistlichen Würde die weltliche Kompetenz im Wormser Bereich erhielt, wurde das, wie einige Jahrzehnte zuvor bei Willigis in Mainz, der Anlaß, mit der Neuordnung des Bistums auch eine neue Zentralkirche zu errichten. Diese war freilich erst nach Abbruch eines karolingischen Vorgängers, einer dreischiffigen Basilika mit östlichem Querhaus, zu verwirklichen. Den systematischen Ausbau seiner Residenz zur politischen und kirchlichen Metropole vollzog der Bischof gleichrangig mit der Gründung mehrerer Stiftskirchen, die in den kommenden Jahrhunderten nicht nur im regionalen Umfeld, sondern in der Reichspolitik ihren Part spielten. Reichsgeschichtlich bedeutsam ist die Saliergruft im südlichen Seitenschiff des Domes – nicht nur Speyer hat eine berühmte Kaisergruft! In der von Worms ruht als erster Herzog Konrad der Rote, der 955 in der Schlacht auf dem Lechfeld gegen die Magyaren gefallen war und auf Anordnung seines kaiserlichen Schwiegervaters Ottos I. hier bestattet wurde. Darüber hinaus wurden etliche Angehörige Kaiser Konrads II. beigesetzt.

Fast alle deutschen Kaiser des Mittelalters, bis hin zu Maximilian, dem »letzten Ritter«,

»Hier stehe ich...«
Das Reformationsdenkmal in der Lutherstadt Worms wurde 1856 von Ernst Rietschel in Dresden begonnen und nach dessen Tod von einem Team von Schülern weitergeführt. Die Einweihung fand 1868 statt. Alles, was in der Reformationszeit Rang und Namen hatte, ist in diesem Denkmal dargestellt. Ebenso allegorische Figuren der Städte, die in dieser wichtigen Epoche deutscher Geschichte eine besondere Rolle spielten: Speyer, Augsburg und Magdeburg.

Der Dom St. Peter in Worms ist zwar der jüngste unter seinen rheinischen »Kollegen«, doch sein Platz in der spätromanischen Architektur bleibt unbestritten. Archäologische Grabungen haben zudem neben den Resten einer römischen Marktbasilika auch den fränkischen Vorgängerbau zutage gefördert, der vielleicht sogar aus der Zeit der Königin des Nibelungenliedes, Brunhildis, stammt.

haben in Worms geweilt: an Kirchenfesten, bei Reichsversammlungen und Fürstentagen. Diesen hohen Besuchern mit ihrem Gefolge war eigens der Westchor reserviert. Im Oktober 1147 und dann wieder an Weihnachten des gleichen Jahres hat Bernhard von Clairvaux in Anwesenheit von Kaiser Konrad III. im Wormser Dom den Kreuzzug gepredigt, und 1156 wurde Beatrix von Burgund, die Gemahlin Friedrich Barbarossas, hier zur Kaiserin gekrönt.

Das Wormser Konkordat von 1122, das den Investiturstreit beendete und den Frieden zwischen Regnum und Sacerdotium für kurze Zeit besiegelte, ist im weiteren Umkreis der regionalen wie gesamt-reichischen Kirchengeschichte ebenso erwähnenswert wie der gewiß schicksalhafte Wormser Reichstag von 1521, als Luther vor Kaiser Karl V. und den weltlichen wie geistlichen Autoritäten des Reiches stand und ihnen sein berühmtes: »Hier stehe ich, ich kann nicht anders« entgegenschleuderte. Er leitete damit eine entscheidende Wende in der neuzeitlichen Religions-, Reichs- und Europapolitik, aber auch in der allgemeinen Geistesgeschichte ein, an die 1983, beim 500. Geburtstag des Reformators, in vielen Veranstaltungen und Publikationen erinnert wurde.

Neben dem katholischen und dem evangelischen Worms und teilweise im Gegensatz dazu steht die Wormatia Judaica, die Stadt mit dem ältesten und größten Judenfriedhof Europas, mit ihrer einst blühenden jüdischen Gemeinde, die den tragischen Weg des europäischen Judentums bis zu seiner Auslöschung im Holocaust mitzugehen hatte. Martin Buber, der – vor der Ausrottung der jüdischen Gemeinde – in den 30er Jahren des öfteren, von Heppenheim oder Frankfurt kommend, den Judenfriedhof betrat, schilderte ihn eindrucksvoll: »Ich stelle mich darein, blicke von diesem Friedhofsgewirr zu der herrlichen Harmonie des Domes empor, und mir ist, als sähe ich von Israel zur Kirche auf...«

Das größte Bauwerk freilich der romanischen Epoche in Deutschland und das monumentale Zentrum der Erinnerungen an das Kaisertum in den Zeiten seiner universalen Geltung haben wir im Dom zu Speyer vor uns, der auch nach dem Aussterben der Salier und Staufer sowie der ersten Habsburger als Kaisergruft begehrt blieb. Durch die archäologische Forschung an den Kaisergräbern zu Beginn unseres Jahrhunderts, durch neuere Untersuchungen anläßlich der jüngsten Restaurierungen in den 60er Jahren und nicht zuletzt durch die ausgezeichnete Monographie von Hans Erich Kubach ist die Geschichte des Speyerer Domes in kunsthistorischer Hinsicht umfassender erforscht als die der vorher genannten Kathedralen. Der von Kaiser Konrad II. um 1030 begonnene und von Heinrich III. nahezu vollendete Bau, der in großen Teilen des Mauerwerkes mit dem heutigen Dom übereinstimmt, aber eine flache Holzdecke im Mittelschiff und eine rechteckige, ummantelte Apsis aufwies, wurde 1061 geweiht.

Kaiser Heinrich IV. ließ jedoch gegen Ende des Jahrhunderts die Bauarbeiten wieder aufnehmen und führte sie bis zu seinem Tode 1106 fort, wobei die Ostteile oberhalb der Krypta erneuert, das Mittelschiff eingewölbt sowie dem Außenbau die Zwerggalerien und Türme aufgesetzt wurden. Hier ist eindeutig das Hauptgewicht auf den Ostchor gelegt – mit der erhabenen Gruft der Kaiser als »Ziel und Inhalt« dieses Gotteshauses. Im Westen führt die Triumphpforte in diesen Bau hinein; und die Hauptader der Stadt läuft vom Altpörtel und weiter her von jener Straße, die Westeuropa mit dem Rhein verbindet, auf den Kaiserdom zu. Tausende säumten diese Magistrale, wenn die Leichenkondukte der Kaiser, liturgisch imposant, gleichsam ihren Einzug in die Ewigkeit des Gotteshauses hielten.

Acht Kaiser und vier Kaiserinnen fanden in Speyer ihre letzte Ruhestätte: Konrad II., Heinrich III., Heinrich IV., Heinrich V., Philipp von Schwaben, Rudolf von Habsburg, Adolf von Nassau und Albrecht von Österreich; dann die Kaiserinnen Gisela, Gemahlin Konrads II., Berta, Frau Heinrichs IV., Beatrix, Barbarossas Frau, und ihre Tochter Agnes. Aber Speyer spielte auch in der mittelalterlichen Geistesgeschichte eine bedeutende Rolle. 1146 trafen hier Konrad III. und der Abt Bernhard von Clairvaux zusammen – der Kaiser mit jenem geistesmächtigen und rhetorisch wirkungsvollen Mann aus dem aufstrebenden und Mitteleuropa kultivierenden Zisterzienserorden, der den Herrscher mit seiner Weihnachtspredigt im Dom zur Teilnahme am Zweiten Kreuzzug zu motivieren wußte.

Auch wichtige »weltliche« Fakten der mittelalterlichen Geschichte sind mit Stadt und Dom zu Speyer verbunden: 1193 die Auslieferung des englischen Königs Richard Löwenherz an Heinrich VI., der hier über ihn zu Gericht saß; und 1198 zog Adolf von Nassau von Speyer zur Schlacht nach Göllheim gegen Albrecht von Österreich aus, welcher sich die Stadt am Rhein neben Nürnberg zum wichtigsten Aufenthaltsort wählte. Die Kleriker aus dem Speyerer »Diplomatencorps« des Reiches, die in den Dienst der Kaiser traten, waren an der berühmten Domschule ausgebildet und signalisierten mit ihren Verbindungen von St. Gallen bis Quedlinburg etwas von der geistigen, wissenschaftlichen und politischen Strahlkraft der alten Civitas Nemetum.

Auf der wiederbelebten antik-römischen Grundlage entstanden in der Karolingerzeit eine Reihe geistlicher und profaner Bauten: die Kaiserpfalz in Ingelheim, die Albanskirche vor den Toren der Stadt Mainz, St. Kastor in Koblenz, St. Maximin in Trier und – außerhalb der heutigen Grenzen des Landes – das große Reichskloster Lorsch an der Bergstraße. Elfenbeinschnitzerei und Buchmalerei kamen zu großem Ansehen in der nach Ada, der Stifterin einer der bedeutendsten Handschriften – heute in der Stadtbibliothek Trier –, benannten Kunstschule.

Als besonders großartige Leistung des 11. Jahrhunderts steht der jüngst grundlegend restaurierte Dom zu Trier vor uns: die festungshaft-monumentale Gottesburg des Erz-

Helmut Mathy

Die Katharinenkirche in Oppenheim gilt als herausragendes Beispiel gotischen Kirchenbaus der Rheinlande zwischen Straßburg und Köln. Sie ist im Zuge der 1226 begonnenen Stadterweiterung begründet und in mehr als zwei Jahrhunderten errichtet worden. Obgleich in mehreren Schreckenszeiten, so etwa beim Brand von 1689, durch Einstürze beschädigt, hat sie die Geschlossenheit ihrer Formen bis heute bewahrt und steht als baukünstlerisches Juwel vor uns.

bischofs Poppo. Die berühmten Abteikirchen von Maria Laach und St. Matthias in Trier sowie Liebfrauen in Andernach und Trier, die Klosterkirche Enkenbach, der Chorbau in Pfaffenschwabenheim, besonders aber der vom Naumburger Meister errichtete Lettner am Westchor des Mainzer Domes haben die romanische Schwere hinter sich gelassen und leben in ihrer Steilheit, Feingliedrigkeit und Gelöstheit bereits vom Hochgefühl der Gotik. Als Schmuckstück der Hoch- und Spätgotik gilt die Kollegiatkirche St. Katharina in Oppenheim. Sie vereint in sich harmonisch die künstlerischen Vorstellungen und Bauideen aus Köln und Straßburg.

Die Bewunderung der romantischen Landschaft von Pfalz, Rhein und Mosel ist nicht zuletzt dem großartigen Burgenbau des 13. und 14. Jahrhunderts zu verdanken. Der berühmte Trifels bei Annweiler galt in der Blütezeit des Reiches, unter Saliern und Staufern, als Staatsgefängnis, Reichsschatzkammer und Aufbewahrungsort der Kleinodien des Reiches. Selbst in den heißen Schlachten des Bauernkrieges von 1525 gelang es nicht, ihn einzunehmen und zu erobern.

Nicht weniger als rund 100 Burgen und Schlösser stehen in Rheinland-Pfalz unter staatlicher Obhut – eine verpflichtende »Visitenkarte für das junge Land auf ältestem Kulturniveau« (W. Bornheim gen. Schilling). Sie sind seit dem Jahr des Europäischen Denkmalschutzes 1975 und durch eine stärkere Zuwendung zu jenem architektonischen Erbe, das nach dem Zweiten Weltkrieg übrigblieb und die Abrisse wie Kahlsanierungen des »Wirtschaftswunders« überstand, deutlicher ins öffentliche Blickfeld gerückt.

Sie vermögen auch über alle Nostalgie hinaus beim modernen Bürger ein Stück Geschichte wachzurufen: die Namen Gondorf, Bürresheim, Cochem, Saarburg, die Burgen an der Weinstraße und am Rhein oder die Burg Eltz, die nach den Worten des Kunsthistorikers Dehio das Urbild der deutschen Burg schlechthin verkörpert.

Viele dieser Burgen, steingewordene Zeugen der sich im 11. Jahrhundert unter den Saliern am Rhein konzentrierenden Reichspolitik, wurden, nachdem die auf dem hochmittelalterlichen Lehenswesen beruhende ritterliche Feudalherrschaft durch das mehr oder minder absolute Regiment der Landesfürsten abgelöst worden war, seit dem 16. Jahrhundert zu weiträumigen Festungen und Residenzen umgebaut: die Namen Kirchheimbolanden, Zweibrücken, Birkenfeld, Dürkheim und Grünstadt stehen für viele andere.

Auf den Spuren der Nibelungen

Daß die wohl größte Dichtung des deutschen Mittelalters, das Heldenepos der Nibelungen, in der Eroberung von Worms durch die Burgunder zu Beginn des 5. Jahrhunderts einen ihrer historischen Anknüpfungspunkte besitzt und im Spielmann Volker von Alzey, dem Vasallen König Gunthers, eine wichtige Figur schildert, ist allgemein geläufig. Standen als historische Motive hinter dem Nibelungenlied in der Erinnerung fortlebende tragische Völkerschicksale, so hat sein unbekannter Dichter gewiß nicht zufällig an bekannte Stätten am Mittelrhein angeknüpft und die Ausdehnung des Burgunderreiches mit den Namen Worms, Speyer, Metz und Alzey markiert. Früher, zumal im 19. Jahrhundert, als das Nationalepos der Deutschen angesehen, weist das im letzten Jahrzehnt vor 1200 von einem unbekannten Dichter verfaßte und auf vielen Vorstufen, auch mythologischer Art, basierende Heldenepos der Nibelungen in seinen historischen Elementen deutlich auf Region und Stadt Worms, den einstigen Mittelpunkt des Burgunderreiches am Rhein, das gegen Mitte des 5. Jahrhunderts von den Hunnen zerstört worden ist. Noch heute befindet sich nördlich des Dombereichs an der Saalstiege eine Gedenktafel, die die Lokalität beschreibt: »Hier ist eine der denkwürdigen Stätten des Abendlandes / Hier war der heilige Tempelbezirk der Römer / Die Königsburg der Nibelungen / Die Kaiserpfalz Karls des Großen / Der Hof des Fürstbischofs von Worms...«

In der ausgedehnten Literatur über das Nibelungenlied ist immer wieder behauptet worden, daß der Dichter dem süddeutsch-österreichischen Raum entstammen müsse, weil seine genauen Kenntnisse von Passau und der Orte an der Donau bis Wien außergewöhnlich seien. Tatsächlich stehen aber seine Kenntnisse über Worms und die mittelrheinischen Regionen insgesamt, etwa Alzey und den Odenwald, dem Wissen über den bayerisch-österreichischen Raum kaum nach. Man hat das meist dahin gedeutet, daß sich der Autor wohl auch einmal in Worms aufgehalten habe. Es ist aber nicht nur Wormser Lokalstolz, der an die Forschung, die wegen zu geringer urkundlicher Beweise in der Verfasserfrage immer noch im dunkeln tappt, die Anfrage richtet, warum nicht umgekehrt ein Poet oder Kleriker aus dem mittelrheinischen Raum, der sich auf einer oder mehreren Reisen auch an der Donau umgesehen hat, der Urheber des Liedes gewesen sein sollte. Ja, es könnte sogar sein, daß er Wien und manche Orte an der Donau nur aus Reiseberichten gekannt hat, die im Zeitalter der Kreuzzüge nicht selten kursierten. Die Sage von den Nibelungen lokalisiert also eindeutig den Sitz der Burgunderkönige in Worms und somit das Reich der Burgunder am mittleren Rhein, wogegen die realen Geschichtsquellen kaum positive Hinweise auf dessen Lage zu geben vermögen, weshalb auch einiges immer wieder auf den Niederrhein bezogen wurde. Heute scheint dennoch die Meinung allgemein, daß das Burgunderreich tatsächlich dort fixiert werden müsse, wo es auch die spätere Sage ansiedelte.

Die Tradition, die Gunther und seine Sippe mit Worms verband, war gewiß sehr alt, weil nur für die Jahre zwischen 413 und 437 Worms als burgundische Residenz in Betracht kommen kann. In diese Richtung verweist auch das Motiv des in den Rhein versenkten Goldhortes, das wohl dadurch plausibler wird, als der Mittelrhein bis gegen Mainz

»Das ist Abendland...«

Das Hagendenkmal unmittelbar am Rhein weist von weither die alte Wormatia als Stadt der Nibelungen aus. Hagen ist das Urbild des Vasallen, der für seine Königin Brunhild Siegfried ermordet und schließlich selber den Tod an Etzels Hof erleidet, als er das Versteck des Hortes verrät. Ob der Nibelungenschatz selber Sagenmotiv oder eventuell historische Realität darstellt, darüber gehen die Meinungen der Wissenschaft und einiger archäologischer Amateure, die immer wieder auf seinen Spuren sind, bis heute auseinander.

hinab lange goldhaltigen Sand geführt hat. Was sich in neuerer Zeit bei manchem Amateur-Archäologen auf der Suche nach dem Nibelungenschatz an Kombinationen und topographischen Markierungen ergeben hat, bleibt freilich weithin ohne konkretes Fundament. Ob der Versenkungsort des gewiß gewaltigen Schatzes »ze Loche« mit dem bereits im Mittelalter untergegangenen Ort Lochheim bei Gernsheim nördlich von Worms identisch sei oder ob das Hort-Motiv gar nicht auf einen real existierenden

Trotz etlicher Abbrüche in den Jahren nach dem Zweiten Weltkrieg hat sich innerhalb der alten Marktnischen von Alzey, am Fisch- und Roßmarkt sowie auf dem Obermarkt, noch etliches an Fachwerkhäusern aus dem 16. bis 18. Jahrhundert erhalten. Und einige Stellen, wie hier der Platz mit dem von Gernot Rumpf geschaffenen Brunnen zum Andenken an Volker, den Spielmann des Nibelungenliedes, werden auch in neuester Zeit wieder städtebaulich aufgewertet.

Vorgang zurückgeht, sondern ein mythisch verbrämter Topos ist: dies mag vorerst unentschieden bleiben.

Jedenfalls bleibt die Frage nach der Historizität des Nibelungenliedes, nach dem Wahrheitsgehalt der in ihm geschilderten alten »Mären« und den Widerspiegelungen historischer Daten und Fakten aus der Zeit des Dichters stets auf der Tagesordnung der Forschung. Mythisches und Historisches gingen zweifellos auch schon bei dem Dichter ineinander über. Er hat verschiedene Wirklichkeitsbereiche in seine Epoche hineintransponiert und sie für seine Zeitgenossen aktualisiert: so die Betonung von Festivitäten und die Ausmalung von Ritterspielen, wie sie etwa von den Mainzer Hoftagen Barbarossas von 1184 überliefert sind.

An historischer Struktur und faktischem Geschehen bleibt also festzuhalten: Nachdem in der Phase des Untergangs des römischen Reiches in der Völkerwanderung vielleicht die Civitas Vangionum zu Beginn des 5. Jahrhunderts von einem Vorstoß der Vandalen erfaßt wurde und die römischen Truppen abgezogen waren, hat Kaiser Honorius im Jahre 413 den Burgundern das Land um Worms als Operationsfeld und zur Niederlassung zugewiesen. Es darf vermutet werden, daß von hier aus sozusagen die letzte Verteidigungslinie des römischen Imperiums am Rhein aufgebaut werden sollte, in deren Rahmen König Gunther die Möglichkeit gesehen hat, seine ehrgeizigen Pläne zur Konstituierung eines burgundischen Reiches mit der Zentrale Worms zu realisieren. Und die Nachricht von der Taufe der Burgunder läßt vermuten, daß damals Worms bereits ein Stützpunkt des Christentums gewesen ist, dessen alte Marktbasilika nun als Bischofskirche diente. Der römische Gegenstoß im Jahre 435 und der bereits ein Jahr später ausbrechende Überfall der Hunnen mit der folgenden Aussiedlung der Burgunder nach der Sapaudia am Genfer See beendeten die Existenz des Burgunderreiches am Mittelrhein. Sie legten zugleich den Grundstein für eine umfassende Entwicklung des burgundischen Volkes an der Rhône und verschafften damit den Alamannen den nötigen Raum zur Ausbreitung gegen Westen über den Rhein hinweg.

Persönlichkeiten und Wirkungen

Die Menschen, die in den rheinischen und pfälzischen Landen lebten, haben die Geschichte dieser Region geschrieben, im dauernden Kampf mit den Unbilden des Daseins, im täglichen Sieg oder in den Niederlagen gegen die Kräfte der Natur; die vielen unbekannten »kleinen Leute«, aber auch hervorragende Einzelpersonen, deren Namen für Generationen, für Epochen, in Einzelfällen für ein ganzes Jahrhundert und mehr stehen können und die historische Größe besitzen.
Jakob Burckhardt hat vor etwa 100 Jahren in seinen »Weltgeschichtlichen Betrachtungen« unter dem Abschnitt »Das Individuum und das Allgemeine« zum Problem der historischen Größe Stellung genommen. Er nahm seinen Ausgang »von unserem Knirpstum, unserer Zerfahrenheit und Zerstreuung« und konstatierte: »Größe ist, was wir nicht sind.« Burckhardt meinte: »Die allgemeine Bildung unserer Tage kennt aus allen Völkern und Zeiten eine gewaltige Menge von mehr oder weniger Berühmten; allein bei jedem einzelnen entsteht dann erst die Frage, ob ihm Größe beizulegen sei, und da halten nur wenige die Probe aus.«
Sehr stattlich ist denn auch die Zahl der bedeutenden Persönlichkeiten, die in den historischen Regionen von Rheinland-Pfalz gelebt und gewirkt haben, hier geboren sind und ihre Jugendeindrücke empfingen oder in späteren Lebensjahren ihren Wirkkreis besaßen oder gar – wie Luther auf dem Reichstag in Worms von 1521 – entscheidende geistesgeschichtliche Markierungen setzten. Es waren konservative und fortschrittlich dahinstürmende Gestalten und seit dem 15. Jahrhundert weltverändernde Kapazitäten wie Gutenberg oder Cusanus, die am Anbruch der Moderne stehen, den Anspruch des Menschen auf Mündigkeit verkörperten und dem Humanismus das Wort redeten.

Und dann im 19. Jahrhundert: welch unterschiedlicher, substanzgeladener Ansatz des Persönlichkeits-Potentials aus unserem Land: man denkt an Metternich, an den Freiherrn vom Stein, an Joseph Görres, aber auch an Karl Marx aus Trier, an Bischof Ketteler in Mainz, an Friedrich Wilhelm Raiffeisen oder im praktisch-wirtschaftlichen Bereich etwa an einen Mann wie den 1869 in Laumersheim in der Pfalz geborenen Johann Christian Eberle, den Initiator und Organisator des Giroverkehrs der deutschen Sparkassen. Alles große Deutsche, die verschieden auf den Anruf und die Herausforderungen ihrer Zeit reagierten und antworteten, um der drängenden politischen und sozialen Probleme Herr zu werden. Allesamt aber strebten sie, trotz der Unterschiedlichkeit, ja des Gegensatzes ihrer ideenmäßigen Herkunft, danach, das Leben ihrer Mitmenschen und das künftiger Generationen menschenwürdiger zu machen.

So besonders Cusanus, der im 15. Jahrhundert in einer Zeit des Umbruchs zwar noch in vielen Bezügen dem mittelalterlichen Geist verhaftet blieb, jedoch in seiner Hinwendung zum modernen Individualismus und zum Empirismus als origineller »Pförtner der Neuzeit« bezeichnet werden kann. Er verließ die eingefahrenen Denkgeleise und suchte die Gegensätze in einer höheren Einheit, der Coincidentia oppositorum, dem Zusammenfall der Gegensätze in Gott, zu vereinigen.

Reich und Kirche wurden in der Zeit des Cusanus, trotz des Auftriebs landesherrlicher Gewalten und ihrer Zersplitterung, immer noch als eine Einheit empfunden, so daß der Gedanke der kirchlichen Reform, auf den Konzilien immer drängender diskutiert, auch Überlegungen, Auswirkungen und Modelle für den staatlichen Bereich zur Folge hatte. Die Frage nach einem ständigen Reichsregiment, für das eine feste Residenz vorgesehen war, mit der Vertretung der föderalen Interessen, zumal der Schutz von Fürsten und Gemeinden gegen direkte kaiserliche Eingriffe, vor allem gegen hohe Steuerforderungen: die ständische Reform mit der Betonung des Prinzips selbständiger, von der Zentrale möglichst unabhängiger regionaler und lokaler Gewalten war ein weit in die deutsche Zukunft – eigentlich bis heute – reichender Versuch, die Vielfalt des konkreten Lebens föderal zu geschichtlicher Entfaltung zu bringen. Vor allem in seiner Schrift »De Concordantia Catholica« von 1433/34 hat Cusanus weitsichtige Reformgedanken entwickelt. Gemäß seiner irenisch-vermittelnden Grundeinstellung suchte er die Bedürfnisse von Haupt und Gliedern, von Herrschern und Untertanen zum Ausgleich zu bringen. Dem Generalkonzil, das die Allgemeinheit der Kirche repräsentiert, entsprechen im weltlichen Bereich in seinen Vorstellungen die Versammlungen der Stände. Auf diesen Zusammenkünften sollen in Kooperation von Herrscher und Volk die Gesetze erlassen werden, nach denen das Reich zu regieren ist. Ihnen ist auch der Herrscher selbst unterworfen – gemäß dem schon fast demokratisch zu bezeichnenden Satz: Was alle berührt, muß auch von allen gebilligt werden!

»Das ist Abendland...«

In der Hauskapelle des Cusanusstifts in Bernkastel-Kues befindet sich auf einem Altarbild, vom sogenannten »Meister des Marienlebens« um 1450 gemalt, dieses Bildnis des großen Kardinals und Gelehrten Nikolaus von Cues. Er wird in seinem universalistischen Ausgreifen als Pförtner der Neuzeit bezeichnet und ist im Grunde erst in der jüngsten Vergangenheit in der wegweisenden Funktion für das europäische Denken erkannt worden.

Neben die Reichstage alten Stils zur Erledigung besonders wichtiger Angelegenheiten sollte nach den Vorstellungen des Cusanus die Einrichtung einer oder mehrerer alljährlich in Frankfurt zusammenkommender Reichsversammlungen treten. Außer den Kurfürsten, die mit ihren Beratern und »Ministern« zu regelmäßigem Erscheinen verpflichtet sind, wäre hier auch das Bürgertum der größeren Städte repräsentiert, von dem sich Nikolaus von Kues, ähnlich wie andere Staatstheoretiker der Zeit, eine besondere Förderung der Reichsreform erhoffte.

Kardinal Cusanus und seine Mitbürger lebten in unruhigen Zeiten. Sie lebten zwischen Schismen und Konzilen, im Niedergang des Reiches und der weltlichen Macht, während auf der im Innern durch Spaltung zerrissenen Kirche immer stärker die äußere Drohung der türkischen Gefahr lastete. Der Fall von Konstantinopel 1453, der zugleich das Ende der letzten Überreste des Römischen Imperiums bedeutete, schien wahrhaft eine Epoche abzuschließen. In solcher Bedrängnis zeigte sich jedoch das Gefühl für abendländische Gemeinschaft deutlicher, und das Problem der Vielfalt von Doktrinen, Religionen und Glaubensrichtungen stellte sich um so dringender. Die immer wieder variierte Antwort lautete, daß jenseits aller unterschiedlichen Riten, Symbole und Worte die Menschheit sich wieder in Eintracht finden sollte.

In diesem Klima und geistigen Zusammenhang muß der cusanische Alterstraktat »De pace fidei« gesehen werden. Die keineswegs immer kirchentreuen Humanisten auf der einen, der Cusaner und sein Freund, der gelehrte Papst Pius II., auf der anderen Seite: sie wirkten in derselben kulturellen Welt; die gegenseitigen Abhängigkeiten ihrer Schriften, der schnelle Transfer ihrer Meinungen und Postulate sind erstaunlich. So konnte ein Pius II. den Sultan auffordern, kritisch über den Glauben nachzudenken, selber Christ zu werden, und indem er so die Wunden der geteilten Menschheit heile, zur Erneuerung der verderbten Christenheit beizutragen. Manche Interpreten haben hervorgehoben, daß »de pace fidei« dem tiefsten Wunsch humanistischer Kultur gewidmet ist: die Einheit der menschlichen Geistigkeit wiederherzustellen, die Menschen über die Unterschiede der Riten hinweg gemeinschaftsfähig zu machen und sie untereinander wie mit Gott zu versöhnen. Der zur Zeit des Falls von Konstantinopel geschriebene Dialog des Cusaners spiegelt ein tiefes Friedensverlangen wider, das mit subtiler philosophischer Argumentation vorgetragen wird und in der Aufforderung gipfelt, »im Himmel der Vernunft die Eintracht der Religionen« zu realisieren.

Eintracht der Religionen und Bekenntnisse, zumal der christlichen, insbesondere zwischen Evangelischen und Katholiken: ist dies nicht ein Anliegen, das auch uns heute wieder bewegt? Die Ansätze zum ökumenischen Verständnis in Gemeinden und in Kirchenleitungen: sind sie nicht ein Lichtblick oder – in einem anderen Bild – eine junge Pflanze, die gehegt und gepflegt werden muß, damit die Herausforderungen der

Zukunft gemeinsam angepackt und bestanden werden können? So ist eingetreten, daß die Impulse, die nicht zuletzt der Besuch von Papst Johannes Paul II. in Deutschland 1980 in dieser Richtung vermittelt hat, beim 500. Geburtstag Martin Luthers in unserem Land katholische und evangelische Christen noch näher zusammenrücken ließen, um sich von der Last der Vergangenheit zu befreien und gemeinsam zu neuen Ufern christlicher Verwirklichung aufzubrechen.

Kommen bei der summarischen Aufzählung von historischen Persönlichkeiten aus den Regionen von Rheinland-Pfalz meistens etliche der hier genannten Männer ins Blickfeld, so hat eine neue Zeit neue Ergebnisse auch über exemplarische Frauengestalten hervorgebracht – und dies sogar schon für das Mittelalter, in dessen geistigem Umfeld neben vielen anderen eine markante Frau vom Mittelrhein stand: Hildegard von Bingen, geboren 1098 aus edelfreiem Geschlecht in Bermersheim bei Alzey und bereits als Kind in der Frauenklause auf dem Disibodenberg der Gräfin Jutta von Sponheim übergeben, deren Nachfolgerin sie wurde. In den bildhaften Visionen ihres Werkes »Scivias – Wisse die Wege« entwarf sie ein umfassendes Weltbild, wobei die Erlösungsbedürftigkeit des Menschen, seine »via ad Christum« in Kampf und Leid sowie die Beispiele der Heiligen als große Themen verarbeitet sind. In öffentlicher Predigt hat sie gegen die Katharer polemisiert und vor allem dem verweichlichten Klerus ins Gewissen geredet, auf den Pfad der Tugend zurückzukehren und damit der Ketzerei den Garaus zu machen. Leibfeindlichkeit und totale Weltablehnung waren ihre Sache nicht. Im Gegenteil: hierin hätte die Aktivistin vom Rupertsberg und von Eibingen gerade auch eine nicht zu rechtfertigende Verachtung und Zurücksetzung der Frau erblickt.

Wenn auch das Spätmittelalter Frauen wie Hildegard von Bingen und andere in der weiblichen Frömmigkeitsbewegung des hohen Mittelalters und in der höfisch-ritterlichen Welt stehende Persönlichkeiten, etwa vom Rang der Eleonore von Aquitanien, nicht kannte, so gab es doch im 14. Jahrhundert im moselländisch-mittelrheinischen Raum eine außergewöhnliche Frau, die sich als Lehensherrin und Landesfürstin ihren männlichen Partnern gegenüber durchzusetzen vermochte: Gräfin Loretta von Sponheim-Starkenburg. Dem Hause Salm in den Vogesen entstammend, nahm die in jungen Jahren Heinrich von Sponheim Angetraute zunächst in dem heute wieder in nostalgischem Glanz aufpolierten Herrstein, dann auf Burg Wolfstein an der Lauter bei Meisenheim ihren Wohnsitz. Nach dem frühen Tod von Mann und Schwiegervater übernahm sie als »Mumparse« die Regierung für ihre minderjährigen Kinder – dies in einer wirtschaftlich und politisch bedrängten Lage, die durch die Burgenpolitik des mächtigen Trierer Erzbischofs Balduin von Luxemburg, eines Bruders von König Heinrich VII., geprägt war. In Fehden mit dem sogar im Zeitalter des Faustrechts als gewalttätig verrufenen Wildgrafen Friedrich, den sie schließlich in Gefangenschaft nahm, hatte sie sich

539

Hildegard von Bingen – eine große Frau, die 1179 in dem von ihr begründeten Kloster Rupertsberg bei Bingen starb, steht an der Spitze der Persönlichkeiten aus der rheinisch-pfälzischen Geschichte des Mittelalters. Hier der Ausschnitt einer Miniatur des frühen 13. Jahrhunderts aus einem Codex Latinus in der Bibliothek zu Lucca in Italien.

gleichsam für die Auseinandersetzung mit Balduin gerüstet. In einem verwegenen Handstreich, den viele Schriftsteller seit der Mosel- und Rheinromantik als literarisches Thema ausersahen, setzte sie ihn »außer Gefecht«. Im Mai oder Juni 1328 fuhr der Trierer Erzbischof in Begleitung einiger Welt- und Ordensgeistlicher auf einem seiner Moselschiffe von Trier nach Koblenz, wobei er das Gebiet der Hinteren Grafschaft Sponheim zwischen Erden und Pünderich zu passieren hatte. Am Fuß der Starkenburg ließ Loretta das Schiff kapern und an Land ziehen. Alle Insassen, die sich ergaben, wurden gezwungen, den steilen Fels hinauf in die Gefangenschaft zu gehen. Die »wunderbare Kühnheit einer schwachen Frau« hatte – wie der Geschichtsschreiber Trithemius später berichtete – den Sieg gegen ihren Widersacher davongetragen.

Selbstverständlich zeitigte dieser Gewaltstreich gegen Balduin kirchliche Sanktionen, das heißt die Exkommunikation für dessen »Auftraggeberin«. Nachdem Balduins Neffe Johann, Graf von Luxemburg und König von Böhmen, persönlich vermittelt hatte, kam es am 7. Juli 1328 zu einem Sühnevertrag zwischen Loretta und dem Kurfürsten, der im Herbst in Freundschaft die Starkenburg verlassen konnte, ja sogar nach romantischen Schriftstellern des 19. Jahrhunderts in ein Liebesidyll mit der verwitweten Gräfin verwickelt gewesen sein soll. In einer beschwerlichen Reise an den päpstlichen Hof nach Avignon bat sie mit einem ziemlich großen Gefolge Johannes XXII. kniefällig um Lösung vom Kirchenbann – nicht zuletzt wegen der standesgemäßen Versorgung ihrer Kinder.

Als ihr mündig gewordener erster Sohn 1331 Mechtild, eine Tochter des Pfalzgrafen Rudolf, heiratete, zog sich Loretta aufs Altenteil nach Burg Frauenberg in ein Seitental der Nahe zurück. Noch nicht 50jährig, ist sie hier Ende 1345 oder Anfang 1346 gestorben und fand neben ihrem Mann Heinrich in der Zisterzienser-Abtei Himmerod in der Eifel ihre Grabstätte.

Sie war insofern modern, als sie die Zwecke ihres Handelns wohl bedachte und in schwerer Zeit konkrete Interessenpolitik durchzuhalten verstand. Günter Böses Urteil über sie wird auch durch die Forschungen von Edith Ennen, der wohl besten Kennerin mittelalterlicher Frauenschicksale, sowie von Heinrich Disselnkötter und Johannes Mötsch bestätigt: »Daß sie der Fehdelust und dem Machtstreben benachbarter Lehnsleute und Landesherren widerstand, den mächtigsten und bedeutendsten deutschen Fürsten ihrer Zeit bezwang und sich dabei kühn über die damalige Gesellschaftsordnung hinwegsetzte, machte diese Kleinfürstin zu einer herausragenden Gestalt der Heimat- und Landesgeschichte.« Bewundernswert sei es, wie sie die Pflichten gegenüber ihrer Familie mit Verantwortungsgefühl und Hingabe übernommen habe. Erstaunlich sei es, wie die junge Frau in den vielfältigen Bindungen des Rechts und der Sitte, in dem komplizierten Gefüge des Lehenswesens und bei den Problemen beginnender Geldwirtschaft sich behauptete. Und außergewöhnlich sei es, wie sie als gefestigte Persönlichkeit seelische Nöte und peinvolle Situationen, zumal die, längere Zeit unter dem Kirchenbann leben zu müssen, ertragen habe.

Die Tradition in der Weitergabe des Frauenbildes ist, wie im Mittelalter, so auch in den neueren Jahrhunderten, von der Rolle der »großen Frau« geprägt. Und wenn eine Persönlichkeit in ihren Äußerungen und Briefen mit der Mentalität in einer bestimmten Landschaft identifiziert werden kann, wie etwa Liselotte von der Pfalz, so daß die Summe ihrer Korrespondenzen sie sogar »in den Rang literarischer Unvergänglichkeit erheben sollte« (Ernst Johann), so werden dadurch der Erforschung weniger bedeutender Persönlichkeiten und der Frauen »aus dem Volke« von vornherein quellenmäßige Schranken gesetzt.

Aber dies gehört auch zum Bild der Überlieferung, daß die »tonangebenden« Gestalten besser dokumentiert werden können und zudem in diesem Fall die Geschichte eines tragischen Lebens und Liselottes Leidensdruck am Hof von Versailles in etwa 5000 Briefen an ihre Verwandten in Deutschland, vor allem an ihre Tante Sophie in Hannover (1630 bis 1714) sowie ihre Halbschwester, die Raugräfin Luise von Degenfeld (1661 bis 1733), detailliert nachvollziehbar ist. Freilich kam bei der Wirkung dieses Briefwerks ein nationalistisches Motiv hinzu. Ihre Hinweise, daß sie in intriganter Umgebung und inmitten skandalöser Vorfälle »ganz teutsch« geblieben sei und gegen französische Lebensart eine Abneigung empfinde, was aber weniger objektive Beobachtung als schwärmerische Übertreibung und ein Entfliehen aus dem von ihr höchst subjektiv so empfundenen Exil gewesen sein dürfte: dies machte sie zur Repräsentantin eines »altdeutschen« Biedersinns, zu dem man zurückzukehren aufgefordert wurde, wenn man die Revolution in Deutschland verhindern wollte und sich in antiwestliche Klischees und Vorurteile flüchtete.

Im Zusammenhang mit der Französischen Revolution am Mittelrhein könnte man bei der Erörterung von Frauengestalten aus diesem Raum auf Caroline Michaelis-Böhmer-Schlegel verweisen, die an der Seite von Georg Forster die Mainzer Republik und ihren aus den Pariser Revolutions-Idealen abgeleiteten Impetus vorantrieb. Der Frauen im Umkreis des Hambacher Festes, die von manchen Rednern als »freie Genossinnen der freien Bürger« stilisiert wurden, wäre ebenso zu gedenken wie der Jenny von Westphalen, die an der Seite des Trierers Karl Marx alle Stationen von dessen eruptivem Leben und Wirken mitgestaltete, mittrug oder erlitt. Fügen wir aus dem 19. Jahrhundert für die Zeit zwischen Revolution und Reaktion Kathinka Zitz-Halein und Mathilde Hitzfeld hinzu, die aus biedermeierlichen Ansätzen heraus gleichsam die Marseillaise zum Leitmotiv ihres Wirkens und Schaffens erhoben, und verweisen wir außerdem auf die im Jahre 1820 in dem Westerwald-Dörfchen Dernbach bei Montabaur geborene und vor einigen Jahren in Rom seliggesprochene Katharina Kasper, die Gründerin der »Armen Dienstmägde Jesu Christi«, sowie auf die im Umkreis des Mainzer Bischofs Ketteler lebende schriftstellernde Konvertitin Ida Gräfin Hahn-Hahn, die in ihren späteren Jahren den ursprünglichen politisch-emanzipatorischen Ansatz zurückstutzte. Eine andere Konvertitin aus dem 20. Jahrhundert, die Tochter aus einer wohlhabenden jüdischen Familie in Breslau, hat entscheidende Jahre ihres in Auschwitz verbrecherisch ausgelöschten Lebens in Speyer verbracht: Edith Stein. In Göttingen war die Studentin mit dem Phänomenologen Edmund Husserl bekannt geworden sowie mit dessen Adlatus Dr. Reinach, einem gebürtigen Mainzer, und hatte zudem eine lebenslange Freundschaft mit Hedwig Conrad-Martius geknüpft. Durch Max Scheler, der wiederholt in der philosophischen Gesellschaft vortrug, kam sie erstmals mit katholischen Ideen in Berührung. Sie schreibt darüber: »Die Schranken der rationalistischen Vorurteile, in denen ich aufgewachsen war, ohne es zu wissen, fielen, und die Welt des Glaubens stand plötzlich vor mir.« Sie wurde, »fast ohne es zu bemerken, dadurch umgebildet«.

Nach dem Ersten Weltkrieg, am 6. Februar 1919, befürwortete Husserl die Habilitation seiner Assistentin: »Sollte die akademische Laufbahn für Damen eröffnet werden, so könnte ich sie an allererster Stelle und aufs wärmste (...) empfehlen.« Als Edith Stein im Sommer 1921 bei ihrer Freundin Conrad-Martius in Bad Bergzabern weilte, erhielt sie durch die zufällige Lektüre des Lebens der heiligen Teresa von Avila den ersten und entscheidenden Impuls zur Konversion, die sie am 1. Januar 1922 mit der Taufe an St. Martin besiegelte, während der Bischof Ludwig Sebastian von Speyer ihr am Lichtmeßtag des gleichen Jahres in seiner Hauskapelle das Sakrament der Firmung erteilte. Als Lehrerin am Seminar der Dominikanerinnen legte sie hohe Maßstäbe an, wurde für viele Schülerinnen eine Ratgeberin in Lebensfragen und begann nach einer entscheidenden Begegnung mit dem gelehrten Jesuiten Erich Przywara das Studium und die Übersetzung des Thomas von Aquin sowie eine rege Vortragstätigkeit, die in ihrem Referat über das Ethos der Frauenberufe bei den Salzburger Hochschulwochen 1930 einen Höhepunkt fand.

Hier nahm sie für ihre Zeit gewiß progressive Positionen ein, die der »Amtskirche« – wenn man diesen unscharfen und polemischen Ausdruck einmal verwenden will – keineswegs geschmeckt haben dürften. Wenn sie auch der »natürlichen Eigenart der Frau« in der Ausbildung Rechnung getragen wissen wollte, war es für Stein selbstverständlich, daß sich die Frau für alle Berufe spezialisieren konnte. Daß Frauen imstande seien, andere Berufe als den der Gattin und Mutter auszuüben, habe nur eine »unsachliche Verblendung« bestreiten können. Sogar die Frage des Priestertums der Frau ging sie an, wenn sie feststellte: »Dogmatisch scheint mir nichts im Wege zu stehen, was es der Kirche verbieten könnte, eine solche bislang unerhörte Neuerung durchzuführen.« Sie fügte jedoch einschränkend hinzu: »Ob es praktisch sich empfehlen würde, das läßt mancherlei Gründe für und wider zu.« Fest gegründet stand Edith Stein jedoch zu der Überzeugung, daß in der Bibel und zumal in der Genesis von einer Herrschaft des Mannes über die Frau keine Rede sei.

Von daher beklagte sie, daß im Kirchenrecht zugunsten einer Gleichstellung der Frau kein Gedanke verschwendet werde, da sie von allen Weiheämtern ausgeschlossen bleibe. Dies sei eine Verschlechterung gegenüber den Frühzeiten der Kirche, in denen Frauen amtliche Funktionen als geweihte Diakonissen gehabt hätten. Sie gelangt zu der Perspektive: »Die Tatsache, daß hier eine allmähliche Umbildung erfolgt ist, zeigt die Möglichkeit einer Entwicklung im entgegengesetzten Sinn.« Das kirchliche Leben in der Gegenwart deute auf eine solche Entwicklung hin, bei der »in steigendem Maß eine Berufung der Frauen zu kirchlichen Aufgaben« zu erwarten sei.

Mit einer inneren Konsequenz trat Edith Stein 1933 in den Kölner Karmel als Schwester Teresia Benedicta a Cruce ein und fand, wie sie öfter gestand, die beglückende Einheit in philosophischem Denken und spiritueller Existenz. 1938 suchte sie vor der Judenverfolgung Schutz im Karmel von Echt in Holland, wo sie an ihrem unvollendet gebliebenen Vermächtnis-Werk »Kreuzeswissenschaft« arbeitete, das zum 400. Geburtstag des heiligen Johannes vom Kreuz erscheinen sollte. Zusammen mit holländischen Juden verschleppt, kam sie in einem Viehwaggon am 9. August 1942 in Auschwitz an, nachdem der Transport am späten Nachmittag des 7. August in Schifferstadt vor Speyer auf einem Abstellgleis gehalten haben soll. Sofort in die Gaskammer geschickt und umgebracht, fiel sie einer verbrecherischen Politik zum Opfer – eine wahrhaft große Deutsche und eine Gestalt, die zur Verständigung und Versöhnung unter den Völkern, Nationen und Religionen mahnt.

Freiheitliche und demokratische Tradition

Aus den tiefen Schatten martialischer Geschichte steigt in unserem Land eine frühe freiheitliche und demokratische Tradition herauf, bei der vor allem das Hambacher Fest von 1832 ein wichtiges Datum bildet.

Obgleich es nicht leicht ist, die in Hambach gehaltenen Reden auf einen einheitlichen Nenner zu bringen, so wird in ihnen die Gemeinsamkeit mit den Nachbarvölkern mehr betont als die Ausuferungen revanchistischen Nationalismus', den es freilich auch gab. Zwar wurde die Meinungsvielfalt der Hambacher Äußerungen in einem französischen Bericht buchstäblich als Turm von Babel bezeichnet; doch herrschte immerhin in einem Punkt von A bis Z Einvernehmen und Einigkeit: im Enthusiasmus für den Freiheitskampf der Polen gegen die zaristische Herrschaft.

Hambach ist, wenn man die Verfassungsentwicklung in Deutschland über die Frankfurter Paulskirche, die Weimarer Republik bis hin zum Grundgesetz der Bundesrepublik betrachtet, keine tote Vergangenheit, sondern steter Anruf und dauernde Verpflichtung, die Ideale der Demokratie zu leben und für die Zukunft zu aktualisieren. Hier der historische Stich mit dem Zug der Patrioten zum Schloßberg 1832. Sie trugen die damals von den Regierungen des Deutschen Bundes geächteten schwarzrotgoldenen Fahnen.

Schon im Vorfeld des Hambacher Festes war es in der gesamten Rheinpfalz zur Gründung von Polen-Vereinen, ja zu einer Art kultischer Verehrung und Begeisterung für den polnischen Freiheitskampf gegen das zaristische Regime gekommen.
In der Phase des Durchzugs polnischer Emigranten in Richtung Frankreich wurden die Unterstützungsmaßnahmen weiter intensiviert – dies auch in ihrer geistigen Fundamentierung, so wenn zum Beispiel Georg Friedrich Kolb, der Redakteur der Neuen Speye-

rer Zeitung, einen feierlichen Empfang ausrichten ließ, wobei der Saal mit einem beleuchteten polnischen Adler, einem Anker als Symbol der Hoffnung und einem Transparent dekoriert wurde, auf dem ein Paar verbundener Hände und die Aufschrift »Polen und Deutsche« sichtbar prangte.

Selbstverständlich war dieser Polen-Enthusiasmus in dem zündenden Lied des Philipp Jakob Siebenpfeiffer »Der Deutschen Mai« enthalten, das beim Aufbruch zum volksfestartigen Demonstrationszug auf dem Hambacher Schloß nach der Melodie des Schillerschen Reiterliedes gesungen wurde:

> »Wir sahen die Polen, sie zogen aus,
> Als des Schicksals Würfel gefallen;
> Sie ließen die Heimat, das Vaterhaus,
> In der Barbaren Räuberkrallen:
> Vor des Zaren finsterem Angesicht
> Beugt der freiheitsliebende Pole sich nicht.
>
> Auch wir Patrioten, wir ziehen aus,
> In festgeschlossenen Reihen;
> Wir wollen uns gründen ein Vaterhaus
> Und wollen der Freiheit es weihen:
> Denn vor der Tyrannen Angesicht
> Beugt der freie Deutsche sich nicht.«

Auf dem Hambacher Fest nahmen die polnischen Delegierten einen Ehrenplatz ein. Vertreter des radikalen Flügels der Emigranten und ehemalige Teilnehmer des November-Aufstandes wie Jan Czynski und Tadeusz Krepowicki erweckten in ihren Uniformen die allgemeine Bewunderung, und auf dem Schloßturm der Kästenburg wehte neben Schwarz-Rot-Gold die weißrote polnische Fahne. Während der Feierlichkeiten ergriffen polnische Offiziere das Wort, dankten den deutschen Patrioten für ihren Einsatz und erklärten sich zu gemeinsamen Anstrengungen für ein vereintes und republikanisches Deutschland bereit.

Siebenpfeiffers Rede gipfelte in dem pathetischen Ausruf: »Es lebe das freie, einige Deutschland! Es leben die Polen, der Deutschen Verbündete! (...) Hoch lebe jedes Volk, das der Freiheit schwört! Vaterland – Volkshoheit – Völkerbund hoch.« Ähnlich hatte das polnische Nationalkomitee zwei Monate zuvor bereits an die deutsche Gesellschaft für die Aufrechterhaltung der Pressefreiheit, den Preß-Verein, formuliert: »Jene Rechte des Volkes, jene Rechte der Völker finden in Euch, wie Euer Aufruf beweist, tap-

Am 6. Mai 1985 versammelten sich mehrere tausend junger Menschen vor dem Hambacher Schloß, wo der Präsident der Vereinigten Staaten Ronald Reagan, begleitet von seiner Frau und Ministerpräsident Bernhard Vogel, eine Rede an die deutsche Jugend hielt. Er forderte sie in bewegenden Worten auf, für die Ideale von Freiheit und Demokratie einzustehen.

fere und ergebene Verteidiger. Wir fügen dem unsere Wünsche und unser Wirken bei: und dann wird durch ein freies und demokratisches Deutschland die Wiedergeburt eines demokratischen Polens erfolgen!« Freiheit und Vaterland, Deutschland und Europa wurden also beim Hambacher Fest intensiv beschworen, und insofern ist Hambach keine tote Vergangenheit, sondern – wie bei den Jubiläumsfeiern 1982 immer wieder hervorgehoben – lebendige, uns alle herausfordernde Geschichte. Das Ringen der vormärzlichen Patrioten in der Rheinpfalz um »gesetzliche Freiheit und Nationalwürde«, wie es im Aufruf Siebenpfeiffers formuliert wurde, ist auch heute noch

Ansporn, sich mit den Wurzeln moderner Demokratie zu befassen, vor allem aber die Gegenwart und Zukunft freiheitlicher Ordnung zu bedenken. Der Blick auf das in 150 Jahren Erreichte darf freilich nicht überdecken, daß Demokratie als Staats- und Lebensform stets neu zu erringen und zu verteidigen ist und daß insbesondere die Entwicklung der deutschen Demokratie ein Stück Leidensgeschichte war. Robert Blum, der Abgeordnete der Linken in der Paulskirche, hat einmal an Karl Theodor Welcker, einen der Theoretiker des liberalen Gedankens im 19. Jahrhundert, geschrieben, jedes Fest habe die Bedeutung, die man in es hineinlege.

So ist Hambach mehr als ein Gedenken und ein Erinnerungsposten an ein markantes historisches Ereignis im Vormärz; es hat auch für Gegenwart und Zukunft unserer staatlichen Ordnung Bedeutung, zumal von den Hambacher Forderungen einige immer noch nicht erfüllt sind und gewissermaßen als Fragezeichen vor unserem politischen Horizont stehen: vor allem die nationale Einheit, die polnische Freiheit und der europäische Zusammenschluß.

Für die Menschen am Rhein und in der Pfalz waren nach den Erfahrungen der Französischen Revolution das Eintreten für politische und religiöse Freiheit und das Bekenntnis zur nationalen Einheit wichtige Elemente ihrer historischen Erfahrung. In dieser Tradition steht das Hambacher Fest – in einer sinnfälligen Linie führen seine Gedanken und Forderungen über die Frankfurter Paulskirche von 1848 und die Weimarer Verfassung 1919 in das Grundgesetz der Bundesrepublik Deutschland 1949, das nach den Verirrungen der deutschen Geschichte und ihrer Perversion im Inferno des Nationalsozialismus den freiheitlichsten Staat begründete, den die Deutschen je hatten.

Hambach war aber, obgleich auch als regionales Pfälzer Volksfest begangen, nicht nur ein »prunkvolles« Ereignis, sondern Teil einer politischen Bewegung. Freilich darf der deutsche Liberalismus, der hier einen Höhepunkt setzte, nicht mit einer Basis-Demokratie verwechselt werden, weil es in Hambach nicht so sehr um sozialen Protest ging, sondern die bürgerlichen Forderungen, unter anderem die der Pressefreiheit, im Mittelpunkt standen. Diese Postulate des 19. Jahrhunderts gehören auch zum historischen »Haushalt« des Bundeslandes Rheinland-Pfalz, dessen Wappen im Pfälzer Löwen, Mainzer Rad und Trierer Kreuz etwas abgekürzt die Traditionen mittelrheinischer Geschichtslandschaften anspricht. Hambach war ebenso ein »Nationalfest der Deutschen« wie auch ein europäisches Fest, das im Grunde gleichsam ein »Europa der Vaterländer« vorwegdachte.

Volksfest und Folklore, fröhliche Menschen und Feiern, das gehörte zentral dazu; und wer wollte in der Pfalz und am Rhein darüber mäkeln, wenn – bei allen Problemen in Gegenwart und Zukunft – Angst und Verzagtheit eben nicht durchweg bestimmende Gefühle der Bürger sind, ja es nicht werden dürfen. Freilich: Hambach nur ein Volksfest? Dies wäre zu kurz gegriffen und würde dem mahnenden Wort von Theodor Heuss zum 125jährigen Jubiläum von 1957 nicht gerecht: »Macht mir keinen Dürkheimer Wurstmarkt daraus!«

Demokratie und nationales Bewußtsein – dies scheint eine der wichtigsten Hambacher »Lehren« – dürfen nicht weiter gebrochen bleiben, sondern sollten im Grund-Konsens der politischen Parteien als neue Herausforderung gesehen und bestanden werden – im Sinne dessen, was einer der Hauptinitiatoren des Festes, Dr. Johann Georg Wirth, in seiner Festbeschreibung von 1832 hoffnungsvoll und zugleich mit beschwörendem Unterton ausdrückte:

»Wir müssen das Nationalfest der Deutschen zu Hambach, den 27. Mai, als den Tag ansehen können, an welchem zu dem künftigen politischen Bau unseres Vaterlandes der Grundstein gelegt wurde; wir müssen von dem 27. Mai sagen können, daß infolge der Ereignisse dieses Tages die Patrioten aller deutschen Stämme brüderlich verbunden werden, um eine Grundreform Deutschlands auf gesetzlichem Wege durchzuführen.«

Die Hambacher verkörpern ein Stück Nationalgeschichte, auf das wir stolz sein dürfen und das wir stärker als bisher in Geschichtsbild und staatsbürgerliches Bewußtsein hineinnehmen sollten – dies im Sinn und auf dem Fundament des Hambacher Aufrufs, den Politiker und Bürger aller demokratischen Parteien am 27. Mai 1982 durch die Bundeszentrale für politische Bildung veröffentlicht haben. Darin heißt es:

»Vor 150 Jahren feierten in der Pfalz 30000 Männer und Frauen aus allen Teilen Deutschlands das Hambacher Fest. Sie forderten von den Regierenden

– die nationale Einheit
– die Souveränität des Volkes
– das Recht der freien Meinungsäußerung
– die Freiheit der Presse
– die Gleichberechtigung von Mann und Frau
– freien Handel ohne Zollschranken
– das Selbstbestimmungsrecht der Völker
– ein freies und vereinigtes Europa.

Diesen Forderungen blieb der Erfolg jahrzehntelang versagt. Sie markieren den Anfang einer demokratischen Tradition in der deutschen Geschichte, die sich trotz aller Rückschläge immer wieder durchsetzte: so 1848 in der Frankfurter Paulskirche, 1919 in der Weimarer Verfassung. Der schlimmste Rückschlag für die Hambacher Ideen war die Hitlerdiktatur. Sie kostete uns die deutsche Einheit. Im Grundgesetz der Bundesrepublik Deutschland wurden die Hambacher Forderungen aufgenommen. Wir genießen dadurch Freiheiten und Rechte, die unseren Landsleuten im anderen Teil Deutschlands vorenthalten werden.

Auch junge zeitgenössische Künstler nahmen sich beim 150jährigen Jubiläum des Hambacher Festes 1982 des Themas der freiheitlichen und demokratischen Traditionen in der deutschen Geschichte an. Hier eine Pastellkreidezeichnung von Dietlinde Andruchowicz, Nackenheim. Die Schrift-Radierung enthält den Liedtext: Die Gedanken sind frei...

Nach wie vor treten wir deshalb ein für die alte Hambacher Forderung nach deutscher staatlicher Einheit. Eine Chance für die Wiedervereinigung der beiden deutschen Staaten und eine friedliche Zukunft liegt in der ehrlichen und tatkräftigen Zusammenarbeit der europäischen Staaten in der Europäischen Gemeinschaft mit dem Ziel eines schon 1832 ersehnten vereinigten Europas. Die heutige Spaltung Europas in zwei Blöcke muß überwunden werden, auch wenn dies zur Zeit als Utopie erscheinen mag.
Unsere Welt ist gefährdet, die Möglichkeit der gegenseitigen Vernichtung ist gestiegen. Unserem Vaterland, an der Nahtstelle der Blöcke gelegen, fällt bei der Sicherung des Friedens eine besondere Verantwortung zu. Doch darf der Preis dafür nicht der Verlust der Freiheit sein. Rüstung allein führt nicht zum Ziel. Durch aktives Bemühen aller Seiten um Verständigung müssen Spannungen abgebaut, gegenseitige Furcht und lähmendes Mißtrauen beseitigt werden. Dieser Aufgabe für den Frieden müssen sich unsere Politiker, muß sich unser ganzes Volk stellen. (...)
Das demokratische Erbe von Hambach – vor allem die Forderungen nach Freiheit, staatlicher Einheit und einem vereinigten Europa – bleibt uns fortwährende Verpflichtung. Mit Hoffnung, Mut und Ausdauer müssen wir uns einsetzen für das Wohl der Bürger unseres Vaterlandes, unserer Nachbarn in Europa und für die Erhaltung des Friedens in der Welt.«

Das Land der Weinkultur

Kein anderes Land in der Bundesrepublik Deutschland schien so lange das Zeichen, ja Stigma einer zufälligen und vorläufigen »Nachkriegs-Konstruktion« zu tragen wie Rheinland-Pfalz. Kein anderes Land wurde dann auch – wegen seiner vermeintlichen Geburtsschwächen, die freilich den anderen Neugründungen nach dem Zweiten Weltkrieg in gleicher Weise hätten attestiert werden können – als der modernen Zeit und Welt gegenüber so rückständig apostrophiert wie Rheinland-Pfalz in dem von Kritikern und Karikaturisten geprägten Slogan vom »Land der Reben und Rüben«.
Weinbau und Weinhandel spielen also in Rheinland-Pfalz nicht nur als Wirtschaftsfaktoren, sondern als Elemente der Kulturlandschaft seit jeher eine wichtige Rolle. Die bekannten Weinbaugebiete sind von Süden nach Norden: die Pfalz, Rheinhessen, Nahe, Mittelrhein, Lahn, Mosel-Saar-Ruwer sowie das Ahrtal als nördlichste Weinbauregion der ganzen Welt, bekannt vor allem durch ihre Rotweine. Spezialität und Qualität – auch und gerade angesichts der jüngsten Probleme des Absatzes innerhalb der EG und darüber hinaus – bleiben die Stichworte und Postulate, mit denen eine traditionelle Branche die Zukunft bewältigen und für sich gewinnen will.
Und dann erst die tiefverwurzelten Bezüge zur Vergangenheit: sie können gerade auf

Eine seiner letzten Begegnungen in Mainz: der Ehrenbürger Carl Zuckmayer im lebhaften Gespräch in einem Weinlokal.

diesem Sektor nicht unterschätzt werden. Hören wir keinen Geringeren als Zuckmayer dazu: »Ein amerikanischer Soldat der Besatzungsarmee erzählte mir im Jahre 1946 eine kleine Geschichte, die sich mir tief eingeprägt hat. Dieser Mann, in Amerika geboren und ohne besondere Bildung aufgewachsen, hatte nie zuvor europäische Länder gesehen und verband damit die Vorstellung von ›old countries‹, alten Ländern, worunter er sich etwas Verstaubtes, Muffiges, Ungelüftetes, Überlebtes gedacht hatte. Nun kam er im Frühling 1945 mit den Panzern der Armee Patton zum Rhein hin gezogen und beobachtete, während Geschütze und Tanks die Uferstraßen entlang ratterten, wie hoch über ihnen, in den Weinbergen, überall die Leute an der Arbeit waren, größtenteils Frauen, alte Männer und Jugendliche, und es machte ihm einen ungeheuren, fast unheimlichen Eindruck, wie diese Leute da in aller Ruhe ihre Reben pflegten, als gäbe es nichts Wichtigeres auf der Welt, ja daß sie größtenteils noch nicht einmal zu der einrollenden Kriegsarmee herunterblickten. Und es kam ihm, dem Amerikaner, dabei in den Sinn, daß das wohl zu anderen Zeiten, als ganz andere Armeen in anderen Kriegen diese Straßen entlang gezogen kamen, auch nicht anders war, sondern genau ebenso: für die Leute im Weinberg nämlich, die über Jahrhunderte weg ihre Arbeit taten, ohne danach zu fragen, ob da unten der Napoleon marschiert, der Kosak reitet oder der Patton kommt... Da, sagte der Mann zu mir, habe er plötzlich so etwas wie Ehrfurcht vor diesen ›alten Ländern‹ verspürt. Zum ersten Mal sei ihm aufgegangen, was Geschichte sei, und daß deren Größe vielleicht gar nicht so sehr in Siegen und Niederlagen, in den Wechseln und Umschwüngen der politischen Welt zum Ausdruck käme, sondern in der stillen Kontinuierlichkeit menschlichen Seins und Schaffens. Und in jener Beharrlichkeit, wie sie der Weinbau bedingt. Natürlich war es auch eine Flasche Wein oder mehrere, die ihn zu solchen Bekenntnissen befeuerten. Dabei konnte der arme Mann noch nicht einmal einen Mosel von einem Pfälzer unterscheiden!«

Wer in diesen Regionen im christlichen Mittelalter sich seines Seelenheils versichern wollte, der schenkte seiner Kirche einen Weinberg. Und nicht selten verhalf er damit seinem Ort, wenn die Schenkung in einem der berühmten Codices wie dem aus dem Kloster Lorsch verzeichnet wurde, zum Eintritt in die Geschichte. Wer nennt die Namen der Klöster an der Mosel, am Rhein und in der Pfalz, die mit ihrem ausgedehnten Weinbergsbesitz einen Wirtschaftsfaktor sondergleichen darstellten und damit das Lob der Gewächse dieser Landschaften über die Grenzen verfrachteten?

Und wer nennt die vielen Feste, die sich um das liebliche Getränk und seinen Anbau im Jahreskreis rankten und ebenso zu emotionellen Ausbrüchen wie ausgleichenden bacchantischen Szenen führten. Da kennen wir aus der Nationalliteratur das Rochusfest zu Bingen von Johann Wolfgang von Goethe, das die zeitlose Freude und die liturgische Verquickung des Weines in das rechte Licht zu rücken versteht, zumal in jener Predigt des Weihbischofs, als dessen Urbild Valentin Heimes, ein Rheingauer Winzerbub und Gehilfe des letzten Mainzer Kurfürsten, ausgemacht worden ist, wobei von anderen jedoch als »Pate« dieses literarischen Kabinettstücks auf den Kurfürsten Emmerich-Joseph von Breidbach-Bürresheim (von 1763 bis 1774 in Mainz regierend) verwiesen wird, den nicht wenige seiner Zeitgenossen ob seiner ungeheuren Leibesfülle als »Breitfaß von Schüttesheim« verspotteten. Der Weihbischof tritt also den frommen Pilgern mit folgender Ansprache entgegen: »Ihr überzeugt euch also hieraus, andächtige, zu Reu und Buße schon begnadigte Zuhörer, daß derjenige die größte Sünde begehe, welcher die herrliche Gabe Gottes solcherweise mißbraucht. Der Mißbrauch aber schließt den Gebrauch nicht aus. Stehet doch geschrieben: Der Wein erfreut des Menschen Herz! Daraus erhellt, daß wir, uns und andere zu erfreuen, des Weines gar wohl genießen können und sollen. Nun ist aber unter meinen männlichen Zuhörern vielleicht keiner, der nicht zwei Maß Wein zu sich nähme, ohne deshalb gerade einige Verwirrung seiner Sinne zu spüren; wer jedoch bei dem dritten oder vierten Maß schon so arg in Vergessenheit seiner selbst gerät, daß er Frau und Kinder verkennt, sie mit Schelten, Schlagen und Fußtritten verletzt und seine Geliebtesten als die ärgsten Feinde behandelt, der gehe sogleich in sich und unterlasse ein solches Übermaß, welches ihn mißfällig macht Gott und Menschen und seinesgleichen verächtlich. Wer aber bei dem Genuß von vier Maß, ja von fünfen und sechsen noch dergestalt sich selbst gleich bleibt, daß er seinem Nebenchristen liebevoll unter die Arme greifen mag, dem Hauswesen vorstehen kann, ja die Befehle geistlicher und weltlicher Obern auszurichten sich imstande findet: auch der genieße sein bescheiden Teil und nehme es mit Dank dahin! Er hüte sich aber ohne besondere Prüfung weiterzugehen, weil hier gewöhnlich dem schwachen Menschen ein Ziel gesetzt ward. Denn der Fall ist äußerst selten, daß der grundgütige Gott jemand die besondere Gabe verleiht, acht Maß trinken zu dürfen, wie er mich, seinen Knecht, gewürdigt hat. Da mir nun aber nicht nachgesagt werden kann, daß ich in ungerechtem Zorn auf jemand losgefahren sei, daß ich Hausgenossen und Anverwandte mißkannt oder wohl gar die mir obliegenden geistlichen Pflichten und Geschäfte verabsäumt hätte, vielmehr ihr alle mir das Zeugnis geben werdet, wie ich immer bereit bin, zu Lob und Ehre Gottes, auch zu Nutz und Vorteil meiner Nächsten mich tätig finden zu lassen, so darf ich wohl mit gutem Gewissen und mit Dank dieser anvertrauten Gabe mich auch fernerhin erfreuen. Und ihr, meine andächtigen Zuhörer, nehme ein jeder, damit er, nach dem Willen des Gebers, am Leibe erquickt, am Geiste erfreut werde, sein bescheiden Teil dahin! Und auf daß ein solches geschehe, alles Übermaß dagegen verbannt sei, handelt sämtlich nach der Vorschrift des heiligen Apostels, welcher spricht: ›Prüfet alles und das Beste behaltet!‹«

Aber der Weinbau beziehungsweise die Weinpolitik spielt auch beim Hambacher Fest

Rhodt unter Rietburg ist ein Weindorf mit malerischen Ansichten, gelegen am Ostrand der Haardt am Fuße der im Dreißigjährigen Krieg zerstörten Rietburg. Die Weinhöfe dieses bis 1603 zu Württemberg, dann bis zum Ende des Alten Reiches zu Baden-Durlach gehörenden Ortes sind ein Geheimtip für Kenner und Touristen aus nah und fern.

eine Rolle, als die Winzer von Dürkheim eine schwarze Fahne mit der das Pfälzische verratenden Aufschrift »Wir Weinbauren müssen trauren« zum Schloßberg hinauftrugen, um gegen ihre schlechte wirtschaftliche und politische Lage zu protestieren.

Sie verwiesen damit auf die Bedrückungen der letzten Jahre, die neben Mißernten die hermetische Abriegelung des einst unter französischer Herrschaft mit Gewerbefreiheit bedachten Pfälzer Landes durch das einengende und verhaßte Instrument der »Mauth« gebracht hatten. Die Winzer dokumentierten zugleich die Not vieler Auswanderer, die aus dieser wirtschaftlichen Misere die Konsequenzen gezogen und ihrer Heimat, weil sie ihnen Arbeit und Brot versagte, den Rücken gekehrt hatten.

Auch in anderen Weinbaugebieten kam es zu krisenhaften Zuspitzungen im Vormärz, besonders eklatant im Moseltal, dessen Kreszenzen die Zollgesetzgebung von 1818 zunächst eine Art Monopolstellung auf dem preußischen Markt beschert hatte, was freilich die Winzer dazu animierte, die Rebflächen auszuweiten und von Qualität auf Quantitäten umzusteigen. Doch die im Vorfeld zwischenstaatlicher Einigungsbemühungen abgeschlossenen Kontrakte der deutschen Bundesstaaten, zumal Preußens Verträge mit

Hessen, Bayern und Württemberg am Ende der 20er Jahre, öffneten den süddeutschen, pfälzischen und rheingauischen Weinen den Markt und ließen die Moselgewächse im Preise so tief sinken, daß man schon zu Beginn der 30er Jahre konstatieren mußte, der Weinhandel sei total ruiniert.

Vergegenwärtigt man sich die Zahlen, so war der Fuderpreis von über tausend Talern im Jahre 1818 zwei Jahrzehnte später auf 20 bis 30 Taler gesunken. Eine zeitgenössische, von der Zensur freilich unterdrückte Darstellung gibt an, die Zollabkommen hätten die Winzer auf den Gipfel unerhörter Not, unerträglichen Mangels und gänzlicher Verarmung geführt. Das Elend sei so groß geworden, daß es nur noch unter Gefährdung der ganzen Gesellschaft unberücksichtigt bleiben könne. Neben der zwischen den Zeilen angesprochenen sozialen Rebellion taucht sogleich ein strategisch-militärisches Moment in der Argumentation auf: es sei unbedingt nötig, wegen der Nachbarschaft zu Frankreich und der von dort drohenden »expansiven« Gefahren, sich der Anhänglichkeit der Moselbewohner an die Regierung zu versichern.

»Die Trauben und das Elend blüh'n an der Mosel«: so wurde im Provinziallandtag resignierend festgestellt und kritisiert, eine »Bouteille geringen Weines« koste nur zwei Silbergroschen, während man in Berlin künstliche Weine zu fabrizieren suche. Die raffinierten und ausbeuterischen Methoden von Spekulanten, welche Vorschüsse zu hohen Zinsen gaben und später den Wein billig aufkauften, so daß die Winzer neuer Kredite bedurften, verschärften neben den Absatzschwierigkeiten die mißliche Situation.

Notverkäufe und Zwangsversteigerungen waren an der Tagesordnung. Und die staatlichen Maßnahmen? Prämien auf bewußt herbeigeführte Verödungen, Förderung von Lohholzschlägen durch 12jährige Grundsteuerfreiheit und die Umstellung auf Qualitätsanbau blieben unzulänglich und griffen nicht; kurzum: die Radikalisierung der Moselwinzer nahm zu.

Dies war gleichsam der negative Nährboden, aus dem der junge Karl Marx vor seiner Haustür ein wichtiges sozialpolitisches Thema bezog. Erst in den letzten Jahren hat die Forschung die Bedeutung der moselländischen Verhältnisse für Marxens Jugendwerk schärfer als bisher herausgearbeitet und ihn als einen »echten Sohn seiner trierischen Heimat« (Heinz Monz und Gerhard Pelger) herauszustellen versucht. Es ist in der Tat nicht zu verkennen, daß es im Vormärz ein Anwachsen der oppositionellen Strömungen gab, die durch soziale Mißstände genährt waren und eine liberal-demokratische Färbung wie auch schon soziale Sprengwirkung besaßen. Die Polemik von Karl Marx über die Zustände bei den Moselbauern, die er 1842/43 in der von ihm redigierten Rheinischen Zeitung veröffentlichte, weist deutlich in diese Richtung.

Später hat Marx gegenüber Engels des öfteren betont, daß er »gerade durch seine Beschäftigung mit dem Holzdiebstahlgesetz und mit der Lage der Moselbauern von der bloßen Politik auf ökonomische Verhältnisse verwiesen worden und so zum Sozialismus gekommen« sei.

Indem er offen »für die arme politische und sozial besitzlose Menge« Partei ergriffen, hat er sich mit ihrer Forderung solidarisiert, am Reichtum des Bürgertums Teilhabe zu erlangen. Dieser Wechselbezug von Politik und Ökonomie, den Marx als Journalist an der Not der Moselwinzer exemplifizieren wollte, hat auch die Dichter des Vormärz und des Neuen Deutschland inspiriert. Sie, die seit dem Tod des Olympiers Goethe das eigentliche Zeitalter der politischen Literatur gekommen wähnten, haben in sozialen Anklagen das wirtschaftliche und menschliche Elend der unteren Schichten zu thematisieren begonnen, haben – wie Georg Weerth – Weinlieder als politisch-soziale Anklage verfaßt, etwa das folgende unter dem Titel »Die rheinischen Weinbauern«, in dem es heißt:

> »An Ahr und Mosel glänzten
>   die Trauben gelb und rot;
>   die dummen Bauern meinten,
>   sie wären aus jeder Not.
> Da kamen die Handelsleute
>   herüber aus aller Welt:
>   ›Wir nehmen ein Drittel der Ernte
>   für unser geliehenes Geld!‹
> Da kamen die Herren Beamten
>   aus Koblenz und aus Köln:
>   ›Das zweite Drittel gehöret
>   dem Staate an Steuern und Zölln!‹
> Und als die Bauern flehten
>   zu Gott in höchster Pein,
>   da schickt er ein Hageln und Wettern
>   und brüllt: ›Der Rest ist mein!‹
> Viel Leid geschieht jetzt unter,
>   viel Leid und Hohn und Spott;
>   und wen der Teufel nicht peinigt,
>   den peinigt der liebe Gott!«

Feste und Fastnacht

Ein heiterer Menschenschlag, den Genüssen des Lebens zugetan, aber auch fromm, kritisch und weltoffen: so haben die Reiseschriftsteller aller Zeiten die Rheinländer und

Der Mainzer Fastnachtsbrunnen von Blasius Spreng symbolisiert in vielen Figuren ein Stück mittelrheinischer Lebensart in Vergangenheit und Gegenwart. Er ist eine Huldigung an die »fünfte Jahreszeit«.

Moselaner samt ihren Anrainern in Eifel, Westerwald und Hunsrück charakterisiert. Sie feiern die Feste, wie sie fallen. Wer nennt die jahreszeitlich bedingten Festivitäten, die sich vor allem um den Wein ranken? Und in denen schunkelnd das Lied von der Mosella angestimmt wird oder: Warum ist es am Rhein so schön? Wer könnte dem Kernsatz pfälzischer Fremdenverkehrswerbung ernsthaft widersprechen, wonach derjenige, der diesen gesegneten Landstrich im Süden des jungen Landes auf altem Kulturboden nicht kenne, selber daran schuld sei? Dürkheimer Wurstmarkt und Deidesheimer Geißbockversteigerung, die zahllosen Federweißenfeste und die Fischerfeste längs des Rheins, aber auch die vielen Heimatfeste, Orts- und Stadtjubiläen: man kann in unseren Tagen von Rolandseck bis Landau, von der Ahr bis in die Westpfalz von Fest zu Fest ziehen: irgendwo ist immer etwas los – nicht nur im Frühling, Sommer und Herbst, sondern auch und besonders während der Fastnacht im Winter.

Die Fernsehsendung »Mainz bleibt Mainz – wie es singt und lacht« hat zwar einer breiten Öffentlichkeit dargetan oder dartun wollen, daß die Landeshauptstadt von Rheinland-Pfalz gleichsam eine der höchsten Karnevals- respektive Fassenachts-Hochburgen ganz Deutschlands ist. Aber auch in den anderen Städten und Dörfern an Rhein und Mosel, Nahe und Ahr, in der Pfalz, auf dem Hunsrück, im Westerwald und der Eifel werden Jahr für Jahr vom Elften im Elften und besonders in der eigentlichen Kampagne etliche Wochen vor Fastnacht viele ausgelassene Gecken aktiv und huldigen dem in der Mentalität der Bevölkerung fest verankerten Brauchtum. Dieses Brauchtum beginnt nicht erst mit der speziellen Form des literarisch-politischen Karnevals im 19. Jahrhundert, in jener gegen den Neo-Absolutismus des Metternichschen Systems gerichteten antiobrigkeitlichen Form des Pamphlets, sondern war lange vorher, gewiß seit der Römerzeit, vor allem aber seit den christlichen Traditionen im Mittelalter und in den neueren Jahrhunderten, wenn auch in unterschiedlicher geistig-gesellschaftlicher Struktur, verankert.

Die Mainzer Jupitersäule, an deren Kopie auf dem Deutschhausplatz jeder, der mit Parlament und Regierung dieses Landes zu tun hat, fast täglich vorbeigeht, scheint bereits in ihren kunstvoll-üppigen Formen etwas von Lebensfreude und schäumendem Temperament, etwas von jenem dann durch einen modernen Künstler am Fastnachtsbrunnen auf dem Schillerplatz verewigten Geist auszudrücken, den bereits die Cives Moguntinenses besaßen. Indem sie ihrem höchsten Gott ein Denkmal weihten, wollten sie der Lebensbejahung hienieden ihren Tribut zollen.

Die Fastnacht war von jeher – in ihren Ursprüngen wie in ihrer spezifisch-regionalen Ausprägung – auch ein Sujet des gelehrten Fleißes, freilich oft, wegen Mangels konkreter Quellen, noch mehr der Spekulation und Fabulierlust. Da gab es bereits zur Zeit des Humanismus einen leibhaftigen Professor an der alten Mainzer Universität, der sich des

Themas annahm: Dietrich Gresemund der Jüngere. Er stammte zwar aus Meschede im Westfälischen, scheint aber bald am Rhein »eingemeindet« worden zu sein; denn 1495 schrieb er seinen lateinischen Dialog über das Karnevalstreiben, den er einem bedeutenden Landespolitiker seiner Zeit, dem Kanzler am kurfürstlichen Hof zu Mainz, Georg Hell, widmete.

Gresemund, von Haus aus strenger Philologe, berichtet darin, wie er während der Fastnachtszeit die Studierstube zuschließt und seinen von philologischen Quisquilien überlasteten Verstand befreit, indem er sich von dem Brauchtum der Vorfahren willig überwältigen läßt. Er kommt zu dem Ergebnis, daß Karneval – entgegen dem Urteil mancher Kritiker seiner Zeit – kein barbarisches Treiben sei, sondern ein harmloses Spiel, ein scherzhaftes Unterfangen; keine Ausschweifung, sondern eine durchaus ehrenhafte Angelegenheit. Vielleicht ist hier bereits der karnevalistische Lehrsatz vorformuliert: »Die Fassenacht muß sauber bleiben.« Gresemund meinte, die Betätigung und Beteiligung an den närrischen Tagen sei zur Recreatio des Geistes so notwendig wie Schlaf, Ruhe und Entspannung zur Bewahrung körperlicher Fitness.

Ein anderer Aspekt des karnevalistischen Brauchtums bezieht sich darauf, daß unmittelbar nach den Tiefpunkten der historischen Entwicklung, zumal in jenen Zeiten, als Städte und Dörfer am Rhein und in der Pfalz in Schutt und Asche gesunken waren, die Menschen dieser Landschaften sofort in einem lebensbejahenden Dennoch mit Zähigkeit und aufbauwilligem Geist von vorn begannen, immer wieder sich neu aufrichteten, mit Hilfe ihres eingewurzelten Humors über manche schier ausweglos scheinende Klippe hinwegstiegen und im hautnahen Erlebnis der Vergänglichkeit auch den Wert der Lebensfreude neu entdeckten.

Die neueste Forschung konnte – entgegen der Annahme, daß die den Narren so »heilige« Zahl Elf als Zusammenfassung der Postulate Egalité, Liberté, Fraternité auf die Französische Revolution zurückgehe – plausibel machen, daß die Zahl doch weitgehend in christlicher Überlieferung und einer entsprechenden Bildsymbolik wurzelt. Elf ist danach die Zahl, welche die ehernen zehn Gebote um eins übersteigt und damit jene meint, die sich gegen Gottes Gesetz vergehen.

Da zudem die Fastnacht im Grunde nichts anderes darstellte als die der Civitas Dei und Gottesnähe entgegengesetzte, nach dem Modell des heiligen Augustinus entworfene Gegenwelt einer Gottesferne des gebrechlichen und sündigen Menschen in dieser dem Teufel verfallenen Civitas terrena, war es auch für die Fastnachtsreformer zu Beginn des 19. Jahrhunderts konsequent, aus diesem christlich fundierten Substrat heraus die Elf zur Narrenzahl schlechthin hochzustilisieren. Diese Vorstellung von der besonderen Relevanz der Elf hatte hier am Mittelrhein noch eine zwar entfernte, aber literarisch wie weltanschaulich wirkmächtige Verankerung in den berühmten Visionen der Hildegard von Bingen. Verband sich doch bei ihr die elfte ihrer Schauungen mit der Endzeit und dem Antichristen, also dem Gedanken an das Schlagen der letzten Stunde, so daß sie die zwölfte Visio chronologisch und theologisch aufschlußreich und konsequent dem Weltuntergang und dem Blasen zum letzten Gericht widmete.

Bei allen Veränderungen seit dem 19. Jahrhundert, zumal der Betonung des politisch-literarischen Karnevals, der heute leider aus dem Bewußtsein zu schwinden scheint, ist die Einbindung der Fastnacht in den christlichen Festkalender niemals aufgegeben worden. Die Erinnerung an diese Tatsache erklärt auch – nach neueren Forschungen – viel mehr Phänomene authentisch-stringent, als bei der allgemeinen Säkularisierung auch der Fastnachtsidee vermutet werden möchte.

Und diese christliche Fundamentierung läßt alle Erklärungsversuche verblassen, die in der Fastnacht zu sehr heidnische Ansätze, wie etwa Abwehr von Dämonen und Geistern oder ein Fest des beginnenden Frühlings mit Fruchtbarkeits- und Wachstums-Symbolen betonen. Solche Überlegungen fanden dort besondere Resonanz, wo man den prägenden christlichen Einfluß auf die Kultur des Abendlandes in Zweifel ziehen oder gar verleugnen wollte – nicht zuletzt in der nationalsozialistischen Fastnachtsdeutung. Nach den Forschungen von Dietz-Rüdiger Moser, auf die ich mich wiederholt stützen kann, ignorierte man dabei zu leicht, »daß die Akkomodation nichtchristlicher Überlieferungen durch das Christentum stets nur dort erfolgte, wo der dominante christliche Heilsplan dies ohne Rückwirkungen zuließ, und daß es sich dabei nicht um die Regel, sondern um eine (keineswegs häufige) Ausnahme handelte«.

Fastnacht und Fastenzeit gehören aufs engste zusammen, weil ohne die Einsicht des Narren am Aschermittwoch nach mittelalterlicher Auffassung die Narrheit des Christen an Fastnacht ihre Berechtigung verlöre. Aus manchen neu erschlossenen Predigten des späten Mittelalters geht die Interpretation der Fastnacht als eines Abstiegs zur Hölle mit dem korrespondierenden Lob der Fastenzeit als des Aufstiegs zum himmlischen Jerusalem hervor.

Bis zu den liturgischen Reformen des zweiten Vaticanums bestand denn auch ein innerer Zusammenhang zwischen Schriftlesung und Brauchphänomen: das Evangelium am Fastnachtssonntag war jene Stelle aus Lukas, die mit den Worten beginnt: »Seht, wir ziehen hinauf nach Jerusalem« und dann von dem Blinden am Wege erzählt, der sich bekehrte und den Herren bat, daß er sehend werde. Und vollends die in der Perikopenordnung dieses Sonntags vorgeschriebene Epistel aus dem 13. Kapitel des ersten Korintherbriefes läßt Paulus von der Nächstenliebe sprechen und den Vergleich formulieren, daß diejenigen, die ohne Liebe seien, wie »ein tönendes Erz und eine klingende Schelle« erschienen. So ging es der kirchlichen Didaktik stets darum, im Vergleichen und Alternativ-Setzen von Fastnacht und Fastenzeit den Menschen vom falschen Wege abzubringen und auf den richtigen hinzuführen, was im einzelnen auch an Motiven der bildenden Kunst nachgewiesen werden kann. Stets war für die Menschen des 15. und 16. Jahrhunderts die Figur des Narren in Gottesferne, Blindheit und Verkehrtheit eine wichtige Quelle der Seinserkenntnis und eben nicht nur Objekt des Gelächters.

Impressionen aus der Landwirtschaft

Noch 1953 konnte Oskar Stübinger, der erste und langjährige Minister für Landwirtschaft, Weinbau und Forsten, schreiben: »Allein die Tatsache, daß in Rheinland-Pfalz fast die Hälfte aller berufstätigen Menschen in der Land- und Forstwirtschaft beschäftigt ist, zeigt die überragende Bedeutung der Agrarwirtschaft für dieses Land.« Von der Arbeit des Landvolkes und den Ergebnissen seines fleißigen Strebens hänge das Wohlergehen des Staates und seiner Bevölkerung weitgehend ab.

Aber schon damals tat sich ein weiter Problemhorizont auf, welcher der Agrarwirtschaft vor allem aus der Grenzlage wie aus der Besitzstruktur erwachsen war. Stübinger wörtlich: Die ganze Westgrenze von Rheinland-Pfalz sei praktisch »Kriegsschadensgebiet, und weite Teile der Eifel und des Westerwaldes sind seit langem strukturelle Notstandsgebiete«. Nur mit einer intensiven Förderung durch den Staat und seine Einrichtungen werde es gelingen, die Existenzgrundlage vieler fleißiger Menschen zu erhalten.

Welch großer Wandel hat sich in 40 Jahren vollzogen! Er sei mit einer einzigen Zahl verdeutlicht, die schlaglichtartig den Unterschied oder den tiefgreifenden Abstand zwischen jener Frühzeit des Landes und der heutigen Situation herausstellt. Diese Statistik besagt, daß die Zahl der landwirtschaftlichen Betriebe und Einheiten in Rheinland-Pfalz von 218 000 im Jahre 1947 auf 55 000 im Jahre 1985, also ungefähr auf ein Viertel zurückgegangen ist und seit diesem Datum – man denke nur an die allbekannten Probleme im Weinbau der letzten Jahre – noch weiter im Sinken begriffen sein dürfte.

Allerdings muß sogleich hinzugefügt werden, daß sich die ungeheure Dynamik dieser Entwicklung nicht allenthalben in beliebiger Willkür und ungebremst vollzogen hat, sondern begleitet war von raumplanerischen Konzepten und seit 1968 in einem Landesentwicklungsprogramm konkret gesteuert wurde – ein Instrument, das sich durchaus in der bewußten Ordnung und Orientierung ländlicher Räume bewähren konnte.

Ich möchte außerdem an die Verwaltungsreform erinnern, die nicht nur gestrafftere territoriale Strukturen und innerhalb der Behörden einen demokratischeren Geist im Sinn von mehr Bürgernähe gebracht hat, wenn man auch hier und da gegen gewisse Kinderkrankheiten ankämpfen mußte und bei mancher Reißbrettarbeit nicht immer das richtige Gespür und Verständnis für langfristige Relikte aus der Vergangenheit und die longue durée postmaterieller Wertvorstellungen und Mentalitäten besaß.

Der Ort Rech an der Ahr weist neben seiner katholischen Pfarrkirche St. Luzia, einem dreiseitig geschlossenen Saalbau, und den schmucken Fachwerkhäusern eine der ältesten Steinbrücken auf.

Die Verwaltungsreform hat aber einen stetigen Ausbau jener Maßnahmen gefördert, nach denen Bürokratie und Politik gleichsam sich als Infrastruktur-Instanzen der ländlichen Regionen gut in Szene setzen, wenn sie auch täglich in einem ganzen Bündel von Aufgaben selbstkritisch um Verbesserungen und substanzfördernde Modernisierungsansätze zu ringen haben.

Bei der Betrachtung der Entwicklung landwirtschaftlicher und landschaftlicher Frühformen könnte man bis auf die Bandkeramiker zurückgehen, die als Träger der ersten auf Ackerbau und Viehzucht gegründeten Bauernwirtschaft ab 3 000 vor Christi Geburt in den Lößgebieten Rheinhessens, der unteren Nahe, im Neuwieder Becken, Maifeld sowie in den Schwarzerdeböden der Pfalz gesiedelt haben; man könnte von der Weidewirtschaft in vielen Regionen des Landes in der Hügelgräber- und Bronzezeit sprechen, über die Urnenfelder-Zivilisation und die sich vom 6. bis 2. Jahrhundert vor Christus etablierende Hunsrück-Eifel-Kultur, welche das Schiefergebirgsland mit Siedlungskonzentrationen von der Mittelmosel bis Bingen, aber auch um Hermeskeil und im Gebiet von Daun und Wittlich in Anspruch nahm.

Es genügt in diesem Zusammenhang auf die von den Kelten getragene La-Tène-Kultur zu verweisen – und dann natürlich auf die Römer, die bei der Eroberung des gesamten linken Rheinufers ihre hochentwickelte mittelmeerische Zivilisation mitbrachten und deren Grundbesitzer vermutlich ihre Arbeitskräfte aus alten kelto-germanischen Siedlungen rekrutierten.

Freilich taucht hier bereits in frühester Zeit eine Konstante auf, welche die Regionen des späteren Bundeslandes Rheinland-Pfalz durch fast 2000 Jahre bestimmen wird: dieser Wohlstand der römischen Provinzen am Rhein hatte Ursache und Fundament in der landwirtschaftlichen Nutzung des Bodens, die zur Proviant-Lieferung an die Legionen der Römer gedacht und erforderlich war. Wenn von den römischen Schriftstellern besonders der »ager Trevericus« als sehr ertragreich bezeichnet wird, so galt dies auch für die Siedlungsgebiete in der Pfalz und in Rheinhessen. Getreideanbau auf den Muschelkalkböden und Pferdezucht, Viehgehege in den ausgedehnten Wäldern, aber auch Bienenwirtschaft, Obstanbau und schließlich die Kreszenzen des Weinbaus: sie lieferten von nun an durch die kommenden Jahrhunderte die wichtigsten Naturprodukte für einen ausgedehnten Handel und Wandel.

Nach dem Ende des Römischen Imperiums und mit der fränkischen Landnahme kam es unter dem Einfluß der Grundherrschaft zu neuen Formen der Agrar-, Besitz- und Arbeitsverfassung in den Fronhofsverbänden – nicht zuletzt unter der Ägide der karolingischen Reichsklöster St. Maximin bei Trier, Prüm, aber auch von den auswärtigen geistlichen Zentren Fulda, Lorsch und Weißenburg her. In mehreren Rodungsschüben, nicht zuletzt seit dem 12., dem Bernhardinischen Jahrhundert, als die »weißen« Mönche von Cîteaux ihren kolonisatorischen Impuls entfalteten, entwickelte sich unsere intensive Weinbau-Kulturlandschaft in den Terrassen an Mosel, Saar und Ahr, aber auch am Mittelrhein und an der Lahn.

Doch die Lage des kleinen Bauernstandes nach der Abkehr der Grundherren von der Eigenwirtschaft und dem Rückzug von Kirche, Adel und Patriziat auf den Rentengenuß als Landbesitzer führte zu teilweise unwürdigen Abhängigkeitsverhältnissen, gegen die sich im Bauernkrieg, der vor allem die pfälzischen Regionen von Württemberg und vom Elsaß her erreichte, ein bodenständiges Emanzipationsverlangen artikulierte, das freilich von den Landesherren, nicht zuletzt in der Schlacht und dem Blutbad bei Pfeddersheim, rigoros zertreten wurde. Es machte das bürgerlich-bäuerliche Führungselement in unserem Raum politisch im Grunde bis zur Französischen Revolution mit ihrer antifeudalistischen Sprengkraft mundtot, zumal noch zusätzlich der Dreißigjährige Krieg die Bevölkerungszahl weiter Landstriche buchstäblich dezimiert hatte.

Erst nach dem Wiener Kongreß, der freilich auf politischer Ebene den vorher gerade erst gezimmerten gesamtrheinischen Zusammenhang zerschlug und das linke Rheinufer unter das neoabsolutistische Joch rechtsrheinischer Zentren wie Berlin, München und Darmstadt zwang, kam es allmählich durch den Zollverein, durch die Intensivierung der Verkehrsmittel und neue Planungsinstrumente zu einer gewissen Durchbrechung oder Lockerung der kleinregionalen Isolation in der gesamten Landwirtschaft unseres Raumes, die nunmehr stärker in ein interprovinziales Verbundsystem gestellt wurde. An die Entstehung des landwirtschaftlichen Genossenschaftsgedankens, der in der Person von Friedrich Wilhelm Raiffeisen zentral mit unserem Land, zumal mit dem der »armen Leute« auf dem Westerwald, verbunden ist, soll hier nur erinnert werden, weil sich 1988 sein Todestag zum 100. Male jährt.

Der durch die furchtbaren, uns heute unvorstellbaren Mißernten ausgelöste Hungerwinter 1846/47 führte dazu, daß in der preußischen Rheinprovinz und anderswo das Mittagessen für die unbemittelten Klassen der Bevölkerung nur noch aus Zichorienbrühe und allenfalls aus Sauerkraut bestand. Dies war im Grund der Ansatz zur Gründung eines »Brodvereins« durch den Bürgermeister von Weyerbusch, um bei rapidem Anstieg der Preise die erforderlichen Mittel zum Großeinkauf bereitzustellen und in die Lage zu kommen – wie Raiffeisen schreibt – »das Brot 50 Prozent unter dem sonstigen Preis an die ärmeren Einwohner« abzugeben.

Der Ausbau der Mosel als internationale Schiffahrtsstraße hat auch die Bedeutung des Trierer Hafens erhöht. Hier die Einweihungsszenerie für die Neugestaltung dieses wirtschaftlichen Umschlagplatzes im Mai 1965. Auf dem Bild sind unter anderem zu erkennen: Ministerpräsident Dr. Peter Altmeier, Bischof Dr. Bernhard Stein, Landtagspräsident Otto van Volxem, Innenminister August Wolters und Regierungspräsident Konrad Schubach.

Zweifellos hat das nicht selten geschmähte 19. Jahrhundert beachtliche Leistungen auf dem Gebiet der Forstwirtschaft, die wegen ihrer kontinuierlichen Planung und in ihrem Denken durch viele Generationen die Bewunderung des in der Moderne immer hektischer werdenden Menschen erregen muß, hervorgebracht. Aber auch auf dem Sektor des landwirtschaftlichen Schulwesens sind erhebliche Fortschritte zu verzeichnen. Jedoch Fakten wie die nach wie vor unbefriedigende Situation in der Durchschnittsgröße landwirtschaftlicher Betriebe – so gab es etwa, um nur eine konkrete Zahl zu nennen, im Jahre 1879 in der Gemeinde Hontheim (Kreis Wittlich) bei einem Areal von 771 Hektar an Acker und Wiesenland nicht weniger als 24 746 Parzellen, darunter 24 267 unter der Größe von anderthalb Ar –, solche Fakten waren neben den Hungerjahren wichtige Motive für Auswanderungen und Landfluchtphänomene; und auch jener Eifelfonds von mehreren Millionen, den der preußische Staat zu Beginn unseres Jahrhunderts für Entwässerungen, Aufforstungen sowie Umwandlungen von Ödland in Kulturböden zur Verfügung stellte, war allenfalls ein Tropfen auf den heißen Stein und konnte für weite Landstriche des späteren Bundeslandes Rheinland-Pfalz das Stigma und Kainsmal von Notstandsgebieten nicht hinwegnehmen.

Man bedenke auch, daß noch vor 50 Jahren, bei der Entfesselung des Zweiten Weltkrieges durch das nationalsozialistische Deutschland, entlang der Westgrenze unseres Landes – Stichwort Westwall – nicht weniger als 20 000 Bunker errichtet wurden, was zwar momentan den Arbeitsmarkt entlasten mochte, aber viele, die dem Regime des Nationalsozialismus skeptisch gegenüberstanden, die drohende Katastrophe bereits ahnen ließ. Nicht nur die sogenannte Organisation Todt, sondern auch die Offiziere in den Generalstäben »nahmen sich des Grenzlandes an«, und jener Längsstreifen, den sie mit roter Farbe in ihren Karten markierten, hieß konsequenterweise »Rote Zone«, die landeinwärts von der »rosa Zone« abgelöst wurde. Bei Kriegsbeginn wurde die Bevölkerung der Roten Zone für zehn Monate nach Osten evakuiert, und die Dörfer erlitten durch Artilleriebeschuß erhebliche Schäden. Als 1943 die Bombenangriffe der Alliierten hinzutraten und im Zug der Ardennenoffensive Ende 1944 das Hinterland planmäßig bombardiert wurde, war jene trostlose Situation eingetreten, die noch 1948 ein junger Journalist namens Walter Henkels mit den Stichworten umschrieb: »Rote Zone – das heißt: Notstandsgebiet, Elend, stummer Protest.«

Heute aber kann man dem jungen Land auf altem Kulturboden nicht nur aus engagierter Nähe, sondern auch aus gemessener Entfernung bescheinigen, daß es mit 40 Jahren in vielen Bereichen noch attraktiver als vor zwei Jahrzehnten dasteht, als sich mit der Entstehung der Europäischen Gemeinschaft die Perspektiven entscheidend zum Positiven veränderten und aus dem einst strukturschwachen Grenzland endgültig eine europäische Zentralregion hervorwuchs.

Das hatte entsprechende Folgen für die Wirtschaftskraft und das innovative Klima des Landes, das wegen seiner nunmehr hervorragenden Verkehrsverbindungen, seiner gut ausgebildeten Arbeitskräfte neben den klassischen Industrien auch auf dem modernen Feld der Mikroelektronik seine Chance sucht und für Investoren aus aller Welt attraktiv geworden ist.

Dennoch bleibt es eine Herausforderung an zukünftige Politik und Entwicklung, daß gerade die ländliche Bevölkerung, nachdem sich in einer hochindustrialisierten und technisierten Gesellschaft ihre Aufgaben gewandelt haben und die Produktion der Nahrungsmittel allein bei der internationalen Verflechtung nicht mehr ihre Aufgabe sein kann, ein geschärftes und teilweise neues Bewußtsein für die immer noch und immer wieder sozial und kulturell eigenständigen Lebensformen entwickeln sollte. Und zwar in einem gereinigten Heimatbegriff, der nicht in nostalgische Bahnen abdriftet, sondern in aufgeklärter Sehweise die Notwendigkeiten der Zukunft bedenkt und kreativ zu ergreifen versucht.

Historische Lehren...

Der historische Ausgangspunkt des Bundeslandes Rheinland-Pfalz, die Menschen politisch aus einer schier ausweglos erscheinenden Situation nach dem Zusammenbruch des »Dritten Reiches«, das unser Volk in die größte Katastrophe seiner Geschichte gestürzt hatte, herauszuführen, ist vielen nach 40 Jahren in seiner zunächst tragisch erscheinenden Ausweglosigkeit kaum noch bewußt. Dieser Weg des Landes aus Trümmern, Elend und Not, der dank der beispielhaften Energie der Männer und Frauen der ersten Stunde beschritten wurde, bleibt ein unvergessener Aktivposten unserer jungen Demokratie, ein Vorbild für eine Generation, die nach ihren Zukunftschancen Ausschau hält und dabei die Grundwerte von Menschenrecht und Solidarität, wie sie in der Landesverfassung und im Grundgesetz gültig formuliert wurden, zu bewahren und fortzuentwickeln aufgerufen ist.

So sind die Bürger von Rheinland-Pfalz, deren Heimat über die Jahrhunderte mehr durch Krieg als durch Frieden gekennzeichnet war und die infolgedessen auch nach 1945 mehr Trümmer als andere abzutragen hatten, den Grundentscheidungen westdeutscher Außenpolitik für das freie Europa von Anfang an besonders verpflichtet. Dieses Land, das in den 40 Jahren seines Bestehens, nach vielen Schwierigkeiten und Schwankungen, zu einer unverwechselbaren Identität gefunden hat, bemüht sich in besonderem Maß, internationale Zusammenarbeit von der Basis der Gemeinden zu betreiben und damit ein Zeichen zu setzen, die Einheit Europas durch den Kontakt und das Verständnis der Bürger untereinander verwirklichen zu helfen.

So sah es in vielen Städten und Ortschaften von Rheinland-Pfalz im Jahre 1945 aus. Kein Leben scheint mehr aus diesen Ruinen erblühen zu können. Und doch kam es bald zu einem Wiederaufbau, der Einheimische wie Fremde in Erstaunen setzte.

Blicken wir noch einmal zurück: Durch den Nationalsozialismus und den Zweiten Weltkrieg war nicht nur unsägliches Leid über die Bewohner dieses Landes gekommen – von Bürgern den Mitbürgern zugefügt –, sondern es wurde die deutsche Frage in existentieller und qualvoller Weise wieder aufgerollt. Man muß in diesem Zusammenhang an die fast vergessene Integration von Heimatvertriebenen und Flüchtlingen erinnern. In Rheinland-Pfalz fanden fast 300 000 Menschen aus Osteuropa und den deutschen Ostgebieten sowie etwa 130 000 aus der DDR eine neue Heimat; deren Beitrag zum Wiederaufbau des Landes war beachtlich. In den zehn bisherigen Wahlperioden des rheinland-pfälzischen Landtags gab es im ganzen zwanzig in Ostdeutschland geborene Abgeordnete: sieben Schlesier, sechs Ost- und Westpreußen, vier Sudetendeutsche und drei aus Pommern.

In den Trümmerlandschaften des Jahres 1945 war kaum jemand zu hoffen bereit, daß binnen einer Generation im Westen Deutschlands ein äußerer Wiederaufbau und eine innere demokratische Erneuerung gelingen würden. Nach dem Ende des Krieges, nach der Zerstörung von Städten und Dörfern und im Bewußtsein dessen, was im deutschen Namen an Unheil geschehen war: daß nach all diesen Katastrophen ein Neubeginn gewagt wurde – unabirrbar und mit Mut zum Anpacken: das war das Entscheidende der ersten Wochen, Monate und Jahre »danach«.

In der offiziellen Statistik des Zerstörungsgrades rheinland-pfälzischer Städte im Zweiten Weltkrieg stand neben Prüm und Bitburg in der Eifel Zweibrücken mit über 70 Prozent an der vordersten Stelle. Es folgten in dieser Schreckensbilanz mit Zerstörungsgraden zwischen 70 und 30 Prozent die Städte Gerolstein, Mayen, Koblenz, Mainz, Worms, Ludwigshafen, Pirmasens, Trier, Landau, Bingen und Kaiserslautern.

Die Schlußphase des Krieges und der allgemeine Zusammenbruch hatten für das Wirtschaftsleben katastrophale Folgen. Zerstörte Produktionsanlagen, Unterbrechungen im Güterverkehr, Mangel an Rohstoffen, Schwierigkeiten bei der Umstellung auf die Friedensproduktion, die Furcht vor der dann eintretenden Geldentwertung, die Beseitigung der Trümmer, Tauschhandel und Schwarzmarkt: das sind nur einige Stichworte, unter denen die Wirtschaft der ersten Nachkriegsjahre wie gelähmt erscheinen mußte.

Aber seit der Jahresmitte 1948 folgte durch die Währungsreform und die Wirkung des Marshallplanes eine Epoche anhaltenden Aufschwungs, der in das vielgepriesene Wirtschaftswunder der 50er Jahre einmündete, das nicht so sehr ein »Wunder der Wirtschaft« war, sondern von einer zupackenden Generation der »Frauen und Männer der ersten Stunde« erarbeitet und erkämpft wurde.

Diejenigen, die sich um den Wiederaufbau damals besonders verdient gemacht haben, werden immer weniger. Sie sind ein lebendes und lebendiges Beispiel dafür, daß selbst in schwierigsten Situationen Pessimismus und Verzagtheit schlechte Ratgeber sind. Und ich meine, daß die Erfahrungen dieser »Aufbau«-Generation nicht wenigen Jüngeren heute als Vorbilder an Optimismus und Lebenswillen dienen könnten. Ihnen allen gilt, stellvertretend für viele Tausende in unserem Land, ein tiefempfundener Dank für ihre Leistungen, die sie für den politischen, wirtschaftlichen, geistigen und gesellschaftlichen Wiederaufbau uneigennützig vollbracht haben.

Nur zwei Jahre nach dem Ende von Krieg und Diktatur erlebte man dank ihrer Mithilfe in diesem, dem freien Teil unseres Vaterlandes die Begründung des Landes Rheinland-Pfalz, und nur vier Jahre danach die Geburtsstunde einer neuen, freiheitlichen Republik mit der Verabschiedung des Grundgesetzes. Ganz bewußt legten die Mitglieder des Parlamentarischen Rates die Schlußabstimmung über das Grundgesetz auf den 8. Mai 1949. Dabei wandte sich Carlo Schmid in einer eindrucksvollen Rede an die Besatzungsmächte und an seine Landsleute als Bürger der neuen Republik. Er führte aus: »Wenn wir auf beiden Seiten nach dem Gesetz der Solidarität handeln, dann wird man einmal sagen können, daß an dem vierten Jahrestag des 8. Mai 1945, an dem das blutige Siegel unter den Zusammenbruch einer Herrschaft des Verderbens gedrückt worden ist, (...) etwas geschaffen wurde, das die Tore zu einer besseren Zukunft Deutschlands, einer Zukunft Europas, aller Völker Europas weit aufgestoßen hat...«

Es gelang also nicht nur der materielle, wirtschaftliche Wiederaufbau, sondern, was noch viel wichtiger ist: die Begründung einer demokratischen Gesellschaft und eines Rechtsstaates, der sich seiner freiheitlichen Errungenschaften selbstbewußt rühmen kann.

Der Weg vom Agrar- zum Industrieland, mit der heimlichen Revolution in der Landwirtschaft im Zeichen der Mechanisierung und Produktionssteigerung, der Erschließung industrieller Arbeitsplätze und der großen Zunahme von Dienstleistungsbetrieben, war ebenso strukturverändernd wie die zu Beginn der 60er Jahre begonnene und in 18 Gesetzen vollzogene Verwaltungsreform, die, in Abkehr vom »Postkutschenzeitalter« des Freiherrn vom Stein, gleichwertige Lebensverhältnisse und Lebenschancen schaffen wollte und die Anpassung der Verwaltung an die modernen Aufgaben von Staat und Kommunen erstrebte.

Leistungskraft, Bürgernähe und neue Mitwirkungsrechte des einzelnen waren ihre Ziele – der Weg vom Obrigkeitsstaat zum demokratisch geprägten Staatswesen der mündigen Bürger stand als geistiges Konzept dahinter. Wie weit er verwirklicht wurde oder ob er bisweilen mehr Programm als gelebte Realität ist: darüber gingen die Meinungen freilich lange auseinander, und es hat auch hier und da Korrekturen gegeben. Die von vielen Kontroversen, Polemiken und Animositäten begleitete Schulpolitik und die heftig diskutierten Bildungsprobleme sind hier ebensowenig in Einzelheiten nachzuzeichnen wie der Aufbau eines Hochschulsystems, das 1945 keinen einzigen Studienplatz

»Das ist Abendland...«

Ein Sonnenuntergang am Rhein – mit der trotz aller Zerstörungen und aller Veränderungen in der Substanz noch immer unverwechselbaren und von den Reiseschriftstellern literarisch verewigten Mainzer Stadtsilhouette.

anzubieten hatte, ab 1946 mit der durch die Weitsicht der Franzosen wiedereröffneten Universität Mainz bis hin zur heutigen gegliederten und unter dem »Studentenberg« ächzenden Hochschullandschaft mit drei Universitäten, einer Erziehungswissenschaftlichen Hochschule und einer Hochschule für Verwaltungswissenschaften – nehmt alles nur in allem! – gewiß einen großen Sprung geschafft hat, wenn sich auch an den Problemen von Numerus clausus sowie Auseinanderfall zwischen Studien- und Beschäftigungssystem in den letzten Jahren alle Reformer die Köpfe zerbrechen, bessere Lösungsmöglichkeiten jedoch allenfalls für das 21. Jahrhundert in Sicht zu sein scheinen, wo dann voraussichtlich die zu einseitig auf wenige Jahrgänge beschränkte Fixierung des Führungspersonals demographisch überwunden sein wird.

Gerade der Blick auf das Damals und die Auseinandersetzung damit könnte den Mut und den Weitblick der heute führenden und vor allem der jüngeren Generationen zu beflügeln und zu stärken geeignet sein. Denn viele meinen mit einem resignierenden Unterton, über ihre Zukunft sei bereits weitgehend entschieden, da die Verwirklichung eigener Vorstellungen und Konzeptionen in diesen und den kommenden Jahren allzu oft an die Grenzen des Machbaren stoßen wird. Zur Offenhaltung dieser Zukunft gehört heute mehr denn je die Solidarität zwischen allen Generationen, die durch Leistungsbereitschaft und »Anti-Aussteigertum« mitzusorgen aufgerufen sind, jungen Menschen mehr und bessere berufliche Chancen zu bereiten, damit sie den freiheitlichsten Staat der deutschen Geschichte als lebens- und verteidigungswert, ja als Herzenssache empfinden können.

Der Blick zurück sollte jedoch, wenn er das inzwischen gewachsene Landesbewußtsein vor Augen hat, immer in weitere Dimensionen gehen, in größere Perspektiven führen und die Frage stellen, welchen Anteil dieses im Jahre 1947 durch die Annahme der Verfassung und die Wahl zum ersten Landtag von den Bürgern demokratisch, wenn auch mit knappem Ergebnis, legitimierte Bundesland als Gliedstaat Deutschlands in seinen Regionen und kleinzelligen Geschichtslandschaften zur deutschen und europäischen Geschichte insgesamt beigetragen hat – ein Erbschafts-Potential, das uns solidarisch den gemeinsamen Weg in die Zukunft gehen läßt, den Volkswillen von damals der Zufälligkeiten enthebt und in den großen Rahmen historischer Markierungen stellt, die diese rheinisch-pfälzischen Lande seit der Römerzeit aktiv gesetzt und passiv erfahren haben. Es war vielleicht einen Versuch wert, die historische Dimension von Rheinland-Pfalz anzudeuten und die Begegnung mit dem Europäischen als einen fruchtbaren und weitreichenden Ansatzpunkt von der Vergangenheit über die Gegenwart in die Zukunft hinein zu erweisen.

Im Jahre 1888 schrieb der aus Büdesheim bei Bingen stammende 20jährige Stefan George seinem gleichaltrigen Freund Arthur Stahl über die historisch geprägte Mentalität seiner mittelrheinischen Landsleute folgende, hier aus der noch unregelmäßigen neuen Schreibweise der jugendlichen Esoterik in normalen Duktus überführte Sätze, die wie eine dichterische Bestätigung einiger angeschlagener Saiten dieses Essays klingen: »Unser Volk vom Rhein hat einfach deshalb mehr Spirit und mehr Verve, weil es mehr mit der Welt in Berührung kam. (...) Der Rhein war stets eine große Verkehrsstraße, und die großen Landrouten führten durch unser Land. Bei allen Invasionen haben die Rheinhessen ferner am meisten nicht nur zu leiden gehabt, sondern auch profitiert; und magst Du sagen, was Du willst: ich werde Dir haarklein beweisen, daß die französische Herrschaft (so kurz sie auch gedauert hat) kein unwichtiges Moment in der Ausbildung unseres Volksgeistes war. Berührung mit anderen Völkern, anderen Sitten, anderer Weisheit (das ist das Pferd, auf dem ich gerne trabe) ist das beste Mittel zur Ausrottung aller Steifheit, aller Verblendung, alles Stumpfsinns, aller Knechtschaft, kurz: alles Schlimmen im Geschicke der Völker...«

*

Die vorgetragenen Bemerkungen waren gewiß keine erschöpfende Darstellung des europäischen Potentials in den historischen Landschaften an Rhein und Mosel wie in der Pfalz, auch keine kritische Analyse eines solchen Themas, sondern lediglich ein paar Hinweise, die in meinem Bewußtsein – beim schnellen Niederschreiben – aufgetaucht sind und gewissermaßen einen Widerhaken bildeten oder einen solchen fanden.

Das alles dürfte, vom wissenschaftlichen Standpunkt aus betrachtet, nicht der Willkür entbehren; aber sie sei bewußt in Kauf genommen, so daß sich die Willkür, positiv gewendet und in einem originären Wortverstand, als Kür des Willens präsentiert, eines Willens, der seine Subjektivität mit Bedacht nicht in der Objektivität einer »neutralistischen« Darstellung zu verflüchtigen versucht, sondern mit einem, freilich nicht zufälligen Wahrnehmungswillen Begegnungen mit der Vergangenheit provoziert, die uns über unsere Herkunft intensiver nachdenken lassen, um damit eher zur Erkenntnis zu gelangen, wer und was wir eigentlich sind.

Das Steinsche Schloß in Nassau ist zwischen Mittelbau und dem südlichen freistehenden Seitenflügel durch einen achteckigen Turm ausgezeichnet. 1814 begonnen, hat ihn sein Baumeister, Johann Claudius von Lassaulx, dem Andenken der Freiheitskriege gewidmet. Es handelt sich um eines der frühesten im neugotischen Stil, also »altdeutsch« errichteten Bauwerke des gesamten Rheinlandes.

Helmut Mathy

Ein Jubiläum und seine Konturen

Wenn auch nicht mehr ganz klar ist, wieso in den letzten Jahren, angefangen von der Erinnerung an die Befreiung vom Joch des Nationalsozialismus, dem 8. Mai 1945, über die Neuformierung der Demokratie in deutschen Bundesländern bis hin zur Annahme des Grundgesetzes 1949, 40jährige Jubiläen im Schwange sind und bleiben werden, wo man doch bisher allenfalls 100-, 50- oder 25jährige Erinnerungsfeiern beging, so haben diese Daten-Anknüpfungen doch allenthalben nicht nur zur Aufarbeitung jener Zeit der vielzitierten Stunde Null geführt, sondern waren nicht selten auch ein Forum, um den Männern und Frauen der ersten Stunde Dank abzustatten und vor allem sie selber noch als Zeitzeugen zu Wort kommen zu lassen.
Ministerpräsident Dr. Bernhard Vogel, als er in einer Rundfunkansprache den Beschluß zur Gründung des Landes Rheinland-Pfalz durch den Oberbefehlshaber der französischen Truppen in Deutschland und Militärgouverneur der französischen Besatzungszone vom 30. August 1946 vierzig Jahre danach würdigte, führte daher aus, die angemessene Weise, diesen Geburtstag zu begehen, sei es, »allen zu danken, die zum Erfolg unseres Landes beigetragen haben: also unseren Müttern und Vätern, die hart gearbeitet haben, zum größten Teil viel härter, als wir heute arbeiten müssen. Man vergegenwärtige sich Bilder aus Rheinland-Pfalz direkt nach 1945, zum Beispiel von Prüm, Zweibrücken, Gerolstein, Mainz oder Koblenz – und das sind nur einige Städte, die stark zerstört waren. Vergleichen Sie diese Bilder mit den Stadtansichten von heute! Erst dann wird deutlich, welche großartige Aufbauleistung erbracht wurde«. Zur politisch-didaktischen Absicht fügte er hinzu: »Wir wollen besonders der jungen Generation diese Leistungen bewußt machen – der Generation, die gottlob das nicht miterleben mußte und den Blick heute nach vorne und in die Zukunft gerichtet hat. Es lohnt sich, für unser Land einzutreten und für seine Zukunft zu arbeiten. Wer anläßlich eines solchen Tages innehält und zurückschaut, muß seinen Blick auch in die Zukunft richten. Der Weg muß weitergehen, und es reicht nicht, den erworbenen Besitz zu verwalten. Im Gleichnis von den Talenten in der Bibel hat das Vergraben von Schätzen schon zu nichts Gutem geführt.«
Die offiziellen Veranstaltungen von seiten des Landes waren denn auch bei aller Rückschau dem Zukunftsaspekt geöffnet. Sie begannen am 15. September 1986, dem 40. Jah-

restag der ersten Kommunalwahlen, mit einem rheinland-pfälzischen Jugendtreff auf dem Gelände des Windhäuser Hofes in Stadecken-Elsheim, einst der Sitz des napoleonischen Präfekten Jeanbon St. André, der im Departement Donnersberg (Mont-Tonnerre) einen ungefähr den heutigen Regierungsbezirk Rheinhessen-Pfalz umfassenden Amtsbereich verwaltet hatte. Bei diesem Jugendempfang des Landes sollten, abseits allen steifen Zeremoniells, etwa 500 Jugendliche aus allen Regionen von Rheinland-Pfalz, durchaus nicht »handverlesen«, mit Politikern, Künstlern, Wissenschaftlern, aber auch mit Vertretern der Kirchen, Unternehmen, Gewerkschaften, der Bundeswehr und nicht zuletzt der Medien in lockerer Runde Gespräche führen können: in einer riesigen Stehparty unter freiem Himmel. Die Kommentare über dieses bisher einzigartige Experiment waren außerordentlich positiv, und viele Jugendliche artikulierten selbst die Meinung: weniger langweilig als befürchtet!

Zum 40. Jahrestag der ersten Wahlen zu den Kreisversammlungen nach dem Zweiten Weltkrieg, am 13. Oktober 1986, hatte die Landesregierung je 150 Gemeinderäte und Kreistagsmitglieder von damals sowie heute aktiv kommunalpolitisch engagierte Frauen und Männer zu einer Feierstunde auf das Hambacher Schloß, eine der Geburtsstätten der deutschen Demokratie, geladen. Der Ministerpräsident erinnerte an den in Rheinland-Pfalz geborenen Freiherrn vom Stein, den Vater der kommunalen Selbstverwaltung, und unterstrich die untrennbare Verbundenheit zwischen moderner Demokratie und den Ideen der Selbstverwaltung, indem er das Erbe des Freiherrn als einen der wichtigsten Bausteine der modernen deutschen Verfassungsentwicklung hervorhob: »Die traditionelle Selbstverwaltungsorganisation in Preußen und in den anderen Gliedstaaten des späteren Deutschen Reiches entspricht zwar nur bedingt unserer heutigen Demokratievorstellung, aber Selbstverwaltung war seit dem Beginn des 19. Jahrhunderts der Bereich, in dem sich das demokratische Element in den Ansätzen entwickelte.«

Der Wahlspruch Steins »Die Kenntnis der Örtlichkeit ist die Seele des Dienstes« sei auch der Grundgedanke bei der Verwaltungsreform in Rheinland-Pfalz in den späten 60er und zu Beginn der 70er Jahre gewesen, die von den demokratischen Parteien gemeinsam in Gang gesetzt und durchgeführt wurde.

Noch einmal knüpfte der Ministerpräsident an die schwierige Entstehungsphase des Landes an: »Am Anfang galt der Kampf dem nackten Überleben in einem verwüsteten und ausgelaugten Land. Zunächst mußten die Männer aus den Kriegsgefangenenlagern und aus den Lazaretten zurückkehren, soweit sie überlebt hatten. Die Frauen hatten eine doppelte Belastung in den ersten Monaten und Jahren zu tragen. Dazu strömten Flüchtlinge und Heimatvertriebene, die selbst aus Not und Elend kamen und hier nur Not und Elend fanden. Unser Land mußte zu Anfang erst wieder bewohnbar gemacht

Am 13. Oktober 1986, zum 40jährigen Jubiläum der ersten freien Wahlen auf Kreisebene nach der Nazi-Diktatur, lud Ministerpräsident Dr. Bernhard Vogel Kommunalpolitiker von damals und heute nach Hambach, um an einer der Geburtsstätten deutscher Demokratie die Zukunftsperspektiven der kommunalen Selbstverwaltung zu reflektieren.

werden. Wenn ich heute denen der ersten Stunde danke, dann danke ich vor allem den Frauen. Und ich danke vor allem denen, die als Fremde hierher kamen und mit Hand angelegt haben, um dieses Land als unsere und ihre zweite Heimat aufzubauen. Ein herzliches Danke an alle, die angepackt haben.«

Es ging freilich dem Regierungschef nicht nur um das Buchstabieren der Vergangenheit, sondern auch um das Bewußt-Machen der unmittelbar drängenden Zukunftsaufgaben. »Aber wir sollten diesen Augenblick auch nutzen, um uns bewußt zu machen, was an Aufgaben für die Zukunft vor uns steht: die Bekämpfung der Arbeitslosigkeit, die Sicherung der vorhandenen und die Schaffung neuer Arbeitsplätze, um drei wichtige Beispiele zu nennen. Unser Jahrzehnt ist gekennzeichnet durch bahnbrechende technologische Neuerungen. Wir verschließen uns dem sich rasch vollziehenden Wandel nicht, aber wir wollen ihn beherrschen, nicht nur technisch, sondern auch sozial und vor allem ethisch. Neue Aufgaben für die Kommunen, für die kommende Arbeit der Parlamente erwachsen aus diesen Zukunftsaufgaben genauso wie aus der Zukunftsaufgabe des Schutzes unserer Umwelt. Immer mehr Bürger messen die Entscheidungs- und Handlungsfähigkeit unseres Systems daran, wie wir mit der Gefährdung von Boden, Luft und Wasser, von Klima, Flora und Fauna und mit der schädigenden Wirkung auf unsere Gesundheit fertig werden.

Stadt- und Dorferneuerung, Denkmalschutz sind weitere Schwerpunkte. Wir brauchen

ein gutes Entwicklungskonzept für lebendige Städte und Dörfer, das Stadtkernentleerung und Verödung der alten Ortskerne vermeidet.
Am Ende der Ausführungen stand die Beschwörung des Konsenses der Demokraten im Blick auf die Aufbauleistung vor 40 Jahren: »Wir wollen für die Lösung künftiger Aufgaben den Mut und die Entschlossenheit der Generationen, die Rheinland-Pfalz aufgebaut haben, zum Vorbild nehmen. Ich sage heute nicht nur aus diesem feierlichen Anlaß heraus: Wir benötigen dazu, wie in der Zeit des Anfangs, nicht nur das Trennende, sondern vor allem die Gemeinsamkeit der Demokraten. Wir gehören Parteien an. Wir gehören aber alle einem Staat an, und wichtiger als das Wohl der Parteien ist das Wohl des Staates, dem wir dienen.«
Um diesen Bogen vom Damals zum Heute weiter zu verdeutlichen, kamen in dieser Veranstaltung ein Kommunalpolitiker der ersten Stunde, der zugleich als Mitglied der Beratenden Landesversammlung und als langjähriger Landtagsabgeordneter der SPD tätig war, Willibald Gänger aus Bad Bergzabern, sowie eine junge Angehörige des Stadtrates von Mainz, Christiane Prümm (CDU), zu Wort. Der 82jährige Gänger berichtete von seinem höchstpersönlichen Weg zur Arbeiterbewegung: »Wir waren eine Art Aussteiger.« Nach Lehr- und Wanderjahren durch viele Länder Europas, die ihn sogar an die Universität Moskau führten, war er durch Stalins Politik, weil sie den Idealismus tötete, vom Kommunismus geheilt, engagierte sich dann in der Agonie der Weimarer Republik bei den Sozialisten und versuchte, mit einigen Gleichgesinnten auch unter dem Nationalsozialismus »gegen den Strom« zu schwimmen. Nachdem er die Zeit der braunen Barbarei teilweise im Untergrund verbracht hatte, gründete er, aus der Gefangenschaft heimgekehrt, nach der Befreiung von der Hitler-Diktatur – »mit dem Fahrrad unterwegs« – die Ortsgruppen der SPD im Raum Bergzabern. Aber er blieb immer ein Politiker fern jedweden Funktionärwesens, zumal seine stete Liebe der Kunst und den Künstlern galt; seine Sammlungen in seinem Heim in Bergzabern – sie sind mittlerweile weit über die Grenzen des Landes hinaus berühmt – dokumentieren dies bis zum heutigen Tag.
In einem Kommentar der »Rheinpfalz« von Josef H. Weiske wurde die Rede Gängers als »Sternstunde«, ja sogar als »Rede für Hambach« schlechthin bezeichnet, weil sie über den Tag hinausreiche. Von Gänger zu hören, »wie das war beim Aufbau einer demokratischen Ordnung nach 1945: frierend im Bus nach Koblenz zur Beratenden Landesversammlung mit einem Monatssalär von 200 Mark – es macht einen Teil jener Erfahrungen deutlich, die lehren, wie verletzlich Demokratie sein kann...«
Die junge Kommunalpolitikerin Christiane Prümm betonte, daß man es heute mit anderen Problemen zu tun habe, als sie Gänger und seinen damaligen Weggefährten widerfuhren. Es gehe nicht mehr wie 1946 um die Verteilung des Mangels, sondern um die

Beseitigung der Reste einer Überflußgesellschaft. Nicht mehr der Wohnraum sei knapp, sondern der Platz für Abfall-Deponien. Die Rednerin hob vor allem die inzwischen gegründeten Städtepartnerschaften hervor, weil sie den Gedanken der Völkerverständigung vorangebracht hätten, und erwähnte als jüngstes Beispiel den Kontakt zwischen Mainz und der israelischen Hafenstadt Haifa. Daran mitgewirkt zu haben, erfülle sie mit besonderem Stolz, weil so etwas vor 40 Jahren noch unmöglich gewesen sei.

Am 22. November 1986 hatte der Landtagspräsident Dr. Heinz Peter Volkert den zehnten Landtag von Rheinland-Pfalz zum Gedenken an die konstituierende Sitzung der Beratenden Landesversammlung vor 40 Jahren in das Theater der Stadt Koblenz eingeladen – dazu auch viele auswärtige Gäste, darunter Vertreter des Bundesrates sowie den Bundestagspräsidenten Dr. Philipp Jenninger. Von der damaligen Versammlung der 127 waren immerhin noch neun anwesend, und zwei weitere verfolgten die Feierstunde am Bildschirm: Dr. Ella Weiß, Josef Becker, Dr. Jakob-Wilhelm Bieroth, Ernst Buschmann, Ewald Drathen, Willibald Gänger, Dr. Walter Lichtenberger, Herbert Müller, Oskar Stübinger sowie Johann Beckenbach und Hubert Hermans.

Der demokratische Konsens in der Beratenden Landesversammlung bestand, nach dem Erlebnis der nationalsozialistischen Diktatur, vor allem darin, die Grund- und Menschenrechte als ersten und wichtigsten Bestandteil einer neuen Verfassung – entgegen den Weimarer Gegebenheiten – allen konkreten Regelungen des Staatslebens voranzustellen. Man wollte damit, wie Süsterhenn, der »Vater der Verfassung«, es selber ausgedrückt hat, der Bevölkerung nach der politischen Befreiung und dem Ende der NS-Periode verdeutlichen, »daß die Ära des Zwangs durch eine neue Epoche der Freiheit abgelöst« wurde.

Aber Süsterhenn kam es nicht nur auf die Sicherung des traditionellen Katalogs der vor allem aus westeuropäischer Wurzel übernommenen Grundrechte an, sondern er stellte diesen vorwiegend individual ausgerichteten »Unverletzlichkeiten« der Person auch in Anlehnung an Weimar etliche Grund-Pflichten des Staatsbürgers gegenüber oder ergänzte den Traditionskatalog mit ihnen. So wurde der Gedanke und das Ziel der Teilnahme, der Teilhaberschaft, des Engagements – wie wir heute sagen würden – jedes einzelnen Bürgers in der Gemeinschaft des Staates und auch innerhalb der Gesellschaft allgemein besonders betont.

Bei der Verankerung der Grundrechte, die bei Süsterhenn und seinesgleichen aus dem vorstaatlich geprägten Naturrecht resultierten – einem »für alle Völker und Zeiten gültigen Idealrecht«, das für ihn »seine Entstehung nicht der Rechtsetzung durch die Staatsgewalt oder einer anderen Sozialautorität verdankt, sondern von Natur aus ebenso für den einzelnen wie auch für den Staat und jede sonstige Gemeinschaft vorgegeben ist« –, stand natürlich auch die Ablehnung jedweden Rechtspositivismus im Hintergrund: das heißt die Zurückweisung jener Auffassung einer empiristischen Wissenschaft, wonach das vom Staat gesetzte positive Recht jenseits allen Nachweises seines verfassungsgemäßen Zustandekommens einer Begründung und letzten Verankerung »weder fähig noch bedürftig« sei.

Freiheit und Würde der Einzelperson waren für viele Verfassungsväter – nach den mißlichen Erfahrungen mit der »Staatsvergottung« und dem Führerkult im Dritten Reich – freilich keine Fragen der Jurisprudenz, sondern wurden in ihrer moralischen Dimension als Erziehungsfaktor für das ganze Volk in einer neuen demokratischen Staatsform gesehen, in der das gottebenbildliche Individuum zum Mittelpunkt des politischen und gesellschaftlichen Organismus werden sollte und nicht mehr – wie in den vergangenen zwölf Jahren immer wieder geschehen – zu einem Objekt staatlicher Willkür erniedrigt werden durfte.

Der Landtagspräsident führte in der Erinnerungssitzung unter anderem aus: »Dieses Land und seine Bürger haben sich durch die Beratende Landesversammlung und die Volksabstimmung vom 18. Mai 1947 eine Verfassung gegeben ›im Bewußtsein der Verantwortung vor Gott, dem Urgrund des Rechts und Schöpfer aller menschlichen Gemeinschaft‹.

Am 22. November 1986 bat Landtagspräsident Dr. Heinz Peter Volkert die noch lebenden Mitglieder der Beratenden Landesversammlung zum 40. Jahrestag der Konstituierenden Sitzung zu einem Empfang nach Koblenz.

Peter Altmeier, der erste Vorsitzende der CDP-Fraktion, hatte einige Zeit vorher die besondere Verantwortung des Christen für diese Welt so formuliert: ›Wir sollen nicht nur christlich firmieren, sondern christlich sein, nicht nur am Sonntag, sondern ebenso im schweren Alltag unseres Lebens... Weil wir die Wurzeln des Elends, das über uns kam, in der Abirrung weitester Kreise von Gott und seinem Sittengesetz erkennen, glauben wir, daß Heilung allein möglich sein wird, wenn wir wieder ein christliches Volk werden, wenn wir an die Stelle der Staatsvergottung eine Ordnung setzen, die Gott die Ehre und dem Menschen seine Würde gibt.‹

Rheinland-Pfalz hat sich im Artikel 74 seiner Verfassung – damals sicherlich nicht zur Begeisterung eher staatenbündlerisch denkender französischer Stellen – ausdrücklich als ›Gliedstaat Deutschlands‹ bezeichnet. Die Männer und Frauen der damaligen Versammlung sahen in der Bildung des Landes nur eine Stufe zur Wiedererlangung der nationalen Einheit. Allein der Gedanke, daß diese Einheit und Freiheit völlig zu vollenden uns bis heute verwehrt blieb, hätte sie zutiefst geschmerzt.«

Der Landtagspräsident weiter: »In diesem Theater wurde in der Tat ein bedeutendes Stück Landesgeschichte geschrieben. Es ist zugleich ein Haus, das Männer und Frauen sah, die Geschichte machten: politische, künstlerische, wissenschaftliche – in dem zum Beispiel der politische Sieger über Napoleon und spätere österreichische Staatskanzler Clemens Lothar von Metternich und der Präzeptor eines deutschen politischen Katholizismus, Josef Görres, die ersten Theatererlebnisse hatten.«

Dr. Volkert zitierte beispielhaft die Rhein-Zeitung vom 23. November 1946, die unter der Drei-Spalten-Schlagzeile: »Mahnruf an die Welt« berichtete, daß die Abgeordneten spontan die Tagesordnung erweitert hätten, um den Ernst der Versorgungslage zu besprechen.

Die Wiedergabe von Zitaten im Fettdruck »Gebt unseren darbenden Frauen und Kindern Brot!« und »Für Gräber brauchen wir keine Verfassung!« erforderte damals großen politischen Mut. Diese Meldung war aber zugleich geeignet, dem Volk das Bewußtsein zu vermitteln, daß hier Männer und Frauen angetreten waren, die sich als wirkliche Volksvertreter verstanden.

Der damalige Leitartikel der Rhein-Zeitung unter der Überschrift »der Beginn« – der Neue Mainzer Anzeiger betitelte den seinen »Der Anfang« – schloß mit den Worten: »In diesem Sinne wünschen wir dem provisorischen Landtag einen vollen Erfolg. Er ist frei in seinen Entschließungen; möge er diese Freiheit in würdiger Weise nützen. Möge er bei seinen Beratungen nie vergessen, daß ihm ein historisches Mandat überantwortet worden ist. Das Volk erwartet von ihm keine Wunder, wohl aber eine Tat, die durchaus in seinen Kräften steht: Dem neuen Lande die Bedingungen für ein freies Leben und eine bessere Zukunft zu schaffen.«

Die Festsitzung vom 22. November 1986 sollte zugleich ein Dank an alle sein, »die ihren Teil für das freie Leben seiner Bürger und für eine bessere Zukunft dieses Landes beigetragen haben«.

Aber nicht nur auf Landesebene, sondern auch in den Kreisen, in den Städten und Gemeinden kam es zu Gedenksitzungen, Vortragsveranstaltungen, Podiumsgesprächen oder Ausstellungen, die den ersten freien Wahlen nach der Nazi-Diktatur und dem Weg zur Verfassung gewidmet waren. Erinnert sei an eine Feierstunde im Alzeyer Schulzentrum, in der der ehemalige Alzeyer Bürgermeister Wilhelm Bechtolsheimer, Anfang 1946 von den Franzosen mit der Wahrnehmung der Geschäfte des Landrats beauftragt, die damalige Situation in eindrucksvollen Worten schilderte und betonte, daß Hunger und Not die Menschen damals »zusammengeschweißt« habe.

Ähnliche Veranstaltungen, bei denen nicht nur Zeitzeugen, sondern auch jüngere Historiker kommentierend auftraten, wurden in den Kreisen Ludwigshafen, Bernkastel-Wittlich, Altenkirchen, Mainz-Bingen und vielen anderen organisiert. Auch die großen Städte besannen sich auf die Zeit, da allmählich Leben aus ihren Ruinen zu blühen begann; und in der Landeshauptstadt Mainz hatte das Kulturdezernat die Idee, in einer Stadtratsitzung eine Collage aus zeitgeschichtlichen Dokumenten von Schauspielern des Städtischen Theaters vortragen zu lassen. In verschiedenen Landkreisen kam es zur historischen und quellenmäßigen Aufarbeitung der Hungerjahre, so etwa durch Johannes Nosbüsch für Bitburg-Prüm, durch Erwin Schaaf für Bernkastel-Wittlich oder durch eine Initiative des Landkreises Altenkirchen.

Auch die politischen Parteien gedachten ihrer Wiederzulassung vor 40 Jahren, etwa die CDU Rheinhessen-Pfalz am 2. März 1986 auf einer Festveranstaltung im Kurfürstlichen Schloß zu Mainz. Bemerkenswert auch eine Veranstaltung im Evangelischen Gemeindezentrum zu Landau am 1. Februar 1986, auf der Oskar Stübinger, von 1947 bis 1969 Staatsminister für Landwirtschaft, Weinbau und Forsten, über die ersten politischen Stadien lebhaft extemporierte – nicht ohne aus dem Blick zurück auch Kritik an einigen Punkten des heutigen Parteilebens zu üben, zumal an dem Verhalten und Stil »unserer großen Politiker«. Stübinger wörtlich: »In den ersten 20 Jahren hatten wir auch Opposition gehabt, und wir hatten uns auch mit der Opposition herumzuschlagen. Wir haben uns auch die Meinung gesagt, aber am Schluß war diese Bösartigkeit, die wir heute in unserem Parlamentarismus erleben, nicht vorhanden...«

Nicht vergessen werden darf neben den kleineren Publikationen der Landeszentrale für politische Bildung die Kommission für die Geschichte des Landes beim Landtag, die sich seit vielen Jahren um eine wissenschaftliche Aufarbeitung und Dokumentation der Quellen zur Entstehungsgeschichte des Landes bemüht und inzwischen mit nicht weniger als acht Bänden an die Öffentlichkeit getreten ist, zuletzt mit dem Sammelband

»Rheinland-Pfalz entsteht«, zum ersten Rheinland-Pfalz-Tag 1984 erschienen; dann mit zwei Quellenbänden, zum Neubeginn der Verwaltung im rheinland-pfälzischen Raum unter der Kontrolle der amerikanischen Militärregierung von Hans-Jürgen Wünschel sowie zur Geschichte von Rheinland-Pfalz während der französischen Besatzung von Peter Brommer (beide 1985), und schließlich mit einer Untersuchung der Pressepolitik in der französischen Besatzungszone von Stephan Schölzel (1986).

Ende 1986 erschien zum 40jährigen Jubiläum des Landes eine von dem Trierer Politologen Peter Haungs herausgegebene Politische Landeskunde, in deren Mittelpunkt die politischen Strukturen stehen, die sich in diesem Land seit dem Zweiten Weltkrieg entwickelten, aber auch Personen, Parteien und Verbände, die während dieser 40 Jahre die Politik gestalteten. Herausgestellt werden vor allem die Besonderheiten der rheinland-pfälzischen Institutionen, etwa im Medienbereich, oder das bislang in Deutschland einzigartige Amt des Bürgerbeauftragten.

Über das Profil von Rheinland-Pfalz in der bundesstaatlichen Parteiendemokratie kommt der Herausgeber zu folgendem Schluß: »Inzwischen findet auch Rheinland-Pfalz, das sich in dieser Hinsicht lange Zeit besonders schwer tat, weithin die Zustimmung seiner Bürger. Was in früheren Jahren schwer vorstellbar gewesen wäre, im Nach-

Im renovierten Koblenzer Theater wurde am 22. November 1986 der Eröffnung der Beratenden Landesversammlung vor 40 Jahren gedacht und dabei in vielen Ansprachen von Landes- und Bundespolitikern ein »hohes Lied« auf den Grundwert des Föderalismus gesungen.

barland Hessen aber seit langem üblich ist: seit 1984 findet ein Rheinland-Pfalz-Tag statt, auf dem sich Städte, Landschaften, Berufsgruppen darstellen und der großen Resonanz findet. Diese Entwicklung dürfte vor allem auf zwei Gründe zurückzuführen sein: einmal auf den elementaren Sachverhalt, daß inzwischen mehr als die Hälfte der rheinland-pfälzischen Bevölkerung in diesem Lande aufgewachsen ist; zum anderen finden die erfolgreichen politischen Anstrengungen Anerkennung, durch die es gelungen ist, die in Rheinland-Pfalz aufgrund seiner Grenzlage besonders schlechte Ausgangssituation nach dem Zweiten Weltkrieg zu überwinden und zu den anderen Ländern aufzuschließen. In der Bundesrepublik gehört Rheinland-Pfalz – Umfrageergebnissen zufolge – zu den Ländern, die am meisten Sympathie genießen.

Die Identifizierung mit dem Land beruht also auf der – nicht zu unterschätzenden – Macht der Gewohnheit (vor allem bei den jüngeren Bürgern) und der Zuschreibung einer als besonders positiv empfundenen Entwicklung (vor allem bei den älteren Bürgern). Da bei der Gründung des Landes recht heterogene Gebiete zusammengeführt wurden, dürfte dagegen eine traditionell geprägte politische Kultur allenfalls noch unterhalb der Landesebene fortbestehen.«

Als eigentlicher Veranstaltungs-Höhepunkt der 40-Jahr-Feiern war seit einem Jahr der vierte Rheinland-Pfalz-Tag nach Mainz vergeben worden, und zwar auf den 23. und 24. Mai, eine Woche nach dem dann später festgelegten Wahltermin zum elften Landtag am 17. Mai 1987. Dieser Wahltag brachte landespolitisch eine neue Entwicklung, weil es durch den Wiedereinzug der FDP in das Deutschhaus und durch den Verlust der absoluten Mehrheit der CDU erstmals seit 16 Jahren – gemäß den Wahlkampfaussagen – wieder zu einer Koalitionsregierung zwischen zwei Parteien kommen sollte, die in ausgiebigen Verhandlungen ausgelotet und besiegelt wurde. So konnte die konstituierende Sitzung des Landtags am 3. Juni noch nicht, wie seit 1955 üblich, mit der Wahl des Ministerpräsidenten ergänzt werden; diese Wahl fand erst am 23. Juni statt. Im übrigen hat sich der Landtag an diesem nachgeholten Verfassungstag in einer neuen Sitzordnung im Plenarsaal präsentiert, der nunmehr in der elften Legislaturperiode vier Parteien (CDU, SPD, FDP und die Fraktion der GRÜNEN) aufnimmt.

In einer dem Modell der römischen Arena nachgebildeten Rotunde sitzen von nun an Parlament und Regierung auf einer Ebene. Die Schulklassen-Anordnung wurde ebenso aufgehoben wie die »Hochsitz«-Anlage für die Regierungsmitglieder – äußerlich und hoffentlich auch im Geist eines stärkeren Selbstbewußtseins der ersten Gewalt im Land! Es muß sich in Zukunft zeigen, ob es auch in den Debatten »rundgeht«, nachdem der Plenarsaal – nach 648 Sitzungen seit Mai 1951 – in neunmonatiger Bauzeit, während der die Abgeordneten im Konzerthaus Eltzer Hof tagten, für 6 Millionen Mark dieses neue Gesicht erhielt, ohne daß bei aller Modernisierung der Rahmen des seinerzeit wieder-

Ab der 11. Legislaturperiode präsentiert sich der Plenarsaal des Landtags von Rheinland-Pfalz nicht mehr in Form einer »Schulklasse«, sondern in einer dem römischen Arena-Modell nachgeahmten Rotunde, in der Regierung und Abgeordnete auf einer Ebene sitzen. Ob es freilich auch in den Debatten »rundgeht« und wie sich das gestärkte Selbstbewußtsein der ersten Gewalt artikuliert, muß die Zukunft zeigen.

aufgebauten Deutschordenshauses gesprengt wurde. Auch die Hambacher Fahne, eines jener Originale, die 1832 auf die Kästenburg getragen wurden, prangt noch an der Stirnseite des Plenums, allerdings nicht mehr freischwebend, sondern konservatorisch gerecht durch eine Folie geschützt.

Zurück zum vierten Rheinland-Pfalz-Tag, der nach seinen Vorgängern in Koblenz, Trier und Worms aus Anlaß des 40jährigen Landesjubiläums in Mainz stattfand. Er dokumentierte wie kein anderer vor ihm die Vielfalt der Landschaften und den Reichtum kultureller Traditionen dieses nunmehr zur Einheit gewordenen Bindestrich-Landes, das Carl Zuckmayer einst eine »sonderbare Wortmontage« genannt hat. Was wäre geeigneter gewesen, um in dieses Fest der Rheinland-Pfälzer einzustimmen und einen ersten Akzent zu setzen als die Aufführung von Zuckmayers »Fröhlichem Weinberg« im Mainzer Stadttheater, präsentiert von inzwischen renommierten Laienspielern aus Nackenheim, der Heimat des Dichters – eines der Großen unseres Jahrhunderts, der zur kulturellen Identität dieses Landes gehört. Die Erstaufführung des Stückes im Mainzer Stadttheater in den 20er Jahren war freilich wegen der von vielen Kreisen, zumal von kirchlichen, als zu realistisch eingestuften Szenen zu einem Skandal geworden, und die Aussöhnung »Zucks« mit seiner Heimat konnte erst nach den Jahren der Emigration und auf dem Boden der neuen Demokratie stattfinden. Ministerpräsident Dr. Vogel nannte es symbolträchtig, daß sich das Land zu seinem 40jährigen Jubiläum in Mainz treffe. Denn Mainz habe wie das ganze Land eine beispiellose Aufwärtsentwicklung genommen, vor allem unter dem gerade verabschiedeten populären Oberbürgermeister Jockel Fuchs, der 22 Jahre lang seine Geschicke lenkte. Zugleich habe diese Stadt eine große Vergangenheit. Sie sei ein herausragender Baustein des Bundeslandes wie des ganzen deutschen Vaterlandes. »Aber Mainz als Metropole ist kein Zufallsprodukt, keineswegs nur aus Besatzungswillkür geboren. Unsere Hauptstadt hat historische Verankerungen. Die Vorliebe französischer Generalität für ›Mayence‹ war voller geschichtlicher Verflechtungen.« Mit der Eröffnung des Rheinland-Pfalz-Tages im Theater von Mainz

Der Rheinland-Pfalz-Tag hat sich inzwischen zu einem Schaufenster vieler Aktivitäten »gemausert«, in dem sich Gruppen, Institutionen und alle Regionen des Landes präsentieren. Hier das Eintreffen der Teilnehmer des Sternlaufes 1987 auf der Ludwigstraße in Mainz.

wollte die Landesregierung bewußt deutlich machen, daß Kunst und Kultur zu einem neuen Schwerpunkt der Landespolitik geworden seien und in diesem Zusammenhang bald die Gründung eines Staatstheaters in der Landeshauptstadt anvisiert sei.

Ähnlich wie einst beim 70. Geburtstag Carl Zuckmayers, als ein 1896er Nackenheimer Wein mit der Freudschen Fehlleistung dem Gratulanten mit herzlichen »Gluckwünschen« (!) überreicht wurde, brillierte der neue Oberbürgermeister Herman-Hartmut Weyel, als er von Mainz als der Stadt sprach, »in der wir lieben«, wo es doch in seinem Manuskript hieß: »die Stadt, in der wir leben und die wir lieben!«

In einem ökumenischen Gottesdienst am 23. Mai im Hohen Dom zu Mainz wurde das Motto der Begegnungen geistlich-theologisch thematisiert, wobei der Kirchenpräsident Helmut Spengler das Prinzip Hoffnung anhand eines Liedtextes entwickelte: »Ein jeder braucht sein Brot, den Wein; / und Frieden ohne Furcht soll sein...« Bischof Karl Lehmann forderte, ausgehend von Gedanken des Petrusbriefes, einen neuen Stil, geprägt von Bescheidenheit, Ehrfurcht und reinem Gewissen. »Die Welt, die vielleicht skeptisch und kritisch ist, wird auf die Dauer das Zeugnis solcher Hoffnung nicht übergehen können.« Nach diesem vom Mainzer Domchor festlich umrahmten Gottesdienst pflanzten Ministerpräsident und Oberbürgermeister am Eingang zum Regierungsviertel in einem symbolischen Akt Bäume, assistiert von einem jungen Brautpaar, um Zukunftsgewißheit zu dokumentieren – nicht zuletzt in der Kooperation zwischen Stadtverwaltung und Landesregierung.

Obwohl der Rheinland-Pfalz-Tag in der größten Stadt des Landes stattfand, zeichnete er sich dadurch aus, daß er ein Fest der kurzen Wege war, wo man alle Brennpunkte des Geschehens auf den Straßen und Plätzen der Innenstadt, am Dom und Markt ebenso wie vor dem Landtag, aber auch auf dem Rathausplatz sowie die Partie am Rheinufer schnell erreichen und das Treiben beobachten konnte. Eine besondere Überraschung war ein Staffellauf von 40000 Teilnehmern aus verschiedenen Regionen des Landes, deren letzte Gruppen am Samstagnachmittag – bei kühlem Wetter, aber in prächtiger Stimmung – auf dem Mainzer Markt eintrafen und eine Pergamentrolle mit dem Eintrag aller Orte überreichten, die in den Sternläufen aus Trier, Koblenz, Neustadt, Adenau, Betzdorf, Diez, Zell, Stadtkyll, Prüm, Freudenberg, Lauterburg, Rockenhausen, Lauterecken und Zweibrücken seit dem Verfassungstag durchquert worden waren; über 30000 Menschen aus Schulen, Vereinen und Verbänden hatten daran teilgenommen.

Das bunte Treiben auf den Straßen der Hauptstadt, das zu einem Bummel entlang der Stände aus allen Landesteilen einlud, begeisterte die durchaus »festerfahrenen« Mainzer sichtlich. Man bot ihnen die Qualitäten und Spezialitäten ihres »Hinterlandes«, etwa auf einem Markt der Handwerker, aber auch in gastronomischer Hinsicht.

Am ersten Abend waren Zehntausende von den Vorführungen der Pioniere auf dem

587

Rhein sowie von pyrotechnischen Meisterwerken begeistert. Zur Feuervogel-Musik von Igor Strawinsky geriet das Höhenfeuerwerk zu einem formvollendeten Schauspiel, das mit prasselndem Beifall von beiden Ufern, auch aus den AKK-Orten der Mainzer »Irredenta«, überschüttet wurde. Zuvor hatten französische, amerikanische und deutsche Offiziere vom Stresemannufer bis zur Maaraue die längste amphibische Brücke, die je über den Rhein geschlagen wurde, geschlossen: mit einer Länge von 450 Metern bestand sie aus 55 Fähren, die freilich aus Sicherheitsgründen zum fröhlichen Passieren nicht freigegeben wurden.

Am Sonntag klarte sich nach längerer Kälteperiode – es war ja der seit über einem Jahrhundert »kühlste Maien« den Festivitäten vorausgegangen – der Himmel auf, was den alten Volksspruch, daß Petrus ein Mainzer sei, erneut eindrucksvoll bestätigte. Mehr als 150000 Menschen erlebten bei strahlendem Sonnenschein den Höhepunkt des Rheinland-Pfalz-Tages in einem Festzug von fast zehn Kilometern Länge, in dem sich die Landkreise, Städte und Gemeinden, aber auch die großen Organisationen, etwa Rotes Kreuz, Feuerwehr und Technische Hilfswerke, darstellten. Viele Landespolitiker, fast das gesamte Kabinett sowie zahlreiche Abgeordnete, an ihrer Spitze der Landtagspräsident und die Fraktionsvorsitzenden, begrüßten die Zugteilnehmer von einer Tribüne vor der Landesbank in der Großen Bleiche. Immer wieder signalisierten die dicht an den Straßenrändern stehenden Zuschauer Beifall, zumal auch Fußgruppen mit originellen Ideen den fröhlichen Zug bereicherten. Tanz-, Trachten- und Musikgruppen aus dem ganzen Land verließen oft ihre Reihen, um den Ehrengästen und jeweiligen regionalen Vertretern wie Landräten und Oberbürgermeistern symbolisch Geschenke aus der Heimat zu überreichen, unter ihnen eine große Zahl von Weinköniginnen, die für die edlen Kreszenzen aus den Weinanbaugebieten des Landes warben. Besonderen Anklang fand der Festwagen mit einer Ballettgruppe aus dem Partnerland Ruanda, die sich bei mehreren Veranstaltungen in Szene setzte, aber auch die Vertretung aus Burgund. Nostalgisch verklärt das Erbe des ehemaligen Bergbaus in Rheinland-Pfalz mit den alten Bergmannsvereinen und -kapellen aus dem Siegerland, aber auch aus dem Hunsrück und der Nordpfalz, ein eindrucksvolles kultur- und industriegeschichtliches Relikt.

Daß dieses Land zwischen Ahr und Nahe, Rhein und Mosel immer noch, trotz aller Industrialisierung, bäuerlich-bodenständige Elemente in den Dörfern und seinen Kulturlandschaften aufweist, zeigte sich bei dieser Schau allenthalben fast in dokumentarischer Manier. Alte Leiterwagen, die fast legendären Pflugkarren, ausrangierte Erntegeräte, Dreschflegel, aber auch moderne Maschinen bis hin zum gigantischen »Trauben-Vollernter« waren ebenso zu bestaunen wie die alten, einfachen Trachten, nicht zuletzt aus dem Westerwald, dem ehemaligen »Land der armen Leute«. Durch die minutiöse Vorbereitung und die bisherigen Erfahrungen hatte der Festzug, dessen Organisation in

Vielen ist heute nicht mehr bewußt, daß der Bergbau in verschiedenen Regionen des Landes eine große Tradition hat. Im Vordergrund eine Bergmannskapelle beim Rheinland-Pfalz-Tag.

der bewährten Hand von Arno Scheurer aus der Staatskanzlei lag, ein unverwechselbares Profil gewonnen.

Bemerkenswert waren die Jubiläumsfeiern des Landes auch im Bereich des Ausstellungswesens. Allerdings kam es entgegen der in Koblenz mit einer Landesausstellung begonnenen Tradition – dort über die Anfänge des Landes, in Trier über Kurfürst Balduin und in Worms über den Rheinischen Städtebund – über einen längeren Zeitraum unter dem Signum der 40 Jahre zu mehreren Präsentationen aus weiter gefächerten Themenbereichen zur Kultur-, Kunst- und Technikgeschichte. Schon Ende des Jahres 1986 wurden im Landesmuseum Mainz kostbare Zeichnungen und Radierungen von Wenzel Hollar (1607 bis 1677) gezeigt, zum ersten Mal aus vielen Museen des In- und Auslandes, vor allem aus London und Prag zusammengetragen. Diese Reisebilder vom Rhein mit ihren bemerkenswerten Flußansichten und Veduten vor 350 Jahren stellen ein Kernstück unseres Landes dar. Der in Prag Geborene hatte sich offensichtlich in der Werkstatt des Matthaeus Merian seine Kenntnisse und Anregungen geholt und versuchte genauer als dieser viele Städte und ihre Umgebungen festzuhalten: etwa das Mainz-

Panorama als ein ausgedehntes Ganzes, von einem bestimmten Punkt als Betrachter aus, in allen baulichen Einzelheiten mitten in der Landschaft herausgehoben und authentisch eingefangen. Besonders dem Spürsinn des Historikers Ralph Melville sowie den Museumsbeamten Horst Reber und Norbert Suhr war diese originelle Schau mit vielen Neuentdeckungen zu verdanken – eine Ausstellung mit Überraschungen, die nach einer lobenden Rezension in der »Welt« das bisher hauptsächlich durch die Druckgraphik geprägte Bild des berühmten und vielbeschäftigten Kupferstechers »sinnfällig korrigieren« oder zumindest auf den feinsinnigen Zeichner ausweiten konnte, »dessen technisch und formal vollendete Blätter, meist lavierte Federzeichnungen, mit zu den schönsten und bedeutendsten seines Jahrhunderts zu zählen sind«.

Ende April 1987 wurde dann im Mainzer Landesmuseum die Ausstellung »Aufbruch nach 1945. Bildende Kunst in Rheinland-Pfalz 1945 bis 1960« eröffnet. Sie umfaßte über 250 Gemälde, Graphiken und Plastiken von etwa 90 Künstlern des Landes, aus drei Malergenerationen, angefangen von dem 1880 geborenen Hans Purrmann, die noch einmal von Dr. Venzmer in den Lichtkegel der Öffentlichkeit gestellt wurden. Diese »demonstrierte Zusammenschau der Kunstpolitik des Landes« vermochte durchaus zu beweisen, »daß es sich die Nörgler zu leichtmachen, die vorschnell davon reden, daß Kunst und Künstler so gut wie nichts an Förderung erfahren hätten, ja, daß sie in Rheinland-Pfalz auch heute noch, wie sonst nirgendwo, übersehen würden. Die Mainzer Präsentation jedenfalls tritt den Gegenbeweis an« (Rudolf Joeckle in »Die Rheinpfalz« vom 11. April 1967).

In der dem Landesmuseum gegenüberliegenden Landesbank Rheinland-Pfalz, die übrigens auch die Herausgabe des Buches von Peter Haungs gefördert hatte, wurde am 5. Mai 1987, im unmittelbaren Vorfeld des Jubiläums und als sein weiterer Vorbote, eine von der Landesbildstelle und dem Landesvermessungsamt Rheinland-Pfalz gemeinsam konzipierte und von Karl-Heinz Weichert katalogmäßig erschlossene Ausstellung »40 Jahre Rheinland-Pfalz« eröffnet. Sie war vorwiegend auf Fotobasis erstellt, damit sie auch in weiteren Städten und Gemeinden, in Schulen sowie auf dem Hambacher Schloß im Lauf des Jahres gezeigt werden kann. In etwa 100 Tafeln wurde zunächst der politische Neubeginn nach dem Zweiten Weltkrieg behandelt, dann am Beispiel von Koblenz eine Stadtentwicklung analysiert. Strukturwandel im ländlichen Raum, Wirtschaft und Verkehr, Bildungswege, Kultur und Denkmalpflege, Partnerschaften, Medienlandschaft, Umwelt und Wasserwirtschaft sowie Landschaften, Erholung und Freizeit waren weitere Schwerpunkte dieser Ausstellung, die dazu beitragen sollte, »dem Besucher bewußt zu machen, welch enorme Entwicklungen das Land (...) innerhalb des relativ kurzen Zeitraumes von 40 Jahren durchlaufen hat«. Einen besonderen Akzent gewann die Eröffnung noch dadurch, daß der Ministerpräsident dem Vorsitzen-

Im Hause der Landesbank eröffnete Ministerpräsident Dr. Vogel eine Ausstellung zum 40jährigen Landesjubiläum. Zweiter von links der Vorsitzende des Vorstandes Dr. Paul Wieandt.

den des Historischen Vereins der Pfalz, Regierungspräsident Paul Schädler, für das Kuratorium Stiftung Landesbank das Gemälde »Heiliger Abend 1943« von Otto Dill übergab, das im Historischen Museum der Pfalz in Speyer seinen Platz fand. Paul Wieandt, der Vorsitzende des Vorstandes der Landesbank, betonte bei der Eröffnung, daß die Ausstellung deutlich zu machen versuche, »wie ein zum Zeitpunkt der Landesgründung verwüstetes und verarmtes Land zu einer leistungsstarken, kraftvollen und zukunftsorientierten europäischen Zentralregion herangewachsen« sei.

Die beiden zuletzt gewürdigten Ausstellungen waren selbstverständlich auch an den Rheinland-Pfalz-Tagen zu sehen, wobei die überregionale Presse bezüglich der Kunstausstellung auch kritische Akzente setzte, zum Beispiel schon an der Titelgebung nicht allenthalben Gefallen fand. Denn jedermann wisse, so die »Welt« am 8. Mai 1987, »daß in diesem Land ein künstlerischer ›Aufbruch‹ seinerzeit nicht stattgefunden« habe. »Es gab Ansätze – die Ausstellung zeigt sie – und vielversprechende Bestrebungen; auch Talente rührten sich vielerorts durchaus in Aufbruchstimmung. Sogar die äußere Konstellation war günstiger als anderswo. Aber die einmalige Chance wurde kläglich vertan, die guten Ansätze gingen an Kleinmütigkeit und Kleingeisterei kaputt...«

Kleinere, aber nicht weniger ausdruckskräftige Ausstellungen für den Rheinland-Pfalz-Tag befaßten sich im Landesmuseum mit Stadterneuerung im Land sowie mit Kunst und Architektur bei öffentlichen Bauten; und im Haus des Landessportbundes wurde, mit bemerkenswerten Dokumenten, ein intensiver Blick auf 40 Jahre Sport in Rheinland-Pfalz geworfen, während sich im Rathaus Verlage des Landes präsentierten und Mainzer

Grafiker, Maler und Künstler ihre Werke zeigten. Am Rheinufer gab es in einem Zelt, mit Oldtimern bestückt, eine Sonderausstellung, in der sozusagen die rheinland-pfälzischen Konstrukteure Horch, Otto und Bücker »als Gast einkehrten« und nostalgisch ein Stück Technikgeschichte an ihren Namen und Produktionen zur Darstellung gelangte.

Konkrete Aktivitäten von Künstlern, Literaten und Kulturschaffenden waren ebenso selbstverständlich wie die in der Medienstadt Mainz zur Geltung kommende Tatsache, daß alle Rundfunk- und Fernsehanstalten, von den öffentlich-rechtlichen bis zu den in Mainz ansässigen privaten Institutionen der TV-Zunft, ihre Programme auf dieses Ereignis ausgerichtet und ihre Sendeplätze um Dom, Markt und Rathaus aufgeschlagen hatten. Selbstverständlich gab es auch ein alternatives Kulturprogramm, »Trotz-Art« betitelt, das sich in einem eigenen Zelt vor dem Forumtheater »unterhaus« mit einer »anderen Kulturgeschichte« entfaltete, mit Zeitzeugen der »ersten Stunde«, mit Kabarettisten, Literaten und mit Konzerten, so etwa einem von Konstantin Wecker.

Im Foyer des Landtages wurde am 10. Juni 1987 eine als Wanderausstellung konzipierte Dokumentation unter dem Titel: »40 Jahre Landtag Rheinland-Pfalz – Parteien, Wahlen, Parlament« durch den gerade wiedergewählten Landtagspräsidenten Dr. Heinz-Peter Volkert eröffnet, die vom Landtag in Zusammenarbeit mit der Landeszentrale für politische Bildung (Ausarbeitung und Gestaltung von Robert Hess und Doris Maria Peckhaus) realisiert wurde. Die Ausstellungsschwerpunkte liegen in vier Themenbereichen: Zwischen Trümmern und Aufbruch – Rheinland-Pfalz entsteht; Geschichte

Das für die 11. Legislaturperiode gebildete Landtagspräsidium. Von links nach rechts: Dr. Michael Reitzel (SPD), Hans-Günther Heinz (FDP), Dr. Heinz Peter Volkert (Präsident, CDU), Dr. Gisela Büttner (CDU), Prof. Dr. Fritz Preuß (SPD).

Das Koalitions-Kabinett für die 11. Legislaturperiode, wie es am 23. Juni 1987 vereidigt wurde. Vordere Reihe von links: Albrecht Martin (CDU), Minister für Bundesangelegenheiten; Rudi Geil (CDU), Minister des Innern und für Sport; Ursula Hansen (CDU), Ministerin für Soziales und Familie; Ministerpräsident Bernhard Vogel (CDU); Rainer Brüderle (FDP), Minister für Wirtschaft und Verkehr; hintere Reihe von links: Hans-Otto Wilhelm (CDU), Minister für Umwelt und Gesundheit; Georg Gölter (CDU), Kultusminister; Carl-Ludwig Wagner (CDU), Finanzminister; Peter Caesar (FDP), Justizminister, und Dieter Ziegler (CDU), Minister für Landwirtschaft und Weinbau.

und Entwicklung der rheinland-pfälzischen Parteien; Wahlen und Wahlkämpfe in Rheinland-Pfalz von 1947 bis 1987 und: Der Landtag Rheinland-Pfalz. Die Ausstellung mit dem entsprechenden Begleitmaterial, etwa einem politischen Lese- und Bilderbuch, wendet sich, auch in der weiten Plakatierung, bewußt an alle Bürgerinnen und Bürger, um über die Entwicklung des Landes Auskunft zu geben und dadurch zur Identifikation sowie »zur Bejahung und Stützung seiner verfassungsmäßigen Institutionen und Anerkennung seiner Normen und Symbole« einzuladen (C. Drews-von Steinsdorff).
Auf 38 Ausstellungstafeln werden die Themenbereiche dargestellt. Außerdem werden den Besuchern Zusammenschnitte von Fernsehspots aus Wahlkämpfen der Parteien und ein SWF-Film über die Entwicklung des Landes präsentiert. Bemerkenswert und optisch einprägsam ein Wahlatlas von Rheinland-Pfalz sowie eine Montage von Plakaten und Wahlanzeigen aus allen Landtagswahlkämpfen.
Über die Bedeutung des Landtags als Ort der politischen Entscheidungen und als Stützpunkt des deutschen Föderalismus haben sich in der begleitenden Schrift zur Ausstellung auch Journalisten geäußert, deren »Arbeitsplatz« dieses rheinland-pfälzische Parlament seit Jahren darstellt. Neben dem Bedauern, daß es mit dem Ansehen des Parlaments in der Öffentlichkeit nicht zum besten bestellt sei, obgleich die »erste Gewalt«

eine gebührende Würdigung in den Medien erfordere, mag die Meinung eines Berichterstatters angeführt werden: Wenn das Leben ein Spiel, ein Schauspiel sei, dann stehe die Bühne in einem Parlament – gewissermaßen ein Kulturzentrum, »denn Politik ist mehr als nur die Kunst des Möglichen«. Die Sprache transportiere Gedanken, »die mal tiefgründig und mal spontan sind und sein dürfen«. Wenn die Abgeordneten im Landtag, dieses Anspruchs eingedenk, das Wort ergriffen, »dann reden sie im Hohen Hause miteinander und für-einander. Dann, und nur dann, wäre zu wünschen, es gingen mehr Reden zum Fenster hinaus, damit sie jede(r) in Stadt und Land vernehmen kann«.

*

Mehr als zwei Drittel aller heute in Rheinland-Pfalz Lebenden haben keine direkten Erinnerungen an die Gründungs- und Entstehungsphase des Landes. Wenn heute so etwas wie ein Landesbewußtsein konstatiert werden kann, so gehört zum Verständnis dieses Landes immer wieder dieser Blick auf die Anfänge, der vor allem den jungen Generationen anschaulich vermittelt sein will. Denn sie sind es, die in den kommenden Jahrzehnten Landespolitik und Landesgeschichte prägen werden.

Ein Jubiläum und seine Konturen

In unmittelbarer Nähe von Landtag und Staatskanzlei erhebt sich diese Nachbildung der Jupitersäule. Die »Bürger von Mainz« haben dieses Kunstwerk um 60 nach Christus unter Kaiser Nero zu Ehren des höchsten Gottes errichten lassen und damit etwas von ihrer Wohlhabenheit und ihrem Reichtum bezeugt. Das Original befindet sich im Landesmuseum Mainz.

Die Autoren

Prof. Dr. Hubert Armbruster, geboren 1911 in Baden-Baden. Studium der Rechts- und Wirtschaftswissenschaften in Berlin, Heidelberg, Freiburg und Paris. 1937 Promotion. Lagerhaft. Kriegsdienst. 1946 Professor für Öffentliches Recht, Universität Mainz. 1948 bis 1949 Delegierter bei der OEEC, Paris. 1966 bis 1968 Gastprofessur an der Universität Nizza. 1950 bis 1980 Mitglied des Verfassungsgerichtshofs Rheinland-Pfalz. 1965 bis 1985 Richter am Internationalen Verfassungsgericht in Genf. – Zahlreiche Veröffentlichungen aus dem Gebiet des öffentlichen Rechts.

Prof. Dr. Werner Bornheim gen. Schilling, geboren 1915 in Köln. Studium an den Universitäten Köln, Bonn, München, Berlin. Promotion 1940 an der Universität Berlin. Präsident des Deutschen Nationalen Komitees von Icomos. Vorsitzender des Rheinischen Vereins für Denkmal- und Landschaftsschutz, Köln. – Veröffentlichungen: 1940 Zur Entwicklung der Innenraumdarstellungen in der niederländischen Malerei bis Jan van Eyck. 1940 Geschichte der Familie (v.) Bornheim (1107 bis 1940). 1948 Ruinen, Denkmäler und Gegenwart. 1949 ff. Denkmalpflege in Rheinland-Pfalz. 1954 ff. Die Kunstdenkmäler Rheinland-Pfalz. 1964 Rheinische Höhenburgen. Schloß Stolzenfels (3. Aufl. 1980). Schloß Villa Ludwigshöhe 1981. Klause bei Kastel 1979. Ruine Nürburg 1983.

Hans Günther Dehe, geboren 1921 in Koblenz. Studium der Rechts- und Wirtschaftswissenschaften in Frankfurt am Main und Mainz. Kriegsteilnahme und Gefangenschaft bis Juni 1946. Referendariat an der Hochschule für Verwaltungswissenschaften in Speyer. Assessorenprüfung. 1949 bis 1953 Regierungsassessor im Landesdienst Rheinland-Pfalz. 1953 bis 1985 Geschäftsführender Direktor des Landkreistages Rheinland-Pfalz. – Veröffentlichungen in Fachzeitschriften; Mitarbeit an Handbüchern, Kommentaren und Sammelwerken; Mitherausgeber und -schriftleiter der »Gemeindeverwaltung in Rheinland-Pfalz«.

Hermann Dexheimer, geboren 1930 in Albig/Rheinhessen. Nach Abitur und journalistischer Ausbildung Lokalredakteur in Alzey und später Nachrichtenredakteur in Mainz. Nach den Stationen Ressortleiter Politik und stellvertretender Chefredakteur, seit 1965 Chefredakteur der Zeitungsgruppe der Mainzer Verlagsanstalt (Allgemeine Zeitung Mainz und Nebenausgaben, Wormser Zeitung, Wiesbadener Tagblatt, Idsteiner Zeitung, Aar-Bote Bad Schwalbach, Mainspitze Rüsselsheim). – Buchveröffentlichung: »Vom Kurfürst zum Kanzler« (Biographie über Helmut Kohl), Verlag Bonn Aktuell GmbH, Stuttgart (1976).

Prof. Fritz Duppré, geboren 1919 in Neunkirchen/Saar. 1937 Abitur am humanistischen Gymnasium. Studium – durch Kriegsdienst von 1939 bis 1945 unterbrochen – der Philosophie, Geschichte und Verwaltungswissenschaften. 1948 Große Staatsprüfung für den höheren Verwaltungsdienst, Ernennung zum Regierungs-Assessor. 1957 bis 1969 Chef der Staatskanzlei (seit 1963 Staatssekretär). 1969 bis 1985 Präsident der Landeszentralbank in Rheinland-Pfalz und Mitglied des Zentralbankrats der Deutschen Bundesbank. 1967 Lehrbeauftragter und 1969 Honorar-Professor der Hochschule für Verwaltungswissenschaften in Speyer.

August Eichmann, geboren 1907 in Saargemünd/Lothringen. Oberrealschule in Zweibrücken bis zur mittleren Reife. Von 1922 bis 1927 Lehre und Angestelltentätigkeit bei einer Großbankfiliale. Seit 1928 Angestellter und später Beamter bei verschiedenen Sparkassen, ab 1938 als Sparkassendirektor. 1942 bis 1948 Wehrdienst und russische Kriegsgefangenschaft. 1949 Referent und später Geschäftsführer des ehemaligen

Sparkassen- und Giroverbandes Pfalz in Kaiserslautern. Ab 1958 Verbandsgeschäftsführer (Verbandsdirektor) des Sparkassen- und Giroverbandes Rheinland-Pfalz in Mainz. Seit 1971 im Ruhestand. – Veröffentlichungen in der Fachpresse zu sparkassenrechtlichen Fragen und aktuellen Problemen der Sparkassenarbeit.

Alfred Epstein, geboren 1903 in Mainz. Lehre im Barmer Bankverein Mainz. Versetzung in die Zweigstelle am Börsenplatz in Frankfurt am Main. 1926 bis 1928 Studium des amerikanischen Bankwesens und Warenhausbetriebs in New York und New Haven, Connecticut. Von 1929 bis 1933 Geschäftsführer im väterlichen Geschäft. 1933 Emigration nach Paris. Bei Ausbruch des Zweiten Weltkrieges Flucht nach Oran/Algerien. Dort Gründung eines Übersetzungsbüros und Ernennung zum vereidigten Übersetzer an den Gerichten von Oran sowie zum Mitglied der Expertenkammer. 1960 Rückkehr nach Mainz und Vorsitzender der Jüdischen Gemeinde Mainz. Seit 1978 Ehrenvorsitzender dieser Gemeinde.

Jockel Fuchs, geboren 1919 in Hargesheim bei Bad Kreuznach. Nach Kriegsdienst und Gefangenschaft Journalist in Mainz, Lokalredakteur, dann Chefredakteur der Zeitung »Die Freiheit«. 1955 bis 1974 Mitglied im Landtag von Rheinland-Pfalz, Parlamentarischer Geschäftsführer der SPD-Fraktion, Fraktionsvorsitzender, Vorsitzender des kulturpolitischen Ausschusses. Von 1965 bis 1987 Oberbürgermeister der Landeshauptstadt Mainz. Seit 1962 zuerst stellvertretender, dann Vorsitzender des ZDF-Fernsehrats. Mitbeteiligt an der Gründung des ZDF mit Sitz in Mainz.

Karl-Günther von Hase, geboren 1917 in Wangern, Kreis Breslau. 1935 Abitur, Prinz-Heinrich-Gymnasium Berlin. 1936 bis 1945 Wehrmacht (aktiver Offizier, 1943/44 Kriegsakademie, Major i. G.). 1945 bis 1949 Sowjetische Kriegsgefangenschaft. 1950/51 Diplomatenschule Speyer. 1952 Georgetown University, Washington D. C. 1953 bis 1956 Gesandtschaftsrat Ottawa. 1958 Sprecher des Auswärtigen Amtes. 1961 bis 1967 Staatssekretär und Leiter des Presse- und Informationsamtes der Bundesregierung. 1967 bis 1969 Staatssekretär des Bundesministeriums für Verteidigung. 1970 bis 1977 Botschafter beim Vereinigten Königreich. 1977 bis 1982 Intendant des ZDF. Vorsitzender der Deutsch-Englischen Gesellschaft e. V. – Veröffentlichungen: Verschiedene Monographien, Beiträge in Fachzeitschriften.

Walter Henkels, geboren 1906 in Solingen, gestorben am 8. Juni 1987 in Bonn. Gelernter Verwaltungsbeamter. 1931 Diplomprüfung Verwaltungsakademie Köln. 1935 Landesverkehrsverband Rheinland in Bad Godesberg. 1939 bis 1945 Soldat (zuletzt Oberleutnant der Luftwaffe). Von 1949 33 Jahre Korrespondent der FAZ in Bonn. – Veröffentlichungen: u. a. Bonner Köpfe, fünf Adenauer-, vier Jagdbücher, Deutschland deine Rheinländer, Eismeerpatrouille, Die leisen Diener ihrer Herren, Bacchus muß nicht Trauer tragen, Alltag in Trizonesien, Der rote Teppich.

Susanne Hermans, geborene Hillesheim, verheiratet mit Staatssekretär a. D. Hubert Hermans. 1938 Abitur. 1941 Staatsexamen als Fürsorgerin (Sozialarbeiterin, grad.). Praktische Tätigkeit bis 1953 beim Jugendamt der Stadt Koblenz. 1951 bis 1983 Mitglied des Landtages von Rheinland-Pfalz. Mitglied des Sozialpolitischen Ausschusses und des Petitionsausschusses. 1971 bis 1981 Vorsitzende des Petitionsausschusses und der Strafvollzugskommission. 1981 bis 1983 Vizepräsidentin des Landtages. Mitglied des Kuratoriums »Bundesstiftung Mutter und Kind«. Vorstandsmitglied der Arbeitsgemeinschaft »Sozialdienst katholischer Frauen« im Bistum Trier. Vorsitzende des Sozialdienstes katholischer Frauen in Koblenz.

Willibald Hilf, geboren 1931 in Lahnstein. Studium der Rechts- und Staatswissenschaften in Mainz. 1959 Große juristische Staatsprüfung. 1956 bis 1961 Stadtrat in Niederlahnstein. 1963 bis 1976 Mitglied des Landtags von Rheinland-Pfalz. 1968 bis 1977 Mitglied des Verwaltungsrats des Südwestfunks. 1973 bis 1977 Vorsitzender des Verwaltungsrats. 1969 bis 1976 Staatssekretär und Chef der Staatskanzlei Rheinland-Pfalz. Seit 1977 Intendant des Südwestfunks. 1986 und 1987 Vorsitzender der Arbeitsgemeinschaft der öffentlich-rechtlichen Rundfunkanstalten der Bundesrepublik Deutschland (ARD). – Veröffentlichungen: Aufsätze und Artikel zu Medienfragen in Fachpublikationen.

Heinrich Holkenbrink, geboren 1920 in Handorf bei Münster/Westfalen. Nach dem Abitur 1939 Arbeitsdienst und Bunkerbau am Westwall bei Pirmasens und Zweibrücken. Studium der Philosophie und Philologie an der Universität Münster. Soldat bis Kriegsende. Nach Kriegsgefangenschaft und Lager Tätigkeit als Schulhelfer in der Eifel. Studium an der Pädagogischen Akademie in Bad Neuenahr mit dem 1. und 2. Volksschulexamen. Anschließend Studium an der Universität Mainz. Zusätzlich Schultätigkeit. Nach dem 1. und 2. Staatsexamen Studienrat an Gymnasien in Wittlich und Trier. Bezirks- und Landesvorsitzender in der Jungen Union. Kreis- und Bezirksvorsitzender in der CDU des Bezirks Trier. 1959 Landtagsabgeordneter. 1961 bis 1967 im Bundestag. 1967 bis 1971 Staatssekretär im Ministerium für Wirtschaft und Verkehr in Mainz. Von 1971 bis 1985 Minister für Wirtschaft und Verkehr. Ab 1971 bis Mai 1987 erneut Landtagsabgeordneter.

Prof. Dr. Karl Holzamer, geboren 1906 in Frankfurt am Main. Studium der Philosophie, Pädagogik, Romanistik und Germanistik in München, Frankfurt, Paris und Bonn. 1929 Promotion in München. 1931 Schulamtsbewerber in Bonn. 1931 bis 1939 Assistent und Sachbearbeiter beim Westdeutschen Rundfunk Köln. 1939 bis 1946 Kriegsdienst bei der Luftwaffe (Kriegsberichter) und Gefangenschaft. 1946 bis 1962 a. o. und dann o. ö. Professor (Philosophie) an der Universität Mainz. 1962 bis 1977 Intendant des Zweiten Deutschen Fernsehens. – Zahlreiche Veröffentlichungen: u. a. Philosophie – Einführung in die Welt des Denkens (1961, 1962, 1968), Das Wagnis – zum Sehen geboren, zum Schauen bestellt (1979), Anders als ich dachte (1983).

Hanns Dieter Hüsch, geboren 1925 in Moers am Niederrhein. Studierte ab 1946 in Mainz Theaterwissenschaften, Literaturgeschichte und Philosophie. 1949 erstes Solo-Kabarettprogramm: Chansons, Gedichte und Geschichten mit eigenen Texten und Kompositionen. Von 1956 bis 1962 Kabarettensemble »Arche Nova« in Mainz. 1962 Titelrolle in Brechts »Der Hofmeister« an der Komödie in Basel. 1967 bis 1968 Quartett mit Dieter Süverkrüp, Wolfgang Neuss und Franz Josef Degenhardt. 1972 Tournee mit Schobert & Black und Hannes Wader: »Chanson 72«. – Tourneen im In- und Ausland, Hörfunk- und Fernsehsendungen, Bücher und Schallplatten.

Hans König, geboren 1916 in Berlin. Mittlere Reife. Kaufmännische Berufsausbildung. 1937 bis 1945 Reichsarbeitsdienst und Wehrdienst, russische Kriegsgefangenschaft. 1948 bis 1957 Amtsbürgermeister in Kempfeld/Hunsrück. 1957 bis 1975 Bürgermeister und Stadtkämmerer in Trier. Von 1951 bis 1970 Mitglied des Landtags von Rheinland-Pfalz. Seit 1967 Vorsitzender der SPD-Fraktion. Von 1975 bis 1979 erneut Mitglied des Landtags.

Dr. Hermann Krämer, geboren 1919 in Rüdesheim/Rhein. Von 1937 bis 1945 Soldat, Kriegsteilnehmer. 1946 bis 1949 Studium der Rechtswissenschaften in Frankfurt am Main. Nach 2. Staatsprüfung und Promotion Richter, danach Oberrechtsrat. 1959 bis 1979 Landrat der Kreise Bernkastel (Mosel) und Altenkirchen (Westerwald). 1966 bis 1976 Vorsitzender des Landkreistages Rheinland-Pfalz. Begründer der Cusanus-Gesellschaft. Vorsitzender der A.-Paul-Weber-Gesellschaft, Ratzeburg. – Veröffentlichungen auf den Gebieten der Rechtsphilosophie, der Heimat- und Landeskunde sowie der Kunstgeschichte.

Dr. Hanna-Renate Laurien, Bürgermeisterin und Senatorin für Schulwesen, Berufsausbildung und Sport in Berlin, geboren 1928 in Danzig. Studium der Germanistik, Anglistik und Philosophie in Berlin. 1951 Staatsexamen und Promotion. 1951 bis 1970 im Schuldienst des Landes Nordrhein-Westfalen, dabei von 1957 bis 1963 im Kultusministerium Düsseldorf. Seit 1965 Oberstudiendirektorin in Köln. 1970 von Staatsminister Dr. Bernhard Vogel ins Kultusministerium von Rheinland-Pfalz berufen. Von 1971 bis 1976 Staatssekretärin. Von 1976 bis 1981 Kultusministerin des Landes Rheinland-Pfalz. Von 1981 bis 1985 Senatorin für Schulwesen, Jugend und Sport in Berlin. Seit 1985 Senatorin für Schulwesen, Berufsausbildung und Sport. Seit 1986 Bürgermeisterin. Stellvertretende Vorsitzende der CDU Deutschlands, Mitglied des Bundesvorstandes der CDU-Frauenvereinigung, Mitglied des Bundeskulturausschusses der CDU. Seit 1985 Vorsitzende der Landesfrauenvereinigung der CDU Berlin. Mitglied des Geschäftsführenden Ausschusses des Zentralkomitees der deutschen Katholiken.

Dr. Werner Ludwig, geboren 1926 in Pirmasens. Jurastudium. 1955 Promotion zum Dr. iur. Dissertation: Verhältnis zwischen Regierung und Parlament im Frankreich der IV. Republik. 1958 bis 1965 Beigeordneter (Sozialdezernent) der Stadt Ludwigshafen. Seit 1965 Oberbürgermeister der Stadt Ludwigshafen/Rhein.

Prof. Dr. Helmut Mathy, geboren 1934 in Kinheim/Mosel. Ministerialrat in der rheinland-pfälzischen Staatskanzlei, seit 1967 dort Referent für Landesgeschichte. Ab 1954 Studium der Geschichte, Germanistik und Rechtswissenschaft in Bonn, München, Innsbruck, Wien und Mainz. 1959 Promotion. Seit 1961 Wissenschaftlicher Assistent am Historischen Seminar. 1964 bis 1967 Akademischer Rat am Institut für Rechts- und Verfassungsgeschichte der Johannes Gutenberg-Universität. Mitglied der Kommission für die Geschichte des Landes Rheinland-Pfalz und der Historischen Kommissionen für Hessen in Darmstadt, Nassau in Wiesbaden und des Rheinlandes in Köln. Erster Vorsitzender des Mainzer Altertumsvereins (seit 1970), Vorsitzender des Arbeitskreises landeskundlicher Vereinigungen und Einrichtungen Rheinland-Pfalz. Ehrensenator der Mainzer Universität. – Zahlreiche Veröffentlichungen zur geschichtlichen Landeskunde und Geistesgeschichte.

Prof. Dr. Gerhard Meyer-Hentschel, geboren 1911 in Bernburg/Saale (Anhalt). Gymnasium in Andernach, Studium der Rechtswissenschaften. 1934 Promotion. 1938 2. juristische Staatsprüfung. Richter in Bonn, Bitburg und Koblenz. 1939 bis 1947 Militärdienst. 1947 bis 1949 Referent im Justizministerium Rheinland-Pfalz. 1949 bis 1951 Abteilungsleiter im Innenministerium. 1951 Senatspräsident am Oberverwaltungsgericht Rheinland-Pfalz. 1952 Wahl zum ordentlichen Mitglied des Verfassungsgerichtshofes. 1957 Vizepräsident des Oberverwaltungsgerichts 1961 Präsident des Oberverwaltungsgerichts und Vorsitzender des Verfassungsgerichtshofes. 1975 Honorarprofessor an der Hochschule für Verwaltungswissenschaften Speyer. 1976 Eintritt in den Ruhestand.

Max-Günther Piedmont, geboren 1916 in Köln. Absolvent des Gymnasiums, Handelsschule. Banklehre bei der Deutschen Bank Trier. 1937 Reichsarbeitsdienst und Wehrdienst bis 1945, zuletzt Kommandeur einer schweren Heeres-Panzerjäger-Abteilung. Bis 1946 Gefangenschaft. 1947 Übernahme des väterlichen Weinbaubetriebes. 1948 Vorsitzender des Bauern- und Winzerverbandes Kreis Saarburg. 1951 (2. Wahlperiode) Mitglied des Landtages Rheinland-Pfalz (5 Perioden). 1948 bis 1980 Kommunalparlamente: Gemeinde, Verbandsgemeinde, Kreistag und Kreisausschuß. Zehn Jahre Präsident des Weinbauverbandes Mosel, Saar und Ruwer. Mitglied des Präsidiums des Bauern- und Winzerverbandes Rheinland, Nassau, Koblenz. Mitglied der Landwirtschaftskammer von 1950 bis heute.

Dr. Berthold Roland, geboren 1928 in Landau/Pfalz. Studium der Kunstgeschichte in Mainz, Göttingen und München. Promotion bei Hans Sedlmayr in München mit einer Dissertation über pfälzische Malerei des 18. Jahrhunderts. Volontärzeit am Historischen Museum der Pfalz in Speyer, Kustos am Städtischen Reiß-Museum in Mannheim, Konservator beim Landesamt für Denkmalpflege (Schlösserverwaltung) in Mainz, Kunstrat der Stadt Ludwigshafen, wissenschaftlicher Leiter im Münchner Kunstauktionshaus Neumeister. Von 1970 bis 1983 Kunstreferent im Kultusministerium von Rheinland-Pfalz in Mainz, Ltd. Ministerialrat. Seit 1983 Direktor des Landesmuseums Mainz und von Schloß »Villa Ludwigshöhe« mit der Max-Slevogt-Galerie in Edenkoben/Pfalz. – Zahlreiche Veröffentlichungen, Bücher und Kataloge, vor allem zur Kunst und Kultur in Rheinland-Pfalz.

Prof. D. Karl Theodor Schaller, geboren 1900 in Dahn/Pfalz. 1919 bis 1924 Studium der Theologie in Heidelberg, Tübingen, Berlin. 1924 bis 1964 als Vikar, Pfarrer und Oberkirchenrat im Dienste der evangelischen Kirche der Pfalz. 1964 bis 1969 Kirchenpräsident. D. theol. h. c. an der Johannes Gutenberg-Universität Mainz. Honorarprofessor für pfälzische Kirchengeschichte in Heidelberg.

Dr. Walter Schmitt, geboren 1914 in Mainz. Studium der Rechtswissenschaften in Frankfurt am Main, München, Königsberg Pr. und Gießen. 1937 Promotion. 1939 Assessor. 1939 bis 1941 Richter (Gerichtsassessor) an den Amtsgerichten Groß-Gerau, Oppenheim und Osthofen. 1941 bis 1945 Wehrdienst. 1946/47 Richter am Landgericht Mainz. 1947 bis 1957 Landesregierung Rheinland-Pfalz: Justizministerium, Innenministerium und Staatskanzlei, zuletzt 1955 bis 1957 Chef der Staatskanzlei. 1957 bis 1967 Regierungspräsident in Koblenz. 1963 bis 1967 Mitverwaltung des Regierungsbezirkes Montabaur. 1967 bis 1983 Mitglied des Landtags Rheinland-Pfalz. Seit 1973 Präsident des Landesverbandes des Deutschen Roten Kreuzes.

P. Dr. R. Emmanuel v. Severus, Benediktiner in Maria Laach, geboren 1908 in Wien. 1928 Eintritt in die Abtei Maria Laach. Nach dem philosophisch-theologischen Regelstudium Zweitstudium in Geschichte, historischen Hilfswissenschaften und Latein an der Universität Bonn. 1940 Promotion zum Dr. phil. Seit 1937 mit wiederholten Unterbrechungen Archivar. 1946 bis 1968 Dozent für Kirchengeschichte an der Ordenshochschule in Maria Laach. Seit 1948 Prior der Abtei Maria Laach. 1959 bis 1978 Herausgeber des »Archivs für Liturgiewissenschaft«, seither Mitherausgeber. Seit 1970 Herausgeber der »Beiträge zur Geschichte des Alten Mönchtums und des Benediktinertums«. 1971 Rektor des Abt-Herwegen-Instituts in Maria Laach. Seit 1967 Mitglied der Bayrischen Benediktinerakademie.

Dr. Hanns Simon, geboren 1908 in Bitburg. 1927 Humanistisches Abitur in Bad Godesberg. 1928 bis 1932 Studium der Chemie an verschiedenen deutschen Universitäten. Praktische Arbeit in in- und ausländischen Brauereien. 1932 Abschlußprüfungen bei den Nobelpreisträgern Professor Staudinger und Professor von Hevesy in Freiburg. 1933 bis 1935 Doktorarbeit am Institut für Gärungsgewerbe in Berlin. Eintritt in die Brauerei Simon. 1935 Doktorexamen an der Friedrich-Wilhelms-Universität in Berlin. 1939 bis 1946 Kriegsdienst (Rußland, Norwegen), Gefangenschaft (Frankreich). Ab 1946 Wiederaufbau der Brauerei nach schwerster Zerstörung, Ausbau zu modernen Betriebsanlagen, Ausweitung der Produktion.

Prof. Emmerich Smola, geboren 1922 in Bergreichenstein/Böhmen. Seit 1946 Mitarbeiter des Südwestfunks als Chefdirigent des Rundfunkorchesters. Gastverpflichtungen bei allen bedeutenden Rundfunkanstalten Europas und Bearbeiter von Werken der Mannheimer Schule, der klassischen Operette, von konzertanter und folklorer Musik.

Dr. Günter Storch, geboren 1926 in Oberhausen. 1946 Abitur. 1946 bis 1950 Studium der Wirtschaftswissenschaften. 1950 Diplomvolkswirt. 1959 bis 1963 Rechtswissenschaften. 1963 Dr. rer. pol. 1950 freier Journalist, dann Wirtschaftsredakteur beim Südwestfunk. 1958 bis 1969 Berater des Vorstandes der Landesbank Rheinland-Pfalz. Seit 1969 Vorstandsmitglied der Landesbank Rheinland-Pfalz. Seit 1960 Mitglied des Stadtrates, Vorsitzender der FDP-Stadtratsfraktion. 1963 bis 1969 Abgeordneter des Landtags Rheinland-Pfalz und Vorsitzender der FDP-Landtagsfraktion. 1970 bis 1974 Vorsitzender des Hauptausschusses der FDP Rheinland-Pfalz. 1974 bis 1983 Landesschatzmeister der FDP. 1984 Vorsitzender des FDP-Bezirksverbandes Rheinhessen-Vorderpfalz. – Wirtschaftspolitische Veröffentlichungen.

Bruno Thiebes, geboren 1906 in Ludwigshafen/Rhein. Studium der Philosophie und Theologie in München und Speyer. 1930 Priesterweihe in Speyer. Nach Seelsorgetätigkeit als Kaplan seit 1936 in der Diözesanverwaltung Speyer. 1953 Domkapitular. 1974 Domdekan. Seit 1986 emeritiert. – Veröffentlichungen zur Dom- und Diözesangeschichte.

Karl Thorwirth, geboren 1923 in Pirmasens. Nach kaufmännischer Lehre und Kriegszeit tätig in der Arbeitsverwaltung in Pirmasens. Ablegung der Verwaltungsprüfung für den gehobenen Dienst. 1951 Gewerkschaftssekretär beim DGB Landesbezirk Rheinland-Pfalz, von 1958 stellvertretender Landesbezirksvorsitzender. Von 1960 bis 1965 Landesbezirksvorsitzender des DGB Rheinland-Pfalz. Führend tätig in der Selbstverwaltung der Rentenversicherung. Von 1960 bis 1979 Mitglied des Stadtrates Mainz. Von 1963 bis 1983 Mitglied des Landtages Rheinland-Pfalz. Zeitweilig parlamentarischer Geschäftsführer, Fraktionsvorsitzender und Ausschußvorsitzender. Seit 1972 Vorstandsmitglied der Stadtwerke Mainz AG.

Dr. Emil Zenz, geboren 1912 in Trier. Studium der Germanistik, Geschichte, Anglistik und Kunstgeschichte an den Universitäten Freiburg, London und Köln. Dort 1938 Staatsexamen für das Lehramt an höheren Schulen. 1939 Promotion. 1939 bis 1946 Kriegsdienst und Gefangenschaft. 1946 bis 1957 im höheren Schuldienst, ab 1951 als Oberstudiendirektor. 1957 bis 1977 Bürgermeister der Stadt Trier. – Veröffentlichungen: Zahlreiche Bücher und Aufsätze zur Landesgeschichte und Stadtgeschichte (Trier).

Fotonachweis

Archiv der Stadt Alzey: 534
Archiv der F.D.P. Mainz: 133, 134, 137, 139, 141
Arens-Foto: 479
BASF-Pressestelle Ludwigshafen: 508
Bauamt der Evangelischen Kirche der Pfalz, Speyer: 243, 244, 245, 246
Julius Behnke, Wetzlar: 416
Klaus Benz, Mainz: 73, 74, 76, 77, 85, 88, 90, 92, 94, 95, 99, 115, 122, 123, 127, 129, 130, 136, 280, 284, 289, 301, 320, 323, 324, 365, 373, 374, 377, 406, 411, 443, 445, 450, 457, 460, 468, 470, 489, 491, 552, 577, 580, 583, 585, 586, 589, 591, 592, Schutzumschlag
Wilhelm Bosl, Trier: 520
G. A. Castagne, Haueneberstein: 392
Cusanusstift, Bernkastel-Kues: 537
Bettina Deuter, Speyer: 403
DPA Frankfurt: 100, 143, 547, 593
Karin Eckert, Mainz: 57, 356
Fritz Egem, Speyer: 260
Engels-Pressebild, Mainz: 125
Herbert Gauls, Koblenz: 396
Gerharz & Frank, Bad Kreuznach: 475
Wilhelm-Hack-Museum Ludwigshafen: 506
Kurt Heinrich, Ludwigshafen: 499, 501, 502, 505, 509
Kunsthaus Heylshof, Worms: 378
Historisches Museum der Pfalz, Speyer: 370
Michael Jeiter, Aachen: 86, 104, 120, 179, 186, 226, 228, 239, 308, 316, 333, 337, 341, 342, 345, 346, 349, 352, 418, 423, 449, 484, 486, 521, 503, 530, 574
G. Juraschek, Neuwied: 368
Rudi Klos, Nieder-Olm: 465
Kortokraks & Ließ, Ludwigshafen: 452
Gerhard O. Kratzer, Mainz 595
M. Krewer, Trier: 441
Landesamt für Denkmalpflege, Mainz: 473, 474
Landesbildstelle Rheinland-Pfalz, Koblenz: 12, 16, 19, 30, 33, 35, 36, 37, 45, 46, 47, 53, 60, 63, 70, 80, 82, 199, 222, 270, 405, 429, 512, 518, 526, 545
Landesmuseum Mainz: 374, 375

Waltraud Leppla, Kaiserslautern: 399
Mainzer Werbe-Werkstatt, Mainz: 558, 571
Mauritius-Bildagentur, Frankfurt: 2, 7, 38, 102, 146, 148, 211, 427, 430, 510, 527, 555, 563
Georg Pfülb, Mainz: 358, 390
Herbert Piel, Bad Kreuznach: 124
Foto-Popp, Mainz: 276, 328
Presseamt der Stadt Mainz: 568
Privatarchiv: 65; 107, 109, 112, 118; 135; 155, 159; 170, 173, 176, 182; 190, 193, 194, 195, 197, 202; 206, 207, 213, 214, 218, 221; 232, 235, 240; 251, 253, 257, 258; 264, 265, 267, 269; 273, 275; 307, 310, 313, 315; 330; 380, 383, 387, 393, 398, 400; 436, 438; 462, 469, 476; 565
Ludwig Richter, Mainz: 278
Theo Rörig, Hettenheidelheim: 68
Josef Salamon, Neustadt: 550
Foto Seilheimer, Worms: 533
Sven Simon, Bonn: 363
Max-Slevogt-Galerie, Neukastel: 371
H. Scherl, Wittlich: 480
Staatskanzlei Rheinland-Pfalz, Mainz: 97
Stadtarchiv Mainz: 42, 493
Stamme/Pan: 478
Foto-Stiebel, Koblenz: 23, 26, 34, 48, 49, 117
Hans Stoltz, Speyer: 249
Josef Tietzen, Trier: 483
Ellen Traubenkraut, Ettringen/Eifel: 415
Universität Mainz, Pressestelle: 292, 293, 295, 297, 298, 299
Verbandsgemeindeverwaltung Birkenfeld: 166
Verkehrsamt Bad Dürkheim: 432
Verkehrsamt Bernkastel-Kues: 185
ZDF-Bilderdienst, Mainz: 287, 290, 409, 496